全过程工程咨询实践指南

主编单位　上海同济工程咨询有限公司
主　　编　杨卫东　敖永杰　翁晓红　韩光耀
主　　审　周方明　熊跃华　李东升　沈　翔　周茂刚

中国建筑工业出版社

图书在版编目（CIP）数据

全过程工程咨询实践指南/上海同济工程咨询有限公
司等主编. —北京：中国建筑工业出版社，2018.6（2023.5重印）
ISBN 978-7-112-22405-0

Ⅰ. ①全… Ⅱ. ①上… Ⅲ. ①建筑工程-咨询服
务-指南 Ⅳ. ①F407.9-62

中国版本图书馆 CIP 数据核字（2018）第 146819 号

责任编辑：赵晓菲　张智芊
责任校对：刘梦然

全过程工程咨询实践指南

主编单位　上海同济工程咨询有限公司
主　　编　杨卫东　敖永杰　翁晓红　韩光耀
主　　审　周方明　熊跃华　李东升　沈　翔　周茂刚

＊

中国建筑工业出版社出版、发行（北京海淀三里河路 9 号）
各地新华书店、建筑书店经销
霸州市顺浩图文科技发展有限公司制版
建工社（河北）印刷有限公司印刷

＊

开本：787×1092 毫米　1/16　印张：30¼　字数：673 千字
2018 年 7 月第一版　2023 年 5 月第九次印刷
定价：**88.00 元**
ISBN 978-7-112-22405-0
（32175）

序 ▌

>>>

2017年2月，国务院办公厅印发了《关于促进建筑业持续健康发展的意见》（国办发〔2017〕19号），首次明确提出"全过程工程咨询"的概念，旨在完善工程建设组织模式，培育全过程工程咨询服务市场；鼓励投资咨询、勘察、设计、监理、招标代理、造价等企业采取联合经营、并购重组等方式开展全过程工程咨询，培育一批具有国际水平的全过程工程咨询企业；提出政府投资工程应带头推行全过程工程咨询，鼓励非政府投资工程委托全过程工程咨询服务。之后，住房城乡建设部相继出台了《建筑业发展"十三五"规划》《工程勘察设计行业发展"十三五"规划》《关于开展全过程工程咨询试点工作的通知》《关于促进工程监理行业转型升级创新发展的意见》及《关于征求推进全过程工程咨询服务发展的指导意见（征求意见稿）和建设工程咨询服务合同示范文本（征求意见稿）意见的函》等一系列文件，国家发改委又于2017年11月出台了新的《工程咨询行业管理办法》（2017第9号令），从多个角度对全过程工程咨询做了推进、阐释和规范工作。

全过程工程咨询是时代发展的产物，标志着我国建筑工程咨询行业在"新时代、新思想、新使命、新征程"的时代背景下，开始由碎片化向集约化转变。其推进为我国建设工程咨询行业的发展提供了千载难逢的契机，也是各类工程咨询企业创新发展的历史机遇。当然，目前工程咨询行业的改革发展也还面临着思想意识、体制机制、市场开放程度、供给能力、标准信用体系等多方面的挑战。政府宏观引导、行业规范发展、企业共同参与是建立和完善我国全过程工程咨询服务市场的前提和基础，也是丰富和健全中国特色现代工程咨询服务理论体系、促进我国建筑工程咨询行业持续、健康发展的有力保证。

工程咨询企业应把握国家积极推行全过程工程咨询的契机，创新突围，发挥主导作用，拓展业务范围，提升专业能力与服务品质。通过市场竞争和磨炼，使企业的发展战略、组织构架、管理体系、服务技能、知识管理、信息化管理等得到完善和发展，并在工程咨询行业中形成一批专业从事项目管理服务的骨干企业，引领我国工程咨询行业的发展。作为全国首批全过程工程咨询试点单位之一，上海同济工程咨询有限公司以多年的工程咨询实践经验为基础，创造性地提出"1＋X"的服务模式，并对其产生背景、内涵与特征、服务范围与内容等进行了全面阐述，期望对全过程工程咨询的推进能起到一定的助推作用。同时，同济咨询作为主编单位参与《全过程工程咨询分类标准》《建设工程监理规范》的制定工作，目前还正在参与其他工程咨询类服务标准和政策的制订工作。

我们可以相信，随着政策、文件和标准的进一步规范，大量工程实践经验的积累，以及在业内人士的共同努力下，全过程工程咨询的发展必将带来工程咨询行业的又一次变革，在我国建筑行业将逐步形成具有中国特色的现代工程咨询服务体系。

上海同济工程咨询有限公司　董事长

2018 年 7 月

前　言
Foreword

全过程工程咨询的时代已经到来，它是国家宏观政策领域上带来的创新发展机会、是促进工程建设实施组织方式改革的需要、是实现工程咨询类企业转型升级的需要，也是实现国际化发展战略的需要。然而，全过程工程咨询在开展过程中存在标准缺乏、模板缺乏、有实力的公司（平台）缺乏、人才缺乏等一系列问题。目前，国内关于全过程工程咨询实践的书籍甚少，本书内容是本公司多年实践的积累和小结，可为目前全过程工程咨询的探讨、工程实践提供重要素材和参考，旨在促进我国全过程工程咨询理论体系的完善。

本书在编写时注重理论与实践相结合，系统地介绍了全过程工程咨询的基础理论和实际案例，将全过程工程咨询划分为决策阶段、设计阶段、实施阶段、竣工阶段和运营阶段，介绍了各阶段咨询服务程序、内容、方法和要求，还对绿色建筑咨询、投融资咨询、法务咨询、信息化咨询、政策咨询、PPP咨询等专项咨询也进行了全面分析，具有较强的系统性、知识性、实践性和可操作性。

本书由上海同济工程咨询有限公司组织编写，由杨卫东、敖永杰、翁晓红、韩光耀主编，由周方明、熊跃华、李东升、沈翔、周茂刚主审，具体分工为：杨卫东、敖永杰编写第一章，徐春芳、周茂刚、刘霞、沈翔、韩光耀、姚丽娟、李辉、熊志杰、赵玲娴、付祥、陈静、孙小静、张虹、张皓编写第二章，熊跃华、程愚、彭荔、周海丽编写第三章，熊志杰、吕晓磊、曾炜、王大伟编写第四章，沈翔、杨欢、齐德伦编写第五章，周方明编写第六章，翁晓红、方颖编写第七章，王玉萍、高启媛、龚庆碗、韩光耀、汤永灵、陈凯伟、蒋秋霞、李轩、徐赞、敖永杰编写第八章，罗洋静、刘志鹏、熊志杰编写第九章。本书在编写过程中引用了大量案例，得到了诸多委托单位的理解和支持，也参阅了大量文献，引用了部分著作及文献资料，在此一并表示感谢。最后还要感谢出版社领导和编辑等工作人员为本书出版所付出的辛勤劳动。

同时，真诚欢迎广大读者对本书提出修改补充与更新完善的意见。

目 录
Contents

第1章　全过程工程咨询概述 ··· 1

　1.1　国内外工程咨询发展概况 ··· 1

　　1.1.1　国内工程咨询业的发展 ··· 1

　　1.1.2　国际工程咨询业的发展 ··· 4

　　1.1.3　国内外工程咨询比较分析 ··· 7

　1.2　全过程工程咨询 ··· 8

　　1.2.1　全过程工程咨询的产生背景 ··· 8

　　1.2.2　全过程工程咨询的内涵与特征 ······································· 9

　　1.2.3　全过程工程咨询的服务范围和内容 ·································· 10

　　1.2.4　全过程工程咨询的服务模式 ·· 10

第2章　决策阶段咨询服务 ··· 13

　2.1　规划咨询 ··· 13

　　2.1.1　规划内涵概述 ·· 13

　　2.1.2　规划咨询服务内容 ·· 14

　　2.1.3　案例分析 ·· 17

　2.2　项目投资机会研究 ·· 20

　　2.2.1　投资机会研究概述 ·· 20

　　2.2.2　市场研究 ·· 21

　　2.2.3　项目策划 ·· 29

　2.3　项目可行性研究、项目申请和资金申请 ··································· 36

　　2.3.1　项目可行性研究报告定义 ·· 36

　　2.3.2　项目可行性研究报告的用途 ·· 37

　　2.3.3　可行性研究报告编制重难点 ·· 37

　　2.3.4　项目申请报告的定义 ·· 51

　　2.3.5　项目申请报告编制重难点 ·· 52

　　2.3.6　项目资金申请报告 ·· 55

　　2.3.7　项目资金申请报告编制内容 ·· 55

　　2.3.8　项目资金申请报告编制重难点 ······································ 55

2.4 项目前期策划 …………………………………………………………… 56

　2.4.1 项目前期策划的概述 …………………………………………… 56

　2.4.2 项目前期策划的任务 …………………………………………… 58

　2.4.3 项目环境调查与分析 …………………………………………… 63

　2.4.4 项目定义与项目目标论证 ……………………………………… 64

　2.4.5 项目经济策划 …………………………………………………… 67

　2.4.6 项目实施的目标分析和再论证 ………………………………… 69

　2.4.7 项目实施的组织策划 …………………………………………… 70

　2.4.8 项目实施的目标控制策划 ……………………………………… 71

2.5 环境咨询 ……………………………………………………………… 72

　2.5.1 环境影响评价 …………………………………………………… 73

　2.5.2 污染场地调查与评估 …………………………………………… 79

2.6 社会稳定风险分析 …………………………………………………… 83

　2.6.1 相关概念 ………………………………………………………… 83

　2.6.2 服务流程和内容 ………………………………………………… 84

　2.6.3 社会稳定风险分析方法 ………………………………………… 87

　2.6.4 案例分析 ………………………………………………………… 90

2.7 安全风险评价 ………………………………………………………… 95

　2.7.1 安全风险评估概念与基本流程 ………………………………… 95

　2.7.2 安全风险识别 …………………………………………………… 96

　2.7.3 安全风险衡量 …………………………………………………… 98

　2.7.4 安全风险评估 …………………………………………………… 100

　2.7.5 案例分析 ………………………………………………………… 101

2.8 前期评估咨询 ………………………………………………………… 102

　2.8.1 咨询服务依据 …………………………………………………… 102

　2.8.2 咨询工作程序 …………………………………………………… 103

　2.8.3 评估报告编制的要点及重难点 ………………………………… 111

　2.8.4 小结 ……………………………………………………………… 125

2.9 节能评估 ……………………………………………………………… 125

　2.9.1 节能评估定义 …………………………………………………… 125

　2.9.2 建筑类项目节能评估 …………………………………………… 126

　2.9.3 工业类项目节能评估 …………………………………………… 132

　2.9.4 市政、道路类项目节能评估 …………………………………… 134

第 3 章　设计阶段咨询服务 ………………………………………………… 136

3.1 工程设计咨询 ………………………………………………………… 136

3.1.1 设计任务书编制咨询 ·· 136

3.1.2 建筑专业设计咨询 ·· 139

3.1.3 结构专业设计咨询 ·· 147

3.1.4 机电专业设计咨询 ·· 157

3.1.5 专项设计咨询 ··· 160

3.1.6 设计阶段工程经济 ·· 162

3.2 设计管理 ·· 162

3.2.1 设计管理概述 ··· 162

3.2.2 设计管理的主要工作内容 ··· 164

3.2.3 设计管理的重点及控制措施 ······································ 167

3.3 设计评审 ·· 183

3.3.1 初步设计评审 ··· 184

3.3.2 施工图审查 ·· 187

3.3.3 抗震设计审查 ··· 191

3.3.4 消防审查 ·· 193

3.3.5 其他设计评审 ··· 195

3.3.6 案例分析 ·· 196

第4章 实施阶段咨询服务 ·· 201

4.1 实施阶段招标采购 ··· 201

4.1.1 招标采购工作目标、原则和方式 ································· 201

4.1.2 招标采购工作流程与重点 ··· 203

4.2 工程监理 ·· 214

4.2.1 工程监理的概念 ·· 214

4.2.2 工程监理的权利、义务和责任 ···································· 215

4.2.3 工程监理的工作范围和内容 ······································ 217

4.2.4 工程监理的工作方法 ·· 224

4.2.5 项目监理机构及监理人员的职责 ································· 227

4.2.6 工程监理的发展趋势 ·· 228

4.2.7 工程监理案例 ··· 230

第5章 竣工验收阶段咨询业务 ·· 253

5.1 竣工结算审核与决算 ·· 253

5.1.1 竣工结算审核 ··· 253

5.1.2 竣工决算的编制与审核 ··· 259

5.2 工程项目后评价 ··· 261

　　5.2.1　工程项目后评价的定义 ······················· 261

　　5.2.2　工程项目后评价的主要内容 ··················· 261

　　5.2.3　工程项目后评价的主要依据 ··················· 262

　　5.2.4　工程项目后评价的重难点 ····················· 262

第6章　运营阶段咨询业务 ······························· 270

　6.1　总体运营策划 ····································· 270

　　6.1.1　工程项目运营策划 ··························· 270

　　6.1.2　工程项目运营方式策划 ······················· 271

　　6.1.3　工程项目运营组织策划 ······················· 272

　6.2　招商策划 ··· 273

　　6.2.1　招商策划的原则 ····························· 273

　　6.2.2　招商策划的程序 ····························· 274

　　6.2.3　招商策划书的编制 ··························· 276

　6.3　销售策划 ··· 277

　　6.3.1　销售策划的原则 ····························· 277

　　6.3.2　销售策划的程序 ····························· 278

　　6.3.3　销售策划书的编制 ··························· 279

　6.4　设施管理 ··· 281

　　6.4.1　设施管理的内容 ····························· 281

　　6.4.2　设施管理的特点 ····························· 282

　　6.4.3　物业设备设施管理 ··························· 283

第7章　全过程咨询投资控制 ··························· 285

　7.1　投资控制概述 ····································· 285

　7.2　设计阶段投资控制 ································· 285

　7.3　施工阶段投资控制 ································· 288

　7.4　竣工交付阶段投资控制 ····························· 290

第8章　其他专项咨询服务 ····························· 292

　8.1　绿色建筑咨询 ····································· 292

　　8.1.1　绿色建筑认证 ······························· 297

　　8.1.2　规划、设计和施工阶段绿色建筑过程管理 ······· 299

　　8.1.3　施工、验收和运营阶段绿色建筑管理 ··········· 300

　8.2　工程项目投融资咨询 ······························· 305

　　8.2.1　概念体系 ··································· 305

    8.2.2　案例分析 ··· 306

  8.3　建设工程相关法务咨询 ······································· 315

    8.3.1　建设工程司法鉴定的原则和程序 ················· 316

    8.3.2　建设工程质量类鉴定 ······························ 316

    8.3.3　建设工程造价类鉴定 ······························ 319

    8.3.4　建设工程司法鉴定文书和归档资料 ··············· 324

  8.4　工程信息化咨询 ··· 324

    8.4.1　BIM 咨询 ··· 324

    8.4.2　基于 GIS 的信息化咨询 ·························· 332

    8.4.3　协同工作软件 ······································· 334

    8.4.4　基于无人机的全过程工程管理 ··················· 338

  8.5　工程相关政策咨询 ··· 341

    8.5.1　政策咨询概述 ······································· 341

    8.5.2　政策咨询方法 ······································· 342

    8.5.3　政策咨询实例 ······································· 343

  8.6　PPP 咨询 ·· 344

    8.6.1　PPP 咨询内容及流程 ······························ 344

    8.6.2　实施方案编制要点 ·································· 346

    8.6.3　物有所值评价报告编制要点 ····················· 351

    8.6.4　财政承受能力论证报告编制要点 ················· 355

第 9 章　全过程工程项目管理 ······························· 359

  9.1　全过程工程项目管理概述 ····································· 359

    9.1.1　工程项目管理的管理范围 ························ 359

    9.1.2　工程项目管理目标体系 ··························· 361

    9.1.3　工程项目管理模式与组织设计 ··················· 365

  9.2　工程项目行政审批管理 ······································· 377

    9.2.1　工程项目行政审批流程 ··························· 378

    9.2.2　工程项目行政审批重点环节 ····················· 379

  9.3　工程项目投资管理 ··· 385

    9.3.1　投资管理概述 ······································· 385

    9.3.2　工程项目投资管理重点和方法 ··················· 391

    9.3.3　工程项目投资管理实用工具 ····················· 398

  9.4　工程项目进度管理 ··· 404

    9.4.1　工程项目进度管理概述 ··························· 404

    9.4.2　工程项目进度控制重点和措施 ··················· 405

9.4.3 工程项目进度管理实用工具 ･････････････････････････ 409

9.5 工程项目质量管理 ･･････････････････････････････････ 413

    9.5.1 工程项目质量管理概述 ･･････････････････････････ 413

    9.5.2 工程项目质量管理的责任体系 ･･･････････････････ 414

    9.5.3 工程项目质量管理的重点和方法 ･････････････････ 414

    9.5.4 工程项目质量管理实用工具 ･････････････････････ 425

9.6 工程项目安全管理 ･･････････････････････････････････ 428

    9.6.1 工程项目安全管理概述 ･･････････････････････････ 428

    9.6.2 工程项目安全管理的责任体系 ･･･････････････････ 431

    9.6.3 工程项目安全控制重点与方法 ･･･････････････････ 434

    9.6.4 工程项目安全管理实用工具 ･････････････････････ 445

9.7 工程项目信息管理 ･･････････････････････････････････ 450

    9.7.1 工程项目信息管理概述 ･･････････････････････････ 450

    9.7.2 工程项目信息管理的过程 ･･･････････････････････ 451

    9.7.3 工程项目信息管理的方法和重点 ･････････････････ 453

    9.7.4 工程项目信息管理实用工具 ･････････････････････ 455

9.8 工程项目合同管理 ･･････････････････････････････････ 457

    9.8.1 工程项目合同构成 ･･･････････････････････････････ 457

    9.8.2 工程项目合同管理的内容 ･･･････････････････････ 463

    9.8.3 工程项目合同管理的方法 ･･･････････････････････ 468

    9.8.4 工程项目合同管理实用工具 ･････････････････････ 469

参考文献 ･･ 470

第1章　全过程工程咨询概述

1.1　国内外工程咨询发展概况

1.1.1　国内工程咨询业的发展

（1）国内工程咨询业发展历程

新中国成立以来，我国工程咨询业从无到有、由小到大，取得了长足的发展。随着改革开放的深入和社会主义市场经济体制的确立，工程咨询产业化、工程咨询单位市场化步伐明显加快，行业规模显著扩大，人员素质不断提高，服务质量和水平稳步提升。总结中国工程咨询业发展历程，大致可以分为四个阶段：萌芽阶段、起步阶段、与国际接轨阶段和快速发展阶段。

萌芽阶段——"一五"期间，我国工程咨询业初步萌芽，当时我国的投资决策体制沿用苏联的模式，采用"方案研究"、"建设建议书"、"技术经济分析"等类似可行性研究的方法，取得了较好的效果，并由此成立了一批工程设计院，由这些设计院担任大量的工程设计及项目前期工作。但当时的咨询工作都是在政府指令性计划下完成的，服务内容和服务形式与现代化的咨询服务在深度和广度上均有所差异。

起步阶段——我国真正意义上的工程咨询业始于20世纪80年代初期。在此期间，我国工程咨询业务大部分属于工程前期项目咨询，机构大体上可分为两个部分——绝大部分是当时计划经济体制下诞生的勘察设计单位，其次是依托各级计经委等政府部门或建设银行等金融机构而成立的各类工程咨询服务公司。

1992年，中国工程咨询协会的成立及1994年《工程咨询业管理暂行办法》的颁布标志着我国工程咨询行业正式形成，国家产业政策也明确把工程咨询纳入服务业。然而，此时从事战略性规划和工程项目后评价等业务的工程咨询机构比较少，工程咨询主业仍局限于前期论证和评估咨询，综合性工程咨询公司极少，而工程勘察设计单位的业务范围还是以工程勘察设计为主。

与国际接轨阶段——随着1996年中国工程咨询协会代表我国工程咨询业加入国际咨询工程师联合会（FIDIC）和2001年我国加入WTO，我国政府机构改革、科研设计单位全面转制，在此契机下，国内各类工程咨询单位也进行了与政府机构的脱钩改制工作，工程咨询市场进一步开放。与此同时，国外工程咨询机构也开始大力开拓中国市场，在中国设立办事处或公司。此外，国内工程咨询企业也开始尝试进入国际市场，我国工程咨询业进入了全面迎接国际竞争的时代。

快速发展阶段——2001年，中国工程咨询协会启动了工程咨询单位资格认定实施办法的修订工作。

2002年，人事部、国家计委决定对长期从事工程咨询工作、具有较高知识技术水平和丰富实践经验的人员，进行注册咨询工程师（投资）执业资格的认定工作。

2005年，国家发展和改革委员会颁布实施《工程咨询单位资格认定办法》，并首次将工程咨询单位资格认定纳入行政许可。

2008年，国务院正式明确了"指导工程咨询业发展"是国家发展和改革委员会的主要职能之一，在新中国历史上首次明确中国工程咨询业的归口管理部门。随后，国家发展和改革委员会编制印发了第一个工程咨询业发展纲要——《工程咨询业2010—2015年发展规划纲要》。由此，标志着一个法律法规、运行制度日益完善的行业发展态势和政府指导、行业自律、市场运作的工程咨询市场正在形成。

2010年，国际咨询工程师联合会和中国工程咨询协会共同正式启动了FIDIC工程师培训和认证试点工作，进一步加快了我国工程咨询行业的国际化进程。

2012年，工程咨询行业成为国家鼓励类产业目录并被列入《服务业发展"十二五"规划》，并于2016年列入《中华人民共和国国民经济和社会发展第十三个五年规划纲要》加快发展的生产性服务业。

2016年，中国工程咨询协会出台了《工程咨询业2016—2020年发展规划》，分析了我国工程咨询行业发展状况和面临形势、提出了工程咨询行业发展的总体要求、具体内容和政策措施建议。

2017年，国务院《关于促进建筑业持续健康发展的意见》提出，完善工程建设组织模式，培育全过程工程咨询。鼓励投资咨询、勘察、设计、监理、招标代理、造价等企业采取联合经营、并购重组等方式发展全过程工程咨询，培育一批具有国际水平的全过程工程咨询企业。

2017年，国家发展和改革委员会颁布《工程咨询行业管理办法》取消行政许可，取消了准入门槛。行业管理由行政许可模式转为政府监管、行业自律、企业自主的管理模式，由静态管理转为动态管理，由事前许可管理转为事中事后监督管理。

此外，一批涉及工程咨询行业管理、市场准入、市场监管、质量控制的规范性文件陆续出台，各项鼓励支持工程咨询业发展的政策措施进一步落实，使工程咨询的行业认知度有效提升，行业自律管理与服务有效加强，行业发展环境持续优化。

（2）我国工程咨询企业的构成

1）按照资质认定的不同管理部门进行划分。主要分为两大类别：

一类是由国家发展和改革委员会颁发工程咨询资质的企业或事业单位。主要为投资项目开展前期论证、评估等环节提供咨询服务，从业人员以注册咨询工程师（投资）为准入资格。此类称之为"工程咨询（投资）机构"；

另一类是由住房城乡建设部等其他政府部门颁发资质的工程咨询机构。包括投资建设项目的勘察设计、工程监理、工程造价咨询及工程招标代理等，从业人员也分别设置了相应的准入资格，如注册建筑师、注册结构工程师、注册监理工程师、注册造价工程师等。

2）按照工程咨询机构的性质和服务阶段划分。我国工程咨询机构主要由三类构成：

第一类，综合性工程咨询机构，主管部门为各地发展改革部门。承接业务范围涵盖投资建设项目的前期决策、勘察设计及实施阶段的咨询服务，其中，服务内容以项目前期决策咨询为主，项目实施阶段咨询为辅；

第二类，各行业的研究院、设计院以及咨询机构等。主管部门为国家各行业管理部门，承接业务范围涵盖从勘察设计到实施阶段的咨询服务；

第三类，企业性质的工程咨询机构，企业规模通常为中小型。承接业务范围涵盖投资建设项目的前期决策、勘察设计及实施阶段的咨询服务。该类工程咨询机构普遍具有相对科学的企业管理体制、运营体制和高效的员工激励机制，具有较为广阔的成长和发展空间，未来发展趋势良好。

（3）我国工程咨询行业的发展趋势

伴随着我国经济的快速发展、固定资产投资规模的不断扩大，我国工程咨询行业发展迅速，主要呈现以下特点和发展趋势：

1）行业实力明显增强

我国咨询行业规模稳步扩大，可持续发展的人才队伍日益壮大，具有国际竞争力的工程咨询公司（集团）不断增加，工程咨询单位体制机制改革创新力度不断加大，工程咨询行业差异竞争、优势互补、协调共进的多元化发展格局逐步形成。至2015年底，全行业年营业收入超过3万亿元，20家工程咨询企业进入《工程新闻记录》（ENR）"全球工程设计公司150强"，同时，有21家工程咨询企业进入"国际工程设计公司225强"。

2）市场化进程显著加快

2017年7月17日，国家发展和改革委员会投资司发布《工程咨询行业管理办法》（征求意见稿），该意见中不再提"工程咨询单位应取得工程咨询单位资格证书，在认定的专业和服务范围内开展工程咨询业务"等条款，工程设计、工程监理等也从咨询业务范围中去除。此外，2017年9月22日，国务院印发《关于取消一批行政许可事项的决定》，该决定中也取消了工程咨询单位资格认可行政许可事项，放开工程咨询市场准入。由此，工程咨询行业的市场化、产业化进程进一步加快，并进一步激发了工程咨询单位及市场的活力，从而可以更好地为经济社会发展服务。

3）业务范围有待充实

受我国特殊国情影响，我国工程咨询服务在长期的建设过程中逐渐形成了分阶段分部门的特点。根据项目的建设过程，工程咨询业服务的过程大体上可分为：项目建设前期的策划、项目的可行性研究、勘察设计、招标和评标服务、合同谈判服务、施工管理（监理）、生产准备、调试验收与总结评价等。现阶段工程咨询单位主要集中在投资策划与可行性研究阶段，设计阶段还没有成形的咨询服务，而施工阶段由监理公司来承担建设项目的质量和工期的监督管理工作，造价环节由造价咨询公司来进行，其他阶段由其他单位完成，工程咨询单位的工作分开开展，由此很难实现全过程的控制与管理。

（4）我国工程咨询业面临的问题

与发达国家相比，我国工程咨询业起步较晚、基础薄弱，整体发展水平与经济社会发展的要求并不完全适应，制约行业发展的问题相对比较突出，具体如下：

一是行业法律法规不健全。现有法规尚未形成体系，工程咨询的法律地位和法律责任没有得到明确界定。

二是行业多头管理、政出多门，缺乏对全行业的统一指导。

三是全社会对工程咨询认识不足。工程咨询概念模糊，与国际通行的"为投资建设提供全过程服务"的理念存在差异。各类投资主体的咨询意识普遍淡薄，并且行业的社会认知度不高。

四是行业发展的政策环境不理想。收费结构不合理，对行业发展起引导、保障和扶持作用的相关政策缺位。

五是市场发育不健全。市场分裂割据，行政干预与地方保护现象较多，市场机制难以有效发挥作用，无序竞争现象严重。

六是缺乏统一的行业自律管理组织，行业自律管理与服务不完善。

七是工程咨询单位自身建设的力度有待加强。创新动力不足，咨询服务质量有待提高，高素质人才匮乏，管理体制及运行机制不灵活，信息化建设滞后，国际化水平低。

1.1.2 国际工程咨询业的发展

（1）国际工程咨询业的发展概况

工程咨询产生于18世纪末19世纪初的第一次产业革命，它是近代工业化进程下的产物。

19世纪初期，工程师一般受聘于政府部门和工厂企业，从事工业生产、工程设计和施工管理。19世纪上半叶开始，随着西方国家工业革命和社会经济技术的发展，一部分工程师分离出来，凭着自身的专业技能和丰富经验，提供建筑工程咨询服务。随着从事工程咨询人员的增多，建筑领域开始出现行会组织。1818年英国建筑师约翰·斯梅顿组织成立了第一个土木工程师学会，1852年美国建筑师学会成立。参加这些学会的土木工程师和建筑师，虽然没有冠名为咨询工程师，但他们从事的却是工程咨询性质的业务。1904年丹麦成立了国家咨询工程师协会，随后美国、英国、比利时、法国、瑞士等国家也相继成立工程咨询协会，表明工程咨询作为一个独立行业已经在欧美一些国家形成。1913年国际咨询工程师联合会成立，由此标志着工程咨询作为一个独立行业，已经在世界范围内形成。

由上述分析可知，国际工程咨询业的发展大致经历了三个阶段：个体咨询阶段、合伙咨询阶段、综合咨询阶段。

个体咨询阶段——在19世纪，土木工程师和建筑师，独立承担从建筑工程建设中分离出来的技术咨询，这一时期的工程咨询活动带有分散性、随机性、经验性的特点。

合伙咨询阶段——在 20 世纪，工程咨询已从建筑业扩展到工业、农业、交通等行业领域，咨询形式也由个体独立咨询发展到合伙人公司，技术咨询水平进一步提高。

综合咨询阶段——第二次世界大战以后，工程咨询业又发生了三个变化：从专业咨询发展到综合咨询，从工程技术咨询发展到战略咨询，从国内咨询发展到国际咨询。同时，出现了一批著名的工程咨询公司，如福陆公司（FLUOR）、柏克德公司（Bechtel）、奥雅纳工程顾问公司（ARUP）等。

20 世纪 50 年代信息技术的产生和发展掀起了第三次产业革命的热潮，促进了工程咨询业的进一步演进，各行各业使用工程咨询服务越来越普遍，促使工程咨询业在数量和规模上均出现了新的飞跃。此外，由于经济的发展越来越突破民族经济和地缘经济的概念而变得日趋国际化，工程咨询服务也逐步走向国际化。随着国际经济技术交流与合作不断加强，发展中国家的工程咨询业也迅速崛起，并吸引了 AECOM（艾奕康）、SWECO（斯维可）、福陆公司、BV（必维）、柏克德等一大批国际工程咨询企业进驻中国。

（2）欧美国家的工程咨询业

1）美国的咨询服务业

美国咨询业十分发达，其咨询营业额占全球咨询市场的比重很大。美国工程咨询业针对客户经营环境日趋复杂多变、经营存在着管理水平低、人员素质低、技术人员和管理人员缺乏等问题，依靠自身对问题专业化研究的优势和长期咨询服务积累的丰富经验，为客户提供具有独立性和客观性的建议。同时可为企业提供专项研究方案、专门技术、新的管理方法、经营经验等。美国的咨询业注重服务的策略性与实用性，成为美国企业越来越依赖的重要智力支持力量。

美国工程咨询业具有以下特点：

① 政府扶持力度大

美国政府十分重视工程咨询业的市场需求，其主要做法是：帮助咨询公司打开业务渠道，充分保证咨询公司的业务来源；在咨询公司的管理方面，政府除了从税收、保险等方面通过经济手段加以调控外，还从审计等方面进行严格管理；美国政府提倡用外脑、政府部门及企业习惯找咨询公司为其服务，咨询项目在招标的基础上公开竞争。此外，为鼓励咨询业的发展，政府还采取将企业的咨询费用可计入成本的方式来刺激企业的对咨询的需求。

② 私有化程度高

从美国工程咨询业的发展规律来看，咨询业的主要动力是具有"企业性质"的民间咨询机构的介入，它们直接接受市场的考验，并将成为国家咨询产业的主要力量。例如，美国 80% 咨询公司具有私营企业性质，它们一般不隶属于政府部门或企业单位，而是独立地选择或承担咨询项目，客观、中立的开展咨询业务，为企业提供具有"高附加值"的咨询服务。

③ 具有完善的服务体系

美国工程咨询业的构成比较合理，既有世界一流的大型咨询公司，又有众多专业分工非常细的小型咨询公司，已经形成了市场运作规范、专业化程度高、收费合理、相对稳定的服务体系。

④ 完善的人才资源管理机制

美国工程咨询业在人力资源的建设与开发方面也有许多成熟的做法。例如，严格的资格认证制度、人力资源的目标管理制度、为专业人员营造的客观性、公正性和科学性工作氛围、强调遵守其职业道德，以及设立相对独立的项目进度及质量的审查小组等。另外，通过采用激励机制、约束机制与良好文化氛围的互相作用方式，使得美国咨询业在人力资源管理方面机制更加完善。

2）英国的咨询服务业

英国咨询业历史悠久，经验丰富，服务范围大致可分为工程咨询以及产品、技术、经营管理咨询两大类。目前，全英国有 900 余家工程咨询公司，涵盖 90 多个专业，分别从事着工程咨询全过程的各项服务。英国工程咨询主体包括咨询工程公司、咨询合伙人公司和独立咨询工程师。主要的大中型咨询工程公司有 284 家，在设计和项目管理方面有着丰富的实践经验和人力资源，客户群也比较广泛。咨询合伙人公司一般是由多名有经验的和有资质的工程师合作经营的咨询实体，他们的客户大多来自当地或英国国内，客户群相对稳定。独立咨询工程师是即将退休的或已退休的有着丰富咨询经验的工程师。他们多是在项目中以顾问或第三方咨询工程师的身份出现。

从咨询的业务权重来看，土木工程设计、房屋建筑设计、基础工程设计、路桥设计、现场勘查、渠务工程设计、水处理系统设计、防洪工程设计、交通规划、施工安全咨询和铁路设计等业务占了整个英国咨询业务的 75%，其余的 25% 包括电力系统设计、隧道工程、防火工程、石油管道工程和防震工程等。有时在业主委托下，咨询服务业也涉及工程项目管理或施工过程中的监理。

由于英国国内咨询市场已被充分开发，咨询主体的利润率已被压缩到 1%～3% 左右，近些年来，一些颇具规模的咨询公司已把业务重点放到远东环太平洋地区和中东的迪拜，中国市场也是他们争夺的重中之重。

3）其他发达国家的咨询服务业

德国、法国两国工程咨询业都有着悠久的历史，在本国和世界多数国家的建设活动中起着重要作用。目前，这两个国家的咨询机构规模呈两极分布状态，以或大型或小型公司发展。日本咨询业虽在 20 世纪 60 年代才兴起，但目前已进入稳步发展的阶段，日本政府成立了"日本海外工程咨询公司协会"，着力开拓海外咨询业务。此外，其他一些欧洲国家以及澳大利亚也都拥有实力前劲的工程咨询行业，并积极参与国际市场竞争。

（3）国际工程咨询企业的类型和特点

在国际工程咨询市场上，工程咨询企业大体上有三种类型：

一是专门的工程咨询机构。如独立的顾问公司、工程咨询公司等。

二是工程咨询和工程设计二者兼营的咨询设计机构。这类咨询机构既承担项目前期工作，又承担项目设计和有关技术文件的编制，包括完整的分段深度设计图纸和相应的方案资料，还可提供现场设计服务和项目监理。

三是集咨询、设计、采购、建设于一体的工程公司。其服务范围包括项目建设的"全过程"，即从项目投资前期工作开始直至建成投产（或交付使用）为止，也就是所谓的"交钥匙"方式。这也是一个时期以来，国际建筑市场上受推崇和应用较多的方式。国际工程咨询企业，特别是大型工程咨询企业，具有如下特点：①规模特大、经验丰富、跨国性；②经营和发展模式：利用金融手段进行企业兼并和重组；③吸收多国人才，全球布点，构建网络型组织，开展多种国际合作模式，实现全球化服务；④提供全生命周期咨询服务，系统性问题一站式整合服务；⑤提供综合性很强的多元化服务，包括各种类型工程的咨询服务，包括房屋建筑、工业建设、基础设施（公路、铁路、地铁、航道等）、建筑设备、环境工程和水务工程等；⑥拥有国际著名的规划和建筑设计团队；⑦拥有一批设计、施工和工程管理经验非常丰富的咨询工程师。

（4）国际工程咨询业的发展趋势

1）开拓广泛的专业咨询服务

为了生存与发展，一些国际咨询工程师将业务重点转向专业咨询业务，并努力开拓更广泛的专业咨询领域。国际咨询工程师常以专业咨询服务为先导，以此进入新的咨询服务市场，并在专业咨询服务基础上进一步开辟全方位、全过程的工程咨询服务。

2）加强与当地咨询工程师的合作

在许多国家，由于地方保护政策的原因，外国咨询工程师一般很难单独被委托从事项目的咨询服务工作。即使在外国咨询工程师可以自由地从事咨询业务的地区，也经常遇到外汇的短缺和对可汇兑货币的汇款限额问题，对外国咨询业进入当地造成一定困难。所以，目前国际咨询工程师常常采取与当地的咨询工程师合作、合资经营的方式承担项目的咨询服务工作，或是为当地的咨询工程师或业主提供各专业的技术专家进行技术服务。

1.1.3　国内外工程咨询比较分析

发达国家工程咨询业的发展已有一百多年的历史，经过不断地改进与完善，已经形成了规范化的市场环境。国外先进的工程咨询公司依靠自身良好的经营模式与网络、高素质的专家队伍、有效的管理手段垄断了工程咨询业的国际市场。近几年，我国工程咨询业的发展虽然取得了不小的进步，但整个行业发展仍然处在初级阶段，与国外工程咨询业相比还存在很大差距。主要表现在以下几个方面（表 1-1）：

国内外工程咨询比较分析　　　　　　　　　　　　　表 1-1

比较项	国内	国外
经营规模	规模较小、服务产品单一	规模较大、服务产品多样化
发展模式	以企业自主规模壮大为主	利用金融手段进行企业兼并和重组
服务内容	传统管理咨询为主	管理咨询＋技术咨询
服务能力	碎片化服务为主，提供全生命周期咨询服务能力弱	提供全生命周期咨询服务

比较项	国内	国外
咨询手段	高科技、新技术、信息化手段应用程度低	高科技、新技术、信息化手段应用程度低
队伍建设	复合型优秀咨询工程师缺乏	拥有一批设计、施工和工程管理经验非常丰富的咨询工程师
创新能力	缺乏产品研发和创新能力	以可持续建设指导工程咨询服务，积极开展创新研发
跨行业能力	单一行业服务特征明显，跨行业服务能力差	综合性很强的多元化服务，包括各种工程类型的咨询服务
国际化程度	国内为主，国际化程度低	全球布点，国际合作，全球化服务
其他	熟悉国情、了解国内政策及市场行情，更容易沟通协调。同时，具有更多国内资源，能帮助业主解决更多问题	新的服务模式，即系统性问题一站式整合服务

1.2 全过程工程咨询

1.2.1 全过程工程咨询的产生背景

建筑业是国民经济的支柱产业，产业关联度高，全社会资产投资的50%以上要通过建筑业才能形成新的生产能力或使用价值。目前，我国的建筑业还处于一种粗放型和数量型的增长方式，能耗大、成本高、效率低，并且投资效益较低、建筑产品质量难以进一步提高。而与粗放型经济增长方式相比，集约型经济增长方式消耗较低，成本较低，投资效益和质量能得到进一步提升。实现建筑业集约型经济增长方式的重要途径之一是通过建设项目全过程的集约化管理，实现投资决策的科学化、实施过程的标准化、运营过程的精细化。全过程工程咨询的组织管理模式可以对投资项目的规划、决策、评估、设计、采购、设计、监理、验收、运维管理、后评估等各个建设过程环节进行有效的控制，提升项目投资效益，确保工程质量。

另一方面，随着我国经济和社会的发展，对工程建设的组织管理模式提出了更高的要求，加上"一带一路"的推进，建筑业国际化、市场化程度不断提高，需要政府从工程建设的微观、直接管理向宏观、间接的管理职能转变，从事前监管向事中、事后监管职能转变，社会化、专业化的全过程工程咨询服务资源可以充分发挥其在建筑服务市场中技术和管理的主导作用，客观上促进了政府职能的转变，促进了工程咨询服务企业的转型升级。因此，全过程工程咨询的提出适应了时代发展的要求。

综上所述，全过程工程咨询的提出，是转变建筑业经济增长方式的需要；是促进工程建设实施组织方式变革的需求；是政府职能转变的需求；是提高项目投资决策科学性，提高投资效益和确保工程质量的需要；是实现工程咨询类企业转型升级的需求；是推进工程咨询行业国际化发展战略的需求。

1.2.2　全过程工程咨询的内涵与特征

2017 年，国务院办公厅和住房城乡建设部相继出台了《关于促进建筑业持续健康发展的意见》（国办发〔2017〕19 号）和《关于开展全过程工程咨询试点工作的通知》（建市〔2017〕101 号）文件，浙江、江苏、福建、广东等省以及浙江绍兴市等地又相继制定出台相关的指导意见或试点工作方案，在工程咨询服务行业引起了极大的反响，并就全过程工程咨询的提出背景、内涵与特征、服务范围和内容、委托方式、市场准入、服务模式、咨询企业能力建设、服务酬金、政府监管、挑战和对策等热点问题引发了各种形式的研讨。

在国务院印发的《关于促进建筑业持续健康发展的意见》中首次提出了"全过程工程咨询"的概念，并提出：完善工程建设组织模式，培育全过程工程咨询。鼓励投资咨询、勘察、设计、监理、招标代理、造价等企业采取联合经营、并购重组等方式发展全过程工程咨询，培育一批具有国际水平的全过程工程咨询企业。

此外，住房城乡建设部发布的《建筑业发展"十三五"规划》中要求：提升工程咨询服务业发展质量，改革工程咨询服务委托方式，引导有能力的企业开展项目投资咨询、工程勘察设计、施工招标咨询、施工指导监督、工程竣工验收、项目运营管理等覆盖工程全生命周期的一体化项目管理咨询服务。

与此同时，在住房城乡建设部《工程勘察设计行业发展"十三五"规划》中提出：培育全过程工程咨询。积极利用工程勘察设计的先导优势，拓展覆盖可行性研究、项目策划、项目管理等工程建设全生命周期的技术支持与服务，提高工程项目建设水平。

另外，在住房城乡建设部发布的《关于开展全过程工程咨询试点工作的通知》中提到：要引导大型勘察、设计、监理等企业积极发展全过程工程咨询服务，拓展业务范围。在民用建筑项目中充分发挥建筑师的主导作用，鼓励提供全过程工程咨询服务。

今年 3 月，《关于征求推进全过程工程咨询服务发展的指导意见（征求意见稿）和建设工程咨询服务合同示范文本（征求意见稿）意见的函》发布，为全过程工程咨询的具体实践起到了较大的指导作用。

综上所述，全过程工程咨询的内涵和特征可以理解为：

（1）全过程工程咨询的内涵

全过程工程咨询的含义可以理解为：全过程工程咨询是对工程建设项目前期研究和决策以及工程项目实施和运行（或称运营）的全生命周期提供包含设计和规划在内的涉及组织、管理、经济和技术等各有关方面的工程咨询服务。

1）全过程工程咨询的性质：是咨询服务，管理咨询和技术咨询兼而有之。

2）全过程工程咨询的目的：提高投资决策科学性；实现项目的集成化管理；提升项目投资效益的发挥，确保工程质量。

3）全过程工程咨询的作用：①有利于工程建设组织管理模式的改革；②有利于工程咨询服务业发展质量的提升；③有利于工程咨询行业组织结构的调整以及行业资源的优化

组合；④有利于工程咨询企业水平和能力的提升；⑤有利于工程咨询行业人才队伍的建设和综合素质的提升；⑥有利于建筑师制度的建立和推动；⑦有利于工程咨询业的国际化发展。

4）全过程工程咨询的服务对象：主要为业主提供咨询服务。

5）全过程工程咨询的服务周期：可以包括项目决策、设计、施工、运营四个阶段的全生命周期（可以称之为"完整全过程"），或者至少涵盖两个或两个以上阶段的工程咨询服务（称之为"阶段性全过程"）。

6）全过程工程咨询的推进原则：坚持政府引导与市场选择相结合的原则。

（2）全过程工程咨询的特征

1）咨询服务覆盖面广。服务阶段覆盖项目策划决策、建设实施（设计、招标、施工）全、运营维护等过程。服务内容包括技术咨询、管理咨询，兼而有之。

2）强调智力性策划。工程咨询单位要运用工程技术、经济学、管理学、法学等多学科的知识和经验，为委托方提供智力服务。如：投资机会研究、建设方案策划、融资方案策划、招标方案策划、建设目标分析论证等。

3）实施集成化管理。工程咨询单位需要综合考虑项目质量、安全、环保、投资、工期等目标以及合同管理、资源管理、信息管理、技术管理、风险管理、沟通管理等要素之间的相互制约和影响关系，实施集成化管理，避免项目管理要素独立运作而出现的漏洞和制约。

1.2.3　全过程工程咨询的服务范围和内容

（1）全过程咨询的服务范围

全过程工程咨询的服务范围是投资项目的全寿命周期，包括决策阶段、实施阶段（设计和施工）和运营阶段，具体由委托合同约定。

（2）全过程咨询的服务内容

全过程工程咨询的服务内容是合同委托范围内全过程（或相对全过程）实施的策划、控制和协调，以及单项或单项组合专业工程咨询。其服务内容可以简单表达为："1+X"模式，其中：

"1"——全过程（或相对全过程）工程咨询管理服务，服务内容是全过程（或阶段全过程）的策划、控制和协调工作，接近于以往业主工作，是贯穿全过程的服务管理咨询；

"X"——专业工程咨询管理服务的集合，可以用 $\{(x_0, x_1, x_2, x_n)\}$ 表达，具体单项专业工程咨询（表1-2）（不限于此）。承担全过程工程咨询企业可以根据委托方意愿、自身服务能力、资质和信誉状况等承担其中的一项或多项专业工程咨询服务，"剩余"的其他专业工程咨询服务可以由委托方直接委托或全过程工程咨询企业通过转委托、联合体、合作体等方式统筹组织和管理。

1.2.4　全过程工程咨询的服务模式

（1）对"全过程"的理解

由于实施阶段主要包含设计和施工两个阶段，我们将"决策、实施、运营"三个阶段拆分为"决策、设计、施工和营运"四个阶段。那么，包含这四个阶段的哪几个阶段才能称之为"全过程"，目前，相关文件没有给出过答案。笔者认为包含同时两个及两个以上阶段工程咨询服务即可认为是一个相对全过程的工程服务，或称为"相对全过程"工程咨询，只有一个阶段的工程咨询服务称之为阶段性工程咨询服务（图1-1）。

单项专业工程咨询管理服务内容   表 1-2

阶段	单项专业工程咨询管理服务内容
决策阶段	1)规划或规划设计(概念性规划、城市设计、交通规划等) 2)项目投资机会研究(市场调研报告等) 3)项目策划(定位策划和功能产品策划、产业策划、商业策划等) 4)立项咨询(编制项目建议书、项目可行性研究报告、项目申请报告和资金申请报告) 5)评估咨询(可研评估、环境影响评估、节能评估、社会稳定风险评估等) 6)项目实施策划报告编制 7)报批报建和证照办理
实施阶段	8)工程勘察 9)工程设计、设计优化、设计总包、设计管理等 10)招标采购 11)造价咨询 12)工程监理 13)竣工结算
运营阶段	14)项目后评价 15)运营管理 16)拆除方案咨询

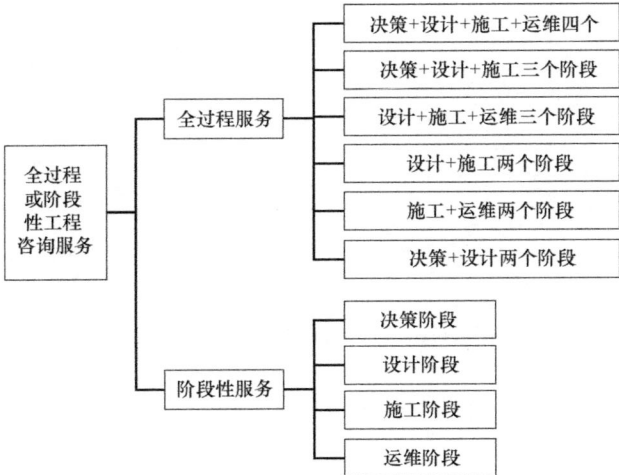

图 1-1 全过程或阶段性工程咨询服务管理

（2）全过程工程咨询服务模式

根据当前国内的情况和实践的状况，目前大致有三大类服务模式：

1）全过程工程咨询顾问型模式。该模式是指从事全过程工程咨询企业受业主委托，按照合同约定，为工程项目的组织实施提供全过程或若干阶段的顾问咨询服务。特点是咨询单位只是顾问，不直接参与项目的实施管理。

2）全过程工程咨询管理型模式。该模式是指从事全过程工程咨询企业受业主委托，按照合同约定，代表业主对工程项目的组织实施进行全过程或若干阶段的管理和咨询服务。特点是咨询单位不仅是顾问，还直接对项目的实施进行管理。咨询单位可根据自身的能力和资质条件提供单项咨询服务。

3）全过程咨询一体化协同管理模式。该模式是指从事全过程工程咨询企业和业主共同组成管理团队，对工程项目的组织实施进行全过程或若干阶段的管理和咨询服务。

以上三种模式，咨询单位可根据自身的能力和资质条件提供单项或多项咨询服务。

第2章 决策阶段咨询服务

2.1 规 划 咨 询

2.1.1 规划内涵概述

规划是国家或地方各级政府根据国家的方针、政策和法规，对有关行业、专项和区域的发展目标、规模、速度，以及相应的步骤和措施等所做的设计、部署和安排。

完整的规划体制涉及规划体系、规划性质、规划内容、编制程序、规划期限、决策主体、规划实施、评估调整等方面。

（1）规划的基本概念

1）规划的分类

我国的规划体系由三级、三类规划组成。按行政层级分为国家级规划、省（区、市）级规划、市县级规划；按对象和功能类别分为总体规划、专项规划、区域规划。

2）规划的特征与功能

规划的特征主要包括综合性、层次性、衔接性、协调性、导向性等五项。

规划的功能主要包括综合协调平衡功能、信息导向功能、政策指导调节功能、引导资源配置功能。

3）规划编制部门

国家总体规划和省（区、市）级、市县级总体规划分别由同级人民政府组织编制，并由同级人民政府发展改革部门会同有关部门负责起草。专项规划由各级人民政府有关部门组织编制。跨省（区、市）的区域规划，由国务院发展改革部门组织国务院有关部门和区域内省（区、市）人民政府有关部门编制。

4）规划期限

国家总体规划、省（区、市）级总体规划和区域规划的规划期一般为5年，可以展望到10年以上。市县级总体规划和各类专项规划的规划期可根据需要确定。

（2）各类规划简述

1）总体规划

总体规划是国民经济和社会发展的战略性、纲领性、综合性规划，是编制本级和下级专项规划、区域规划以及制定有关政策和年度计划的依据，其他规划要符合总体规划的要求。

总体规划主要包括以下四方面内容：①经济社会发展情况和面临的形势判断；②规

期的指导思想和发展目标；③规划期的主要任务；④规划期的保障措施。

2）专项规划

专项规划是以国民经济和社会发展特定领域为对象编制的规划，是总体规划在特定领域的细化和延伸。专项规划的功能，是政府履行经济调节、社会管理、公共服务的手段，也是指导该领域的发展，以及审批核准该领域重大项目和安排重大投资、制定特定领域相关政策的重要依据。

专项规划主要包括行业规划、专题规划、发展建设规划、重大工程建设规划等。专项规划文本的主要内容除法律、行政法规另有规定外，一般包括下列内容：①发展方针和目标；②重点任务、主要建设项目及其布局；③规划实施的保障措施；④其他需要纳入规划的事项。

专项规划内容要体现该领域的特点，符合总体规划要求，发展目标尽可能量化，发展任务具体明确、重点突出、布局合理、保障措施可行。对需要国家安排投资的规划，要充分论证并事先征求发展改革委员会和相关部门意见。

专项规划的规划期原则上要与总体规划保持一致，特殊领域也可根据实际情况确定。

3）区域规划

区域规划是以跨行政区的特定区域国民经济和社会发展为对象编制的规划，是总体规划在特定区域的细化和落实。跨省（区、市）的区域规划是编制区域内省（区、市）级总体规划、专项规划的依据。

区域规划可细分为区域发展战略、区域空间规划和区域政策，三者是相互联系、相互支撑的整体。区域发展战略是对全国总体空间格局的谋划，指导空间规划和政策的制定。区域空间规划和区域政策是对区域发展战略的支撑，其中，区域空间规划主要是对人口、资源、生态环境和经济活动等进行空间布局安排；区域政策是对资源的合理分配和各方面关系的协调，服从和支撑于区域空间规划。

4）城市（乡）规划

城市（乡）规划是以发展眼光、科学论证、专家决策为前提，对一定时期内城市（乡）的经济结构、空间结构、社会结构发展以及各项建设进行的综合部署、具体安排和实施管理。

城市（乡）规划是人类为了在城市（乡）的发展中维持公共生活的空间秩序而做的未来空间安排的意志，具有指导和规范城市（乡）建设的重要作用，是城市（乡）综合管理的前期工作。城市（乡）的复杂系统特性决定了城市（乡）规划是随城市（乡）发展与运行状况长期调整、不断修订，持续改进和完善的复杂的连续决策过程。

城市（乡）规划具有技术性、艺术性、政策性、法制性、民主性、综合性、地方性和实践性等基本属性。

2.1.2 规划咨询服务内容

（1）规划咨询的基本概念

规划咨询是指在规划编制部门正式作出规划决策、执行规划管理或在规划许可之前，为了方案择优、技术裁量和利益平衡，继而提高规划科学性和可行性而开展的专家论证、公众征询或分析研究等技术咨询活动。规划咨询是对传统规划体系的有益补充，是规划科学决策的重要依据，同时也是规划执行、建设与管理的重要环节。

规划咨询一般从宏观角度出发，形成决策咨询、管理咨询和技术咨询三个层次的规划体制，主要咨询业务包括规划研究、规划顾问和规划评估。

1）规划咨询的原则

为保障咨询质量和效果，规划咨询应坚持客观中立、统筹兼顾、现实可行的原则，坚持"独立、公正、科学、可靠"的服务宗旨，因地制宜地选择与规划咨询项目相匹配的咨询机构、咨询专家和咨询方式。

2）规划咨询的目的

规划咨询的目的主要包括方案择优、技术裁量和利益平衡。

3）规划咨询的方法

规划咨询工作应根据具体规划内容的需要，采用多种研究方法进行综合分析评价，包括：定性分析与定量分析相结合，宏观分析与中观/微观分析相结合，理论与实际相结合，技术经济分析与社会综合分析相结合，资料分析与调查研究相结合，必要性分析与充分性分析相结合，政策分析与环境分析相结合，机制调整分析与制度创新分析相结合，单项分析、层次分析与综合分析相结合，对象分析和比较分析相结合，正向目标分析与逆向问题分析相结合，静态分析与动态分析相结合等。

（2）规划研究

规划研究主要指针对上述各级总体规划、专项规划、区域规划、城市（乡）规划等进行编制和相关研究服务。

规划研究一般采用逻辑框架法加以汇总和综合，开展规划研究的逻辑框架要做到：

1）研究规划目标；

2）确定实现规划目标需要直接实现的目的；

3）明确规划的主要任务，即规划产出；

4）提出规划应采取的措施，即规划投入。

（3）规划顾问

规划顾问主要指为了更好地辅助规划编制，从第三方角度针对整体或专项相关内容提供的咨询服务，一般可分为决策咨询、管理咨询和技术咨询三个层面。

1）决策咨询

通常在规划编制之前进行，主要通过高水平科研、咨询机构的深入研讨和相关各领域专家的"头脑风暴"来集思广益，为规划的编制，尤其是发展战略和总体规划等宏观规划的编制提供思路和参考。

2）管理咨询

在规划管理过程中通过规划咨询对项目进行技术复核等，实现规划技术管理与行政管理的相对分离，是城市经济、社会和文化发展到一定阶段后提高城市管理质量与效率的必然要求。规划咨询在降低行政审批强度、提高审批效率的同时，能够避免行政审批权力过大而产生的其他问题，增强公平和公正。

同时，规划的制定过程还是协调各方利益的过程，随着经济形式迈入"新常态"，市场建设及利益主体日益多元化，维护公共利益显得尤为重要。咨询顾问作为中介机构，始终站在第三方立场协调各方关系，能够使各级规划更易于为公共目标服务、更好地维护公共利益。

3）技术咨询

规划方案中涉及大量的专业技术性问题，通过引入规划咨询对相关技术要点进行分析，为各项规划设计要点提供专业建议，为规划的科学编制提供了有力的技术支撑，有利于提高城乡规划编制的质量。

同时，由于规划主管部门并非完全规划专业出身，对于规划方案审查审批过程中可能存在的技术性问题理解不够深入和全面，第三方规划咨询的介入可以辅助承担行政审批中的指标核算等一系列技术性内容，咨询机构将按照规划主管部门的工作流程和特点，对规划设计方案进行解读和优化，并整合到一份符合行政审批要求的咨询报告中。通过此种方式加强了技术与管理的衔接，提高了各级规划的可操作性，有助于推动规划管理向精细化的方向发展。

（4）规划评估

规划评估是指对已提出的各级规划进行分析论证，提出实施与修改意见和建议的咨询服务。规划评估是规划动态实施机制的一个重要环节，通过规划评估可以有效地检测、监督现行规划的实施情况，并得到相关的反馈信息，从而为规划编制、政策制定以及规划管理提出修正、调整的建议，使规划运行进入良性循环。

1）规划评估的内容

规划评估按内容主要分为三类：对规划编制成果的评估、对规划实施过程的评估以及对规划实施效果的评估，针对三个方面分别有相应的评估重点与方法。

2）规划评估的程序

基于上述规划评估内容，依据科学的评估流程，研究分析影响、编制成果、实施效果和规划过程的因素，进而提出评估结果和优化建议。规划评估程序可总结（图 2-1）。

3）规划评估的要点

规划评估不仅仅是对规划实施进行检测评价，更应该为本地区未来调整的方向进行战略研究规划，规划评估应关注以下要点：

① 关注外部环境的变化过程；

② 关注空间尺度与时间序列；

③ 关注规划技术的发展变化；

④ 关注规划的延续性。

4）规划评估的方法

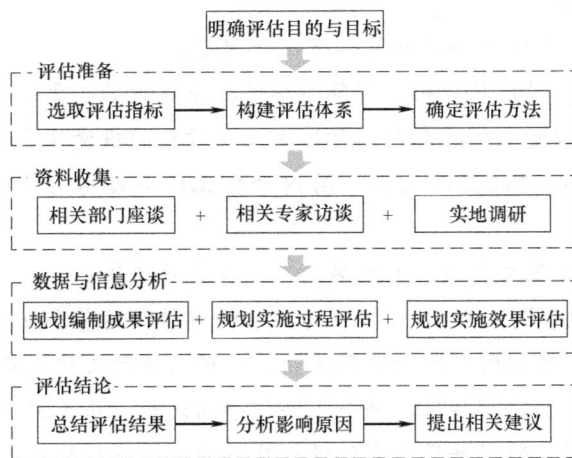

图 2-1　规划评估程序

在评估方法方面，规划评估通常综合运用定量和定性两种方法，如可通过数据和模型等对实施结果与目标蓝图的契合度进行实证分析，也可通过定性描述来说明规划是否为决策提供依据以及是否坚持公正与理性。在规划评估方法的选择与应用上，应注重技术理性与社会理性的融合，也应注重被评估规划与其他相关规划的融合。

2.1.3　案例分析

【案例1】　上海市文化设施"十三五"规划研究咨询

（1）规划咨询背景

文化是软实力，赋予城市活力与吸引力，是城市的灵魂，是城市综合实力的重要组成。除显著的社会功能外，城市的文化实力还和其经济实力密切相关，是城市经济发展的重要推力。世界各大城市充分认识到文化对城市发展的重要性，纷纷提出了促进文化发展的战略，并将其上升为城市总体战略的重要内容。

上海经过几轮的发展，已成为世界第二大经济体的最大城市。面对新一轮的发展，需要将文化放在城市战略的高度，提升城市的文化内涵，并借助文化进一步推动城市经济的发展，实现文化和经济的融合互动。因此，上海"十三五"规划提出"国际文化大都市"的建设目标。"国际文化大都市"的建设，是上海转变经济增长方式、实现创新转型的重要引擎，是促进社会稳定和改善民生的重要抓手，更是建设上海国际大都市的重要内容。

建设上海国际文化大都市是一个重大课题，涉及众多领域，研究内容丰富，将细化提出《上海市"十三五"时期文化改革发展规划》。其中，文化设施体系是上海市文化"十三五"的重要组成内容，为了辅助和引导规划相关内容的编制，特接受上海市委宣传部委托开展上海文化设施的国际比较研究。

本项规划咨询工作开展于2014年，为上海市文化"十三五"规划中文化设施部分的规划内容编制提供参考和依据。

（2）规划咨询思路

经研究，本次规划咨询主要需回答以下几个问题：

1）"为什么建"：通过现状分析、国际对标等提出建设的必要性；

2）"由谁建"：即投资主体，分析国际城市文化设施的投资体系并提供借鉴；

3）"建成什么样"：通过国际对标、国内外文化设施趋势分析等为上海提供借鉴和启示；

4）"如何建"：即上海文化设施的发展思路、对策建议等；

5）"建成后如何运营"：如何保证设施建成后的可持续运营和发展。

基于此，提出规划咨询的整体研究思路为：通过对国际文化大都市的解读，分析国际文化大都市的构成要素和主要特征，并与上海作横向比较。基于文化设施建设对构建国际文化大都市的重要作用，研究并设计文化设施建设的评价指标体系，并对上海主要文化设施的建设情况做国际比较研究，找出上海文化设施建设方面存在的问题和不足。最后结合目前国内外文化设施的建设趋势，提出发展上海文化设施的发展思路和建议（图2-2）。

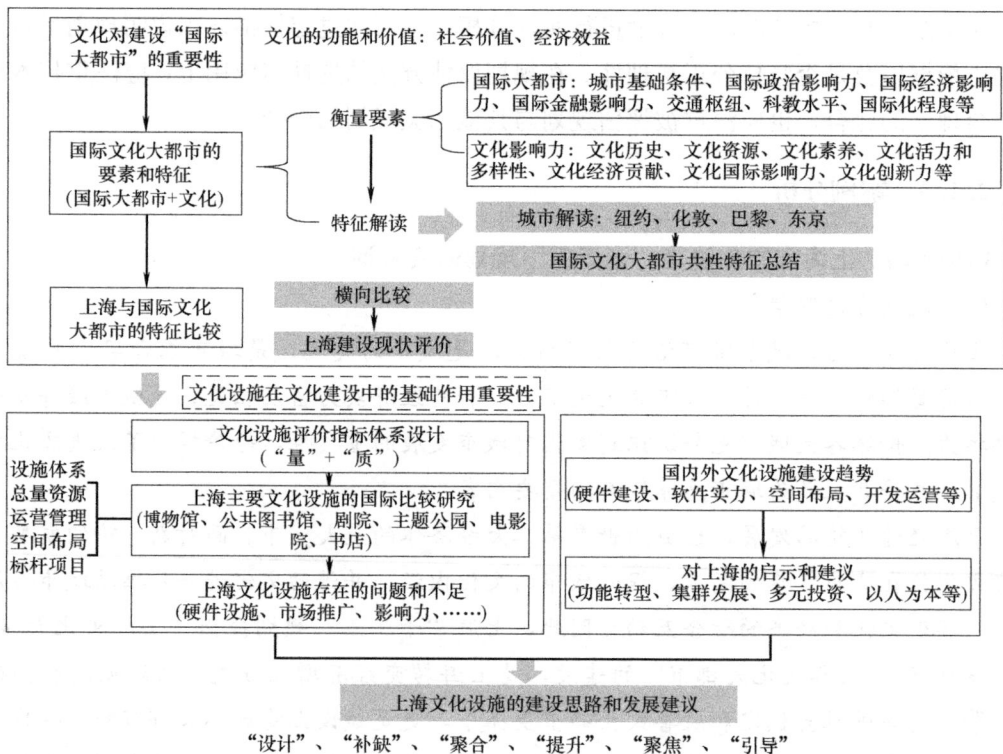

图2-2 上海市文化设施"十三五"规划咨询研究思路与技术路径示意图

（3）规划咨询成果

本次规划咨询成果以研究报告形式呈现，在比较研究和建设趋势分析的基础上，提出上海市文化设施的六大发展建议，并就博物馆、图书馆、剧院、主题公园、电影院、实体书店六大重点文化设施形成专题研究。研究方法系统科学、数据翔实、内容丰富，对上海市文化设施"十三五"的规划编制形成了良好借鉴与参考，研究成果在最终发布的《上海市"十三五"时期文化改革发展规划》中得到了体现。

（4）案例点评

本案例属于规划顾问服务类别下的决策咨询服务项目，规划顾问团队在"十三五"规划出台前进行提前介入，成为政府及规划主管部门的第三方决策智囊，针对上海市的文化设施建设，通过在"为什么建"、"由谁建"、"建成什么样"、"如何建"、"建成后如何运营"等几个重点问题上进行研究和回答，为正式的"十三五"文化专项规划相关内容提供合理化建议，从而为规划部门拓展了规划编制的人力和智力、提高规划的准确性和针对性，同时有助于缩短了规划的前期论证与设计时间。

【案例 2】 华东师范大学闵行校区修建性详细规划修编评估咨询

（1）规划评估背景

随着华东师范大学教育事业发展的需要，为了扩充办学容量，创建一流校园，学校相继启动了闵行校区及中山北路校区的规划调整工作。

华东师范大学闵行校区修建性详细规划修编工作完成后，受教育部委托对其进行评估，咨询方和校方就闵行校区规划的编制情况做了多轮讨论，依据华东师范大学递交的规划设计文件、相关资料、专家意见和补充材料等编制了本项规划评估报告。

（2）规划评估内容

评估咨询方在对华东师范大学的学校基本情况、教育发展规划、校区规划布局及发展定位、闵行校区现状等背景情况进行综合分析的基础上，针对华东师范大学闵行校区修建性详细规划修编工作进行统筹评估。规划评估的主要内容（表2-1）。

华东师范大学闵行校区修建性详细规划修编评估内容　　　　　　表2-1

序号	评估模块	主要评估内容/路径
1	规划必要性评估	国家地区政策；华东师范大学办学发展策略
2	建设规模评估	闵行校区办学规模；现有用房；基本办学用房需求；新增其他用房需求；校区总体规模需求分析
3	规划设计构思评估	功能布局；空间形态；绿化景观体系；道路交通系统；公建配套
4	规划技术专业评估	建筑单体设计构思评估；给排水规划评估；燃气动力规划评估；电气规划评估
5	规划实施资源保障机制评估	土地资源保障机制评估；财政资源保障机制评估；人力和技术资源保障机制评估

（3）规划评估结论建议

经过对华东师范大学闵行校区修建性详细规划修编进行系统性评估后，得出评估结论和建议如下：

华东师范大学教育发展规划思路清晰，"一校二区"的校区规划布局合理，新、老校区定位明确，强调校园发展与城市、社区紧密融合。本次闵行校区校园规划有特色、有亮点。总体成果较为完善，思路清晰，工作较为深入。提出以下优化建议：

1）建议对闵行校区实际使用状况做一些基础调研，并对原规划实施以后的效果进行适当深入的分析评价。

2) 建议规划编制团队对华东师范大学老校园进行深入研究，包括：特色、校园文化、空间、风貌、环境等，对于闵行校区规划应着重考虑如何传承历史文脉，如何开拓创新。

3) 建议补充水电管线综合规划图及主要道路管线断面图。

4) 建议学校响应当前国家节能减排的号召，围绕"校园能源规划"、"节约型校园建设"和"生态校园建设"等重点内容编制专项规划。

（4）案例点评

本案例属于规划评估咨询服务项目，根据委托方需求，主要针对规划的编制成果开展了评估。在本项评估服务开展过程中，咨询团队依据规划编制特点，主要采用了定性描述方法进行评估，基于对"规划背景情况的介绍是否适当、恰当，规划基本问题是否得到合理考虑，规划范围的界定是否合理，规划实施策略是否可操作，规划方案的表述是否准确"等问题的回答，形成了本项目的五大评估模块，从规划的内在有效性和外在有效性两个层面进行了总体评价。并基于评估结果提出了合理化改进建议，帮助进一步完善规划内容，推进本项规划尽早投入实施发挥效用。

2.2 项目投资机会研究

2.2.1 投资机会研究概述

（1）投资机会研究的概念

投资机会研究（Opportunity Study，OS），也称投资机会鉴别，是指为寻找有价值的投资机会而进行的准备性调查研究，其目的在于发现投资机会和项目，并为项目的投资方向和项目设想提出建议。

投资机会研究是进行初步可行性研究之前的准备性调查研究，一般与规划研究同步进行，以机会研究结果为基础，可以设立备选项目库，进行项目储备，供今后制定投资计划和开展投资项目可行性研究。投资机会研究阶段对项目的建设投资和生产成本一般是参照类似项目的数据作粗略的估算。

（2）投资机会研究的类型

投资机会研究包括一般机会研究和特定项目机会研究：

1) 一般投资机会研究。这是一种全方位的搜索过程，需要进行广泛的调查，收集大量的数据。一般机会研究又可分为三类：

① 地区投资机会研究。即通过调查分析地区的基本特征、人口及人均收入、地区产业结构、经济发展趋势、地区进出口结构等状况，研究、寻找在某一特定地区内的投资机会。

② 部门投资机会研究。即通过调查分析产业部门在国民经济中的地位和作用、产业的规模和结构、各类产品的需求及其增长率等状况，研究、寻找在某一特定产业部门的投

资机会。

③ 资源开发投资机会研究。即通过调查分析资源的特征、储量、可利用和已利用状况、相关产品的需求和限制条件等情况，研究、寻找开发某项资源的投资机会。

2）具体项目投资机会研究。在一般机会研究初步筛选投资方向和投资机会后，需要进行具体项目的投资机会研究。具体项目机会研究比一般机会研究较为深入、具体，需要对项目的背景、市场需求、资源条件、发展趋势以及需要的投入和可能的产出等方面进行准备性的调查、研究和分析。

（3）投资机会研究的方法和模型

在研究方法上，投资机会研究主要采取基于竞争力理论的行业投资机会分析。通过从宏观、中观、微观对行业的层层分析，构建多种投资机会评价体系，为客户提供存在哪些投资机会、哪些领域或细分行业值得进入以及如何进入这些市场的策略方案。在研究方法上，可运用 PESTEL、行业生命周期、市场集中度、矩阵分析法、价值链分析法、波特五力模型、SWOT 分析、标杆企业研究、各种行业市场未来规模预测方法等研究咨询工具、模型和方法，从多角度、多维度反复论证市场进入的价值和可行性，并提出操作性强的进入策略。

（4）投资机会研究的服务流程

1）分析投资动机：根据业主的投资动机，从市场需求、经营风险、投资环境、宏观政策、资源优势等方面甄别投资机会。

2）鉴别投资机会：对各种投资机会进行鉴别和初选，论证投资机会酝酿的依据是否合理。

3）论证投资方向：对自然资源条件、市场需求预测、项目开发模式选择、项目实施的环境等进行初步分析，并结合其他类似经济背景的国家或地区的经验教训、相关投资政策法规、技术设备的可能来源、生产前后延伸的可能、合理的经济规模、产业政策、各生产要素来源及成本等，初步评价投资机会的财务、经济及社会影响，论证投资方向是否可行。

4）具体项目机会论证：对投资者提出的具体项目设想的投资机会进行研究、论证，为投资者提供投资机会初步建议。

2.2.2 市场研究

（1）市场研究的定义

市场研究（Market Research），也叫市场调查，是指运用科学的方法，有目的地、有系统地搜集、记录、整理有关市场营销的信息和资料，分析市场情况，了解市场现状及其发展趋势，为市场预测和营销决策提供客观的、正确的资料。

（2）市场调查的方法

市场调查的方法主要有观察法、实验法、访问法和问卷法。

1）观察法（Observation）

社会调查和市场调查研究的最基本的方法，由调查人员根据调查研究的对象，以直接观察的方式对其进行考察并搜集资料。

2）实验法（Experimental）

通常用来调查某种因素对市场销售量的影响，这种方法是在一定条件下进行小规模实验，然后对实际结果作出分析，研究是否值得推广。

3）访问法（Interview）

可以分为结构式访问、无结构式访问和集体访问。

结构式访问是事先设计好的、有一定结构的问卷访问。无结构式访问是没有统一问卷，由调查人员与被访问者进行自由交谈的访问。集体访问是通过集体座谈的方式听取被访问者的想法，收集相关信息资料。

4）问卷法（Survey）

通过设计调查问卷，让被调查者填写调查问卷的方式获得所调查对象的信息。

（3）市场调查的过程

市场调研工作的基本过程包括：明确调查目标、设计调查方案、制定调查工作计划、组织实地调查、调查资料的整理和分析、撰写调查报告（图2-3）。

图2-3 市场调查的基本过程

（4）网上市场调查

1）网络市场调查的特点

网络市场调查可以充分利用 Internet 的开放性、自由性、平等性、广泛性和直接性等特点，开展调查工作。与传统的市场调研相比，网络上的市场调研具有如下特点：

① 网络信息的及时性和共享性；

② 网络调研的便捷性和低费用；

③ 网络调研的交互性能和充分性；

④ 网络调研结果的可靠性和客观性；

⑤ 网络调研无时空和地域的限制；

⑥ 网络调研的可检验性和可控制性。

2）网络市场调查的步骤

如图2-4所示。

3）网上市场调查的主要手段：

① 诱导访问者访问；

② 利用电子邮件或来客登记簿询问访问者；

③ 在企业站点上设计问卷调查；

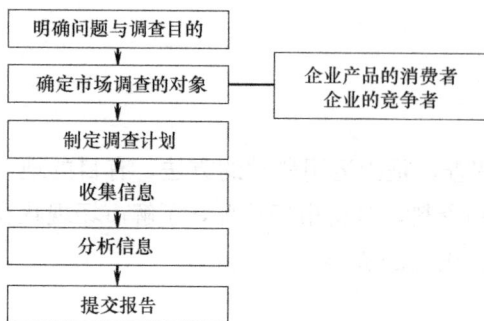

图2-4 网络市场调查的步骤

④ 网上德尔菲调查法；

⑤ 利用企业站点搜集市场信息；

⑥ 选择搜索引擎；

⑦ 利用数据库；

⑧ 互联网上适合的市场信息调查内容。

【案例1】　上海崇明某创意农场调研计划

根据项目需要，可同时采用多种方法进行市场调研。如某公司在对上海崇明某创意农场进行项目调研时就同时采用了网上调研、现场访谈、问卷调查等方法。

（1）前期准备（网调）

1）基础信息：区域交通、区域发展、地块特征、主要资源、项目定位、主要活动（项目）、产品（业态）组成……

2）竞争市场：长兴岛橘园、上海生态旅游产业集群区（崇明三岛）其他项目

3）开发运营：开发商、运营团队、推广渠道……

（2）农场负责人深度访谈

1）基本情况

① "创意"与"资源"类（创意理念、核心资源、规划设计）……

② 活动营销（农场体验活动安排、农场经营策略）……

2）产业情况

① 休闲农业（市场前景、现代农业科技、产业融合）……

② 特色产业（围绕"柑橘"的特色产业链条展开）……

3）运营数据

① 近五年游客年接待量（旅游人口数、年增长情况）……

② 游客特征（国内外比例/年龄结构/到达方式比例）……

③ 景区收入组成（门票、民宿、餐饮、纪念品等具体占比）……

4）开发建设（PPP相关）

① 开发模式（土地取得、合作方式、经营主体）……

② 政策扶持（上海、崇明、长兴等层面的政策）……

③ 创新途径（如何与PPP进行有效融合等创新途径探究）……

（3）游客需求调研

拟游客调查问卷如表2-2所示。

（5）市场研究的服务内容

在工程咨询领域，可提供的市场研究服务内容主要包括区域市场调研、行业（产业）研究、产品市场研究、商圈分析研究、消费者研究等。

1）行业（产业）研究

行业研究的核心内容包括三方面：一是研究行业的宏观背景、产业政策、产业布局、产业生命周期、该行业在整体宏观产业结构中的地位以及发展方向与成长背景；二是研究

A 基本情况
A1. 您的性别：1、男 2、女
A2. 您的年龄：
1、18～30 周岁 2、31～40 周岁 3、41～50 周岁 4、51～60 周岁 5、61 周岁及以上
A3. 您的户口登记地：1、本区 2、本市其他地区 3、本市以外
A4. 您的文化程度：1、初中或以下 2、高中或中专 3、大专 4、大学本科及以上
A5. 您的月收入为：
1、1500 元以下 2、1501～5000 元 3、5001～10000 元 4、10001～20000 元 5、20000 元以上
A6. 您的上班地点：1、内环以内 2、中环以内 3、外环以内 4、外环以外
B 关于长兴岛印象
B1. 提起长兴岛，您的第一印象是什么？
1、生态 2、滩涂 3、船厂 4、橘子 5、没概念 6、其他
B2. 您本次前来长兴岛是因为什么？
1、旅游 2、商务 3、休闲 4、路过 5、没想过 6、其他
C 对橘园项目认知
C1. 您去过长兴岛橘园吗？
1、去过 2、没去过
C2. 您对橘园的记忆是什么？
1、知青生活 2、学农 3、农家菜 4、春游 5、没感觉 6、其他

行业市场内的特征、竞争态势、市场进入与退出的难度以及市场的成长空间；三是研究行业在不同条件下及成长阶段中的竞争策略和市场行为模式。行业研究的结果为政府和企业提供战略方向性的思路和选择依据，从而避免发生"方向性"的错误。

行业研究的重点包括以下方面（图 2-5、表 2-3）：

① 政策环境：全面深入研究行业所处的国际国内经济环境，重点分析产业政策以及相关配套政策动向，把握行业政策的发展趋势。

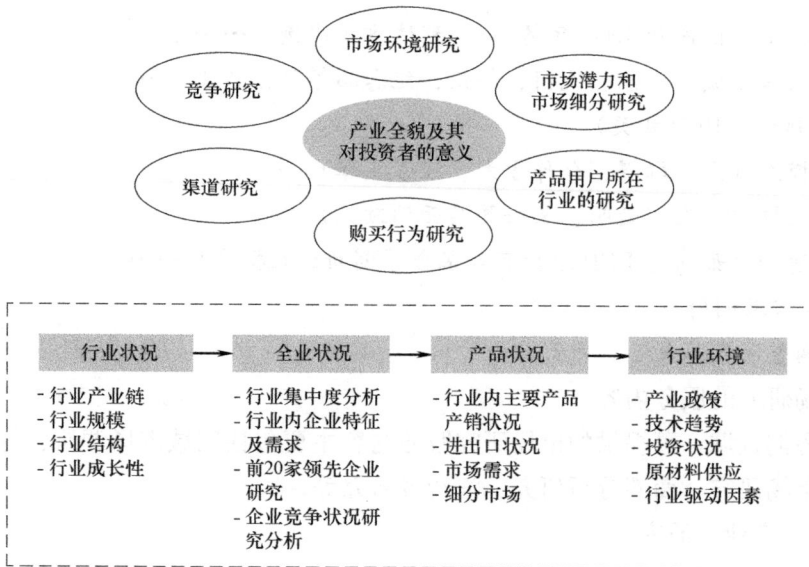

图 2-5 行业研究模型

② 市场供求：依靠强大的数据库资源，透过数据分析，探究市场供求现状，提供行业发展规模、发展速度、产业集中度、产品结构、所有制结构、区域结构、产品价格、效益状况、技术特点、进出口等重要的行业信息，并科学预测未来 1-5 年内市场供求关系的发展趋势。

③ 投资趋势：从当年新建、在建项目入手，突出研究行业投资现状及投资过程中存在的主要问题，提供投资趋势的预测和投资重点市场的判断，为投资者提供投资建议。

④ 市场竞争：比较分析各个行业前十家重点企业的运营状况，包括生产、销售和效益情况以及各自的经营策略和竞争优势。

行业研究的主要框架内容　　　　　　　　　　　　　　　　表 2-3

结构层次	主要内容	所研究/解答的问题
第一部分行业透视	(1)行业起源与定义/分类 (2)产品特性与产业特性 (3)行业投资特性及其跨行业比较分析	· 行业(发展)特性； · 盈利性、成长性、成长速度、附加值的提升空间； · 进入壁垒、退出机制； · 风险性； · 建设周期； · 要素密集性； · 行业发展周期阶段与历史； · 关联产业发展
第二部分现状分析与需求分析	(1)国外同类行业/市场的发展状况、进出口战略等	· 生产数量、结构、企业数量变化； · 进出口状况； · 进出口产品结构、主要进出口国家和地区； · 影响要素、来自于进口的供给等的状况、变化及原因；
	(2)国内市场现状重点细分市场、重点地区市场分析等	· 子行业、区域市场、产品细分市场的产销状况、增长情况、最新变化及其原因； · 行业规模； · 进出口对国内市场的影响； · 进出口发展趋势等
	(3)产品需求、市场应用分析	1)需求的直接来源 · 行业、市场需求影响因素； · 需求数量模型推算； 2)需求结构 · 市场细分与细分市场规模的分析基础，如：应用领域、技术等级、消费者定位等； 3)消费者分析 · 目标消费者分析； · 目标消费者定位分析； · 需求变化规律； · 消费习惯、消费偏好、目前消费实力、消费水平等
	(4)关联产品与替代产业/产品的销售情况即价格行情分析	· 原材料、价格走势分析； · 替代产品销售情况； · 各主要区域市场销售情况等
	(5)销售渠道	包括：渠道构成；销售贡献比率；覆盖率；销售渠道效果；价值流程结构；渠道的销售成本；渠道建设方向等
	(6)技术标准与规范	· 现行技术； · 技术研发进展、替代产品与技术； · 技术研发方向与动向、研究开发投入变化情况； · 行业技术标准(标杆)

结构层次	主要内容	所研究/解答的问题
第三部分竞争格局	(1)行业/市场竞争的格局构成	• 市场占有率的构成； • 主要企业的经营定位； • 竞争格局的特点； • 不同性质的企业市场占有率及变化(国有、民营、外资)； • 不同企业的市场占有率及变化； • 不同产品的市场占有率及变化； • 产业集中度
	(2)竞争格局发展预测	• 影响因素——最主要因素是市场需求与实力； • 国家产业结构调整政策； • 行业结构调整的方向； • 竞争中的国家政策因素； • 竞争格局的发展趋势； • 国家产业扶植政策/税收等相关政策的分析； • WTO等因素影响分析
	(3)主要企业分析	包括：行业内企业数量及变化；行业生产能力及变化；行业领先的前20名企业介绍、企业分组分析；子产业领先的5个企业的基本情况、产品定位、市场定位、科研开发与市场操作、销售情况、市场拓展方式、资金筹措方式、战略举措、企业兼并与重组、前景与不足等
第四部分市场需求规模分析与产业趋势预测	带来商业机遇、影响企业产品开发、服务战略与竞争战略的产业大局势，根据各种趋势变化的推演，对未来行业面貌进行大胆和科学的预测	• 产品市场成长趋势、需求变化趋势； • 国际市场发展趋势动态； • 要素市场变化趋势； • 科研开发趋势、替代产品的技术进展； • 行业产业格局变化趋势； • 产业结构调整趋势(方向)； • 销售渠道与销售方式变化趋势
第五部分产业SWOT因素分析与产业发展建议	(1)潜在商业机会与产业投资的发展对策	• 市场发展的SWOT分析； • 行业发展的宏观对策； • 新进企业进入市场的策略； • 现有企业发展策略； • 未来五年行业发展趋势预测、市场潜力预测
	(2)做大做强的模式与新的创意	包括：要素如何取得，进入壁垒如何打破，节奏与进程如何把握，销售渠道的组织，成功与失败的模式探讨，如何进入市场，目标市场的定位/主流市场的把握，台上台下的竞争手段，国外市场的进入策略与注意事项等
	(3)新的商业机会需要优秀的商业头脑来发掘	• 新的投资方向、投资机会有哪些，有多大市场规模； • 商业运作的策略与注意事项

2）产品市场研究

产品市场研究属于综合研究的范畴，研究内容包括：产品市场宏观发展环境分析、宏观市场发展状况、市场竞争态势、渠道特征研究、细分市场特征、相关行业及影响、技术现状及发展方向、市场潜力分析、SWOT分析及个案分析等。

其中，市场细分是市场定位的基础。市场细分的参数有人口统计特征、消费者需求差异、市场区域、产品结构、甚至渠道类型。但从根本上讲，市场细分都是从消费者角度来分析的。市场细分是一个复杂过程，通常需要从定性研究的角度进行探索性研究，既而利用定量研究技术进行量化细分，其研究模型如图2-6所示。

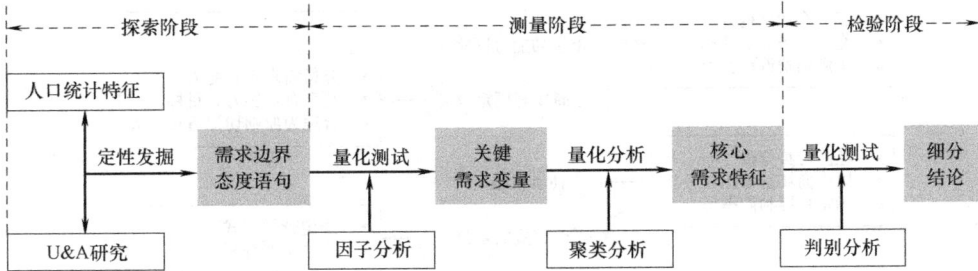

图 2-6　市场细分研究模型

　　竞争研究则有助于管理者预测商业关系的变化，把握市场机会，对抗威胁，预测竞争对手的策略，发现新的或潜在的竞争对手，学习他人成功的经验、汲取失败的教训，洞悉对公司产生影响的技术动向，并了解政策对竞争产生的影响，从而提高决策效率和企业效益，为企业带来更高的利润回报。竞争研究的内容包括辨别竞争者、评估竞争者研究、竞争者调查分析。竞争研究的分析流程如图2-7所示。

　　3）商圈分析研究

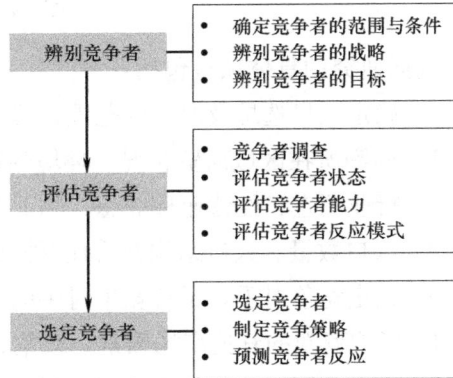

图 2-7　竞争分析流程

　　商圈是一个地理概念。从行业角度讲，不同业种和业态的零售业者在一个相对集中的区域从事经营活动，这个区域的范围就叫商圈。从零售业者的角度讲，商圈是指店铺能够有效吸引顾客来店的地理区域。在许多大型项目（特别是房地产项目）的可行性论证中，商圈研究是必不可少的一个重要环节，特别是对商圈内的竞争状况、业态类型、消费者特征以及经济地理状况等深入了解是进一步确定立项和制定经营策略的重要依据（图2-8）。

　　一般来讲，商圈可分为三个层次，即核心商圈、次要商圈和边缘商圈。

　　核心商业圈：在该商业圈的顾客占顾客总数的比率最高，每个顾客的平均购货额也最高，顾客的集中度也较高；

　　次要商业圈：在该商业圈的顾客占顾客总数的比率较少，顾客也较为分散；

　　边缘商业圈：在该商业圈的顾客占顾客总数的比率相当少，且非常分散。

　　商圈研究基本由四个方面构成：商圈范围确定、商圈调查、资料分析和商圈结论。具体而言，商圈研究指的是运用具有针对性的市场调研方法，对商圈的人口构成、竞争环境、消费特征、购买力等进行分析研究。

区域商业结构分析・细分消费、客户群・寻找需求市场空白点 ← 市场细分

商场特色定位 → ・避免盲目跟风 ・把握主题特色 ・以实为主、以虚为辅原则

・客户产业结构分析 ・充分考虑商场结构 ・了解消费群购买习惯 ← 市场功能分区定位

商场规模定位 → ・分析需求吸收能力 ・符合企业实力、目标 ・合理为原则切记盲目求大

・经济走势分析 ・周边商场价格比较分析 ・确定合理利润率 ← 初步价格定位

营销战略定位 → ・选定营销方式 ・广告策略分析

・体现商场形象 ・制定物业管理策略 ← 外延产品定位

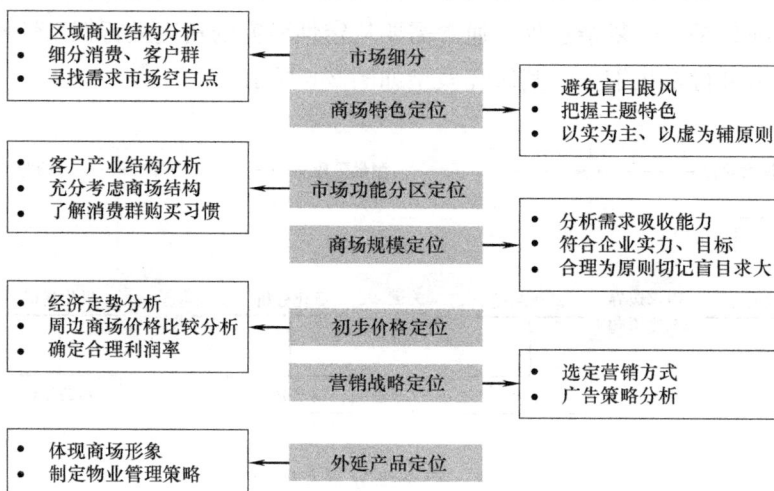

图 2-8　商圈研究示例

商圈研究的具体项目包括：

a　确定项目选址及商圈的范围，确定商圈形态；

b　商圈所在区域商贸状况、环境的优劣势、道路交通状况；

c　行业调查、经营业种业态、物业管理、经营模式；

d　人口数量、人口结构及常住/外来人口、消费特征、购买力和人文特征；

e　锁定竞争对手，了解竞争对手的经营情况及经营策略；

f　影响商圈的其他市场因素，政策、法规、城市规划等；

g　评估商圈的市场机会和发展潜力；

h　确定商业项目的战略规划方向及业务方向。

4）消费者研究

消费者研究主要包括消费者需求研究、消费者行为研究和消费者态度研究。

消费者需求研究：通过问卷、访谈、座谈、讨论、观察、写实等调查形式和手段，对目标消费者（包括个体和组织）进行全面研究，挖掘消费者的潜在需求，帮助企业正确地进行产品和目标市场定位，减少企业在产品及市场选择上的失误。

消费者行为研究：消费行为，包括了目标消费者对产品的购买到使用的一系列过程中所发生的常用行为方式，如通常要了解途径、主要的获取方法、关键性的影响因素、习惯的使用方式等。对消费者的使用习惯进行研究，可以帮助客户了解到他们的产品/服务实际被使用的方式与他们原先所设想的方式是否一致，并由此决定对产品/服务的某些方面进行修改或调整。

消费者态度研究：消费态度是消费者对某一产品/服务所持有的一种比较稳定的赞同或不赞同的内在心理状态。一般说来，消费者的态度越积极，使用产品/服务的可能性越大；而消费者对一种产品/服务的态度越是不赞成，他们停止使用它的可能性就越大。

消费者研究的主要步骤包括：

a 定义研究目标；

b 收集与评估二手资料；

c 设计初步研究；

d 分析数据；

e 准备研究结果报告。

【案例2】 某老年人习惯调研以及养老需求研究

(1) 项目目的

1) 为企业及政府推动养老计划进行数据分析和挖掘客户意向，养老费用预算分析；

2) 为老年客户习惯定制化服务以及为不同档次的客户提供特别需要的服务。

(2) 执行过程

1) 研究方法

① 消费者调研；

② 客户座谈会。

2) 样本量

① 3个城市，每个城市3000消费者；

② 10个服务提供商深度访谈。

3) 提交成果

① 提出服务设计问题，内容改造；

② 服务体验优化；

③ 产品推广策略，切中老年及相关消费者需求点；

④ 产品更具竞争力的定价。

2.2.3 项目策划

(1) 概述

1) 项目策划的含义及作用

建设项目策划是指在项目建设前期，通过内外环境调查和系统分析，在充分掌握信息的基础上，针对项目决策和实施阶段或决策和实施阶段中某个问题，推知和判断市场态势及消费群体的需求，进行战略、环境、组织、管理、技术和营销等方面的科学论证，确立项目目标和目的；并借助创新思维，利用各种知识和手段，通过创意设计为项目创造差异化特色，实现项目投资增值，有效控制项目活动的动态过程。

建设项目前期策划往往在项目规划、可行性研究、方案设计等阶段之前，处于现代设计服务产业链的顶端，是项目决策阶段最关键的活动之一，是决定规划成败的依据，是可研和设计的前提。

2) 策划的分类

① 按项目区域大小划分

根据策划项目的区域范围，可分为城市新区开发项目、旧城区更新改造项目、小城镇开发项目、城市综合体项目、单个建筑开发项目等。

② 按项目所属行业划分

根据策划项目所属的行业或产业，可分为教育产业项目、旅游产业项目、文化创意产业项目、养老产业项目等类型的项目策划。

③ 按项目主题类别划分

根据策划项目的主题类别，可分为活动拓展类、康体养生类、佛教主题类、影视类、游乐类、古镇类等项目的策划。

④ 按项目建设主体划分

根据项目的建设主体（委托方）可分为政府主导型项目策划和企业投资型项目策划。

3）策划报告的主要内容

建设项目前期策划报告的编制，既可以由政府及开发单位自己组织力量进行，也可以由政府及开发单位委托中介机构进行。前期策划报告没有一成不变的固定格式，对于不同的建设项目类型，其策划报告的侧重点和具体要求也有所不同。一般来讲策划报告都会包括以下几个方面的内容：

① 市场调研

a 宏观环境调查与分析；

b 区域环境调查与分析；

c 微观环境调查与分析。

② 项目定位

a 市场细分；

b 目标市场的选择；

c 产品定位。

③ 设计策划

④ 营运策划

⑤ 经济性评价

项目策划的研究路径和主要研究内容如图2-9所示：

（2）定位策划

定位策划是在相关研究和分析的基础上，主要对项目的发展定位进行明确和策划的过程，其核心内容包括项目的建设目标、整体定位、发展战略、功能定位、客户定位以及后期的开发运营、效益测算等。

【案例3】 某古镇项目的定位策划

某古镇项目已有2200余年历史，是我国观音文化的发源地，具有丰富的人文资源、历史资源和自然资源。在对古镇的相关规划、发展现状、和发展思考进行系统性研究后，咨询方提出针对本项目的定位体系策划。

（1）整体定位

研究路径	研究内容

Ⅰ宏观区域背景研究

区位条件 交通条件 规划条件 经济水平	人口发展 资源条件 政策条件 背景小结

Ⅱ区域市场条件分析

办公市场 商业市场 住宅市场 旅游市场	医疗市场 公寓市场 …… 市场小结

Ⅲ区域相关市场分析

发展现状 发展趋势 区域特征	周边竞争 重点项目 发展机会

① 分析宏观区位、交通、人口、经济、规划、政策等背景,为项目发展提供支撑
② 分析区域市场发展条件
③ 分析区域相关市场发展现状,梳理核心要点,挖掘重点发展方向及突破点

Ⅳ国内外案例分析

国外类似案例 国内类似案例	案例小结

Ⅴ发展思考

核心问题梳理	项目发展策略

① 分析国内外类似案例,并对项目启示
----
② 对项目开发的核心问题进行分析
③ 结合前面的研究分析,对项目发展进行战略思考,提出发展策略

Ⅵ项目定位

项目发展目标 项目整体定位	项目客户定位 项目功能定位

① 提出项目发展目标及愿景
② 得出项目的定位体系,包括整体定位、客户定位、功能定位以及亮点打造

Ⅶ功能分区

功能体系 价值体系	功能分区 规模比例

Ⅷ产品策划

产品建议 细分客群	规模定位 配套建议

① 给出项目的功能分区及产品策划建议
② 分析各类产品所能吸引的客户群
③ 对各类产品的规模进行定位

Ⅸ项目运营及开发时序

运营建议	开发时序

Ⅹ项目投资效益分析

投资估算	效益分析

① 从开发运营等角度,对本项目各产品的运营提出相应建议
② 对项目投资估算、社会效益、经济效益进行分析

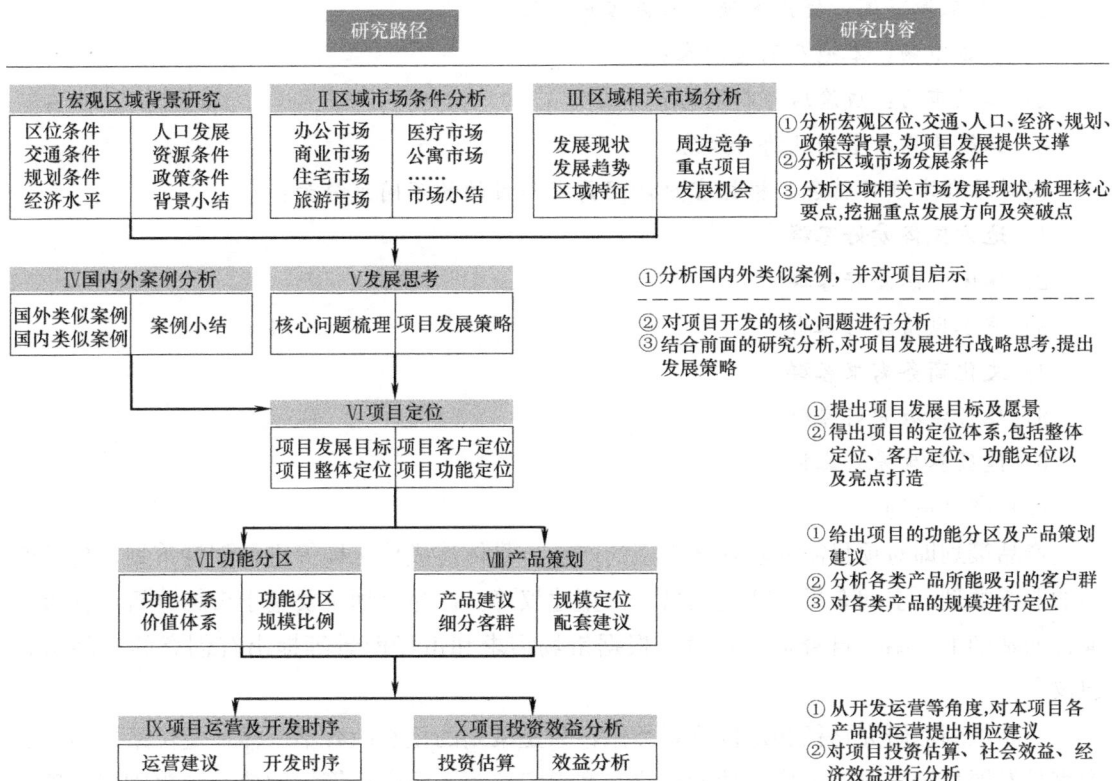

图 2-9 项目策划研究路径和内容

本项目整体定位为"全国知名特色历史文化古镇",结合古镇的"遗韵、娱乐、文化、游憩、养生、休闲、浪漫、福缘、科技"等形象出发提出四大主题:

1)观音文化极致体验

2)古国风情原味品鉴

3)互动游憩创意休闲

4)健康养生益寿延年

(2)功能定位

本项目以"动静分区、动静相宜"为功能定位原则,结合上述四大主题,提出古镇旅游、禅修养生、休闲游憩、文化商务的功能体系(表2-4)。

某古镇项目功能定位策划   表 2-4

功能定位模块	主要功能设计
古镇旅游	古镇观光;民俗体验;餐饮游乐;礼佛参拜;夜游住宿;文化演绎
禅修养生	观音禅修;文化品鉴;养生度假;酒店体验;健康养生
休闲游憩	自然观光;婚庆礼仪;亲子游乐;都市休闲
文旅配套	生活居住;休闲度假;文化创意

(3)客户定位

按客群来源范围，提出本项目三级客户定位：

1）一级市场：本地及周边游客；

2）二级市场：成渝城市群游客；

3）三级市场：全国及海外游客。

同时结合本项目特色，根据客户访问需求与目的的不同可分为：

1）地方民俗爱好客群

2）休闲游憩爱好客群

3）滨水风情爱好客群

4）文化商务需求客群

5）观音宗教爱好客群

6）健康养生爱好客群

（3）产品策划

产品策划即对项目需要建什么类型的产品、具体建成什么样等进行创意策划，包括产品的业态类型、空间布局、建筑风格、户型建议等。产品策划主要基于市场分析，在市场摸排的基础上，结合自身资源特色，根据市场需求和市场前景等提出有创意的产品组合建议。

产品策划的研究路径和定位策划类似，只是策划的核心内容不一样，定位策划的核心内容是发展目标、总体定位、功能定位、客户定位等，而产品策划的核心和落脚点是项目的产品业态、产品组合等。

【案例4】 某市养老项目产品体系策划

在为某市发展养老产业的服务过程中，咨询方通过整合全市优势资源，借助优质服务平台，提出"以居住为依托，养老服务为核心，引入专业品牌团队，丰富全市养老产品体系"的产品策划思路，共打造六类重点养老产品项目，如表2-5所示。

某市养老项目产品体系策划示意　　　　　　　　　　　　表2-5

产品类别	策划思路	策划产品
医疗服务类	利用本市医疗资源，开设并升级老年医疗服务系统，导入专业老年医疗服务机构	升级的护理小区；建在医院上的养老院
教育服务类	结合本市教育资源，升级单一的养老服务，将教育融入养老服务将丰富老年人的精神生活，例如将养老社区搬入高等教育学区，结合幼儿园设置养老院等	学校老年村；与幼儿园为伴
金融服务类	政府鼓励和支持社会养老产业投资基金管理公司落户本市，为老年人提供保险、理财咨询服务，推动养老金融制度改革创新及养老产业发展	引入社会养老产业投资基金管理公司
商业服务类	设立一个综合性的养老产品商贸区，覆盖养老所需的各类产品，注重与新兴产业的接轨，如老年手机等	线上：银发网站；线下：综合商城、代购
旅游服务类	利用本市独特的山、海、泉资源，打造适合养老养生的经典旅游项目	温泉养生养老社区；道家山林养生养老社区
综合地产类	开发以家庭为核心、以社区为依托、以专业化服务为依靠的养老综合地产项目	老少配综合型养老社区；智慧长寿养老村

（4）产业策划

产业策划是立足产业行业环境与项目所在地的实际，通过对今后项目拟发展产业的市场需求和区域社会、经济发展趋势分析，分析各种资源和能力对备选产业发展的重要性，以及本地区的拥有程度，从而选择确定项目主导产业的方向，并进一步构建产业发展规划和实施战略的过程。

1）产业策划的分类

产业策划按照项目级别可主要分为城市级别的产业策划、片区级别的产业策划、园区级别的产业策划、工业用地转型的产业策划四类。

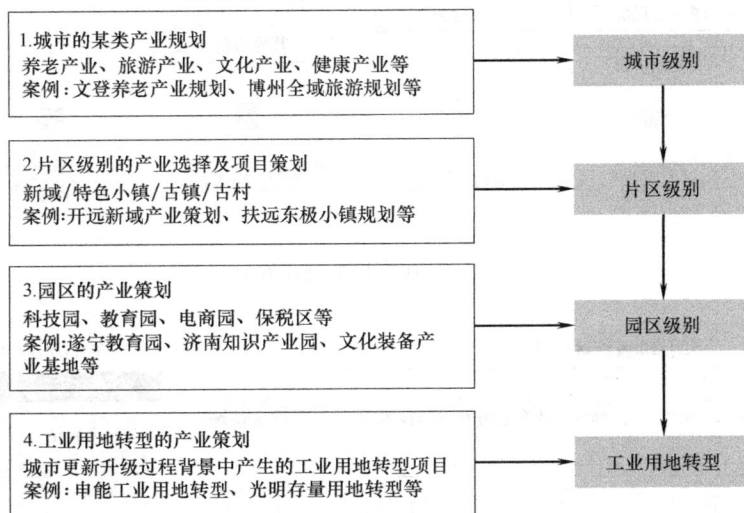

图 2-10　产业策划的分类

2）产业策划的内容

产业策划通过背景环境、发展条件、产业分析、市场分析、专题研究、案例借鉴、开发要求等判断项目发展的优势与劣势、机会及挑战，重点解决项目的产业定位、功能规划、开发方案、效益测算、服务体系、营销招商六类问题。其最核心的内容便是项目的产业定位，包括产业筛选、产业细分、产业体系构建等。

3）产业策划的方法

产业定位一般是依据产业内生逻辑，挖掘关键要素，通过筛选模型进行科学定位。产业筛选的思路是经过多重维度构建产业库，结合特定的方法模型，利用一定的指标体系评估候选产业，得出目标产业，再通过一定的方法模型选择细分产业，最终得出项目发展的产业体系（图 2-11）。

在项目操作中，还可采用"产业链市场分析法"来进行产业策划，针对产业链上下游各个环节涉及的细分产业，分析市场现状、发展趋势和机会前景，同时梳理相关企业，为招商等后续工作提供资源（图 2-12）。

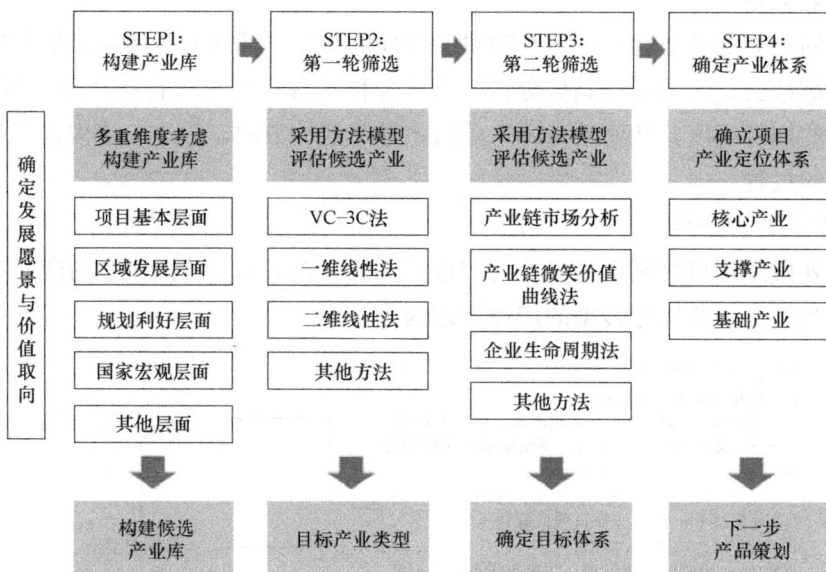

图 2-11 产业定位的技术路线

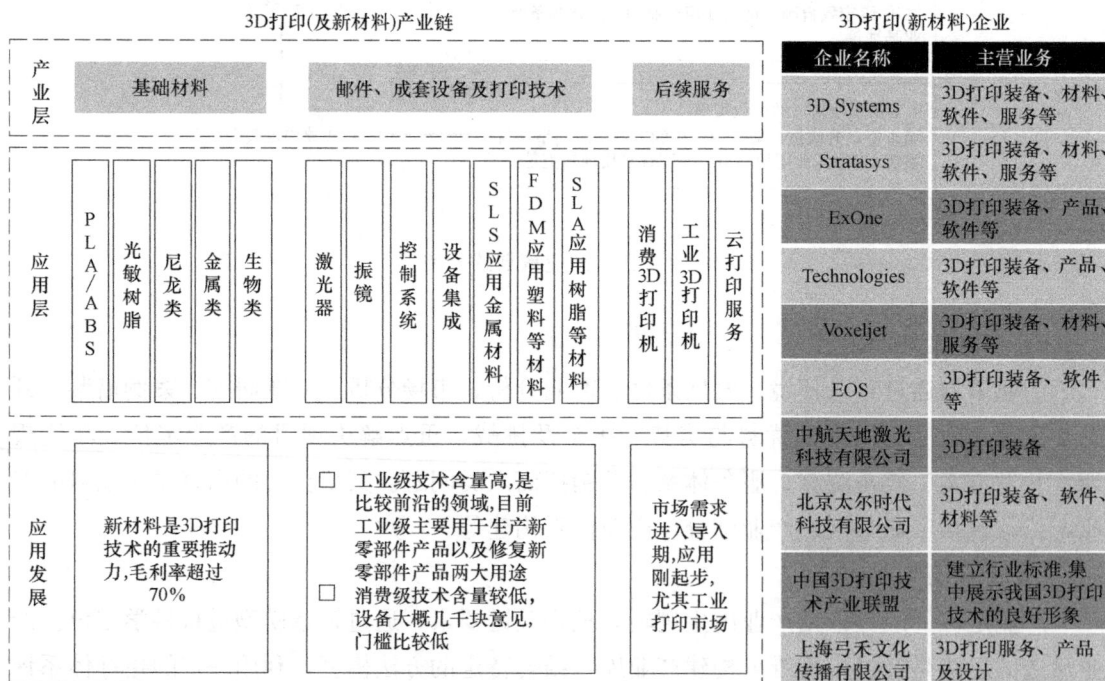

图 2-12 某 3D 打印产业链分析

【案例 5】 某国际赛车谷项目产业策划

在对某国际赛车谷项目进行产业策划的过程中，咨询方在对汽车产业发展现状、汽车价值链分析、汽车产业发展趋势及机会分析的基础上，进行产业筛选。

（1）备选产业

通过规划、政策、发展机会、市场现状及趋势、创新能力筛选出来自"研发设计、零配件、整车制造、贸易流通、后市场"等方面的 13 个备选产业，分别为：新能源汽车设计/研发、零配件设计与研发、互联网汽车研发/生产、汽车金融、汽车电子、汽车改装、高端二手车销售/租赁、汽车保养与维修、汽车展贸、汽车培训、汽车电子商务、汽车运动及文化、汽车美容与装饰。

（2）产业筛选

以放眼未来、挖掘价值和差异化三大原则，从产业本身、区域竞争以及项目本身三个方面，确立七大筛选指标。筛选指标及标准定义如表 2-6 所示。

某国际赛车谷项目产业筛选指标及标准　　　　　　　　　　表 2-6

指标	细分指标	好，1分	中，0.5分	差，0分
产业相关指标	产业前景	该行业在区域内拥有巨大的市场及发展空间	该行业在区域内的市场一般，但较易向其他地域辐射	该行业在区域内的市场一般且向其他区域的辐射要求较多
	集聚能力	该行业具有较长的产业链或产业关联度，对其他行业很强的带动效应	该行业对其他行业的带动效应一般	该行业的产业链较短，对其他行业的带动效应较弱
	产业政策	国家的产业政策，税收政策等充分鼓励该行业的发展	国家宏观政策对该行业也不作限制	国家的宏观政策限制该行业在国内进行发展
	节能环保	产业环保节能	产业有一定污染性	产业对环境污染严重
竞争相关指标	竞争态势	区域产业存在市场真空，竞争较小	区域产业存在一定竞争	区域产业竞争激烈
项目相关指标	项目关联度	与项目主题密切相关	与项目主题有一定联系	与项目主题没有关系
	资源优势	该区域拥有产业发展需要的良好的人文和自然资源，资金优势，基础设施以及业主相关资源优势	该区域的人文，自然，资金资源和基础设施情况一般	该区域的人文，自然，资金资源贫瘠，基础设施条件一般

根据上述标准对 13 个备选产业进行逐一分析后，得出各产业的综合得分，分为以下三类：

① 核心发展产业（综合得分＞5 分），包括：汽车运动及文化、汽车电子商务、新能源赛车研发、汽车培训、汽车展贸。

② 重点发展产业（综合得分 4.5～5 分），包括：汽车金融、汽车电子、互联网汽车研发/生产、汽车改装、高端二手车销售。

③ 次优级发展产业（综合得分≤4 分），包括：汽车零部件生产/研发、高端二手车租赁、汽车物流网。

最后，根据项目关联度，建议剔除汽车零部件生产（保留汽车零部件研发）、汽车物流 2 个细分产业。

（3）本项目产业体系

结合产业分析及筛选结果,提出本项目将打造"5+3+1"汽车产业体系:

① 以汽车运动为核心的 5 大主导产业。

② 以汽车电子商务、汽车展贸、广告传媒、汽车电子商务为主的 3 大科技创新产业。

③ 一系列汽车配套服务产业(图 2-13)。

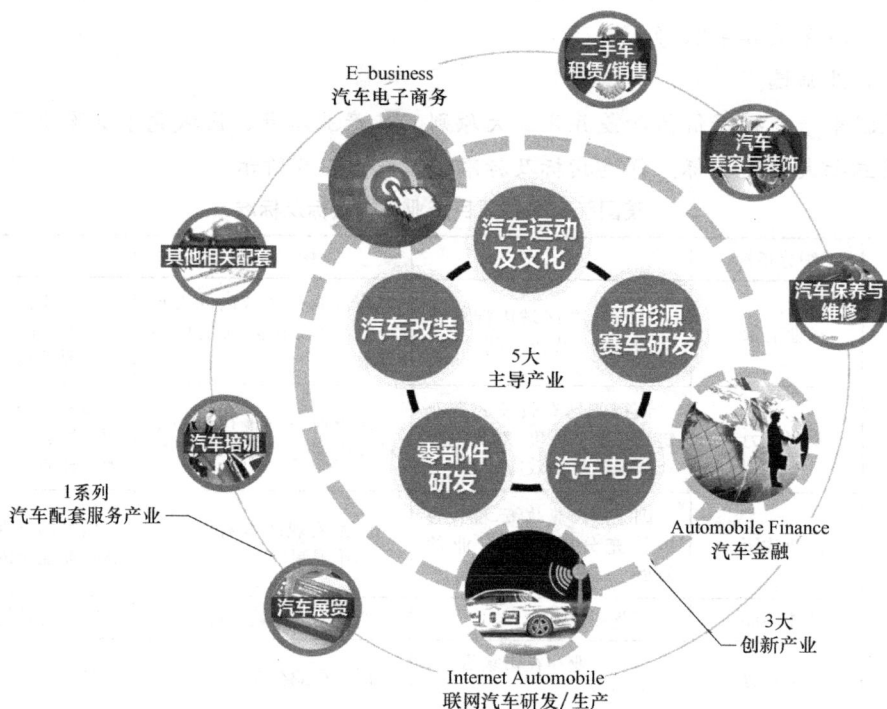

图 2-13 某国际赛车谷产业体系构建

(4)案例点评

本项目遵循产业策划的系统化思路和方法,在构建产业备选库的基础上,通过建立多轮筛选模型,构建筛选指标和标准,逐步推演形成产业体系建议,并最终得到了业主的认可与采纳。该方法在产业策划实践中是科学、可行、有效的。

2.3 项目可行性研究、项目申请和资金申请

2.3.1 项目可行性研究报告定义

可行性研究报告(Feasibility Study Report)是企业从事建设项目投资活动之前,由可行性研究主体(一般是专业咨询机构)对政治法律、经济、社会、技术等项目影响因素进行具体调查、研究、分析,确定有利和不利的因素,分析项目必要性、项目是否可行,评估项目经济效益和社会效益,为项目投资主体提供决策支持意见或申请项目主管部门批复的文件。

2.3.2 项目可行性研究报告的用途

项目可行性研究报告是项目实施主体为了实施某项经济活动需要委托专业研究机构编撰的重要文件，其主要体现在如下几个方面：

（1）用于向投资主管部门备案、行政审批的可行性研究报告

我国对不使用政府投资的项目实行核准和备案两种批复方式，其中核准项目需向政府部门提交项目申请报告，备案项目一般提交项目可行性研究报告。同时，对某些项目仍然保留行政审批权，投资主体仍需向审批部门提交项目可行性研究报告。

（2）用于向金融机构贷款的可行性研究报告

我国的商业银行、国家开发银行和进出口银行等以及境内外其他各类金融机构在接受项目建设贷款时，会对贷款项目进行全面、细致的分析评估，银行等金融机构只有在确认项目具有偿还贷款能力、不承担过大的风险情况下，才会同意贷款。项目投资方需要出具详细的可行性研究报告，银行等金融机构只有在确认项目具有偿还贷款能力、不承担过大的风险情况下，才会同意贷款。

（3）用于企业融资、对外招商合作的可行性研究报告

此类研究报告通常要求市场分析准确、投资方案合理、并提供竞争分析、营销计划、管理方案、技术研发等实际运作方案。

（4）用于申请进口设备免税的可行性研究报告

主要用于进口设备免税用的可行性研究报告，申请办理中外合资企业、内资企业项目确认书的项目需要提供项目可行性研究报告。

（5）用于境外投资项目核准的可行性研究报告

企业在实施走出去战略，对国外矿产资源和其他产业投资时，需要编写可行性研究报告并上报给国家发展和改革委或省发改委，需要申请中国进出口银行境外投资重点项目信贷支持时，也需要可行性研究报告。

2.3.3 可行性研究报告编制重难点

（1）项目建设的必要性

在项目建议书的基础上，根据建设方案的深化内容、项目建议书审批意见、前置手续办理相关部门意见等进一步对必要性进行论述。

【案例1】

某学校始建于1958年，校内游泳馆建于1973年，学校多年来向市体校等二线运动队、市一线运动队、解放军队等上级运动队输送了一批优秀体育后备人才。目前，游泳馆房屋墙面出现发霉、起皮、脱落现象，楼梯踏步局部出现破损，楼面局部出现裂纹；在当前的使用环境下，排架部分的钢结构拱形屋盖存在锈蚀现象，屋架与混凝土柱顶的连接节点也存在因锈蚀而出现安全隐患。并且，场馆内游泳设施陈旧，游泳池周边地面及通道防滑性能差，不能满足安全需求。游泳馆内部分房间及设施功能布局不合理，在运营过程中

经常会引起不同使用人群的冲突，上述现状已深入影响到学校学生的训练和对市民的开放服务。

针对上述建设背景，可行性研究报告从三个方面提出了三点必要性分析，一是符合国家、地方体育发展"十三五"规划的要求，二是确保游泳学校安全运营、保障游泳馆安全使用的需要，三是完善游泳馆硬件条件、最大化满足训练需求的需要。综上所述，本项目的建设十分必要和紧迫。

（2）市场与竞争力分析

在项目建议书的基础上，根据建设方案的深化内容、项目建议书审批意见、前置手续办理、相关部门意见等进一步对市场及竞争力进行论述。这部分内容的重点是分析区域市场或者目标市场，研究其竞争优势和竞争力。市场预测分析尤其是产品竞争力分析，是可行性研究的核心内容之一。对于项目规模较大，市场竞争激烈的产品、新兴产品及市场具有不确定性的产品，其市场预测分析应当进行专题研究，在做可行性研究报告之前，先完成市场专题报告。

【案例2】

某公司拟建医疗器械研发及生产制造项目，产品主要包括以经皮微创植入为主的（包括开放植入）胸腰椎后路椎弓根固定系统、成人钩、固定棒、多轴横向连接器套件、滑脱椎弓根钉、多轴椎弓根钉、单轴椎弓根螺钉、开口钉、闭口钉、多米诺连接器、颈椎融合器、颈椎前路固定系统、以微创植入为主的（包括开放植入）腰椎融合器、儿童脊柱固定系统、以liss技术微创植入为主的（包括开放植入）锁定接骨板和普通创伤接骨板、髓内钉及外固定架等。

可行性研究报告根据市场需求供给分析、市场竞争分析、长三角地区及上海市内市场需求等方面进行了医疗器械产品的市场与竞争力分析，得出结论：我国医疗器械市场已跃升至世界第二位，仅次于美国，首次突破1000亿元大关。从细分领域来看，目前骨科医疗器械中关节、创伤和脊柱产品是中国医疗器械市场三大主流产品，规模占比最大的是创伤产品达到38%，其次是脊柱产品，规模占比约为25.1%，关节产品市场总规模占比为20.5%，另外包括其他骨科医疗器械，例如骨科手术器械等（图2-14）。

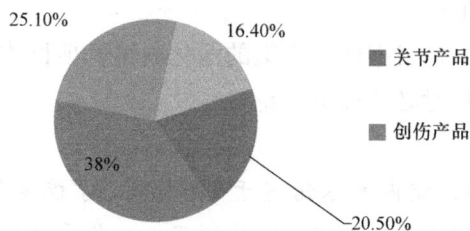

图2-14　中国医疗器械市场三大主流产品

鉴于中国市场强劲的增长力的吸引，国际厂商也纷纷逐鹿中国医疗器械市场。就骨科医疗器械市场而言，国外厂商以其先进的产品技术和管理经验以及成熟的运作模式，已经在中国市场上占据主导地位，给国内厂商的市场开拓带来极大压力（图2-15）。

如今的长江三角洲地区已经成为我国医疗器械三大产业群之一。近年来，随着公众对医疗保健需求的持续增长，该地区医疗器械产业发展势头强劲，产业集中度进一步提高。目前，仅江浙两省共有医疗器械生产企业3000多家，拥有各类产品注册证10000多张。长江三角洲地区除了是医疗器械的三大产业群，而且是我国医疗器械的主要消费市场之一。

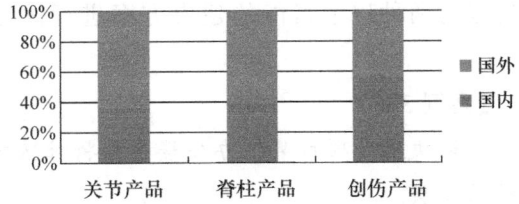

图 2-15 医疗器械市场三大主流产品国内外份额占比

某市生物医药制造业在已有某国家生物产业基地规划基础上，精心设计、合理分工，分别在各区县等地建设生物医药研发、临床服务外包、产业基地和生物医药产业基地，将形成由六大产业基地构成的优势互补、错位发展、各具特色的全新的产业布局。其中，某区基地重点发展高端医疗机械、医用包装材料。

某市现有医疗健康机械产品制造企业达500家之多，其中，一些行业的骨干企业在各自领域中的核心技术优势和产业竞争优势明显增强，一批重点扶持的优秀企业加快国际化步伐，产品出口也从以低端的一次性医疗器械为主逐步转向高科技含量、高附加值的医疗器械产品。目前，全市共有各类医疗机构约2400多家，其中公立医院约600多家。其中医疗器械类的医用耗材的费用70多亿元，而且每年还以15%的幅度递增。

公司的机会、威胁、优势和劣势分析如表2-7所示。

某公司 SWOT 分析　　　　　　　　　　　　　　　　　表 2-7

机　　会	威　　胁
1）中国市场需求巨大 2）产业政策鼓励和支持 3）进口替代品，有本土化便利 4）国外大牌企业对中国中低端市场不够关注 5）医学仪器设备的国家准入严格，国外进入门槛较高 6）由于上述第3、4、5条因素，导致中国市场竞争不足，是难得的蓝海市场	1）中国医疗机构大都是公立机构，成本意识不够，他们习惯采购大牌厂家的高价名牌产品，对国内厂商的产品可能信心不足 2）代理商熟悉国外同类产品的技术、质量和品牌，对代理新兴的骨科医学仪器设备可能会有一定的疑虑 3）如果本公司发展迅速，影响国际品牌公司在中国的市场，他们会利用技术和资金优势强势进入中低端市场进行绞杀
优　　势	劣　　势
1）国家扶持，有财税等政策支持 2）成本优势，高性价比 3）公司有良好的人脉资源 4）进入门槛高，非本行业的厂商涉足比较困难 5）法国Spineway在中国医疗器械市场已有一定的市场基础，可使得公司品牌有着较高的起点	1）资金劣势，知识分子做企业，自身财力有限，银行贷款很难；国内缺乏成熟的天使投资者，现有的VC或PE对于本行业认知不够，投资顾虑多 2）市场对国产品牌的骨科医疗器械产品有一个认知过程，因而先期推广有一定的难度

根据公司的现有情况，建议采用WO战略——扭转性战略，加大研发投入，尽快推出新产品，加大营销力度，整合销售网络，推行品牌管理，采取措施尽快提高市场占有率。

（3）建设方案

项目建设规模、建筑经济与技术指标、总平面布置、建筑单体各专业方案等。该部分研究是对两种以上可能的建设方案进行优化选择，是项目决策分析与评价的核心内容之一。

【案例3】

某地块发展项目某栋办公楼内拟将社区文化中心及街道社区事务受理服务中心搬入，该楼共4层。

目前，街道常住人口12万多，现只有1个文化活动中心。原社区文化中心位于社区西南方位，使用率一直很高。按照社区公共服务设施规划（控制性详细规划），社区人口超过10万的街道或乡镇，可增设1个社区文化活动中心。根据《配置要求（2007年修改版)》（以下简称《配置要求》），原社区文化中心配置方面存在以下问题：

1）文化中心总使用面积不达标。《配置要求》规定，中心城区（浦西内环线以内地区）可适当降低使用面积标准，但不得低于2500平方米，文化中心目前总建筑面积约2750平方米，总使用面积不到2500平方米。

2）文化中心部分设施配置不达标。《配置要求》规定，社区文化活动中心应建有无障碍设施，室外有方便残障人士进出的坡道，多层建筑室内需设电梯，公厕内需配置适合残疾人使用的卫生设备。文化中心为4层建筑，地上3层，地下1层，没有配置电梯和无障碍设施，老年人和残障人士在中心活动时很不方便，不符合现行的配置要求。

3）《配置要求》规定，文化中心应配置作品展示、形势宣传、科普展览、藏品陈列的展示陈列室共计不低于300平方米，配置陈列设备、活动展板及其他展示材料。文化中心目前没有配置展示展览功能，不符合现行的配置要求。

4）《配置要求》规定，文化中心按需设立普通培训教室，包括老年学校、阳光之家、社区学校、心理咨询等不少于400平方米，每个教室可容纳40人左右，有条件教室配置多媒体放映设备。文化中心目前教室仅有一间，约容纳30人，不符合现行的配置要求。

另外，社区事务受理服务中心配置方面存在以下问题：

1）按《服务规范（2009)》规定，受理中心均应设置接待大厅、后台区域、办公室和辅助配套设施几个功能。目前，服务中心档案室只有一间，受空间限制，人事档案和民生档案合在一处，不符合要求。办公室多为公用，且设置在中心改建的夹层位置，不符合规范要求。

2）根据《服务规范（2009)》功能分区规定，公厕最好配置对内和对外两种，要配置适合残疾人使用的卫生设备。目前，服务中心的公厕是公用的，没有设置残疾人设备，不符合要求。

3）目前，受服务中心面积限制，街道残联中心并不在此处办公，社区居民办理相关事宜还要去别处办理，没有做到街道社区事务受理中心功能建设实现"服务中心一门服务、一口受理、一头管理"的目标。

4）目前，服务中心一直是租借的场地，合同于10年前签订。按照当时合同约定，租金较低，但该合同于2017年底到期，如续约，将受到近10年来周边物业租金上涨的影响，直接导致服务中心的运营成本剧增，无法持续。

鉴于上述分析，可行性研究报告列出三个方案进行比选：

1）方案1：办公楼竣工后，社区文化中心全部搬入新楼；街道社区事务受理服务中心不搬，在原场地继续使用直至2017年底合同到期，届时在原场地续租，新增费用如表2-8所示。

方案一新增费用总计　　　　　　　　　　　　　　　表2-8

序号	费用名称		单位	数额	备注
1	建设投资		万元	1051.65	3号楼
2	运营费用（新增）	原文化中心	万元/年	0	继续运营，费用不变，没有新增
		原事务中心	万元/年	96	继续运营，新增租金
		3号楼	万元/年	174.2	新文化中心
	合计		万元/年	270.2	

2）方案2：3号楼竣工后，社区文化中心的图书馆及多功能剧场两处搬入新楼。社区文化中心其他功能在原址继续使用，由于图书馆和多功能厅搬入新楼，相应腾出的空间可改造成教室、科技创新屋及排练室。街道社区事务受理服务中心全部搬入新楼，受到新楼总建筑面积的限制，原二楼规划建设的信息教室、科技创新屋及排练室需要改造成事务受理中心辅助用房及办公用房，新增费用如表2-9所示。

方案二新增费用　　　　　　　　　　　　　　　表2-9

序号	费用名称		单位	数额	备注
1	投资匡算		万元	1234.90	3号楼
2	运营费用（新增）	原文化中心	万元/年	0	继续运营，费用不变，没有新增
		原事务中心	万元/年	−438	关闭，原运营费用取消
		3号楼	万元/年	537.9	新文化中心和新事务受理中心
	合计		万元/年	99.9	

3）方案3：社区文化中心仅图书阅览室搬入新建办公楼，其他功能用房在原场地继续使用，由于图书阅览室将搬入新楼，该处可改造成其他功能房间。街道社区事务受理服务中心全部搬入新建办公楼。将办公楼拟建多功能厅进行改造，加一层楼板改成2层，使得总建筑面积多出245.37平方米，共计4325.62平方米（表2-10）。

方案三新增费用　　　　　　　　　　　　　　　表2-10

序号	费用名称		单位	数额	备注
1	建设投资		万元	1329.34	3号楼
2	运营费用（新增）	原文化中心	万元/年	0	继续运营，费用不变，没有新增
		原事务中心	万元/年	−438	关闭，原运营费用取消
		3号楼	万元/年	550	新文化中心和新事务受理中心
	合计		万元/年	112	

4）方案比选

三种方案费用累计净现值（万元）（折现率取 3.3%，参考银行长期利率） 表 2-11

项目名称		第 1 年	第 2 年	第 3 年	第 4 年	第 5 年	第 6 年	第 7 年	第 8 年	第 9 年	第 10 年	累计净现值
方案一	现金流量	1051.65	270.2	270.2	270.2	270.2	270.2	270.2	270.2	270.2	270.2	3060.68
	折现值	1051.65	259.81	249.82	240.21	230.97	222.08	213.54	205.33	197.43	189.84	
方案二	现金流量	1234.9	99.9	99.9	99.9	99.9	99.9	99.9	99.9	99.9	99.9	1977.69
	折现值	1234.9	96.06	92.36	88.81	85.39	82.11	78.95	75.92	73.00	70.19	
方案三	现金流量	1329.34	112	112	112	112	112	112	112	112	112	2162.10
	折现值	1329.34	107.69	103.55	99.57	95.74	92.06	88.52	85.11	81.84	78.69	

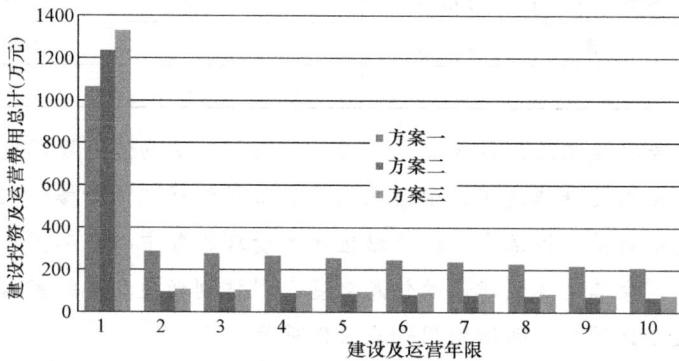

图 2-16　三种方案费用累计净现值分析

根据表 2-11、图 2-16 可知，第一种方案累计净现值为 3060.68 万元，第二种方案累计净现值为 1977.69 万元，第三种方案累计净现值为 2162.10 万元，相比之下，第二种方案累计净现值最低，第一种方案累计净现值最高。

三种方案及费用比较表　　　　　　　　　表 2-12

比较	功能方案	工程造价	运营费用
方案一	社区文化中心全部搬入高端楼盘二号地块新建 3 号楼。街道社区事务受理服务中心不搬，在原场地继续使用到 2017 年底合同到期，届时在原场地续租	本方案总投资约 1051.65 万元，其中建安工程费用约 846.74 万元，工程建设其他费用约 127.01 万元，预备费约 77.90 万元	新增运营费用总计 270.2 万元/年
方案二	社区文化中心的图书馆及多功能剧场两处搬入新楼，街道社区事务受理服务中心全部搬入新楼，受到新楼总建筑面积的限制，原二楼规划建设的信息教室、科技创新屋及排练室需要改造成事务受理中心辅助用房及办公用房	本方案总投资约 1234.90 万元，其中建安工程费用约 994.29 万元，工程建设其他费用约 149.14 万元，预备费约 91.47 万元	新增运营费用总计 99.9 万元/年
方案三	社区文化中心的图书馆搬入新楼，面积约 500 平方米，街道社区事务受理服务中心全部搬入新楼，将新楼多功能厅进行改造，加一层楼板改成 2 层，使得总建筑面积多出 245.37 平方米，共计 4325.62 平方米	本方案总投资约 1329.34 万元，其中建安工程费用约 1070.32 万元，工程建设其他费用约 160.55 万元，预备费约 98.47 万元	新增运营费用总计 112 万元/年

5）方案总结

① 功能性方面

方案一沿用原建筑方案，功能定位为文化活动中心，功能布置合理，设计无须改动，可按计划施工，工期最短；两个文化中心分别位于社区南北方向，充分满足该社区约12万人口的活动场地的规划要求；原方案图书馆位于一楼，可以不用考虑加大楼板荷载，节省建设费用，一楼也方便整理搬运图书资料；新建的多功能厅可解决街道重要会议缺场所的困难，满足郊区乡镇、街道一般应配置活动广场和座位在300～500席左右的小型影剧场；文化中心不与事务中心合在一起办公，避免交叉影响及高峰期可能造成的人流拥堵状况；新文化中心的设置与周边高端楼盘的品质契合度高，合力构筑全方位的繁华生活景致，打造街道综合性潮流生活中心。

方案二保留了剧场的使用功能，丰富了街道居民的业余文化生活。但是，剧场为双层挑空，占据了3、4层大部分的建筑面积，可能产生两家单位的部分功能布局面积指标不达标的问题，且限制了事务受理中心随着街道人口增加而扩展使用面积的可能性；新楼底层大厅面积小，不规则，刚好满足事务受理大厅的实际使用要求，但功能发挥受压抑，且需要调整已有隔墙，变更卫生间位置，增加建设费用，延长建设周期；方案暂定图书馆位于四楼，与展示馆同层，限制了展示馆功能面积的同时还需考虑加大楼板荷载，增加建设费用，整理搬运图书资料不方便；两家单位在一起办公，使得新楼人员构成复杂，且经常发生争吵事件，对周边环境造成一定的负面影响，与周边高端楼盘的品质契合度不高。

方案三仅有图书馆搬入新楼，本方案取消文化中心多功能厅的功能，增加楼板，增加建筑面积，需上报规划审批，延长了项目建设周期；文化中心与事务受理中心合在一起办公，功能使用存在交叉，可能造成冲突，高峰期可能造成的人流拥堵状况，影响正常使用；新楼底层大厅面积小，不规则，刚好满足事务受理大厅的实际使用要求，但功能发挥受压抑，且需要调整已有隔墙，变更卫生间位置，增加建设费用，延长建设周期；多功能厅的取消，无法解决街道重要会议缺场所的困难，无法满足社区200人以上的会议场地要求；两家单位在一起办公，使得新楼人员构成复杂，且经常发生争吵事件，对周边环境造成一定的负面影响，与周边高端楼盘的品质契合度不高。

② 价值系数方面

方案一两家单位总建筑面积为8530.25平方米，考虑建设及运营10年的费用累计净现值为3060.68万元，价值系数为0.36；方案二两家单位总建筑面积为6830.25平方米，考虑建设及运营10年的费用累计净现值为1977.69万元，价值系数为0.29；方案三两家单位总建筑面积为7075.62平方米，考虑建设及运营10年的费用累计净现值为2162.10万元，价值系数为0.31。

综合来看，方案一的功能体现最完善，优势明显，虽然价值系数比其他两个方案略高，但是方案一存在事务受理中心会续租，租金低于市场价的可能，因而价值系数可能降低。

因此，本报告推荐方案一（表2-12）。

（4）技术方案

此部分主要针对工业类项目，详细说明产品方案、工艺技术方案、生产设备、原材料及燃料与动力供应、总图运输、工程及工程配套方案、安全、职业卫生、消防、科研等方案。

技术方案研究就是通过调查研究、专家论证、方案比较、初步技术交流及询价，确定拟建项目的生产各环节的情况，以确保生产过程安全、环保、节能、合理、通畅、有序。

（5）选址及建设条件

地理与自然条件（位置、地质情况、气象、水文等）、交通条件、经济与社会条件、市政配套条件、用地规划条件、场地条件等。

不同行业的项目场（厂）址选择需要研究的具体内容和方法，遵循的规程范围也不同，其称谓也不同。例如，工业项目称厂址选择，水利水电项目称场址选择，铁路、公路、城市轨道交通项目称线路选择，输油气管道、输电和通信线路项目称路径选择等。

（6）投资估算与融资方案

在确定项目建设方案工程量的基础上估算项目投资，包括工程费、设备购置费、安装工程费、工程建设其他费用、基本预备费、涨价费及建设期利息和流动资金。在投资估算确定融资额的基础上，研究项目融资主体，资金来源的渠道和方式，资金结构及融资成本、风险等。

【案例4】

某公司 2011 年在上海某区建设公租房区外经营性捆绑开发工程，本项目分两期建设，包括一期公租房项目和二期商品房项目。

一期公租房项目总投资为 228227 万元。其中：建筑安装工程费用 155710 万元、设备及工器具购置费为 6847 万元，其他建设费用为 29533 万元、预备费用 9604 万元，建设期利息为 26533 万元。二期商品房项目建设总投资为 186732 万元，其中建筑安装工程费用 91592 万元、土地费用 81628 万元、其他建设费用为 21330 万元、预备费用 5647 万元，建设期利息为 13455 万元。

根据财政部和住房城乡建设部下发的《关于多渠道筹措资金确保公共租赁住房项目资本金足额到位的通知》（财综〔2011〕47号），公租房资本金比例为 20％。因此，一期公租房项目资本金按 21.09％计算，二期商品房项目资本金按 35.08％计算。

一期公租房项目贷款为 180100 万元，分 4 年贷款，2012 年贷款 36000 万元，2013 年贷款 69400 万元，2014 年贷款 39500 万元，2015 年贷款 35，200 万元。二期商品房项目贷款为 121300 万元，分 3 年贷款，2014 年贷款 39100 万元，2015 年贷款 52000 万元，2016 年贷款 30200 万元。

项目建设资金由建设单位管理使用，并设立项目招投标制度、建设资金预决算制度和设备采购内控监督制度，全过程跟踪资金的使用，保证项目的完成。

（7）财务分析（财务评价）与经济分析（国民经济评价）

包括财务预测和评价、财务分析、不确定性分析等。

【案例5】

延用案例4，项目计算期自 2012 年初起至 2021 年末。公租房项目建设期自 2012 年初起至 2015 年末，持续 4 年；运营期自 2016 年起至 2021 年末，持续 6 年；2021 年后公租房项目的运营策略尚未确定，因此计算期截止到 2021 年末。

商品房项目建设期自 2014 年初起至 2016 年末，持续 3 年；销售期自 2017 年初起至 2018 年末；2018 年商品房项目全部销售完毕，还款期至 2021 年结束，因此计算期截止到 2021 年末，一期公租房项目资金投入计划如表 2-13 所示。

一期公租房项目资金投入计划表（单位：万元）　　　　　表 2-13

序号	项目	建设期				合计
		2012	2013	2014	2015	
一	工程费用	34124	72528	31929	23976	162557
（一）	建筑安装工程费用	34124	72528	31929	17129	155710
1	地上建筑工程					
2	地下工程					
3	外场					
（二）	设备工器具费					
二	土地费					
三	工程建设其他费用					
四	基本预备费					
五	建设期贷款利息					
六	固定资产投资（一＋二＋三＋四＋五）	45638	87757	50996	45817	230208
七	建设投资（一＋二＋三＋四）	44369	82772	42173	34220	203534
八	贷款	36000	69400	39500	39200	184100
九	资本金	9638	18357	11496	6617	46108

其中，二期商品房项目土地费用预测说明如表 2-14 所示。

二期商品房项目资金投入计划表（单位：万元）　　　　　表 2-14

序号	项目	建设期			合计
		2014	2015	2016	
一	建筑安装工程费用	29822	41413	20357	91592
1	地上建筑工程				
2	地下工程				
3	外场				
二	土地费				
三	工程建设其他费用				
四	基本预备费				
五	建设期贷款利息				
六	固定资产投资（一＋二＋三＋四＋五）	68786	56050	34788	159624
七	建设投资（一＋二＋三＋四）	67623	52204	28450	148277
八	贷款	33000	43100	27600	103700
九	资本金	35786	12950	7188	55924

根据上海市"退二进三"相关政策，捆绑项目土地费用＝净地面积·最终用途的基准地价－（毛地面积·原用途的基准地价＋房屋拆除费用＋房屋补偿费用＋新华道路费用＋新华绿地费用＋七通一平成本），其中毛地面积＝净地面积/新华地块土地利用率（33.5%）。

因此，本捆绑项目土地费用为：145000－（32000/33.5%＋13.91＋500.76＋5669.87＋12328.29＋541.8733·27%＋37010·300/10000）＝29708万元

其中：

1）净地×规划用途基准地价：14.5亿

2）毛地×原用途基准地价：3.2/33.5%＝9.55亿

3）房屋拆除费用：13.91万

4）房屋补偿费用：500.76万

5）新华道路费用：5669.87万

6）新华绿地费用：12328.29万

7）600天整治费用：541.8733万×27%＝146.3万

8）七通一平：300元/平方米

公租房租赁收入表如表2-15所示，销售价格指数预测表如表2-16所示，商品房销售收入表如表2-17所示。

公租房租赁收入表

表2-15

序号	项目	运营期						合计
		5	6	7	8	9	10	
		2016	2017	2018	2019	2020	2021	
1	租赁收入	17290	17290	17290	18155	18155	18155	106335
1.1	16-1							
1.1.1	租金(元/平方米)							
1.1.2	面积(平方米)							
1.2	19-1	6786	6786	6786	7125	7125	7125	41735
1.2.1	租金(元/平方米)							
1.2.2	面积(平方米)							
1.3	商铺	4380	4380	4380	4599	4599	4599	26937
1.3.1	租金(元/平方米)							
1.3.2	面积(平方米)							

销售价格指数预测表

表2-16

年份	销售价格指数	推算指数	年份	推算指数
2000	100		2011	176.0
2001	102.1		2012	174.5
2002	111		2013	182.6

年份	销售价格指数	推算指数	年份	推算指数
2003	134.7	104.4	2014	177.7
2004	156	115.9	2015	178.3
2005	170.4	133.9	2016	179.6
2006	165	153.7	2017	178.5
2007	170.6	163.8	2018	178.8
2008	180.4	168.7		
2009	150.2	172.0		
2010	197.4	167.1		

二期商品房销售收入表　　　　　　　　表 2-17

序号	项目	销售期		合计
		9	10	
		2017	2018	
1	销售收入	201940	201940	403880
1.1	E04-2			
1.1.1	销售单价(元/平方米)			
1.1.2	面积(平方米)			
1.2	E04-4	102000	102000	204000
1.2.1	销售单价(元/平方米)			
1.2.2	面积(平方米)			

本项目年贷款利率按中国人民银行现发布的五年以上贷款基准利率计取，即年贷款利率 7.05%，如表 2-18～表 2-23 所示。

一期公租房项目总费用表　　　　　　　　表 2-18

序号	项目	合计	建设期				运营期					
			1	2	3	4	5	6	7	8	9	10
1	物业管理费	1500										
2	维修费	180										
3	企业管理费	300										
4	其他费用	300										
5	折旧费	15539										
6	摊销费	0										
7	利息支出	54609										
8	总成本费用	72428										
9	经营成本(9-8-6-7)	2280										

一期公租房项目借款还本付息表（年利率：7.05%）　　表 2-19

序号	项目	合计	建设期				运营期					
			1	2	3	4	5	6	7	8	9	10
1	年初借款累计	0										
2	本年借款	36000										
3	本年应计入利息											
4	本年还本付息											
4.1	还本											
4.2	付息											
5	年末借款累计											

二期商品房项目总费用表　　表 2-20

序号	项目	合计	建设期			销售期				
			3	4	5	6	7	8	9	10
1	销售费用	2020								
2	管理费用	1212								
3	固定资产转移	159624								
4	利息支出	21749								
5	总成本费用	184605								
6	经营成本（4-3）	3232								

二期商品房借款还本付息表（年利率：7.05%）　　表 2-21

序号	项目	合计	建设期			销售期				
			3	4	5	6	7	8	9	10
1	年初借款累计	0								
2	商品房借款	33000								
3	商品房利息	1163								
4	本年还本付息	1163								
4.1	还本									
4.2	付息	1163								
5	年末借款累计	33000								

一期公租房项目利润与利润分配表　　表 2-22

序号	项目	合计	建设期				运营期					
			1	2	3	4	5	6	7	8	9	10
1	经营收入	106335										
1.1	租赁收入	106335										
2	总成本费用	72428										
3	经营税金及附加	0										

序号	项目	合计	建设期				运营期					
			1	2	3	4	5	6	7	8	9	10
4	利润总额	33907										
5	弥补以前亏损	0										
6	应纳税总额	33907										
7	所得税	8477										
8	净利润	25430										
8.1	提取法定盈余公积金	2543										
8.2	应付利润	0										
8.3	未分配利润	22887										
9	累计未分配利润											

二期商品房项目利润与利润分配表　　　　　　　　　表 2-23

序号	项目	合计	建设期			出售期				
			3	4	5	6	7	8	9	10
1	经营收入	403880								
2	总成本费用	184605								
3	经营税金及附加	22416								
4										
5	利润总额	117225								
6	弥补以前亏损	0								
7	应纳税总额	125833								
8	所得税	31458								
9	净利润	85767								
10	年初未分配利润	285214								
11	可供分配利润	370981								
11.1	提取法定盈余公积金	9437								
11.2	应付利润	0								
12	累计未分配利润									

一期公租房项目运营期内，保留 100 万元现金，用于应付运营过程中的各项支出，期末回收。二期商品房销售期内各项销售管理费用已列入建设管理费，因此销售期内不再保留流动资金。

由于公租房项目带有公益性质，其本身盈利水平有限，且计算期末未考虑其变现收入，仅凭自身无法偿还贷款。

基于以上原因，项目拟将商品房项目开发销售后取得的部分收益用于偿还公租房项目的贷款，根据规划，商品房项目开发获利后，于 2017 年至 2021 年每年向公租房项目注入偿债资本金 2500 万～3000 万元，总计注入偿债资本金 13 亿元人民币。

根据以上分析，本项目的一期公租房项目盈利能力较差，其偿债需要二期商品房项目转入资本金进行补偿，从整体来看，由于二期商品房项目盈利能力较强，且有盈余资金补偿二期公租房项目，能够满足银行的要求。因此，本项目在财务上是可以考虑接受的（表2-24、表2-25）。

一期公租房项目主要经济数据及评价指标表

表 2-24

序号	名　称	单位	数　据	备注
一	经济数据			
1	固定资产总投资	万元	230208	
2	建设投资	万元	203534	利息不计
3	建设期利息	万元		
4	资金筹措	万元		
4.1	其中:借款	万元		
4.2	资本金	万元		
4.3	资本金比例	%		
5	租赁收入总额	万元		
6	销售税金及附加总额	万元		
7	总成本费用总额	万元		
8	项目利润总额	万元		
9	项目所得税总额	万元		
10	项目净利润总额	万元		
二	财务评价指标			
1	全部投资内部收益率	%		
2	全部投资回收期	年		
3	贷款期	年		

二期商品房项目主要经济数据及评价指标表

表 2-25

序号	名　称	单位	数　据	备注
一	经济数据			
1	固定资产总投资	万元		
2	建设投资	万元		利息不计
3	建设期利息	万元		
4	资金筹措	万元		
4.1	其中:借款	万元		
4.2	资本金	万元		
4.3	资本金比例	%		
5	商品房销售收入	万元		
6	商品房销售税金及附加	万元		
7	土地增值税总额	万元		

序号	名　称	单位	数　据	备注
8	商品房总成本费用	万元		
9	项目利润总额	万元		
10	项目所得税总额	万元		
11	项目净利润总额	万元		
二	财务评价指标			
1	全部投资内部收益率	%		
2	资本金内部收益率	%		
3	贷款期	年		

（8）项目效益分析

详细分析项目社会效益、经济效益等情况。对国民经济影响比较大的项目，可单独做国民经济影响分析。

（9）节能方案分析

一般项目进行节能、节水、节地、节材分析。所有项目都要提出降低资源消耗的措施。

（10）环境影响分析

项目建设和运营对周边环境、生态的影响分析。根据项目的建设环境背景决定的。

（11）社会评价或社会影响分析

分析主要利益相关者的需求和对项目的支持和接受程度，分析项目的社会风险，提出需要防范和解决社会问题的方案。

（12）风险分析

包括项目风险源识别、项目风险等级预判、风险对策等内容。主要是对项目的市场风险、技术风险、财务风险、组织风险、法律风险、经济及社会风险等因素进行评价，制定规避风险的对策，为项目全过程的风险管理提供依据。

许多投资项目的可行性研究不重视项目投资风险预测，仅局限于不确定性分析中简单的风险技术分析，甚至只凭借经验和直觉主观臆断，对项目建成后可能出现的风险因素预测不够，为项目的实施留下安全隐患，因此，强化投资风险意识，做好建设项目前期工作中可行性研究的风险预测，制定防范和化解措施，是避免决策失误，为建设项目科学化、民主化决策提供可靠依据的根本保证。

2.3.4　项目申请报告的定义

项目申请报告是企业投资建设应报政府核准的项目时，为获得项目核准机关对拟建项目的行政许可，按核准要求报送的项目论证报告。

企业投资项目是指企业在中国境内投资建设的固定资产投资项目，包括企业使用自己筹措资金的项目，以及使用自己筹措的资金并申请使用政府投资补助或贷款贴息的项目。

根据项目不同情况，分别实行核准管理或备案管理。对关系国家安全、涉及全国重大生产力布局、战略性资源开发和重大公共利益等项目，实行核准管理。其他项目实行备案管理。

实行核准管理的具体项目范围以及核准机关、核限，由国务院颁布的《政府核准的投资项目目录》（以下简称《核准目录》）确定。法律、行政法规和国务院对项目核准的范围、权限有专门规定的，从其规定。《核准目录》由国务院投资主管部门会同有关部门研究提出，报国务院批准后实施，并根据情况适时调整。未经国务院批准，各部门、各地区不得擅自调整《核准目录》确定的核准范围和权限。

项目申请报告的作用是从政府公共管理的角度回答项目建设的外部性、公共性事项，包括维护经济安全、合理开发利用资源、保护生态环境、优化重大布局、保障公众利益、防止出现垄断等情况，为核准机关对项目进行核准提供依据。

2.3.5 项目申请报告编制重难点

（1）申报单位及项目概况

包括项目申报单位概况、主要投资者情况、项目名称、建设地点、建设规模、建设内容等。

（2）项目资源利用情况分析以及对生态环境的影响分析

应分析拟开发资源的可开发量、自然品质、赋存条件、开发价值等，评价是否符合资源利用的要求。包括项目厂址的自然生态系统状况、资源承载力、环境条件、现有污染物情况和环境容量状况等，以及生态破坏、特种威胁、排放污染物类型和情况的分析等。

（3）项目对经济和社会的影响分析

1）经济费用效益或费用效果分析：从社会资源优化配置的角度，通过经济费用效益或费用效果分析，评价拟建项目的经济合理性。

2）行业影响分析：阐述行业现状的基本情况以及企业在行业中所处地位，分析拟建项目对所在行业及关联产业发展的影响，并对是否可能导致垄断等进行论证。

3）区域经济影响分析：对于区域经济可能产生重大影响的项目，应从区域经济发展、产业空间布局、当地财政收入、社会收入分配、市场竞争结构等角度进行分析论证。

4）宏观经济影响分析：投资规模巨大、对国民经济有重大影响的项目，应进行宏观经济影响分析。涉及国家经济安全的项目，应分析拟建项目对经济安全的影响，提出维护经济安全的措施。

5）社会影响效果分析：阐述拟建项目的建设及运营活动对项目所在地可能产生的社会影响和社会效益。

6）社会适应性分析：分析拟建项目能否为当地的社会环境、人文条件所接纳，评价该项目与当地社会环境的相互适应性。

7）社会风险及对策分析：针对项目建设所涉及的各种社会因素进行社会分析，提出协调项目与当地社会关系、规避社会风险、促进项目顺利实施的措施方案（根据各省市的核准办法，或需增加招标内容及方案）。

【案例6】 经济影响分析

某项目属于浦东新区 2014 年保障房性住房计划开工地块。本工程的建设内容包括 9 栋多层住宅、9 栋高层住宅、1 栋配套用房、1 个地下车库等。

1）产业拉动效应

通过本项目的投资，并通过"乘数效应"，可以扩大一个区域的经济总量，能够带动内部消费需求及区域内产业结构的整体调整，提高区域对 GDP 的贡献率，并且能够直接带动第三产业的发展，提升第三产业结构水平和区域经济竞争力。可见，本项目的直接带动的行业主要在第三产业，根据上海市投入产出的分析，本项目将同时有 30% 的间接效益通过拉动第二产业来实现，有 70% 的间接效益通过拉动第三产业来实现。

2）社会与经济联动影响

动迁安置房建设项目的选址应当符合动迁安置房的建设发展规划和年度实施计划，并根据城市总体规划和土地利用总体规划，与城市交通干线、轨道交通、公交枢纽等相结合，与新城建设、老城（镇）改造相结合，与城市产业布局和区域产业发展相结合，同时兼顾农村宅基地置换，加快推进农村城镇化进程。

3）区域经济影响评价

本项目位于浦东新区老港镇，对于区域内经济有一定影响，具体表现在：项目申请单位的能力、实力的发挥，能够总体把握本项目的整体投资建设，通过合理的开发，符合当地经济的发展需要。项目的建设能够得到政府和市民的支持，提高社区的整体环境和生活品质。有利于提升区域内整体素质，进一步促进区域经济繁荣。

【案例7】 社会影响分析

延用以上项目，阐述拟建项目的建设及运营活动对项目所在地可能产生的社会影响和社会效益，其中要对就业效果进行重点分析。

1）社会影响效果分析

① 对社会经济的影响

房地产业具有很高的产业关联度，可以促进上游的钢材、水泥等建材的消耗，并可以刺激人们家庭用品的从新购置，带动家电、纺织等相关行业的发展。此外，此项目的建成提升了区域附近人民群众的平均居住水平和居住质量，解决了难以通过市场解决住房问题的这部分中等收入群体的住房难问题。同时建成后的住房区从一定程度上有利于提高周边区域的消费档次，促进消费，从而更利于刺激和带动服务业，促进第三产业的发展。

② 对居民就业的影响

建筑行业是劳动密集型产业，本项目的建设除了在建设期间可以直接需要大量的人工外，还可以间接引发相关的市政配套设施建设带来的就业机会。

③ 对人民群众生活的影响

动迁安置房，是政府进行城市道路建设和其他公共设施建设项目时，对被拆迁住户进行安置所建的房屋。安置的对象是城市居民中的被拆迁户，也包括征拆迁房屋的农户。随着城市建设发展步伐的进一步加快，政府尽可能新建更多的安置房，不断满足拆迁户的需求已迫在眉睫。

本项目的建成可以满足因附近工业园区的建设和马路扩建引起动拆迁的居民的过渡性、阶段性居住需求，并营造良好的社区文化氛围，促进人际交往和精神文明建设，构建和谐社区，而且对平抑房价、扩大消费也起到了积极的作用。

社会影响分析表 表 2-26

序号	社会因素	影响的范围及程度	可能出现的不利后果
1	对当地社会经济可持续发展的影响	对促进区域经济发展具有一定影响,增加地区经济,使当地经济可持续发展	无
2	对当地居民分配和收入的影响	对促进区域经济发展具有一定影响,可在一定程度上增加当地居民收入,不存在扩大贫富差距的问题	无
3	对当地居民生活水平的影响	改善地区消费环境,整合消费资源,提高居民生活水平	无
4	对当地居民就业的影响	将带动建筑业、建材业、房地产业、商业和服务业的发展,能够创造更多的就业机会	无
5	对所在地区文化、教育、卫生和其他社会发展目标的影响	可以带动当地文化、教育、医疗卫生和其他相关社会公共福利设施的发展,有利于在一定程度上提高当地人民的文化水平,改善当地的医疗卫生条件	无
6	对当地基础设施和社会服务容量的影响	项目将促进周边道路、供水、排水、供电、供暖、燃气、通讯管网等基础设施的完善	无
7	对少数民族风俗习惯和宗教信仰的影响	项目的建设和运营符合国家的民族和宗教政策,不会引起民族矛盾,宗教纠纷	无

综上所述，本项目的建设将为当地居民及地区经济的发展建设带来良好的社会效益（表 2-26）。

2）社会适应性分析

① 项目收益人

本项目的受益群体主要为拆迁人群，项目的建成可以帮助他们解决阶段性住房难的问题；其次为市场上的原料供应商和其他辅助材料供应商，项目的建设可以给他们带来一个稳定、可靠的销售环境和市场。受益人群对项目肯定是支持的。

② 项目受影响人

本项目的受影响人群主要确定为在地块周围居住或生活的群体。在项目的建设和生产中，只要严格执行国家有关的废水、噪声等方面的污染物排放标准，并加强管理，这部分群体是可以接受项目建设的。

③ 其他利益相关者

本项目的其他利益相关者群体确定为建设单位、设计单位、咨询单位、施工单位及国家和地方政府这一群体。本项目符合国家和地方政府的有关规划要求，对带动地方经济和发展起着积极的作用，故政府对本项目是积极支持的；建设单位是直接受益者，对项目的态度无疑也是持积极态度；设计单位、咨询单位、施工单位由于本项目的建设，会因承担相应的工作而得到一定的报酬，他们对项目的态度也肯定是支持的。

总之，本项目符合国家、上海市、地区各项规划要求，项目的建设将为当地居民及地区经济的发展建设带来良好的社会效益，基本上不存在难以调和处理的冲突及矛盾，项目的社会经济价值总体上是被认可的。

2.3.6　项目资金申请报告

投资，是指国家发展改革委对符合条件的地方政府投资项目和企业投资项目给予的投资资金补助。

贴息，是指国家发展改革委对符合条件，使用了中长期贷款的投资项目给予的贷款利息补贴。

简介项目申报单位情况、项目基本情况、项目进展情况，为项目资金审查机关分析判断项目申请单位是否具备承担拟建项目的资格、是否符合资金发放条件等提供背景和依据。根据资金来源和性质不同，对于提交文件的内容和要求会有所区别。

2.3.7　项目资金申请报告编制内容

（1）项目单位的基本情况；

（2）项目的基本情况，包括在线平台生成的项目代码、建设内容、总投资及资金来源、建设条件落实情况等；

（3）项目列入三年滚动投资计划，并通过在线平台完成审批（核准、备案）情况；

（4）申请投资补助或者贴息资金的主要理由和政策依据；

（5）工作方案或管理办法要求提供的其他内容。项目单位应对所提交的资金申请报告内容的真实性负责。

2.3.8　项目资金申请报告编制重难点

项目资金申请报告应重点分析国内外现状和技术发展趋势，对产业发展的作用与影响、产业关联度分析、市场分析等；对于已经获得核准、备案或开工项目，应重点论述申请投资补助或贴息资金的主要原因和政策依据。

【案例8】

某公司是一家专业从事大型物流设备应用研发和制造的高新技术企业。公司多次承担国家发展改革委、某市科委科研专项任务，投入大量科研力量，完成了一批高新技术成果转化项目。并于2010年度获得了金山区人民政府授予的"金山区企业技术中心"的称号。公司侧重研发与物流、塑料托盘有关的新材料、新产品（模具）、新工艺设备等延伸产品。公司现有60余台注塑机，其中大型注塑机30余台，具备年产200万片塑料托盘的生产能力，在国内塑料托盘市场中的市场占有率约为15％，经营规模居国内塑料托盘行业之首。

公司申请投资补助的主要原因和政策依据有三点：

（1）本项目新型环保阻燃塑料托盘生产能力的建设符合"2013年产业振兴和技术改造专项重点专题"第七条第（二）款第4项"新型环保阻燃塑料制品"，是我国产业振兴和技术改造的重点专项领域；

（2）项目在国内首次将阻燃剂（IFR）应用于生产物流托盘，采用目前国际上最前沿的无卤阻燃材料，在塑料托盘领域及无卤阻燃材料大型制造中的批量应用处于领先地位，填补了环保阻燃塑料在我国托盘行业应用的空白，同时项目方长期致力于科技创新和技术研发，具备较好的技术创新能力，符合《国务院关于促进企业技术改造的指导意见》（国发〔2012〕44号）"推进技术创新和科技成果产业化"、"突破一批共性关键技术，加快先进技术的产业化应用"、"鼓励和支持企业技术中心、工程实验室、科技重大基础设施等创新载体的改造提升，培育一批研发基础好、知识产权多、行业带动性强的技术创新示范企业"的精神；

（3）项目生产的环保无卤阻燃塑料托盘具有低毒环保（燃烧时释放的毒素低）、阻燃的特性，与传统木质托盘和一般塑料托盘、含卤素阻燃塑料托盘相比，能够大大提升企业仓库的消防安全水平，符合《国务院关于促进企业技术改造的指导意见》（国发〔2012〕44号）"促进安全生产"的精神。

2.4 项目前期策划

2.4.1 项目前期策划的概述

（1）项目前期策划的定义

我国工程项目的建设，一般遵循图 2-17 的基本建设程序。

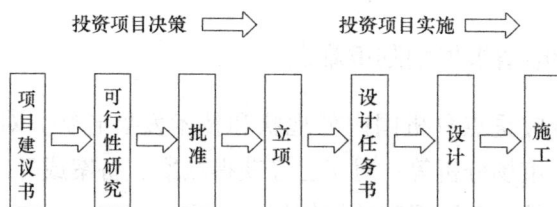

投资项目决策 ⟹   投资项目实施 ⟹

项目建议书 ⟹ 可行性研究 ⟹ 批准 ⟹ 立项 ⟹ 设计任务书 ⟹ 设计 ⟹ 施工

图 2-17 项目建设程序

项目立项前可称为项目决策阶段，立项之后为项目实施阶段。在建设项目实践中，决策或实施阶段尚存在不少问题。

项目前期策划是指在项目建设前期，通过调查研究和收集资料，在充分占有信息的基础上，针对项目的决策和实施或决策和实施的某个问题，进行组织、管理、经济和技术等方面的科学分析和论证，这将使项目建设有正确的方向和明确的目的，也使建设项目设计工作有明确的方向并充分体现业主的建设目的。其根本目的是为项目建设的决策和实施增值，为项目使用（运行、运营）增值。增值可以反映在确保工程建设安全，提高工程质量、投资（成本）控制、进度控制上，还可以反映在确保工程使用安全、环保节能、满足使用功能、降低工程运营成本、有利于工程维护等方面。

工程项目前期策划的核心思想是根据系统论的原理，通过对项目多系统、多层次的分析和论证，逐步实现对项目的有目标、有计划、有步骤的全方位、全过程控制。包括对项目目标进行多层分析，由宏观到具体；对影响项目目标的项目环境的要素组成及对项目如何影响进行分析，预测项目在环境中的发展趋势，对项目构成要素进行分析，分析各构成要素功能和相互联系以及整个项目的功能和准确定位；对项目过程进行分析，在考虑环境影响的前提下，分析项目过程中的种种渐变和突变以及各种变化的发展情况及结果，并预先采取管理措施等。这些构成了项目策划的基本框架，是项目策划的重要思想依据。

（2）工程项目前期策划的特点

1）重视同类建设项目的经验和教训的分析

尽管在项目前期策划中创造性非常重要，但同类项目的经验和教训也值得参考和借鉴。对国内、国外同类建设项目的经验和教训的全面、深入的分析，是环境调查和分析的重要方面，也是整个项目前期策划工作的重要部分，应贯穿项目前期策划的全过程。

2）坚持开放型的工作原则

建设项目前期策划需要整合多方面专家的知识，包括组织知识、管理知识、经济知识、技术知识、设计经验、施工经验、项目管理经验和项目策划经验等。建设项目前期策划可以委托专业咨询单位进行，从事策划的专业咨询单位往往是开放型组织，政府部门、教学科研单位、设计单位、供货单位和施工单位等往往都拥有这方面的专家，策划组织者的任务是根据需要把这些专家组织和集成起来。

3）策划是一个知识管理的过程

策划是对专家和专业人士的组织和集成，更是信息的组织和集成的过程（图2-18）。策划的实质就是对知识的集成，是一种知识管理的过程，即通过知识的获取，经过知识的编写、组合和整理，在此基础上通过思考而形成新的知识。

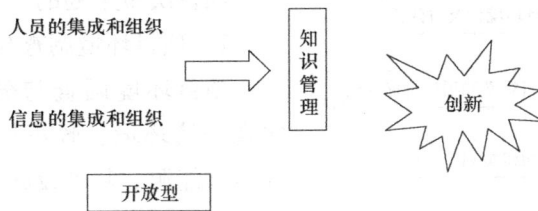

图 2-18　策划是知识的集成

4）策划是一个创新求增值的过程

策划是从无到有的过程，是一种创造过程。项目策划是根据现实情况和以往经验，对事物变化趋势做出判断，对所采取的方法、途径和程序等进行周密而系统的构思和设计，是一种超前性的高智力活动。创新的目的就是增值，通过创新，带来建设项目效益。

5）策划是一个动态过程

策划工作往往是在项目前期进行，但是策划成果不是一成不变的。一方面，随着项目建设的开展，项目策划的内容根据项目需要和实际可能性不断丰富和深入；另一方面，项目早期策划工作的假设条件往往随着项目开展而不断变化，必须对原来的假设不断验证。所以，策划结果需要根据环境和条件发生的变化，不断进行论证和调整。

（3）工程项目前期策划的类型

对于工程项目全寿命周期而言，可根据其所处项目三大阶段的不同，分为项目决策策划、项目实施策划和项目运营策划三种。

项目决策策划一般在项目的前期进行，主要针对项目的决策阶段，通过对项目前期的环境调查、项目基本目标的确定以及各种经济技术指标的分析，为项目的决策提供依据；项目实施策划一般在项目实施阶段之前进行，主要针对项目的实施阶段，通过对实施阶段的环境分析、项目目标的分解、建设成本和建设周期的计划安排，为项目的实施服务，使之顺利实现项目目标；项目运营策划在项目实施阶段完成之后，正式动用之前，用于指导项目动用准备和项目运营，并在项目运营阶段进行调整和完善。

本章节主要介绍工程项目决策策划和工程项目实施策划两部分，它们是工程项目策划的基础和核心。工程项目运营策划涉及项目试用调试、商业业态布局、物业管理等方面的内容，需要综合性地应用各个方面的知识，本章节不做详细介绍。

2.4.2 项目前期策划的任务

项目前期策划的任务，主要包括项目决策策划和项目实施策划。

（1）项目决策策划

项目决策策划最主要的任务就是定义开发或者建设什么，并明确其效益和意义如何。具体包括明确项目的规模、内容、使用功能和质量标准，估算项目总投资和投资效益以及项目的总进度规划等问题。

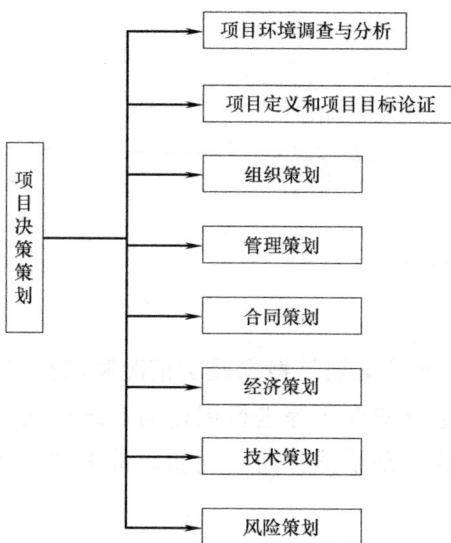

图 2-19　项目决策策划的内容

项目决策策划的工作内容如图 2-19 所示。

1）项目环境调查与分析

项目环境调查与分析包括对自然环境、宏观经济环境、政策环境、市场环境、建设环境（能源、基础设施等）等进行调查分析。

2）项目定义和项目目标论证

项目定义和论证是项目决策策划的重点，用以明确开发或建设目的、宗旨和指导思想，确定项目规模、组成、功能和标准，初步确定总投资和开发或建设周期等。

3）组织策划

组织策划需要进行项目组织结构分析，明确决策期的组织结构、任务分工和管理职能分工，确定决策期的工作流程，并分析编码体系等。

4）管理策划

管理策划的任务是制定建设期管理总体方案、运行期设施管理总体方案和经营管理总体方案等。

5）合同策划

合同策划是指确定决策期的合同结构、决策期的合同内容和文本、建设期的合同结构总体方案等。

6）经济策划

经济策划需分析开发或建设成本和效益，制订融资方案和资金需求量计划等。

7）技术策划

技术策划要对技术方案和关键技术进行分析和论证，并明确技术标准和规范的应用和制定等。

8）风险策划

风险策划需要分析政治风险、经济风险、技术风险、组织风险和管理风险等。

其中，项目环境调查与分析、项目定义与项目目标论证和经济策划最为重要，将在后续章节重点描述。

（2）项目实施策划

项目实施策划，最主要的任务是定义如何组织开发和建设该项目。项目实施策划要详细分析实施中的组织、管理和协调等问题，包括如何组织设计、如何招标、如何组织施工、如何组织供货等问题。

项目实施策划是在建设项目立项之后，为了把项目决策付诸实施而形成的具有可行性、可操作性和指导性的实施方案。项目实施策划有可能成为项目实施方案或项目实施规划。

建设项目实施策划涉及整个实施阶段的工作，它属于业主方项目管理的工作范围。建设项目实施策划内容涉及的范围和深度，在理论上和工程实践中并没有统一的规定，应视项目的特点而定，一般包括的内容如图2-20所示。

一般项目实施策划会包括项目建设期的环境调查、项目目标的分析和再论证、项目实施的组织策划、项目实施的目标控制策划、项目实施的合同策划、项目实施的技术策划和项目风险分析等。其中，项目目标的分析和再论证、项目实施的组织策划、项目实施的目标控制策划为重点内容，将在后续章节重点描述。

项目实施策划的核心是项目实施的组织策划。

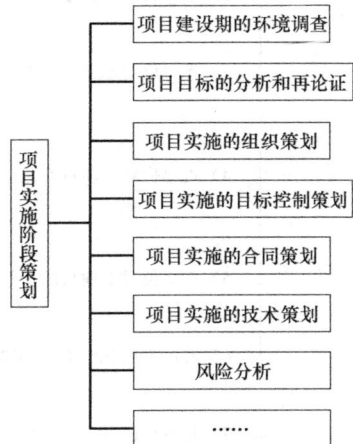

图2-20 项目实施阶段策划的基本内容

1. 案例分析：某市 2018～2020 年 PPP 项目库筹建工作

某市按照国家政策和本市项目建设的需求，对全市 2018～2020 年计划实施的政府性投资项目进行梳理谋划，组织建设 2018～2020 年 PPP 项目库，破解该市项目建设资金瓶颈、缓解财政压力。

（1）项目决策策划

项目调研阶段

第一步：按照某市财政局提供的 2018～2020 年政府投资项目汇总表进行项目分类，根据项目后期实施最关注的问题：项目的定义开发、建设内容及其效益和意义，制定第一轮项目调研信息收集表，如图 2-21 所示。明确各个项目的规模、内容、使用功能和质量标准，估算项目总投资和投资效益以及项目的前期准备和总进度规划等问题。

拜访时间：	单位：		职位：
项目名称：			
拜访人姓名：	性别：□ 男　　□ 女		
手机号码：	单位地址：		

项目概况

第一次调研过程记录

（1）促使贵局上报此项目采用 PPP 模式实施的因素有哪些？（确实需要做这些项目/应付报一下/可报可不报/要融资）

（2）本项目进展程度如何？是否有前期工作的文本或电子材料？　　____/10 分

（3）贵单位对本项目实施后经济效益的产生有何预期？　　____/10 分

（4）贵单位对本项目实施后社会效益的产生有何预期？　　____/10 分

（5）贵单位对本项目的计划实施时间有何安排（2018～2020）？是否有这么安排的理由？

（6）若可采用 PPP 模式实施本项目，贵单位将负责或参与实施过程的人数？

（7）是否存在顾虑：上报项目多但是后期不上有麻烦，报的项目不多又觉得不够积极？

（8）其他：

注意事项：
（1）带上 U 盘，当场拷贝项目前期资料。包括项目前期准备资料、该部门的工作总结等；
（2）记得要联系人的手机号码和邮箱

图 2-21　某市 2018～2020 年政府投资社会事业 PPP 项目第一次调研信息收集表

第二步：走访调研各个项目涉及的责任单位和相关人员，对项目涉及的自然环境、建设环境（能源、基础设施等）、政策环境、市场环境、宏观经济环境等进行调查，了解项目的定位、建设内容、前期准备和目前的进展情况，估算其经济和社会效益，并通过对各个项目的纵向评估和横向对比，进行五星指数量化项目品质。

项目梳理阶段

对调研的所有项目进行汇总，对涉及面广、项目实施难度大的项目进行对比分析，根据调研确定的五星指数，以主要考核因素：项目的前期准备和经济效益，对该类PPP项目进行分析定位，制作综合定位图如图2-22所示。

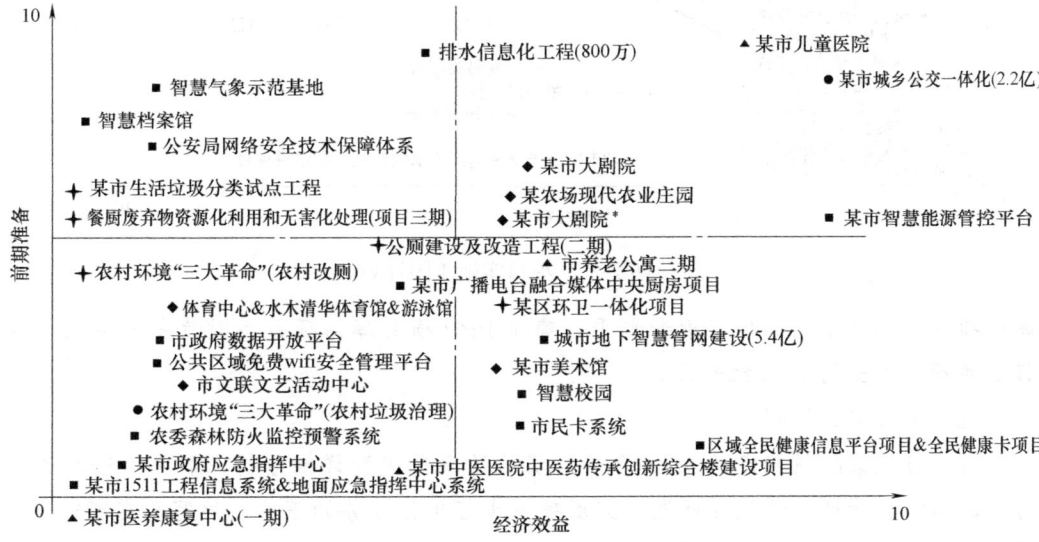

图 2-22　该类 PPP 分析综合定位图

根据项目的组织结构、任务分工和管理职能分工，对满足PPP项目实施条件的项目进行决策，通过与责任人员对接，谋划会议商榷，初步确定是否纳入清单库范围内，对确定纳入的项目开展深度的调研和策划。明确其建设期管理总体方案、运行模式和经营管理方案，综合所有库内项目进行全面评价，制定项目实施年限计划图如图2-23所示。

在明确各个项目的项目规模、组成、功能、标准、总投资、开发或建设周期，建设期管理方案、运行模式和经营管理方案后，根据PPP项目的特点和实施要求，按照地理位置、项目相似度、项目相关度进行分类打包。

根据各个项目或项目包的资金需求量、融资途径、技术方案、关键技术难度，考虑政治风险、经济风险、技术风险、组织风险和管理风险等，初步确定项目（包）的实施年限和推进计划。

政府财政承受论证

通过对该市的近五年财政支出和财政收入数据进行分析，建立财务模型，测算该市在

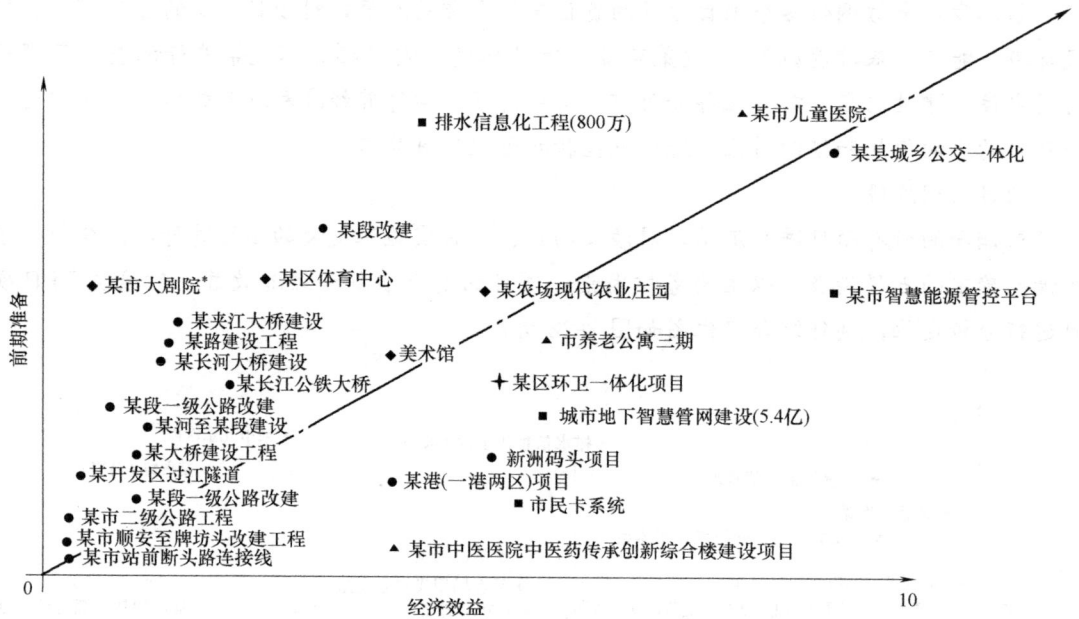

图 2-23　项目实施年限计划图

库内项目合作年限内财政可承受水平，确保 PPP 项目库内项目年财政支出占比在该市一般公共预算支出的 10% 红线以内。

（2）项目实施策划

对项目决策阶段确定的 2018 年重点实施的项目进行详细分析，解决推进实施中可能存在的组织、管理、协调等问题，完成项目责任单位任务的下达，编写具有可行性、可操作性和指导性的 PPP 项目初步实施方案，初步实施方案框架如图 2-24 所示。对于 2019 年和 2020 年实施的项目拟定推进方案和时间安排。

某某项目 PPP 模式运作要点详情如下：

（1）项目背景及进展：

（2）产出说明：

（3）项目总投资：

（4）项目授权实施机构：

（5）财政补贴来源：

（6）项目运作模式：

（7）项目回报机制：

（8）项目合作年限：

（9）政府股权占比：

本项目将由实施机构牵头，根据以上初步方案实施。

责任单位：

时间：

图 2-24　某 PPP 项目初步实施方案

2.4.3 项目环境调查与分析

（1）环境调查的目的

环境调查是项目策划的第一步，也是最基础的一环。无论是大型城市开发项目策划还是单体建筑策划，都需要进行多渠道信息的收集。科学的项目决策建立在可靠的项目环境调查和准确的项目背景分析基础上。环境调查分析是对影响项目策划工作的各方面环境进行调查，并进行认真分析，找出影响项目建设与发展的主要因素，为后续策划工作提供较好的基础。

（2）环境调查的内容

环境调查的工作内容为项目本身所涉及的各个方面的环境因素和环境条件，以及项目实施过程中可能涉及的各种环境因素和环境条件。工作内容应力求全面、深入和系统，具体可以包括以下方面，如图 2-25 所示。

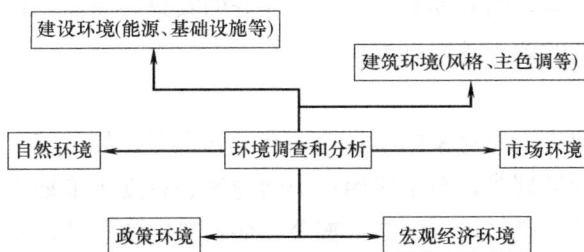

图 2-25　环境调查的工作内容

（3）环境调查的依据

环境调查分析应该以项目定位为基本出发点，将项目实施所可能涉及的所有环境因素做系统性地思考，以其中对项目策划和项目实施影响较大的关键因素作为主要的考虑对象，进行全面的调查与分析。

项目环境调查分析的主要依据有以下几种：国家颁布的政策、法规及有关统计年鉴、市场信息的数据、指标等；有关社会状况和市场形势的资料、数据等；关于市场发展趋势的专家咨询意见和分析报告；城市规划、区域经济发展规划、旅游规划、项目实施计划和对环境的要求；相近项目的环境因素构成和变化资料等。

（4）环境调查的方法

项目环境调查的工作方法有多种。一般而言，包括以下五种途径。

1）现场实地考察

现场实地考察是环境调查的一个重要方法与途径，该种方法主要是通过调查增加对项目的感性认识，并了解有关项目的具体细节，掌握项目环境的最新情况。在实地调查时，可借助拍照、录像等手段辅助工作。

2）相关部门走访

相关部门是项目宏观、中观与微观背景资料的主要来源。从这些部门获取的资料具有相当的权威性和及时性，有时甚至是尚未正式发布的草案，对了解宏观背景的发展趋势具有极大的帮助作用。通过这种方式进行资料收集时应注意两点准备事项：一是要提前进行联系，告知对方调研的意图、目的、时程安排以及所需要的资料等；二是制定调查表格。

3）有关人员（群）访谈

另外一个较为重要的调研方式是对相关人员（群）的访谈，访谈的目的是了解项目相关人员（群）、项目的关系以及相关人员（群）对项目的意见或建议。此类调研方式往往和相关部门的调研相结合。对相关人员（群）的访谈除了要进行必要的准备以外，还应注意记录访谈要点，访谈结束后应进行回顾、总结与分析。除此之外，还应注意访谈技巧，包括赞同、重复、澄清、扩展、改变话题、解释与总结等。

4）文献调查与研究

策划是一种创造性的劳动，在这一过程中，汲取的知识越多，对策划越有利，而文献是各种知识的凝聚与升华，因此要对文献进行充分的收集和研究。目前，随着文献的数字化程度越来越高，文献的调查越来越方便。

5）问卷调查

问卷调查对于有明确用户对象的项目策划有显著作用，如学校、商业街、住宅、办公楼以及某些建筑单体的策划等，对最终用户的问卷调查有助于策划成果的合理与完善。此外，问卷调查也可以针对已经策划的某一部分，如项目定位、功能布局、面积分配等，征求相关人员的意见，进一步完善策划成果。问卷调查的问题有很多种类型，包括分支性问题、名词性问题、顺序性提问、间隔式提问、简短回答式提问以及不做最终结论的提问等。

2.4.4 项目定义与项目目标论证

（1）项目定义的概念

项目定义是建立在环境调查基础之上的，定义的结论同时又是投资估算、技术经济评价、投入产出分析和规划设计的基础。

项目定义是将建设意图和初步构思，转换成定义明确、系统清晰、目标具体、具有明确可操作性的文字描述，用于回答"建什么"的问题。

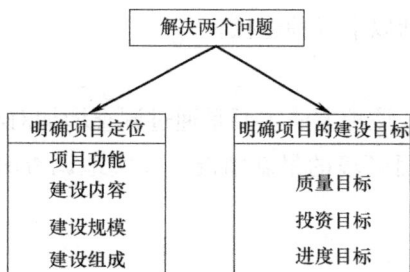

图 2-26　项目定义的目的

（2）项目定义的目的

项目定义确定项目实施的总体构思，主要解决项目定位和项目建设目标两个问题，如图 2-26 所示。

第一个问题是明确项目定位。项目定位最主要是指项目的功能、拟建项目的组成的分解、建设内容、建设规模和建设标准等，也就是项目建设的基本思路。

第二个问题是明确项目的具体建设目标。建设项目的目标是一个系统，包括质量目标、进度目标、投资目标三个方面。项目的质量目标，就是要明确项目建设内容、规模、标准和档次等；项目进度目标是指在项目定义阶段，应该明确项目建设的周期以及项目分期开发和滚动开发计划，明确项目投产期和投资回收期；项目的投资目标，在项目定义阶段应该初步明确项目建设的总投资，这是在明确了项目的质量目标和进度目标的基础上确定的。

项目定义的根本目的只有一个，即明确项目的性质、用途、建设规模、建设水准以及预计项目在社会经济发展中的地位、作用和影响力。

（3）项目目标分析论证

目标控制是项目管理的核心任务，而目标明确是项目成功的一个必要前提条件。但对于大多数项目而言，系统的初始目标往往是笼统而模糊的，必须对目标进行多次的分解和论证，形成完整的目标系统，才能使它逐渐明确且具备充分的可行性。

1）目标分解

项目目标分析的最好办法是对目标进行分解和细化。目标分解主要是根据目标的内容以及系统的阶段性和层次性，将项目的总目标分解为具体的、基本的目标单元，使项目系统中每一个基本功能单位在各个层次、各个阶段都具有明确的目标。

项目目标的分解可以是多维度的，需要考虑目标的构成、项目构成、项目实施过程等多方面因素，从不同的角度进行分析。分析过程是在由多种因素构成的多维空间中进行的过程。

将这个由多种因素构成的多维空间定义为目标分解空间，目标分解空间通常可以从三个维度考虑：一是目标内涵，包括质量、投资、进度、安全、环境影响等，其中最主要的是质量、投资、进度三个方

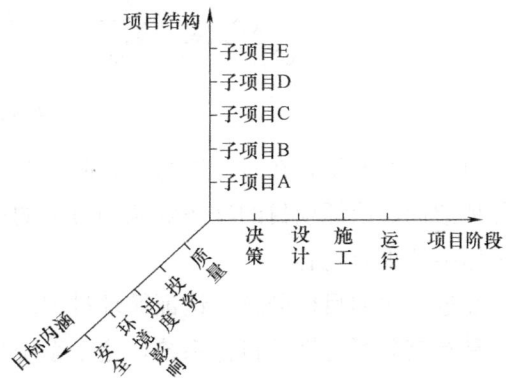

图 2-27　项目定义的目的

面；二是项目结构，指构成整个项目的各个子项目以及各分部分项工程；三是项目阶段，包括项目决策、实施（设计和施工）、运行等几个主要阶段。如图 2-27 所示。

项目目标分解的基本原则是从宏观到微观、从静态到动态，在分解空间中具体地表现为目标分解可以从三个维度分别展开，但相互之间又有影响和关联。

项目总体目标的分解是一个在分解空间的三维上分别进行并需要多次重复的循环过程，而且在每一维上进行目标分解时，都要考虑分解后的目标在其他两维上的可行性。项目总体目标分解后将成为有着一定层次性和逻辑性的目标系统。这个系统在每一维上都应体现出其内在的逻辑性，在任何两维构成的平面上都应体现出清晰的层次性。

2）项目目标论证

项目目标论证必须从技术、经济、管理等方面论证目标的可行性，并往往在三维目标分解空间的两维平面上，从不同的侧面或截面论证目标的可行性，从而求证目标系统的整体可行性。

项目目标论证平面如图 2-28 所示，在目标维与项目维构成的平面上，对目标系统技术上的合理性和协调性进行论证；在项目维与项目阶段维构成的平面上，对目标系统总体工作安排上的合理性和可行性进行论证；在目标内涵维与项目阶段维构成的平面上，对项目目标在不同阶段上的可行性进行论证。

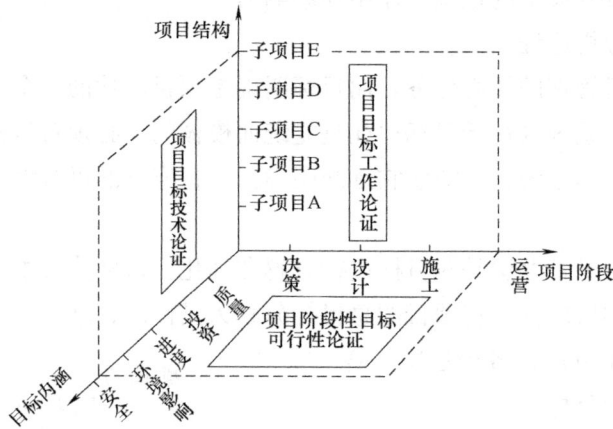

图 2-28　项目目标分解空间

值得注意的是，在目标维与项目阶段维构成的平面上，用经济指标综合表示系统目标的各种指标，论证项目的经济效益和目标的可行性，即现在为人们所熟知的项目可行性研究工作中的重要内容。

经过多次的目标分解、论证循环过程之后，原来笼统而模糊的项目目标将成为清晰明确、具有充分可行性的目标系统，这个系统将作为建立整个项目系统并对其进行控制的一个基本依据。

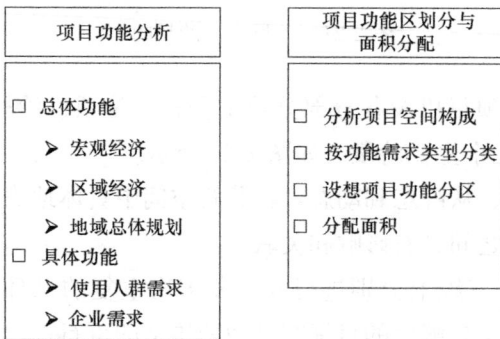

图 2-29　功能分析与面积分配

（4）项目功能分析

要对拟建项目进行严格的项目定义，一个重要的策划内容是对项目功能进行策划，主要包括项目功能分析和面积分配，如图 2-29 所示。

1）项目功能分析

项目功能分析是在总体构思和项目总体定位的基础上，结合潜在客户的需求分析，对项目功能进行细化，以满足项目投资者或项目使用者的要求。

项目功能分析又分为项目总体功能定位和项目具体功能分析。

2）项目功能区划分与面积分配

项目的功能区划分和面积分配是项目决策策划中很重要的一部分，它不仅仅是对项目功能定位的总结和实施，而且为项目的具体规划和设计提供依据，使规划和设计方案更具合理性和可操作性。

2.4.5 项目经济策划

（1）经济策划的概念

项目经济策划是指在项目决策阶段，通过对项目经济方面数据进行预测、分析和评价，初步确定项目投资规模、融资渠道及各项经济指标等，以达到优化项目投资并规避投资风险的目的，对项目前期甄选工作具有十分重要的意义。

经济策划工作开展程度根据项目规模、标准、投资额度等条件的不同而有所不同。一般而言，项目经济策划的主要工作内容包括项目总投资估算、项目融资方案、项目经济评价三个部分，将在下文详细描述。

项目经济策划的主要任务是依据项目功能策划确定的项目功能、规模和标准，明确项目的总体投资目标、投融资方案并对投入与产出进行经济分析。

作为工程项目策划的组成部分，经济策划的意义主要表现为：

1）经济策划是对项目进行评估与决策的重要依据。工程项目投资的目标主要是为了取得经济效益，通过对项目的经济策划，可以科学地分析项目的盈利能力，据此做出正确的项目投资决策。

2）经济策划是有关部门审批拟建项目的重要依据。项目财务效益的好坏，不但会对项目投资主体的生存与发展造成影响，还会对国家财政收入状况产生影响，项目发生的损失最终可能会通过各种形式造成国家的损失。项目经济策划可使项目风险减低到最小。

3）经济策划包含项目融资方案，分析融资渠道也是金融机构确定是否贷款的重要依据。项目贷款具有数额大、周期长、风险大等特点，通过经济策划，金融机构可以较为准确地估计项目的造价，科学地分析项目贷款的偿还能力，并据此决定是否贷款。

（2）项目总投资估算

项目经济策划的首要工作是进行项目总投资估算。就建设项目而言，项目的总投资估算包括了项目的前期费用、项目工程建设造价和其他投资费用等。其中，工程造价是项目总投资最主要的组成部分。

项目总投资估算一般分以下五个步骤：

1）根据项目组成对工程总投资进行结构分解，即进行投资切块分析并进行编码，确定各项投资与费用的组成，其关键是不能有漏项。

2）根据项目规模分析各投资分解项的工程数量，由于此时尚无设计图纸，因此要求估算师具有丰富的经验，并对工程内容做出许多假设。

3）根据项目标准估算各投资分解项的单价，此时尚不能套用概预算定额，要求估算师拥有大量的经验数据及丰富的估算经验。

4）根据数量和单价计算投资合价。有了每一投资分解项的投资合价以后，即可进行逐层汇总。每一项投资合价都是子项各投资合价汇总之和，最终得出项目投资总估算，并形成估算汇总表和明细表。

5）对估算所做的各项假设和计算方法进行说明，编制投资估算说明书。

项目总投资估算主要是用来论证投资规划的可行性以及为项目财务分析和财务评价提供基础，进而论证项目建设的可行性。一旦项目实施，项目投资估算也是投资控制的重要依据。

（3）项目融资方案

项目融资方案策划主要包括融资组织与融资方式的策划、项目开发融资模式的策划等。

1）融资组织与融资方式策划

融资组织与融资方式策划主要包括确定项目融资的主体以及融资的具体方式。不同项目的融资主体应有所不同，需要根据实际情况进行最佳组合和选择。如图2-30所示为某工业园区的整体融资方式。

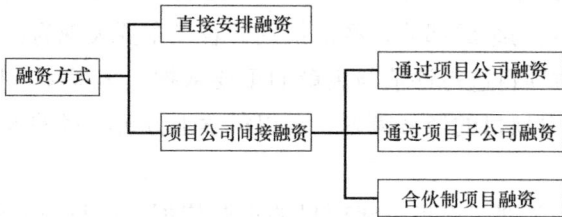

图2-30　某工业园区项目整体融资模式图

2）项目开发融资模式策划

项目融资主体确定以后，需要对项目开发时具体的融资模式进行策划。如某工业园区单个项目的开发融资模式主要有如图2-31所示的几种模式。

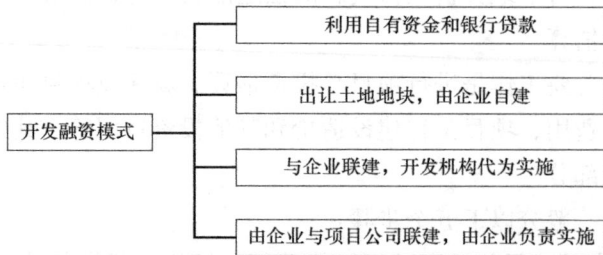

图2-31　某工业园区单给项目开发融资模式图

（4）项目经济性评价

项目的经济可行性评价系统包括项目国民经济评价、财务评价和社会评价三个部分（图2-32），从三个不同的角度对项目的经济可行性进行分析。国民经济评价和社会评价从国家、社会宏观角度出发考察项目的可行性，而财务评价则是从项目本身出发考察其在经济上的可行性。

项目经济评价是可行性研究的重要内容，具体评价方法和指标体系国家有严格规定，操作时须参照国家规定。

2.4.6 项目实施的目标分析和再论证

与项目决策策划类似，项目实施策划的第一步是建设期的环境调查与分析，包括业主现有组织情况、建筑市场情况、当地材料设备供应情况、政策情况等。在对影响项目建设的内外部条件进行调查以后，综合分析可得建设项目的实施期环境调查报告。

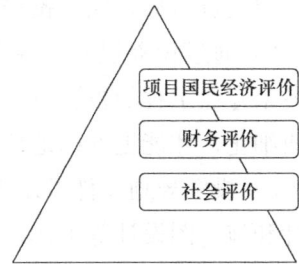

图 2-32 项目经济评价的内容

项目目标的分析和再论证是项目实施策划的第二步。在工程项目中，只有业主方的项目管理目标是针对整个项目、针对项目实施全过程的。所以在项目实施目标控制策划中，只有站在业主方的角度进行思考，才能统筹全局，把握整个项目管理的目标和方向。

项目实施的目标分析和再论证包括编制三大目标规划，包括投资目标规划、进度目标规划和质量目标规划，如图 2-33 所示。

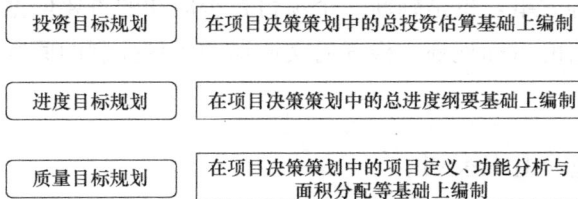

图 2-33 三大目标规划

（1）投资目标规划

项目投资目标规划是在建设项目实施前期对项目投资费用的用途做出的计划和安排，它是依据建设项目的性质、特点和要求等，对可行性研究阶段所提出的投资目标进行再论证和必要的调整，将建设项目投资总费用根据拟定的项目组织和项目组成内容或项目实施过程进行合理的分配，进行投资目标的分解。

一般情况下，投资目标规划的依据主要是工程项目建设意图、项目性质、建设标准、基本功能和要求等项目构思和描述分析，根据项目定义，确定项目的基本投资构成框架，从而确定建设项目每一组成部分投资的控制目标；或是在建设项目的主要内容基本确定的基础上，确定建设项目的投资费用和项目各个组成部分的投资费用控制目标。

投资目标规划的基本意义在于进行投资目标的分析和分解，明确总投资的构成，避免造成漏项，并对项目各组成部分明确投资控制的目标，指导建设项目的实施工作。项目投资规划在工程项目的建设和投资控制中起着以下重要作用。

1）在建设项目实施前期，通过投资规划对项目投资目标作进一步的分析和论证，可以确认投资目标的可行性。投资规划是可行性研究报告的进一步细化和项目建设方案的决策依据。在投资规划的基础上，通过进一步完善和优化建设方案，依据有关规定和指标合理确定投资目标，保证投资目标的合理性。

2）通过投资规划，将投资目标进行合理的分解，给出和确定建设项目各个组成内容和各个专业工程的投资目标。只有对投资目标进行合理分解、明确投资组成框架、把投资组成细化，才能更准确地估算投资，才能真正起到有效控制投资的作用。

3）投资规划文件可以用于控制实施阶段的工作，尤其是控制和指导方案设计、初步设计和施工图设计等工作。正确确定建设项目实施阶段的投资总量，对各设计阶段的投资设计具有重要意义。

（2）进度目标规划

项目进度目标规划是对拟建项目实施在进度和时间上的安排，因此是项目实施策划的一项非常重要的内容。甚至有很多人理解项目实施策划就是项目进度规划。它是在工程建设中，为了控制工程项目进度，合理安排各项工作，在项目实施前对项目所有建设工作所做的安排，涉及建设单位（业主）、设计单位、施工单位、材料和设备供应单位、项目管理咨询单位等各项目参与单位的工作内容。

（3）质量目标规划

质量是项目的头等大事，也是判断一个项目是否成功的重要依据。因此，在项目决策阶段就应对其进行严格的目标规划，根据后文所述的质量控制的原则和措施，进行项目质量目标规划。

2.4.7　项目实施的组织策划

（1）项目实施组织策划的概念

项目实施的组织策划是指为确保项目目标的实现，在项目开始实施之前以及项目实施前期，针对项目的实施阶段，逐步建立一整套项目实施期的科学化、规范化的管理模式和方法，即对整个建设项目实施过程中的组织结构、任务分工和管理职能分工、工作流程等进行严格定义，为项目的实施服务，从而顺利实现项目目标。

组织策划是在项目决策策划中的项目组织与管理总体方案基础上编制的，是组织与管理总体方案的进一步深化。组织策划是项目实施策划的核心内容，项目实施的组织策划是项目实施的"立法"文件，是项目参与各方开展工作必须遵守的指导性文件。

（2）项目实施组织策划的重点

1）重点一：明确指令关系，指令关系指的是组织中不同单位、不同工作部门之间的上下级关系。指令关系中的上级工作部门或上级管理人员可以对下级工作部门或下级工作人员下达工作指令。指令关系可以通过组织结构图体现出来，组织结构图反映的是一个组织系统中各子系统之间或各元素之间（各工作部门或各管理人员）的指令关系。

2）重点二：明确任务分工，根据项目目标体系和项目分解结构，把项目实施过程逐层分解形成该项目的所有工作任务，只有当组织分工能够反映一个组织系统中各子系统或各元素的工作任务分工和管理职能分工，才能落实各自责任，才有可能实现项目目标。组织结构图和组织分工都是一种相对静态的组织关系。

3）重点三：工作流程组织，它反映的是一个组织系统中各项工作之间的先后开展顺序关系，是一种相对动态的关系。对于建设工程项目而言，指的是一系列项目实施任务的工作流程组织，如投资控制工作流程、质量控制工作流程、合同管理工作流程等。

（3）项目管理的三维视角

三维视角是用于项目管理的有效工具。所谓项目管理的三维视角是指项目对象维（Project）、管理组织维（Organization）和工作过程维（Process），如图2-34所示。

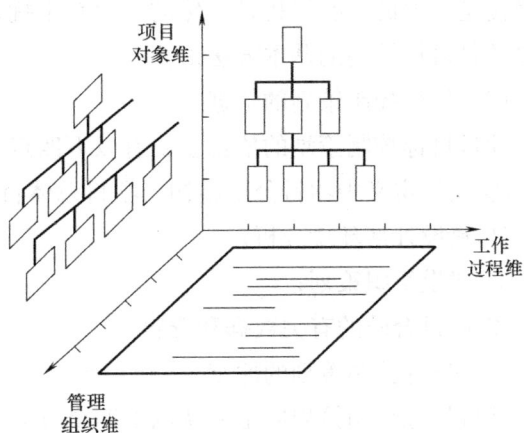

图2-34　项目管理的三维视角

1）项目对象维

项目对象维主要指对项目建设目标进行梳理并进行项目群分解。

项目对象维视角紧盯项目终极目标——项目对象，把项目群分成若干单元，界定不同项目群的不同管理深度和内容，建立以项目对象分解技术为基础的结构化项目群管理体系，分析不同项目群所应采取的不同管理对策，有的放矢地进行针对性的管理。

2）管理组织维

管理组织维主要是指组织分解所形成的组织分解结构，它明确了执行工作任务的组织安排。

管理组织维视角高度重视项目实施的组织措施，大胆进行组织模式创新，完善、优化建设管理的组织结构，花大力气强化管理基础性工作，理顺指令关系，进行合理分工，明确各项工作流程，以提高管理组织效率。

3）工作过程维

工作过程维主要是指对工作任务进行全生命周期管理，它明确了完成或交付项目对象所必须执行的工作。

工作过程维视角紧盯项目进度目标，科学的进度管理应体现在工作的系统性、前瞻性和计划性上。充分重视合理地编制工程进度计划，对项目进度计划进行分解、细化并形成计划系统。关注各子项目与其他子项目之间的联系，以全局视角对每个子项目的进度予以严格控制，从而形成有效的动态控制体系，并适时跟踪进度执行情况。

2.4.8　项目实施的目标控制策划

（1）目标控制策划的概念

项目实施目标控制策划是项目实施策划的重要内容。它是指工程项目管理主体（业主或施工企业）为了保证在变化着的外部条件下实现工程项目目标，依据项目目标规划，制定项目实施中的质量、投资、进度目标控制的方案与实施细则，通过有效的方式对项目目标的实现进行监督、检查、引导、纠偏的行为过程。

项目管理领域有一条重要的哲学思想：变是绝对的，不变是相对的；平衡是暂时的，不平衡是永恒的；有干扰是必然的，没有干扰是偶然的。因此，目标的动态控制和风险预控是项目目标控制的基本方法论。

（2）目标控制策划的依据

项目目标控制策划的依据主要有以下四点：

① 项目定义中项目分解结构、项目总体目标；

② 建设外部环境分析；

③ 建设组织策划；

④ 项目合同的有关数据和资料。

（3）目标控制策划的原则

项目目标控制策划应主要从以下四个方面把握：

① 从系统的角度出发，全面把握控制目标；

② 明确项目目标控制体系的重心；

③ 采用灵活的控制手法、手段及措施；

④ 主动控制与被动控制相结合。

（4）目标控制策划的措施

项目实施目标控制策划应采取的措施主要有四个方面，如图 2-35 所示：

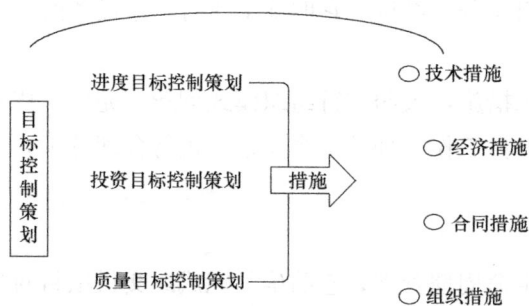

图 2-35 目标控制的措施

① 技术措施，是在项目控制中从技术方面对有关的工作环节进行分析、论证，或者进行调整、变更，确保控制目标的完成。

② 经济措施，是从项目资金安排和使用的角度对项目实施过程进行调节、控制，保证控制目标的完成。

③ 合同措施，是利用合同策划和合同管理所提供的各种控制条件对项目实施的组织进行控制，从而实现对项目实施过程的控制，保证项目目标的完成。

④ 组织措施，通过对项目系统内有关组织的结构进行安排和调整，对不同组织的工作进行协调，改变项目实施组织的状态，从而实现对项目实施过程的调整和控制。这是目标纠偏中最重要的措施，也是最容易被忽略的措施。

2.5 环 境 咨 询

环境咨询服务业是一种智力型的服务行业。它运用多学科的知识和经验、现代的科学技术和管理方法，遵循独立、科学、公正的原则，为政府部门和企事业团体提供有关环境保护项目的咨询、研究和信息，以促进环境保护事业的发展。

WTO 对环境咨询服务业的定义，是指那些通过服务收费的方式获得收入，同时又对环境有益的活动。根据这一定义，环境咨询服务类型大致可分为：环境决策咨询，包括环境规划咨询、环境影响评价、场地环境调查及风险评估等；环境技术咨询，包括环境治理技术咨询等；环境信息咨询，包括环境大数据咨询、基于无人机技术应用的环境咨询等；环境政策咨询；环境管理咨询，包括环境监理、环境审计、环境后评估等。

2.5.1 环境影响评价

（1）基本概念

环境影响评价是指对规划和建设项目实施后可能造成的环境影响进行分析、预测和评估，提出预防或者减轻不良影响的对策和措施，进行跟踪监测的方法与制度。

我国目前的环境影响评价主要包括规划环境影响评价和建设项目环境影响评价两大类。规划和建设项目处于不同的决策层，因此针对二者所做的环境影响评价的基本任务也有所不同。

（2）法律法规和标准体系

我国的环境影响评价制度融汇于环境保护的法律法规体系之中，该体系以《中华人民共和国宪法》中关于环境保护的规定为基础，以综合性环境基本法为核心，以相关法律关于环境保护的规定为补充，是由若干相互联系协调的环境保护法律、法规、规章、标准及国际条约所组成的一个完整而又相对独立的法律法规体系。

我国的环境标准分为国家环境标准、地方环境标准和环境保护部标准。国家环境标准包括国家环境质量标准、国家污染物排放标准（或控制标准）、国家环境监测方法标准、国家环境标准样品标准、国家环境基础标准。地方环境标准包括地方环境质量标准和地方污染物排放标准。

（3）技术原则

按照以人为本、建设资源节约型、环境友好型社会和科学发展的要求，开展环境影响评价工作需遵循的原则包括：依法评价原则、早期介入原则、完整性原则、广泛参与原则。

（4）建设项目环境影响评价

1）建设项目环境影响评价的分类管理

根据《中华人民共和国环境影响评价法》（2016 年 9 月 1 日施行），国家根据建设项目对环境的影响程度，对建设项目的环境影响评价实行分类管理。

建设项目的环境影响评价分类管理名录，由国务院环境保护行政主管部门制定并公布。

2）环境影响评价的工作等级

建设项目各环境要素专项评价原则上应划分工作等级，一般可划分为三级。一级评价对环境影响进行全面、详细、深入评价，二级评价对环境影响进行较为详细、深入评价，三级评价可只进行环境影响分析。

各环境要素专项评价工作等级按建设项目特点、所在地区的环境特征、相关法律法规、标准及规划、环境功能区划等因素进行划分。其他专项评价工作等级划分可参照各环境要素评价工作等级划分依据。

专项评价的工作等级可根据建设项目所处区域环境敏感程度、工程污染或生态影响特征及其他特殊要求等情况进行适当调整，但调整的幅度不超过一级，并应说明调整的具体理由。

3）建设项目环境影响评价的工作程序和内容

环境影响评价工作一般分为三个阶段，即前期准备、调研和工作方案阶段，分析论证和预测评价阶段，环境影响评价文件编制阶段。具体流程和工作内容见图2-36。

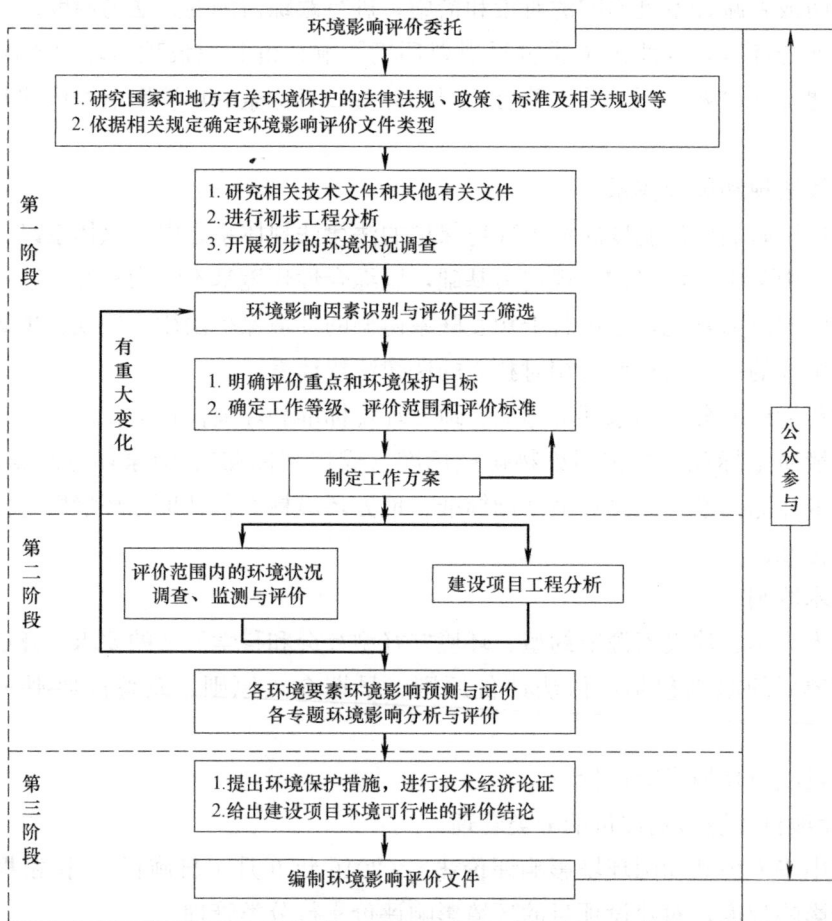

图 2-36　环境影响评价工作程序图

4）建设项目环境影响评价的审批

根据《中华人民共和国环境影响评价法》（2016年9月1日施行），建设项目的环境影响报告书、报告表，由建设单位按照国务院的规定报有审批权的环境保护行政主管部门审批。

海洋工程建设项目的海洋环境影响报告书的审批，依照《中华人民共和国海洋环境保护法》的规定办理。

【案例1】 某污水处理厂提标改造工程环境影响评价

① 项目概况

某污水处理厂规划建设总污水处理规模为 20 万 m³/d，分期建设。其中一期工程处理规模 5 万 m³/d，于 2004 年底开始建设，2006 年投入运行；二期扩建工程设计规模为 5 万 m³/d，并对一期工程进行升级改造，于 2014 年开工建设，目前已竣工通水。全厂污水处理采用多点进水 A/A/O 法污水处理工艺，尾水达到《城镇污水处理厂污染物排放标准》GB 18918—2002 一级 B 标准后排入地表水体。

针对区域地表水环境氨氮、总磷问题突出情况，该污水处理厂拟将出水标准从一级 B 标准升级到一级 A⁺，并对除臭系统升级改造，满足《城镇污水处理厂大气污染物排放标准》（DB 31/982—2016）。

② 环境质量现状（略）

③ 主要环境影响及环境保护措施

大气环境影响及环境保护措施：项目建设后主要大气污染物排放为各污水处理单元运行时产生的恶臭气体。本项目提标改造后，由于对反应池加盖，对臭气收集后经酸洗＋生物滤池工艺除臭后排放，可有效减少污水厂恶臭对周边环境空气的影响，对周边环境空气质量有一定的改善作用。采取的环境保护措施为：对各主要产生恶臭的污水处理单元进行加盖并收集恶臭气体，经化学洗涤＋生物除臭工艺除臭后，通过 15m 高的排气筒排放；污泥脱水机房和干化机房采用离子风除臭。运行期间需加强对除臭设备的运行管理维护，确保恶臭气体经处理达标后排放；定期对厂界恶臭浓度进行监测。

水环境影响及环境保护措施：项目建设后主要废水为污水处理厂排放的尾水，本项目提标改造后，由于排放标准由一级 B 标准提升至一级 A⁺ 标准，排放尾水中的污染物总量有所减少，对周边水体环境质量有一定的改善作用。采取的环境保护措施为：加强项目营运期管理，确保污水厂各污水处理单元运转良好，确保尾水可实现达标排放；加强营运期水质监测，设置尾水排放在线监测系统，一旦发现水质情况异常，应立即可暂停尾水排放，待事故处理后且尾水水质稳定达标后再行排放。

固体废物处置措施：本项目产生的固体废物主要为废气处理过程中更换下来的废生物填料和废包装材料，均由相关单位回收利用。

声环境影响及环境保护措施：本项目噪声主要来源于各类泵、风机、空压机等设备运行噪声。采取的环境保护措施为：选用低噪声设备，设备与管道采用柔性连接、送排风机安装减振器或减振垫、进出风管设置消声器及消声弯头、污水泵、污泥泵、空压机等设备采取建筑隔声、加隔声罩、减振垫等。

地下水污染防治措施：通过在污染区地面进行防渗处理，防止洒落地面的污染物渗入地下，并把滞留在地面的污染物收集起来，集中进行处理。防渗措施考虑采用分区防渗措施。根据各厂区可能泄漏至地面区域污染物的性质和生产单元的构筑方式，将厂区主要划分为一般污染防治区和重点污染防治区。

环境风险影响：本项目无重大环境风险源，企业已制定相应应急预案并报环保局备案，在采取相应风险防范措施后项目环境风险水平在可接受范围之内。

④ 结论

本项目属于环保工程，项目的建设有利于保护水资源、改善区域地表水体和大气环境。本项目采取的环保措施切实可行、有效；污染物能做到达标排放；项目对周边区域的环境质量影响较小，不会降低区域的环境现状等级；环境风险处于可接受水平。在全面落实本环境影响报告表提出的各项环保措施的基础上，切实做到"三同时"，并在营运期内持之以恒加强管理，从环保角度来看，本项目的建设是可行的。

⑤ 案例点评

本案例为城镇污水处理厂技改项目，工程和污染源分析翔实，"三本账"清晰明确，并且对原环境问题进行归纳，提出以新带老措施。

对于改扩建项目，工程分析的一个重要方面就是"以新带老"，即以本次新建的工程来带动解决原工程存在的环境问题或以新建项目替代原有工程的污染源而解决其原有的环境问题。因此，应重点分析原有污染源、污染物及源强，以及采取的环境保护设施的运行与处理效果等情况。对于废气、废水的排放须明确是否符合现行达标排放与总量控制的要求；固体废物的处理处置是否满足现行环保要求；噪声控制是否达标，是否影响周边居民等。

通过对原有工程和新建工程的工程分析以及对"三本账"的核算（列出"三本账"核算结果一览表），提出采取严格的环境保护措施。

（5）规划环境影响评价

1）规划环境影响评价的适用范围和责任主体

根据《中华人民共和国环境影响评价法》（2016 年 9 月 1 日施行），国务院有关部门、设区的市级以上地方人民政府及其有关部门，对其组织编制的土地利用的有关规划，区域、流域、海域的建设、开发利用规划，应当在规划编制过程中组织进行环境影响评价，编写该规划有关环境影响的篇章或者说明。

2）规划环境影响评价的内容

专项规划的环境影响报告书应当包括：实施该规划对环境可能造成影响的分析、预测和评估；预防或者减轻不良环境影响的对策和措施；环境影响评价的结论。

3）规划环境影响评价的审查

根据《中华人民共和国环境影响评价法》2016 年 9 月 1 日施行相关要求进行审查。

【案例 2】 某工业区规划环境影响评价

① 项目概况

某工业区为市级工业园区，规划用地面积共计 12.67 平方公里，分为北区、南区两部分，其中北区规划面积 7.36 平方公里，南区规划面积 5.31 平方公里。

随着上位土地利用规划、城镇总体规划的调整，在土地集约利用的一贯指导原则下，园区自身发展条件发生了重要改变，引入的各类企业对于发展空间的诉求也不断提升。由于园区没有编制过控制性详细规划，在园区建设的过程中，逐渐显现出不少弊端，也导致道路、水系、管网等系统与专项规划不符的问题。基于以上背景，2013年园区委托规划设计研究院编制了控制性详细规划，并委托环评单位进行该工业区的环境影响评价。

②评价重点

包括污染源调查及回顾性评价、对周边环境敏感保护目标的影响分析、资源环境承载力分析、规划的环境合理性分析及优化调整建议、提出规划实施过程中环境管理的具体要求。

③评价范围

大气环境：园区边界外扩2.5km。

水环境：园区区域及周边水域。

声环境：园区边界外扩200m。

地下水、土壤及生态环境：园区区域内。

环境风险评估：园区边界外扩3km。

④环境功能区划（略）

⑤主要环境保护目标（略）

⑥规划概述

工业区的总体发展目标为：汽车及汽车零部件、黄酒及特色食品制造、新能源和生产性服务业。其中，北区的产业定位为汽车及汽车零部件、黄酒酿造及食品产业、生产性服务业；南区的产业定位为新能源、纺织及服装机械、新材料和通用机械。园区土地利用规划图如图2-37和图2-38所示。

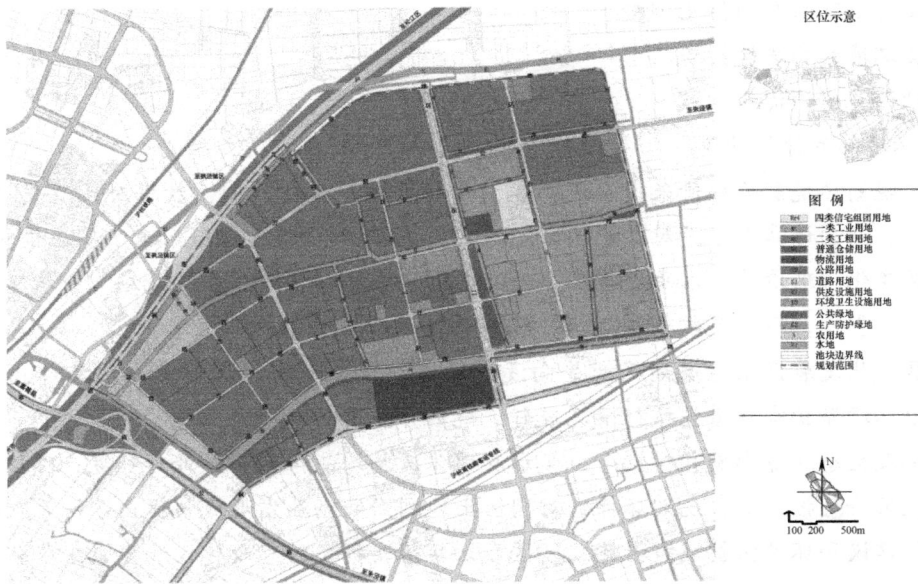

图2-37　园区土地利用规划图（北区）

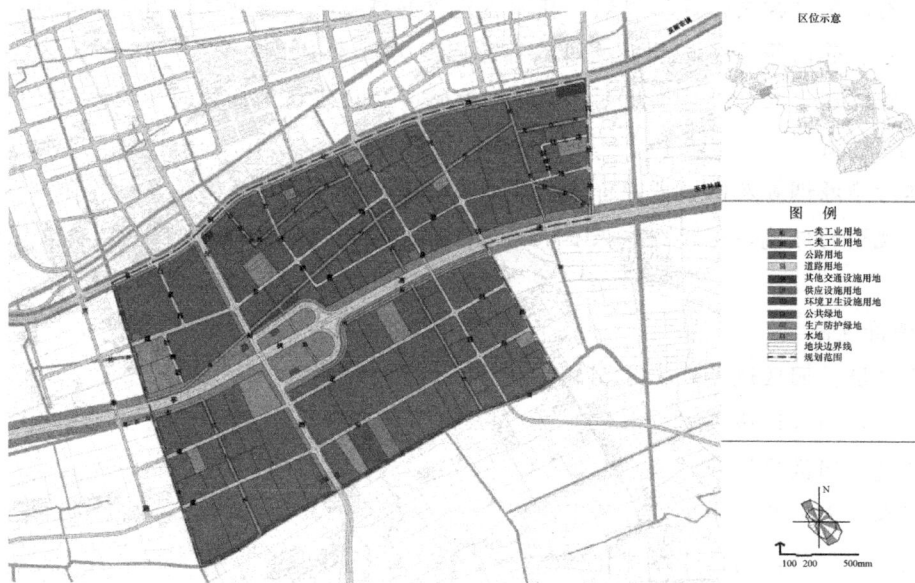

图 2-38　园区土地利用规划图（南区）

⑦ 园区发展回顾及现状分析（略）

⑧ 区域环境质量回顾及现状分析（略）

⑨ 区域环境趋势分析（略）

⑩ 公众参与（略）

⑪ 规划优化调整建议和不良环境影响减缓措施

产业布局调整和优化

产业定位及形态的优化调整

不良环境影响减缓措施

基础设施建设优化建议

⑫ 环境影响评价结论

本次规划环境影响评价采用实地勘查、走访调查、现状监测、数据对比及类比分析、回顾评价、预测计算等方式对工业园区现有的开发强度、产业布局、环保基础设施建设、环境质量变化、环境管理水平进行了全面的回顾性分析与评价，在此基础上分析了新一轮规划的环境影响，形成了以下结论：

园区现状发展产业与规划产业导向没有冲突，产业布局总体合理，但局部仍需要调整，各项环境保护减缓措施执行情况较好。规划开发活动对地区大气、地表水、声、地下水、土壤及生态环境影响相对较小；废水及固体废物均能得到有效处理处置；环境风险和人群健康风险可控。本次规划环评针对园区土地利用和企业发展现状提出了一系列的规划优化调整建议和环境保护减缓措施。园区在切实落实提出的整改建议和要求，强化环境管理体制的基础上，应可以实现园区建设和环境保护的协调发展，促进区域经济的可持续发展。

⑬ 案例点评

该工业区位于黄浦江准水源保护区，地理位置的敏感性制约着工业用地的发展，特别是现状企业的"腾笼换鸟"以及对新入驻企业在产业导向、资能源及环保方面等的高要求，因此该工业区规划环境影响评价工作还兼具着协调准水源保护区的客观存在与园区的发展的重要作用，具有深刻的现实意义。

本次规划环评工作的开展依托于大量的科学技术及方法手段，如运用图形叠置法和地理信息（GIS）系统法对园区现状土地利用、企业分布进行分析；运用核查表法对可能会受规划行为影响到的环境因素和可能产生的影响进行综合分析；运用幕景分析法对一系列不同的幕景下的环境累积影响分析出区域内各种活动或不同时段活动对环境累积影响的贡献。同时，大量的预测模型、软件被用于预测园区规划发展所产生的环境影响，如ADMS-Urban被用于大气环境影响预测、平原感潮河网水动力模型被用于地表水环境影响预测、Cadna/A被用于噪声环境影响预测、A值法被用于计算大气环境容量等。科学有效的技术方法为评价结论的正确性奠定了基础。

通过资料收集、环境影响因素识别、现状调查、预测分析、规划方案综合论证，提出规划优化调整建议及不良环境影响减缓措施、跟踪评价方案等步骤及内容，全程与规划实施单位进行互动，并充分采纳了周边居民、敏感单位、规划环评专家及相关政府职能部门的意见，对园区的规划发展进行了客观、科学的评价，并对园区未来的发展方向及规划的实施调整提出了可行、有效的措施及建议。

2.5.2　污染场地调查与评估

（1）基本概念

在污染场地管理治理整个过程中，场地环境调查评估尤为重要，它是做好修复方案编制、修复工程设计实施等后续场地修复工程工作的前提，整个污染场地管理工作的开端，也是所有技术工作的基础。场地环境调查，即采用系统的调查方法，确定场地是否被污染及污染程度和范围的过程。

（2）场地环境调查的基本原则和工作程序

1）基本原则：针对性原则、规范性原则、可操作性原则。

2）工作程序

场地环境调查可分为两个工作阶段，分别为场地环境初步调查和场地环境详细调查，调查的工作程序如图 2-39 所示。

（3）场地环境初步调查

1）场地资料收集与分析

场地环境调查资料主要包括：场地利用变迁资料、场地环境资料、场地相关记录、相关政府文件以及场地所在区域的自然和社会信息 5 个部分。当调查场地与相邻场地存在相互污染的可能时，须调查相邻场地的相关记录和资料。

场地环境资料收集主要通过资料查阅、人员访谈、填写场地信息调查表等方式进行。

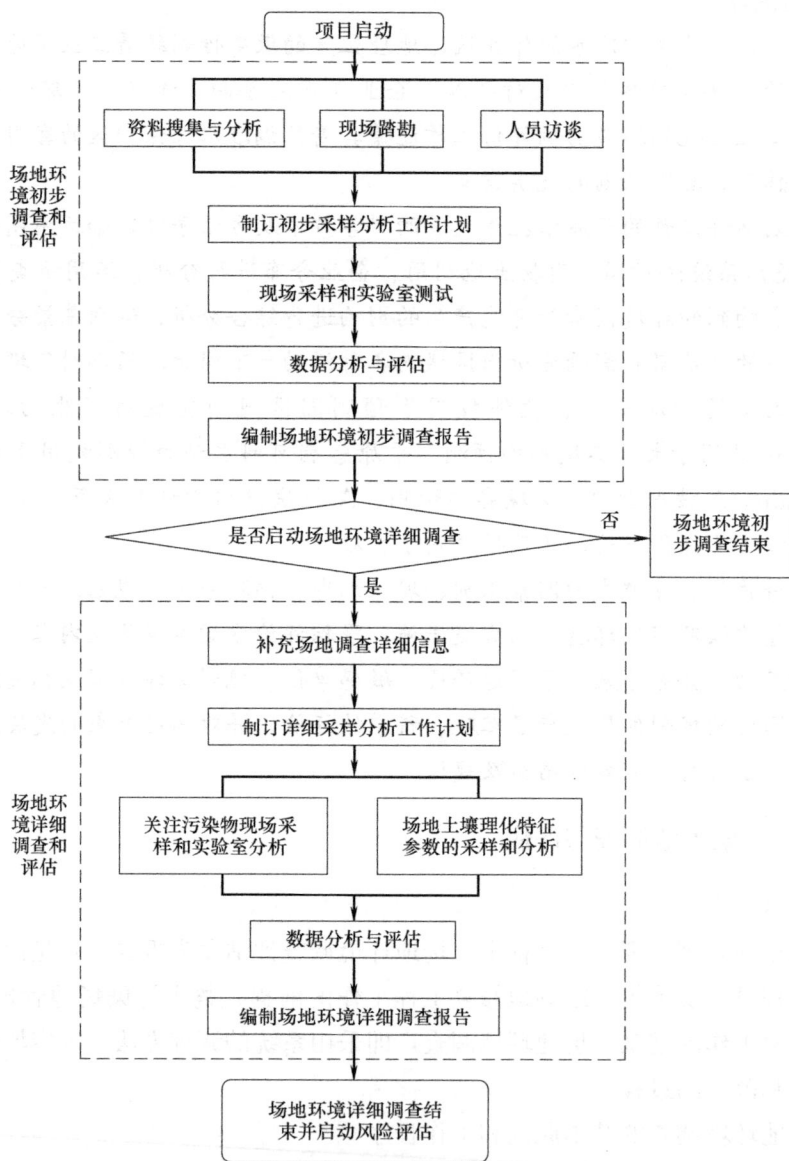

图 2-39 场地环境调查工作程序

调查人员应根据专业知识和经验识别资料和信息的有效性和正确性。如信息缺失影响判断场地污染状况时，应在场地初步调查报告中说明。

2）现场踏勘与人员访谈

在现场踏勘前，调查人员应掌握相应的安全卫生防护知识，装备必要的防护用品，现场踏勘时应注意安全防护。

3）制订初步监测工作计划

根据前期收集的资料以及信息的核对制订初步监测工作计划，包括核查已有信息、制定初步监测采样方案、制定健康和安全防护措施、制定样品分析方案、制定质量保证和质量控制程序等工作内容。

4）实施初步监测工作

根据初步监测工作计划和相关采样技术规范，开展场地土壤、地下水和其他环境介质（地表水和残余废弃物）样品的采集。

5）确定关注污染物

包括土壤关注污染物、地下水关注污染物和其他环境介质关注污染物。

6）调查结论和数据分析

如场地环境初步监测后土壤、地下水和其他环境介质中检出的监测因子均未超标，则场地环境初步调查工作可以结束；如超标，则认为可能存在健康风险，须开展详细调查和风险评估。如果现场调查人员通过感官或现场快速测定方法初步判断场地受到污染，但是经过采样监测分析工作尚不能确定关注污染物，建议召开专家咨询会确定后续工作内容。

（4）场地环境详细调查

如果场地环境初步调查中发现有土壤、地下水中污染物超标，确认为关注污染物的，则开展场地土壤和地下水环境详细调查。详细调查在场地初步调查和评估的基础上对场地的特征条件进一步补充翔实并开展现场详细调查监测的工作，工作内容包括分析场地环境初步调查结果、制订详细调查监测的工作计划、实施现场采样、记录详细调查采样的钻孔信息、测试数据分析和评估等步骤。

（5）场地健康风险评估

污染场地风险评估首先是根据场地环境调查和场地规划来确定污染物的空间分布和可能的敏感受体。在此基础上进行暴露评估和毒性评估，分别计算敏感人群摄入的来自土壤和地下水的污染物所对应的土壤和地下水的暴露量，以及所关注污染的毒性参数。然后，在暴露评估和毒性评估的工作基础上，采用风险评估模型计算单一污染物经单一暴露途径的风险值、单一污染物经所有暴露途径的风险值、所有污染物经所有暴露途径的风险值，进行不确定分析，并根据需要进行风险的空间表征，如图2-40所示。

【案例3】 某地块场地环境详细调查与健康风险评估

1）项目背景

该项目所在地位于上海城区，总面积为13671m^2，根据现场对土的鉴别、原位测试及室内土工试验成果综合分析，场地内土层可分8层，与所在区域底层分布情况基本一致，其中自地表至1.7～4m为填土层，由场地内多次翻建所致，对原土层扰动大，可能会对土壤中污染在垂向上的分布规律和污染深度有较大影响。场地内浅层地下水属潜水类型，由于离最近的河流超过800m，不考虑河流对场地内浅层地下水的补给，而调查场地所在区域年降雨量充沛，因此浅层地下水主要补给来源为大气降水，水位随季节变化而变化，地下水流向大致呈自西南向东北流。潜水含水层与其下第一个承压含水层之间有近40m厚的黏土层阻滞污染物向下运移，因此不考虑其对深层地下水的影响。

项目地块原为某钢铁铸造分厂和某铜带厂以及多家中小企业，其中某钢铁铸造分厂和

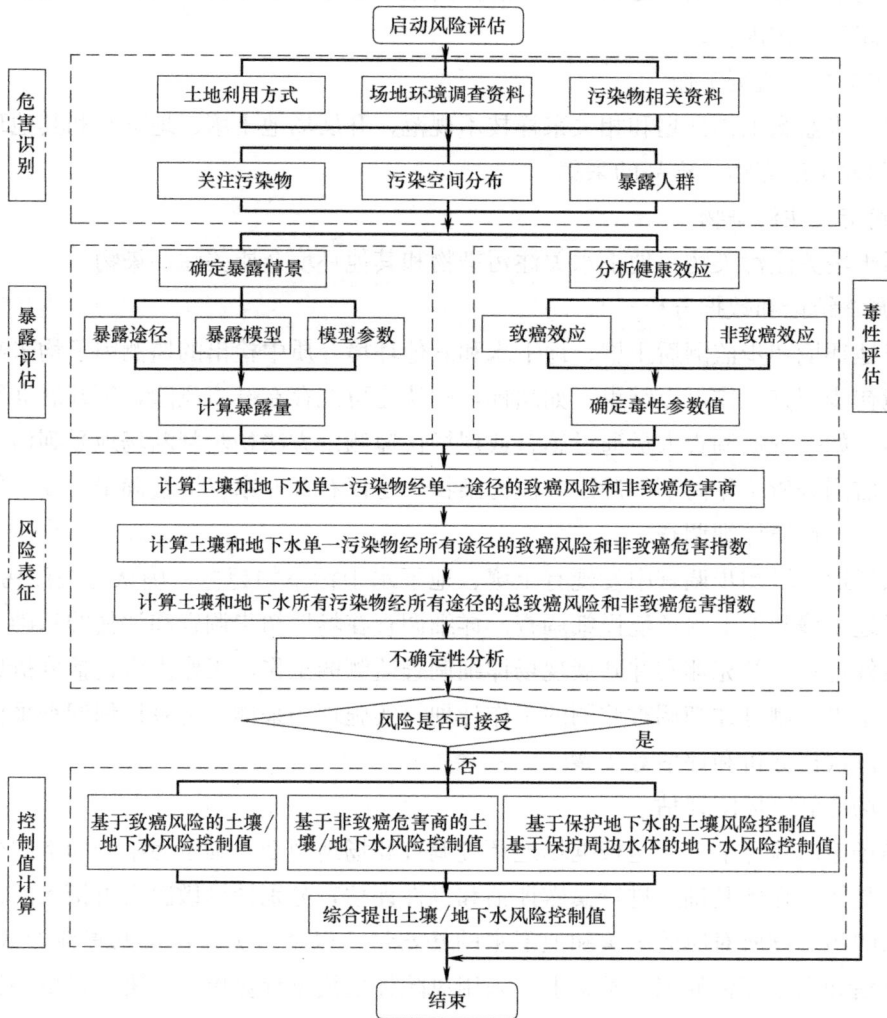

图 2-40 上海市污染场地风险评估程序与内容

某铜带厂占地面积最大，位于场地北部和西部，建成于 1948 年，2009 年开始陆续搬迁，至 2014 年全部拆迁完毕。场地的工业用地历史超过 60 年，拆迁后曾作为临时停车场。原有工业企业在生产过程中可能会对土壤或地下水造成一定程度的污染，而初步调查结果显示，该场地内土壤受到污染，存在重金属、多环芳烃和总石油烃超标的情况，由于该地块位于人口稠密区，残留的污染物极易通过接触、呼吸等多种途径影响场地内建筑工人、工作人员和周边居民的健康。

2) 样品采集

在初步调查中超过评价标准的 9 个监测点位周边，以原超标点位为中心向东、西、南、北四面外扩设置加密监测点位，共设置了 16 个土壤采样点，共采集土壤样品 58 个（含 1 个平行样）。

3）场地污染调查结果

根据调查结果，表层土壤中重金属的浓度低于深层土壤，污染物随深度分布出现反常现象可能受场地内经过多次翻建、土层受到的扰动大、表层填土厚等原因影响，与后期填土性质有关。分析调查场地的工业用地历史可知，超过 60 年的原工业企业的运营可能导致了场地西北区域高浓度重金属、多环芳烃和总石油烃等污染物的检出。

4）场地健康风险评估结果

本次风险评估的场地内拟建设 4 层地下车库，如果考虑建筑设计（建设地下空间），除了上述被划定为风险不可接受的污染区域外，随着地下车库建设，经挖掘后的污染区域，即重金属污染深层土壤区域存在 3 个点位，虽然这 3 个点位单一污染物经所有途径的暴露风险均未超过可接受风险水平，但超过敏感用地筛选值，也必须归入污染控制或修复治理范围。

5）场地待修复范围和修复方量估算

本项目地块待修复的浅层土壤总占地面积为 3524.3m²，待修复的深层土壤总占地面积为 2357.5m²，待修复的土方总量为 1.84 万 m³，最大深度达 7.8m。

6）案例点评

项目地块工业用地历史超过 60 年，场地利用历史和初步调查结果的分析比较重要。前期资料收集分析过程中，水文地质概念模型的建立相当重要，但在目前实际工作中却经常被忽略，因此本方案对项目地块的水文地质和地质条件做了详细分析。

本项目的加密监测布点深度和范围都是以初步调查中识别的污染物分布范围和深度为基础的。

本项目污染随深度分布出现反常现象的原因的分析，是基于对项目地块用地历史和水文地质条件等前期资料的收集和详细研究。此外，上海市场地环境调查污染评估时，土壤样品中污染物指标的筛选标准为《上海市场地土壤环境健康风险评估筛选值（试行）》，地下水样品中污染物指标的筛选标准依次为《地下水质量标准》（GB/T 14848—3）、《地下水水质标准》（DZ/T 0290—2015）、国外标准（荷兰土壤与地下水干预值——荷兰住房、空间规划与环境部，2013，Dutch Intervention Values for Soil and Groundwater 或美国EPA 区域筛选值 RSL 等）。

本项目的健康风险评估除了考虑多种暴露场景和途径，还包括建筑设计（建设地下空间）等方面，对因建筑设计而产生风险的污染区域也划入污染控制或修复治理范围。

本项目修复方量是理论估算值，未考虑土石方可松性（由于土壤的可松性，天然密实土挖出来后体积将扩大）等因素的影响，实际清挖土方量会与理论估算值存在一定差距。

2.6　社会稳定风险分析

2.6.1　相关概念

社会稳定风险评估机制，是指与人民群众利益密切相关的重大决策、重要政策、重大改革措施、重大工程建设项目、与社会公共秩序相关的重大活动等重大事项在制定出台、组织实施或审批审核前，对可能影响社会稳定的因素开展系统的调查，科学的预测、分析和评估，制定风险应对策略和预案。对于重大工程建设项目，社会稳定风险评估机制包括社会稳定风险分析和社会稳定风险评估两个步骤。

（1）社会稳定风险分析

通过风险调查识别出项目存在的风险因素，分析其发生概率及影响程度，评估项目风险等级，制定风险防范和化解措施，并判定采取相关措施后的项目风险等级。社会稳定风险分析应当作为项目可行性研究报告的重要内容并设独立篇章或单独编制成专题报告。

（2）社会稳定风险评估

由项目所在地人民政府或其有关部门指定的评估主体对建设单位做出的社会稳定风险分析开展评估论证，分析判断并确定风险等级，出具社会稳定风险评估报告。

本书针对的是重大工程建设项目的社会稳定风险分析咨询服务，项目委托单位一般是项目的建设单位，咨询服务成果主要通过社会稳定风险分析报告的形式体现。

2.6.2　服务流程和内容

社会稳定风险分析工作的技术路线如图 2-41 所示，具体流程和每一阶段的工作内容如下：

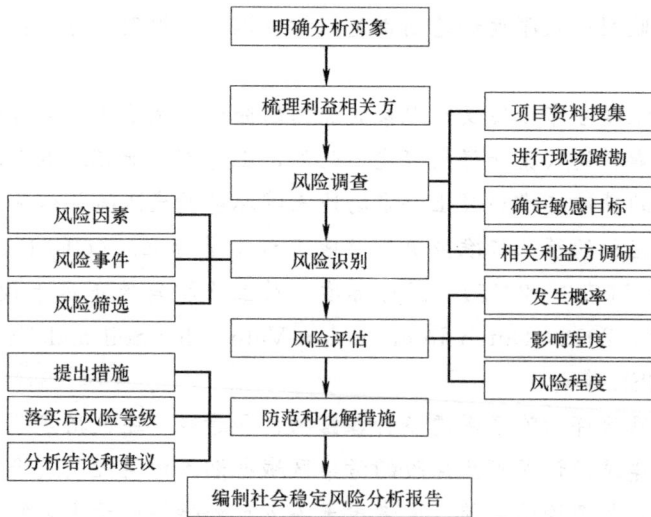

图 2-41　社会稳定风险分析技术路线

（1）明确分析对象

社会稳定风险分析对象是指有可能引发社会稳定风险的重大工程建设项目及其关联事项，它与项目本身并不完全一致。例如，对于城市垃圾焚烧发电厂的建设项目，除了要将垃圾焚烧发电厂作为评估对象外，还应将垃圾进场路线列入评估对象，因为垃圾运输车沿途造成的垃圾渗漏、异味飘散等也有可能引发沿途居民的反对。因此，评估对象的确定不能简单地确定为重大工程建设项目本身，应充分考虑各关联事项可能产生的后果来合理确定分析对象。

（2）梳理主要利益相关方

确定分析对象之后，根据分析对象的相关资料以及对其进行的特性分析基础上，确定与之有各种直接或间接利害关系的相关方，一般将主要利益相关方区分为受益方和受害方。同时，为了风险调查工作的方便，可进一步将其分为相关政府职能部门（包括重大事项出台的实施部门、上级主管部门、基层组织等）、非政府组织（包括企业、事业单位等）、居民个人，针对不同的利益群体选择合适的风险调查方法，制定相应的风险调查方案。

（3）风险调查

风险调查是围绕项目实施的合法性、合理性、可行性和可控性，结合实施方案，运用适用的方法，深入开展风险调查，主要调查内容包括：

1）项目的可行性和合法性；

2）项目所在地周边的自然环境和社会环境状况，以及项目实施可能对当地经济社会的影响；

3）利益相关者对项目实施的意愿和诉求，公众参与情况；

4）项目所在地政府及其有关部门、基层政府和基层组织、社会团体的态度；

5）媒体对项目实施的态度以及网络论坛等对项目的意见和舆论导向等；

6）同类项目曾经引发的社会稳定风险，风险的原因、后果和处置措施等。

利益相关方的调查，往往是风险调查工作的重点和难点。对于居民个人，特别是受负面影响的居民，应根据可能对其造成的影响，结合社会学、风险管理科学知识等，设计风险调查问卷。涉及居民数量多的项目需要抽样调查时，应根据不同的项目特点制定抽样调查方案，选取适当的样本数量，以充分掌握可能存在的社会稳定风险点。同时要设立固定的接受居民意见的渠道，随时了解最新反馈信息，一般采取网络公示和现场公示的方法。

对于与重大工程建设项目有关的政府职能部门、非政府组织可根据事先拟定的访谈提纲进行深入的座谈，了解和掌握这些机构对重大事项的态度和意见。

风险调查方法主要有：文献收集法、实地观察法、访谈法、问卷法等。

（4）风险识别

风险识别是整个社会稳定风险评估工作的核心。该阶段主要从各个途径获得的有关重大工程建设项目的社会反映的信息中，识别出重大工程建设项目可能引发的社会稳定风险及风险来源，主要工作内容有：

1）对调查问卷进行统计分析，获得居民最关心的可能引发社会稳定风险的因素，确定其影响程度，并掌握最容易被居民接受的有效的风险应对措施。

2）对各机构的访谈内容进行归纳，掌握来自这些机构的各种影响重大项目实施的因素，并制定相应的应对措施。

3）关注各方的强烈诉求，并从当前的技术水平以及法律、法规出发，分析这些诉求的合理性和可能的应对方案。

4）组织与项目有关的技术专家进行座谈，从专业技术角度了解重大项目可能存在的对各利益相关方的影响，特别是负面影响，并从专业技术角度寻求应对办法。

风险识别方法主要有：对照表法和案例参照法等。

（5）风险评估

本阶段的主要工作是对已经识别出的主要单因素风险进行风险程度分析、预测和估计，并基于该估计对项目进行整体风险等级评估。

1）风险因素的风险程度评估

根据风险识别的结果，基于风险因素估计法、风险矩阵法，对识别出的每一项主要风险因素采取定量和定性相结合的方法，对其风险程度进行分析、预测和估计，具体估计过程为：

① 通过项目资料和具体数据分析可能引发风险的直接和间接原因；

② 根据具体情况和以往类似项目经验对可能发生的风险事件进行预测和估计，分析引发事件的可能性与发生概率，并分析发生风险的后果及其影响程度；

③ 在估计风险概率和影响程度的基础上，综合上述分析最终判断该风险因素的风险程度。

2）项目整体风险等级评估

利用定性的风险程度判断法与定量的综合风险指数法对项目进行综合风险等级评估。

（6）制定风险防范和化解措施

风险评估的最终目的，一是要全面识别出可能存在的风险，二是要提出有针对性的、行之有效的风险防范和化解措施。在制定措施的时候，除了要考虑技术可行性和现有的法律法规外，还要考虑措施实施的经济成本以及人民群众的认可程度。

风险防范和化解措施可以分为风险预防和规避措施、风险控制和处置措施两大类。

1）风险预防和规避措施

从源头上控制风险的发生以及发生后的影响程度，分为四种方式：

① 风险回避：考虑到风险存在和发生的可能性，主动放弃或拒绝实施可能导致损失的方案。

② 风险抑制：通过采取一定的措施，降低风险发生的概率，减少风险事件造成的影响。

③ 风险分散与转移：将项目可能发生的风险分散与转移给他人承担。

④ 风险自留：将风险留给自己承担，应包括计划性风险自留和非计划性风险自留。采取风险自留对策时应制定可行的风险应急处置预案，采取必要的措施等。

2）风险控制和处置措施

在风险预防、规避措施后，对其中自留风险以及由此引发风险事件制定控制和处置方案，力图将风险置于可控范围，有利于项目的顺利推进。

突发的不稳定事件随时可能会出现，因此要制定有效的应急处置预案，并建立应急处置职能部门，保证在突发事件发生时，事态可以得到及时有效的控制，避免事态恶化，引发社会不稳定。

2.6.3 社会稳定风险分析方法

社会稳定风险分析主要运用的方法包括文献收集法、实地观察法、访谈法、问卷法、对照表法、案例参照法、风险因素估计法、风险矩阵法、风险程度判断法、综合风险指数法等。具体操作方法如下：

（1）文献收集法

文献收集法是指收集与项目建设相关的各类文件资料，包括规划文件、设计文件、项目各类报批文件、社会稳定风险分析相关文件、同类建设项目文献资料等。

（2）实地观察法

实地观察法是指在自然条件下，观察者带有明确的目的，有计划地运用自身感觉器官和观察工具，直接地、有针对性地收集资料的调查研究方法。实地观察分准备、实施、整理三个阶段。准备阶段：确定观察的对象、手段、时间、地点、范围，并制定观察提纲；实施阶段：进入现场观察，收集存在的风险因素，并拍照记录；整理阶段：整理分析观察资料并撰写观察报告。

（3）访谈法、问卷法

访谈法是指由访谈者根据调查要求与目的，按照访谈提纲，通过个别访谈或集体访谈的方式，系统且有计划的收集资料的一种调查方法。个别访谈是指对访谈对象进行单独访谈，包括访谈准备、接触访谈对象、正式访谈、结束访谈四个环节；集体访谈也叫会议调查法，就是调查者邀请若干被调查者，通过集体座谈方式或集体回到问题方式搜集资料的调查方法。

问卷法是指通过由一系列问题构成的问卷调查表以了解被调查者的态度或诉求等。

（4）对照表法

对照表法是把以前经历过的风险事件及来源列成一张核对表，结合本项目所面临的环境、条件等特点，对照表格所列，识别出其潜在的风险。

（5）案例参照法

案例参照法是通过参照本地区或其他地区以往类似的案例，包括相似或相同的建设项目、相似或相同的利益受损情况引发社会稳定风险事件的案例，来识别风险因素。

（6）风险因素估计法

风险因素估计法是根据项目可能产生风险的项目阶段、地域、群体及风险成因、影响表现、风险分布、影响程度等特性，对单个风险因素进行分析，采用定性分析与定量分析相结合的方法，判断其风险发生的概率和影响程度，从而判定其风险程度。

依据《重大固定资产投资项目社会稳定风险分析篇章编制大纲（试行）》，风险发生概率判断方法如表 2-27 所示，风险影响程度判断方法如表 2-28 所示。

风险概率判断参考标准

表 2-27

发生概率	定量判断标准（P）	定性判断标准
很高（S）	81%~100%	几乎确定
较高（H）	61%~80%	很有可能发生
中等（M）	41%~60%	有可能发生
较低（L）	21%~40%	发生的可能性很小
很低（N）	0~20%	发生的可能性很小，几乎不可能

风险影响程度判断参考标准

表 2-28

影响程度	定量判断标准（q）	影响程度
严重	81%~100%	关系到相关群体的基本权利、重大利益；风险影响的规模大，涉及人数众多，影响时间长，可能引起严重风险事件，造成极大负面影响
较大	61%~80%	关系到相关群体的重要权利和利益；风向影响规模较大，涉及人数较多，影响时间较长；可能引发较大风险事件，造成较大负面影响
中等	41%~60%	对相关群体合法权益构成不利影响；风险影响规模中等，涉及一定数量人群；可能引发一般风险事件，在当地造成一定负面影响
较小	21%~40%	风险影响规模较小，涉及人数较少，影响时间较短，可能零星引发一般风险事件，局部范围造成不利负面影响
可忽略	0~20%	风险影响规模有限，涉及个别利益相关者，可能发生个别矛盾，影响短时间可以消除

风险因素的风险程度等级可分为五个等级，判断标准如表 2-29 所示。

风险因素的风险程度等级判断参考标准

表 2-29

风险程度等级	定量判断标准（R）	影响程度
重大	$R = p \times q > 0.64$	可能性大，社会影响和损失大，影响和损失是不可接受的，必须采取积极有效的防护措施
较大	$0.64 \geqslant R = p \times q > 0.36$	可能性较大，或社会影响和损失较大，影响和损失可以接受，需采取一定的防护措施
一般	$0.36 \geqslant R = p \times q > 0.16$	可能性不大，或社会影响和损失不大，一般不影响项目的可行性，应采取一定的防护措施
较小	$0.16 \geqslant R = p \times q > 0.04$	可能性较小，或社会影响和损失较小，不影响项目的可行性
微小	$0.04 \geqslant R = p \times q > 0$	可能性很小，且社会影响和损失很小，对项目影响很小

（7）风险矩阵法

风险矩阵法是一种用风险发生的可能性和影响的严重程度来综合评估风险大小的定性的风险评估分析方法，如图 2-42 所示。

（8）风险程度判断法

风险程度判断法是通过单项风险因素的风险程度来判定项目的整体风险等级，依据《重大固定资产投资项目社会稳定风险分析篇章编制大纲（试行）》的风险评价方法，项目

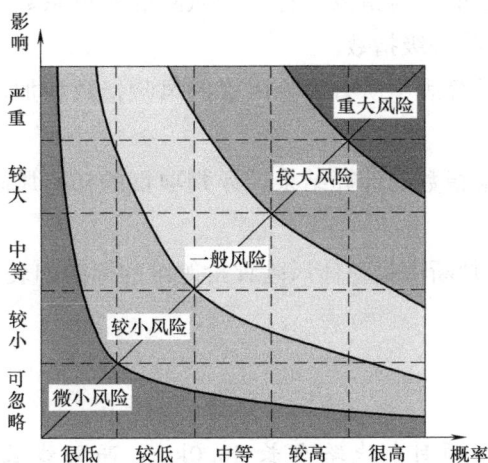

图 2-42　风险概率-影响矩阵示意图

整体风险评价等级的判断标准如表 2-30 所示。一般情况下，项目整体的风险等级依据"就高不就低"的原则和"叠加累积"的原则进行判断。

社会稳定风险等级评判参考标准　　　　　　　　　　　　　　表 2-30

风险等级	高(A) (重大负面影响)	中(B) (较大负面影响)	低(C) (一般负面影响)
总体评判标准	大部分群众对项目建设实施有意见,反应特别强烈,可能引发大规模群体事件	部分群众对项目建设实施有意见,反应强烈,可能引发矛盾冲突	多数群众理解支持,但少部分人对项目建设实施有意见
可能引发风险事件评判标准	如冲击、围攻党政机关、要害部门及重点地区、部位、场所,发生打砸抢、烧等集体械斗事件,非法集会、示威、游行、罢工、罢市、罢课等	如集体上访、请愿,发生极端个人事件,围堵施工现场,堵塞、阻断交通,媒体(网络)出现负面舆情等	如个人非正常上访、静坐、拉横幅、喊口号、散发有害信息等
风险事件参与人数评判标准	200 人以上	20～200 人	20 人以下
风险程度评判标准	2 个及以上重大或 5 个及以上较大风险因素	1 个重大或 2 到 4 个较大风险因素	1 个较大或 1 到 4 个一般风险因素
综合风险指数评判标准	>0.64	0.36～0.64	<0.36

（9）综合风险指数法

综合风险指数法是根据各风险因素的风险程度等级和权重，分别计算其风险指数，将各风险因素的风险指数相加，得到项目综合风险指数，来评判项目的初始风险等级。其主要步骤如下：

1）建立项目综合风险指数计算表。

2）利用层次分析法确定每个风险因素的权重并进行归一化处理。

3）给每个风险因素赋值。根据风险因素的风险程度等级，采用 0.04～1.0 标度，分别给微小、较小、一般、较大和重大 5 个等级赋值。

4）计算每个风险因素的风险指数。将每个风险的权重系数与等级系数相乘，所得分值即为每个风险因素的风险等级指数。

5）最后将风险指数计算表中所有风险因素的风险指数相加，得出整个项目的综合风险指数。

6）根据项目综合风险指数的计算结果，评判项目的初始风险等级，分值越大，项目的初始风险程度越高。

利用综合风险指数法判断项目整体风险评价等级的标准如表2-29所示。

2.6.4 案例分析

（1）项目概况

某城市轨道交通建设项目，线路全长40.0km，高架线长约7.1km，地下线长约32.9km，共设车站29座，其中高架站5座，地下站24座，共穿越6个城市行政区。

本工程建设项目具有以下特点：线路在旧城区穿越地段道路狭窄，建筑物密集，沿线受区间穿越以及车站基坑开挖影响的利益相关者较多；大部分车站设置在城市道路交叉口，车站施工对道路的占用容易造成交通疏解压力；线路穿过市区、历史保护建筑物、河流、湖泊等，工程施工可能涉及较多的管线搬迁；车站基坑开挖容易引起周边建筑物发生破坏，施工产生的振动、噪声、废弃物会对周边环境造成一定的影响。

（2）风险调查

1）调查范围

主要为沿线土地征用和房屋征收影响区域，施工期交通、房屋安全、市政管线、环境等受影响区域，运营期噪声、振动、废水、废气和电磁等环境影响区域。

2）调查对象

调查对象包括项目利益相关群体的全部，主要是线路车站和区间周边的建筑物和公共服务设施使用群体，如车辆段、停车场、车站所需地块的土地房屋征收群体、车站施工期间受到工程实施影响的群体、管线搬迁导致日常生活受到影响的群体、车站施工期间受到交通影响的群体、工程运营期间受到振动和噪声等环境影响的群体等。

3）调查方法

本项目采用了文献收集法、实地观察法、问卷调查法、个别访谈法等调查方法。

4）公众参与

本项目分别对环境影响评价和社会稳定风险评价的公众参与情况进行了统计和分析。环境影响评价的问卷调查共发出个人意见征求表450份，主要选择工程沿线不同年龄、性别、文化程度、职业的公众给予发放，共收回438份，回收率为97.33%，被调查者生活或工作在本工程评价范围内，均为直接受工程影响人员。对于本工程的建设，有86.1%的受访者表示支持，5.2%的受访者有条件支持，4.6%的受访者表示无所谓。

社会稳定风险评价的问卷调查共发出个人调查问卷150份，主要选择工程沿线不同年龄、性别、文化程度、职业的公众给予发放，共收回问卷135份，回收率为90%。调查结果统计如表 2-31 所示。稳评调查内容包括初步征地拆迁意见，公众较为担心的环保、交通问题等，更多是反映公众的意见和诉求，统计比例数据只作为参考。

结合环评和稳评的调查统计结果，可见该项目的支持率较高。

公众参与个人问卷调查结果统计表 表 2-31

序号	问题	意见	人数(人)	百分比(%)
1	对本工程的态度	支持	79	59.40%
		有条件支持	31	23.31%
		不支持	16	12.03%
		无所谓	7	5.26%
2	工程建设和运营过程中较为担心的问题	征地拆迁	64	48.28%
		施工对交通的影响	83	62.07%
		施工对管线的影响	46	34.48%
		大气、水、噪声、施工垃圾等污染	78	58.62%
		运营期噪声、震动、废气等污染	83	62.07%
		电磁辐射及放射线	23	17.24%
		其他	0	0
3	如需征用房屋,希望采取的措施	房屋置换	55	41.38%
		经济补偿	64	48.28%
		其他	14	10.34%

5) 利益相关者汇总

经过调查和分析，本项目涉及的利益相关者分布于不同层级和范围，如表 2-32 所示。

本项目利益相关者汇总 表 2-32

利益相关主体	与项目利害关系	在项目中的角色	对项目的态度	对项目影响程度
某建设单位	项目业主	组织协调者	支持	很大
各区、街道征收补偿办公室	间接利益关联者	承担辖区内征地拆迁任务	支持	大
沿线受征地影响村民、企业和单位	项目直接受益者,也可能是直接受害者	推进或者阻碍项目实施	支持也可能反对	大
沿线受拆迁影响企业、店铺和居民	项目直接受益者,也可能是直接受害者	推进或者阻碍项目实施	支持也可能反对	大
施工期间受到工程实施影响的群体	项目直接或者间接受害者、中长期的受益者	形成有利或者不利的建设环境	有条件支持或反对	大
运营期间受到振动、噪声等环境影响的群体	项目直接或者间接受害者、中长期的受益者	形成有利或者不利的建设环境	有条件支持或反对	大
线路服务范围内存在交通需求的人口	项目直接受益者	形成有利或者不利的社会氛围	支持,但存在疑虑	相对较小

（3）风险识别

根据发改办投资〔2012〕2873 号文的要求，风险因素分为 8 大类 50 项，利用对照表法对风险调查的结果进行分析梳理,归纳出 6 个风险类别 8 个主要风险因素,如表 2-33 所示。这些主要风险因素较好地反映了本工程利益相关者的意见和诉求,突出了主要矛盾,为风险评估和制定风险防范和化解措施奠定了良好的基础。

风险因素识别表 表 2-33

序号	风险类别	发生阶段	主要风险因素
1	政策规划和审批程序	项目前期	规划、环评、稳评公示过程中公众参与工作处理不当引发的风险
2	征地拆迁及补偿	项目前期	土地房屋征收过程中处理不当引起的风险
3	技术经济	施工期	施工过程中的区间盾构施工和车站基坑开挖造成周围土体变形导致邻近建筑物倾斜、下沉、开裂引发的风险
4	征地拆迁及补偿	施工期	施工过程中盾构施工、基坑开挖及重型施工车辆碾压道路造成市政管线受到破坏引发的风险
5	生态环境影响	施工期	施工过程中产生的扬尘、振动、噪音等环境影响引发的风险
6	经济社会影响	施工期	施工过程中交通组织不当造成交通不通畅影响周边居民生活引发的风险
7	项目管理	施工期	项目管理、施工安全、卫生管理不当导致施工人员经济权益、安全健康受到威胁引发的风险
8	生态环境影响	运营期	运营期车辆运行产生的噪音和振动等环境影响引发的风险

(4)风险评估

1)风险因素的风险程度评估

本项目判定风险因素的风险程度如表 2-34 所示。根据各风险因素的发生概率和影响程度判定,本工程的 8 个单项社会稳定风险因素中有 4 个较大风险,4 个一般风险。

本工程主要风险因素及其程度汇总表 表 2-34

序号	风险因素	风险概率(P)	风险影响(C)	风险程度(P×C)
1	规划、环评、稳评公示过程中,公众参与工作处理不当引发的风险	较高	较大	较大
2	土地房屋征收过程中处理不当引起的风险	较高	较大	较大
3	施工过程中的区间盾构施工和车站基坑开挖造成周围土体变形导致邻近建筑物倾斜、下沉、开裂引发的风险	较高	较大	较大
4	施工过程中盾构施工、基坑开挖及重型施工车辆碾压道路造成市政管线受到破坏引发的风险	中等	较大	一般
5	施工过程中产生的扬尘、振动、噪声等环境影响引发的风险	较高	中等	一般
6	施工过程中交通组织不当造成交通不通畅影响周边居民生活引发的风险	较高	中等	一般
7	项目管理、施工安全、卫生管理不当导致施工人员经济权益、安全健康受到威胁引发的风险	中等	中等	一般
8	运营期车辆运行产生的噪声和振动等环境影响引发的风险	较高	较大	较大

2）项目整体风险等级评估

通过风险程度判断法和综合风险指数法判定本工程采取措施前的初始整体风险等级，具体如下：

① 风险程度评判法

本工程主要风险因素共有 8 个，其中较大风险 4 个，一般风险 4 个。满足 B 级 "1 个重大或 2 到 4 个较大风险因素" 的判定标准。

② 综合风险指数法

采用综合风险指数法计算出本工程的综合风险指数为 0.503，如表 2-35 所示，0.36＜0.503＜0.64，属于 B 级风险指数区间。

项目综合风险指数计算表（初始）　　　　　表 2-35

风险因素	权重	风险程度（R）					风险指数
		微小	较小	一般	较大	重大	
W	I	0.04	0.16	0.36	0.64	1	I×R
规划、环评、稳评公示过程中，公众参与工作处理不当引发的风险	0.127				√		0.081
土地房屋征收过程中处理不当引起的风险	0.124				√		0.079
施工过程中的区间盾构施工和车站基坑开挖造成周围土体变形导致邻近建筑物倾斜、下沉、开裂引发的风险	0.129				√		0.083
施工过程中盾构施工、基坑开挖及重型施工车辆碾压道路造成市政管线受到破坏引发的风险	0.121			√			0.044
施工过程中产生的扬尘、振动、噪声等环境影响引发的风险	0.128			√			0.046
施工过程中交通组织不当造成交通不通畅影响周边居民生活引发的风险	0.122			√			0.044
项目管理、施工安全、卫生管理不当导致施工人员经济权益、安全健康受到威胁引发的风险	0.121			√			0.044
运营期车辆运行产生的噪声和振动等环境影响引发的风险	0.128				√		0.082
ΣI×R	1						0.503

注：风险权重根据专家经验通过层次分析法计算得出。

同时，通过对利益相关者所在镇政府、居（村）委会等相关政府部门调查结果可知，本工程积聚上百人规模的风险事件可能性很小，但存在引发一般性群体性事件（如串联上访、聚众滋事、非法集会等）和极端个人事件的可能性。

结合上述风险程度判断法、综合风险指数法以及可能引发的风险事件评判的结果，本工程整体初始风险等级为 B 级（中风险），重点项目的实施可能引发一般性群体性事件，项目必须实施降低风险的应对措施。

（5）风险防范和化解措施

根据本工程项目的风险因素及风险等级，参照同类项目常用的对策措施，本工程拟采取以下对策措施来减少和消除风险，如表2-36所示。

主要风险防范化解措施汇总表 表2-36

序号	主要防范、化解措施	责任单位
1	建立构建风险管理协调联动工作机制和快速灵敏的应急处置机制，落实风险预防化解工作职责	区政府
2	编制统一规划公示、环评公示以及建设施工阶段的宣传解答材料，对周边的利益相关者积极开展正面宣传和沟通协商	区政府或区建交委、建设单位
3	确定合理的土地房屋征收范围，依法合规开展征收的各项工作，保障被征收人的切身利益	区规土局征地事务机构、区房保局、建设单位
4	做好基坑周边以及盾构范围内地下管线的影响分析与监护工作，减少施工对地下管线的影响	建设单位、设计单位、施工单位
5	规范基坑周边以及盾构影响范围内建筑物的检测与监测，减少基坑开挖及盾构施工对周边建筑物的影响	建设单位、设计单位、施工单位
6	加强施工组织与管理，减少施工期对周边环境的影响	建设单位、施工单位
7	做好合同管理，确保农民工的合法权益，做好施工质量安全管理，确保农民工的卫生与安全	建设单位、施工单位
8	积极与交警部门沟通，制定合理的施工期交通组织方案	建设单位、区交警部门
9	加强加大营运期环保投入及运营管理，减少运营期对周边环境的影响，构建与周边社区和谐共处的良好局面	项目运营单位

（6）落实措施后的预期风险等级

在采取了减缓影响等对策和稳控措施后，仍采用风险程度判断法和综合风险指数法来综合判定本工程项目采取措施后的整体风险等级，具体如下：

1）风险程度判断法

在采取以上风险防范和化解措施后，本工程的8个风险因素中有1个较大风险、4个一般风险、3个较小风险，本工程措施后整体预期风险为C级（低风险），如表2-37所示。

措施前后各风险因素变化对比表 表2-37

序号	风险因素	风险概率(P)	风险影响(C)	风险程度（P×C）
1	规划、环评、稳评公示过程中，公众参与工作处理不当引发的风险	较高→中等	较大	较大→一般
2	土地房屋征收过程中处理不当引起的风险	较高→中等	较大	较大
3	施工过程中的区间盾构施工和车站基坑开挖造成周围土体变形导致邻近建筑物倾斜、下沉、开裂引发的风险	较高→中等	较大	较大→一般
4	施工过程中盾构施工、基坑开挖及重型施工车辆碾压道路造成市政管线受到破坏引发的风险	中等→较低	较大	一般
5	施工过程中产生的扬尘、振动、噪声等环境影响引发的风险	较高→中等	中等→较小	一般→较小

序号	风险因素	风险概率(P)	风险影响(C)	风险程度(P×C)
6	施工过程中交通组织不当造成交通不通畅影响周边居民生活引发的风险	较高→中等	中等	一般→较小
7	项目管理、施工安全、卫生管理不当导致施工人员经济权益、安全健康受到威胁引发的风险	中等→较低	中等→较小	一般→较小
8	运营期车辆运行产生的噪声和振动等环境影响引发的风险	较高→中等	较大→中等	较大→一般

2）综合风险指数法

计算出本工程措施后的综合风险指数为 0.30＜0.36，如表 2-38 所示，本工程措施后整体预期风险为 C 级（低风险）。

项目综合风险指数计算表（措施实施后） 表 2-38

风险因素 W	权重 I	风险程度（R）					风险指数 I×R
		微小	较小	一般	较大	重大	
		0.04	0.16	0.36	0.64	1	
规划、环评、稳评公示过程中,公众参与工作处理不当引发的风险	0.127			√			0.046
土地房屋征收过程中处理不当引起的风险	0.124				√		0.079
施工过程中的区间盾构施工和车站基坑开挖造成周围土体变形导致邻近建筑物倾斜、下沉、开裂引发的风险	0.129			√			0.046
施工过程中盾构施工、基坑开挖及重型施工车辆碾压道路造成市政管线受到破坏引发的风险	0.121			√			0.044
施工过程中产生的扬尘、振动、噪声等环境影响引发的风险	0.128		√				0.020
施工过程中交通组织不当造成交通不通畅影响周边居民生活引发的风险	0.122		√				0.020
项目管理、施工安全、卫生管理不当导致施工人员经济权益、安全健康受到威胁引发的风险	0.121		√				0.019
运营期车辆运行产生的噪音和振动等环境影响引发的风险	0.128			√			0.046
ΣI×R	1						0.30

2.7 安全风险评价

2.7.1 安全风险评估概念与基本流程

工程项目的安全风险评估是指首先确定衡量水平的指标，然后采取科学方法将辨识出并经分类的风险事件按照其风险量估计的大小予以排序，进而根据给定的风险等级评定准则，对各个风险进行等级划分的过程。通过风险评估，可根据明确的风险等级，制定相应的风险对策，有针对、有重点地管理好风险。

安全风险评估的基本流程如下：

（1）充分了解所需要研究的工程情况，收集资料，包括工程背景、设计资料、气象资料、地质资料、工程已有的研究报告等；

（2）划分评价层次单元和研究专题；

（3）对可能发生的风险事故进行分类识别；

（4）分析各风险事故的原因、发生工况、损失后果进行分析；

（5）使用定性与部分定量的评价方法对风险事故进行评价；

（6）对各风险事故提出控制措施的建议；

（7）对各评价单元的风险进行评价；

（8）对各评价单元的评价汇总成工程的总体风险评价；

（9）得出结论和建议。

（10）编制风险评估报告。

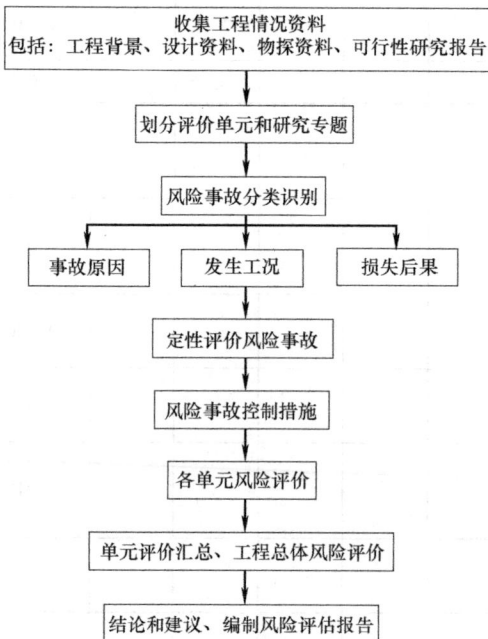

图 2-43　安全风险评价流程

工程风险评价的流程如图 2-43 所示。

2.7.2　安全风险识别

安全风险识别是指通过某种方法识别出工程项目质量、安全、进度、投资等目标顺利实现的主要风险，是工程项目风险管理的第一步。这一阶段主要侧重于对风险的定性分析。

在项目风险识别的过程中一般要借助一些风险识别方法，不但可以使识别风险的效率提高，而且操作规范，不容易产生遗漏。常用的风险识别方法包括：检查表法、头脑风暴法、德尔菲法、情景分析法、故障树分析法、WBS-RBS 法等。

（1）检查表法

为了查找工程、系统中各种设备设施、物料、工件、操作、管理和组织措施中的危险、有害因素，事先把检查对象加以分解，将大系统分割成若干小的子系统，以提问或打分的形式，将检查项目列表逐项检查，避免遗漏，这种表称为安全检查表。

（2）头脑风暴法

头脑风暴法的原理是通过强化信息刺激，促使思维者展开想象，引起思维扩散，在短期内产生大量设想，并进一步诱发创造性设想。头脑风暴法在项目风险识别中主要被用来对未知风险进行探求性讨论，运用这一方法可以对潜在的项目风险因素进行挖掘性的分析，尤其是对无先例可参照的项目的实施阶段风险的分析，其作用就更为突出。

（3）德尔菲法

德尔菲法，又称专家调查法，它是一种反馈匿名函询法。其做法是在对所要预测的问题征得专家意见后，进行整理、归纳、统计，再匿名反馈给个专家，再次征求意见，再集中，再反馈，直到得到稳定的意见。其过程可简单表示如下：

匿名征求专家意见→归纳、统计→匿名反馈→归纳、统计……，若干轮后，停止。

（4）情景分析法

情景分析法是通过有关数字、图表和曲线等，对项目未来的某个状态或者某种情况进行详细的描绘和分析，从而得出引起项目风险的关键因素及其影响程度的一种风险识别方法。它注重说明某些事件出现风险的条件和因素，并且还要说明当某些因素发生变化时，又会出现什么样的风险，以及会产生什么样的后果等。

情景分析的结果，大致可分为两类：一类是状态情景，即对未来某种状态的描述；另一类是路径情景，即描述一个发展过程或未来若干年某种情况的变化链。例如，它可向风险管理人员提供未来经过风险控制以后，工程进展的最好的、最可能发生的和最坏的情景，并可详细给出这三种不同情况下可能发生的风险事故，供风险管理时参考。

（5）故障树分析法

故障树分析法是从一个可能的事故开始，自上而下、一层层的寻找故障事件（顶事件）的直接原因和间接原因事件，直到找出基本原因事件，并用逻辑图把这些事件之间的逻辑关系表达出来。这种图形化的方法清楚易懂，使人们对所描述的事件之间的逻辑关系一目了然，而且便于对各种事件之间复杂的逻辑关系进行深入的定性和定量分析。

（6）WBS-RBS方法

工作分解结构（WBS）是将整个工程项目进行系统分解（工程总体－单位工程－分部分项工程－工序），以分解后的"工序"层作为目标块，如图2-44所示。

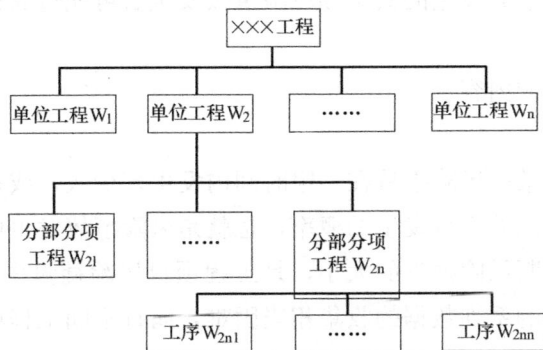

图2-44 WBS示意图

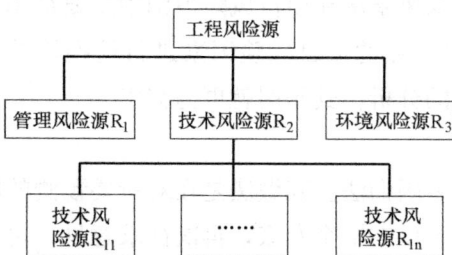

图 2-45　RBS 示意图

风险分解结构（RBS）按类别对风险源进行分解，以分解后的"基本风险源"为目标块，如图 2-45 所示。

WBS-RBS 耦合矩阵以 WBS"工序"层为行向量，RBS"基本风险源"为列向量形成耦合矩阵，如表 2-39 所示，其中"0"标志耦合不产生风险因素，"1"表示耦合能产生风险因素，且不同位置的"1"代表不同的风险事件或因素。

WBS-RBS 矩阵示意图　　　　　　　　　　　　　表 2-39

工序编号 ＼ 风险	R_{11}	R_{12}	……	R_{mn}
W_{111}	0	0	1	1
W_{112}	1	1	0	1
W_{113}	1	1	0	1
……	0	1	0	1
W_{ijk}	0	1	0	1

WBS-RBS 方法的优点是系统的分解和整理了项目可能面临的风险，不易遗漏，结果清晰，便于数据处理和风险应对，缺点是没有考虑不同风险因素之间的关联性，因此，WBS-RBS 方法通常结合情景分析法、故障树法进行综合风险识别。

2.7.3　安全风险衡量

工程项目安全风险衡量就是对项目风险进行量测。风险识别回答了项目可能遇到的风险是什么，风险衡量则要回答面临的风险有多大。风险衡量要给出某一风险发生的概率及其后果的性质和大小，即在过去损失资料分析的基础上，运用概率论和数理统计方法对某一个或某几个特点风险事故发生的概率和风险事故发生后可能造成损失的严重程度做出定量分析。

（1）安全风险衡量的内容

1）风险概率估算

风险概率估算是对某一风险事故在一定时间内发生多少次，或在多长时间内发生一次的预估，即分析和估计风险事故发生的概率，也就是风险事故发生可能性的大小，这有助于工程项目管理人员判断风险损失的大小，是工程项目风险衡量中最为重要的一项工作。但是由于有关风险事故的系列数据的收集相当困难，而且不同工程项目差异性较大，用类似工程项目数据推断当前工程项目风险事故发生的概率，其误差可能较大，所以这常常也是最困难的一项工作。

2）风险损失估算

风险损失是对工程项目的风险损失的形态和金额做出具体的预测，即分析和衡量工程项目风险事故发生后其后果的严重程度以及工程项目风险事故可能带来损失的大小，以便选用风险处理手段。在工程项目实施的过程中，经常会遇到这样的情况：风险事故发生的概率不一定很大，但如果它一旦发生，其后果是十分严重的。

3）风险范围估算

风险范围估算是估算风险在多大范围内发生，在工程项目外部是整个社会，还是某些企业；在内部是整个工程项目，还是某个单位工程或分项分部工程；以及估算某个单位工程、分项分部工程的风险对其他单位工程、分部分项工程、整个工程有什么影响和多大影响，这方面的估算有助于衡量风险损失的大小。在工程项目实施过程中，对某些风险事件，其发生的概率和本身造成的后果都不是很大，但一旦发生会影响到工程项目的各个方面或许多工作，此时，对其有必要进行严格的控制。

4）风险时间估算

风险时间估算主要是预估工程项目风险事故可能发生在什么时间，持续多长时间。例如，经济周期各个阶段持续的时间，跟自然周期各个季节持续的时间各不相同，对工程项目活动的影响也不同。风险时间估算可帮助工程管理人员把握损失发生的时间和持续的时间。一是从风险控制角度看，根据风险事故发生的时间先后进行控制，一般情况下，早发生的风险应优先采取控制措施，而对于相对迟发生的风险，则可通过对其进行跟踪和观察，并抓住机遇进行调节，以降低风险控制成本；二是在工程项目实施中，对某些风险事故，完全可以通过时间上合理安排，以大大降低其发生的概率或减少其可能带来的后果。

（2）安全风险衡量的定性分析方法

风险衡量定性分析方法是运用风险衡量者的知识和经验，理智地对工程项目风险做出主观判断的方法。常用的定性分析方法有集合意见法、德尔菲法、层次分析法和故障树分析法、主要风险障碍分析以及领先—落后指标分析等。集合意见法、德尔菲法、层次分析法和故障树分析法属于定性分析法的分析形式，主要风险障碍分析、领先—落后指标分析属于定性分析法的分析技巧。在采用集合意见法、德尔菲法、直接调查法等形式时，可运用主要风险障碍分析、领先—落后指标分析等技巧进行历史类推、直接类推、类比类推等。

（3）安全风险衡量的定量分析方法

风险衡量的定量分析方法是根据过去实际的风险数据，如风险成本、风险损失、风险收益、风险概率、风险事件发生次数等，运用统计方法和数学模型进行计算，对工程项目的风险做出定量估算。主要定量分析方法有：①风险指数法；②概率方法，包括主观概率法、随机方法（随机模拟法、二阶矩阵、随机模型数值分析法）、蒙特卡罗法等；③模糊论方法，包括模糊概率法、模糊参数回归分析法、模糊矩阵分析法等。此外还有移动平均法、指数平滑法、因果关系预测法、历史性模拟方法等其他方法。

2.7.4 安全风险评估

风险评估的常用方法主要有：

（1）基于信心指数的专家调查法

其应用由两步组成：首先辨识出某一特定项目可能遇到的所有风险，列出风险调查表（Checklist）；然后利用专家经验对可能的风险因素的重要性进行评价，综合成整个项目风险。

基于信心指数的专家调查法的操作流程为：

第一步：设定专家权重；

第二步：确定单个专家的区间概率分布曲线；

第三步：初步确定目标参数的区间概率函数曲线；

第四步：数据筛选及验证；

第五步：获得事故发生后各类损失的概率密度函数分布曲线；

第六步：获得各事故发生前损失的概率函数和分布函数曲线；

第七步：获得不同工况总体损失的概率函数和分布函数曲线。

（2）模糊综合评判方法

所谓模糊综合评判，说得通俗一点，就是权衡各种因素项目，给出一个总概括式的优劣评价或取舍来，属于多目标决策方法。

设给定两个有限论域：

$$U=(u_1,u_2,\cdots u_n),V=(v_1,v_2,\cdots v_m) \tag{式 2-1}$$

式 2-1 中 U 代表模糊综合评判的因素所组成的集合；V 代表评语所组成的集合。给定模糊矩阵 $K=(k_{ij})_{m\times n}$，$0\leqslant k_{ij}\leqslant 1$，进行模糊变换，即利用 U 的子集 X 得到评判的结果 Y，Y 是 V 上的模糊子集，模糊变换参照下式进行：

$$X\circ K=Y \tag{式 2-2}$$

$$y_i=\bigvee_{j=1}^{m}(x_j\wedge k_{ij}),i=1,2,\cdots,n \tag{式 2-3}$$

式 2-2 中的"。"运算符为模糊合成运算，可以采用"小中取大"进行运算，也可进行简单矩阵乘运算，应视具体情况而定。X 可以视为 U 中各因素的相对权重，K 可利用专家调查法和统计资料获得。

在研究复杂的问题时，需要考虑的因素很多，而且这些因素往往不在一个层次上，因此大多数情况需要进行分级综合评定，此时，就要借助另一种风险评估的方法——层次分析法来进行分析。

（3）层次分析法

美国著名数学家萨蒂教授在 20 世纪 70 年代提出了层次分析方法。该方法能把定性因素定量化，并能在一定程度上检验和减少主观影响，使评价更趋科学化。该方法通过风险因素间的两两比较，形成判断矩阵，从而计算同层风险因素的相对权重。分析步骤如下：

第一步：确定判断矩阵；

第二步：计算矩阵 A 的最大特征值和对应的特征向量；

第三步：一致性检验。

2.7.5 案例分析

轨道交通安全风险评估

某市规划建设轨道交通 2 号线南延线工程，线路全长约 7.9km，共设 6 座车站，全部采用地下形式敷设。工程穿越整个片区的核心区域，途经万达文化旅游城、大型居住区、酒店商务区、医院、国展中心等大型客流集散点。

安全风险评价的过程：

安全评价单位接到任务后，组织建立了 6 名由隧道、地质、轨道等专业人员组成的风险评估小组，并由单位副总经理担任评估小组负责人，结合设计、报批等过程实时进行"方案—评估/评审—优化—再评估/评审"的循环过程。

（1）确定风险清单

评估小组收集了工程基础资料（包括工程区域内水文、地质、自然环境等资料、类似工程事故资料、可研报告、工程地质勘查报告、相邻构筑物及其他相关资料）、初步设计文件、计算分析咨询报告、专家评审咨询意见，进行了现场查看，在研究分析设计、施工、运营阶段可能发生安全风险诱因的基础上，确定关键风险源及次要风险源，并分类完成安全风险列表。

评估小组首先从建设条件、线路设计、车站结构、机电安装等方面汇集风险源并对风险进行分类，然后建立风险源普查表。

然后风险源再细分为 14 类，从地质勘查、工程招投标及设备采购、动拆迁、围护结构、基坑开挖、主体结构施工、周边环境影响、生态环境与影响等 14 类主要风险中编制工程设计、施工及运营期间的风险源检查表。

然后将风险源检查表结果按照评估单元划分归类、讨论论证后进行风险源细化与筛选，建立工程的风险事件检查表，确定各类风险的存在点、存在方式以及产生的影响。

通过相关人员咨询、评估小组讨论、专家咨询等方式，对上述风险事件筛选出关键风险和次要风险，编制出风险清单。

（2）确定风险等级

针对风险清单中所列示的 31 项风险事件，采用专家调查法、层次分析法等评估风险源发生概率和风险损失，填写风险等级调查表，列明各风险点的当前状态、假定采取的缓解风险措施、风险发生概率级别、风险损失级别（从人员伤亡、经济损失、环境影响等三方面）及理由、建议进一步采取的措施。

根据以上风险等级调查表，按照风险评估矩阵方法，以彩色矩阵表的方式对上述 31 类风险事件确定风险等级，如表 2-40 所示。

表 2-40 风险等级

风险		事故损失				
		5. 灾难性	4. 非常严重	3. 严重的	2. 需考虑的	1. 可忽略的
发生概率	E: P≥10%	Ⅰ级	Ⅰ级	Ⅱ级	Ⅱ级	Ⅲ级
	D: 1%≤P<10%	Ⅰ级	Ⅱ级	Ⅱ级	Ⅲ级	Ⅲ级
	C: 0.1%≤P<1%	Ⅰ级	Ⅱ级	Ⅲ级	Ⅲ级	Ⅳ级
	B: 0.01%≤P<0.1%	Ⅱ级	Ⅲ级	Ⅲ级	Ⅳ级	Ⅳ级
	A: P<0.01%	Ⅲ级	Ⅲ级	Ⅳ级	Ⅳ级	Ⅳ级

工程风险等级情况如下：

风险等级Ⅳ（低度风险，绿色）：12个，38.7%；

风险等级Ⅲ（中度风险，黄色）：17个，54.8%；

风险等级Ⅱ（高度风险，橙色）：2个，6.5%；

风险等级Ⅰ（极高风险，红色）：0个，0。

本桥最高风险等级为Ⅱ级（高度）风险，没有Ⅰ级（极高）风险。

（3）拟定相应的风险控制措施

Ⅱ级风险水平为不愿接受水平，应实施风险管理降低风险，且风险降低的所需成本不应高于风险发生后的损失。对Ⅱ级（高度）风险，设计和施工单位应重点关注，制定应急预案，并在施工阶段加强风险监控。

本工程的2个Ⅱ级风险事件分别为雨季采用明挖法施工围护结构破损和基坑开挖时坑内滑坡。评估报告提出了避开雨季施工、施工前对围护结构选型和施工方法进行复核以及坡脚加铆钉或者其他形式的加固措施，并插入土体足够深度的风险处置措施。

Ⅲ级风险为可接受水平，评估报告建议建设单位加强日常管理与监测，可采取风险处置措施。

2.8 前期评估咨询

前期评估咨询主要包括固定资产投资项目建议书评估、可行性研究报告评估、项目申请报告评估、社会稳定风险评价、节能评审等服务内容。

2.8.1 咨询服务依据

（1）工程咨询服务合同（包括委托书）

（2）相关法律与法规（国家、地方）

（3）各项规划（国民经济和社会发展规划、行业专项规划、土地规划）

（4）产业政策和准入条件

（5）相关标准和规范

（6）政府颁发的相关经济与技术参数及统计数据

（7）工程咨询行业协会文件及相关指南

（8）公司相关规章制度及作业指导书

（9）委托方或项目利益相关方提供的相关资料

（10）拟建现场调查信息

（11）相关文献资料

（12）其他

2.8.2 咨询工作程序

前期评估咨询的一般工作程序如图2-46所示：

（1）组建咨询团队

根据咨询合同、项目特点、规模、复杂程度及投标承诺等要求，由公司部门经理指定项目负责人，并建立与之相称的咨询团队，一般由2～5人组成，并严格实施项目责任人制度。原则上，项目负责人必须由注册咨询工程师担任。

（2）制定咨询工作方案

由项目负责人组织团队成员制定咨询工作方案，咨询工作方案经公司技术总负责人审定批准后实施。咨询工作方案一般包括如下内容：

1）咨询业务要求

2）咨询依据与原则

3）咨询人员组成及职责分工

4）咨询开展需要具备的基本条件

5）拟邀请专家名单

6）工作流程

7）工作进度计划

8）各项工作措施与咨询成果要求

（3）初步收集资料收集与评估预审

初步收集资料的目的是为了评估预审，咨询团队一般在接受委托2个工作日内与项目相关单位取得联系，初步收集项目有关资料，了解项目情况，通过对项目资料进行预审，初步判断项目是否具备基本评估条件。基本评估条件一般包括：报告编制内容是否齐全、编制深度是否符合相关要求、前期审批手续的有关文件及其他证明文件是否齐备等。

1）项目不具备基本评估条件的，咨询人员应在接受委托后2个工作日内以书面形式一次性告知项目有关单位，要求其补充、落实有关资料或文件，并要求项目单位书面回复能够补充资料的时间。根据回复时间，若咨询团队认为无法按期完成任务的，可向委托方（一般是发改委）提出延期或中止的评估申请。

2）项目具备基本评估条件的，继续开展下一步的评估工作。

（4）详细的资料收集与现场调研

经过评估预审，满足基本评估条件的，需进一步全面收集项目有关资料，并尽快组织

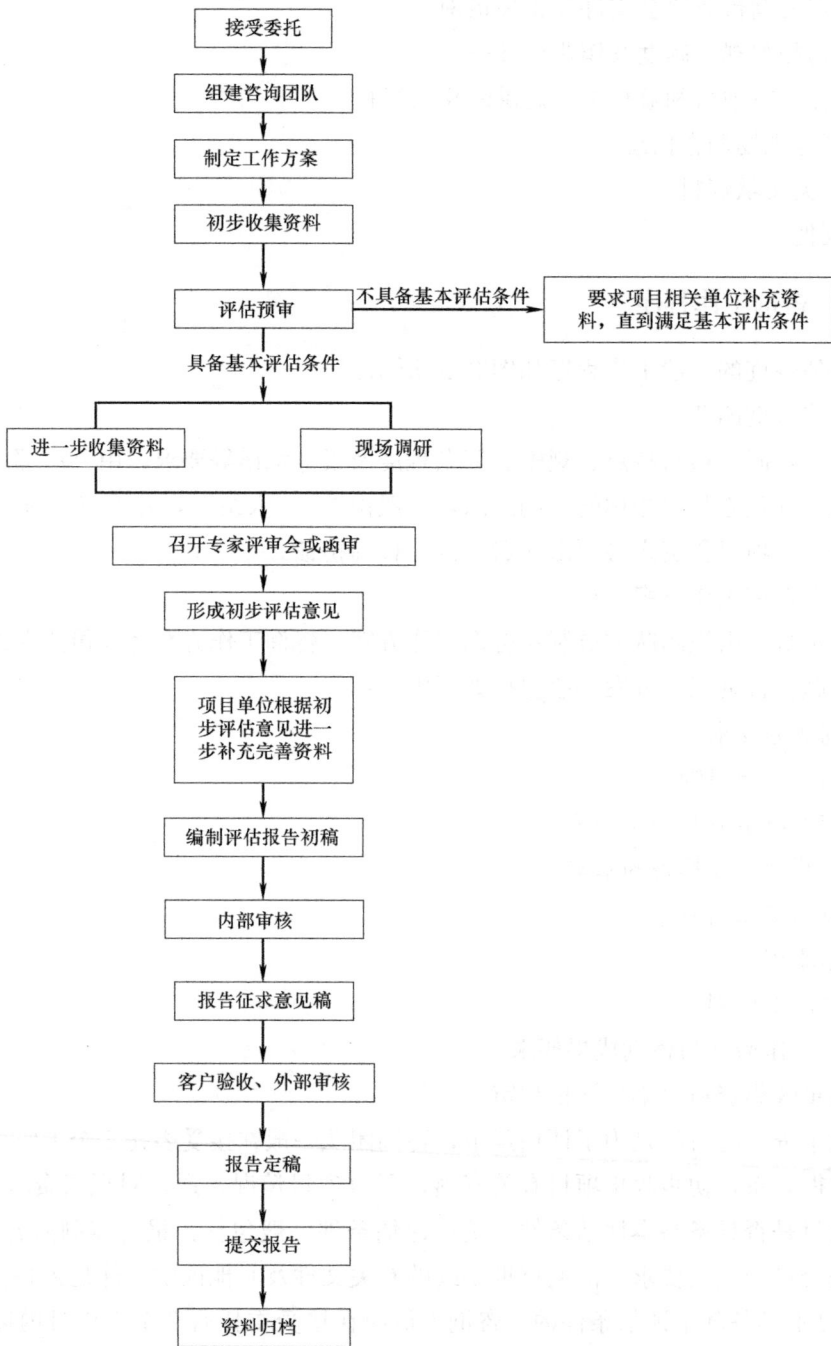

接受委托

组建咨询团队

制定工作方案

初步收集资料

评估预审 ——不具备基本评估条件—→ 要求项目相关单位补充资料，直到满足基本评估条件

具备基本评估条件

进一步收集资料　现场调研

召开专家评审会或函审

形成初步评估意见

项目单位根据初步评估意见进一步补充完善资料

编制评估报告初稿

内部审核

报告征求意见稿

客户验收、外部审核

报告定稿

提交报告

资料归档

图 2-46　前期评估咨询工作流程

现场调研和勘察。

　　1）详细的资料收集

　　真实、准确和完整的资料是工程咨询工作质量保证的前提。在接受委托人任务后，咨询组根据投资项目已传达的信息、项目特点、咨询报告特点及相关经验向相关人员（主要

是被评估报告的建设单位及编制方）列出较详细的提资需求，并及时对收集的资料进行整理、数据统计及分析。对于存在过时、互相矛盾、缺漏等资料，咨询团队需进一步列出提资及存疑清单，要求相关方提供。接受资料时，需做好相关收文记录。

工程咨询项目类型众多，提资清单需有针对性，一般来说，需收集的资料内容如下：

① 常规资料（包括但不限于）

a 需评估的咨询报告及相关附件；

b 前置性条件相关批文（规划、土地）；

c 概念性设计（项目建议书阶段）；

d 方案设计（可行性研究阶段）。

② 其他资料

a 修缮类可研（实施方案）评估项目：如采用简化审批程序，提供施工图及预算；

b 节能评审项目：以往能用数据证明（改扩建项目）；类似已建成项目的用能数据（针对有多个项目的建设单位）；

c 社会稳定风险评价项目（如有动拆迁）：规划方案公示及相关意见、社区调查记录等。

2）现场调研

现场调研与资料收集工作相辅相成、同步进行，委托评估项目均要求现场踏勘，就场址选择的合理性、建设条件的具备情况、项目进度等进行考察。

项目相关单位人员一般均应到场参加。在时间紧张的情况下，如遇到多个地点建设项目，可由评估组制定代表性强、投资额较大的项目建设场址进行选择性考察。对于复杂项目，调研需根据项目特点和资料收集、分析情况分成初步调研和深入调研，以便更好地掌握项目建设需求。必要时，可邀请专家一起到现场调研。现场勘查和调研内容具体包括：

① 常规调研内容（包括但不限于）

a 建设背景或项目启动原因；

b 项目定位、建设功能需求、建设标准、项目产出需求及特殊要求；

c 历史遗留问题；

d 建设投资、资金来源、工期需求。

② 其他调研内容

a 房屋改建类项目：原房屋使用状况、历史保护建筑要求（如有）等；

b 学校类项目：建校历程、学校特点、师生与班级设置状况、学校招生范围、建设期间的师生安置等；

c 工业类：产品、生产工艺及原材料、设备使用的外部效果；

d 市政类：拟建现场周边交通状况、现有道路运行状况等。

（5）召开专家评估会或函审

一般对评估类咨询项目，均需聘请专家对项目建设方案等提出专业性的意见。

专家聘请要慎重，原则上要求专家组成员中应有外聘专家；专家数量应不少于3人，应包括项目主要涉及的专业；专家应具有相关专业的资质及评审经验。专家出具的意见应是符合自身专业的、认真的、独立的、尽职的。

评估会（或函审）的安排时间一般不晚于委托要求完成的时间前 7 日，评估组需至少提前 24 小时以书面的"会议通知"告知项目单位评估会时间，并邀请发改委、行业主管部门等有关政府部门参加。

专家评估会一般由项目负责人主持召开，并设置会议签到表和单独的专家签到表，以作为会议记录存档。

专家会议流程一般如图 2-47 所示。

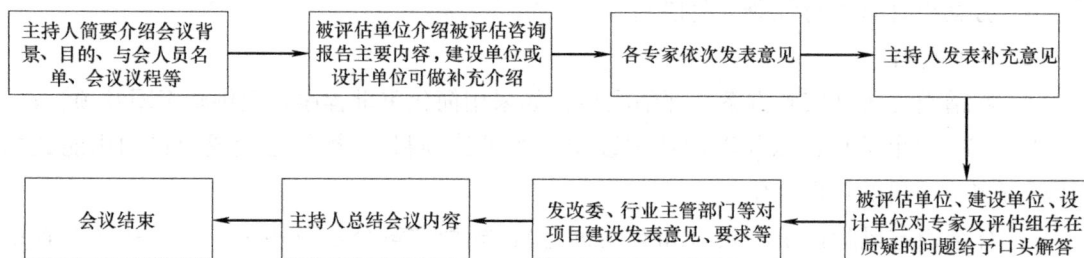

图 2-47 专家评估会会议流程

（6）形成初步评估意见

评估组根据项目申报资料、现场踏勘情况，并结合评估会专家意见，于评估会（或函审）后，形成书面的初步评审意见，根据初步评审意见，有必要补充完善项目资料的，评估组应于会后 24 小时内一次性书面告知项目单位，要求其补充完善相关资料并书面回复能够提交补充资料的时间。

（7）编制评估报告初稿

若项目单位能够按期提供满足评估深度要求的补充资料，评估组应根据现场踏勘情况并参考专家意见等组织编制评估报告。视项目单位承诺时间或补充资料情况，若评估组任务无法按期完成任务，可向委托方（一般是发改委）说明情况，提出延期或中止评估的申请。

1）评估报告编制原则

① 客观性原则：从投资项目具体情况出发，厘清委托人、建设单位、使用单位等相关利益方的项目需求，客观分析项目所需消耗的资金、资源及效益和风险，报告尽可能反映项目的真实状态。

② 科学性原则：通过调研和资料运用科学技术手段进行分析、预测和计算，对被评估报告及项目内容进行各方面科学论证，积极吸取专家意见，报告结论和论证过程具有严密的逻辑性，观点、意见不能凭空臆造。

③ 系统性原则：明确项目范围，对项目投资建设进行系统分析，注重项目及涉及的利益相关方整体性研究。

④ 动态分析与静态分析相结合，以动态分析为主。

⑤ 综合分析与单项分析相结合，以综合分析为主；

⑥ 宏观投资效果分析与项目微观投资效果分析相结合，以微观分析为主；

⑦ 定量分析与定性分析相结合，以定量分析为主。

2）评估报告的主要内容

① 项目建议书评估的主要内容

项目建议书评估的主要内容如表2-41所示。

项目建议书主要评估内容　　　　　　　　　表2-41

评估项目名称	主要评估内容
项目建设主体（建设单位）	评估其设置是否合理、合规
项目设置	评估项目设置是否合理，是否符合国家、上海市及区县的相关政策，是否符合项目所在地的经济和社会发展规划、城市总体规划、土地利用规划及专项规划（如教育、卫生、绿化等），并对项目必要性进行评估
项目选址	评估其是否合理，项目建设条件是否具备（包括规划条件、地理交通条件、经济文化条件、施工条件、运营条件等）
项目总体目标及规模	评估其是否合理、明确
改建项目	对项目现状进行评估
项目初步方案（概念性方案）	评估其是否可行，分析比选方案的可能性
项目匡算内容	评估其是否齐全，指标及造价匡算是否准确，并对项目资金筹措方式进行评估
项目建设进度	评估其时间安排是否合理
项目风险	评估其项目可能存在的风险
项目的效益	评估项目的社会效益、经济效益初步分析的合理性

② 项目可行性研究报告评估的主要内容

对于项目可行性研究报告，一般主要评估内容如表2-42所示。

项目可研主要评估内容　　　　　　　　　表2-42

评估项目名称	主要评估内容
项目可研前期审批手续	评估其是否完善（土地、规划、环评、项目建议书审批等）
项目建设的必要性	评估其是否符合相关规划要求
项目建设目标及规模	评估其是否符合项目建议书批复要求，如规模有重大变化，评估其理由是否充分
项目建设条件	评估其是否完善，必要时，需要求提供相关部门的征询意见
项目建设经济和技术指标	评估其与项目用地预审意见、选址意见书、控制性详细规划等比对，评估项目建设经济和技术指标是否符合用地、规划审批要求
建设方案	分析项目建设方案是否可行，评估其是否需要调整或优化
节能要求	评估项目是否符合节能政策要求，节能措施是否合理，并判定项目能效水平
环境要求	评估项目是否符合环境要求，是否与环评批复相符，其环境与生态效益是否显著
项目估算内容	对项目估算内容齐全性、指标及计算准确性进行评估，并评估资金筹措渠道是否明确
项目社会稳定风险篇章	评估其稳定风险等级，并分析稳定风险防范措施的合理性
项目效益	评估项目的经济效益和社会效益是否良好
项目建设进度	评估其安排是否科学、合理，是否与建设方案相符
项目招标方式	评估项目招标方式是否合理，是否符合相关法规要求
项目建设和运营计划	评估其是否合理，是否有利于项目开展，能否达到项目目标

③ 项目申请报告评估的主要内容

对于项目申请报告，一般主要评估内容如表 2-43 所示。

项目申请报告主要评估内容

表 2-43

评估项目名称	主要评估内容
项目申报单位及项目概况	对项目申报单位的主要经营范围、资产负债情况、股东构成、股权结构比例、以往投资相关项目情况及已有生产能力等内容进行评估，判断项目申报单位是否具备承担拟建项目的资格、是否符合有关的市场准入条件
发展规划、产业政策和行业准入	(1)从发展规划、产业政策及行业准入的角度，评估项目建设的目标及功能定位是否合理，是否符合与项目相关的各类规划要求，是否符合相关宏观调控政策、产业政策等规定，是否满足行业准入标准，优化重大布局等要求。 (2)在发展规划方面，主要评估拟建项目是否符合相关规划(国民经济和社会发展总体规划、区域规划、城市总体规划、城镇体系规划、行业发展规划等专项规划)的要求，项目建设布局与规划目标是否衔接、协调等。 (3)在产业政策方面，评估拟建项目的工程技术方案、产品方案等是否符合有关产业政策、法律法规的要求，如贯彻国家、上海市技术装备政策提高自主创新能力的情况等。 (4)在行业准入方面，评估申报单位(建设单位)和拟建项目是否符合相关规定
资源开发及综合利用分析	考虑到上海市资源开发项目较少，评估重点主要在资源综合利用方面。对于拟建项目，资源利用评估主要包括： (1)评估项目需要占用的资源品种、数量及单位生产能力主要资源消耗量、资源循环再生利用率等，并与国内外先进水平进行对比分析，评估拟建项目资源利用效率的先进性和合理性。 (2)评估项目资源利用方案是否符合发展循环经济、建设节约型社会的要求。 (3)评估项目资源利用是否会对地下水等其他资源造成浪费，以提高资源利用综合效率
节能方案	从节能角度，并结合项目的节能评审情况，对拟建项目的节能方案进行评估，具体为： (1)用能标准节能规范方面。评估拟建项目是否符合所属行业及地区对节能降耗的相关规定，是否遵循国家和地方有关合理用能标准及节能设计规范。 (2)能耗状况和节能降耗措施方面。结合拟建项目的节能评审情况，对项目所在地的能源供应状况、项目方案的各类能源消耗种类和数量进行评估，并对相应的节能措施进行分析，评估其是否符合相关政策、规范与标准规定，是否可行
建设用地、征地拆迁及移民安置	(1)建设用地合理性评估 评估项目建设用地是否符合土地利用规划要求，占地规模是否合理、是否符合保护耕地的要求，是否因地制宜、集约用地、减少拆迁移民的原则，是否符合土地管理的政策法规要求。 (2)征地拆迁影响评估 拟建项目如涉及征地拆迁，则结合该项目的社会稳定风险评价情况，对征地拆迁范围和依据、安置方案、公众参与情况、补偿政策等进行评估，评估其是否符合法律法规要求，是否合理、可行
环境和生态影响	从环境和生态影响角度，并结合项目的环境影响评价情况，对拟建项目的节能方案进行评估，具体为： (1)环境和生态现状评估。评估项目申请报告对环境和生态现状描述内容是否齐全、属实，是否与环境影响报告相符。 (2)生态环境影响评估。评估拟建项目在工程建设和投入运营过程中对生态环境可能产生的破坏因素以及对环境的影响程度。 (3)生态环境保护措施评估。从减少污染排放、减少水土流失、强化污染治理、促进清洁生产、保护生态环境可持续能力的角度进行相应措施进行评估，评估措施采用的技术和设备是否满足先进性、适用性、可靠性的要求，回收处理和再利用方案是否合理、有效

评估项目名称	主要评估内容
经济影响	从拟建项目所耗费的社会资源及其产生的经济效果角度进行评估,分析项目对行业发展、区域和宏观经济的影响,评估项目的经济合理性。根据不同的项目,评估侧重点有所不同,具体为: (1)对于在行业内具有重要地位、影响行业未来发展的重大投资项目,则重点评估拟建项目对所在行业及关联产业发展的影响,包括产业结构调整、行业技术进步、行业竞争格局等内容,特别是对是否可能形成行业垄断进行分析评估。 (2)对区域经济可能产生重大影响的项目,重点分析项目对区域经济发展、产业空间布局、当地财政收支、社会收入分配、市场竞争结构等方面的影响,为评估拟建项目与区域经济发展的关联性及融合程度提供依据。 (3)对于投资规模巨大的特大型项目,以及科技创新项目,从上海市国民经济整体角度,评估拟建项目对上海市产业结构调整和升级、重点产业布局、重要产业的国际竞争力以及区域之间协调发展的影响。 (4)对于涉及国家、上海市经济安全的重大项目,从维护国家及上海市利益、保障国家及上海市产业发展及经济运行免受侵害的角度,结合资源、技术、资金、市场等方面进行拟建项目的经济安全评估
社会影响	主要对因征地拆迁、区域综合开发、文化教育、公共卫生等具有明显社会发展目标的项目,从维护公共利益、构建和谐社会、落实以人为本的科学发展观等角度,评估项目的社会影响。具体为: (1)社会影响效果评估。评估拟建项目的社会影响范围、影响区域内的受影响机构和人群,分析项目可能导致的社会影响效果,如就业、社会保障、社会服务等。 (2)社会适应性评估。对利益相关者需求、目标群体对拟建项目的认可及接受程度进行全面分析,评估拟建项目是否与当地社会环境相互适应。 (3)社会风险及对策评估。评估项目的负面社会影响、潜在风险及解决社会问题、减轻社会负面影响的措施方案的合理性
工程质量安全分析评估(仅限上海项目)	根据上海市要求,需对拟建项目的工程质量安全进行评估,以进一步加强拟建项目前期阶段的质量安全风险控制,保障建设项目的科学有序实施和人民群众的生命财产安全。评估内容包括工程地质影响、自然环境影响、建设方案影响、外部设施影响、工程组织实施影响、工程质量安全防范措施等

④ 项目节能评审的主要内容

对于项目节能报告,一般主要评估内容如表 2-44 所示。

项目节能报告主要评估内容　　　　　　　　　　　　　　表 2-44

评估项目名称	主要评估内容
项目综合能源消费增量及其影响	(1)项目所在地能源供应条件及消费情况的描述是否完整。 (2)项目所需的能源是否得到落实,项目消费的能源品种、数量对所在地资源条件和当地能源生产、输送、储运、消费的影响分析是否准确。 (3)对比分析项目新增年综合能源消费量与区县能源消费增量控制数,说明项目带来的影响
项目能效水平	(1)判断节能评估选取的主要能效指标是否合理,能耗计算的基础数据选择是否真实,能否满足项目的功能需求及相关标准、规范的规定。 (2)节能评估中综合能源消耗量、单位产品能耗等指标的计算是否符合《综合能耗计算通则》(GB/T 2589—2008)及相关标准规范的要求,是否分析测算评估主要用能环节能源利用效率。 (3)项目能耗(能效)指标是否符合相关能耗限额标准或相关产业政策、准入条件的要求;同行业国内外先进水平、标准先进指标的选取是否准确;项目能效水平是否达到同行业国内外先进水平或标准中的先进指标

评估项目名称	主要评估内容
项目建设方案	(1)评审项目选址、布局方案、总平面布置、交通组织等的节能设计是否合理。 (2)主要用能设备及其能耗指标和能效水平是否符合能耗限额标准或准入政策的要求，是否达到先进水平。 (3)提出项目设备选型方面的意见和建议
节能措施	(1)节能技术措施。项目是否针对生产工艺、动力、建筑、给排水、暖通与空调、照明、控制、电气等方面提出具体的、可操作的节能技术措施；节能评估文件应分析节能技术措施是否符合相关政策、法规、标准、规范的要求。 (2)节能管理措施。项目是否按照《用能单位能源计量器具配备与管理通则》(GB 17167—2006)的要求，编制能源计量器具配备方案；是否按照《能源管理体系要求》(GB/T 23331—2012)的要求，提出能源管理体系建设方案，能源管理中心建设以及能源统计、监控等节能管理方面的措施、要求等。 (3)节能措施效果。节能措施效果的测算依据是否准确，测算方法是否适用，测算结果是否正确。 (4)提出项目节能措施方面的意见和建议

⑤ 社会稳定风险评价的主要内容

对于项目社会稳定风险评价报告，一般主要评价内容如表 2-45 所示。

项目社会稳定风险评估报告主要评价内容　　　　　　　　表 2-45

评估项目名称	主要评估内容
项目合法性	评估其项目有关土地、规划、环评、立项的管理部门是否享有相应的决策权限，决策内容是否符合现行相关法律法规章以及有关政策，决策程序是否符合有关法律法规章和有关规定
项目的合理性	评估其项目决策和实施是否符合科学发展观的要求，是否符合经济社会发展规律，是否符合社会公共利益，是否合理兼顾了不同利益群体的诉求；是否保持了政策的连续性、相对稳定性以及与相关政策的协调性，是否可能引发地区、行业、群体之间的相互攀比；依法应给予当事人的补偿和其他救济是否充分、合理、公平、公正；拟采取的措施和手段是否必要、适当，所选择的措施和手段对当事人权益的损害是否最小
项目的可行性	评估其项目决策和实施的时机与条件是否基本成熟；决策内容是否符合本市和有关地区经济社会发展水平，是否超越本市和有关地区财力，是否能得到相关大多数群众的支持和认可
安全性	评估其项目决策和实施是否可能引发群体性事件、集体上访、重大社会治安问题、社会负面舆论以及其他影响社会稳定的因素；可能引发的社会稳定风险是否可控，能否得到有效防范和化解，是否制定了预警和应急处置等防范措施
有可能引发社会不稳定因素的其他方面	评估其项目单位应根据上述内容要求，组织有关方面全面细致地研究项目的社会稳定风险源、风险因素、针对风险采取的防范措施，判别项目的社会稳定风险初始等级以及采取防范措施后的预期等级

(8) 评估报告初稿内部审核，并征求意见

咨询工作小组按照上述各评估报告的主要内容和相关指南要求等完成评估报告初稿，出具的评估报告初稿均由国家注册咨询师（高级工程师及以上）进行审核。审核后的报告形成评估报告征求意见稿。

(9) 客户验收、外部审核

客户验收、外部审核指的是评估报告征求意见稿应至少提前一天发送委托方（一般是

发改委）征求意见，如评估报告中对项目的建设内容、规模、方案、投资等方面进行了重大调整，评估单位应适当告知项目单位有关评估结果和情况。

（10）报告定稿、提交最终咨询成果

评估单位应在委托方或项目单位提出意见后24小时内完成评估报告的进一步完善和调整，形成评估报告终稿（定稿）。评估报告再次提交委托方之前，

由咨询单位部门技术负责人审核后，交子公司技术负责人审核。

（11）资料归档

咨询项目完成后，按公司形成归档范围和要求，将咨询工作过程中所形成的技术文件资料加以系统的整理，组成保管单位（卷、袋、册、盒），由部门技术负责人审查后及时向公司综合档案室移交归档。内容一般包括：

1）咨询评估报告；

2）咨询报告附件资料（附专家意见表及评估过程中产生的相关批文）；

3）咨询项目报告审批通过后的相关批文；

4）被评估报告及相关资料（包括被评估报告正式文本及评估后的最终修订文本）；

5）咨询过程中来往函件；

6）公司内部报告审核流转单；

7）咨询评估正式报告电子版；

8）附件电子版（如有）。

2.8.3　评估报告编制的要点及重难点

（1）项目建议书评估、可研评估、申请报告评估的要点及重难点

1）项目建设的理由和目标合理性

项目建议书评估、可行性研究报告评估、申请报告评估均需要对项目建设的理由和目标合理性进行重点评估。

评估单位需依据发展规划、产业政策、区域布局以及结合现场踏勘情况等进行分析，评估项目建设是否符合相关的各类规划要求，是否符合相关法律法规、宏观调控政策、产业政策等规定，是否满足行业准入标准、重大布局优化、自主创新和采用先进技术等要求，项目目标及功能定位是否全面、合理，是否切合当前实际，对项目建设的理由是否全面、目标是否合理提出评估意见。

在评估时，一般同时从宏观层面上的政策规定、发展规划和微观层面上的项目自身实际需求两大方面来分析，可以更全面、有力地说明项目建设的理由和目标的合理性。

例如：在《某中心医院新行政综合楼项目申请报告评估报告》中，经评估分析，本项目的建设是必要的。具体分析如下：

① 是满足《综合医院建设标准》要求的需要。

参照《综合医院建设标准》（2008版），综合医院建设项目应由急诊部、门诊部、住院部、医技科室、保障系统、行政管理和院内生活用房等七项设施构成，承担医学科研和

教学任务的综合医院尚应包括相应的科研和教学设施。综合医院各组成部分用房在总建筑面积中所占的比例，宜符合表2-46的规定：

综合医院各类用房占总建筑面积的比例（%）　　　　　　　　　表2-46

部门	各类用房占总建筑面积的比例
急诊部	3
门诊部	15
住院部	39
医技科室	27
保障系统	8
行政管理	4
院内生活	4

截至目前，某中心医院的上述各类用房在总建筑面积中所占的比例如表2-47所示：

某中心医院各类用房占总建筑面积的比例（%）　　　　　　　　　表2-47

部门	项目建设前建筑面积（m²）	各类用房占总建筑面积的比例（%）	综合医院建设标准规定（%）	现有缺口面积（m²）
急诊部	3500	5.8	3	0
门诊部	8354	13.9	15	662.8
住院部	26653	44.3	39	0
医技科室	11202	18.6	27	5028.24
保障系统	4453	7.4	8	355.96
行政管理	3200	5.3	4	0
院内生活	2750	4.6	4	0
总建筑面积	60112			

由表2-47可见，与《综合医院建设标准》要求相比，某中心医院的门诊部、医技科室以及保障系统等功能用房的面积存在缺口，现在缺口面积至少约6050平方米。按照各类用房建设所占比例的标准，本项目新行政综合楼建成后，上述几个功能用房的面积增加，占总建筑面积的比例将有所改善。

②是满足某中心医院现阶段实际需求的需要

经评估组现场调查了解某中心医院所在地人口较集中，且现在外来人口较多（据××区2010年第六次全国人口普查主要数据公报，全区常住人口为690571人，外省市来沪常住人口为175385人），近几年随着区人口数量不断增加，入院病人数量也随之增加。医院原建筑设计门急诊量约每天3000人次，1998年门急诊量平均每天约2500人次，现门急诊量达到每天6000～7000人次，医院现在的门急诊用房经常出现拥挤现象，给病人带来很大的不便。因此，医院急需扩展门诊用房。本项目新行政综合楼建成后，医院原综合楼（后勤楼）的部分功能用房（约3120平方米）将调整为门诊用房，同时将原占用门诊用房的病史库等搬迁到新行政综合楼。如此，门诊用房能得到极大的扩展，可有效缓解目前拥挤的矛盾。

对于医技科室，医院目前也有较大需求。据了解，医院现有很多设备因缺乏医技科室用房而无法开展医学实验，为顺利开展各种医学实验，至少需要4～5个实验室，如肺结核实验室、血液病实验室等均需新增，这些新增实验室将由原综合楼（后勤楼）的部分功能用房调整改造而来。另外，由于中心医院与多家医学院校签署了协议，承担学生的教学实习任务，医院需要相应的培训基地，目前应医院空间有限，其培训基地只能暂时安置在仙霞路720号。因此，新行政综合楼建成后，需增加培训用的医技科室，如科教科、学术报告厅、学术会议室（医学带教兼做学术交流）等功能用房。

对于保障系统用房，如信息机房作为信息系统数据存储中心，承担着医院信息系统的常态运行、医疗数据资源的保存和利用等重要作用。目前由于中心医院作为某某区影像中心，承担着影像传输、组织专家会诊的重要任务，原有的信息机房（位于现在的门诊楼）已经不能满足此项需求。再如病史库，据了解，医院原有病史库用房已不足，现很多病史资料已做成电子资料交由其他机构代为保管，但按照卫生部有关规定，病史库至少要保存30年，且必须是纸质材料，因此，医院需新增一定面积的病史库用房。另外，由于医院现正在向三级甲等综合医院的目标努力，相应的消控中心、监控系统等水平需要提高。

③ 是集约用地，提高土地利用率的需要

根据《申请报告》，本项目调整前总建筑面积为4885平方米，其中地上建筑面积为1708平方米，地下建筑面积为3177平方米。本次项目规模调整后总建筑面积为10438.44平方米，其中地上建筑面积为7095平方米，地下建筑面积为3343.44平方米。可见，本次项目调整后，主要增加了地上部分建筑规模，增加建筑面积约5387平方米。

调整前，项目所在地块的容积率约0.61；调整后，项目所在地块的容积率约2.54。因此，本次项目规模调整后，大大提高了项目所在地块的容积率，体现了集约用地，提高土地利用率的原则。

综上所述，评估认为本项目的建设是必要的。

上述报告不仅从宏观和微观两方面分析了项目建设的必要性，更重要的是它能以很多量化的数据为支撑，更加具有说服性，也符合评估报告"定性分析和定量分析相结合，并以定量分析为主"的工作原则。

2）建设内容、规模的合理性评估

这也是项目建议书评估、可行性研究报告评估、申请报告评估均需要重点评估的方面。

评估单位需根据国家有关法律、法规、相关政策文件、行业技术规程、规范，结合项目具体情况、现场踏勘结果、评估专家意见等，对拟建项目是否能够解决项目兴建前遇到的问题和解决程度；项目建设目标、功能和内容是否紧密结合了当地发展规划及实际需要；项目建设规模和标准是否合理并符合相关行业规范；项目建设是否符合相关主管部门意见等方面进行分析评价，评估其建设内容、规模的合理性，并提出评估及调整意见。

【案例1】《某中心医院加层扩建门急诊楼工程可行性研究报告评估报告》，其中，对此项目的建设内容和规模的合理性分析如下：

门急诊扩建内容及规模合理性评估

根据《可研报告》，本项目门急诊楼改扩建后各楼层功能及建筑面积情况如表 2-48 所示，本项目建成前后功能建筑面积调整情况如表 2-49 所示。

项目建成后各楼层功能及建筑面积一览表　　　　　　　　表 2-48

楼层	功能	建筑面积(m²)	备注
地下一层	地下停车库等	3956	保留
1 层	门诊大厅、急诊用房等	3906	保留及局部扩建
2 层	大内科诊区、急诊观察区等	3770	保留及局部扩建
3 层	手术室、超声刀、化疗室、候诊室、脑电图、肺功能室、治疗室、医生办公室及休息室等	3887	保留及局部扩建
4 层	部分科室门诊诊疗用房及医生办公室、休息室等	3887	保留及局部扩建
5 层	部分科室门诊诊疗用房及医生办公室、休息室等	3887	扩建
楼层	功能	建筑面积(m²)	备注
6 层	部分科室门诊诊疗用房及医生办公室、休息室等	3887	扩建
屋顶层	设备用房	175	扩建
合计		27355	

项目建设前后各功能用房占医用房总建筑面积的比例　　　　　　　　表 2-49

部门	原有面积（m²）	原占比	本项目新增面积(m²)	项目建设后功能用房总面积(m²)	本项目建设后占比（%）	综合医院建设标准规定（%）
急诊部	3500	5.2	0	3500	4.6%	3
门诊部	11474	17.0	8370	19844	26.1%	15
住院部	26653	39.5	0	26653	35.0%	39
医技科室	14402	21.3	0	14402	18.9%	27
保障系统	5758	8.5	175	5933	7.8%	8
行政管理	3020	4.5	0	3020	4%	4
院内生活	2750	4.1	0	2750	3.6%	4
医用总建筑面积	67557		8545	76102		

由表 2-49 可见，本项目建成后，某中心医院医疗用房的各类功能用房占医用房总建筑面积的比例与《综合医院建设标准》（2008）相比，住院部、医技科室、保障系统、行政管理及院内生活等功能用房的建筑规模基本符合《综合医院建设标准》（2008）的建设标准，急诊部的建筑规模稍高。而根据《综合医院建设标准》（2008），各类用房占总建筑面积的比例可根据地区和医院的实际需要作适当调整。因此，评估认为，项目建成后急诊部的规模也基本合理。

对于门诊部，本项目建成后，其建筑规模与《综合医院建设标准》（2008）相比，建筑规模偏高。考虑到某中心医院对门诊用房的实际需求情况（原设计容量为日门诊 2500～3000 人次，而目前实际日门诊量已达到 6000～7000 人次），现阶段实际门诊量已经是原设计容量的 2 倍多，现有建筑规模已无法满足患者的医疗需要，因此本项目门诊部的建筑规模符合某中心的实际需要，有利于缓解门诊用房紧张的境况，进一步提高患者的医疗条件，有良好的社会效益；另一方面，考虑到某中心医院的整体改造情况，一期新行政综合楼及本项目门急诊扩建后，某中心医院计划最迟2013年12月开工重建医疗综合楼（现后勤综合楼，建筑面积约5760平方米），重建后规模预计约14626平方米（以相关部门最后核定的规模为准），因此，某中心整体改造完毕后，其医用总面积会进一步增大，门诊部功能用房占医用总面积的比例将进一步下降，有利于符合《综合医院建设标准》(2008)的基本要求。

综上所述，评估认为，某中心医院在现有门急诊用房不足的情况下，通过本项目的建设，有针对性地增加相应功能用房的规模，满足了医院实际需要，因此，评估原则同意《可研报告》提出的本项目门急诊扩建的内容及规模，即：在现状门急诊楼楼上进行加层扩建，扩建建筑面积为8545平方米。同时，评估建议在某中心医院后期的建设中，注意平衡全院各医疗用房的功能面积和规模，以使得某中心医院整体改造完毕后，各医疗用房的规模更加符合《综合医院建设标准》(2008)的基本要求。

在上述案例中，评估单位参照所属行业建设标准，对与标准数据相差不大的住院部、医技科室、保障系统、行政管理及院内生活、急诊部等功能用房的建设规模，肯定了其规模的合理性；而对于比标准要求规模偏高的门诊部的建设规模，评估单位并未一味否定，而是在同时考虑了其实际门诊量增长情况和将来医院整体扩建改造的情况后，再次预测门诊部将来的建设规模将基本符合标准的要求。因此，在判断项目建设规模合理性的时候，相关行业建设标准要求、项目实际需求以及项目所在地块的整体规划与近期规划都要同时考虑，才能更加合理地判断项目的建设规模。

3）建设方案的合理性评估

一般在项目可行性研究报告、申请报告的评估工作中需重点分析建设方案的合理性和可行性。

评估单位应对项目建设方案是否进行了多方案比选，是否切合项目的具体情况，是否满足使用功能要求，是否适应选定的场址，是否符合工程标准规范、技术先进、节能环保、经济合理等方面进行系统的审查、核实，并提出评估意见。

【案例2】《中环线某段（A路隧道至B路）新建工程可行性研究评估报告》

该项目可研报告在建设方案中提出在中环线地面道路斜穿某楔形绿地，评估小组从交通需求、路网结构、经济性等方面对该工程进行了深入分析，认为此建设方案不妥，具体分析如下：

（1）交通需求分析

该楔形绿地沿线开发较少，该段道路交通需求相对也比较小，即使是绿地沿线规划居住区也是主要通过内容道路与C路、D路、E路等道路进行沟通联系，对斜穿楔形绿地的中环地面道路沟通需求较少。

（2）瓶颈节点分析

斜穿楔形绿地的中环地面道路与E路斜交并入E路，通行能力严重不匹配且距离F

大道交叉口距离较近（约400米），极易造成该节点的交通拥堵和事故。

（3）路网结构分析

斜穿楔形绿地的中环线地面道路需要通过C路转换才能接入D路中环地面道路，道路走向形成"Z"字形线路，形成错位交叉口，而且两个地面交叉口间距很小（约215米），排队和交织的空间补足，可能导致该节点严重拥堵且存在一定安全隐患，从而对地面路网产生不利影响。

综上所述，评估认为，在需求不大且容易造成地区路网结构失调的情况下宜暂缓实施，同时建议尽快辟通C路等相关配套路网工程，使D路中环地面道路与E路中环路地面道路通过C路等地区路网进行沟通联系。

（4）经济性分析

若根据评估意见，扣除某楔形绿地段地面道路相关道路、桥梁及附属等工程量和投资，可为国家节约大量财力。

最终，委托方改委赞同了评估单位对此方案的意见，并最终在可研批复中明确"有关某楔形绿地段地面道路的设置在下阶段工作中进一步研究论证"，并核减了该段工程的投资。

可见，评估单位在此项目的方案评估中很好地起到了参谋部和智囊团的作用，不仅大胆调整了建设方案，减少了大量工程量，更为国家节约了大量资金。

4）建设条件的具备程度评估

项目建设条件一般包括水文、地质、气象、交通条件、建设材料供应、树木伐移及征地拆迁、市政配套等条件，项目建议书评估阶段，可初步分析项目建设条件是否满足或制约项目的建设。可行性研究报告评估、项目申请报告评估、资金申请报告评估阶段，可根据现场踏勘和调查情况，进一步深入评估项目是否具备上述基本的建设条件，同时应明确工程红线内外市政配套条件及接口方案能够落实且可以确保配套市政工程与主体工程同步实施完成。还需评估相关部门各项手续办理情况及项目进展情况，包括土地部门的土地预审意见；规划部门意见；节能专篇批复意见（或节能登记表）等。

5）项目投资测算的合理性评估

项目建议书评估、可行性研究报告评估、申请报告评估和资金申请报告评估均需要对项目建设投资的合理性进行重点评估。

评估单位需根据相关政府投资评估相关文件，结合具体项目特点，对项目投资测算编制依据的有效性、内容构成的完整性（包括是否虚报或漏项）、测算指标的合理性、计算的正确性等提出评估和调整意见，并按《建设项目经济评价方法与参数（第三版）》及发改委要求等列示项目建设投资测算的评估对比表。在评估对比表中需要将评估前与评估后的投资数据逐项比较，并重点分析产生差异的原因。

【案例3】《医院新建业务综合楼工程可行性研究评估报告》

可研报告提出，本项目工程建设总投资为17766万元，其中工程费用为14768万元，工程建设其他费用为1700万元，预备费为823万元以及建筑拆除费等其他费用475万元。

经评估核算调整，本项目建设总投资 17752 万元，其中工程费用 14771 万元，工程建设其他费用 1683 万元，预备费 823 万元，原有建构筑物拆除、迁移费用 475 万元。与可研报告中建设总投资 17766 万元比较，核减约 14 万元。

其中，工程费用审核情况如下：

主要核减情况：

（1）土建工程中的"基坑围护工程"，《可研报告》（修正稿）估算指标 100000 元/m，评估认为偏高，下调为 90000 元/m，故此项工程核减约 210 万元。

（2）设备及安装工程中的"弱电工程（含综合布线）"，《可研报告》（修正稿）估算指标 680 元/m²，评估认为偏高，下调为 650 元/m²，故此项工程核减约 56 万元。

（3）设备及安装工程中的"医梯"，《可研报告》（修正稿）估算指标 50 万元/部，评估认为偏高，下调为 40 万元/部，故此项工程核减约 60 万元。

（4）医疗专项工程中的"医用气体（含呼叫系统）"，《可研报告》（修正稿）估算数量为 328 个床位，评估根据最新调整的核定床位数 270 张（调整前核定床位数 278 张），将数量下调为 320 个床位，故此项工程核减约 4 万元。

主要核增情况：

（1）根据区绿化市容局要求，本项目需建设屋顶绿化约 470 平方米，涉及桩截面不变长度增加 1.5 米，屋顶板梁荷载增加，需加宽屋顶板梁截面积，由此，评估在"桩基工程"和"地上结构工程"核增投资合计约 50 万元。

（2）根据民防部门征询意见及民防设计院提供的图纸，经评估，本项目仅民防部分的费用约 370 万元，包括土建（外墙、内墙、顶板、顶板梁）、给水排水（战时给水排水系统、消防给水系统及灭火器系统）、电气（战时电力照明系统）、通风（战时通风部分），与《可研报告》（修正稿）估算相比，核增 282 万元。

具体审核数据详见下表 2-50 所示。

在上述案例中，评估单位在评估后的投资对比表中详细列示了评估前后投资数据发生差异的主要原因，并列示了评估所依据的文件、资料、信息等，使得评估审核的理由更加充分和合理。

（2）社会稳定风险评价重难点

社会稳定风险评价是对项目的社会稳定风险评估报告内容按照相关规定进一步全面论证、审核和评价，以揭示其不足，提出优化完善风险防范及化解措施的建议，为政府投资项目管理部门以及项目决策单位提供决策参考建议。

社会稳定风险评价工作中一般有以下几个重难点：

1）对风险因素识别的全面性及风险程度判断的评价

社会稳定风险与人们的预期相关，风险来源于人们对未来的"预期变数"。重大事项引发的社会稳定风险，来自于利益相关群体对该事项在利益性、安全性和合法性上的社会预期，这种社会预期直接引发了与社会稳定相关的行为或行为取向。当前，我国正处于经济与社会转型时期，利益诉求日趋多元化，社会稳定风险的来源是多方面的：历史的因素

表 2-50

本项目投资估算对比表

序号	项目	可研报告估算指标（I）					评估报告估算指标（II）					差值（II-I）（万元）	备注	金额
		金额（万元）	工程量 数量	单位	指标 单价	单位	工程量 数量	单位	指标 单价	单位	万元			
一	工程费用	14768	18392	平方米	8030	元/平方米	18606	平方米	7939	元/平方米	14771	+3		
（一）	新建业务综合楼	14276	18392	平方米	7762	元/平方米	18392	平方米	7763	元/平方米	14277	+1		
1	土建工程	7905	18392	平方米		元/平方米		平方米		元/平方米				
1.1	桩基工程	460	18392	平方米		元/平方米								
1.2	基坑围护	2100	210	米		元/米								
1.3	地上建筑及结构工程	2624	13118	平方米		元/平方米								
1.4	地下建筑及结构工程	1846	5274	平方米		元/平方米								
1.5	民防增加费	88	1470	平方米		元/平方米								
1.6	外立面	787	13118	平方米		元/平方米								
2	室内装饰工程	1441	18392	平方米	783	元/平方米	18392	平方米	784	元/平方米	1441	0		
2.1	地下医疗用房	1169	11688	平方米		元/平方米								
2.2	地上其他用房	114	1430	平方米		元/平方米								
2.3	地下停车库及设备用房等	158	5274	平方米		元/平方米								
3	设备及安装工程	3770	18392	平方米	2050	元/平方米	18392	平方米	1987	元/平方米	3654	−116		
3.1	给排水	294	18392	平方米		元/平方米								
3.2	电气工程	644	18392	平方米		元/平方米								
3.3	消防工程	368	18392	平方米		元/平方米								
3.4	弱电工程（含综合布线）	1251	18392	平方米		元/平方米								
3.5	暖通工程	700	11663	平方米		元/平方米								
3.6	通风工程	73	5274	平方米		元/平方米								

序号	项目	可研报告估算指标（Ⅰ）					评估报告估算指标（Ⅱ）					差值（Ⅱ-Ⅰ）（万元）	备注
		金额（万元）	工程量 单位	数量	指标 单位	单价	工程量 单位	数量	指标 单位	单价	金额（万元）		
3.7	医梯	300	部	6	元/部								
3.8	停车位	140	辆	50	元/辆								
4	医疗专项	1160					平方米	18392	元/平方米	631	1156	-4	
4.1	净化手术室	660	间	8	元/间								
4.1.1	Ⅰ级	240	间	2	元/间								
4.1.2	Ⅲ级	420	间	6	元/间								
4.2	医用气体（含呼叫系统）	180	床	328	元/床								
4.3	净化工程	320	平方米	800	元/平方米								
（二）	连廊	171	平方米	214	元/平方米	8000	平方米	214	元/平方米	8000	171	0	
（三）	室外总体工程	321											
1	道路恢复	48	平方米	1200	元/平方米								
2	室外绿化及景观恢复	48	平方米	800	元/平方米								
3	室外生活给水管	5	米	60	元/米								
4	室外电缆	128	米	640	元/米								
5	消防供水专用管线	36	米	360	元/米								
6	其他室外管线恢复工程	30											
7	屋顶绿化	26	平方米	439	元/平方米								
二	工程建设其他费用	1700									1683	-17	
1	三通一平费	74											
2	前期工作咨询费	108										-16	
2.1	编制项目建议书	18										-8	
2.2	编制可研	37										-15	

序号	项目	金额(万元)	可研报告估算指标(I) 工程量 单位	数量	指标 单位	单价	评估报告估算指标(II) 工程量 单位	数量	指标 单位	单价	万元	差值(II-I)(万元)	备注	金额
2.3	环评	9										+0.62		
2.4	节能评估报告表	5										-1.40		
2.5	交通影响评价	11										+7.82		
2.6	卫生学预评价	28										0		
3	勘察费	148										-117.66		
4	设计费	365										+81.04		
4.1	设计费	290										+156.04		
4.2	基坑设计费	75										-75.00		
5	审图费	30										+4.00		
6	施工监理费	362										0.00		
7	财务监理费	96										0.00		
8	工程检测费	177										+0.26		
9	招标代理服务费	61										+20.87		
10	代建管理费	261										-1.00		
11	高架监护费	10										0.00		
12	规划全过程服务费	8										0.00		
13	下水道服务费	0										+1.38		
14	基坑监测费	0										+10.00		
三	预备费	823									823	0		
1	基本预备费	823										0		
四	拆除迁移费用	475									475	0		
1	原行政综合楼房屋、基础及油罐、场地清理等拆除工程	350										0		
2	冷却塔搬迁	100										0		
3	燃气管拆除	10										0		
4	绿化迁移	15										0		
五	合计	17766	平方米	18392	元/平方米	9660	平方米	18606	元/平方米	9541	17752	-14		

和现实的因素，人为的因素和政策法律因素往往相互交织在一起。风险因素既有群众的利益诉求过高所引发的，也有现有的政策、规章和法律滞后于现实发展的原因，还有的是历史遗留问题所导致的。

社会稳定风险评估报告对项目风险因素识别的全面性和风险程度判断的准确性与项目社会稳定风险级别密切相关，关乎项目的成败，因此这是社会稳定风险评价报告分析与审核的一个重难点。

【案例4】《某医院改扩建工程社会稳定风险评估报告评价报告》

评价单位通过对建设项目有关社会稳定的风险因素的调查分析及对风险评估报告总识别的风险因素进行审查，认为评估报告中风险因素，尤其是主要及重要风险因素识别是比较全面的，判断基本准确。评价认为，本项目前期拆迁已完成，该风险应该删除；并应增加过度安置引发的风险，增加在建设施工期文明施工、组织管理风险因素内。

在此分析的基础上，评价单位汇总了项目主要社会稳定风险因素，形成了完整的风险因素识别调整表如表2-51所示。

风险因素复核调整表 表2-51

序号	风险因素	评估报告评估的风险程度	评价调整后的风险程度
1	规划选址(医院位于闹市区)	一般风险	一般风险
2	产业政策、发展规划(所在地区医院缺乏)	一般风险	一般风险
3	拆迁过程(拆迁缓慢,至今未完成)	较大风险	无
4	工程方案(医院规模达不到民众要求、燃气锅炉、空调的使用)	重大风险	重大风险
5	噪声和振动影响(施工期、运营期的噪声振动)	一般风险	一般风险
6	环境风险	较小风险	较小风险
7	基坑开挖(地勘未进行)	一般风险	一般风险
8	施工对周边人群生活的影响(施工停水、停电安排和突发情况)	较小风险	较小风险
9	施工对周边人群出行交通的影响	较小风险	较小风险
10	安全、卫生和职业健康(车辆的管理、施工和运营存在的危险、天然气易爆的隐患、卫生和职业健康管理、应急处置机制)	较大风险	较大风险
11	火灾、洪涝灾害	一般风险	一般风险
12	社会治安和公共安全	较小风险	较小风险
13	文明施工、组织管理(过度安置引发的风险)	无	较大风险

2）要重视社会心理、文化的调查

前面已提到社会稳定风险评价对项目风险因素识别的审核和进一步论证很重要。而在调查、论证、审核项目风险因素识别的过程中，一个很重要也很容易被忽略的原则就是对社会心理、文化的调查。这是因为一项风险只有与人的主观感受相结合才能被具体化，若风险调查只停留在技术层面，不与相关者的主观感受相结合，则风险只是客观风险，可能与公众的主观风险存在很大差异，其参考价值也会因此而减弱。在重大工程项目稳评过程中，特别是在合法性审查过程中，许多技术指标（如采光、距离等）符合法律法规的要求，但因缺少人文关怀方面的考虑，即使规划和方案等是合法的，也有可能引发群体性事件或社会恶性事件。出现这一问题的原因是重大工程技术上的达标不等同于其产生的社会影响处于公众可接受的水平，对公众的容忍程度应从社会心理和文化背景等多方面进行考察，单一的技术调查只有客观的数据，忽视受影响的人的主观感受。因此，社会稳定风险评价时对风险因素的识别应"以人为中心开展"。

关于这方面的问题，最典型的是邻避设施建设项目的社会稳定风险评价。

邻避设施，通常是指一些有污染威胁的公共设施。邻避设施包括的种类很多，诸如发电厂、发射塔、变电站、垃圾掩埋场、医院、核辐射项目、高速公路、地铁、磁悬浮、高压线、火葬焚烧场、停车场、光线遮挡物等，涉及空气、水、土壤、噪声、视觉风景等方面的公共设施，甚至包括建监狱、戒毒所、高尔夫球场、青年旅社等。居民承认这些设施是社会所必需的，但不能建在自己家园的前后院。

近几年，我国因邻避效应而引发的流产项目和群体性事件的几个典型案例有：

2007年闵行高压线事件：春申塘北岸小区居民反对对电力公司在现状220kV北侧绿化带内新建一条2220kV高压走廊，要求高压线入地以减少污染，双方的矛盾逐步升级，直至最后发生较大的群众性事件。

2008年上海磁悬浮事件：上海市民以"散步"形式集聚于人民广场、南京路等地，表达对新建磁悬浮电磁污染的担忧。

2013年7月4日，某集团发布公示就其将在江门鹤山市址山镇兴建的一座核燃料加工厂征求公众意见。消息公布后，引起各界强烈关注，出乎投资方的意料，出现了一边倒的反对意见。事件快速发酵，短短10天之后，鹤山市委市政府决定取消该集团龙湾工业园项目，不予立项。

2014年5月10日，浙江省杭州市余杭区中泰乡及附近地区人员因反对垃圾焚烧项目选址，发生规模性聚集，并封堵02省道和杭徽高速公路，一度造成交通中断，多人受伤。最终，余杭官方表态，在没有履行完法定程序和征得大家理解支持的情况下，垃圾焚烧项目一定不开工。

此外，还有诸多邻避设施流产项目，例如：江苏启东王子造纸项目，福建厦门、大连福佳大化、宁波镇海、云南昆明PX项目等；还有很多邻避设施规划冲突事件，例如：北京六里屯垃圾焚烧发电厂建设（2007年）、广州110KV骏景变电站建设（2008年）、杭州钱江新城垃圾中转站建设（2009年）等。

可见，一些公共设施的建设，虽然规划与设计符合要求，也具有满足人们实际需求的服务功能，但因附近居民对此缺乏科学理性的认识和理解，会感到不愉悦舒适，以致令居民排斥或感到嫌恶而不愿与其毗邻，继而会引发一系列不同程度的社会冲突事件。如果在项目前期进行社会稳定风险评价期间能够"以人为中心"开展风险因素调查、论证，重视社会心理、文化，会更好地及时了解社情民意，并通过信息公开透明，对项目建设可能引发的社会稳定风险预测更加准确，可以有效应对"邻避效应"，促进项目更好地开展。

3）风险指标的科学测量难

充分运用问卷调查、民意测验、听证会、专家咨询、访谈等多种形式，对评估事项广泛征求群众意见，并对利益诉求进行合理分类、进行风险定级，这在技术层面能测量出客观风险指标。但是对满意度、信任、社会心态等影响社会稳定风险的主观指标还很难设计出一套有效的、标准化的识别和测量体系，这在一定程度上影响了风险评估可靠性。

建议将来需建立更加科学的社会风险源的分析与识别机制。从公共管理和政策、社会心理学、法学、统计学等多学科综合的视角出发，引入科学的指标体系对风险进行识别和测量，把定性指标与定量指标相结合，综合性指标与技术性指标相结合，正向指标和负向指标有机结合起来，准确、科学地识别社会稳定风险点。以更加准确地评定稳定风险等级、评估风险承受能力、提出风险化解对策，强调法律法规和政策策略相配套，从源头上预防和减少不稳定因素。

（3）节能评审重难点

能源消耗计算及能效水平

不同的能源消耗计算及能效水平分析方法，往往会得出不同的结果，这有可能会导致评估报告得出与事实不相符的结论。因此，评审过程中需着重对评估文件的能源消耗计算及能效水平分析方法的科学性、合理性进行评审。确保评估文件能准确预测项目今后能源消耗情况（如能源消耗种类、数量、单位建筑面积能耗等），为节能审查机关的决策提供科学的依据。

【案例5】

在《某住宅项目》节能评审中，节能评估报告编制单位在估算项目总体能耗和能效水平时，采用的是软件模拟的方式来估算项目用电量。其估算过程如下：

1）根据设计图纸，建立典型建筑分析计算模型3D效果。

2）模拟计算条件，分别对建筑围护结构、设备性能参数、室内使用工况进行计算条件设定。

在完成上述两个步骤后，由软件对模型进行全年逐时能耗模拟，得到工况条件下典型建筑的采暖、制冷、基本照明、电气设备、泵和其他设备（通风、给水、电梯等）用电能耗，作为项目年用电总量（表2-52）。

某住宅项目全年用电量估算表　　　　　　　　表2-52

序号	建筑单体名称	单体建筑年耗电量(kWh)					节能计算面积（m²）	单体数量（栋）	总年耗电量（万kWh）	单位面积耗电量指标（kWh/m²·a）
		采暖	制冷	基本照明	电器设备	水泵及电梯等				
1	1、5、9号	87394	92784	37769	113307	52876.6	8526.82	3	115.24	45.05
2	2、3、7、8号	33242	43344	16908	50724	23671.2	4049.95	4	67.16	41.45
3	4、11、12号	71915	83556	36670	110010	51338	8610.53	3	106.05	41.05
4	6、10号	58552	62420	25234	75702	35327.6	5695.1	2	51.45	45.17

序号	建筑单体名称	单体建筑年耗电量(kWh)					节能计算面积(m²)	单体数量(栋)	总年耗电量(万kWh)	单位面积耗电量指标(kWh/m²·a)
		采暖	制冷	基本照明	电器设备	水泵及电梯等				
5	13号	49694	51774	25166	75498	35232.4	5827.46	1	23.74	40.73
6	配套公建	10500	21000	27400	32400	13300	1490	1	10.46	70.20
7	地下车库			270026	67507	337533	33753.3		67.51	20.00
8	变压器损耗和线路损耗	10895	12421	15371	18380	19225			15.46	
	合计	322192	367299	454544	543528	568503			457.05	
		7.05%	8.04%	9.95%	11.89%	12.44%			100.00%	

经评审，认为节能评估报告用软件模拟法计算项目用电量时存在以下不合理之处：

1）未计算室外总体照明；

2）住宅基本照明用电量估算偏大；空调、电器、电梯水泵等用电比例均与经验数值有一定出入；

3）地下车库水泵及电梯用电量估算偏大，通风设施通电了估算偏小。

因此，评审采用经验参数法对项目用电量重新进行了合算，核算结果如表2-53所示。

某住宅项目全年用电量估算表　　　　　　　　　　表2-53

	用电项目	建筑面积(m²)	功率密度(W/m²)	有功负荷(kW)	需要系数	同时系数	年运行天数	日运行时数	年耗电量(10⁴kWh)
住宅	照明	90526.62	5						39.65
	插座	90526.62	20						79.30
	空调(制冷)	90526.62	30						146.65
	空调(采暖)	90526.62	25						73.33
	电梯	90526.62	3						17.84
	给排水	90526.62	2						11.90
	小计								368.67
配套公建	用电项目	建筑面积(m²)	功率密度(W/m²)	有功负荷(kW)	需要系数	同时系数	年运行天数	日运行时数	年耗电量(10⁴kWh)
	照明	1490	7						2.13
	插座	1490	20						6.09
	空调(制冷)	1490	35						3.50
	空调(供热)	1490	30						1.50
	小计								13.23
地下室	照明	建筑面积(m²)	功率密度(W/m²)	有功负荷(kW)	需要系数	同时系数	年运行天数	日运行时数	年耗电量(10⁴kWh)
	照明	33753.28	2						29.57
	通风	33753.28	7						43.46
	室外	35314.1	1						7.22
	合计								80.25
	未预见用电	包含变压器和线路损耗等，按以上用电的5%估算							23.11
	小计								485.26

采用经验参数法重新核算后，项目各类功能建筑和各项用电量更为清晰直观且符合实统计数据。

建设方案和节能措施评审

节能评审工作的一个重点是对项目的建设方案和节能措施进行评审，评审内容主要围绕以下三个方面：

1) 对项目建设方案进行评审，主要针对项目的工艺方案、总平面布置、用能工艺与设备、辅助和附属生产设施、能源计量等方面进行分析评审，判断其是否全面、专业，是否能满足评审要求和相关规范标准的要求，是否从节能角度进行了分析评价，是否提出了合理的评估意见和建议等，对于不满足的地方，评审要及时提出让评估进行补充。

2) 对项目节能技术措施进行评审，主要是评审其能评阶段是否提出了合理的评估意见和建议等，其意见和建议是否符合实操性原则，节能管理机制是否健全，对于不符合评审要求和相关标准规范要求的地方，应及时提出让能评修改补充。

3) 在对项目建设方案和节能技术措施进行评审的基础上，评审还应提出补充的意见和建议。

2.8.4　小结

前期评估咨询工作是要从委托人的角度出发，对拟建项目进行全面的技术经济、节能降耗、社会稳定风险分析论证和评价，预测项目未来的发展前景，从正反两个方面提出建议，为决策人选择项目和组织实施提供多方面的咨询意见，并力求准确、客观地将项目执行的有关资源、市场、技术、财务、经济和社会等方面的基本数据资料和实际情况，真实、完整地呈现于决策人面前，以便其做出正确、合理的投资决策，同时也为项目的组织实施提供依据。

前期评估咨询工作是投资决策的必备条件，是可行性研究、节能降耗研究、社会稳定风险分析的延续、深化和再研究，通过更为客观地对项目及其实施方案进行评估并出具评估报告，独立地为决策人提供直接的、最终的依据。项目评估工作在项目的整个过程中具有重要的作用，对整个社会经济的发展，整个国家的稳定提供强有力的保证。因此，必须重视项目评估工作，并应熟悉在开展项目评估工作中的思路和要点，促进项目成功实施，从而促进我国经济的发展。

2.9　节 能 评 估

2.9.1　节能评估定义

节能评估是固定资产投资项目节能评估和审查的简称，是指根据节能法规、标准，对各级人民政府发展改革部门管理的在我国境内建设的固定资产投资项目的能源利用是否科学合理进行分析评估，并编制节能评估文件或填写节能登记表。对项目节能评估文件进行审查并形成审查意见，或对节能登记表进行登记备案，并将审查意见或节能登记表作为项目审批、核准或开工建设的前置性条件以及项目设计、施工和竣工验收的重要依据。

2.9.2　建筑类项目节能评估

（1）服务内容和要求

建筑类节能评估的主要内容和要求包括：

1）评估依据，主要是搜集国家、省市和地方的能源和节能相关的法律、政策和规范，以及与建筑相关的行业规范、设备规范等；

2）项目概况，详细深入调查节能评估包括的范围，并对项目概况进行梳理描述，主要包括：项目建筑面积、主要业态和运行时间等信息；

3）能源供应情况评估，主要是评估项目所在地的新水、电力、天然气、空调冷热水以及其他能源的供应情况，评估其是否能为项目提供所需的能源并满足项目的容量需求，若有不能满足需求之处，应及时提出；

4）项目建设方案节能评估，建筑项目的建设方案节能评估，主要包括对项目选址、总平面布置、围护结构、电气方案、给水排水方案、暖通方案以及绿色建筑等方面进行评估，分析上述方案是否符合相关节能政策和规范的要求，若有不符之处，应合理提出并给予恰当的建议；

5）项目能源消耗和能效水平评估，根据项目设计方案，确定项目所需能源种类，估算其年消耗量并折算为标煤与相关政策进行对标，以及评估项目的主要用能设备，主要用能设备的能源利用效率等情况；

6）节能措施评估，描述项目节能技术措施和节能管理措施，评估这些措施的合理性；

7）存在问题及建议等，对项目能源使用、设备方案设计上存在的问题，提出并给予适当的建议。

（2）评估重难点分析

建筑类项目节能评估工作的重难点主要有以下几个方面：

1）项目建设方案评估

对项目建设方案进行评估是节能评估工作的重点。对于建筑类项目，建设方案节能评估主要是对项目选址、总平面布置、围护结构、电气方案、给水排水方案、暖通方案以及绿色建筑等方面进行分析，评估其是否符合相关节能标准和规范的要求。

① 项目选址和总平面布置评估

对项目所在地理位置和总平面布置进行分析，评估其地址、能源站的设置是否有利于项目节能。

② 建筑方案评估

项目建筑方案的节能评估主要是针对其体形系数、窗墙比、墙体和窗户材料等进行评估，判断其围护结构用材是否符合现行的节能规范的要求。如《某办公项目节能评估报告》中，评估人员将设计方案中的围护结构材料与现行标准对比后发现，存在部分保温材料选取不合理，窗户传热系数达不到要求的情况，对此，评估报告中均指出并给出了修改建议。除此之外，还要对项目进行权衡计算，判断其是否符合现行节能规范的要求，若不符合，则要求建设单位进行调整。

③ 电气方案评估

电气方案的节能评估主要是分析项目变配电站设置是否合理、配电容量是否能满足需求、变压器、灯具选用是否符合现行节能要求、室内照明亮度是否符合标准要求。如《某办公项目节能评估报告》中，虽然项目变配电站、配电容量均设置合理，但是变压器选用已过时，不符合现行节能标准的要求，室内照明亮度也存在部分房间达不到标准的要求，故此节能报告中对这些问题都指出了并提出了修改意见。

④ 暖通方案评估

空调通风作为建筑中能耗占比极大的一个部分，在节能评估中是需要被高度关注的一个方面。在对暖通方案进行评估时，首先要分析其冷热源方案是否合理，如，在《某学校新建项目》中，暖通方案提出采用地源热泵系统作为空调冷热源，但是评估认为，学校的艺术楼、体育馆、食堂、综合楼的空调使用频率很不稳定，空调系统的冷热负荷也不稳定。而地源热泵原理是将夏季的热量储存到地源，到冬季再利用地源储热作为热源供暖。地源热泵的设计、运营、管理，涉及冷热负荷的平衡等诸多问题，应用在冷热负荷极不稳定的建筑是否适合采用地源热泵方案，希望设计慎重考虑。且地源热泵的一次投资较大，运行费用不低，应用在体育馆、艺术楼、食堂、综合楼等使用频次不高的地方是否经济合理，也是必须要慎重考虑的问题。此外地源热泵的运行管理还涉及冷热平衡问题，运行管理的专业性很强，如运行管理水平跟不上，地源温度持续升高或降低会极大影响地源热泵的供冷供热能力，而学校是否具备相应的设备管理和运维能力，是设计拟定空调冷热源方案时应该考虑的问题。其次是分析空调机组、水泵和末端设备是否符合现行节能标准的要求，若有不符合之处，应明确指出并让建设单位在实际选型采购时进行修正。

⑤ 给水排水方案评估

给水排水方案评估主要针对其给水排水方式、给水排水设备的选择进行评估，主要判断及给水排水方式是否合理并且节能，设备选择上应尽量采用节能设备并且符合现行标准的要求。

⑥ 绿色建筑方案评估

在绿色建筑方案评估时，首先，评估人员要判断项目是否需要做绿色建筑，需要做到几星级，在实际的评估工作中，有许多项目存在绿色建筑方案缺失或者星级达不到要求的情况，对此，评估人员应及时与建筑单位沟通，并要求其进行补充或修改；其次，在项目绿色建筑方案完善、星级标准合理的情况下，根据各地绿色建筑政策和要求对其方案进行评估，分析其是否符合要求、是否存在与标准有出入之处，对于不符合之处，应及时提出修改意见。

2）面积大、业态多的项目能耗估算

在建筑类项目节能评估工作中，主要为住宅、商业、办公等业态，有单独一种业态，也有多种业态组合，由于每种业态的用能种类、时间和特点均不一样，因此建筑类项目的难点通常为多种业态组合的大型项目总体能耗的估算。

如，《某酒店式公寓、酒店及公建工程》，项目中包含公寓、配套公建、配套商业、幼儿园、地下室五种功能用房，每种用房工作时间、用能种类都不尽相同，因此在估算时，需对其进行分开计算。

首先，确定每种功能建筑的面积和耗能种类，进而确定其工作时间和主要用能项目。在本项目中，公寓的用能特性与住宅相同，主要消耗的能源有电力、新水和天然气；配套公建的用能时间早八点到晚六点，主要消耗的能源有电力和新水；配套商业的用能时间为上午十点到晚上十点，主要消耗的能源有电力、新水和天然气；幼儿园的工作时间为每天八小时，主要消耗的能源有电力、新水和天然气；地下室的用能时间为 24 小时，主要消耗的能源有电力和新水。其估算过程如表 2-54、表 2-55、表 2-56 所示。

项目用电量复核计算表 表 2-54

	用电项目	建筑面积（m²）	功率密度（W/m²）	有功负荷（kW）	需要系数	同时系数	年运行天数	日运行时数	年耗电量（10⁴kWh）
公寓	照明	116252							50.92
	插座	116252							127.30
	空调（制冷）	116252							188.33
	空调（采暖）	116252							94.16
	电梯	116252							22.91
	给排水	116252							15.28
	小计								498.90
配套公建	用电项目	建筑面积（m²）	功率密度（W/m²）	有功负荷（kW）	需要系数	同时系数	年运行天数	日运行时数	年耗电量（10⁴kWh）
	照明	1659							2.71
	插座	1659							5.09
	空调（制冷）	1659							3.90
	空调（供热）	1659							1.67
	小计								13.37
配套商业	用电项目	建筑面积（m²）	功率密度（W/m²）	有功负荷（kW）	需要系数	同时系数	年运行天数	日运行时数	年耗电量（10⁴kWh）
	照明	2334							7.36
	插座	2334							16.36
	空调（制冷）	2334							13.44
	空调（供热）	2334							5.04
	小计								42.20

	用电项目	建筑面积 (m²)	功率密度 (W/m²)	有功负 荷(kW)	需要系数	同时系数	年运行 天数	日运行时 数	年耗电量 (10⁴kWh)
幼儿园	照明	2730							2.04
	插座	2730							3.96
	空调(制冷)	2730							2.57
	空调(供热)	2730							1.47
	给排水	2730							0.28
	小计								10.31
酒店	用电项目	建筑面积 (m²)	功率密度 (W/m²)	有功负 荷(kW)	需要系数	同时系数	年运行 天数	日运行时 数	年耗电量 (10⁴kWh)
	照明	49420							51.95
	插座	49420							176.78
	空调(制冷)	49420							166.05
	电梯	49420							18.94
	给排水	49420							12.63
	小计								426.34
地下室	用电项目	建筑面积 (m²)	功率密度 (W/m²)	有功负 荷(kW)	需要系数	同时系数	年运行 天数	日运行时 数	年耗电量 (10⁴kWh)
	照明	75572							66.20
	通风	75572							97.32
	室外	19768							5.05
	小计								168.57
	未预见用电		包含变压器、线路损耗,按以上用电的5%估算						57.98
	总计								1217.68

项目用水量复核计算表　　　　　　　　　表 2-55

项目	节水用 水定额	单位	使用人数	日节水 用水量	年日数	年节水用水量(m³)
公寓	210	L/人*d				110759
酒店旅客	320	L/床位*d				82227
酒店员工	80	L/人*d				19272
幼儿园幼儿	32.5	L/人*d				1203
幼儿园教师	37.5	L/人×d				194
配套商业	5	L/m²*d				4260
非经营性公建	4	L/m²*d				1308
餐饮商业—快餐	17.5	L/人*d				4599
餐饮商业—中餐	42.5	L/人*d				13899
酒店餐饮	50	L/人*d				31043
酒店酒吧和茶座	7.5	L/人*d				482
酒店游泳池补水	10%	L/m³*d				15

项目	节水用水定额	单位	使用人数	日节水用水量	年日数	年节水用水量(m³)
酒店健身中心	40	L/人*d				2570
绿化浇灌	0.28	m³/m²·年				14913
道路浇灌	0.50	L/m²*次				1251
地下车库冲洗	2.50	L/m²*次				6350
冷却塔补水	26.00	m³/h				39000
未预见用水	10%					33335
合计						366680

项目天然气用量复核计算表　　　　　　　　　　　表 2-56

公寓厨房洗浴	本项目公寓居住人数为 1806 人。根据《全国民用建筑工程设计技术措施:暖通空调动力(2009 年版)》附录 D 居民生活用气量指标,华东地区每人每年的用气量为 2093-2303MJ/人年,本次评估取 2198MJ/座年,全年预计用气量为 3969588MJ,上海市天然气折标系数的统计口径为 1.3kgce/m³,对应天然气热值为 38931kJ/m³,预计全年用气量为 10.20 万 Nm³
幼儿园食堂	本项目幼儿园食堂的就餐人数为 208 人(含幼儿和员工)。根据《全国民用建筑工程设计技术措施:暖通空调动力(2009 年版)》附录 D 典型商户用气量指标,幼儿园日托每人每年的用气量为 1256~1675MJ/座年,本次评估取 1500MJ/座年,全年预计用气量为 31200MJ,上海市天然气折标系数的统计口径为 1.3kgce/m³,对应天然气热值为 38931kJ/m³,预计全年用气量为 0.8 万 Nm³
商业餐饮	本项目商业餐饮面积为 2334 平方米,用餐座位数约 763 座。根据《全国民用建筑设计技术措施:暖通空调动力(2009 年版)》附录 D 典型商户用气量指标,饮食业每座每年的用气量为 7953~9211MJ/座年,本次评估取 8000MJ/座年,全年预计用气量为 6104000MJ,上海市天然气折标系数的统计口径为 1.3kgce/m³,对应天然气热值为 38931kJ/m³,预计全年用气量为 15.68 万 Nm³
酒店餐饮	本项目酒店客房为 440 间,床位数为 880。根据《全国民用建筑工程设计技术措施:暖通空调动力(2009 年版)》附录 D 典型商户用气量指标,高级宾馆用气量指标为 8374-10467MJ/床位年,本次评估取 9420MJ/座年,全年预计用气量为 8289600MJ,上海市天然气折标系数的统计口径为 1.3kgce/m³,对应天然气热值为 38931kJ/m³,预计全年用气量为 21.29 万 Nm³
酒店洗浴热水	本项目酒店客房为 440 间,床位为 880 床位,热水定额取 110L/床位天,员工人数为 660 人,热水定额取 35L/人天,水的比热容为 4.2*103KJ/(m³*K),温差按 45 度计算,酒店年用热水量需要的热量为 8271301.5MJ,考虑锅炉效率和管道损失,锅炉热量使用率按 90% 计算,所需燃气量 = 8271301.5 * 1000/38931/10000/0.9 = 23.61 万 Nm³
酒店采暖	酒店建筑热负荷指标为 60W/m²,总热负荷为 868.53kW,预计供暖期从十二月中旬到三月中旬,年均供暖天数为 90 天,日均供暖时间为 10 小时,供暖平均负载率 90% 计算,锅炉平均热效率为 92%,天然气热值为 38931kJ/m³,则住宅年采暖天然气用量预计为 24.14 万 Nm³
合计	以上天然气用量合计 95.72 万 Nm³

从以上三个估算表可以看出,通过对每个业态建筑进行耗能单项计算,项目总体能耗清晰明确。

3）搬迁项目能源消耗增量的评估

对于搬迁项目的节能评估，因为涉及项目原有的能源消耗情况，对项目的节能评估造成一定的难度。

比如，《某中学迁建项目节能评估报告》中，该中学现校舍由于建设年代比较久远，没有给学校教育的发展留有预量，造成了目前学校的实际需求得不到满足的困难和矛盾，其校址已成为制约某中学发展的瓶颈。在某区委区政府优先发展教育的科学决策下，将迁建后的某中学选址于某区某镇。

基于此背景，我公司受某区教育局的委托，对《某中学迁建项目》进行节能评估。接到委托任务后，我公司即与某中学的项目联系人取得了联系，向其问询项目基本情况以及提出节能评估需要的基本资料。

接到业主提供的资料后，我公司即开始了节能评估工作，在合同约定的时间内完成了节能评估报告，报告评估结论如表2-57所示。

中学迁建后综合能耗汇总表　　　　　　　　　表2-57

序号	用能项目	单位	年消耗量	折标煤系数	折标煤（tce）
1	电	10^4kWh	423.51	0.1229kgce/kWh	520.49
				0.3kgce/kWh	1270.53
2	新水	10^4m³	15.21	0.0857kgce/m³	13.03
3	天然气	10^4m	19.21	1.30kgce/m	249.73
综合能耗				电力按当量值折算	783.25
				电力按等价值折算	1533.29

本项目属于教育行业，根据《某市"十二五"能源消费总量控制及提高能效等节能降耗目标分解方案》，某市教育行业2010年能源消费基数为32万吨，2015年目标指标为46万吨，即"十二五"期间能源消费年绝对增量控制目标为14万吨标准煤。

本项目年综合能耗为1533.29吨标煤，约占某教育行业"十二五"期间能源消费量年绝对增量控制目标的1.10%（$m>1$），鉴于本项目投入使用在"十三五"期间，参考"国家节能中心节能评审评价指标（第1号）"相关标准，预计项目建成投产后对某教育行业完成"十三五"教育行业用能净增量控制目标"有一定影响"。

根据《某市"十二五"能源消费总量控制及提高能效等节能降耗目标分解方案》，2010年某能源消费量基数为151万吨标准煤，2015年某区能源消费量控制目标为218万吨标准煤，万元产值能耗下降率目标为16%。"十二五"期间能源消费年绝对增量控制目标为67万吨标准煤。

本项目年综合能耗为1533.29吨标煤，约占某区"十二五"期间能源消费量年绝对增量控制目标的0.23%（$m\leqslant1$），鉴于本项目投入使用在"十三五"期间，参考"国家节能中心节能评审评价指标（第1号）"相关标准，预计项目建成投产后对当地完成"十三五"用能净增量控制目标"影响较小"。

从上文的结论可以看出，因为项目用能量较大，在迁建完成后对某区教育行业能源消费控制增量有"一定影响"。

对此，评估人员向业主单位提出，本项目属于迁建项目，且迁建前后的地址均在某区，故在估算项目建成后的能源消耗增量对当地能源消费控制增量的影响时，应考虑将项目迁建前的能源消耗量减去，项目迁建前后两者的差值才是项目迁建后实际的能耗增量。

业主单位在听取了评估小组的意见后，向评估小组补充提供了该中学现有校区年用能量，如表2-58所示。

某中学现有校区 2014 年能耗使用汇总表　　　　表 2-58

序号	用能项目	单位	年消耗量	折标煤系数	折标煤（tce）
1	电	10^4kWh	51.00	0.1229kgce/kWh	62.68
				0.3kgce/kWh	153.00
2	新水	10^4m^3	2.68	0.0857kgce/m^3	2.30
3	天然气	10^4m	1.59	1.30kgce/m	20.67
综合能耗				电力按当量值折算	85.65
				电力按等价值折算	175.97

评估小组将迁建后的能源消耗量减去项目现有校区的能源消耗量，得出某中学迁建完成后实际的能耗增量如表2-59所示。

某中学迁建后新增综合能耗汇总表　　　　表 2-59

序号	用能项目	单位	年消耗量	折标煤系数	折标煤（tce）
1	电	10^4kWh	372.51	0.1229kgce/kWh	457.81
				0.3kgce/kWh	1117.53
2	新水	10^4m^3	12.53	0.0857kgce/m^3	10.74
3	天然气	10^4m	17.62	1.30kgce/m	229.06
综合能耗				电力按当量值折算	697.61
				电力按等价值折算	1357.33

根据上表的能耗增量与《某市"十二五"能源消费总量控制及提高能效等节能降耗目标分解方案》中的某市教育行业和某区的能耗目标控制值进行对标，结果为"影响较小"。

2.9.3　工业类项目节能评估

（1）服务内容和要求

工业类节能评估的主要内容和要求包括：

1）评估依据，主要是搜集国家、省市和地方的能源和节能相关的法律、政策和规范，以及与被评估企业所在行业的行业规范、设备规范等；

2）项目概况，详细深入调查节能评估包括的范围，并对项目概况进行梳理描述，工业项目概况主要包括：厂房建筑信息、生产线信息、主要设备信息等；

3）能源供应情况评估，主要是评估项目所在地的新水、电力、天然气、空调冷热水以及其他能源的供应情况，评估其是否能为项目提供所需的能源并满足项目的容量需求，若有不能满足需求之处，应及时提出；

4）项目建设方案节能评估，建筑项目的建设方案节能评估，主要包括对项目选址、总平面布置、围护结构、电气方案、给水排水方案、暖通方案、生产线工艺、生产设备用能等方面进行评估，分析上述方案是否符合相关节能政策和规范的要求，若有不符之处，应合理提出并给予恰当的建议；

5）项目能源消耗和能效水平评估，根据项目设计方案，确定项目所需能源种类，估算其年消耗量并折算为标煤与相关政策进行对标，以及评估项目的主要用能设备，主要用能设备的能源利用效率等情况；

6）节能措施评估，描述项目节能技术措施和节能管理措施，评估这些措施的合理性；

7）存在问题及建议等，对项目能源使用、设备方案设计上存在的问题，提出并给予适当的建议。

（2）评估重难点分析

工业类项目节能评估工作的重难点主要在项目生产用能和辅助生产、附属生产用能分析上。

因为工业项目涉及范围广、行业多，每一个项目都有可能是属于不同的行业领域，生产工艺和设备也不同，且多是节能评估工作者没有接触过的行业，因此工业项目节能评估最大的重点和难点，在于如何准确细致的评估项目生产线和生产设备的用能。

比如，《某高强、高模型碳纤维系列产品生产建设项目节能评估报告》中，因碳纤维生产过程中需要用到的车间多、设备多，且还有辅助设备进行氮气和脱盐水的制作，存在能源的二次转换，所以对项目用能的整体分析和估算难度较大。

为了完整准确的分析和估算项目用能情况，项目评估人员与业主方生产负责人进行了详尽的沟通，主要流程如下：

（1）项目工艺流程分析

项目生产的产品最终为碳纤维，其生产工艺可以分为原丝生产工艺和碳纤维的生产工艺。而原丝生产工艺又分为三个流程，即聚合单元→纺丝单元→溶液回收单元。碳纤维的生产工艺只有一个流程——碳化单元，即用上一阶段生产出来的原丝碳化成高强度碳纤维的过程。

在上述四个生产单元中，还有更为细化的生产流程，在此不列出。

（2）项目工艺用能估算

在明确了项目的生产工艺流程后，评估人员在业主方生产负责人的帮助下，对生产设备根据其用于的每个工艺流程进行分类，并且询问了各个设备的工作时间和使用系数，在搜集完这些基础数据后，评估人员开始对项目的用能种类和数量进行估算得出，制备碳纤维的每个生产单元耗能量如表2-60所示。

生产工序耗能汇总　　　　　　　　　　　　　　表 2-60

生产线	生产工序	年用电量（万千瓦时）	年用蒸汽（吨）	液化石油气(吨)	折合标煤(吨)	综合能耗占比	综合能耗占比
原丝生产	聚合单元	59.12	1500	—	373.86	8.57%	66.76%
	纺丝单元	104.24	7500	—	1295.22	29.68%	
	溶液回收单元	21.64	9000	—	1243.92	28.51%	
碳纤维	碳化单元	454.96	—	50	1450.6	33.24%	33.24%
合计		639.96	18000	50	4363.6	100%	100%

从上表中可以清晰地看出，原丝生产工艺是项目主要耗能工序，但碳化单元是项目主要耗电工序。

（3）辅助生产和附属生产用能估算

在主要生产工艺流程和设备以外，项目还有辅助生产和附属生产能耗，主要为空压机、冷冻机、泵、风机、办公照明和空调以及辅助生产用水和员工生活用水等。

对此，评估人员也是与业主方生产负责人进行了详尽的沟通，获得了充分且相对准确的资料后，才开始估算工作，最终得出项目辅助生产和附属生产用能。将这两项用能与上一小节中的生产工艺用能相加，得到项目总能耗。

（4）能源加工、转换、利用情况分析评估

除多数项目使用能源包括电力、新水、蒸汽和液化石油气以外，有些项目在实际生产过程中，还存在能源的加工、转换情况，本项目主要为氮气和脱盐水。因为使用量小，规格参数要求高，因此这两类能源不外购，由企业自行制备。

由于制备氮气和脱盐水的设备已在估算项目总体能耗时考虑进去，但并未单独计算，所以对这一部分能耗，评估人员需单独计算说明，并着重对氮气和脱盐水的制备流程、所用设备、制备量进行分析，单独计算能源加工和转换所消耗的能源。

经过对项目能源系统分析，可充分反映整体能耗情况。对此难点，最主要的还是要与业主生产技术负责人进行详尽的沟通，获得最详细充分的资料，才可以相对准确地估算出项目能耗，并且分析出主要耗能工序和设备，从而提出可行的节能建议。

2.9.4　市政、道路类项目节能评估

（1）服务内容和要求

市政、道路类节能评估的主要内容和要求包括：

1）评估依据，主要是搜集国家、省市和地方的能源和节能相关的法律、政策和规范，以及与市政、道路相关的行业规范、设备规范等。

2）项目概况，详细深入调查节能评估包括的范围，并对项目概况进行梳理描述，主要包括：项目所涵盖的范围，如管线长度和道路长度等，项目的用能设备，如道路浇洒用水、照明用电，市政项目的冲洗用水等。

3）能源供应情况评估，主要是评估项目所在地的新水和电力以及其他能源的供应情

况，评估其是否能为项目提供所需的能源并满足项目的容量需求，若有不能满足需求之处，应及时提出。

4）项目建设方案节能评估，市政、道路项目的建设方案节能评估，主要包括对项目电气方案、给排水方案等方面进行评估，分析上述方案是否符合相关节能政策和规范的要求，若有不符之处，应合理提出并给予恰当的建议。

5）项目能源消耗和能效水平评估，根据项目设计方案，确定项目所需能源种类，估算其年消耗量并折算为标煤与相关政策进行对标，以及评估项目的主要用能设备，主要用能设备的能源利用效率等情况。

6）节能措施评估，描述项目节能技术措施和节能管理措施，评估这些措施的合理性。

7）存在问题及建议等，对项目能源使用、设备方案设计上存在的问题，提出并给予适当的建议。

（2）评估重难点分析

市政、道路类项目节能评估的重点主要是对项目建设方案进行评估，主要分析判断其用能方案和用能设备是否合理且满足相关标准规范的要求，如道路照明是否采用了节能灯具，其管理控制方案是否有利于节能。

第3章 设计阶段咨询服务

3.1 工程设计咨询

工程设计的咨询是指接受建设单位的委托，根据建设工程的目标要求，对项目设计工作进行全过程（前期阶段、设计阶段、施工阶段）的监督及指导，并对各阶段设计成果文件进行复核及审查，纠正偏差和错误，提出优化建议，出具相应的咨询意见或咨询报告。

工程设计咨询的服务项目主要包括：设计任务书编制咨询、建筑专业设计咨询、结构专业设计咨询、机电专业设计咨询、专项设计咨询、设计阶段工程经济咨询。

3.1.1 设计任务书编制咨询

设计任务书是工程项目设计的开始，是确定工程项目和建设方案的基本文件，是设计工作的指令性和纲领性文件，也是建设项目决策和编制设计文件的主要依据。设计任务书应当在完成项目可行性研究之后的设计准备阶段进行编制，要按有关规定执行，其深度满足开展设计的要求。

由于设计任务书的编制需要提前对建设项目具有综合、系统、科学、全面的认识，而从我国建设行业的实际情况来看，许多业主在没有聘请相应的建设咨询顾问的情况下，往往难以提出准确的、完整的设计任务书，不能给予建筑师明确的建筑设计要求，容易导致虽然建筑外观漂亮但不一定实用。

（1）设计任务书的作用

设计任务书的主要作用包括：①明确业主方的功能要求；②明确设计范围；③明确设计深度；④基本技术经济论证。

（2）设计任务书的主要内容

国家计委、国家建委、财政部于1978年发布的《关于基本建设程序的若干规定》中对不同项目的设计任务书涉及内容进行了相关规定。但由于近数十年来我国建设行业的迅速发展，该规定中的内容已难以完全满足新形势的要求，结合目前的行业实际情况，建设工程项目的设计任务书应主要包含以下几方面内容：

1）项目建设概要；

2）规划设计条件与周边基础条件分析；

3）项目功能空间的分析与分配；

4）对各专业工种的设计要求及提交文件要求；

5）对工程经济文件编制的要求。

（3）设计任务书的编制要求

在设计任务书的编制过程中，应遵循任务书的主要模块，结合不同内容的具体要求与特点，针对性采用定位、定性、定量等不同方法进行研究编制。

1）既要重视传统经验借鉴，又要结合项目实际与现代技术方法的进步；

2）既要强调建筑空间组合、比例、尺度等技术理性要素，又要结合建筑与社会、环境、文化等的融合感性因素；

3）不仅要满足设计规范，保证项目设计方案的合理性与科学性，还应重视项目对市场、经济、环境等的综合影响。

【案例分析】 某省大剧院项目设计任务书编制咨询

1）项目概况

项目名称：某省大剧院。

建设单位：省文化厅、省社会公益项目建设管理中心。

建设内容与规模：总建筑面积73000平方米，包括1600座歌剧厅、1200座音乐厅、600座小剧场及地下停车场、人防工程、地面广场等相关配套设施和设备。

投资规模：批复项目估算总投资11亿元。

目标定位："国内一流"水平的文化演出场所。

2）设计任务书编制工作路径

咨询团队根据建设单位对大剧院功能的基本需求和城市规划对本项目的约束条件，分析了用地环境的总体状况，重点研究了国内外歌剧院、音乐厅的经验数据，针对建筑声学、舞台工艺等领域进行了专项咨询研究，结合观演建筑领域设计专家的意见，综合提出本项目方案设计任务书。

3）本项目设计任务书成果摘要

经过咨询研究分析，形成本项目设计任务书成果摘要如表3-1所示。该设计任务书成果亦同时成为本项目招标文件技术部分的核心内容。

某省大剧院项目设计任务书成果摘要　　　　　　　　　　　　　　表3-1

序号	任务书模块	内　容　摘　要
一	项目概况	项目背景;设计周期;建设地点;建设内容及规模;投资估算及资金筹措
二	基础条件	选址范围和面积;气候条件;地貌与工程地质;水资源条件;交通条件;其他
三	规划设计条件	用地性质和面积;规划原则;建设控制;停车率;用地退界;日照要求;市政管线
四	设计理念	建设目标;核心设计理念;设计原则
五	功能空间的分配及要求	1)功能定位:综合性大型甲级剧院 2)运营要求 3)主要功能面积分配:按功能分区分为歌剧厅、音乐厅、小剧场、公共剧务用房、文化配套用房、管理及保障用房、其他用房七类分区,合计建筑面积约73000m²

序号	任务书模块	内 容 摘 要
五	功能空间的分配及要求	4)歌剧厅:建筑面积 16800m²,包含前厅和休息厅、观众厅、舞台、后台演出用房、演出技术用房、道具装卸区等 5)音乐厅:建筑面积 8400m²,包含前厅及休息厅、演奏厅、后台演出用房、演出技术用房、管风琴机房等 6)小剧场:建筑面积 4800m²,包含前厅。休息厅、观众厅、舞台、后台演出用房、演出技术用房、道具装卸区等 7)公共剧务用房:建筑面积 6600m²,包含排练厅、琴房、声部排练室、票务中心、技术用房与库房等 8)文化服务用房:建筑面积 8500m²,用于宣传、展示、销售当地特色文化产品、演出文化衍生品等 9)管理及保障用房:建筑面积 5500m²,包含行政管理用房、行政服务用房、物业管理用房等 10)其他用房:建筑面积 22400m²,含专业设备用房及地下车库
六	建筑设计要求	1)设计依据 2)城市设计要求 3)总体设计要求:建筑类型及等级、总平面布置、交通流线 4)建筑设计要求:边界控制、高度控制、建筑风格、出入口与交通流线组织、无障碍设计、装饰设计、标识设计、安全设计及防火设计、节能环保设计
七	建筑声学设计	1)观众厅形体要求 2)混响时间和背景噪声:背景噪声允许值、室内声学要求 3)建筑隔声 4)噪声与震动控制
八	舞台工艺设计	1)歌剧厅:舞台要求、舞台台口、舞台机械系统、舞台灯光系统、舞台音频系统、舞台视频系统 2)音乐厅:舞台要求、舞台机械、舞台灯光、舞台音响 3)小剧场:舞台要求、舞台机械、舞台灯光、舞台音响、放映系统
九	其他设计要求	1)安全设计:交通流线、消防安全、安检技术、地下室安全 2)消防设计:消防设计等级、总平面消防设计、平面消防设计、消防设备设计 3)绿色建筑设计:设计依据、设计原则、设计要求 4)结构设计:设计标准、设计原则、荷载取值、抗震要求、结构设计要求 5)给排水设计:给水系统、排水系统、热水及饮水供应、消防系统 6)暖通设计:空调系统、冷热源及动力、防排烟系统、室外空气计算参数、室内设计参数 7)强电设计:设计标准、供配电系统、消防及保安系统供电 8)弱电设计:设计标准、智能化子系统设计 9)景观设计 10)室内设计 11)人防设计 12)标识设计 13)环境保护 14)工程经济
十	设计文件内容及深度要求	总则:提交文件的规格数量;设计说明书主要内容;设计图纸主要内容;表现图主要内容;建筑设计模型规格;电子文件;封装要求和提交时间

4）项目点评

由于剧场剧院类项目功能复杂，专业性极强，同时受舞台工艺等特殊要求的限制，设计任务书的编制者除应具有一定的建筑学专业背景外，还应了解观演建筑运行使用的基本要求。对于剧场剧院类项目的设计工作，聘请专业咨询团队共同讨论编制设计任务书，将有助于从专业角度辅助声学设计、舞台工艺等专项设计要求的明确，提高设计任务书的质量和准确性，保障项目外形与内涵兼备，为后续项目设计乃至建设工作的开展奠定良好基础。同时，咨询方的介入将更好联系起建设方和使用方，使建设者在项目谋划建设初期就关注剧场后期的运营问题，从而提出更为精确合理的剧场定位和设施设备配置等要求，共同努力建造"理想的剧场"。

3.1.2　建筑专业设计咨询

建筑专业设计咨询是指在项目的方案设计、初步设计、施工图设计、招投标、施工配合、竣工验收等全过程阶段，提供建筑专业的咨询、审查、优化、建议等服务，全面保证项目建筑设计的美观性、实用性、合理性、经济性。建筑专业设计咨询的服务内容主要包括以下几个方面。

（1）建筑方案比选

进行项目的多方案比较，对建筑方案的外观、功能、技术、经济、社会等各方面的可行性、优劣性、影响性等进行全方位分析研究，提供方案可行性分析及比选报告，提出方案选择建议。

（2）建筑设计策略相关研究分析

在设计工作正式开展前和进行过程中，针对可能影响项目建筑设计策略的各项相关因素进行研究分析，编制相应的分析报告或提出对策建议，以辅助设计策略的生成和选定，保证设计策略的合理性。建筑设计相关的分析要素包括：项目建设对城市规划的影响，城市规划要求的满足及与城市风貌的配合；日照对本建筑及周边居住建筑的影响；以及声环境影响、交通影响等。

【案例1】　上海交响乐团音乐厅在历史街区中的设计策略

上海交响乐团音乐厅所在的"衡山路—复兴路历史文化风貌区"是上海市立法保护的历史文化风貌区之一，也是上海中心城区12个历史文化风貌区中规模最大的一个。该区域是上海花园住宅、洋房公寓分布最集中，风貌特色保存最完整的区域。音乐厅紧邻的上方花园、新康花园皆为优秀历史建筑。在设计中，建筑师采取了相应的对策，力求尊重百年历史风貌，与周边建筑形态以及色彩有机融合。

1）建筑体量与高度

音乐厅的建筑体量和高度除了满足城市规划指标要求之外，还充分考虑了建筑对周边居民的影响。建筑师将大且相对高的体量设置在远离居民小区的南面道路一侧，并逐渐向北面降减高度，使建筑对居民日照、景观、天际线及开挖影响降到最小。由于音乐厅要保证音响效果的特殊性质，必须达到一定的室内空间容量及高度，所以1200座大排演厅的高度同时向地上及地下两个方向扩展。由于地下开挖深度受经济、基础结构、建筑整体动线、地铁等多方面因素制约，大排演厅的地上高度局部达到了18m。为舒缓建筑高度带来的体量压迫感，大排演厅采用了曲面屋顶，以降低建筑地上高度。

2）墙线

连续的墙线对历史风貌区的氛围营造十分重要，而大体量建筑的开发往往需要大面积的前置广场，从而造成墙线后退，破坏了原有的城市历史风貌。建筑师为解决这一矛盾，采用了以植物即软体体量来连接墙线的做法，使视野相对开放并确保街道氛围的延续。

3）建筑形态与立面处理

由于地处历史风貌区，周边的建筑形态及色彩均有较强的特征，"尊重"和"融合"成为本项目设计的两个关键词。对称分布的建筑体量呈简洁的矩形，立面由低调而质朴的花岗石构成。通过入口广场处大型植物绿色长廊、抽象化文字迷宫绿篱、大面积的屋顶绿化以及用地周围的绿化庭院，建筑被完全融合进周边历史风貌区内。这样的处理在突出区域标志性建筑的同时，最大限度地表现了新建筑对历史环境的尊重。

【案例2】 上海交响乐团音乐厅对于日照分析的处理

上海交响乐团音乐厅屋顶采用曲面造型，贴近日照角度的曲率使基地内外的阴影面积大大减少。

图3-1 上海交响乐团音乐厅庭院设计及南立面曲线设计

（3）专项设计配合

针对不同建筑类别和特殊的设计需求，进行专项分析咨询，提出专业建议配合与指导建筑师完善设计方案，必要时还可与相关专业咨询机构形成合作。如：

1）商业销售类项目，重视盈利回报，需分析其销售策略、分期开发策略等要求，可与商业策划公司配合；

2）酒店类项目，重视入住体验，需分析其运营维护、服务便利性等要求，可与酒店管理公司配合；

3）剧场类项目，重视演出试听效果，涉及舞台机械、灯光、音响及其他演出专用设备、器材，可与声学、机电顾问团队配合等。

（4）建筑设计优化

通过科学、系统的计算分析，针对已完成的项目设计方案提出优化措施建议，进一步完善项目的整体设计，提供设计优化内容的建议报告。

（5）设计后续服务

在项目的建筑设计工作完成后，亦可进一步提供相关的设计后续服务，如：

1）针对公共投资项目协助编制初步设计的评审资料；

2）根据业主或相关单位要求开展设计后评估；

3）在施工过程中配合其他专业完善深化图纸、解决相关设计问题、配合设计变更的跟进等。

【案例3】 某市大型体育场项目方案比选

1）项目概况

某市兴建一大型体育场项目，项目基地位于市中轴线北端。项目定位于能满足举办地区级和全国单项比赛的要求、满足全民健身活动的要求、成为对外交流的重要窗口和城市建设的标志性建筑，具有先进水平和现代化气息的综合体育场。

经多方案征集，本项目最终确定三个备选方案，效果图分别如图3-2所示。

图 3-2 某市体育场项目备选方案效果图
(a) 方案一；(b) 方案二；(c) 方案三

2）方案综合评价体系

大型体育场项目具有建设规模场、时间长、参与人员众多，与建设有关的因素多等特点。包括建筑、结构方面的技术性因素，经济性因素，还涉及社会、政治、生态环境及资源等诸多风险因素，其影响重大深远。由于对方案选择的影响因素众多，要选择重要的项目进行评价，才能保证评价本身的可靠性。本项目经咨询团队研究分析后确定了方案比选的综合评价指标体系，如图3-3所示。

3）方案比选过程

① 确定因素集和评语集

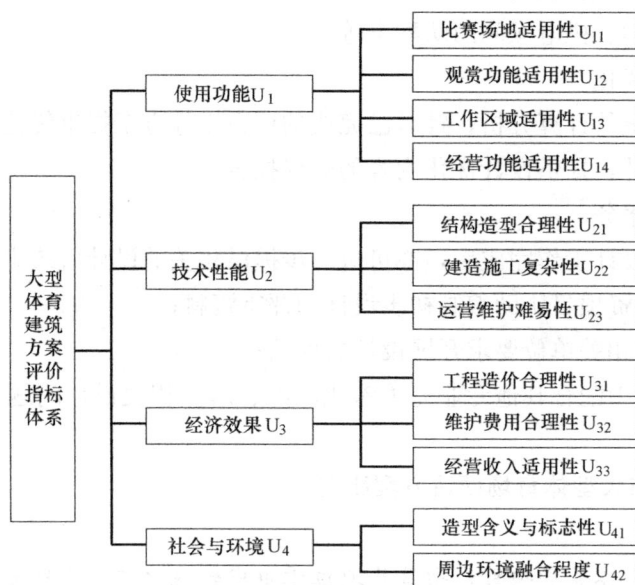

图 3-3　本项目建筑方案综合评价指标体系

本项目咨询团队邀请了 10 位业界专家组成评价小组，针对评价指标体系中的各评价要素对三个备选方案进行逐一评价（表 3-2）。即本项目因素集为 U＝{U1，U2，U3，U4}＝{使用功能，技术性能，经济效果，社会与环境}。评价各因素优劣等级分为 4 个等级，即评语集为 V＝{v1，v2，v3，v4}＝{好、较好、一般、差}。对评语等级赋值，得 F＝{95，82，67，50}^{T}。

专家对某市体育场项目备选方案评价结果统计　　　　　　　　　　表 3-2

评价指标		统计结果											
		方案一				方案二				方案三			
		好	较好	一般	较差	好	较好	一般	较差	好	较好	一般	较差
使用功能	比赛场地	7	2	1	0	7	2	1	0	5	3	2	0
	观赏功能	4	2	3	1	4	2	3	1	6	3	1	0
	工作区域	5	2	2	1	3	3	2	2	7	2	1	0
	经营功能	6	2	2	0	1	2	3	4	1	5	4	0
技术性能	结构选型	5	3	2	0	3	3	2	2	4	3	2	1
	建造施工	6	1	3	0	3	1	3	3	0	2	4	4
	运营维护	6	1	3	0	3	2	2	3	0	2	5	3
经济效果	工程造价	7	2	1	0	2	2	4	2	0	1	4	5
	维护费用	3	4	2	1	3	3	3	1	0	3	4	3
	经营收入	3	5	2	0	0	3	3	4	0	4	4	2
社会环境	意义标志	1	1	7	1	1	2	5	2	4	4	2	0
	环境融合	0	3	7	0	0	3	6	1	2	3	3	2

② 各因素权重

咨询团队结合专家意见，应用层次分析法确定了各级评价指标的权重，如表 3-3 所示。

某市体育场项目建筑方案评价指标体系（以方案一为例）　　　　表 3-3

一级指标	二级指标	各指标隶属度			
权重 A	权重 Ai	好	较好	一般	较差
使用功能 $U_1(0.48)$	比赛场地 $U_{11}(0.29)$	0.70	0.20	0.10	0.00
	观赏功能 $U_{12}(0.29)$	0.40	0.20	0.30	0.10
	工作区域 $U_{13}(0.24)$	0.50	0.20	0.20	0.10
	经营功能 $U_{14}(0.18)$	0.60	0.20	0.20	0.00
技术性能 $U_2(0.12)$	结构选型 $U_{21}(0.42)$	0.50	0.30	0.20	0.00
	建造施工 $U_{22}(0.33)$	0.60	0.10	0.30	0.00
	运营维护 $U_{23}(0.25)$	0.60	0.10	0.20	0.10
经济效果 $U_3(0.22)$	工程造价 $U_{31}(0.50)$	0.70	0.20	0.10	0.00
	维护费用 $U_{32}(0.33)$	0.30	0.40	0.20	0.10
	经营收入 $U_{33}(0.17)$	0.30	0.50	0.20	0.00
社会环境 $U_4(0.18)$	意义标志 $U_{41}(0.54)$	0.10	0.10	0.70	0.10
	环境融合 $U_{42}(0.46)$	0.00	0.30	0.00	0.00

③ 建立评价矩阵并进行模糊综合评价

以方案一的计算为例。结合专家评分结果，建立各因素的评价矩阵 R_k，由 $B_k = A_k * R_k$，可逐一计算得到各级评价因素的评分集：

$$B_1 = A_1 * R_1 = \{0.29, 0.29, 0.24, 0.18\} = \begin{bmatrix} 0.7 & 0.2 & 0.2 & 0.1 \\ 0.4 & 0.2 & 0.3 & 0.1 \\ 0.5 & 0.2 & 0.2 & 0.1 \\ 0.6 & 0.2 & 0.2 & 0.0 \end{bmatrix}$$

$$= \{0.547, 0.200, 0.200, 0.053\}$$

同理可计算得出 B_2、B_3、B_4，得到综合评价矩阵 R，由 $B = A * R$，得到方案一的总评分集：

$$B = A * R = \{0.48, 0.12, 0.22, 0.18\} \begin{bmatrix} 0.547 & 0.200 & 0.200 & 0.053 \\ 0.558 & 0.184 & 0.233 & 0.025 \\ 0.500 & 0.317 & 0.150 & 0.033 \\ 0.054 & 0.192 & 0.700 & 0.054 \end{bmatrix}$$

$$= \{0.449, 0.222, 0.283, 0.045\}$$

最后由 $Z = B * F$ 计算得到方案的最终评价分值：

$$Z = B * F = \{0.449, 0.222, 0.283, 0.045\}\{95, 82, 67, 50\}^T = 82.1$$

由此，方案一的综合评价得分为 82.1 分。同理可计算得到方案二的综合评价得分为

76.7 分，方案三的综合评价得分为 78.0 分。

在三个备选方案中，方案一的得分最高，可作为推荐方案。

4）项目点评

目前体育建筑项目的方案比选方法过多依靠主管经验判断，对于项目方案的评价内容不完善，技术与经济因素分析不全面，决策方法不科学，往往不能如实反映项目的实际情况。

在本项目建筑方案的比选中，咨询团队总结提出了大型体育场方案比选的综合评价指标体系，能够较好的代表影响此类项目方案选择的重要影响因素。在比选过程中将定性与定量的评价结果综合量化，采用层次分析法科学合理地确定各个评价因素权重，通过模糊综合评价法将专家组对各备选方案的评价意见转化为量化评价，最终得出综合评价结果。据此将综合评价值最高的方案作为推荐方案，有利于保障方案比选决策过程的科学化、规范化。在本项目中，咨询团队为推荐的备选方案一最终被业主所认可采纳。

【案例 4】 上海某交响乐音乐厅声学设计方案的形成

1）项目概况

项目名称：上海某交响乐音乐厅

项目规模：用地面积 1.63 万 m^2，建筑面积 2 万 m^2

声学顾问：日本永田音响顾问公司

2）项目声学要求及难点

该项目业主在项目最初阶段就明确了建筑声学设计必须先于建筑形态设计的要求，要使听众获得良好的感性直觉经验，并且音量适度，大厅的每个角落都处于丰富的音域范围之中，而低音音域又要带来稳重的感觉。

对于建筑声学设计而言，地方越大越容易做好，而本项目音乐厅面积偏小，是其声学设计的一大挑战。从城市角度出发的体量考虑在一定程度上与音乐厅自身的声学要求形成矛盾，成为场地带给设计的第一个限制。为了使音乐厅既满足声学设计要求，又以一个合适的体量介入场地，下挖场地并将一部分建筑嵌入地下成为不可避免的方式。但基地下方就是轨道交通线路，地铁经过时的噪声和震动对于音乐厅而言几乎是灾难性的影响，以此带来了场地上的第二个限制。这两个限制因素成为本项目整个设计中最大的难点。

3）专业声学咨询的介入

为了实现本项目具体的声学诉求，邀请了日本声学专家丰田泰久团队担任声学设计咨询顾问，并在设计之初就提出了相应的声学设计纲要，明确了音乐厅的基本形状和高度，如必须保证舞台区域的天花板高度为 15～16m，舞台的尺寸需要满足面宽 22m 和进深 15m 等。这份纲要甚至具体到舞台地板木材的厚度及室内天花板材质的密度。这些要求对建筑方案的形成产生了重要影响，在一定程度上构成了建筑内部主要空间的生成逻辑。

在方案确定之后，建筑师与声学顾问在具体细节上继续进行了更深入的设计配合。当设计进入扩初阶段时，声学咨询团队亦对空调设置等其他专业提出了具体的配合建议。

4）本项目声学设计要点

① 防噪隔声

由于剧院、音乐厅等建筑对振动和噪声的要求比常规建筑物高，而位于本项目场地下方的地铁距建筑最小距离仅为6m，因此设计师选择将整座音乐厅置于隔振弹簧上，从而形成一只完全悬浮的盒子。

地铁运行产生的高频振动信号传播到隔振器的位置时，弹簧隔振器由于频率较低，可以将绝大部分地铁振动信号隔离，切断振动向建筑物内传播的途径，消除固体传声。同时，由于弹簧隔振器内设置了阻尼器，在垂直方向和水平方向都有三维阻尼作用，能够使振动很快衰减，增加了系统各向的稳定性和安全性，且能抑制和吸收固体声。

计算分析结果表明，目前设置的隔振弹簧至少可减振20dB，即可隔掉90%以上的振动。为检验隔振效果，排演厅投入使用前，专门使用目前最精密的声学仪器进行了现场测算，得到的降噪结果甚至超出了设计预期（图3-4）。

图 3-4 上海某交响乐音乐厅隔振弹簧

② 建筑声学策略

本项目有着明确的演出定位，古典交响乐的演出对于声学设计提出了更为具体而精确的要求。因此，除在建筑设计伊始就已经明确体量控制要求外，建筑师与声学顾问在方案确定之后进行了更深入的设计配合。

为了隔离不同声源，设计采取了相应的声学分区，并通过针对性的构造设计进行分隔，如图3-5、图3-6所示。

大排演厅采用了整体"鞋盒式"加局部"葡萄园"式的布局，这种排布形式的优点在于观众席上的竖向墙体更利于声音的反射，使观众能更好地感受到充实的音量感、亲临现场的直觉感以及柔和而丰富的音质音域。为了实现上述声学目标并保证室内空间的品质，建筑师与声学团队经过十几次协调，并通过1：10的室内模拟推敲，才最终形成了箱体的内部空间。

利用电脑模拟技术，设计团队对舞台及观众席的初期反射音与室内空间形态的关系进行了检测，特别对观众席的配置、天花反射板及五块墙面反射板进行了细致的设计。

吊顶天花（天花反射板）：天花反射板形成较大的表面曲率，以自然的形态向下弯曲。弧度最大即舞台最低的位置垂直高度为14.5m。

侧反射板（墙面反射板）：侧面反射板由五面构成，正向一面，东西两侧各设置两面。

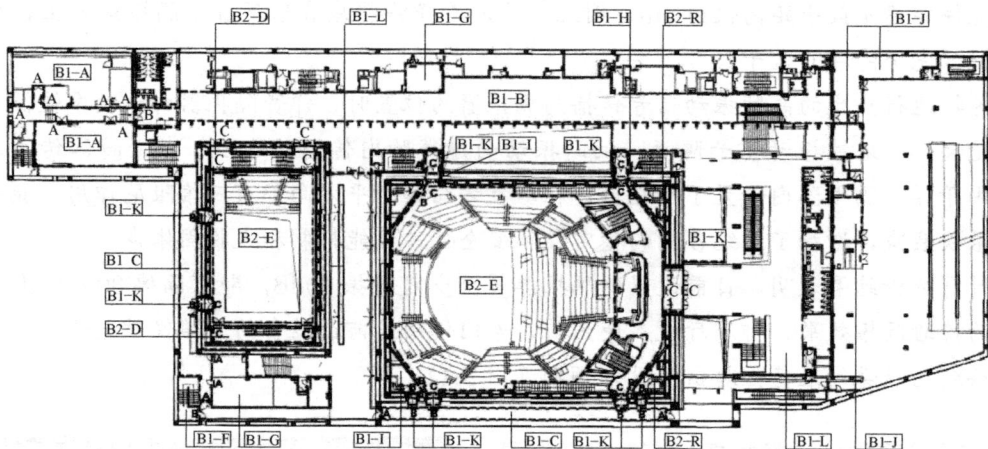

图 3-5　上海某交响乐音乐厅隔声分区设计

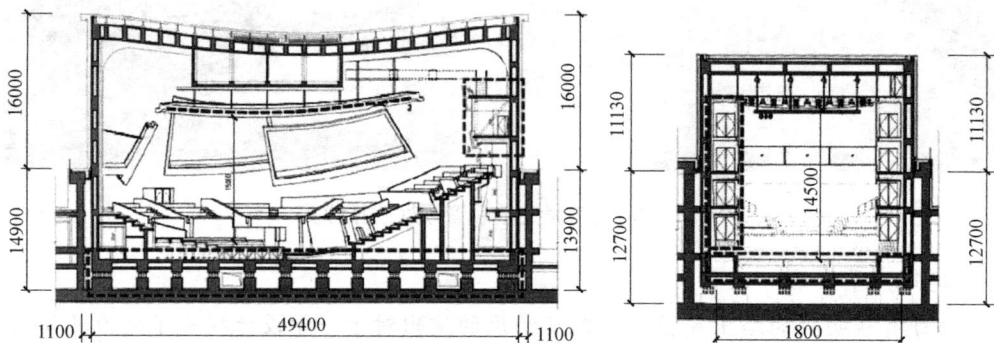

图 3-6　上海某交响乐音乐厅大排演厅与小排演厅剖面设计

这几块反射板兼具投影幕功能。曲率向观众席及舞台方向突出较大，同时为了更好地将初期反射音提供给舞台及观众席，侧反射板设置了一定的倾斜角度。

　　面对舞台的观众席侧面矮墙（反射墙）：设计将观众席分为多个单元区域，通过单元区域之间的高差形成反射墙面。反射墙全部向舞台侧倾斜，将初期反射音均匀地提供给前方观众。

　　局部挑板下的天花反射面：利用这块结构挑板，侧反射板的后下部与墙面相交的部分形成一个反射面，通过它及与之相连的墙面能够将初期反射音反射给其下方的观众及舞台。

　　控制室下的天花反射面：控制室设置在一块挑板上，其他的楼板与倾斜墙面形成钝角，并且具有一定的不规则形态。这样既可以避免回音，又可以将初期反射音很好地反射到舞台及前方观众席。

　　③ 全专业配合

为了将设计方案物化为最终的建筑，建筑师与各专业之间展开了比一般项目更为密切的配合。为了保证建筑自身产生的噪声最小，锅炉房、空调机房、变电所、水泵房等设备均安排在垂直于非音乐厅空间的下方各楼层中。为避免电器设备固态传声对音乐厅内部造成干扰，电气工程师将电器设备管线改为软连接，同时为了防止其他管线对于声音系统电线产生噪音影响，在电路的设计中尽可能地使它们保持一定的距离。为了消除探测烟雾的电机室内采样的轰鸣声，设计也针对性地做了特殊处理，并放置到了室外。

为了保证整个排演厅的演出效果，除了地铁振动带来的影响之外，建筑自身空调设备的噪声也是必须解决的问题。空调管线的排布需要规划足够数量的合理转角，每根管道在风扇和风口之间设置的弯头数量也需要精确控制。对于连接不同噪声情况的房间的管道，也需要采取不同的弯头设置和包扎方式。

5）项目点评

作为承载交响乐等专业演出的音乐厅建筑，其内部自主性在一定程度上受到了限制，在此情况下为音乐演出提供完美的音质，在音乐厅建筑中是高于一切的设计目标。在此类项目中，由专业的声学顾问团队提供咨询服务，再以此为基础开展、指导设计，将为项目声学目标乃至整体目标的实现带来极大帮助。

3.1.3 结构专业设计咨询

结构专业设计咨询是指在项目的方案设计、初步设计、施工图设计、施工配合等全过程阶段，提供结构专业的咨询、审查、优化、建议等服务，保证项目的结构安全性、合理性、经济性，并满足业主的功能需求。结构专业设计咨询的服务内容主要包括：

（1）进行项目的结构选型，对结构方案的形式、投资效益、工期等提出全方位比选建议，提供方案可行性分析及比选报告；

（2）对项目的主要结构体系、结构系统、结构形式的设计提供合理化建议，通过相关性能、要点的分析研究，提出设计参考建议，辅助设计工作开展及优化，尤其是针对基础、幕墙等重要节点部位的性能分析还可同时对后续施工过程和方法提供针对性指导；

（3）通过科学、系统的计算分析，针对已完成的项目结构设计提出优化建议，进一步完善项目的整体结构体系，提供结构优化内容的建议报告。

【案例5】 某超高层项目幕墙支撑结构选型

（1）项目概况

1）项目名称：某超高层项目。

2）项目规模：用地面积30370m²，建筑面积52.3万 m²，结构高度580m，124 层。

3）幕墙设计概况：采用独特的分区双层幕墙体系，外幕墙轮廓由三段圆弧构成的圆导角三边形（其中之一切角）作为基本构形，平面三边形逐渐旋转上升并均匀缩小，形成一个平滑扭曲面。结构设计中尤为复杂的是外幕墙支撑结构体系，采用柔性分区吊挂系统，自下至上分为 3 个区域，分别为大堂区、塔楼典型区（二区至八区）和塔冠区域，典型区外幕墙每区跨越12～15 楼层，43～65m 不等（图 3-7）。

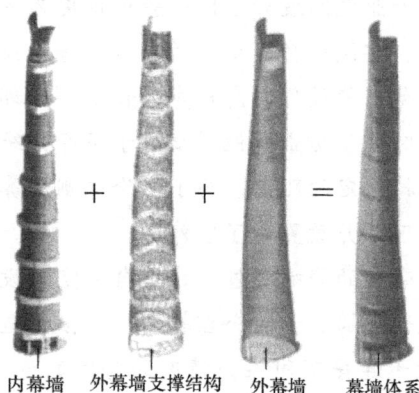
图 3-7　某超高层项目幕墙体系

（2）外幕墙支撑结构体系

典型区幕墙采用单层曲梁吊挂系统，典型层的结构布置如图 3-8 所示。在水平向，环梁通过径向支撑与塔楼主体结构相连，塔楼通过三个侧向约束有效地约束支撑结构的扭转，在竖向，由 25 对吊杆在径向支撑与环梁连接处及 V 槽口将环梁吊挂于各区的机电层（图 3-9）。

由于休闲层的层高为 5.3 m，而周边环梁竖向间距为 4.5m，故底层的环梁将位于休闲层楼板之上，休闲层的楼板无法为底层环梁提供径向支撑。取代径向支撑的是一些较小的圆形立柱，套在立柱的竖向轴衬（图 3-10）可允许水平周边曲梁上下活动。这些竖向轴衬置于每对吊杆以及每跨环梁中点之下。

吊杆要提供竖向约束以避免周边曲梁在竖向平面失稳。为了防止吊杆出现净压力，位于休闲层以上第一道水平周边曲梁内灌混凝土，以保证其有足够的重量使吊杆保持受拉，从而避免吊杆受压，曲梁失稳。

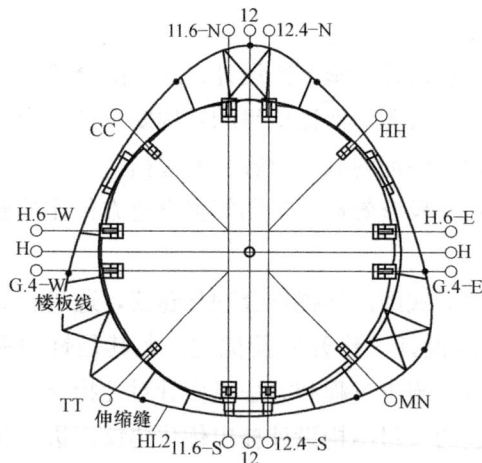
图 3-8　典型层支撑结构布置图

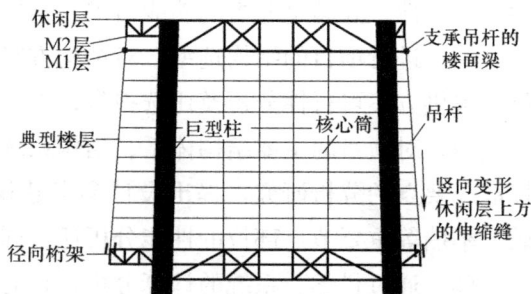
图 3-9　幕墙支撑结构剖面图

（3）荷载与作用

考虑到该工程幕墙支撑结构的重要性，采用等同主体结构的设计方法。设计使用年限为 50 年，结构安全等级为一级，结构重要性系数 $\gamma_0 = 1.1$。

幕墙单元自重按 $1.2 kN/m^2$ 考虑，恒载取 $q_g = 1.2 kN/m^2 \times$ 层高；风荷载基于重现期 100 年，由 RWDI 风洞试验顾问有限公司对该项目进行了结构风致内力响应研究试验，确定相关结构设计风荷载；温度作用考虑与主楼 ±30℃ 温差；根据《建筑抗震设防分类标准》和《建筑抗震设计规范》，本项目幕墙支撑结构设防类别为乙类，设防烈度为 7 度，设计基本地震加速度为 0.1g，设计地震分组第一组。幕墙设计的地震作用按非结构构件的规定进行计算。采用等效侧力法，经计算取 $q_{Ek} = 0.40 \times G_k/A[kN/m^2]$。

（4）结构方案分析

由于幕墙环梁构件超长，其温度作用引起的应力比重很大，成为结构设计的主要控制荷载。因此在结构设计中考虑在各层环梁设置伸缩节点，以期优化结构温度作用下的受力。然而设置伸缩节点对结构体系将带来多种不利影响。咨询团队从结构的温度敏感性、整体抗扭性能、变形特性、振动特性等方面考察二者的利弊。

方案 A 为无伸缩节点方案；方案 B 为伸缩节点方案。方案 B 中伸缩节点的具体设置如下：典型的中间层各层 8 个（图 3-8），位于两个角部所在跨的中点和两角部及 V 形支撑隔跨，底层和顶层则分别为 50 个、25 个。伸缩节点释放环梁轴力和扭矩（环梁伸缩节点构造，图 3-10）。

1）结构分析模型

取典型区进行单独建模，结构分析软件采用 SAP 2000 V14.1.0。以 2 区为例，它的三维轴测图如图 3-10 所示。环梁伸缩节点释放轴力与扭矩（图 3-11）。需要注意的是由于底部竖向轴衬有一定的长度（图 3-12），它对支撑结构水平向的约束并非刚性。

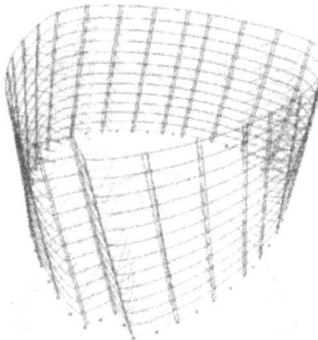

图 3-10　二区模型三维视图　　图 3-11　环梁伸缩节点构造图　　图 3-12　竖向轴衬构造图

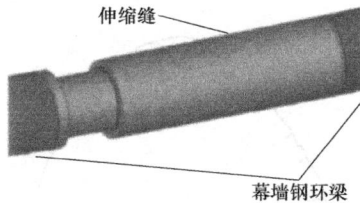

2）结构温度敏感性分析

幕墙各层构件受力特性一致，两方案典型层（以 2 层为例）构件受力如表 3-4 所示。

温度作用下方案受力对比　　　　　　　　　　表 3-4

方案	环梁		径向支撑	
	最大轴力(kN)	最大弯矩 (kN·m^{-1})	最大轴力 (kN)	最大弯矩 (kN·m^{-1})
A	536	249	522	137
B	2	8	3	1

从上表可知：在温度作用下，A 方案结构受力明显，而 B 方案（采用伸缩节点后）无论是环梁，还是径向支撑，所有构件受力很小，可以忽略不计。可见从结构在温度作用下的表现看，设置伸缩节点可极大地消除温度内力，对结构非常有利。

3）构抗扭性能分析

出于简化考虑，将与幕墙自重等效的水平惯性力，沿环梁轴线方向加于径向支撑与环梁连接节点处，如图 3-8 所示。选取 2 区第 2 层环梁，对 A、B 方案进行对比。

方案受力与变形对比　　　　　　　　　　　　　　　　　　　　表 3-5

方案	环梁		长支撑		环梁位移
	最大轴力 （kN）	最大弯矩 （kN·m⁻¹）	最大轴力 （kN）	最大弯矩 （kN·m⁻¹）	最大切向位移 （mm）
A	363	124	546	117	4.4
B	279	68	546	117	19.3

从表 3-5 和图 3-14、图 3-15 所示的两方案的对比可知：

在假定的环向扭转作用下，B 方案相对 A 方案，环梁轴力从 363kN 下降到 279kN，弯矩从 124kN·m 到 68kN·m，可见由于伸缩节点对环梁轴力、扭矩的释放，一定程度上改善了环梁的受力；A、B 两方案径向支撑轴力均为 546kN，弯矩均为 117kN·m，是否采用伸缩节点对径向支撑受力没有影响。

在假定的环向扭转作用下，A 方案最大环向位移 4.4mm，B 方案最大环向位移 19.3mm，A 方案变形小，抗扭刚度优于 B 方案。

从结构的抗扭性能看，设置伸缩节点后，环梁受力水平下降，但是结构抵抗扭转变形的能力大幅下降，结构整体性较差。

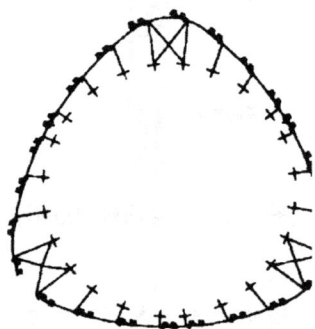　　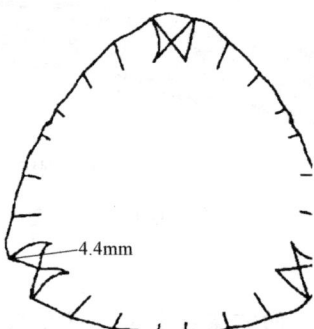　　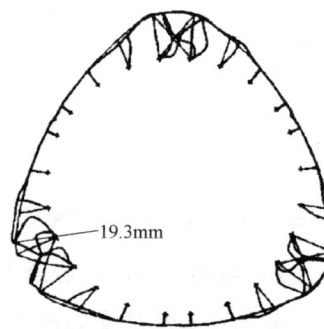

图 3-13　环梁扭转力的施加　　图 3-14　方案 A 扭转变形　　图 3-15　方案 B 扭转变形
　　　　　　　　　　　　　　　　（比例 1：200）　　　　　　（比例 1：200）

4）结构变形特性分析

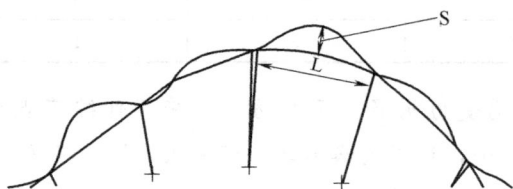

图 3-16　水平环梁相对变形示意图

风荷载、温度作用下，环梁将发生平面内的鼓曲变形，如图 3-16 所示为其变形的示意图。如表 3-6 和表 3-7 所示，分别列出了风荷载、温度作用下两种方案 2 区曲梁的变形，它们都能满足钢结构规范对主梁在可变荷载作用下 1/500 位移的控制要求。

A 方案			B 方案		
相对变形	跨度(m)	位移比	相对变形	跨度(m)	位移比
11.3	12.6	1/1115	12.8	12.6	1/984

温度作用下 2 区环梁最大位移比   表 3-7

A 方案			B 方案		
相对变形	跨度(m)	挠跨比	相对变形	跨度(m)	挠跨比
18.1	12.4	1/685	1	8.4	1/8396

由表 3-6、表 3-7 可知,在风荷载作用下,A 方案环梁最大相对变形值为 11.3mm,B 方案为 12.8mm,二者相差不大,说明伸缩节点的设置与否对风荷载下环梁的鼓曲变形无决定性影响;在温度作用下,A 方案环梁发生了较大的鼓曲变形,相对变形值为 18.1mm,B 方案几乎没有鼓曲变形,这是由于伸缩节点吸收了环梁的膨胀(或收缩)变形,此时伸缩节点的相对滑移量值为 17mm。无论是风荷载作用下还是温度作用下,两种方案下环梁的变形均可满足规范要求。

5)结构震动特性分析

采用里兹向量法计算结构的振动特性,结构的前 10 阶振型如表 3-8 所示。

结构前 10 阶振动特性   表 3-8

阶数	方案 A		方案 B	
	周期(s)	振动特性	周期(s)	振动特性
1	0.31	整体竖向振动	0.31	整体竖向振动
2	0.307	整体竖向振动	0.308	整体竖向振动
3	0.28	整体竖向振动	0.283	整体竖向振动
4	0.271	整体竖向振动	0.272	整体竖向振动
5	0.267	整体竖向振动	0.267	整体竖向振动
6	0.25	整体竖向,局部环梁水平耦合振动	0.254	整体竖向,局部环梁水平耦合振动
7	0.227	角部竖向振动	0.229	角部竖向振动
8	0.2	整体竖向振动	0.221	整体竖向,环向耦合振动
9	0.175	整体竖向振动	0.18	整体竖向振动
10	0.149	整体竖向振动	0.162	整体竖向,环向耦合振动

从表 3-8 数据可以看出,两方案均以体系的竖向振动为主,第 6 阶振型伴随环梁的局部水平振动,不同的是方案 B,在第 8 阶、第 10 阶出现了三个角部的环向耦合振动。这进一步说明方案 B 伸缩节点的设置破坏了环向的连续性,结构整体性较差。

6)结构施工便捷性分析

伸缩节点的构造给幕墙支撑系统的采购、制作、安装与幕墙系统深化设计、正常使用,以及主体结构深化、加工、安装带来了众多难以克服的瓶颈问题:一是幕墙支撑结构安装过程中，由于环境温度变化，伸缩节点将发生变形，使幕墙连接件发生位移，从而导致幕墙板块安装定位困难；二是滑动轴衬造价高，采购、深化、加工难度大，其设计制造过程费时费力，对结构正常的施工过程与进度影响较大。

7）结构评价与选择

虽然伸缩节点的设置有利于降低幕墙结构在温度作用下的受力，但同时会带来以下问题：

① 环梁刚度不连续、结构整体性削弱，并导致结构的抗扭性能变差；

② 伸缩节点在安装过程中由于温差产生滑移，由此引起幕墙连接件发生位移，并导致安装定位的困难；

③ 伸缩节点的构造不利于幕墙系统的深化设计、制作、施工，并且该节点成本很高，不利于控制幕墙体系的造价。

从控制结构抗扭的整体性，设计、施工、安装的便捷性，结构设计的经济性出发，本项目幕墙支撑体系采用无伸缩节点方案。

（5）项目点评

超高层工程项目的幕墙体系往往上下跨度大、形体较为复杂，导致支承玻璃幕墙的钢环梁构件超长，从优化结构温度作用下受力性能的角度出发，可以提出有伸缩节点方案备选。

对于是否选择采用伸缩节点作为项目的幕墙支撑体系，应全面考虑伸缩节点对结构受力、变形与抗扭性能、设计制作安装以及工程经济性等方面带来的利弊进行综合分析选择确定。

【案例6】 北大奥运会乒乓球馆屋盖结构优化设计

（1）项目概况

1）项目名称：北京大学体育馆（2008奥运会乒乓球馆）。

2）项目规模：25000m²，8000座席。

3）屋盖设计：屋盖造型由旋转屋脊与曲线屋檐形成异形曲面，并与中央透明球体共同组成，诠释了乒乓球对速度、力量、旋转的综合要求。

（2）建筑造型与结构体系的建立

在进行结构选型和体系建立的过程中，首要难题在于：面对如此复杂的一个曲面造型屋盖，传统解析方法已无法准确描述，然而屋面曲面形态设计又是屋盖结构选型、体系建立、构件定位、排水设计、屋面施工等多项后续工作的前提。为此，采用一种特殊的曲面造型技术——NURBS（非均匀有理B样条方法）来完成该屋面的曲面形态设计，以实现由建筑造型向结构设计的过渡，如图3-17所示。

在充分研究屋盖的建筑形态以及下部结构可以提供的支承条件的基础上，选择预应力空间桁架壳体作为屋面结构体系。结合下部混凝土结构柱网布置，共布置了32榀辐射桁架［图3-18（a）］，桁架外端设置滑动支座以释放壳体形成的水平推力，桁架内端支承于受压刚性环，该刚性环兼做中央球壳的周边支承；各榀辐射桁架通过外环桁架、环向支承

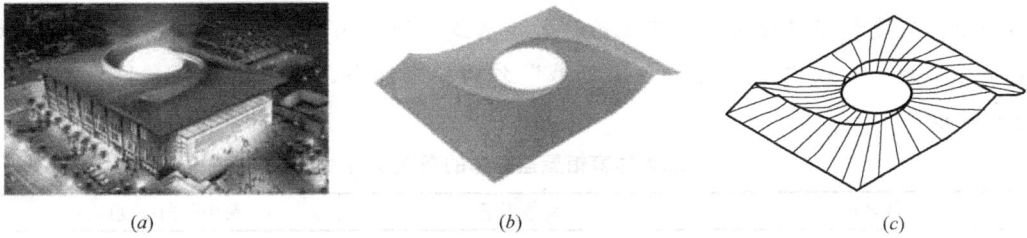

图 3-17　北大体育馆屋盖曲面造型和主结构定位

(a) 北大体育馆效果图；(b) NURBS 生成的曲面模型；(c) 屋盖辐射桁架上弦定位

桁架、屋面联方型交叉支撑［图 3-18 (b)］连成整体；在各榀辐射桁架下部设预应力拉索，通过受压撑杆与受拉刚性圆环将拉索与桁架壳体构成整体，形成预应力空间桁架壳体［图 3-18 (c)］。

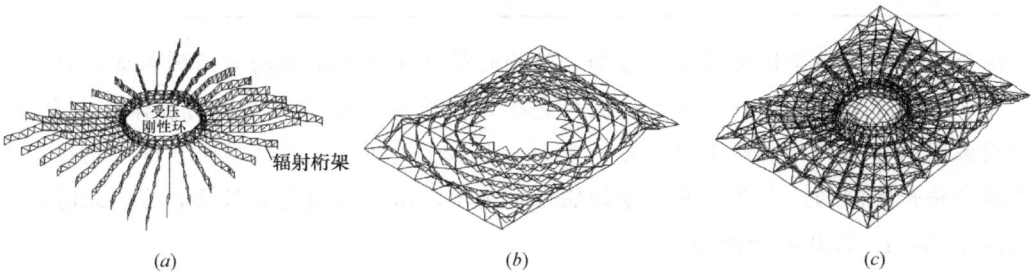

图 3-18　北大体育馆屋盖预应力桁架壳体结构体系的建立

(a) 中央刚性环及 32 榀辐射桁架；(b) 屋面支撑体系及外环桁架；(c) 屋盖钢结构整体透视图

（3）结构分析

1）结构弹性分析

对拉索施加一定的预张力，通过撑杆对上部壳体实施反拱卸载，既增加了屋盖的竖向刚度，又使上部壳体的杆件应力比均得到很好的控制，同时拉索的水平分力有效弥补了因滑动支座的设置而引起的支座滑移量过大，从而使结构在自重作用下形成自平衡体系。在最不利的荷载工况下，屋盖最大挠度为 93.1mm，满足规范要求；支座最大滑移量为 39.8mm，小于 70mm 的滑程限值。

非线性屈曲分析表明，在"1.0 恒载＋1.0 活载"的标准组合下，非线性屈曲系数为 12.96。第 1 阶屈曲模态表现为跨度最大的辐射桁架在临近支座处发生平面外失稳，且前 6 阶屈曲模态中并未出现屋盖整体扭曲的模态，表明屋面支撑体系提供的壳体面内剪切刚度较大，屋盖结构在正常使用状态下不会发生失稳。要进一步判断屋盖的极限状态是稳定控制还是强度控制，则需进行更为深入的弹塑性极限承载力分析。

2）结构弹塑性分析

为了对结构整体安全度进行准确评估，需同时考虑几何非线性、材料非线性以及支承条件的非线性变化，对屋盖进行弹塑性极限承载力分析。运用通用有限元软件 AN-

SYS9.0，采用弧长法来跟踪极值点失稳，得到结构的荷载—位移全过程曲线，从而把结构的强度、刚度和稳定性的整个变化历程表示清楚，使结构的非线性稳定分析与极限承载力分析合二为一。取"1.0恒载＋1.0活载"作为标准组合，屋盖结构的塑性发展顺序如表 3-9 所示。

北大体育馆屋盖壳体的塑性发展 　　　　　表 3-9

构件名称	荷载因子	跨中竖向挠度(mm)
支座竖腹杆	2.502	−299.90
受压刚性环腹杆	2.502	−299.90
交叉支撑	2.832	−332.93
辐射桁架上弦	3.060	−360.11
环撑上弦	3.281	−390.32
辐射桁架斜腹杆	3.588	−434.20
受压刚性环弦杆	3.698	−450.14
辐射桁架下弦	3.863	−475.39

综合分析壳体的塑性发展顺序可知，结构的最终破坏主要由两方面的因素导致：一方面，受压刚性环上、下弦杆，屋面的交叉支撑大量进入塑性导致壳体的整体性大大削弱，平面桁架间的协同工作性能下降；另一方面，支承于滑动支座的立柱大多进入塑性，壳体的支承条件严重削弱。在两方面因素的联合作用下，结构达到其极限承载力。此时，最大挠度达 497mm，荷载因子约为 4。

如图 3-19 所示，荷载——位移曲线发现：在荷载因子达到 1.80 之后，曲线斜率显示出先增大后减小的规律。这是由于当荷载因子增加到 1.80 时，部分滑动支座陆续达到滑程限值，相当于结构所受到的约束条件开始增强，此时杆件均处于弹性工作状态，随着进入滑程限制的支座增多，结构的刚度逐渐增大；而当荷载因子增加到 2.5 时，结构由于部分杆件进入塑性而开始发生刚度软化；随后荷载继续增加，当材料软化造成的结构刚度削弱速度超过支承条件增强造成的结构刚度增加速度时，整个结构开始发生刚度软化。由于结构进入塑性的荷载因子为 2.5，如取活荷载的分项系数为 1.35，则结构能够满足承载能力极限状态与正常使用极限状态。

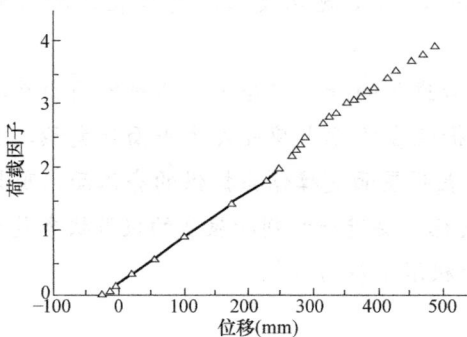

图 3-19　壳体中央节点的荷载-位移曲线　　　　图 3-20　荷载-顶点竖向位移曲线

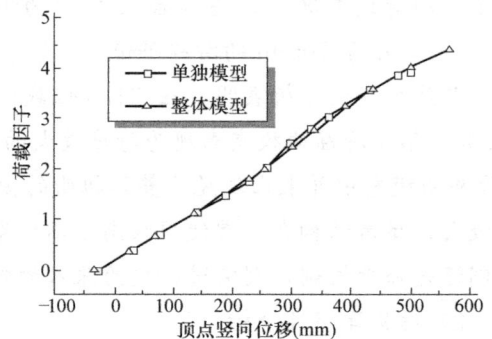

3）屋盖与下部结构协同工作

将下部混凝土框架与屋盖结构整体建模进行分析，其结果与屋盖单独建模分析结果进行对比如图 3-20 与表 3-10 所示。

北大体育馆屋盖支座反力对比（kN） 表 3-10

模型	支座处竖向力		支座处切向水平力	
单独	−281.16	−224.48	30.70	36.90
整体	−285.43	−221.98	13.44	36.27
差异(%)	+1.5	−1.1	−56.2	−1.7

如图 3-20 所示，表明下部结构对屋盖竖向刚度影响不大。而表 3-10 中反力数值对比可知，支座处水平反力对边界条件比较敏感，两个模型的计算结果相差很大。其原因是：一方面，单独计算模型忽略了下部混凝土框架结构由于上部屋盖结构的作用而产生的弹性变形；另一方面，下部混凝土框架结构并非无穷刚，而是弹性支承，所以其侧向刚度对上部屋盖结构底部变形有较大影响。这两方面反映了上、下部结构协同工作和相互影响的过程。因此为了准确计算屋盖对下部结构的水平作用力及支座滑移量，宜考虑下部支承结构的真实刚度，采用整体计算模型进行计算分析。

（4）结构优化设计

1）拉索初始预张力的合理取值

拉索初始预张力的合理选择，是实现屋面形态设计和确保结构优异性能得以发挥的关键。一般而言，拉索初始预应力的取值主要考虑以下两个基本指标：首先，应使在任何工况下（包括不利风吸和升温作用）均不出现松弛，以保证必要的整体刚度和稳定的几何形态；其次，应使索力对结构形成有效的反拱卸载，增强竖向刚度，并减少支座水平推力和滑移量，但同时须保证索的竖向分力和水平分力不能过大，防止反拱或滑移超限。基于此，暂定给 32 根辐射拉索均施加 500kN 的初始预张力，此时结构在初始态与荷载态下，各项指标如反拱、挠度、支座滑移、水平推力均得到了较好控制。

进一步分析北大体育馆的结构布置特点，由于拉索一端连接于圆形受拉环，另一端则连接于矩形外环，且每根拉索的长度和角度不尽相同，所以当给所有拉索施加相同预张力后，发现内侧受拉环在 X 向被拉伸、Y 向则相应压缩，圆环变形为椭圆环（图 3-21），这将会对结构的安全性造成不利影响。因此，在先前确定的 500kN 预张力的基础上，进一步对其索力分布进行优化，确定对 X 向拉索施加 420kN 预张力，而 Y 向仍保持 500kN，从而既满足上述两项基本指标，又使受拉圆环在内力及变形方面得以均衡。

2）支撑体系的优化布置

平面桁架的面外刚度较差，须合理设置支撑体系以保证其不发生平面外屈曲。针对北大体育馆屋盖结构的空间特点，布置了 5m 间距的同心圆环桁架作为辐射桁架的面外支撑，并在上弦平面内设置了联方型交叉支撑（图 3-22），以保证各榀辐射桁架的协同工作性能，增强屋盖空间整体刚度。在完成了支撑体系的布置后，对支撑形式进行优化，改变下弦和腹杆的排列，将平行弦桁架改为如图3-23所示的形式，在不改变桁架单元基本受力性能的前提下使其显得更加轻盈，美化了建筑室内空间。

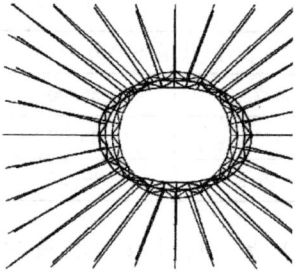 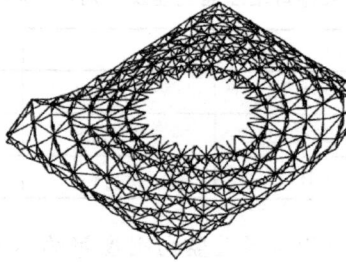 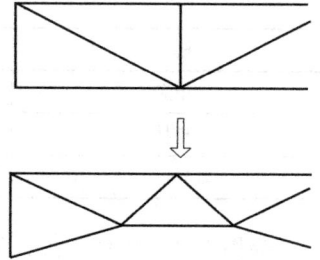

图3-21　拉索内端受拉　　　图3-22　环向支撑及　　　图3-23　环撑桁架及
　　　圆环变形图　　　　　　　　联方形支撑　　　　　　　外环桁架的优化

3）支座推力的合理处理

偏平壳体将对下部混凝土框架产生极大的水平推力，若下部框架无法提供强支承，则须通过屋盖自身的优化来合理处理：首先转换思路，将单一的"抗"转变为有组织的"放"，即设置滑动支座，在一定滑程限值范围内通过释放位移来释放水平推力；其次，合理调节拉索预应力，控制支座滑移量不至过大，同时索通过撑杆对壳体实施反拱，以弥补因设置滑动支座而造成的屋盖刚度的削弱。这两方面的措施体现了杂交张拉结构优异的自平衡特性和主动的变形控制功能。

（5）项目点评

就屋盖结构的构成而言，一般不外乎主承力结构、支撑体系、边缘构件、支座等若干组分。主承力结构如网壳、桁架等主要承受竖向荷载，在以往的设计中均得到了重点考虑；支撑体系和边缘构件往往对结构的面内刚度和整体稳定性有较大贡献，也应进行方案比选和优化设计。

支座的选择和布置不仅需考虑下部结构能够提供的支承条件，也应结合结构体系力流传递特点，加以优化。尤其是当选择了滑动支座来配合杂交张拉结构体系的自平衡特性时，更要对其布置进行优化比选，使滑动支座特点得以充分发挥，并保证上下结构的协同工作性能。

屋盖结构的分析方法一般分为线性分析和非线性分析。对于传统的刚性结构，线性分析的精度已足够，并且由于先前的工程运用较多，对其稳定性和破坏机理的研究和实践也积累了很多经验。但对于新型杂交张拉结构而言，对其理论研究和工程运用均处于发展阶段，可供参考的案例并不多，而且由于拉索的引入，给结构带来了明显的非线性特性。所以，为了全面了解其强度、刚度变化，整体稳定性和破坏机制，宜采用非线性方法，综合考虑几何非线性、材料非线性以及由滑动支座所引起的支承条件的非线性变化，通过弹塑性极限承载力分析，来真实反映结构的塑性发展顺序、破坏机制和整体稳定性，为新型体系整体安全度的确定提供可靠的依据。

3.1.4 机电专业设计咨询

机电专业设计咨询是指在项目的方案设计、初步设计、施工图设计、招投标、施工配合、竣工验收等全过程阶段，提供机电专业的咨询、审查、优化、建议等服务，满足业主功能需求的同时减少项目机电系统设计、进度、预算、质量等环节的风险，全面保证项目机电系统的安全性、合理性、经济性。

机电专业设计咨询的服务范围包括暖通工程、消防工程、给水排水工程、强电工程、弱电系统、垂直运输系统、管线综合及标高控制等各机电系统。

机电专业设计咨询的主要服务内容按项目阶段列示如表 3-11 所示。

机电专业设计咨询服务内容   表 3-11

项目阶段	服务内容、项目
前期阶段	协助编制机电各专业设计任务书,明确机电功能需求
方案设计阶段	(1)进行机电系统多方案比选,提交比选报告,提出客观、公正、合理、可行的判断建议,协助业主选择确定机电方案 (2)配合业主优化机电设计标准 (3)初步计算各机电系统负荷容量,并进行经济技术分析
初步设计阶段	(1)复核及详细计算各机电系统负荷要求,确定机房位置及大小 (2)协助建筑、结构等专业共同完成项目设计图纸和造价预估算
施工图设计阶段	(1)制定施工图机电设计标准和相关技术说明 (2)对机电系统重大技术问题提供解决方案和指导性意见,并进行综合技术分析 (3)协助业主审核和控制施工图质量,提供审核意见建议 (4)提供机电系统设计的优化建议,配合完成机电设计优化和深化设计
招投标阶段	(1)协助确定机电系统标段划分,提供招标方式和甲供设备清单建议 (2)提供招标文件技术说明及标准 (3)协助进行投标单位的资格预审、技术、图纸答疑等工作 (4)协助技术评标和回标审核,提供技术分析报告,提出中标参考建议 (5)协助编制机电合同文件
施工阶段	(1)协助解决施工现场的机电设计相关问题 (2)协助机电承包商制作施工图及综合管线图,配合其他专业完善图纸问题 (3)协助审核承包商提供的机电深化施工设计图、综合管线图、机电综合留洞图等图纸及相关的机电设备和材料 (4)配合机电设计变更的跟进工作 (5)定期进行工地巡查、出席现场会议,对施工中的设计问题提供咨询服务
竣工验收、调试 与维护阶段	(1)协助业主进行机电系统的验收、试验和测试,配合完成验收报告 (2)对不符合设计规格、安装操作存在问题处,提交缺陷整改报告,协助业主指定修改清单,配合指导施工单位进行整改 (3)协助业主审核竣工图纸和操作、维修手册 (4)配合完成项目机电部分的最终结算 (5)协助解决机电系统在运行、维护中出现的问题
其他增值服务	(1)完善机电系统设计的技术规格说明文件 (2)协助开展机电系统的用户培训 (3)向担保或保险公司提供、出具机电系统状态报告 (4)机电合同索赔的分析和评估,包括仲裁过程的协助

【案例7】 上海某大剧院观众厅空调风系统设计比选

（1）项目概况

1）项目名称：上海某大剧院。

2）项目规模：总建筑面积50194m²，建筑高度32.6m。

3）项目建设内容：地上六层，主要包括一个大剧场（1500座）、一个多功能厅（400座）、化妆间、配套办公、餐厅及排练厅；地下一层，主要包括库房、车库及设备用房。

（2）观众厅空调风系统气流组织方式比选

本项目室内剧场看台共3层，逐层推进，剧场宽40m，前后长30m，总高26m左右。

经业主、设计院以及CFD项目组共同讨论，针对本项目提出"上送下回"、"座椅送风"、"座椅送风＋局部顶送风"三种不同的气流组织模式，通过模拟验证了不同方式的气流组织效果，综合选定本项目观众厅采用的风系统方案。

1）CFD模拟技术路线

利用计算流体力学（CFD）工具模拟比较了三种气流组织方式的运行效果，并分析了最佳送风温度。如图3-24所示，为本项目CFD模拟所执行的技术路线。

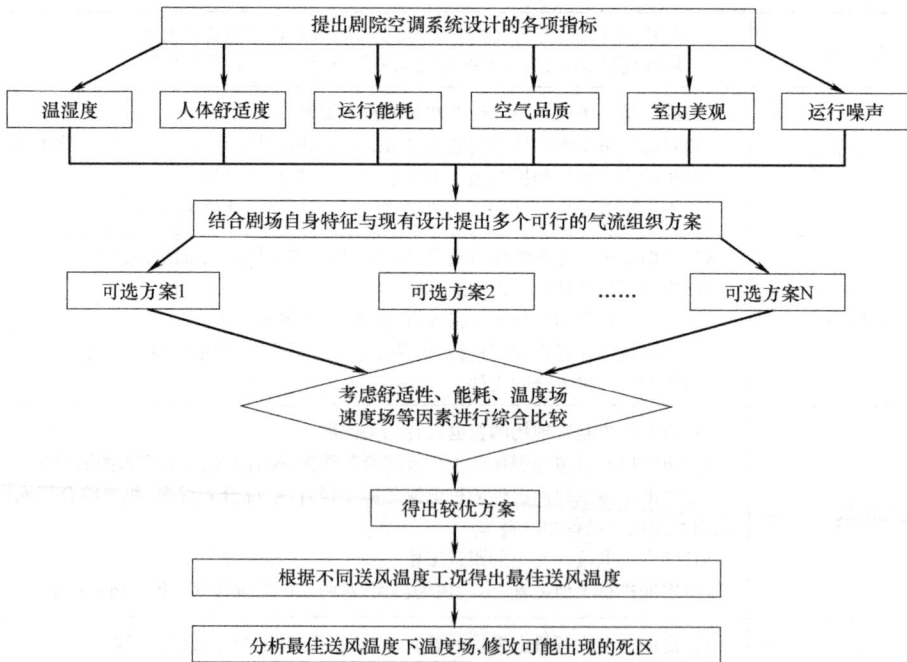

图3-24　CFD模拟技术路线

2）上送下回式

本工况下的设定条件为：送风口均匀设置在剧场顶部，送风温度为20℃，总送风量为99000m³/h；回风口设置在剧院底部左右两侧和后侧的墙壁上，第二、三层看台的回风口置于看台后侧的墙壁底部。

如图3-25（a）所示，为上送下回工况下剧场垂直温度分布情况，室内大部分区域的温度处于 21～23℃ 范围内，但由于第二层及第三层看台的遮挡，室内气流分布不均匀，第三层看台温度较低，而第一层及第二层看台后方区域空气温度较高，局部舒适性较差。同时由于此工况下空调送风量大，引起室内风速较高，人员活动区域会有较为明显的吹风感。

3）座椅送风式

本工况下的设定条件为：送风温度为 20℃，每个送风口送风量为 $45\text{m}^3/(\text{h}\cdot\text{P})$，总送风量为 $67500\text{m}^3/\text{h}$；回风口分布于剧场的顶部，共设置 14 个回风口。

如图 3-25（b）所示，为座椅送风工况下剧场垂直温度分布情况示意图，室内大部分区域的温度处于 23～25℃ 的范围内，人员活动区域的温度处于 23～24℃ 之间。与上送下回式相比，由于空调送风直接送入人员活动区域，送风量较小。但由于一层看台及二层看台后侧区域距离座椅送风口较远，因此温度偏高，约为 24～26℃，此区域内舒适性较差。这也是纯座椅送风方式常见的问题。

4）座椅送风＋局部顶送风式

本工况下的设定条件为：在上述座椅送风的基础上，在第一层和第二层后侧人行走道区域增设下送风口，此工况下空调系统总送风量约为 $70000\text{m}^3/\text{h}$。

如图 3-25（c）所示，此工况下第一层和第二层后排区域的温度维持在 22～24℃，热舒适性较以上两种工况有明显提高。

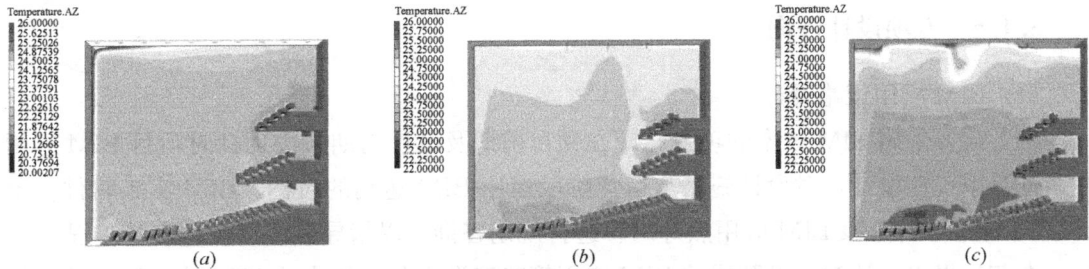

图 3-25 三种气流组织方式工况下剧场垂直温度分布
（a）上送下回式；（b）座椅送风式；（c）座椅送风＋局部顶送风式

5）3 种气流组织方式的比较讨论

如表 3-12 所示，列举了 3 种气流组织方式的对比情况。可以发现，两种座椅送风的气流组织方式的空调效果较好，室内舒适性较高，空调送风量小。且根据模拟结果，在座椅送风工况下，即使送风温度提高至 22℃ 仍可以保证室内人员活动区域的热舒适性，节能效果显著。而"座椅送风＋局部顶送风"的气流组织方式相较于常规座椅送风方式，风量只需少量增加即可消除空调区域死角，进一步提高室内舒适度。

三种气流组织方式对比   表 3-12

气流组织方式	风口送风量 （m^3/h）	风口数量 （个）	送风温度 （℃）	效果评价
上送下回式	1000	98	20	送风总量大，能耗高，存在死角

气流组织方式	风口送风量 (m³/h)	风口数量 (个)	送风温度 (℃)	效果评价
座椅送风式	45	同人数	20	送风量减小,舒适度提高,存在死角
座椅送风＋局部顶送风式	45	同人数	20	增加后排局部送风,舒适度进一步提高,消除死角

6) 比选结果

大剧场观众厅分为两个空调系统,观众厅池座空调系统送风量为 50000m³/h,观众厅楼座空调系统送风量为 25000m³/h。送风方式为"座椅送风＋局部顶送风"方式,每个座位的送风量为 45m³/h,送风柱内气流流速为 1m/s,送风孔风速为不大于 0.25m/s,回风为上回方式。

(3) 项目点评

一般大型剧院建筑中观众厅池座和楼座空调系统的常规设计思路是采用座椅下送风的全空气空调系统,但该方式存在送风死角,导致局部观众舒适性差的问题。在同类剧场观众厅空调系统的设计选择上,可以考虑采用"座椅送风＋局部顶送风"的气流组织方式,不仅能有效解决纯看台后侧区域送风不足的问题,提升局部区域舒适度,还可有效提高系统的整体送风效率和节能效果。

3.1.5 专项设计咨询

(1) BIM 应用策略设计

对于需要采用 BIM 技术的项目,应在项目前期及设计初期阶段,针对项目 BIM 应用策略进行系统性设计,对设计施工与运营阶段运用 BIM 达到的目标、BIM 实施软件、统一 BIM 标准、各阶段 BIM 应用点等内容进行规划咨询,以指导后续的设计实施过程。

本节仅提出设计初期可开展的 BIM 应用策略咨询服务,细化的 BIM 技术咨询的具体工作服务内容分析请参见本书第 8.4.1 章节。

【案例 8】 上海中心大厦 BIM 设计软件的选定

上海中心大厦设计初期,为了塑造一个自由形体的塔,选择合适的三维软件非常重要。从目前国内应用较多的建筑设计软件来看:Autocad 主要用来绘制二维图形,3DSMAX、Maya 则被用来绘制效果图和建筑动画,而大多数建筑师喜欢的 Sketchup 建模软件在处理自由曲面时的功能相对较弱。经过分析研究,最终选择了工业领域的 Rhinoceros 来完成对自由曲面的构建,而在设计的推敲过程中结合 Grasshopper 来控制形体的变化,亦即参数化,从而得到建筑师满意的空间形态。同时,通过 Rhinoceros Scripts 来快速生成表皮。

而在施工图深化设计阶段,BIM 的重点应在于建筑、结构、机电等各专业间的协调。目前基于 BIM 平台的三维软件很多,包括 Autodesk 公司的 Revit 软件系列,GraphiSoft 公司的 ArchiCAD,以及 Gehry Technologies 公司的 Digital Project 等。经过分析研究,选择采用操作简便、相对完整的 Revit Architecture、Structure、MEP 这一 BIM 平台，通过向模型中添加建筑相关信息，如构造、材料、尺寸等构筑比较完整的信息模型，实现施工深化的三维模型重构。

【案例 9】 某超高层项目 BIM 应用实施标准

在该超高层项目建设伊始，即成立内部 BIM 工程中心，并聘请外部 BIM 咨询顾问团队，共同形成其 BIM 应用实施标准并逐步更新完善。应用实施标准规定的主要内容如表 3-13 所示。

某超高层项目 BIM 应用实施标准　　　　　　　　　　　　　　　　表 3-13

实施标准模块	内 容 摘 要
基础条款	一般条款；工作界面划分；工作职责
应用软件架构	建模软件；整合应用软件；共享协同平台
文件交换策略	文件发布要求；文件和文件夹命名方式；文件更新
模型分级	模型分级原则；几何精度分级；信息分类；模型级别表述
工作流程最佳实践	会议执行流程；报告提交流程；碰撞分析流程；碰撞报告填写要求；施工模拟流程；文件发布流程
专业细化条款	混凝土结构；钢结构；外幕墙体系；内幕墙体系；MEP 综合系统；垂直升降电梯；擦窗机；装饰工程
附件	BIM 软件导出 dwg 文件设置；MEP 系统识别颜色编码

（2）绿色建筑与建筑节能设计

在工程设计过程中，依据项目类型和特征进行研究分析，针对项目的建筑、结构、机电各专业领域选择合适的绿色建筑和节能策略，并将绿色技术与建筑设计表现相融合，以此为基础提出绿建节能设计措施方案建议并进行可行性论证。

绿建节能咨询的具体工作服务内容分析请参见本书第 8.1 章节。

【案例 10】 都江堰市向峨小学全木结构绿色校园

向峨小学位于都江堰市向峨乡，属地震频发带，原校舍在"5·12"汶川地震中全部垮塌。在向峨小学重建工程中，受地形地震影响和环境资源匮乏等的多重限制，为同时满足建筑安全及绿色节能要求，经过分析研究，在结构材料和雨水收集利用系统上进行了绿色创新设计，使向峨小学成为灾后重建学校中绿色、环保、节能的标志性建筑。

（1）全木结构设计。重建的向峨小学经灾后教育整合要求，规划总用地面积 2.11hm²，校舍总建筑面积 5750m²，主要由教学综合楼、宿舍和餐厅等组成。考虑到木结构具有良好的抗震性能，同时具有优良的环保、节能、材料可再生和低污染等特点，校舍建筑除厨房部分采用钢筋混凝土结构外，其余单体建筑均采用木结构。为保证木建筑的持久使用，针对木材料进行了防火、防潮、防虫等的特殊设计。

（2）雨水收集利用系统设计。向峨乡位于都江堰东北部，现有水资源并不丰富，因此在本项目中的雨水收集利用系统设计为将屋面雨水和地面雨水一起收集，屋面雨水经雨水斗和雨水立管排至室外雨水井，与地面雨水合流后经室外排水管网汇集至雨水收集池，经过沉淀、过滤、消毒等措施后送回至各卫生间进入冲水系统，有效降低了水资源的消耗。

（3）特殊生产工艺设计

对于医疗、工厂、信息系统工程、集成电路工程、环境污染防治等具有特殊生产工艺的项目设计，需要针对相关工艺进行研究分析，在设计过程中融入工艺带来的特殊要求，以保证设计方案的合理适用。必要时需与相关的专业咨询机构合作完成。

【案例 11】　某银行数据中心设计

由银行相关部门、设计方、通信设计咨询机构合作，对系统安全等级、通信工艺、空调方式、供电方式、节能标准与参数、结构荷载、建筑分割使用要求等方面内容进行研究咨询，共同制定设计方案。

【案例 12】　某新区医院项目设计

在设计方案的制定过程中，需系统考虑医院的科室设置、门诊规模预测、科室规模及床位规划、诊疗设备布置及管理、洁净要求、医废处理与环境保护等内容。

【案例 13】　某飞机修理厂总装厂房设计

在设计方案的制定过程中，需系统考虑飞机修理、装配的生产流程、平面布置、零部件仓储运输、结构荷载、空间体量、动线规划等内容。

3.1.6　设计阶段工程经济

设计阶段工程经济的主要任务是利用相关工程价值计算方法，对设计阶段的过程造价进行估算，确保设计方案可以体现经济性原则，最终实现节约工程建设投资的目的。对工程经济中的设计阶段实施造价控制是事前控制的重要体现，据相关调查资料分析，设计费用在整个工程成本中所占的份额仅为 1%，但是其对工程总造价的影响程度却达到了75%。工程经济中设计阶段的造价控制作为全过程造价控制的关键部分，对整个工程造价控制的效果具有直接影响。

通过引入第三方造价咨询单位参与设计阶段的经济控制，可以从限额设计、优化设计方案、节约工程建设成本等方面协助设计阶段进行系统性的造价经济管理，进而保障与提升工程项目的整体效益与质量。

设计阶段工程经济咨询的具体工作服务内容分析请参见本书第 7 章"全过程工程咨询的投资控制"第 7.2 节"设计阶段投资控制"。

3.2　设　计　管　理

3.2.1　设计管理概述

（1）设计管理的定义

设计管理是指应用项目管理理论与技术，为完成一个预定的建设工程项目设计目标，对设计任务和资源进行合理计划、组织、指挥、协调和控制的管理过程。

（2）设计管理的阶段划分

设计管理不仅限于项目设计阶段的设计过程管理，它基本上贯穿于项目建设的全过程。

1）前期（分析决策）阶段。包括项目投资机会探究、意向形成、项目建议提出、建设选址、可行性研究、项目评估以及设计要求提出等分析决策过程。

2）设计阶段。主要是设计过程，包括设计准备、方案设计、初步设计、施工图设计，以及会审、送审报批等。本阶段的设计过程管理是项目设计管理的重点。

3）施工阶段。包括设计交底、协助设备材料采购、现场设计配合服务、设计变更、修改设计等过程。

4）收尾阶段。包括参与竣工验收、竣工图纸等文件整理和归档、设计回访与总结评估等过程。

（3）设计管理的核心

设计管理的核心是通过建立一套沟通协作的系统化管理制度，对与项目设计相关的一系列活动进行全方位的计划、协调、监督、控制和总结评价，与业主、设计单位、政府有关规划、建设主管部门、施工单位、监理单位以及其他项目参与方建立全面良好的协作关系，从而切实保证建设工程项目设计管理各阶段的质量、投资、进度目标等得到有效控制，实现建设项目规定的目标。

（4）设计管理的类型

业主方设计管理的类型主要有以下三种形式：业主自行管理、委托管理和混合管理。

1）业主自行管理

业主自行管理是指业主自己组织设计管理团队。其工作重点是：项目设计主管的选择；确定设计管理组的规模结构；确定项目设计管理的深度和重点。这种形式要求业主自身拥有较强设计管理力量，拥有足够丰富经验的设计管理人员，尤其是对于复杂的大型公共建筑，往往需要业主方有门类齐全、人员众多的管理机构及技术部门加以支撑。

2）委托管理

委托管理指业主把设计管理工作委托给专业单位（如设计总包、专业咨询单位等），代替业主进行设计管理，适用于业主方缺少经验丰富的设计管理人员，仅靠自己的力量难以完成设计管理任务的情况。其工作重点是：拟委托单位的选择及选定；签订委托合同；明确授权范围、程度和双方权利、义务、责任；审查并确认专业单位组建的设计管理部的组织结构。在这种形式中，业主依靠专业单位来完成项目设计管理，发挥其专业技能和实践经验的优势，提高设计管理的质量。

3）混合管理

混合管理是指业主自行设计管理与委托设计管理相结合的形式，即由业主方的部分设计管理人员与受聘专业单位的专业化设计管理人员，混合组成项目设计管理团队。其工作重点是：项目组织形式与项目设计经理的选择；选择与选定设计管理单位；签订委托合同，明确双方的权利、义务、责任等；审查组织结构及职能分工的确定。这种形式聘请专业设计管理人员可以弥补业主方设计管理人员在技术和管理经验上的不足，业主设计管理的费用相对较少。这种形式适用于业主自身拥有一定数量的经验丰富的设计管理人员，但缺乏大中型工程项目的设计管理经验，不足以独立完成专业化程度较高的设计管理工作。

3.2.2 设计管理的主要工作内容

（1）项目前期设计管理的主要内容

1）参与项目前期策划，包括环境调查分析和项目决策策划；

2）以建筑策划为主参与拟建项目的项目构思和分析决策；

3）参与编制项目建议书；

4）参与拟建项目的建设地址选择、论证，参与编写选址报告；

5）参与拟建项目可行性研究，参与编制可行性研究报告；

6）参与组织项目评估，参与编制项目评估报告；

7）检查项目建设外部条件的落实情况，包括环保、人防、消防、抗震、交通道路、安全、卫生等各专项和供水、排水、供电、供气、供热、通信、建筑智能化等配套项的征询、审批等前期手续的办理；

8）取得规划设计条件，参与申办建设用地规划许可证；

9）配合项目部做好前期合同管理、沟通协调和信息管理等工作。

（2）设计阶段设计管理主要内容

1）按设计管理计划中的设计过程管理计划内容，对设计输入、设计实施、设计输出、设计评审、设计验证、设计更改等设计重要过程的要求及方法予以明确。

2）在项目总体构思和项目总体定位的基础上，充分研究分析已批准的项目前期文件和业主建设目标及意图，并以其为依据，策划和编制设计要求文件、设计招标书、设计竞赛文件等。

3）根据项目设计特点，策划项目设计质量、投资、进度目标，编制其控制计划及其实施措施，拟定控制要点等。

4）参与和设计相关的科研、勘察、外部协作、评价论证及谈判等管理工作。

5）确定建设项目设计委托方式。

6）组织设计方案招标或竞赛（征集），实施设计方案评选，协助确定中选方案并送审报批，落实设计方案修改优化。

7）组织初步设计及施工图设计招标、签订设计合同，实施设计合同管理。

8）向设计单位提交设计各阶段所需的依据性文件、政府批文、工程设计基础资料、外部协作单位的供应协议、技术条件等工程数据等。

9）设计过程的跟踪控制。在设计合同中或单独形成对设计单位的"设计管理配合要求"，在初步设计及施工图设计进行过程中，组织设计管理人员前往设计单位，及时对设计人员资格、专业配合、设计活动、设计输出文件（必要时，包括对计算书的核查）等进行跟踪检查。

10）实施设计过程设计质量控制。对设计进行有效的质量跟踪，及时发现不符合质量要求的设计质量缺陷，审核各阶段设计文件，保证设计成果质量，实现设计质量控制目标。

11）审核概、预算，所含费用及其计算方法的合理性，实施各阶段设计投资控制。

12）控制设计进度，包括各设计阶段以及各专项设计的进度管理，满足工程项目报建、招标、采购和施工进度的要求。

13）做好设计过程的接口管理。包括各设计专业、各专项设计的技术协调；设计前期总体设计与后期的专业深化设计的协调配合；设计计划与采购、施工等的有序衔接及其接口关系的处理工作。

14）对参与设计的设计单位进行配合、沟通、协调、管理，协调包括中、外设计机构的相关设计单位的协作关系。

15）根据满足功能要求、经济合理的原则，向各设计专业提供所掌握的主要设备、材料的有关信息，并参与选型工作；审核主要设备及材料清单，设计采用的设备、材料提出反馈意见。

16）与外部环保、人防、消防、地震、节能、卫生以及供水、供电、供气、供热、通信等有关部门间的协调工作；配合设计单位按设计进度完成项目专项设计和设施配套。

（3）施工阶段设计管理主要内容

1）参与组织施工、监理和设备材料采购招标投标及相关合同策划与签订工作。

2）参与对施工单位施工组织设计的审查，对实现设计意图的主要施工技术方案、质量、进度及费用保证措施做必要的论证。

3）准确、齐全地向施工单位、监理单位等有关单位提供施工图设计文件和有关工程施工的资料。

4）组织设计、监理、施工单位进行施工图设计会审和设计交底。

5）协同施工管理部门做好施工过程中的相关设计接口工作，处理设计与施工质量、进度、费用之间的接口关系。

6）参与现场质量控制工作，参与工程重点部位及主要设备安装的质量监督等。

7）督促设计单位配合施工，协同设计单位，参加施工中主要技术问题的设计校核与处理等。

8）进行有关设计的施工质量跟踪检查，发现偏差时，及时与设计、施工和监理等单位沟通，处理并解决现场问题。

9）参与或协助材料设备等货物采购工作，协同采购部门做好采购过程中的设计接口工作。

10）严格控制工程变更，及时处理设计变更（包括设备材料的变更），修改设计文件。工程变更造成合同工程的工程量发生变化，施工进度和费用亦随之发生变化，故应包括因变更而引起的施工进度和费用控制工作。

11）参与有关施工过程中的投资控制工作，协助合理确定工程结算价款，控制工程款支付的条件，工程进度款的支付以及索赔等。

12）参与处理工程质量事故，包括事故分析，提出处理的技术措施，或对处理措施组织技术鉴定等。

13）参与重要隐蔽工程、单位、单项工程的中间验收，整理工程技术档案等。协同有关部门做好项目竣工收尾准备的相关管理工作。

14）明确与政府相关管理部门、施工、采购和有直接关系的市政配套单位之间在设计工作方面的关系，全面及时地做好设计沟通协调工作。

15）按信息管理规定要求，负责做好设计管理职责内的包括项目文件资料管理的信息管理工作。

（4）收尾阶段设计管理主要内容

1）协助施工单位制定项目竣工计划，提供必要的计划目标实施支持，参与检查项目竣工计划，按有关规定提供必要的计划目标实施支持，协助创造项目竣工计划实施条件。

2）协同施工、监理、设计单位，参与项目竣工资料的整理工作，按照项目竣工资料的整理规定要求，保证竣工资料真实、完整、准确、系统和规范，符合归档备案的管理要求。

3）根据国家对编制竣工图的基本要求和分工规定，对设计单位重新绘制、施工单位修改补充、建设单位自行绘制的竣工图实施分别管理，参加对竣工图的编制、整理、审核、交接、验收活动。

4）参加竣工验收申请报告和项目竣工验收条件（包括项目竣工实体收尾、竣工资料的整理）的检查核实工作；实地查验工程质量，检查已完工程是否符合设计要求。督促设计单位提供竣工验收技术支持和服务。

5）识别整理竣工验收的依据资料，督促设计单位提供竣工验收技术支持和服务。

6）参加各阶段各项竣工验收的组织、审阅竣工资料、评价验收、项目移交和竣工验收备案等工作。

7）参与项目竣工结算、竣工决算、保修的投资控制，包括竣工结算报告审核确认、编制项目竣工决算编制与送审报批、投资控制评价总结、工程质量保修费用处理等工作。

8）按国家现行标准规定，参与完成项目竣工验收文件资料的整改、整理、交接、归档等工作。

9）工程竣工验收合格后，参与项目竣工验收报告编制和附件整理工作。

10）参与检查生产性项目试运行前的准备工作，按设计文件及相关标准检查已完成项目范围内的生产系统、配套系统和辅助系统的施工安装及调试工作。督促设计单位提供试运行过程中的技术支持和服务，处理出现的有关设计的问题。

11）参与项目考核评价中的制定考核评价办法、确定考核评价方案、实施考核评价、提出考核评价报告工作；编制项目的设计管理工作总结。

12）回访设计单位，请设计单位对设计进行总结，设计回访和后评价，提出供业主改善建设项目使用的建议与意见。

3.2.3　设计管理的重点及控制措施

项目的设计质量、投资和进度控制是设计管理的三项重点。

项目的设计质量不仅直接决定了项目最终所能达到的质量标准，而且决定了项目实施的进度水平和费用水平。尤其在当前，推行节能建筑、绿色生态建筑、智能建筑，坚持可持续发展，这对项目设计水平和设计质量的控制较以往面更广、度更深、要求更高。

设计过程的投资控制与设计质量要求，设备材料选用，设计标准选择，功能性要求，结构与艺术的合理等要素密切相关。无数大型建设工程的项目实践证明：加强设计过程的项目管理将节约项目投资，为业主带来极大的经济效益。因此设计过程项目管理对投资控制显得尤为重要。

设计进度的控制直接关系到设计文件能否按时完成，对项目设计文件审批、后续的采购、施工招投标及施工将产生重要影响。一般影响设计进度的因素除政府部门、业主方、设计单位外，来自各方面不可预见的因素会不时出现，设计进度的控制是个复杂而艰巨的工作。

（1）设计质量管理

在项目设计管理中，相关参与主体都依法承担设计质量责任。设计质量管理，对于设计单位、工程总承包单位（EPC）而言，主要是其内部控制；对于项目业主及管理单位而言，主要是对设计方的设计服务活动及其提交的设计文件的控制，其控制措施举例如下：

设计要求文件的编制。设计要求文件是工程项目设计的依据，是设计质量管理的重要内容。建设工程项目的每一个设计阶段都应该有针对其阶段的设计要求文件，根据设计阶段或专业的不同，对设计起指导作用的设计要求文件也不同。例如方案设计要求文件、方案竞赛（征集）文件、方案设计任务书、方案优化要求文件、初步设计任务书、修改初步设计要求文件、施工图设计要求文件，以及景观、幕墙、精装修、智能化、节能等专项设计要求文件。

编制并提出建设项目设计要求文件是一个建筑产品的目标、内容、功能、规模和标准的研究、分析、细化过程。在设计管理中，应足够重视向设计单位提出设计要求文件，否则设计单位设计出来的设计文件会偏离业主对拟建项目的预期，对实现项目目标影响极大。以项目前期的方案设计要求文件为例（表3-14），要求中征集了业主方各部门的关注点，既是指导方案阶段设计的方向控制要素，也是后期检验设计成果对需求响应度的复核依据。

根据设计要求及相关规范完成的方案设计、初步设计、施工图设计各阶段及其各专业（建筑、结构、给水排水、暖通、电气、景观、幕墙、精装修、智能化、泛光照明、标志标识等）的设计成果，包括设计说明、图纸、分析图、概、预算文件以及效果图、模型等，还需满足各阶段及其各专业的设计深度的要求。以方案阶段景观设计为例，如表3-15所示。

方案设计要求

表 3-14

序号	关注维度	填写内容说明	方案设计要求
项目背景			
1	项目的预期交付时间节点与开发节奏	指交付使用的时间要求、是否分期开发与交付	例:本项目计划分2期开发,其中1期要求20××年×月交付使用,2期要求20××年×月交付使用
2	项目开发过程中供需关系、管理关系与组织构架	指定项目总负责人、过程中的需求主要来源、需求确认的责任人、各项工作执行人的名录与组织构架等	例:本项目由××部×××作为项目总负责人,建设过程中新增或调整需求由××部×××负责收集,经××部×××批准后提交给需求接收人×××,由项目总负责人审批确认后执行。项目建设团队成员为××、×××
3	项目运营模式	指项目是否为自建、代建、收购等开发模式,运营是否按自用、自营、出租、出售等模式,物业是否按园区行政管理、或外部物业单位管理等	例如,本项目为自建项目,未来按一半自用一半出租,物业为公司外聘甲级物业公司管理
4	产权意向	指出售、出租、自用、自营等产权意向,未明确、待定、存在变化的,按各种可能性中要求最高的执行	例如,本项目定位为自用园区,不做全部或局部对外出租、出售
5	项目竞品	指作为本项目建设比较、看齐、竞争、超越的参照案例	例如,本项目为自用园区,需超越××期的整体品质……本项目为对外招租写字楼,需与周边××房产项目竞争同类客户,或与××项目形成差异化竞争关系
规划要求			
6	技术经济指标	规划条件及土地出让合同中的相关技术经济指标参数,如用地面积、建筑面积、开发容积率、绿化率、限高等	按规划条件录入技术经济指标
7	对各项规划指标是否突破指标的要求	是否需要突破规划条件,前期需做与政府方面的沟通	例如,本项目除限高意向突破到150m外,其余指标完全按照规划条件要求执行设计
8	规划总图布局	对城市区域空间关系的作用、开口位置与数量的理想化要求、与城市道路的关系、对环境条件的利用要求等	例如,本项目定位为本区域的地标建筑,吸引××方向与××方向人流在此交汇。建议总图设计在××路方向退让出一定距离减弱对道路空间的压抑感。本项目需克服地势高差的不利条件,有效解决交通流线的组织问题
9	决策层面对本项目强调的特殊要求	如特别指定需要设计特定功能、建筑形态要求、期望目标等	例如,根据决策层要求,在南入口设置地面水景,核心区域需设文化讲坛一处
10	评奖评杯目标	指是否需参评中国绿色建筑、LEED等绿建评估认证,并需明确是否做到设计认证、预认证,或实施认证,是否需参评鲁班奖等工程建设目标	例如,本项目参评LEED银级实施级认证,工程需参评鲁班杯

序号	关注维度	填写内容说明	方案设计要求
规划要求			
11	指定本项目须应用的标准化模块	如标准化办公单元、标准化工程做法等	例如,本项目需应用××标准化办公单元模块、××防水标准化做法
12	指定本项目须参与的研发工作	如智慧城市/智慧楼宇的研发、新研发产品/体系的应用	例如,本项目设计需进行访客流线体验与访客中心规划功能的研发
13	指定本项目可评估应用的新技术	如要求评估市场某项新技术或新科技产品的适用性后应用	例:本项目可评估××技术是否适合采用
品质定位			
14	大型功能指定	对建设项目中大型功能区配置的指定性意见,例如,园区是否需设独立访客中心、是否设集中服务的餐厅等	例如,本项目应设置独立访客中心,员工餐厅设于一层或二层,不设于地下
15	立面形象	立面材质及色彩要求、是否设屋顶或立面LOGO、是否做建筑立面泛光	例如,立面形式不限,但不采用面砖,立面不设大型LOGO,建筑立面不做泛光。立面上不应显露落水管,卫生间等如临窗需考虑遮蔽处理
16	泛光照明	明确是否做泛光,是做动态主题泛光还是氛围渲染、重点部位是否强化	例如,本项目在×号楼北立面可作泛光动画,其余楼栋以氛围效果为泛光主题,景观沿河道做泛光设计
17	景观布局	明确是否设集中式大绿地、大水池,主楼屋顶、裙房屋面是否设置绿化	例如,本项目应在中心部位设置大型集中绿地草坪,每栋楼前应设水池。主楼屋顶不设绿化,裙房屋面设上人绿化
市场招商			
18	主要室内格局形式	室内格局形式的要求,如是否设内走道、大开间办公、隔间办公室、单元式办公、集中会议室等	例如,本项目办公空间不设独立办公室,会议室按常规配比设置,集中设于会议中心或某一层,其中小会议室建议适当多一些
19	楼层净高要求	大堂高度、底层商业高度、食堂餐厅高度、办公标准层层高及净高、架空网络地板高度,对设备管线高度等的指标要求	例如,本项目大堂高度:不超过11m 底层商业高度:不超过5.5m 食堂餐厅高度:不超过5m(局部造型区域除外) 标准层层高:不超过4.5m 标准层净高:不低于3.1m 空调主风管高度:不超过550mm(含保温及施工空间)
20	配套商业定位	需引入哪些商业服务设施或品牌、底层商业是否需预留中餐业态(设烟道)、是否设集中食堂与厨房、是否需设银行、邮局、健身房等功能、商场内部各种功能如何定位(牵涉空调系统是否独立还是共用)	例如,本项目设中餐厅(不少于2家)、麦当劳/肯德基、ATM自助取款、自营代收发小邮局、设员工健身房、医疗室,商场1~3层为单元式铺店,4层为卡拉OK(营业期比商场长,设独立出入口,空调系统与商场分开)、5层为影院(出入口可与卡拉OK共用,空调系统与商场、卡拉OK都分开)

序号	关注维度	填写内容说明	方案设计要求
市场招商			
21	预留广告位	立面是否预留主广告招贴/LED屏幕位置及尺寸要求、底层商业的牌匾位置、是否设室外场地地面立招	例如,本项目底层商业在1层横梁高度范围内预留各商铺的牌匾安装,在北侧广场中预留2处立招(以8m左右高度为宜)
22	电梯参数	配置标准如每部服务4500m²或更少、候梯时间、电梯运行速度、载重量、品牌要求、轿厢内硬件配置等	例如,本项目电梯按每部服务4000m²配置,电梯型号选用1600kg的一线进口或合资品牌,速度选用1.5m/s,轿厢选用成品精装修轿厢,配置空调、盲文操控面板。
23	卫生间配比	配置标准、是否超配、是否设独立残卫、是否设行政卫生间等	例如,男卫按规范标配,女卫需超配1~2个/间,每层均设独立残障卫生间,2层以上每层加设独立行政卫生间(带淋浴、更衣)
24	服务功能配置	指定是否需设置特定功能房间如公共茶水间、ATM、自动售卖机等设备;是否设哺乳室;是否设物业人员休息间;是否设室内外吸烟处等	设公共茶水间(配设微波炉、咖啡机),一层设自动售卖机、ATM,员工区设哺乳室(靠近女卫),每层设物业人员休息间1处(3~4m²),不设室内吸烟处,在地面景观中集中设1~2处吸烟区
25	停车配比配置	配比或期望数据要求,对每百平方米的停车数要求、是否设机械车位、电动车充电桩、残障人停车位、孕妇车位、大巴车位、是否设独立停车楼	例:本项目需停2500辆汽车,其中办公区按0.6辆/百m²,地下不超过20%可采用机械车位,配置3个电动汽车充电桩,靠近电梯厅区域设2个残障人专用停车位,东入口需设3部大巴车停车场地
26	标识	公司LOGO设于入口或立面、屋顶等部位、整体标识设计风格要求	例如,入口处附近需设公司LOGO,建筑立面上不再设LOGO。室内标识需体现IT企业的活力特征及简洁高效
运维管理			
27	安防运维策略	如园区是否为开放式园区,后期物管、安保、警报大致策略与管理原则等	例如,本项目为开放式园区,不设围墙,物业安保主控大堂人流、疏散楼梯间进出人流与地下室进出车辆登记,大堂设速通门,不用梯控晚上21:00~次日早上6:30对进入建筑渠道进行限制性开放(只开放大堂安全门);物业拟聘国内一流物业公司
28	计量计费策略	指结合出租、出售、自营策略,对相应面积区域的用电用暖用水等的计量方式	例如,本项目写字办公部分按单元进行分户计量,地暖分层计量按面积分摊单价计费
技术要求			
29	交通组织	明确出入口数量、位置与基本内部流线组织行进方向、停车导向、人车分流、非机动车停放等原则性要求	例如,本项目设置×个出入口,道路设计宽度6m,双车道能行。注意消防车道的设置
30	基本结构选型	基于结构安全性的选型比较,明确合理的结构选型原则(在成本充裕前提下允许结构形式适当夸张,成本紧张时约束可用的结构类型)	例如,本项目不应采用安全系数低或结构成本过大的造型,在成本差异不超过5%的前提下,优先选用安全系数高的结构方案

序号	关注维度	填写内容说明	方案设计要求
技术要求			
31	暖通选型	指空调系统冷热源、冷媒选用要求,空调系统(全空气、空气—水、全水、制冷剂系统)选用原则,是否有条件利用冰蓄冷系统,是否配置 24h 冷却水,空调系统冷却塔拟设位置等	例如,集中式空调冷热源系统形式:水冷式电驱动型冷水机组＋燃气型真空式热水机组,空调冷、热水系统,主机采用环保冷媒,冷却塔设置于屋面
32	电气系统要求	是否双路供电、是否设柴油发电机、是否设太阳能发电等	例如,本项目需双路供电、设柴油发电机、应急电源及 UPS 不间断电源
33	给排水要求	给排水系统选型要求、节水节能减排措施,是否需 24h 热水供应、是否做太阳能,明确太阳能集热板选择位置等	例如,本项目需 24h 热水供应
34	排烟选型	机械排烟、自然排烟的选择(关系到立面开窗数量、影响立面效果)	例如,本项目大空间办公室采用 2% 可开启外窗的自然排烟方式。防烟楼梯间、前室或合用前室均设置各自独立的加压送风系统。其中防烟楼梯间按地上段、地下段分区各独立设置加压送风系统
35	智能化技术要求	对各类弱电智能化功能的指定要求或接口预留要求、特定设备用房(如是否设 IDC 机房)、设备基础与接口预留(如屋顶卫星天线)、无线扩展方面的要求,如照明控制方式、计量方式(与经营策略相关)等	例如,本项目智能化按 400 元/m² 暂定,根据具体选项内容进行成本投资校核,拟采用全 WIFI 覆盖(含景观室外场地、地下室停车场),大堂、电梯厅(含地下室电梯厅)、楼梯间前室设动作感应器及人脸识别功能,弱电控制室要求设于地面 1 层,全楼采用照明智能化控制系统
36	人防	指拟申报人防等级与优化方向	例如,本项目人防面积尽量少建,可评估做五级人防与六级人防的成本差异再做选择,确定人防等级后,优先采用做人防物资库(减少建设)
成本目标			
37	室内配置档次	室内各部位的配置档次与定价阶位以及大开间、走道是否满设地毯、是否需做吊顶等	例如,本项目大堂按 8000 元/m² 规格、电梯厅按 3500 元/m²、公共走道按 1200 元/m²(含地毯),卫生间、茶水间按 6000 元/m²(含洁具),公共部位精装交付,办公区毛坯交付(不做地板与吊顶),餐厅食堂毛坯交付
38	景观配置档次	景观配置价位档次、中心绿地选位与形式、景观水池、喷水池、旱喷、运动场所等要求	例如,塔楼屋顶不做上人绿化,裙房屋面需做上人绿化,地面景观按 1500 元/m²,需设大于 500m² 集中绿地一处,美式风格(草坪＋高大乔木),入口附近需设大于 300m² 水池一处,不设喷水
39	智能化配置选项	明确这些项目对应的成本目标应计入成本控制的估算,使方案成本控制目标更为可靠	例如,本项目拟采用停车场及车位引导系统、防盗报警系统、出入口速通门控制系统、巡更系统、电梯五方对讲、无线对讲、公共广播、综合布线、有线电视、卫星电视系统、楼宇 BA、信息发布、不间断电源等,各项内容对应的成本目标为

方案阶段景观设计深度要求   表 3-15

序号	工作内容清单	深度要求
1	景观方案设计说明	设计依据及基础资料；场地概述；总平面设计（含设计原则、总图构思、主题等）、功能分区、主要景点设计及景观元素、种植设计、对地形及现状情况的改造利用情况、技术经济指标、其他根据项目内容情况需要的说明）
2	总平面图	设计范围、建筑轮廓线、标明建筑物名称、层数出入口等；道路系统、停车场位置；标明设计范围内景观各组成元素的位置、名称（如水景、铺装、景观建筑小品及种植范围等）、主要地形设计标高及设计等高线、风玫瑰或指北针
3	重点设计区域的总平面放大图	明确放大部分的细部设计
4	表达整体设计方案的场地/景观；剖面图（比例待定）	根据方案及相关专业提资情况选取部位表达主要设计标高、主要控制点高低错落关系
5	立面图（主要空间）	根据方案情况选取部位表达主要空间立面设计
6	全区景观植物配置平面图	表达乔木、花灌木、草坪等植物大类的设计区域
7	与建筑规划方案相匹配的室外园区；流线平面图（彩图）；含人流、车流、货物流线等	根据相关专业或专业设计单位提资，表达室外主要已设计流线
8	设计师材料样板	室外主要基调铺装材料样板，如为少量用材提供材料图片供相关方参考
9	景观成本估算	满足该阶段需要，作为下一阶段设计成本控制依据
10	方案优化版的重点设计区域景观透视效果图（不少于×张）	根据方案设计具体内容选取相关部位表达能体现重点设计构思的 SU 场景效果图
11	方案最终版提报文件（PPT）	含本阶段方案设计内容及相关情况，满足该阶段汇报需要

（2）设计实施计划的审定

在设计单位开始设计前，设计管理部门应将设计依据文件资料送至设计单位；要求设计单位提供该项目的设计实施计划。设计管理负责人应对设计单位提交的"设计实施计划"予以审定，对设计输入、设计实施、设计输出、设计评审、设计验证、设计更改等设计重要过程的要求及流程予以明确。

以设计变更流程为例，如图 3-26 所示。

（3）设计质量的跟踪控制

在设计进行过程中，设计管理部应按设计质量控制计划组织控制人员，对设计单位各阶段各专业提交的成果文件进行审查。审查依据是规范文件及根据项目设计特点事先确定的《设计要点审核工作指引》。

以方案阶段建筑、结构、水暖电审核要点为例，如表 3-16 所示。

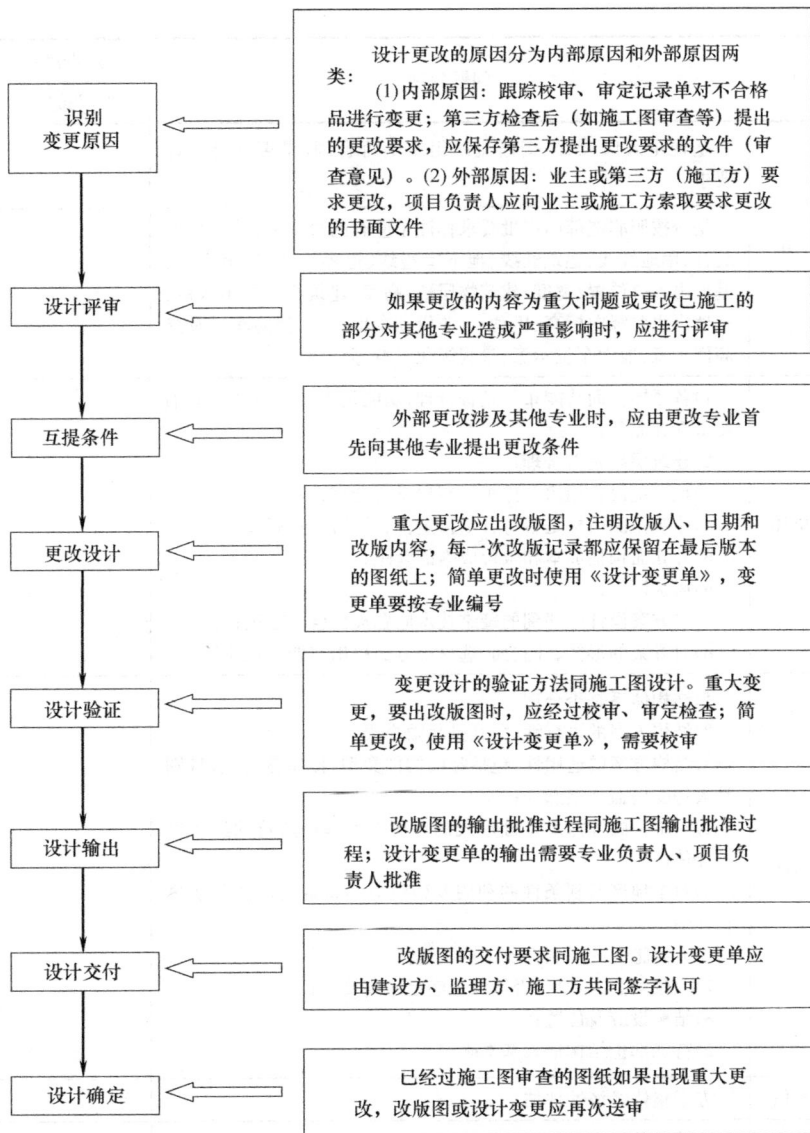

	设计更改的原因分为内部原因和外部原因两类： (1)内部原因：跟踪校审、审定记录单对不合格品进行变更；第三方检查后（如施工图审查等）提出的更改要求，应保存第三方提出更改要求的文件（审查意见）。(2)外部原因：业主或第三方（施工方）要求更改，项目负责人应向业主或施工方索取要求更改的书面文件
识别变更原因	
设计评审	如果更改的内容为重大问题或更改已施工的部分对其他专业造成严重影响时，应进行评审
互提条件	外部更改涉及其他专业时，应由更改专业首先向其他专业提出更改条件
更改设计	重大更改应出改版图，注明改版人、日期和改版内容，每一次改版记录都应保留在最后版本的图纸上；简单更改时使用《设计变更单》，变更单要按专业编号
设计验证	变更设计的验证方法同施工图设计。重大变更，要出改版图时，应经过校审、审定检查；简单更改，使用《设计变更单》，需要校审
设计输出	改版图的输出批准过程同施工图输出批准过程；设计变更单的输出需要专业负责人、项目负责人批准
设计交付	改版图的交付要求同施工图。设计变更单应由建设方、监理方、施工方共同签字认可
设计确定	已经过施工图审查的图纸如果出现重大更改，改版图或设计变更应再次送审

图 3-26　设计变更流程

方案设计要点审核工作指引（建筑、结构、水暖电）　　　　　　表 3-16

项目名称					审核人	
设计单位					审图时间	
专业	编号	审图内容	问题列项	是否满足"√"或"×"	问题描述	
建筑	1	目标、定位	是否符合设计任务书目标、定位要求；是否按设计配置标准执行			
	2	总平面	红线、退界、间距、四至坐标是否满足规划条件要求			
			主要技术指标表是否符合规划条件和设计任务书内容要求			

专业	编号	审图内容	问题列项	是否满足 "√"或"×"	问题描述
建筑	2	总平面	基地主入口设置、交通流线组织是否合理,是否满足交评要求		
			是否按照职能部门审批要求标注了应有的总平面标注(如指北针、用地红线、建筑红线、地下室边线、退界尺寸、四至坐标、基地出入口位置/宽度、建筑物层数/高度、建筑物主要出入口、基地内主要竖向标高、机动车/非机动车出入口、消防车道及登高面示意、地面车位示意、景观绿化示意等		
	3	建筑单体	1)各楼层平面功能布局是否合理,功能是否按照设计任务书要求配置完整; 2)建筑层高是否合理; 3)地下室设备用房及停车位布局是否合理; 4)建筑立面风格是否符合项目定位、设计任务书要求; 5)外立面预估成本和限价成本的差距。 6)风水评估; 7)对方案设计中遇到的疑难技术问题提出咨询建议; 8)对方案的形体、外立面、选材等方面提出节能优化建议		
结构	1	建筑单体	1)结构体系是否合理; 2)结构方案的可行性(尤其是超限高层); 3)结构方案的适用性,包括竖向构件类型、楼屋盖选型,特别是大跨度楼盖类型选择; 4)对结构的埋深及基础形式的可行性及基础造价的经济性的评估; 5)对本地区有利条件的利用及建设方的特殊要求的落实进行评估; 6)方案施工的便利性及工期长短; 7)大致梁高、板厚是否能保证满足净高要求; 8)结构设缝及位置; 9)特殊部位结构形式基本确定		
	2	成本预估	方案整体经济性评估		
	3	设计荷载	设计荷载标准		
给排水	1	总平面	室外管网供水、排水方案是否合理		
	2	建筑单体	1)明确项目是否需要太阳能系统、直饮水系统、雨水回收系统; 2)卫生间热水方案系统; 3)屋顶雨水系统; 4)与建筑方案配合的协调性; 5)方案的可行性、实用性、经济性进行评估; 6)设计方案中节能环保措施的评估		
暖通	1	总平面	室外设备及设备用房位置是否合理		
	2	建筑单体	1)空调系统方案可行性、实用性、经济性; 2)空调末端系统方案可行性、实用性、经济性; 3)采暖方案可行性、实用性、经济性(针对北方采暖区项目);		

专业	编号	审图内容	问题列项	是否满足 "√"或"×"	问题描述
暖通	2	建筑单体	4）厨房、卫生间供热水方案； 5）与建筑方案配合的协调性； 6）设计方案中节能环保措施的评估		
电气	1	建筑单体	1）用电负荷是否合理； 2）供电方案合理性、可行性、实用性、经济性评估； 3）与建筑方案配合的协调性； 4）设计方案中节能环保措施的评估		

（4）设计投资管理

设计投资管理对实现项目投资目标有着决定性的意义。可以应用价值工程和限额设计等管理技术和方法，对建设项目的投资实施有效的控制。

1）协助业主编写项目的总投资规划，明确项目投资目标。

2）对总投资进行切块、编制分解投资控制规划报业主审批，作为限额设计目标。

3）对设计方案进行技术经济分析评价和优化。

4）对初步设计、施工图提出优化设计建议，确保造价限额设计目标实现。大型项目设计中要避免设计思路的单一化，如空调形式的设置，如表 3-17 所示。

5）注意对某些建筑新技术、新工艺、新材料的应用。

6）各类设计投资控制报告和报表的制定，作为进行设计投资数值分析和相关控制措施决策的重要依据。举例如表 3-18 所示。

7）协助业主严格控制设计变更、设计补充、工程洽商等事项的发生。

8）协助业主审核招标文件和合同文件中有关投资的条款。

某项目空调形式设置建议　　　　　　　　　　　表 3-17

区域		空间位置特点	使用时间		空调建议方式	地暖
			用餐时间	非用餐时间		
裙房区域	婚宴区	空间大、层高高、人员集中	使用时间特定；人群集中，按区域使用	无	考虑到部分区域可以错时、错峰经营，因此建议在这些区域采用传统的冷水机组等模式为宜。这样机组的容量与配置能够得到合理的控制。维护和使用成本较为容易控制。同时送风方式建议采用低速单风道全空气系统	不宜使用，因为空间大，用时特定
	会议区	空间大、层高高、人员集中	无	使用时间特定；人群集中，按区域使用		
	裙房屋顶泳池区域	暂时作为开放区域，日后必将封闭作为室内泳池	使用时间约定		以采用独立的空气源热泵，便于独立控制，其热水可供泳池使用；室内以恒温恒湿控制	宜采用地暖

区域		空间位置特点	使用时间		空调建议方式	地暖
			用餐时间	非用餐时间		
裙房区域	酒店客服区	空间大,层高高、人员集中	24h运行,人群疏密不匀		考虑到部分区域负荷走向基本一致,考虑设置独立的冷热源系统,建议采用稳定可靠的冷水机组。方便后期运营期间的维护与管理。同时该空间建议采用低速单风道全空气系统,同时要求最大限度的满足过度季节利用室外新风。利用CO_2浓度探测装置控制新风供给量,在保证新风供给量的前提下,节约能耗	底层宾馆大堂宜采用地暖,因为空间高,人员流动大;地暖具有温度分层作用,既节能又让人感到舒适
地下空间	公共餐饮区	面积大、层高较高、客流集中	使用时间特定;人群集中,按区域使用	无		不宜使用,因为空间大,面积大,不应考虑大面积敷设地暖,不经济且效果欠佳
	娱乐休闲区	面积大、客流集中	无	使用时间特定,人群集中,按区域使用		
商业区	商业区	面积大、层高较高、客流集中	白天12h运作			
办公区	办公区	分区域、楼层、出租单元	按12h运行,需要部分加班时间		建议采用按VRV的独立分区的模式,因为办公区的计量收费基本是独立的,且按公司、单位分开租赁,加班的时间也不均等	不宜使用
酒店客房区	客房区	按客房单元控制	24h运行,人群相对固定		考虑采用空气源热泵,因为客房的热水用量基本与入住率结合,一般热水量可以自行消化。多余的热水可供5楼SPA及屋面泳池之用。热水与空调各自设置独立的冷热源,方便运营阶段的管理与维护	不宜使用
公共区域、物业及后勤区域	配套区域	按部门、单元控制	24h运行,人群相对固定		所占总面积较小且相对分散,空调精度要求不是很高,建议根据彼此设置的位置,考虑是否可以利用相邻区域的空调系统	不宜使用

某项目投资控制表　　　　　　　　　　　　　　　　　　　　表3-18

子项	估算	概算	预算	合同价	预估变更费用	预估结算价	实际结算价
基础及基坑							

子项	估算	概算	预算	合同价	预估变更费用	预估结算价	实际结算价
土方工程							
围护结构							
桩基工程							
试桩							
工程桩							
地下主体工程							
人防区							
非人防区							
地上主体工程							
混凝土工程							
钢结构工程							
其他异形结构工程							
安装工程							
主体水电安装工程							
消防工程							
通风工程							
电梯工程							
空调工程							
柴油发电机工程							
太阳能工程							
直升机工程							
弱电工程							
主体弱电工程							
地下室弱电工程							
景观弱电工程							
幕墙工程							
普通幕墙工程							
特殊形状幕墙工程							
泛光工程							
市政工程							
燃气工程							
供水工程							
电力工程							
截洪沟							
水坝工程							
其他室外市政工程							

子项	估算	概算	预算	合同价	预估变更费用	预估结算价	实际结算价
原有挡墙加固							
景观工程							
周边景观工程							
室外景观工程							
屋面景观工程							
精装修工程							
硬装工程							
大堂							
公共区域							
办公区							
会议室							
餐厅							
展示厅							
多功能厅							
室内运动场所							
其他区域							
地下室装修							
软装费用							

（5）设计进度管理

设计进度管理主要体现在：

1）设计总进度计划：根据工程实施总控计划要求，制定设计总进度控制计划，报业主审核批准后执行。

2）拆解设计进度计划：要求各专项设计咨询单位按照设计总控计划，各自编制详尽的设计分阶段进度计划表，要求落实到时间、人员等资源的投入，明确各专业责任人，并拟订保证进度的具体措施，明确各专业之间的资料提交、出图交付时间、审图时间、修改时间等配合措施。

3）各专项设计保持与总体设计进度控制计划相衔接，以免造成不必要的设计反复及变更。

4）建立设计进度控制程序，全过程督促设计进度按照计划完成设计工作及设计评审工作。督促各专项设计咨询单位严格履行合同中的有关进度方面的条款，及时检查、提醒合同各方履行自己的职责与义务。

5）加强设计过程的协调配合，及时解决设计中需明确和解决的问题，充分为专项设计创造条件。

6）建立设计管理例会和专题协调会议制度。确定会议主题，确定工作完成时间，签发会议纪要并跟踪检查。

7) 动态跟踪计划检查，及时纠正进度偏差。根据进度计划时间节点，检查进度计划完成情况，发现偏差，要求专项设计单位分析原因，制定纠偏措施，将拖后的设计进度赶回来。

8) 业主需求发生变化等特殊情况出现时，要对整体设计方案、设计进度及投资进行分析，并与业主及时办理进度延期手续。

9) 及时向业主反映设工作中需要其配合解决的问题及合理化建议。

【案例】 某商业综合体项目设计管理实践案例

(1) 项目概况

上海某综合体项目，地下四层，地上由两幢办公商业楼、一幢五星级酒店，三幢相对独立的高层组成。规划用地总面积约 1.7 万 m²。总建筑面积为 11.8 万 m²，其中地上建筑面积 6.2 万 m²，地下建筑面积约 5.6 万 m²。

该项目由外方设计方案，国内设计院进行施工图设计，本司作为设计咨询单位全程参与项目。

(2) 该项目中本司提供的设计管理服务

1) 设计优化

组织院内各专业的专家对图纸进行综合性的分析论证（包括平面布置、空间组织、交通动线、环境布局、配套设施标准等），提出一般合规性意见、存在的问题、建议的解决方案。

组织召开与业主委托的各顾问单位的研讨会，如餐饮厨房顾问、灯光顾问、室内顾问等，对设计的优化提出建议。

协助业主进行方案选择。根据总体规划、相关规范、项目定位等，对设计院及各深化设计单位提供的可行方案，进行技术及经济的分析与评价。

对于业主就项目提交的有关问题，出具全面、准确、专业的意见，对业主要求引起的造价变化进行评估，并相应提供建议。

组织召开设计协调会，与设计人员进行沟通，对上述所提意见、问题、解决方案及优化建议进行交流，达成一致方案，并配合业主督促设计院修改存在的问题及落实优化方案。

提供必要的阶段性工作汇报或总结。

2) 相关手册的制定（以机电系统为例）

深化设计标准的制定。在机电系统总体规划的基础上，针对后续深化设计系统，制定了相关设计标准与要求，做好与建筑、结构专业有关的机电用房、各系统井道的科学、合理设置，以及室内装饰标高的协调工作。

技术规格说明书的编制。为各机电系统编制技术规格说明书，作为工程招标文件的一部分。包括设备的选型、功能、技术参数、布置要求、工艺、产品标准等。

材料、设备品牌表的建议。

各机电分包工程的界面划分。为了便于业主对各机电工程的发包，也便于后续的管理，结合项目的实际情况以及业主管理的实际设想，有针对性地提供各机电分包工程的分工界面建议。

3）招标采购、合同签订的技术支持

编制招标策划、进度安排。

协助业主进行资格预审工作，并对供应商进行评价。

协助业主编制招标文件及合同文本。

参加招标答疑会。

组织编写询标问卷，并组织询标答疑，编写回标分析报告。

协助业主签订合同。

4）解决施工阶段的重大技术疑难问题

审核施工单位提供的有关图纸，并对施工阶段出现的技术问题提供解决方法。

协助现场监理审核施工单位自行采购的材料、设备，已确保施工单位所采购的材料、设备满足本项目的技术规格要求。

对施工阶段的设计变更、施工单位提出的技术联系单从技术角度提出专业意见。

（3）该项目设计管理的难点及应对措施分析

1）项目作为一个综合体，本身的难点有：

① 功能综合性

有多个功能区域：裙房、办公标准层、酒店客房标准层、设备转换层等。

② 系统复杂性

建筑的楼层数较多，且至少有两个不同的业态以上，与业态单一的高层建筑相比，其机电的给水排水系统、通风空调系统、电梯系统就需要布置转换层。各类区域竖向沟通的井道等布置难度大大增加。

2）设计过程中出现的问题

① 专业理解的局限性

例如，设计院对酒店餐饮等具体专业的理解上存在一定的局限。

② 设计思路的单一性

例如，对项目多个不同区域的电梯，吨位设置均按1t考虑。

③ 中外设计的差异性

建筑、室外景观、内装修等方案均由外方设计，外方对国内规范和市场的情况了解存在一定的不足之处，国内设计院完成方案落地的过程中存在较多需要沟通及调整的问题。

④ 空间设计的协同性

二维的平面图对于高层综合体的组织设计空间管理不力且各设计专业协同性差，尤其在多次图纸更新修改后。

3）设计管理应对措施举例及分析

① 引入专业顾问团队

本项目中的酒店作为一个设计管理重点，本司向业主提出在项目前期就需要植入酒店管理理念，即根据酒店经营管理的需要在前期向设计方提出具体的要求和建议，避免后期介入引发较多的设计变更，进而导致工期的延误和成本费用的无谓增加。

考虑到若聘用世界一流品牌的酒店管理公司，业主方会不可避免地在设计、用材、管理等各方面均受到一系列严格的制约而造成费用成本的剧增，因此本司建议采取的方式是组建一个具有酒店管理经验的专业顾问组成的筹备小组，以较少的费用完成了以下工作，实现了较高的收益。

首先通过市场调研，做好市场分析结论，确定酒店的市场定位，做出科学合理的总体功能配比面积，及各区域内的详细配置。

与设计单位协调，说明各类客房、餐厅、大堂、商务中心、娱乐设施、公共区域、办公室、后勤地区、厨房、洗衣房、更衣室及其他员工设施等设计要求。

结合酒店运营管理的需要，与业主、设计单位和各专业顾问讨论酒店管理服务理念，各项系统设计的具体使用要求需同时考虑项目运营期的适用性和经济性。

② 运用价值工程理念对设计进行优化

a 电梯设置

对项目酒店、办公、商业等各区域的多台电梯的数量及吨位设置分别予以优化，使电梯的运输效率大大提高，减少了宾客的往返时间，提升了楼宇的品质和形象，同时减少了电梯的直接投资费用约 300 万元。此外，建筑有效使用面积增加 200m² 以上，以目前本地区市场的保守估计为 3 万元/m² 的单价估值，有效建筑面积增加而产生的费用效应就高达 600 万元以上。

b 酒店制冰间设置

外方设计在酒店客房层每层均设置 5m² 以上的制冰间一间，本司认为，外方设计方案更多考虑西方的人文环境因素，按照西方顾客需求量较大的情况处理，根据中国的人文环境因素，冰块的需求并不大，只需在酒店客房层的中间层设置一间制冰间即可，虽然响应时间略微增加，若在人员数量上配备齐全则本质上不影响服务质量。

虽然，制冰机设备的价格每台近 1.5 万，在 9 个客房层面每层设置一个，合计约为 13.5 万元，就制冰机问题展开讨论是否是小题大做呢？其实不然，制冰间的设置与运行、管理和投资费用都有关联，而其关联所导致的费用问题却可能高达百万元以上（表 3-19）。

制冰机设置方案改进前后投资费用对比 表 3-19

项目比较		现有方案	改进方案	费用节约
初期投资费用合计		63 万元	7.8 万元	55.2 万元
其中	占地面积的土建费用	酒店 9 层客房层制冰间面积合计 45m²，土建建造费用按 1 万/m² 估，共 45 万元	仅客房层的中间层有一个制冰间，面积为 5m²，共 5 万元	40 万元
	设备购置及安装费用	每台制冰机的设备价格和安装费用按 1.5 万元估，共 13.5 万元	9 层客房层仅有一台制冰机，设备和安装费用可以稍高，按 2 万元估	11.5 万元

	项目比较	现有方案	改进方案	费用节约
其中	电气、给水排水安装费用	每台制冰机的电气、给水排水安装费用按0.5万元估,共4.5万元	该台设备的电气、给水排水安装可以按照0.8万元估	3.7万元
	长期费用合计	33.75万元/年	7.4万元/年	26.35万元/年
其中	服务人员工资	酒店9层客房层的制冰间按照每层一个服务员配备,共计9人,每个员工工资按照3000元/月估,共32.4万元/年	仅在客房中间层设置一间制冰间,可以配备两个人服务,工资共计7.2万元/年	25.2万元/年
	设备运行及维护费用	每台制冰机年运行及维护的费用按照设备的10%估,则每台估1500元,共计1.35万元/年	客房层仅设置的一台制冰机可按0.2万元/年	1.15万元/年

由此可以看出,通过改进设计方案,初期投入方面,节省了8台制冰机及附件设备的费用,以及40m² 的制冰间的使用面积。管理方面,避免了多层多头管理,通过集中管理降低了人力成本。运维方面,则大大减少了长期的运行维护成本。

③ 运用信息技术

考虑到二维的平面图对于高层综合体的组织设计空间管理不力且各设计专业协同性差,业主方计划后续聘请BIM团队进行辅助设计,对此,本司提出先前设计院的二维图纸不是在三维BIM中建模,BIM设计后置,未在前期最需要纵横空间布置的关键时刻起到BIM的引领作用,后期的BIM冲突过多,协调效率大大降低,最终经碰撞冲突后施工图出图时间也会一拖再拖;且外聘的BIM团队多数不是专业设计单位,尤其对项目的了解程度有限,因此发现及解决问题的能力有限。

本司认为项目正确导入BIM辅助设计的方式应该为:设计单位应在统一的建筑结构BIM模型中各专业设计(装饰、给水排水、电气、弱电、空调等专业)同步协作设计,这样很多冲突在制图过程中及时发现及避免,日后的施工图即是BIM框架下所输出的二维图,这样BIM的作用才能真正得以体现。

(4) 项目设计管理的启示

1) 设计管理须进行综合性管理

设计管理的对象及各个环节不仅是设计单位及其设计人员,还涉及业主、项目管理单位、政府主管部门和施工单位以及材料设备供货商等众多项目参与方的共同参与,需要跨越多个组织的合作;大量的组织部署、计划决策、目标控制、沟通协调等工作界面综合,交叉复杂。再者,建设项目生命周期存在多个阶段,阶段与阶段之间存在交叉,每个阶段各环节之间和专业要素之间又互相影响。为保证项目建设能协调和连贯,必须对项目进行综合管理,以提高项目的效率和效益。

2）设计管理必须是针对性和差别化的有效管理

建筑工程设计特点表明，设计项目类型及其要素的个性是十分具体的，设计管理应做出积极应对，照搬照抄、千篇一律的管理模式适应不了日新月异的设计发展与创新。由于工程承发包模式、业主方项目管理形式和设计委托形式的不同，要求设计管理也应按其不同而做出相应调整。因此，针对性和差别化的设计管理才是一种有效的管理。这种有效管理宜在设计管理的计划、组织工作中先行贯彻落实，以期在后续的设计目标控制、设计各参与方监督、沟通协调等工作中顺利展开。

3）设计管理团队强调人力资源的专业配套

建设工程设计是由各专业设计构成，无论是项目前期的策划咨询，还是设计过程以及其后续阶段的设计计划与控制，都需要规划、建筑、结构、设备、造价及合同等专业的行家，并尽可能是富有经验的技术与管理的复合型人才的集合。技术要求特殊的工程建设项目还需配备相应的专业人士参与，工业建筑项目的工艺专业人士断不可缺。大量案例表明，专业配套是设计管理组织的一个要素，也是胜任设计管理工作，实施设计管理的重要条件。尤其对于大型的技术复杂的工程建设项目，建筑、结构、设备设计以及节能、环境保护、防震、防火、智能化、装饰等专项设计之间的交叉融合要求日益提高，界面管理愈显重要。因此，设计管理团队十分强调人力资源的专业配套。

4）设计管理工作应强调管理的沟通协调职能

设计管理需要各参与方良好的互动协作，追求共创互利共赢的局面。尤其在国内项目中外合作设计模式下，设计管理者更须直面中外双方的各种差异，注重双方的合作互动关系，加强双方沟通协调，及时化解工作方式或技术上的矛盾或分歧，凝聚信心与共识。因此，设计管理的合作互动性使设计管理应特别强调其沟通协调职能。

3.3 设计评审

所谓设计评审，是指对相关设计成果所做的正式的、综合性的和系统性的审查，并写成文件，以评定设计要求与设计能力是否满足要求，识别其中的问题，并提出解决办法。设计评审的作用主要包括：

（1）评价工程设计是否满足功能需求，是否符合设计规范及有关标准、准则；

（2）发现和确定工程项目的薄弱环节和可靠性风险较高的区域，研讨并提出改进意见；

（3）减少后续设计更改，缩短建设周期，降低寿命建设成本。

通常设计评审内容主要包括：初步设计评审、施工图审查、抗震设计审查、消防评审，以及根据需要开展的其他相关评审。

在设计评审工作中，咨询机构的角色主要体现在两方面：一是协助编制相关的设计评审文件；二是满足条件的可接受委托作为评审单位协助组织开展设计评审工作。

由于设计评审工作由建设行政主管部门或相关管理机构负责与监督管理，评审工作开展已趋于规范化和成熟化，相关的评审流程、所需提供文件资料等内容在相关的条例规定中都已明文确定，故本书在此不作赘述。本节内容将侧重阐述各项设计评审工作的主要关注要点，为提供相关评审服务的咨询机构以参考。

3.3.1 初步设计评审

（1）评审范围

需要开展初步设计评审的项目根据各地相关法规文件规定确定。

（2）评审要点

初步设计评审要点可分为行政审查和技术审查两方面内容，最后提出总体评价意见。

1）行政审查

项目初步设计的行政审查主要包括建设程序、资质资格、市场管理三大类内容，是对初步设计文件的合规合法性进行的一般性评估。各项评审要点如表 3-20 所示。

项目初步设计行政审查评审要点 表 3-20

序号	项目		审查内容
1.1	建设程序	报批要件	是否齐全
1.2		审批权限	是否符合审批管理权限规定
1.3		初步设计	(1)建设目标、规模、内容、性质和概算投资额是否符合发改部门批复文件要求； (2)是否符合经审查通过的规划方案； (3)是否符合经审查通过的消防方案设计； (4)是否符合人防设置要求； (5)是否符合经审批的环评报告； (6)上述内容存在变化是否按规定进行了相关报批手续并取得有关部门的同意和批准
2.1	资质资格	资质	设计单位资质是否符合响应标准
2.2		资格	执业人员是否符合注册建筑师、勘察设计注册工程师执业范围
3.1	市场管理	文件编制	(1)初步设计文件签署是否齐全、规范； (2)初步设计文件格式是否符合相应规定
3.2		市场行为	勘察设计单位和执业人员的市场行为是否合法规范
3.3		合同	勘察设计合同是否合法、有效
3.4		收费	勘察设计收费是否符合国家和地区的相关规定
3.5		工作周期	勘察设计周期是否合理
3.6		承发包	勘察设计承发包是否符合有关规定

2）技术审查

项目初步设计的技术审查主要包括工艺设计、总图设计、建筑设计、结构设计、设备电气、初步设计概算等方面，应主要关注以下内容：

① 初步设计内容是否完整全面，各专业设计深度是否满足相关要求；

② 各专业设计说明和设计图纸是否符合现行标准、规范、规定和规程的要求，特别

是强制性规范条文的要求，设计规模和设计范围是否有所变更；

③ 采用的设计方案是否体现节能、环保、确保公共安全的要求；

④ 采用的设计方案是否经济、合理、可行；

⑤ 初步设计概算编制内容是否完整，概算编制依据是否合理、准确。

⑥ 具体而言，各专业技术评审要点如表 3-21 所示。

项目初步设计技术审查评审要点　　　　　　　　表 3-21

序号	项目	审查内容
1	工艺设计	实验室、实习场所、专业性很强的教学与民用建筑和具有特殊功能要求的建筑项目应编制工艺流程图及其文字说明，并提出相应的设备选型。此外，对于音乐厅、报告厅、礼堂等特殊场馆还需评审是否包含建筑声学计算及处理和必要的视线分析计算、音响测试等设计内容
2	总图设计	(1)总平面图的布置是否做到土地的合理利用及技术经济指标合理，是否满足有关主管部门对该项目批示的许可技术条件和分期建设等方面的特殊要求。 (2)总平面设计中功能定位及功能分区是否明确，人流、车流的交通组织是否合理顺畅。 (3)建设场地是否已进行了人文地质和工程地质勘查，是否已充分了解和掌握总平面设计涉及的有关自然因素和自然灾害。 (4)总平面设计中水、暖、电等各种管线设计是否合理，接口是否清楚、明确，相应构筑物在总平面的位置是否明确，是否符合有关规范要求。 (5)竖向设计的设计依据是否充分，是否满足工艺、运输、地形、排水等情况以及土方平衡的要求。 (6)停车场(库)数量是否满足要求并符合规定。各类道路的主要设计参数是否合理，宽度、结构、拐弯半径、坡度等设计是否符合有关设计规范的要求。 (7)总平面设计图纸各种标注是否符合齐全并符合相关规定要求，各项技术指标是否符合当地政府有关部门的规定
3	建筑设计	(1)建筑功能定位及功能分区是否明确，建筑平面布局、各功能分区层数、层高等是否满足功能要求。 (2)人流、物流组织是否合理顺畅，并满足疏散要求，垂直交通设施的选型是否满足要求且经济合理。 (3)消防设计中对防火、防烟、防有毒气体、防辐射等分类、分区划分是否合理、是否符合规定。 (4)建筑方案中各种建筑做法、装饰装修标准及采用的材料，是否符合卫生、节能、环保要求并与规定的投资水平一致。对于不符合要求、费用过大或过低、标准过高或过低且与功能不符的项目提出修改建议，并作为投资调整的依据。 (5)建筑设计图纸是否齐全，是否按设计深度规定要求。立面设计是否美观，是否与周围的环境空间相适应，是否符合建筑节能要求。 (6)对建筑方案中合理选用的新技术、新材料应予以肯定，对不合理和存在的问题提出修改意见。 (7)建筑项目主要特征表、门窗表是否齐全、清楚、经济实用
4	结构设计	(1)设计依据是否合理，采用标准、规范是否是现行最新版本，设计要求和设计条件是否完备。 (2)结构设计使用年限、抗震烈度、防裂度和设防类别是否正确。 (3)地基基础设计等级、地基处理方案及基础形式、基础埋置深度等是否合理。

序号	项目	审查内容
4	结构设计	(4)设计荷载选用是否全面合理。 (5)上部结构造型、各种缝的设置宽度、结构处理是否经济合理,是否符合设计规范及特殊使用要求。 (6)采用的新技术、新结构、新材料是否安全、可靠。 (7)结构设计图纸是否齐全标准,并满足编制概算的深度要求
5	设备电气设计	(1)给水排水、强电、弱电、采暖通风空调等专业设计依据是否正确,内容是否全面,系统设置是否能保证使用功能的实现及安全可靠。 (2)各种设备选型是否恰当,建设标准是否适度,各类指标的计算是否准确(如用水量、用电量等),并是否考虑了各项因素的影响。 (3)设计图纸是否齐全,是否满足设计深度规定的要求。 (4)是否编制了主要材料用量表,其数量是否准确。对于设计中存在的问题、错误及不合理的部分提出修改意见
6	初步设计概算	(1)对概算编制依据的评审。概算的编制依据是否符合国家有关建设和造价管理的法律、法规和方针政策,是否依据了项目立项批复文件或设计任务书等有效文件,依据文件、资料是否齐全、完整和正确。 (2)对初步设计总概算的评审。概算编制内容是否完整,是否有漏项,是否与项目建设内容图纸一致;编制的方法、项目归类是否符合有关规定的要求,计算依据是否满足国家及当地定额部门的有关规定;设计总概算的编制是否与单项工程综合概算表中的数据一致。初步设计总概算不能超过可行性研究报告批复投资的10%。初步设计概算应通过限额设计的方式进行控制,当投资超过规定的限额时,在满足功能要求的条件下,采取调整建筑面积、优化结构设计、调整材料标准等方式予以解决。评审中应就此提出解决措施并返回业主对投资进行调整。 (3)对单位工程概算书和单项工程综合概算表的评审。各专业是否按规定编制了单位工程概算书,工程量计算规则是否正确,数量是否准确无误,工程取费是否合理。单项工程综合概算表是否按单位工程概算书的结果编制、汇总,数据是否一致。在评审报告中应说明对分项工程、单位工程及单项目工程审查的结果,并就影响投资的问题与编制单位进行沟通。 (4)对仪器设备的评审。主要是对工艺设备和实验室仪器设备的价格进行评审。评审仪器设备购置清单是否在可行性研究报告或项目建议书的批复内容范围内。初步设计阶段仪器设备的审核,主要围绕拟购设备的合理性和配套性进行,审核该设备是否符合原批复范围,内容是否有调整,调整的原因是否充分;购置设备如与主管部门的批复有较大调整时,是否已向主管部门进行了申报和说明,并得到了批准(附批件)。 (5)审查仪器设备原价及各种费用费率计算和价格组成是否合理,是否有漏项或重复。 (6)对工程建设其他费用的评审。工程建设其他费用不属于建筑安装工程、设备购置费等其他必要的费用支出。该项费用在不同地区的计费内容基本相同,但也有部分内容因受地域、环境等方面的影响,发生一些特殊费用,主要依据国家和当地政府的有关文件,审查各项费用是否合理,计取的费率和计费基数是否正确。对于国家明文规定的内容,按统一标准核定。对于地方政府规定与国家文件规定不一致的,或国家无规定、地方政府单独规定的收费,应附地方文件。 (7)对预备费的评审。评审计费标准是否符合有关规定,计费内容是否合理,费率的确定是否有充分依据并充分反映物价变动情况。 (8)评审后的工程总投资和各项工程投资是否在项目可研报告已批范围内,投资结构是否符合批复的内容和标准;当超过批复投资时应在评审报告中说明原因和合理性。核减投资时应说明其内容和核减原因。 (9)将评审结果编制项目投资概算调整表

3）总体评价

项目初步设计的总体评价是在汇总各分项评审的基础上，对拟建投资项目进行全面分析和综合评审，将其数据资料进行检验审核和整理、对比分析、归纳判断，提出最终结论意见和建议，并做出项目评审报告。

评审报告应就初步设计文件编制的依据、编制内容、建设规模、建设标准、总平面图和各专业设计方案、节能环保、设计概算等做出全面、客观、公正、科学的评价。并就设计中可能存在的重大问题以及是否需要修改提出建议。

3.3.2　施工图审查

施工图审查是对施工图涉及公共利益、公众安全和工程建设强制性标准的内容进行的审查，是政府主管部门对建筑工程勘察设计质量监督管理的重要环节，是基本建设必不可少的程序。

（1）审查范围

根据住房城乡建设部《房屋建筑和市政基础设施工程施工图设计文件审查管理办法》的规定，施工图未经审查合格的，不得使用。从事房屋建筑工程、市政基础设施工程施工、监理等活动，以及实施对房屋建筑和市政基础设施工程质量安全监督管理，应当以审查合格的施工图为依据。

建筑工程设计等级分级标准中的各类新建、改建、扩建的建筑工程项目均属施工图审查范围。省、自治区、直辖市人民政府建设行政主管部门，可结合本地的实际，确定具体的审查范围。

（2）审查要点

项目施工图设计审查针对建筑、结构、给水排水、暖通、电气、建筑节能等专业分别进行审查。施工图审查机构应当对施工图审查下列内容：

1）是否符合工程建设强制性标准；

2）地基基础和主体结构的安全性；

3）是否符合民用建筑节能强制性标准，对执行绿色建筑标准的项目，还应当审查是否符合绿色建筑标准；

4）勘察设计企业和注册执业人员以及相关人员是否按规定在施工图上加盖相应的图章和签字；

5）是否符合公众利益；

6）施工图是否达到规定的设计深度要求；

7）是否符合作为设计依据的政府有关部门的批准文件要求；

8）法律、法规、规章规定必须审查的其他内容。

具体的各专业施工图审查要点可参见住房城乡建设部《建筑工程施工图设计文件技术审查要点》文件和各地的施工图设计审查相关文件要求。施工图设计技术审查要点摘要如表 3-22 所示。

序号	项目	审查内容
1.建筑专业		
1.1	编制依据	建设、规划、消防、人防等主管部门对本工程的有效审批文件是否得到落实;国家及地方有关本工程建筑设计的工程建设规范、规程等是否齐全、正确,是否为有效版本
1.2	规划要求	建设工程设计是否符合规划批准的建设用地位置,建筑面积、建筑红线距离、控制高度等是否在规划许可的范围内
1.3	强制性条文	现行工程建设标准(含国家标准、行业标准、地方标准)中的强制性条文,详见相关标准
1.4	施工图深度	图纸基本要求和设计深度参考《建筑工程设计文件编制深度规定》(2008 年版)"4.2.4 总平面图"、"4.2.5 竖向布置图"、"4.3.10 计算书"、"4.3.3 设计说明"的相关规定
1.5	设计基本规定	无障碍设计、设计通则、地下室工程防水分别参考相关设计规范文件规定
1.6	建筑防火	建筑设计防火,高层民用建筑设计防火,汽车库、修车库、停车场防火,内部装修设计防火分别参考相关设计规范文件规定
1.7	各类建筑设计	住宅,老年人居住建筑,宿舍,托儿所、幼儿园,中小学校,办公建筑,旅馆建筑,商店建筑,饮食建筑,图书馆,博物馆,档案馆,剧场,电影院,体育建筑,综合医院,汽车库,锅炉房等,分别参考相关设计规范文件规定
1.8	法规	材料和设备的选用,安全玻璃,消防技术等分别参考相关设计规范文件规定
2.结构专业		
2.1	强制性条文	现行工程建设标准(含国家标准、行业标准、地方标准)中的强制性条文,具体内容见相关标准
2.2	基本规定	
2.2.1	审查范围	(1)应对建筑结构施工图设计文件执行强制性条文的情况进行审查,而列入本要点的非强制性条文仅用于对地基基础和主体结构安全性的审查。 (2)钢结构应对设计图进行审查,钢结构设计图的深度应满足国家标准图集《钢结构设计制图深度和表示方法》(03G102)的要求。当报审图纸为设计图与施工详图合为一体时,也仅对其中属于设计图的内容进行审查。 (3)当采用地基处理时,应对经过处理后应达到的地基承载力及地基变形要求的正确性进行审查,可不对具体的地基处理设计文件进行审查
2.2.2	设计依据	(1)设计采用的工程建设标准和设计中引用的其他标准应为有效版本。 (2)设计所采用的地基承载力等地基土的物理力学指标、抗浮设防水位及建筑场地类别应与审查合格的《岩土工程勘察报告》一致。 (3)建筑结构设计中涉及的作用或荷载,应符合《建筑结构荷载规范》(GB 50009—2012)及其他工程建设标准的规定。当设计采用的荷载在现行工程建设标准中无具体规定时,其荷载取值应有充分的依据。 (4)一般情况下,建筑的抗震设防烈度应采用根据中国地震动参数区划图确定的地震基本烈度(设计基本地震加速度值所对应的烈度值)。我国主要城镇(县级及县级以上城镇)中心地区的抗震设防烈度、设计基本地震加速度值和所属的设计地震分组,可按《建筑抗震设计规范》(GB 50011—2010)附录 A 采用
2.2.3	结构计算书	(1)计算模型的建立,必要的简化计算与处理,应符合结构的实际工作情况和现行工程建设标准的规定。 (2)采用手算的结构计算书,应给出布置简图和计算简图;引用数据应有可靠依据,采用计算图表及不常用的计算公式时,应注明其来源出处,构件编号、计算结果应与图纸一致。

序号	项目	审查内容
2. 结构专业		
2.2.3	结构计算书	(3)当采用计算机程序计算时,应在计算书中注明所采用的计算程序名称、代号、版本及编制单位,计算程序必须经过鉴定。输入的总信息、计算模型、几何简图、荷载简图应符合本工程的实际情况。报审时应提供所有计算文本。当采用不常用的程序计算时,尚应提供该程序的使用说明书。 (4)复杂结构应采用不少于两个不同力学模型分析软件进行整体计算。 (5)所有计算机计算结果,应经分析判断确认其合理、有效后方可用于工程设计。如计算结果不能满足规范要求时,应重新进行计算。特殊情况下,确有依据不需要重新计算时,应说明其理由,采取相应加强措施,并在计算书的相应位置上予以注明。 (6)施工图中表达的内容应与计算结果相吻合。当结构设计过程中实际的荷载、布置等与计算书中采用的参数有变化时,应重新进行计算。当变化不大不需要重新计算时,应进行分析,并将分析的过程和结果写在计算书的相应位置上。 (7)计算内容应当完整,所有计算书均应装订成册,并经过校审,由有关责任人(总计不少于三人)在计算书封面上签字,设计单位和注册结构工程师应在计算书封面上盖章
2.2.4	设计总说明	参考《建筑工程设计文件编制深度规定》(2008年版)的相关规定
2.2.5	抗震设计	参考《建筑工程勘察设防分类标准》(GB 50223—2008)和《建筑抗震设计规范》(GB 50011—2010)的相关规定
2.3	地基与基础	(1)地基基础应按地方标准进行审查,各省级建设主管部门可根据需要确定审查内容,无地方标准的地区应按本要点进行审查。本要点未包括各类特殊地基基础,特殊地基基础应依据相关标准进行审查,各省级建设主管部门可结合当地特点对审查内容做出规定。 (2)包括地基基础设计等级、基础的埋置深度、地基承载力计算、地基稳定性验算、扩展基础、柱下条形基础、高层建筑筏形基础、桩基础、地基基础抗震设计等方面内容的考察
2.4	混凝土结构	参考相关规定规程规范,考察混凝土结构基本规定、混凝土结构抗震、高层建筑混凝土结构、高层建筑混凝土复杂结构、高层建筑混合结构、混凝土异形柱结构等方面的内容
2.5	砌体结构	参考相关规定规程规范,考察砌体结构基本规定、砌体结构抗震基本规定、多层砌体房屋抗震构造、底部框架—抗震墙砌体房屋抗震构造等方面的内容
2.6	钢结构	参考相关规定规程规范,考察普通钢结构、钢结构防火设计、网格结构、多高层钢结构房屋抗震等方面的内容
3. 给水排水专业		
3.1	强制性条文	现行工程建设标准(含国家标准、行业标准、地方标准)中的强制性条文,具体内容详见相关标准
3.2	消防给水	参考《建筑设计防火规范》(GB 50016—2014)《自动喷水灭火系统设计规范》(GB 50084—2011)、《水喷雾灭火系统设计规范》(GB 50219—2014)等的相关规定
3.3	气体灭火	参考《气体灭火系统设计规范》(GB 50370—2005)的相关规定
3.4	生活水池(箱)	参考《建筑给水排水设计规范》(GB 50015—2003)(2009年版)和《二次供水工程技术规程》(CJJ 140—2010)的相关规定
3.5	给排水系统、管道及附件布置	参考《建筑给水排水设计规范》(GB 50015—2003)(2009年版)的相关规定
3.6	节约用水	参考《建筑给水排水设计规范》(GB 50015—2003)(2009年版)、《民用建筑节水设计标准》(GB 50555—2010)、《建筑中水设计规范》(GB 50336—2002)、《民用建筑设计通则》(GB 50352—2005)的相关规定
3.7	减振、防噪	参考《建筑给水排水设计规范》(GB 50015—2003)(2009年版)的相关规定

序号	项目	审查内容
3.给水排水专业		
3.8	建筑给水系统节能	参考《建筑给水排水设计规范》(GB 50015—2003)(2009 年版)的相关规定
3.9	法规	
3.9.1	设备选用的规定	除有特殊要求的建筑材料、专用设备、工艺生产线等外,设计单位不得指定生产厂、供应商
3.9.2	禁限使用产品	参考建设部公告《建设事业"十一五"推广应用和限制禁止技术(第一批)》的相关规定
3.9.3	设计深度	(1)总说明中应叙述工程概况和设计范围。 (2)在总说明中应叙述建设小区可利用的市政给水水源或自备水源的情况;小区市政引入管的根数、管径、压力。 (3)在总说明中应叙述室内、外消火栓、自动喷淋、水幕、水喷雾灭火系统等消防用水量;消防水源、消防供水保障方式及有关设计参数。 (4)采用的标准规范应为现行有效版本
4.暖通专业审查要点		
4.1	强制性条文	现行工程建设标准(含国家标准、行业标准、地方标准)中的强制性条文,具体内容详见相关标准
4.2	设计依据	采用的设计标准是否正确,是否为现行有效版本,是否符合工程实际情况
4.3	设计说明	应有工程总体概况及设计范围的说明;应有设计计算室内外参数及总冷热负荷、冷热源情况的说明;应有节能设计及消防设计等专项说明;应有对施工特殊要求及一般要求的说明。 注:对施工的一般说明,如相关施工验收规范已有规定时也可注明"遵照《××××施工质量验收规范》GB ××××—××××执行"即可
4.4	防火防排烟	参考相关规定规程规范,考察高层民用建筑、高层建筑、人防工程、汽车库、气体灭火等方面的内容
4.5	环保与安全	参考相关规定规程规范,考察饮食业油烟排放、消声及隔声、隔振、锅炉烟囱高度、安全等方面的内容
4.6	人防	参考《人民防空地下室设计规范》(GB 50038—2005)的相关规定
4.7	法规	
4.7.1	设备选用的规定	(1)设计单位在设计文件中选用的建筑材料、建筑构配件和设备,应当注明规格、型号、性能等技术指标,其质量要求必须符合国家规定的标准 (2)除有特殊要求的建筑材料、专用设备、工艺生产线等外,设计单位不得指定生产厂、供应商
4.7.2	禁限使用产品	参考建设部公告《建设事业"十一五"推广应用和限制禁止技术(第一批)》的相关规定
4.8	设计深度	设计文件必须完整表述所涉及的有关本审查要点的内容(图纸不能清楚表达的内容可用说明表述)
5.电气专业		
5.1	强制性条文	现行工程建设标准(含国家标准、行业标准、地方标准)中的强制性条文,具体内容详见相关标准
5.2	设计依据	设计采用的工程建设标准和引用的其他标准应是有效版本
5.3	供配电系统	参考相关规定规程规范,考察配电、防雷及接地、防火等方面的内容
5.4	各类建筑电气设计	参考相关规定规程规范,考察住宅、汽车库、中小学、图书馆、档案馆、剧场、老年人建筑、体育建筑、人防、加油加气站、特殊场所用电安全及防间接触电等的电气设计内容

序号	项目	审查内容
5.电气专业		
5.5	法规	
5.5.1	设备选用的规定	(1)设计单位在设计文件中选用的建筑材料、建筑构配件和设备,应当注明规格、型号、性能等技术指标,其质量要求必须符合国家规定的标准。 (2)除有特殊要求的建筑材料、专用设备、工艺生产线等外,设计单位不得指定生产厂、供应商。
5.5.2	禁限使用产品	参考《民用建筑节能条例》的相关规定
5.6	设计深度	(1)施工图设计阶段,建筑电气专业设计文件应包括图纸目录、施工图设计说明、设计图纸、负荷计算、有代表性的场所的设计照度值及设计功率密度值。 (2)施工图设计说明中应叙述建筑类别、性质、面积、层数、高度、用电负荷等级、各类负荷容量、供配电方案、线路敷设、防雷计算结果类别、火灾报警系统保护等级和电气节能措施等内容
6.建筑节能		
6.1	规范性条文	现行工程建设标准(含国家标准、行业标准、地方标准)中的强制性条文,具体内容详见相关标准
6.2	设计依据	节能设计所采用的工程建设标准是否为现行有效版本、是否符合工程实际情况
6.3	建筑专业节能	参考相关规定规程规范,考察严寒和寒冷地区居住建筑节能、夏热冬冷地区居住建筑节能、公共建筑节能等方面的内容
6.4	暖通专业节能	参考相关规定规程规范,考察公共建筑节能、居住建筑节能、设计深度等方面的内容
6.5	电气节能	
6.5.1	设计说明	在设计说明中增加"节能设计"内容,用规范性语言概括地说明变配电系统、电气照明及控制系统、能源监测和建筑设备监控系统等方面遵照有关节能设计标准所采取的节能措施,以及选用的能耗低、运行可靠的产品、设备
6.5.2	照明	参考《建筑照明设计标准》(GB 50034—2013)的相关规定
6.5.3	照度及照明功率密度计算	参考《建筑工程设计文件编制深度的规定》(2016年版)的相关规定
6.5.4	计量	参考住房城乡建设部《国家机关办公建筑和大型公共建筑能耗监测系统分项能耗数据采集技术导则》附件的相关规定

3.3.3 抗震设计审查

(1)审查范围

根据建设部《房屋建筑工程抗震设防管理规定》的要求,新建、扩建、改建的房屋建筑工程,应当按照国家有关规定和工程建设强制性标准进行抗震设防。其中:

1)《建筑工程抗震设防分类标准》中甲类和乙类建筑工程的初步设计文件应当有抗震设防专项内容;

2)超限高层建筑工程应当在初步设计阶段进行抗震设防专项审查;

3)新建、扩建、改建房屋建筑工程的抗震设计应当作为施工图审查的重要内容。

(2)审查要点

1)《建筑工程抗震设防分类标准》中甲类和乙类建筑工程的初步设计文件抗震评审要点应参考《建筑抗震设计规范》(GB 50011—2010)的相关规定。

2）新建、扩建、改建房屋建筑工程的施工图抗震设计审查要点应遵循《建筑工程施工图设计文件技术审查要点》要求，参考《建筑抗震设计规范》（GB 50011—2010）的相关规定，可参考 3.3.2 节表 3-22 所示的相关内容。

3）超限高层建筑工程（包括满足条件的高度超限工程、规则性超限工程、屋盖超限工程等）应依据《超限高层建筑工程抗震设防管理规定》，按照《超限高层建筑工程抗震设防专项审查技术要点》进行抗震设防专项审查。抗震设防专项审查的内容主要包括：

① 建筑抗震设防依据；

② 场地勘察成果及地基和基础的设计方案；

③ 建筑结构的抗震概念设计和性能目标；

④ 总体计算和关键部位计算的工程判断；

⑤ 结构薄弱部位的抗震措施；

⑥ 可能存在的影响结构安全的其他问题。

具体的超限高层建筑工程抗震设防专项审查要点摘要如表 3-23 所示。

超限高层建筑工程抗震设防专项审查要点（摘要）　　　　　　　　表 3-23

序号	项目	审查内容
1. 资料审查		
1.1	高层建筑工程超限设计可行性论证报告	应说明超限的类型和超限的程度，并提出有效控制安全的技术措施，包括抗震、抗风技术措施的适用性、可靠性，整体结构及其薄弱部位的加强措施，预期的性能目标，屋盖超限工程尚包括有效保证屋盖稳定性的技术措施
1.2	岩土工程勘察报告	应包括岩土特性参数、地基承载力、场地类别、液化评价、剪切波速测试成果及地基基础方案。当设计有要求时，应按规范规定提供结构工程时程分析所需的资料。处于抗震不利地段时，应有相应的边坡稳定评价、断裂影响和地形影响等场地抗震性能评价内容
1.3	结构设计计算书	应包括软件名称和版本，力学模型，电算的原始参数（设防烈度和设计地震分组或基本加速度、所计入的单向或双向水平及竖向地震作用、周期折减系数、阻尼比、输入地震时程记录的时间、地震名、记录台站名称和加速度记录编号、风荷载、雪荷载和设计温差等），结构自振特性（周期、扭转周期比，对多塔、连体类和复杂屋盖含必要的振型），整体计算结果（对高度超限、规则性超限工程，含侧移、扭转位移比、楼层受剪承载力比、结构总重力荷载代表值和地震剪力系数、楼层刚度比、结构整体稳定、墙体（或筒体）和框架承担的地震作用分配等；对屋盖超限工程，含屋盖挠度和整体稳定、下部支承结构的水平位移和扭转位移比等），主要构件的轴压比、剪压比（钢结构构件、杆件为应力比）控制等。 对计算结果应进行分析。时程分析结果应与振型分解反应谱法计算结果进行比较。对多个软件的计算结果应加以比较，按规范的要求确认其合理、有效性。风控制时和屋盖超限工程应有风荷载效应与地震效应的比较
1.4	初步设计文件	设计深度应符合《建筑工程设计文件编制深度的规定》的要求，设计说明要有建筑安全等级、抗震设防分类、设防烈度、设计基本地震加速度、设计地震分组、结构的抗震等级等内容
1.5	其他	（1）提供抗震试验数据和研究成果：如有提供应有明确的适用范围和结论。 （2）参考使用国外有关抗震设计标准、工程实例和震害资料及计算机程序：如有应提供理由和相应的说明。 （3）进行风洞试验研究的结构工程：应提交风洞试验报告

序号	项目	审查内容
2. 技术审查		
2.1	高度超限和规则性超限工程	应对建筑结构抗震概念设计、结构抗震性能目标、结构计算分析模型和计算结果、结构抗震加强措施、岩土工程勘察成果、地基和基础设计方案、试验研究成果和工程实例及震害经验等方面的内容进行逐一审查
2.2	屋盖超限工程	应对结构体系和布置、性能目标、结构计算分析、屋盖结构构件的抗震措施、屋盖的支座、下部支承结构和地基基础等方面的内容进行逐一审查

3.3.4 消防审查

（1）审查范围

根据公安部《关于改革建设工程消防行政审批的指导意见》的要求，施工图审查机构对新建、扩建、改建（含室内外装修、建筑保温、用途变更）建设工程的施工图进行消防设计审查。

需要进行消防设计审核的项目类型参见公安部《建设工程消防监督管理规定》第十三条和第十四条规定。

（2）审查内容和要点

施工图审查机构应当依据现行消防法规和国家工程建设消防技术标准、专家评审意见，按照《建设工程消防设计审查规则》进行审查，如实记录审查过程。

建设工程消防审查内容主要包括资料审查、技术复核和消防设计文件审查。

1）资料审查

资料审查的材料包括：

① 建设工程消防设计审核申报表/建设工程消防设计备案申报表；

② 建设单位的工商营业执照等合法身份证明文件；

③ 消防设计文件；

④ 专家评审的相关材料；

⑤ 依法需要提供的规划许可证明文件或城乡规划主管部门批准的临时性建筑证明文件；

⑥ 施工许可文件（备案项目）；

⑦ 依法需要提供的施工图审查机构出具的审查合格文件（备案项目）。

2）技术复核

技术复核的内容主要包括：

① 设计依据及国家工程建设消防技术标准的运用是否准确；

② 消防设计审查的内容是否全面；

③ 建设工程消防设计存在的具体问题及其解决方案的技术依据是否准确、充分；

④ 结论性意见是否正确。

3）消防设计文件审查

消防设计文件审查应根据工程实际情况进行，主要审查项目包括：建筑类别和耐火等级；总平面布局和平面布置；建筑防火构造；安全疏散设施；灭火救援设施；消防给水和消防设施；供暖、通风和空气调节系统防火；消防用电及电气防火；建筑防爆；建筑装修和保温防火。各项目审查要点参考《建设工程消防设计文件审查要点》，摘要如表 3-24 所示。

建设工程消防设计文件审查要点（摘要）　　　　　　　表 3-24

序号	项目	审查内容
1	建筑类别和耐火等级	(1)根据建筑物的使用性质、火灾危险性、疏散和扑救难度、建筑高度、建筑层数、单层建筑面积等要素，审查建筑物的分类和设计依据是否准确； (2)审查建筑耐火等级确定是否准确，是否符合工程建设消防技术标准要求； (3)审查建筑构件的耐火极限和燃烧性能是否符合规范要求
2	总平面布局和平面布置	(1)审查火灾危险性大的石油化工企业、烟花爆竹工厂、石油天然气工程、钢铁企业、发电厂与变电站、加油加气站等工程选址是否符合规范要求； (2)审查防火间距是否符合规范要求； (3)根据建筑类别审查建筑平面布置是否符合规范要求； (4)审查建筑允许建筑层数和防火分区的面积是否符合规范要求； (5)审查消防控制室、消防水泵房的布置是否符合规范要求； (6)审查医院、学校、养老建筑、汽车库、修车库、铁路旅客车站、图书馆、旅馆、博物馆、电影院等的总平面布局和平面布置是否满足规范要求
3	建筑防火构造	(1)审查防火墙、防火隔墙、防火挑檐等建筑构件的防火构造是否符合规范要求； (2)审查电梯井、管道井、电缆井、排烟道、排气道、垃圾道等井道的防火构造是否符合规范要求； (3)审查屋顶、闷顶和建筑缝隙的防火构造是否符合规范要求； (4)审查建筑外墙和屋面保温、建筑幕墙的防火构造是否符合规范要求； (5)审查建筑外墙装修及户外广告牌的设置是否符合规范要求； (6)审查天桥、栈桥和管沟的防火构造是否符合规范要求
4	安全疏散设施	(1)审查各楼层或各防火分区的安全出口数量、位置、宽度是否符合规范要求； (2)审查疏散楼梯和疏散门的设置是否符合规范要求； (3)审查疏散距离和疏散走道的宽度是否符合规范要求； (4)审查避难走道、避难层和避难间的设置是否符合规范要求
5	灭火救援设施	包括消防车道、救援场地和入口、消防电梯、直升机停机坪等方面内容的审查。
6	消防给水和消防设施	包括消防水源、室外消防给水及消火栓系统、室内消火栓系统、火灾自动报警系统、防烟设施、排烟设施、自动喷水灭火系统、气体灭火系统、其他消防设施和器材等方面内容的审查
7	供暖、通风和空气调节系统	(1)审查供暖、通风与空气调节系统机房的设置位置，建筑防火分隔措施，内部设施管道布置是否符合规范要求； (2)根据建筑物的不同用途、规模，审查场所的供暖通风与空气调节系统的形式选择是否符合规范要求； (3)审查通风系统的风机、除尘器、过滤器、导除静电等设备的选择和设置是否符合规范要求； (4)审查供暖、通风空调系统管道的设置形式，设置位置，管道材料与可燃物之间的距离、绝热材料等是否符合规范要求； (5)审查防火阀的动作温度选择、防火阀的设置位置和设置要求是否符合规范的规定； (6)审查排除有燃烧或爆炸危险气体、蒸气和粉尘的排风系统，燃油或燃气锅炉房的通风系统设置是否符合规范要求

序号	项目	审查内容
8	消防用电及电气防火	(1)审查消防用电负荷等级,保护对象的消防用电负荷等级的确定是否符合规范要求; (2)审查消防电源设计是否符合规范要求; (3)审查消防配电设计是否符合规范要求; (4)审查用电系统防火设计是否符合规范要求; (5)审查应急照明及疏散指示标志的设计是否符合规范要求
9	建筑防爆	(1)审查有爆炸危险的甲、乙类厂房的设置是否符合规范要求,包括是否独立设置,是否采用敞开或半敞开式,承重结构是否采用钢筋混凝土或钢框架、排架结构; (2)审查有爆炸危险的厂房或厂房内有爆炸危险的部位、有爆炸危险的仓库或仓库内有爆炸危险的部位、有粉尘爆炸危险的筒仓、燃气锅炉房是否采取防爆措施、设置泄压设施,是否符合规范要求; (3)有爆炸危险的甲、乙类生产部位、设备、总控制室、分控制室的位置是否符合规范要求; (4)散发较空气轻的可燃气体、可燃蒸气的甲类厂房是否采用轻质屋面板作为泄压面积,顶棚设计和通风是否符合规范要求; (5)散发较空气重的可燃气体、可燃蒸气的甲类厂房和有粉尘、纤维爆炸危险的乙类厂房是否采用不发火花的地面; (6)使用和生产甲、乙、丙类液体厂房,其管、沟是否与相邻厂房的管、沟想通,其下水道是否设置隔油设施; (7)甲、乙、丙类液体仓库是否设置防治液体流散的设施,遇湿会发生燃烧爆炸的物品仓库是否采取防止水浸渍的措施; (8)设置在甲、乙类厂房内的办公室、休息室,必须贴邻本厂房时,是否设置防爆墙与厂房分隔;有爆炸危险区域内的楼梯间、室外楼梯或与相邻区域连通处是否设置防护措施; (9)安装在有爆炸危险的房间内的电气设备、通风装置是否具有防爆性能
10	建筑装修和保温防火	(1)查看设计说明及相关图纸,明确装修工程的建筑类别、装修范围、装修面积; (2)审查装修工程的使用功能是否与通过审批的建筑功能相一致,不一致时,要判断是否引起整栋建筑的性质变化,是否需要重新申报土建调整; (3)审查装修工程的平面布置是否符合规范要求; (4)审查装修材料的燃烧性能等级是否符合规范要求;装修范围内是否存在装修材料的燃烧性能等级需要提高或者满足一定条件可以降低的房间部位; (5)审查各类消防设施的设计和点位是否与原建筑设计一致,是否符合规范要求; (6)审查建筑内部装修是否遮挡消防设施,是否妨碍消防设施和疏散走道的正常使用; (7)审查照明灯具及配电箱的防火隔热措施是否符合规范要求; (8)审查建筑保温是否符合规范要求

3.3.5 其他设计评审

对于不同功能类型、不同地区、不同设计要求的建设工程项目,根据具体设计内容可能涉及诸如人防、安全、卫生防疫、幕墙光污染等其他专项设计评审需要。而涉及航空管制、地铁、风景名胜、通航等方面的项目,亦须提供相关部门的审查意见。其设计评审工作要求请参阅国家和地区的各相关规定文件,本书在此不再逐一赘述。

3.3.6 案例分析

【案例1】 初步设计评审

（1）项目背景

上海市某道路大修工程全长约 3.35km，可研批复总投资 14964 万元。

受上海市某区市政和水务管理事务中心委托，由我方对本项目开展初步设计评审。收到建设单位提供资料后，评估方即成立项目评审小组，邀请专家开展评审工作。

与会专家和各政府部门代表听取了项目建设单位和设计单位对本项目初步设计情况的介绍，对工程设计方案、技术经济等进行了认真的分析和讨论，提出诸多宝贵意见和建议。会后评估方根据专家组评估意见及设计单位提供的补充资料，经过综合研究分析，编制了《某道路大修工程初步设计文件评审报告》。

（2）主要评审内容

对本道路大修工程初步设计评审工作主要包括初步设计文件的总体评审、与可行性研究报告批复的符合性评审、各专业技术评审三方面内容，如表 3-25 所示。

上海市某道路大修工程初步设计评审内容（摘要）　　　　　　　表 3-25

序号	项目	内容摘要
1	初步设计文件的总体评审	①项目设计单位拥有建筑工程设计甲级资质(A131000017)，满足相应的资质条件 ②项目的设计贯彻了国家政策、法规 ③初步设计文件中设计说明书、设计图纸、概算书等文件基本完整齐全，深度基本符合规定要求
2	与可研报告批复的符合性评审	①工程建设范围与可研批复的一致性 ②工程内容与可研批复的一致性 ③工程投资估算与可研批复的符合性
3	各专业技术评审	①道路专业：包括工程范围及内容、道路功能定位、与可研评估报告的响应、编制依据、道路现状评价、路面结构层调查评价与对策、技术标准与规范、道路工程、附属工程、景观设计、交通组织、新工艺新材料等 ②给水排水专业：包括道路下排水管道运行、雨水连管连接等 ③造价专业：包括概算依据、建安工程费调整、工程建设其他费调整、预备费调整等

（3）评审结论及建议

1）在专家组全面审核及设计单位补充说明基础上，经研究，提出本项目初步设计评审结论如下：

① 本项目初步设计文件及各项补充资料基本满足初步设计文件编制的内容和深度要求。设计依据合理，工程建设规模、建设标准、总体方案和各专业设计基本满足要求。

② 本次上报初步设计文件中工程范围、建设内容、设计方案等内容与批复基本相符。本次上报总投资 15067.92 万元，核定后总投资 15463.63 万元，核增 395.71 万元，如表 3-26 所示。

上海市某道路大修工程批复投资与初步设计概算评估对比表（单位：万元）　表3-26

指标	可研批复	上报概算	评估概算	评估超批复金额	评估后核增/核减金额
	1	2	3	3-1	3-2
（一）建安工程费用	12409.17	12529.96	13088.31	679.14	558.35
1. 道路工程	—	9667.22	10638.04	—	970.82
2. 路基工程		563.60	493.15	—	−70.45
3. 排水工程		697.08	620.24	—	−76.84
4. 附属工程		1343.51	1166.54	—	−176.98
5. 临时工程	—	258.55	170.35	—	−88.20
（二）工程建设其他费用	1842.11	1820.44	1638.95	−203.16	−181.49
（三）预备费用	712.56	717.52	736.36	23.80	18.84
总投资	14963.84	15067.92	15463.63	499.79	395.71

2）提出评审建议如下：

① 对于技术专家提出的各项意见和建议，如果由于各种原因不便在本阶段修改的，一定要在后续设计阶段予以落实和完善。

② 建议尽快征询和了解相关部门意见，并作为施工图设计深化和优化工程方案的依据。

③ 建议在项目设计、施工、竣工验收以及运行管理等环节加强节能、环保、卫生防疫等措施的落实。

④ 应注意投资控制风险，对项目的造价进行动态控制，以应对目前市场材料价格的波动。

【案例2】　某超限高层项目抗震设防专项审查咨询

（1）项目背景

某超限高层项目建筑高度达600余m、结构屋顶高度约580m，共120余层，总建筑面积约53万㎡。

为使本超限高层项目尽早顺利通过抗震设防专项审查，建设单位委托另外第三方公司开展本项目的同业审核及咨询服务工作，对本项目已初步完成的超限审查资料进行审核与咨询，并出具同业审查咨询报告。

（2）审核咨询工作内容

本次超限高层项目抗震设防审查咨询的主要内容和范围包括：

① 结构设计中所采用的方法及流程；

② 结构设计中采用的材料参数、荷载参数、结构分析模型及计算分析方法；

③ 结构设计计算的主要计算结果及其合理性；

④ 针对该项目结构超限审查报告提出整体评审意见，并依照《超限高层建筑工程抗震设防专项审查技术要点》相关要求给出建议（表3-27）。

某超限高层项目抗震设防专项审查审核咨询内容（摘要） 表 3-27

序号	项目	内容摘要
1	结构设计准则及参数	①设计准则及控制指标 ②设计参数：结构材料、荷载取值、嵌固层的确定 ③结构超限判别及设计内力调整：结构超限的判别、弹性（小震）设计构件内力调整
2	结构计算	①整体结构的弹性分析：计算模型及采用的假定、整体结构弹性计算指标 ②罕遇地震动力弹塑性分析：分析软件、地震输入、分析模型、计算结果 ③结构舒适度分析 ④非荷载作用变形分析
3	结构构件 及节点设计	①基于性能的构件抗震设计目标 ②结构设计荷载组合 ③核心筒剪力墙设计及验算：轴压比验算、正截面承载力验算、抗剪截面限制条件验算 ④连梁设计及验算结果 ⑤巨柱设计及验算结果：巨柱含钢率及轴压比验算、巨柱正截面承载力验算、巨柱抗剪截面限制条件验算、巨柱受拉开裂验算 ⑥外伸臂桁架设计及验算结果 ⑦环形桁架设计及验算结果 ⑧径向桁架设计及验算结果 ⑨楼面设计及验算结果 ⑩节点分析：巨柱—伸臂桁架—环带桁架节点分析、核心筒—伸臂桁架节点分析 ⑪塔冠结构设计

（3）审核咨询结论及建议

对某超高层项目的超限审查资料进行审核咨询，得出如下结论：

① 该项目塔楼结构采用了巨型空间框架—核心筒—外伸臂桁架的结构体系，结构体系合理。

② 结构设计中采用的设计准则和控制指标，包括设计使用年限、建筑安全等级、构件重要性划分、抗震设防类别、抗震设防烈度、场地类别及液化判别、构件抗震等级、层间位移角变形限值、构件挠度限值及结构舒适度控制指标等均满足我国规范要求。

③ 采用恒载、附加恒载及活载参数基本合理，其中钢筋混凝土容重（2.4t/m³）数值小于工程常规采用值（2.5t/m³）；地震作用参数取值符合我国规范要求；主体结构温度作用的考虑方法及温度变化范围取值可行；风荷载采用风洞试验值，取值方法可行，但风洞试验结果的合理性应由专家专题论证。

④《超限报告一》中对该项目结构的超限情况判定正确。

⑤ 设计中剪力墙、梁、伸臂桁架、箱型空间桁架及塔冠构件内力调整方法及系数取值符合规范要求，巨型柱的内力调整方法及调整系数前后不一致。

⑥ 结构弹性计算采用的假定合理。

⑦ 结构设计中对于不同构件采用的抗震性能化指标合理，且符合专家建议。

⑧ 整体结构的弹性分析表明，周期比、层刚度比及层抗剪承载力比满足规范要求，无竖向不规则及平面不规则。

⑨ 小震作用下，结构楼层最大层间位移角满足规范要求。

⑩ 设计中采用重现期为 100 年的风荷载用于构件强度设计；采用重现期为 50 年的风荷载进行整体结构的位移及变形计算，计算方法可行。

经验算，结构剪力墙、巨柱、环形桁架、径向桁架等基本满足规范及所设定的抗震性能目标要求；仅环形桁架有个别构件验算结果略为不满足性能目标要求，建议设计单位采取相应改进措施。

整体结构动力弹塑性分析中，计算模型及采用的参数合理。其中 Y 为输入主方向时七组地震波作用下两个单位给出的结构基底剪重比平均值、结构最大层间位移角平均值结果接近，且均满足我国规范罕遇地震作用下楼层层间位移角不超过 1/100 的要求；整体结构动力弹塑性分析缺少 X 为输入主方向时罕遇地震作用下的动力弹塑性分析及结果。

结构舒适度风洞试验表明，本结构在重现期为 10 年的风荷载作用下结构顶部加速度满足规范对于舒适度的限值要求；计算分析表明，楼面舒适度满足要求。

塔楼结构施工过程分析表明，施工过程对于结构核心筒与巨柱差异沉降有重要影响，且对结构关键构件（巨柱、剪力墙、伸臂桁架等）内力有较大影响，设计单位提出在构件强度设计中考虑施工过程的影响是必要的。

报告中未给出巨柱计算长度的取值及依据。

节点分析中材料性能及分析工况应结合整体分析结果补充论述。

报告中提出的整体模型振动台试验及关键部位节点试验是必要的。

综合来看，本项目结构可满足我国抗震规范中提出的"小震不坏、中震可修、大震不倒"的设防目标，结构主要构件的抗震性能可满足规范要求及提出的抗震性能目标要求，拟提交的本项目超限审查送审资料基本完整，按以下建议内容作出相应补充或修改后，可报送专家审查：

① 适当增大钢筋混凝土容重和型钢容重，以正确反映本工程混凝土构件中高配筋率、钢构件内加劲肋和节点板的特点。

② 补充风洞试验结果的专家专题论证结论。

③ 小震弹性分析结果应取规范与安评报告的不利值。

④ 补充楼层层间位移角最大值与平均值的比值。

⑤ 分析论证巨柱计算长度的取值。

⑥ 明确巨柱内力调整方法，建议采用框架部分承担剪力不小于基底剪力的 20% 进行调整。

⑦ 补充大震作用下巨柱的抗剪截面限制条件验算，可采用动力弹塑性分析结果进行。

⑧ 补充整体结构 X 为输入主方向罕遇地震作用下的动力弹塑性分析结果。从计算结果看，混凝土是否考虑约束效应对计算结果有重要影响，TT 及 CABRTECH 应协同确定参数取值。

⑨ 节点分析中，建议调整材料强度取值及杆件施加荷载，采用与设计一致的荷载。

⑩ 对送审报告文字表达进行完善，确认、修正前后不一致的文字表述，并反映本评

审报告正文中的修改意见及《超限报告评审详细记录》中的评审意见。

（4）项目点评

在进行设计评审工作的过程中，根据需要聘请相关的咨询顾问介入，可以辅助相关评审材料的编制，或对已经初步完成的报审材料进行审核咨询，提出相应的优化建议，从而有效帮助项目尽早顺利地通过评审。对于设计复杂的工程项目，设计评审咨询的作用和价值将得到明显的发挥。

第4章 实施阶段咨询服务

4.1 实施阶段招标采购

招标投标制度最早起源于英国，最初是作为一种"公共采购"或"集中采购"的手段出现。现代经济发达的国家大多通过立法手段，强制那些政府出资的项目建设实行招标投标制度，如美国的《产品购买法》、欧盟的《公共采购规则》等。虽然各个国家立法重点各有侧重，但总的原则都是一致的，例如非歧视性原则、公开透明原则等。

从我国实行招标投标制度十多年的实践看，实行招标投标制度对于推行投融资和流通体制改革、创造公平竞争的市场环境、提高资金使用效益、节省外汇、保证工程质量、有效避免采购环节出现腐败现象等都具有重要的意义，招标投标方式的先进性和实效性已得到公认。

招标采购的程序是：采购方根据已确定的采购需求，提出招标采购项目的条件，邀请有兴趣的供应商参加投标活动，最后由招标人通过对参与投标活动的投标人所提出的价格、质量、交货期限及该投标人的技术水平、财务状况等因素进行综合比较，确定其中最佳的投标人作为中标人，并最终与之签订合同。

4.1.1 招标采购工作目标、原则和方式

（1）招标采购工作目标

项目招标采购是在众多的供应商中选择最佳供应商的有效方法。它体现了公平、公开、公正的原则。通过招标程序，招标项目可以最大限度地吸引并扩大投标方之间的竞争，从而使招标方有可能以更低的价格采购到所需要的物资和服务，从而更充分地获得市场利益。招标采购方式通常用于比较重大的建设工程项目、新项目寻找长期物资供应商、政府采购或采购批量比较大等场合。

（2）招标采购工作原则

项目招标采购应当遵循公开、公平、公正和诚实信用的原则，即招标投标活动应遵循的基本原则——"三公"原则和诚信原则。

1）公开原则。公开原则就是要求项目招标应具有很高的透明度，体现在招标信息、招标程序公开及发布招标通告、公开开标、公开中标结果等方面，使每一个投标人获得同等的信息，知悉招标活动的一切条件和要求。

2）公平原则。公平原则就是要求给予所有投标人平等的机会，使其享有同等的权利并履行相应的义务，不歧视任何一方。

3）公正原则。公正原则是指招标人或招标代理机构在招标过程中，严格按照法律、法规和规章以及招标主体的规定公正对待所有投标人，评委在评标时应按事先规定和公布的评标标准公正对待所有投标人，招标人严格按照事先制定的定标原则择优确定中标人。

《中华人民共和国招标投标法》始终以"三公"原则在招标投标活动中的重要性为主线，在总则和各章的各个条款中予以体现。如出于保护公平竞争的目的，第十八条要求"招标人不得以不合理的要求限制或者排斥潜在投标人，不得对潜在投标人实行歧视待遇"；为了反对地方保护主义，第六条规定"依法必须进行招标的项目，其招标活动不受地区或者部门的限制。任何单位和个人不得违法限制或者排斥本地区、本系统以外的法人或者其他组织参加投标，不得非法干涉招标投标活动"；为了保证评标的公正，第四十四条对评标人提出了要求："评标委员会成员不得私下接触投标人，不得接受投标人的财、物或者其他好处。"

4）诚实信用原则。《中华人民共和国民法通则》第四条规定，"民事活动应当遵循自愿、公平、等价有偿、诚实信用的原则"。这条原则的含义是：招标投标当事人应以诚实、守信的态度行使权利，履行义务，以维持双方的利益平衡。在当事人之间的利益关系中，诚信原则要求尊重他人利益，以对待自己事务的态度对待他人事务，保证彼此都能得到自己应得的利益。在当事人与社会的利益关系中，诚信原则要求当事人不得通过自己的活动损害第三人和社会利益，必须在法律范围内以符合其社会经济目的的方式行使自己的权利。从这一原则出发，《中华人民共和国招标投标法》规定了不得规避招标、串通投标、泄露标底、骗取中标、非法律允许的转包合同等诸多义务，要求当事人遵守，并规定了相应的罚则。

（3）招标采购工作方式

项目采购的方式有多种，可以根据项目采购的对象、项目的特点和要求等选择确定。

《政府采购法》中规定，政府采购采用以下方式：公开招标、邀请招标、竞争性谈判、单一来源采购、询价和其他采购方式。公开招标应作为政府采购的主要方式。

2000年1月1日起施行的《招标投标法》规定，下列建设工程项目的勘察、设计、施工监理以及与工程建设有关的重要设备、材料等的采购，必须进行招标采购：

1）大型基础设施、公用事业等关系社会公共利益、公众安全的项目；

2）全部或者部分使用国有资金投资或者国家融资的项目；

3）使用国际组织或者外国政府贷款、援助资金的项目；

《招标投标法》规定的招标采购分为公开招标和邀请招标两种方式。

世界银行贷款项目中的工程和货物的采购，按照其采购指南的要求，可以采用国际竞争性招标、有限国际招标、国内竞争性招标、询价采购、直接签订合同和自营工程等采购方式。其中，国际竞争性招标和国内竞争性招标都属于公开招标，而有些国际招标则相当于邀请招标，直接签订合同则是针对单一来源的采购。

4.1.2 招标采购工作流程与重点

招标采购是一个复杂的系统工程，它涉及诸多方面的多个环节。一个完整的招标采购过程，基本可以分为以下 6 个阶段：

（1）规划

工程项目采购规划至少应包括以下几个方面的内容：

1）发包模式的选择。如采用平行发包、施工总承包、施工总承包管理、项目总承包等工程承包模式的可能性和利弊的分析。关于发包采购的模式，有多种可能的选择，可以根据项目的特点和要求等具体情况进行选择。

2）将项目适当、合理地进行分解，确定各项采购的范围和内容。要按照最有利于项目目标控制的原则对项目进行分解，并对已分解的各个部分进行费用估算，以便发包采购。

3）落实项目采购的组织机构。建立采购工作班子或者委托招标代理机构进行采购，确定采购工作流程。

4）落实采购工作的时间安排，制定采购工作进度计划。要根据项目实施的总进度目标安排各项采购工作的进度计划。

5）选择适当的采购方式。如选择国际竞争性招标或是国内竞争性招标、公开招标或是邀请招标等。

【案例 1】 某卷烟厂施工总承包管理模式

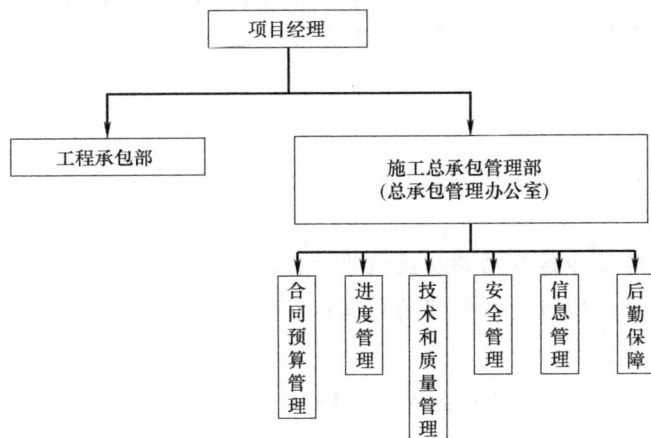

图 4-1 某卷烟厂施工总承包管理组织架构

施工总承包管理部负责：

（1）负责各分包单位的全面协调，协调总包、业主、监理的关系。向分包方提供有关轴线控制网、标高控制点等原始资料，资料应真实、准确、齐全。

（2）核查进场材料、设备、构配件的原始凭证、检测报告等质量文件及其质量情况，根据实际情况认为有必要时对进场材料、设备、构配件进场进行核验，确认合格予以签认并报监理及业主。

（3）施工管理人员必须熟悉图纸和相应规范，了解工程特点，工程关键部位的工艺质量要求，督促分包方按图纸施工。总包管理方设总包管理组织机构，并将各部门管理人员的花名册提供给分包方，以方便工作衔接。

（4）对工程施工质量全方位监督与检查，对工程质量的关键部位或关键点做好质量检查记录，将检查出的质量问题反馈给相关部门，并督促整改。

（5）审核分包方提供的工程质量体系的相关文件，并给予认可。

（6）在分包方分项工程验评资料的基础上，核定分部工程质量，做好外观质量检查记录。

（7）可随时复核和检查分包方的工程资料和有关检测数据。

（8）参加分包工程的初步验收和竣工验收，提出质量评定意见，全面向业主负责。

（9）分包单位进度款的支付应通过总包确认可后，业主方才予以支付。

【案例2】　深圳市某药检项目对施工标段的分解

1. 建安总包标段范围与界面

（1）主体结构及二次结构

1）范围

地下三层至楼顶主体结构（包括屋面工程及楼顶钢平台）及二次结构。

2）界面

总包负责所有现浇结构内的预埋管道及预埋件；负责所有预留孔洞的预留和封堵。其他标段需要的孔洞预留位置及尺寸由其他标段承包单位提出并报相关单位审核确认后交由总包（其他单位未进场前，由设计单位负责提出）。

（2）装饰装修

1）范围

① 地下室装修；

② 幕墙；

③ 外墙装饰及除洁净区及动物房区域的外窗；

④ 浮筑地板及浮筑地板所在房间的内装；

⑤ 楼顶降噪工程；

⑥ 景观绿化工程（室外，2层会议室顶楼）。

2）界面

负责外窗及外窗框的封堵。窗台及外窗的密封由精装修标段完成。

（3）强电

1）范围

① 供电

10kV供电电源；变配电所；柴油发电机房（设置1台1005kW（主用功率）低压自启动柴油发电机组）。

② 配电系统

③ 强电自控

电力监控系统；消防电源监控系统；电气火灾监控系统。

④ 照明系统

⑤ 防雷接地系统

同时负责防雷接地系统的检测。

2）界面

① 供电系统

总包负责与电力电网的接口及供电系统验收。

② 配电系统（包括照明系统）

1～19 层 220V 配电系统接至各楼层或楼层内各区域的最末一级配电箱；室外（总图），地下室及楼顶 220V 配电系统总包负责至用电设备（包括用电设备）；380V 配电系统接至动力设备马达。

③ 强电自控

与弱电总包的界面。

（4）给水排水

1）范围

生活给水系统；中水系统；排水系统；消防系统；室外给水排水系统；空调水系统；纯水；软水；动物废水处理系统。

2）界面

① 生活给水系统

送至用水点位。

② 排水系统

（a）卫生间区域外的地漏排水，建安总包负责从地漏之后所有部分；洁净区及动物房区域的地漏由洁净工程标段完成，其他区域的地漏由建安总包完成；

（b）卫生间区域之外的洁具排水（如水槽），建安总包负责接至房间内 10cm；

（c）卫生间内，负责从地漏（包括地漏）及卫生洁具（包括卫生洁具）之后的所有部分。

③ 纯水、软水

送至用水设备点位。

（5）暖通

1）范围

冷源（冰蓄冷系统）及配送管道、冷源自控系统；热源（蒸汽及热水发生器）及配送管道；防排烟系统；地下室通风系统。

2）界面

① 冷源

至空调设备用冷水点位。

② 热源

(a) 空调用热水，至空调设备用热水点位；

(b) 其他设备用热水，至每个设备用热水点位；

(c) 空调加湿用蒸汽，至空调用蒸汽点位；

(d) 其他设备用蒸汽至用汽点位。

(6) 动力专业

1) 范围

实验用气戊类气体采用各楼层点供。气体有高纯二氧化碳（99.999%）、二氧化碳（99.5%）、高纯氮气（99.999%）、高纯氦气（99.999%）、高纯氩气（99.999%）。

甲乙类气体采用大楼内集中供气。在六层靠外墙处设置集中气瓶间。集中气瓶间的甲类气体瓶间内设 40L 乙炔（99.999%）气瓶 2 瓶，40L 氩甲烷（99.999%）气瓶 2 瓶及 40L 氮氢混合物（99.999%）气瓶 2 瓶；乙类气体瓶间内设 40L 氧气（99.999%）气瓶 2 瓶，40L 氧气（99.5%）气瓶 2 瓶，及 40L 笑气（99.5%）气瓶 2 瓶，压缩空气。

2) 界面

送至各用气点位。

(7) 电梯

2 部客梯、1 部货梯、2 部污梯及 1 部洁梯。

(8) 消防系统

负责本项目消防系统所有内容。包括：室内消火栓系统；室内自动喷水系统；管材；气体灭火系统；地下室高低压分界室、变配电室、二层核心机房、十层档案室、十一层档案库等设置外贮压式七氟丙烷气体灭火系统；灭火器；火灾自动报警系统。

(9) 燃气

负责燃气市政接口送至蒸汽发生器用气点位。

(10) 物流小车

(11) 充电桩

(12) 机械停车位

(13) 使用单位自行采购设备吊装就位

(14) 负责各类市政的接口（水、电、通信、燃气）及与相关部分的沟通、协调；各类计量仪表的检验、送检，压力管道及容器的检验并取得合格证。

2. 洁净工程标段的招标范围与其他标段的界面

(1) 室内精装修

1) 范围

洁净区及动物房（包括饲养区及实验区）区域的精装修：吊顶、隔墙、墙面、楼地面、踢脚、门窗。

2) 界面

① 洁净区与动物房区域的外窗由洁净工程标段完成；

② 洁净区与动物房区域和精装修标段以门窗外边框为界；

③ 建安总包负责洁净区与动物房区域地面至结构层，找平层及面层由洁净工程标段完成。

（2）暖通

1）范围

洁净区及动物房区域的送风、暖通、排风、回风设备及管道及废气排放管道与废气处理设备。

2）界面

① 废气排放管道

（a）洁净工程标段负责所有废气排放的竖向干管。

（b）洁净区及动物房区域的水平废气排放管道（至废气排放设备的排放点位）。

（c）1~12层水平废气排放管道，若该楼层有洁净区，洁净工程标段负责楼层水平干管，并接至洁净区域的废气排放设备的排放点位，接至非洁净区域废气排放水平支管的第一个阀门（不包括阀门）。

（d）若楼层无洁净区，则由精装修标段由竖向干管至水平干管的第一个阀门接至废气排放设备的排放点位。

（3）给水排水

1）动物自动饮水系统。

2）洁净区及动物房区域的地漏由洁净工程标段完成。

（4）强电

1）洁净区及动物房区域的照明系统从楼层配电箱接至灯具（包括灯具）。暗敷的预埋管由建安总包负责。

2）洁净区及动物房区域的电力配电系统从配电箱送至各设备用电点位。

（5）弱电

1）范围

① 洁净区及动物房区域的环境自控系统。

② 空气质量监测系统。

2）界面

① 环境自控系统

房间及机组各类传感器至房间控制器（RC）、机组控制器（FAC），及楼层显示屏。并负责从房间控制器（RC）、机组控制器（FAC），及楼层显示屏接至网关或交换器（不包括网关或交换器）。

3. 精装修标段的招标范围与其他标段的界面

（1）精装修

1）范围

1～19层洁净区、动物房区域，浮筑地板所在房间之外的所有部分的精装修（吊顶、隔墙、墙面、楼面、踢脚、门窗）。

2）界面

① 与洁净区、动物房区域以及浮筑地板区域的精装修以门窗外框为界。

② 与建安总包外墙的外窗的界面，建安总包负责外窗及外窗的封堵，精装修标段负责外窗的密封及窗台。

③ 不包括药检院自行采购的EMC、消声室及屏障室的装修，以门窗外框为界。

（2）暖通

1）范围

建安总包，洁净区、动物房总包以及地下室范围之外的暖通专业所有部分，包括送风、暖通、排风、回风及废气排放。

2）界面

① 废气排放

（a）1～12层水平废气排放管道，若该楼层有洁净区，精装修标段由水平干管至水平支管第一个阀门接至废气排放设备的排放点位（包括阀门）。

（b）若楼层无洁净区，则由精装修标段由竖向干管至水平干管的第一个阀门接至废气排放设备的排放点位（包括阀门）。

（3）强电

1）负责1～19层洁净区及动物房区域之外的照明系统，从楼层配电箱接至灯具（包括灯具）。暗敷的预埋管由建安总包负责。

2）负责1～19层洁净区及动物房区域之外的电力配电系统，由楼层配电箱送至各设备用电点位。

（4）弱电

1）范围

环境自控系统中洁净工程标段范围之外的部分。

2）界面

房间及机组各类传感器至房间控制器（RC）、机组控制器（FAC），及楼层显示屏。并负责从房间控制器（RC）、机组控制器（FAC），及楼层显示屏接至网关或交换器（不包括网关或交换器）。

4. 弱电总包的招标范围与其他标段的界面

本项目弱电工程施工图纸的全部内容和弱电总集成，包括：

（1）通信接入系统设置。

（2）信息网络系统。

（3）内网、外网和智能化信息网络三个局域网，相互之间物理层隔离。

（4）综合布线系统。

（5）公共广播系统。

（6）信息发布系统。

（7）电梯厅、会议室等部位 LCD 多媒体电视。

（8）首层大堂设置电子触摸屏。

（9）多媒体会议。二层大会议室：长为 15m，宽为 14m，高 7m，其中，活动舞台宽 11m，深 3m。无线讨论发言系统、音频扩声系统、LED 显示系统（详见大屏显示系统）、视频显示系统、视频会议系统和会议控制系统；七层会议室：8m 长，6m 宽。讨论发言系统、音频处理系统、音频扩声系统、视频显示系统、视频会议系统和会议控制系统；十层会议室：8m 长，4m 宽。配置一台高清液晶电视。

（10）大屏显示系统。首层消防控制中心、入口大厅和二层大会议室，共设置 3 套大屏显示。其中消防控制中心设置 1 套 3×8（单屏 60 寸）DLP 拼接屏；入口大厅设置 1 套 5.7m×2.3m 的 LED P3 全彩屏；二层大会议室设置 1 套 5.7m×3.5m 的 LED P3 全彩屏。

（11）环境自控系统及中央管理站系统中除洁净工程标段、精装修标段范围之外的弱电部分。

弱电总包负责从中央管理站并负责接至交换机和网关（包括交换机和网关），洁净工程标段、精装修标段负责从房间控制器（RC）、机组控制器（FAC），及楼层显示屏接至网关或交换器（不包括网关或交换器）。

（12）不包括火灾报警系统。

（13）与强电的界面，若有弱电供电配电箱，由弱电总包接至配电箱。

5. 实验室家具总包的招标范围与其他标段的界面

（1）负责本项目实验室家具的安装、调试。

（2）负责及水、电、弱电、气点位的连通。

（3）负责功能带、功能柱的深化设计与采购、安装。

（4）家具的弱电信号点位，若实验室家具自带传感器，则由洁净工程标段、精装修标段接至点位。若实验室家具不带传感器，则由洁净工程标段、精装修标段安装传感器。

（2）招标

在招标方案得到公司的同意和支持以后，就要进入实际操作阶段。招标阶段的工作主要有以下几部分：

1）办理招标备案手续和招标申请

《招标投标法》等十二条规定："依法必须进行招标的项目，招标人自行办理招标事宜的，应向有关行政监督部门备案。"

2）形成招标书。招标书是招标活动的核心文件，要认真起草。

3）对招标书的标底进行仔细研究确定。有些需要召开专家会议确定，重点项目甚至可以邀请咨询公司代理编制。

4）招标书发送。要采用适当的方式，将招标书传送到潜在的投标人手中。例如，对于公开招标，可以在媒体上发布；对于选择性招标，可以用挂号或特快专递直接送交所选择的投标人。许多标书需要投标者花钱购买，有些标书规定投标者要交一定的保证金后才能得到。

【案例3】 某工程咨询公司编制各类招标文件的主要内容和要点

1. 设计招标文件的主要内容和要点

（1）主要内容：

① 工程名称、地址、占地面积、建筑面积等；

② 投标须知。包括所有对投标要求的有关事项；

③ 设计依据文件。包括已批准的项目建议书、可行性研究报告和其他设计要求。

（2）要点：

在设计招标文件中，明确设计任务书及要求是关键的内容，大致包括：

① 设计文件的编制依据；

② 国家有关行政主管部门对规划方面的要求；

③ 有关功能的要求；

④ 技术经济指标要求；

⑤ 平面布局要求；

⑥ 建筑设计、结构设计、设备设计、特殊工程等方面的要求。

2. 施工招标文件的主要内容

（1）主要内容：

① 投标邀请书；

② 投标人须知；

③ 合同主要条款、合同协议书格式以及银行履约保函格式、履约担保书格式、预付款担保格式等；

④ 采用工程量清单招标的，应当提供工程量清单；

⑤ 技术规范和要求。包括工程建设地点的现场自然条件和施工条件，采用的技术规范和标准等；

⑥ 设计图纸；

⑦ 评标标准和方法；

⑧ 投标文件格式。包括投标书及投标书附录、工程量清单与报价表、辅助资料表、资格审查表等。

（2）要点：

① 工程施工合同条件；

② 投标人须知；

③ 工程量清单；

3. 工程物资采购招标文件主要内容

（1）主要内容：

① 招标书；

② 投标须知；

③ 招标标的物的清单和技术要求、技术规范和图纸；

④ 合同格式及主要合同条款。包括价格及付款方式、交货条件、质量验收标准以及违约处理等内容；

⑤ 投标书格式、投标物资的数量以及价目表格式、投标保函格式等各种格式文本。

（2）要点：

① 标的。对拟采购的货物进行清晰的定义，包括购销物资的名称、品种、型号、规格、等级、花色、技术标准或质量要求等。

② 技术规格和规范。明确货物或设备的技术要求和参数。

③ 投标报价。报价应包括单价、总价及运费、保险费、仓储费、装卸费、各种税、手续费等。

④ 货物采购合同的主要内容。主要包括标的、数量、包装、交付及运输方式、交货期限、价格、验收和保修、结算的时间方式和手续、违约责任。

4. 工程监理招标文件的主要内容

（1）主要内容：

① 投标人须知；

② 工程项目简介；

③ 委托工程监理任务的范围和工作任务大纲；

④ 合同条件；

⑤ 评标原则、标准和评标方法；

⑥ 招标人可以向工程监理人提供的条件。包括办公、住宿、生活、交通、通信条件等；

⑦ 工程监理投标报价方式及费用构成；

⑧ 项目有关资料；

⑨ 投标书格式和有关表格

（2）要点：

① 委托工程监理任务大纲

② 工程监理任务

③ 工程监理合同条件

④ 确定评标原则、标准和方法

（3）投标

投标人在收到投标书以后，如果愿意投标，就要进入投标程序。

投标书、投标报价需要经过特别认真地研究、详细地论证完成。这些内容是要和许多供应商竞争评比的，既要先进，又要合理，还要有利可图。

投标文件要在规定的时间内准备好，一份正本、若干份副本，并且分别封装签章，信封上分别注明"正本"、"副本"字样，寄到招标单位。

（4）开标

开标应按招标通告中规定的时间、地点公开进行，并邀请投标商或其委派的代表参加。开标前，应以公开的方式检查投标文件的密封情况，当众宣读供应商名称、有无撤标情况、提交投标保证金的方式是否符合要求、投标项目的主要内容、投标价格及其他有价值的内容。开标时，对于投标文件中含义不明确的地方，允许投标商作简要解释，但所作解释不能超过投标文件记载的范围，或实质性地改变投标文件的内容。以电传、电报方式投标的，不予开标。

开标要做开标记录，其内容包括项目名称、招标号、刊登招标通告的日期、发售招标文件的日期、购买招标文件单位的名称、投标商的名称及报价、截标后收到标书的处理情况等。

在有些情况下，可以暂缓或推迟开标时间，如招标文件发售后对原招标文件作了变更或补充；开标前，发现有足以影响采购公正性的违法或不正当行为；采购单位接到质疑或诉讼；出现突发事故；变更或取消采购计划等。

（5）评标

招标方收到投标书后，直到招标会开会那天，不得事先开封。只有当招标会开始，投标人到达会场，才能将投标书邮件交投标人检查，签封完好，当面开封。

开封后，投标人可以拿着自己的投标书当着全体评标小组陈述自己的投标书、并且接受全体评委的质询，甚至参加投标辩论。陈述辩论完毕，投标者退出会场，全体评标人员进行分析评比，最后投票或打分选出中标人。评标由招标人依法组建的评标委会负责。评标委员会由招标人的代表和有关技术、经济等方面的专家组成，成员人数为 5 人以上单数，其中技术、经济等方面的专家不得少于成员总数的 2/3。与投标人有利害关系的人不得进入相关项目的评标委员会，已经进入的应当更换。评标委员会成员的名单在中标结果确定前应当保密。招标人应当采取必要的措施，保证评标是在严格保密的情况下进行，任何单位和个人不得非法干预、影响评标的过程和结果。

评标委员会应当按照招标文件确定的评标标准和方法，对投标文件进行评审和比较。设有标底的，应当参考标底。评选委员会完成评标后，应当向招标人提出书面评标报告，并推荐合格的中标候选人。

评标委员会成员不得私下接触投标人，不得收受投标人的财物或者其他好处。评标委员会成员和参与评标的有关工作人员不得透漏对投标文件的评审和比较，中标候选人的推荐情况以及与评标有关的其他情况。

【案例 4】 某地区工务署项目采用的主要评标方式

某地区工务署项目采用的主要评标方式包括：

（1）综合定性评审法；

（2）信用商务定性评审法；

（3）综合评估法；

（4）低价法；

（5）经评审的最低投标价法。

以综合评估法为例，详细说明如下：

1）评标委员会对通过初步评审的各投标人的技术标进行详细评审。

各评标专家根据招标文件规定的技术标的评分规则分别对各投标文件独立进行技术标的评分，在后续评审中该项得分不得更改。

2）由计算机评标系统对初步评审合格的各投标人的商务标进行详细评审并打分。

对通过初步评审的投标文件，计算机评标系统首先按照下列方法对各项评审要素计算评标基准值和相应的分值。商务标评审从以下方法中选择其中的一种，评审要素包括总报价、清单项报价，各自满分为 100 分，然后根据总价分值与清单项分值的权重折算为最终的分值：

□方法一：有效投标报价由高至低排序，有效投标报价低的 B（B 为 1/2 或 2/3 或 3/4）名（按四舍五入取整，在商务标开标前随机抽取）有效报价的算术平均值作为评标基准价，有效投标报价等于基准价的为满分（100 分），每高于基准价 1‰扣 S1 分，每低于基准价 1‰扣 S2 分，分值按照内插法计算。

□方法二：技术标得分由高至低排序，计算经商务标评审合格后的技术标得分前 D 个（一般 D 为 8～10 的自然数中的一个，具体取值在商务标评审前抽签确定，若技术标合格的投标人数量小于 D 时，则全部计取，若最后一个出现相同得分的，将并列名次的也计入）有效投标人投标报价的算术平均值下浮 E（1‰、2‰或 3‰）（在商务标开标前随机抽取）作为评标基准价，有效投标报价等于基准价的为满分（100 分），每高于基准价 1‰扣 S1 分，每低于基准价 1‰扣 S2 分，分值按照内插法计算。

□方法三：去掉最低投标报价以及最高投标报价之后，计算算术平均值下浮 E（1‰、2‰或 3‰）（在商务标开标前随机抽取）作为评标基准价（若初步评审通过的投标人小于或等于五个的，直接对初步评审通过的投标人的投标报价计算算术平均值下浮 E（1‰、2‰或 3‰）（在商务标开标前随机抽取）作为评标基准价）。投标报价等于基准价的为满分（100 分）。每高于基准价 1‰扣 S1 分，每低于基准价 1‰扣 S2 分，分值按照内插法计算。

□方法四：以最低投标报价作为基准价，投标报价等于基准价的为满分（100 分）。每高于基准价 1‰扣 S1 分，分值按照内插法计算。

□方法五：按投标报价由低至高进行排序，投标报价相同的投标人排序相同（排序按自然数从 1 开始不间断递增），以排序第＿＿＿的投标报价作为评标基准价，有效投标报价等于基准价的为满分（100 分），每高于基准价 1‰扣 S1 分，每低于基准价 1‰扣 S2 分，分值按照内插法计算。

投标人商务标评审得分最低分为 0 分。

3）评标委员会按照下列公式计算评审总得分：

$$N = A_1 \times J + A_2 \times S + A_3 \times X$$

式中　N——评审总得分（得分取值保留到小数点后两位）；

J——技术标评审得分（得分取值保留到小数点后两位）；

S——商务标评审得分（得分取值保留到小数点后两位）；

X——信誉标评审得分（得分取值保留到小数点后两位）；

A_1——技术标评审得分权重；

A_2——商务标评审得分权重；

A_3——信用权重〔$A_1+A_2+A_3=1$，具体数值见第 1 篇投标人须知前附表二〕。

4）评标委员会将综合评审意见汇总成评标报告后提交给招标人，并按下列方式确定中标候选人：

☐所有递交投标文件不被判定为废标或无效标的投标人均进入定标程序，由招标人抽签产生中标候选人。

☐所有递交投标文件不被判定为废标或无效标的投标人均进入定标程序，由招标人组建的定标委员会票决产生中标候选人。

☐按评审总得分由高至低顺序选取前__名抽签产生中标候选人。

☐按评审总得分由高至低顺序直接确定中标候选人。

☐按评审总得分由高至低顺序选取前__名由招标人组建的定标委员会确定中标候选人。

（6）定标

招标人根据评标委员会提出的书面评标报告和推荐的中标候选人确定中标人，招标人也可以授权评标委员会直接确定中标人。在确定中标者后，要通知中标方。

定标的方式一般有：

1）一次票决法；

2）票选抽签法（前3名）；

3）票选低价法（前3名）；

4）逐轮票决法；

5）优质低价法。

4.2 工 程 监 理

自 1988 年我国开始工程监理试点以来，工程监理行业已得到稳步发展，在建设工程领域中发挥了科学化、专业化、社会化的核心控制和综合管理作用，不仅保证了工程项目的质量、进度和投资目标的实现，也保障了工程项目的安全，同时又促进了工程项目的和谐和稳定。随着我国经济发展和市场体制改革的不断深入，将进一步促使监理市场需求、监理人才队伍构成、监理信息化环境、监理企业间关系不断转变，工程监理行业必将与时俱进，创新和突破将成为工程监理发展的重要使命。

4.2.1　工程监理的概念

监理的定义：监理单位受建设单位委托，根据法律法规、建设工程相关标准、勘察设计文件、建设工程监理合同及与建设工程相关的其他合同，在施工阶段对建设工程的质量、进度、造价进行控制，对合同、信息进行管理，对施工单位的安全生产管理实施监督。

依据《建筑法》的规定，建设工程监理是一项国家强制推行的制度。工程监理实行总监理工程师负责制，监理人员应公平、独立、科学地开展建设工程监理工作，维护建设单位的合法权益，不损害其他有关单位的合法权益。在监理工作范围内，建设单位与施工单位之间与建设工程合同有关的联系活动应通过监理单位进行。

4.2.2　工程监理的权利、义务和责任

《建筑法》《建设工程质量管理条例》《建设工程安全生产管理条例》等法律、行政法规和规范性文件对工程监理的权利、义务和责任作了明确界定。

（1）《建筑法》

第三十二条建筑工程监理应当依照法律、行政法规及有关的技术标准、设计文件和建筑工程承包合同，对承包单位在施工质量、建设工期和建设资金使用等方面，代表建设单位实施监督。

工程监理人员认为工程施工不符合工程设计要求、施工技术标准和合同约定的，有权要求建筑施工企业改正。

工程监理人员发现工程设计不符合建筑工程质量标准或者合同约定的质量要求的，应当报告建设单位要求设计单位改正。

第三十四条工程监理单位应当在其资质等级许可的监理范围内，承担工程监理业务。

工程监理单位应当根据建设单位的委托，客观、公正地执行监理任务。

工程监理单位与被监理工程的承包单位以及建筑材料、建筑构配件和设备供应单位不得有隶属关系或者其他利害关系。

工程监理单位不得转让工程监理业务。

第三十五条工程监理单位不按照委托监理合同的约定履行监理义务，对应当监督检查的项目不检查或者不按照规定检查，给建设单位造成损失的，应当承担相应的赔偿责任。

工程监理单位与承包单位串通，为承包单位谋取非法利益，给建设单位造成损失的，应当与承包单位承担连带赔偿责任。

（2）《建设工程质量管理条例》

第三十四条工程监理单位应当依法取得相应等级的资质证书，并在其资质等级许可的范围内承担工程监理业务。

禁止工程监理单位超越本单位资质等级许可的范围或者以其他工程监理单位的名义承担工程监理业务。禁止工程监理单位允许其他单位或者个人以本单位的名义承担工程监理业务。

工程监理单位不得转让工程监理业务。

第三十五条工程监理单位与被监理工程的施工承包单位以及建筑材料、建筑构配件和

设备供应单位有隶属关系或者其他利害关系的，不得承担该项建设工程的监理业务。

第三十六条　工程监理单位应当依照法律、法规以及有关技术标准、设计文件和建设工程承包合同，代表建设单位对施工质量实施监理，并对施工质量承担监理责任。

第三十七条　工程监理单位应当选派具备相应资格的总监理工程师和监理工程师进驻施工现场。

未经监理工程师签字，建筑材料、建筑构配件和设备不得在工程上使用或者安装，施工单位不得进行下一道工序的施工。未经总监理工程师签字，建设单位不拨付工程款，不进行竣工验收。

第三十八条　监理工程师应当按照工程监理规范的要求，采取旁站、巡视和平行检验等形式，对建设工程实施监理。

（3）《建设工程安全生产管理条例》

第十四条　工程监理单位应当审查施工组织设计中的安全技术措施或者专项施工方案是否符合工程建设强制性标准。

工程监理单位在实施监理过程中，发现存在安全事故隐患的，应当要求施工单位整改；情况严重的，应当要求施工单位暂时停止施工，并及时报告建设单位。施工单位拒不整改或者不停止施工的，工程监理单位应当及时向有关主管部门报告。

工程监理单位和监理工程师应当按照法律、法规和工程建设强制性标准实施监理，并对建设工程安全生产承担监理责任。

第二十六条　施工单位应当在施工组织设计中编制安全技术措施和施工现场临时用电方案，对下列达到一定规模的危险性较大的分部分项工程编制专项施工方案，并附具安全验算结果，经施工单位技术负责人、总监理工程师签字后实施，由专职安全生产管理人员进行现场监督。

基坑支护与降水工程：

（一）土方开挖工程；

（二）模板工程；

（三）起重吊装工程；

（四）脚手架工程；

（五）拆除、爆破工程；

（六）国务院建设行政主管部门或者其他有关部门规定的其他危险性较大的工程。

对前款所列工程中涉及深基坑、地下暗挖工程、高大模板工程的专项施工方案，施工单位还应当组织专家进行论证、审查。

除此之外，在工程监理合同（示范文本）和监理规范中，对监理权利作、义务和责任也作了相应的规定。如涉及监理的权利，主要包括：选择工程总承包人的建议权，选择工程分包人的认可权，对工程建设有关事项的设计和技术建议权，开工令、停工令、复工令发布权，组织协调权，材料和施工质量检验权，进度检查、监督权，工程价格审核和签认权、提出变更权，索赔要求处置权等。

实践过程中，无论是建设单位、监理单位，还是施工单位、材料供应商或设计单位，都需了解监理人的权限、时限和使用条件，尽量避免出现监理人权利误用、滥用的现象，促进工程建设顺利开展。

4.2.3 工程监理的工作范围和内容

基于《建设工程监理规范》（GB/T 50319—2013）总结分析，工程监理的工作范围和内容包含：工程质量、造价、进度控制，以及安全生产管理，工程变更、索赔及施工合同争议，文件资料管理以及设备采购与设备监造管理。

（1）工程质量控制

1）工程开工前，项目监理机构应审查施工单位现场的质量管理组织机构、管理制度及专职管理人员和特种作业人员的资格。

2）总监理工程师应组织专业监理工程师审查施工单位报审的施工方案，并应符合要求后予以签认。

施工方案审查应包括下列基本内容：

① 编审程序应符合相关规定。

② 工程质量保证措施应符合有关标准。

3）专业监理工程师应审查施工单位报送的新材料、新工艺、新技术、新设备的质量认证材料和相关验收标准的适用性，必要时，应要求施工单位组织专题论证，审查合格后报总监理工程师签认。

4）专业监理工程师应检查、复核施工单位报送的施工控制测量成果及保护措施，签署意见。专业监理工程师应对施工单位在施工过程中报送的施工测量放线成果进行查验。

施工控制测量成果及保护措施的检查、复核，应包括下列内容：

① 施工单位测量人员的资格证书及测量设备检定证书。

② 施工平面控制网、高程控制网和临时水准点的测量成果及控制桩的保护措施。

5）专业监理工程师应检查施工单位为本工程提供服务的试验室。

试验室的检查应包括下列内容：

① 试验室的资质等级及试验范围。

② 法定计量部门对试验设备出具的计量检定证明。

③ 试验室管理制度。

④ 试验人员资格证书。

6）项目监理机构应审查施工单位报送的用于工程的材料、构配件、设备的质量证明文件，并应按有关规定、建设工程监理合同约定，对用于工程的材料进行见证取样，平行检验。

项目监理机构对已进场经检验不合格的工程材料、构配件、设备，应要求施工单位限期将其撤出施工现场。

7）专业监理工程师应审查施工单位定期提交影响工程质量的计量设备的检查和检定

报告。

8）项目监理机构应根据工程特点和施工单位报送的施工组织设计，确定旁站的关键部位；关键工序，安排监理人员进行旁站，并应及时记录旁站情况。

9）项目监理机构应安排监理人员对工程施工质量进行巡视。巡视应包括下列主要内容：

① 施工单位是否按工程设计文件、工程建设标准和批准的施工组织设计、（专项）施工方案施工。

② 使用的工程材料、构配件和设备是否合格。

③ 施工现场管理人员，特别是施工质量管理人员是否到位。

④ 特种作业人员是否持证上岗。

10）项目监理机构应根据工程特点、专业要求，以及建设工程监理合同约定，对工程材料、施工质量进行平行检验。

11）项目监理机构应对施工单位报验的隐蔽工程、检验批；分项工程和分部工程进行验收，对验收合格的应给予签认，对验收不合格的应拒绝签认，同时应要求施工单位在指定的时间内整改并重新报验。

对已同意覆盖的工程隐蔽部位质量有疑问的，或发现施工单位私自覆盖工程隐蔽部位的，项目监理机构应要求施工单位对该隐蔽部位进行钻孔探测或揭开或其他方法进行重新检验。

12）项目监理机构发现施工存在质量问题的，或施工单位采用不适当的施工工艺，或因施工不当造成工程质量不合格的，应及时签发监理通知单，要求施工单位整改。整改完毕后，项目监理机构应根据施工单位报送的监理通知回复对整改情况进行复查，提出复查意见。

13）对需要返工处理加固补强的质量缺陷，项目监理机构应要求施工单位报送经设计等相关单位认可的处理方案，并应对质量缺陷的处理过程进行跟踪检查，同时应对处理结果进行验收。

14）对需要返工处理或加固补强的质量事故，项目监理机构应要求施工单位报送质量事故调查报告和经设计等相关单位认可的处理方案，并应对质量事故的处理过程进行跟踪检查，同时应对处理结果进行验收。

项目监理机构应及时向建设单位提交质量事故书面报告，并应将完整的质量事故处理记录整理归档。

15）项目监理机构应审查施工单位提交的单位工程竣工验收报审表及竣工资料，组织工程竣工预验收。存在问题的，应要求施工单位及时整改；合格的，总监理工程师应签认单位工程竣工验收报审表。

16）工程竣工预验收合格后，项目监理机构应编写工程质量评估报告，并应经总监理工程师和工程监理单位技术负责人审核签字后报建设单位。

17）项目监理机构应参加由建设单位组织的竣工验收，对验收中提出的整改问题，应督促施工单位及时整改。工程质量符合要求的，总监理工程师应在工程竣工验收报告中签署意见。

（2）工程造价控制

1）项目监理机构应按下列程序进行工程计量和付款签证：

① 专业监理工程师对施工单位在工程款支付报审表中提交的工程量和支付金额进行复核，确定实际完成的工程量，提出到期应支付给施工单位的金额，并提出相应的支持性材料。

② 总监理工程师对专业监理工程师的审查意见进行审核，签认后报建设单位审批。

③ 总监理工程师根据建设单位的审批意见，向施工单位签发工程款支付证书。

2）项目监理机构应建立月完成工程量统计表，对实际完成量与计划完成量进行比较分析，发现偏差的，应提出调整建议，并应在监理月报中向建设单位报告。

3）项目监理机构应按下列程序进行竣工结算款审核：

① 专业监理工程师审查施工单位提交的工程结算款支付申请，提出审查意见。

② 总监理工程师对专业监理工程师的审查意见进行审核，签认后报建设单位审批，同时抄送施工单位，并就工程竣工结算事宜与建设单位、施工单位协商；达成一致意见的，根据建设单位审批意见向施工单位签发竣工结算款支付证书；不能达成一致意见的，应按施工合同约定处理。

（3）工程进度控制

1）项目监理机构应审查施工单位报审的施工总进度计划和阶段性施工进度计划，提出审查意见，并应由总监理工程师审核后报建设单位。

施工进度计划审查应包括下列基本内容：

① 施工进度计划应符合施工合同中工期的约定。

② 施工进度计划中主要工程项目无遗漏，应满足分批投入试运、分批动用的需要，阶段性施工进度计划应满足总进度控制目标的要求。

③ 施工顺序的安排应符合施工工艺要求。

④ 施工人员、工程材料、施工机械等资源供应计划应满足施工进度计划的需要。

⑤ 施工进度计划应符合建设单位提供的资金、施工图纸、施工场地、物资等施工条件。

2）项目监理机构应检查施工进度计划的实施情况，发现实际进度严重滞后于计划进度且影响合同工期时，应签发监理通知单，要求施工单位采取调整措施加快施工进度。总监理工程师应向建设单位报告工期延误风险。

3）项目监理机构应比较分析工程施工实际进度与计划进度，预测实际进度对工程总工期的影响，并应在监理月报中向建设单位报告工程实际进展情况。

（4）安全生产管理

1）项目监理机构应根据法律法规、工程建设强制性标准，履行建设工程安全生产管理的监理职责；并应将安全生产管理的监理工作内容、方法和措施纳入监理规划及监理实施细则。

2）项目监理机构应审查施工单位现场安全生产规章制度的建立和实施情况，并应审查施工单位安全生产许可证及施工单位项目经理、专职安全生产管理人员和特种作业人员的资格，同时应核查施工机械和设施的安全许可验收手续。

3）项目监理机构应审查施工单位报审的专项施工方案，符合要求的，应由总监理工程师签认后报建设单位。超过一定规模的危险性较大的分部分项工程的专项施工方案，应检查施工单位组织专家进行论证、审查的情况，以及是否附具安全验算结果。项目监理机构应要求施工单位按已批准的专项施工方案组织施工。专项施工方案需要调整时，施工单位应按程序重新提交项目监理机构审查。

专项施工方案审查应包括下列基本内容：

① 编审程序应符合相关规定。

② 安全技术措施应符合工程建设强制性标准。

4）项目监理机构应巡视检查危险性较大的分部分项工程专项施工方案实施情况。发现未按专项施工方案实施时，应签发监理通知单，要求施工单位按专项施工方案实施。

5）项目监理机构在实施监理过程中，发现工程存在安全事故隐患时，应签发监理通知单，要求施工单位整改；情况严重时，应签发工程暂停令，并应及时报告建设单位。施工单位拒不整改或不停止施工时，项目监理机构应及时向有关主管部门报送监理报告。

（5）工程变更、索赔及施工合同争议

项目监理机构应依据建设工程监理合同约定进行施工合同管理，处理工程暂停及复工、工程变更、索赔及施工合同争议、解除等事宜。

施工合同终止时，项目监理机构应协助建设单位按施工合同约定处理施工合同终止的有关事宜。

1）工程暂停及复工

① 总监理工程师在签发工程暂停令时，可根据停工原因的影响范围和影响程度，确定停工范围，并应按施工合同和建设工程监理合同的约定签发工程暂停令。

② 项目监理机构发现下列情况之一时，总监理工程师应及时签发工程暂停令：

（a）建设单位要求暂停施工且工程需要暂停施工的。

（b）施工单位未经批准擅自施工或拒绝项目监理机构管理的。

（c）施工单位未按审查通过的工程设计文件施工的。

（d）施工单位未按批准的施工组织设计、（专项）施工方案施工或违反工程建设强制性标准的。

（e）施工存在重大质量、安全事故隐患或发生质量、安全事故的。

③ 总监理工程师签发工程暂停令应征得建设单位同意，在紧急情况下未能事先报告的，应在事后及时向建设单位作出书面报告。

④ 暂停施工事件发生时，项目监理机构应如实记录所发生的情况。

⑤ 总监理工程师应会同有关各方按施工合同约定，处理因工程暂停引起的与工期、

费用有关的问题。

⑥ 因施工单位原因暂停施工时，项目监理机构应检查、验收施工单位的停工整改过程、结果。

⑦ 当暂停施工原因消失、具备复工条件时，施工单位提出复工申请的，项目监理机构应审查施工单位报送的复工报审表及有关材料，符合要求后，总监理工程师应及时签署审查意见，并应报建设单位批准后签发工程复工令；施工单位未提出复工申请的，总监理工程师应根据工程实际情况指令施工单位恢复施工。

（2）工程变更

1）项目监理机构可按下列程序处理施工单位提出的工程变更：

① 总监理工程师组织专业监理工程师审查施工单位提出的工程变更申请，提出审查意见。对涉及工程设计文件修改的工程变更，应由建设单位转交原设计单位修改工程设计文件。必要时，项目监理机构应建议建设单位组织设计、施工等单位召开论证工程设计文件的修改方案的专题会议。

② 总监理工程师组织专业监理工程师对工程变更费用及工期影响作出评估。

③ 总监理工程师组织建设单位、施工单位等共同协商确定工程变更费用及工期变化，会签工程变更单。

④ 项目监理机构根据批准的工程变更文件监督施工单位实施工程变更。

2）项目监理机构可在工程变更实施前与建设单位、施工单位等协商确定工程变更的计价原则、计价方法或价款。

3）建设单位与施工单位未能就工程变更费用达成协议时，项目监理机构可提出一个暂定价格并经建设单位同意，作为临时支付工程款的依据。工程变更款项最终结算时，应以建设单位与施工单位达成的协议为依据。

4）项目监理机构可对建设单位要求的工程变更提出评估意见，并应督促施工单位按会签后的工程变更单组织施工。

（3）费用索赔

1）项目监理机构应及时收集、整理有关工程费用的原始资料，为处理费用索赔提供证据。

2）项目监理机构处理费用索赔的主要依据应包括下列内容：

① 法律法规。

② 勘察设计文件、施工合同文件。

③ 工程建设标准。

④ 索赔事件的证据。

3）项目监理机构可按下列程序处理施工单位提出的费用索赔：

① 受理施工单位在施工合同约定的期限内提交的费用索赔意向通知书。

② 收集与索赔有关的资料。

③ 受理施工单位在施工合同约定的期限内提交的费用索赔报审表。

④ 审查费用索赔报审表。需要施工单位进一步提交详细资料时，应在施工合同约定的期限内发出通知。

⑤ 与建设单位和施工单位协商一致后，在施工合同约定的期限内签发费用索赔报审表，并报建设单位。

4）项目监理机构批准施工单位费用索赔应同时满足下列条件：

① 施工单位在施工合同约定的期限内提出费用索赔。

② 索赔事件是因非施工单位原因造成，且符合施工合同约定。

③ 索赔事件造成施工单位直接经济损失。

5）当施工单位的费用索赔要求与工程延期要求相关联时，项目监理机构可提出费用索赔和工程延期的综合处理意见，并应与建设单位和施工单位协商。

6）因施工单位原因造成建设单位损失，建设单位提出索赔时，项目监理机构应与建设单位和施工单位协商处理。

（4）工程延期及工期延误

1）施工单位提出工程延期要求符合施工合同约定时，项目监理机构应予以受理。

2）当影响工期事件具有持续性时，项目监理机构应对施工单位提交的阶段性工程临时延期报审表进行审查，并应签署工程临时延期审核意见后报建设单位。

当影响工期事件结束后，项目监理机构应对施工单位提交的工程最终延期报审表进行审查，并应签署工程最终延期审核意见后报建设单位。

3）项目监理机构在作出工程临时延期批准和工程最终延期批准前，均应与建设单位和施工单位协商。

4）项目监理机构批准工程延期应同时满足下列条件：

① 施工单位在施工合同约定的期限内提出工程延期。

② 因非施工单位原因造成施工进度滞后。

③ 施工进度滞后影响到施工合同约定的工期。

5）施工单位因工程延期提出费用索赔时，项目监理机构可按施工合同约定进行处理。

6）发生工期延误时，项目监理机构应按施工合同约定进行处理。

（5）施工合同争议

1）项目监理机构处理施工合同争议时应进行下列工作：

① 了解合同争议情况。

② 及时与合同争议双方进行磋商。

③ 提出处理方案后，由总监理工程师进行协调。

④ 当双方未能达成一致时，总监理工程师应提出处理合同争议的意见。

2）项目监理机构在施工合同争议处理过程中，对未达到施工合同约定的暂停履行合同条件的，应要求施工合同双方继续履行合同。

3）在施工合同争议的仲裁或诉讼过程中，项目监理机构应按仲裁机关或法院要求提供与争议有关的证据。

（6）施工合同解除

1）因建设单位原因导致施工合同解除时，项目监理机构应按施工合同约定与建设单位和施工单位从下列款项中协商确定施工单位应得款项，并签认工程款支付证书：

① 施工单位按施工合同约定已完成的工作应得款项。

② 施工单位按批准的采购计划订购工程材料、构配件、设备的款项。

③ 施工单位撤离施工设备至原基地或其他目的地的合理费用。

④ 施工单位人员的合理遣返费用。

⑤ 施工单位合理的利润补偿。

⑥ 施工合同约定的建设单位应支付的违约金。

2）因施工单位原因导致施工合同解除时，项目监理机构应按施工合同约定，从下列款项中确定施工单位应得款项或偿还建设单位的款项，并应与建设单位和施工单位协商后，书面提交施工单位应得款项或偿还建设单位款项的证明：

① 施工单位已按施工合同约定实际完成的工作应得款项和已给付的款项。

② 施工单位已提供的材料、构配件、设备和临时工程等的价值。

③ 对已完工程进行检查和验收、移交工程资料、修复已完工程质量缺陷等所需的费用。

④ 施工合同约定的施工单位应支付的违约金。

3）因非建设单位、施工单位原因导致施工合同解除时，项目监理机构应按施工合同约定处理合同解除后的有关事宜。

（7）监理文件资料管理

1）项目监理机构应及时整理、分类汇总监理文件资料，并应按规定组卷，形成监理档案。

2）工程监理单位应根据工程特点和有关规定，保存监理档案，并应向有关单位、部门移交需要存档的监理文件资料。

（8）设备采购与设备监造

项目监理机构应根据建设工程监理合同约定的设备采购与设备监造工作内容、配备监理人员，以及明确岗位职责。

项目监理机构应编制设备采购与设备监造工作计划，并应协助建设单位编制设备采购与设备监造方案。

1）设备采购

① 采用招标方式进行设备采购时，项目监理机构应协助建设单位按有关规定组织设备采购招标。采用其他方式进行设备采购时，项目监理机构应协助建设单位进行询价。

② 项目监理机构应协助建设单位进行设备采购合同谈判，并应协助签订设备采购合同。

2）设备监造

① 项目监理机构应检查设备制造单位的质量管理体系，并应审查设备制造单位报送

的设备制造生产计划和工艺方案。

② 项目监理机构应审查设备制造的检验计划和检验要求，并应确认各阶段的检验时间、内容、方法、标准，以及检测手段、检测设备和仪器。

③ 专业监理工程师应审查设备制造的原材料、外购配套件、元器件、标准件以及坯料的质量证明文件及检验报告，并应审查设备制造单位提交的报验资料，符合规定时应予以签认。

④ 项目监理机构应对设备制造过程进行监督和检查，对主要及关键零部件的制造工序应进行抽检。

⑤ 项目监理机构应要求设备制造单位按批准的检验计划和检验要求进行设备制造过程的检验工作，并应做好检验记录。项目监理机构应对检验结果进行审核，认为不符合质量要求时，应要求设备制造单位进行整改、返修或返工。当发生质量失控或重大质量事故时，应由总监理工程师签发暂停令，提出处理意见，并应及时报告建设单位。

⑥ 项目监理机构应检查和监督设备的装配过程。

⑦ 在设备制造过程中如需要对设备的原设计进行变更时，项目监理机构应审查设计变更，并应协调处理因变更引起的费用和工期调整，同时应报建设单位批准。

⑧ 项目监理机构应参加设备整机性能检测、调试和出厂验收，符合要求后应予以签认。

⑨ 在设备运往现场前，项目监理机构应检查设备制造单位对待运设备采取的防护和包装措施，并应检查是否符合运输、装卸、储存、安装的要求，以及随机文件、装箱单和附件是否齐全。

⑩ 设备运到现场后，项目监理机构应参加由设备制造单位按合同约定与接收单位的交接工作。

⑪ 专业监理工程师应按设备制造合同的约定审查设备制造单位提交的付款申请，提出审查意见，并应由总监理工程师审核后签发支付证书。

⑫ 专业监理工程师应审查设备制造单位提出的索赔文件，提出意见后报总监理工程师，并应由总监理工程师与建设单位、设备制造单位协商一致后签署意见。

⑬ 专业监理工程师应审查设备制造单位报送的设备制造结算文件，提出审查意见，并应由总监理工程师签署意见后报建设单位。

4.2.4 工程监理的工作方法

（1）巡视监理

项目监理机构对施工现场进行定期或不定期的检查活动。巡视监理是项目监理机构对工程实施建设工程监理的重要方式之一，是监理人员针对施工现场进行的检查。

巡视监理程序为：项目监理机构可选择在监理规划中相关章节编制体现监理巡视检查工作的方案、计划、制度等相关内容，或单独编制、审批巡视监理方案/实施细则，设计巡视监理记录用表式。在监理过程中，监理人员应按照监理规划（或巡视监理方案/实施细则）中规定的频次进行现场巡视（如上午、下午各一次），巡视检查内容以现场施工质量、安全生产隐患为主，且不限于质量、安全方面的内容。监理人员在巡视监理中发现的施工质量、安全生产隐患等问题以及采取的相应处理程序、所取得的效果等，应及时、准确地在巡视监理记录表中记录下来。

（2）平行检验

项目监理机构利用一定的检查和检测手段在施工单位自检的基础上，按照一定的比例，对工程项目进行独立、平行的检测和试验活动。平行检验的内容包括工程实体量测（检查、试验、检测）和材料检验等内容，平行检验也是工程建设监理在质量过程控制中的重要手段之一。

平行检验程序为：项目监理机构首先应编制符合工程特点的平行检验监理实施细则，明确监理平行检验的方法、范围、内容等，并设计各平行检验记录表。监理过程中，应根据平行检验监理实施细则的规定和要求，开展平行检验工作，记入相应的平行检验验收记录表中。对平行检验不符合规范、标准的检验项目，应分析原因后按照相关规定进行处理。

（3）旁站监理

项目监理机构对工程的关键部位或关键工序的施工质量进行的监督活动。《建设工程质量管理条例》第三十八条规定：监理工程师应当按照工程监理规范的要求，采取旁站、巡视和平行检验等形式，对建设工程实施监理。

旁站监理程序如下：

1）旁站监理应在总监理工程师的指导下，由现场监理人员负责具体实施。在旁站监理实施前，项目监理机构应根据旁站监理方案和相关的施工验收规范，对旁站监理人员进行技术交底。

2）旁站监理人员实施旁站监理时，若发现施工企业出现违反工程建设强制性标准行为的，有权责令施工企业立即整改；发现其施工活动已经或者可能危及工程质量的，应当及时向监理工程师或者总监理工程师报告，由总监理工程师下达局部暂停施工指令或者采取其他应急措施。

3）旁站监理记录是监理工程师或者总监理工程师依法行使有关签字权的重要依据。对于需要旁站监理的关键部位、关键工序施工，凡没有实施旁站监理或者没有旁站监理记录的，监理工程师或者总监理工程师不得在相应的文件上签字。在工程竣工验收后，监理企业应当将旁站监理记录存档备查。

4）按照规定的关键部位、关键工序实施旁站监理的，建设单位也应当严格按照国家规定的监理取费标准执行；对于超出规定的范围，建设单位要求监理企业实施旁站监理的，建设单位应当另行支付监理费用，具体费用标准由建设单位与监理企业在合同中约定。

（4）见证取样

项目监理机构对施工单位进行的涉及结构安全的试块、试件及工程材料现场取样、封样、送检工作的监督活动。

见证取样程序如下：

1）一般规定：

① 见证取样涉及三方行为：施工方，见证方，试验方。

② 试验室的资质资格管理：

（a）各级工程质量监督检测机构（有 CMA 章，即计量认证，1 年审查一次）。

（b）建筑企业试验室—逐步转为企业内控机构，4 年审查 1 次（它不属于第三方试验室）。

第三方试验室检查：

（c）计量认证书，CMA 章。

（d）查附件，备案证书。

CMA（中国计量认证/认可）是依据《中华人民共和国计量法》为社会提供公正数据的产品质量检验机构。

计量认证分为两级实施：一级为国家级，由国家认证认可监督管理委员会组织实施，一级为省级，实施的效力均完全是一致的。

见证人员必须取得《见证员证书》，且通过业主授权，并授权后只能承担所授权工程的见证工作。对进入施工现场的所有建筑材料，必须按规范要求实行见证取样和送检试验，试验报告纳入质保资料。

2）授权

建设单位或该工程的监理单位应向施工单位、工程受监质监站和工程检测单位递交"见证单位和见证人员授权书"。授权书应写明本工程见证人单位及见证人姓名、证号、见证人不得少于 2 人。

3）取样

施工企业取样人员在现场抽取和制作试样时，见证人必须在旁见证，且应对试样进行监护，并和委托送检的送检人员一起采取有效的封样措施或将试样送至检测单位。

4）送检

检测单位在接受委托检验任务时，须有送检单位填写委托单，见证人应出示《见证人员证书》，并在检验委托单上签名。检测单位均须实施密码管理制度。

5）试验报告

检测单位应在检验报告上加盖"有见证取样送检"印章。发生试样不合格情况，应在 24 小时内上报收监质监站，并建立不合格项目台账。

应注意的是，对检验报告有五点要求：

① 试验报告应电脑打印；

② 试验报告采用省统一用表；

③ 试验报告签名一定要手签；

④ 试验报告应有"有见证检验"专用章统一格式；

⑤ 注明见证人的姓名。

4.2.5 项目监理机构及监理人员的职责

（1）项目监理机构

监理单位应在施工现场建立项目监理机构。项目监理机构的组织形式和规模，应根据建设工程监理合同约定的服务内容、服务期限，以及工程类别、规模、技术复杂程度、环境等因素确定。

项目监理机构由总监理工程师、专业监理工程师和监理员组成，且专业配套、数量满足工程监理工作需要，必要时可设总监理工程师代表。现场监理工作全部完成或建设工程监理合同解除后，项目监理机构可撤离施工现场。

（2）监理人员的职责

1）总监理工程师职责

① 确定项目监理机构人员分工和岗位职责；

② 组织编制监理规划、审批监理实施细则；

③ 根据工程进展情况安排监理人员，检查监理人员工作，调换不称职人员；

④ 组织召开监理工作会议；

⑤ 签发项目监理机构有关文件和指令；

⑥ 组织审核分包单位资格；

⑦ 组织审查施工单位提交的施工组织设计、专项施工方案、进度计划、开工报告、复工申请等；

⑧ 组织检查施工单位现场质量、安全生产管理体系的建立及运行情况；

⑨ 组织审核施工单位的付款申请，签发工程款支付证书，组织审核竣工结算；

⑩ 根据建设单位授权，组织审查和处理工程变更；

⑪ 调解建设单位与施工单位的合同争议，处理费用与工期索赔；

⑫ 审查分部工程和单位工程的质量检验资料；

⑬ 审查施工单位的竣工申请，组织工程竣工预验收，组织编写工程质量评估报告，参与工程竣工验收；

⑭ 参与或配合工程质量安全事故的调查和处理；

⑮ 检查监理日志，组织编写监理月报、监理工作总结，组织整理监理文件。

2）总监理工程师代表职责

总监理工程师代表应按照总监理工程师的授权履行相应职责。但总监理工程师不得将下列工作委托给总监理工程师代表：

① 组织编制监理规划、审批监理实施细则；

② 根据工程进展情况安排监理人员，调换不称职人员；

③ 组织审查开工报告、复工申请、竣工申请，签发工程暂停令；

④ 组织审查施工单位提交的施工组织设计、专项施工方案；

⑤ 签发工程款支付证书，组织审核竣工结算；

⑥ 调解建设单位与施工单位的合同争议，处理费用与工期索赔；

⑦ 参与或配合工程质量安全事故的调查和处理。

3）专业监理工程师职责

① 参与编制监理规划，负责编制监理实施细则；

② 负责监理工作的实施，指导、检查监理员工作，向总监理工程师提交监理工作实施情况报告；

③ 参与审核分包单位资格；

④ 审查施工单位提交的报审文件；

⑤ 核查进场材料、设备、构配件的原始凭证、检测报告等质量证明文件及质量情况，组织平行检验；

⑥ 负责检验批、分项工程及隐蔽工程验收；

⑦ 进行现场巡视，发现质量问题和安全隐患及时处理，必要时向总监理工程师报告；

⑧ 负责工程计量工作；

⑨ 参与审查工程变更；

⑩ 填写监理日志，参与编写监理月报；

⑪ 负责监理文件资料的收集、汇总及整理；

⑫ 参加工程竣工预验收和竣工验收。

4）监理员职责

① 在专业监理工程师的指导下开展现场监理工作；

② 检查施工单位投入工程的人力、材料、主要设备及其使用、运行状况，并做好检查记录；

③ 对进场材料、设备、构配件及工程试样进行见证取样；

④ 复核或从施工现场直接获取工程计量的有关数据并签署原始凭证；

⑤ 按设计文件及有关标准，对工艺过程或施工工序进行检查和记录；

⑥ 担任旁站工作，填写旁站记录表，检查施工单位作业情况，发现问题及时指出并向专业监理工程师报告；

⑦ 做好有关的监理记录。

4.2.6 工程监理的发展趋势

2017年2月21日，国务院办公厅关于促进建筑业持续健康发展的意见（国办发〔2017〕19号）为整个建筑行业的发展指明了方向。从文件中的要求和对企业和执业人员相关职责的划定可以看出，未来监理人在法律地位上、职能和职责上都将有重大的调整和改变。

（1）取消独立的监理行业，使之回归于咨询行业

从原文第（五）条的"严格落实工程质量责任。全面落实各方主体工程质量责任，

特别要强化建设单位的首要责任和勘察、设计、施工单位的主体责任。"和第（二十）条的"加快推动修订建筑法、招投标法等法律，完善相关法律法规。"可以看出：在工程质量责任落实方面已经将原建筑法中规定的监理作为工程质量一方责任主体排除在外，亦即取消监理在建设工程质量管理体系中的独立责任主体地位。这本是政府设置监理企业最核心的职能，一旦取消，监理的原有法律地位将会彻底改变。在接下来的建筑法和招投标法的修订时将可能会对相应条款进行修改和调整，以适应新形势下的建设工程项目咨询需求。

取消监理的质量责任主体资格，从现实意义上看，就是使之职能回归工程咨询，适应工程建设各阶段技术、管理等服务的需求；从监理的发展阶段看，目前的监理职能已经无法适应建筑业的发展需求，在一些极端情况下只是作为法律规定下的一种象征意义，同时对一些建筑工程管理造成责任划分不明、职责混乱、责权利不对等等现象；从监理的发展历史看，目前的监理职责由于建筑业的发展，建设任务由当初的以国有和政府投资项目为主，变成现在的多种经济体共存的状态，原先设置监理职能的历史任务已经完成。

新形势下的建筑业已经进入了以市场经济为主导的多种经济体共存的新经济体时代（也可以称之为后改革时代）。原先政府设置监理的工作职责现在已经远远不能适应当下的经济环境和需求。为此，监理职能的转换和回归也就是当然与必然的。监理的职能来源于咨询行业的项目管理服务，在它完成了特殊的历史职责之后，回归其自然职能体系也就顺理成章。

（2）回归咨询的监理人，将有哪些职能转变

国家给监理工程的英文定义为 Consultant Engineer。直译应该是顾问（咨询）工程师。《建设工程监理规范》中对监理人的职责定义为："工程监理单位受建设单位委托，根据法律法规、工程建设标准、勘察设计文件及合同，在施工阶段对建设工程质量、进度、造价进行控制，对合同、信息进行管理，对工程建设相关方的关系进行协调，并履行建设工程安全生产管理法定职责的服务活动。"也就是我们常说的"三控两管一履行一协调"。

转变之一：继续从事建设工程施工阶段的工程技术与管理咨询（顾问）

监理作为一个特殊的行业可能被取消，是因为它无法适应新形势下的建设工程全过程咨询的需要，但它的有些职能和职责不是完全被废除，其中涉及施工阶段的项目管理，也就是监理规范中所要求的"三控两管一履行一协调"中全部和部分职能还存在较大的市场需求，尤其是政府、国企建设项目和涉及民生安全的工程仍然需要社会咨询力量的参与，以求社会经济效率的最大化和社会经济成本的最小化。这不是等同于原有的监理职能完全转化，其中监理（咨询）范围的职责权利将完全遵循委托合同的授权内容而确定。

转变之二：参与建设工程全过程工程咨询服务

该项职能的理论依据应该是参照国际咨询师协会的相关内容，引进后参照执行。该职能一旦全盘引入，将促使现有的建设工程投资咨询、勘察、设计、招标代理、造价企业与

现有的监理企业处于同一条跑道上，而且还有后续加入者，如运维管理、信息建设企业等。

这将促使目前的建设咨询各企业进行重新组合与兼并。现有的各企业业务从现在处于建设全过程咨询时间轴的一段和几段，往全过程段落延伸；也有的企业可能只从事一个专业或一个时间段落内的工程内容咨询服务。这也是文件中鼓励的建筑工程咨询业往建设工程全过程和专、精、尖的各专业各流程方向发展的局面。

全过程工程咨询服务，不代表企业必须从事整个时间轴上的所有工作，可以是现有工作的全部，也可以是几项，甚至只是一个单项。

转变之三：参与政府委托的建设工程质量与安全监督工作

该项职能转变来源于对文件第（七）条的理解。"政府可采取购买的方式，委托具备条件的社会力量进行工程质量监督检查。"

这项职责如果用于施工期间的工程质量监督检查，则更适应于目前的监理企业；如果针对工程建设全过程的质量监督检查，现有的规划审查、施工图审查、施工质量监督以及后期档案信息的归档审查等服务将由政府购买，企业实施。

转变之四：参与建设工程建设过程中的其他咨询服务

随着社会文化与技术的不断变化与发展，建设工程领域的新问题将不断出现，有些是系统性的，也有些是技术、管理和文化等方面的。当这些问题和需求出现的时候，需要社会力量的服务加入。如现在政府推行的BIM技术，若要加速发展，必然会出现一批专业的BIM管理团队，只有这样才能更加高效率、低成本地辅助工程管理。

在监理人回归咨询（顾问）职能转变的同时，其他建筑业同行，如投资咨询工程师、造价工程师、建造师以及其他建筑相关执业人员将在自己的专业范围内进行咨询工作。相对而言，作为菲迪克条款中的"工程师"这一角色，也就不只局限于现在的"监理工程师"担任了。监理的职能将向工程建设全过程咨询发展，只要专业和资质许可，可以进行工程建设任何阶段中的一个、几个或者全过程的咨询工作。这也许是监理职能转变最大的变化。而目前很多甲级和综合资质监理企业已经向这一方向进行了转变。

4.2.7　工程监理案例

【案例5】 某国内服装企业新建服装制造产业基地工程监理案例

1. 项目概况

（1）工程名称：新建服装制造产业基地项目（图4-2～图4-4）。

（2）建筑面积：总建筑面积163192m²，其中地上97762m²，地下65430m²。

（3）投资概算：6亿元人民币。

（4）建筑结构：框架剪力墙结构。

（5）建筑高度：最高60m（室外地坪至女儿墙顶）。

（6）质量标准：上海市白玉兰奖。

（7）监理服务周期：2015年12月底～2017年10月。

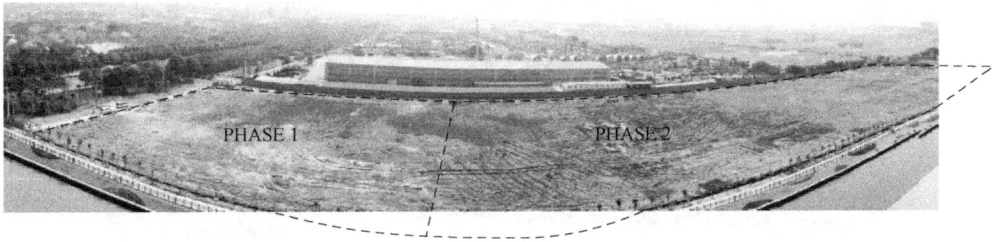

PHASE 1 一期

SITE AREA: 总用地面积	11,992 m²
FAR: 容积率	2.4%
GFA ABOVE GROUND: 地上建筑总面积	29,980 m²
MAX HEIGHT: 建筑限高	60m

PHASE 2 二期

SITE AREA: 总用地面积	28,206 m²
FAR: 容积率	2.45%
GFA ABOVE GROUND: 地上建筑总面积	70,515 m²
MAX HEIGHT: 建筑限高	60m

图 4-2　基地全景图

图 4-3　基地鸟瞰图

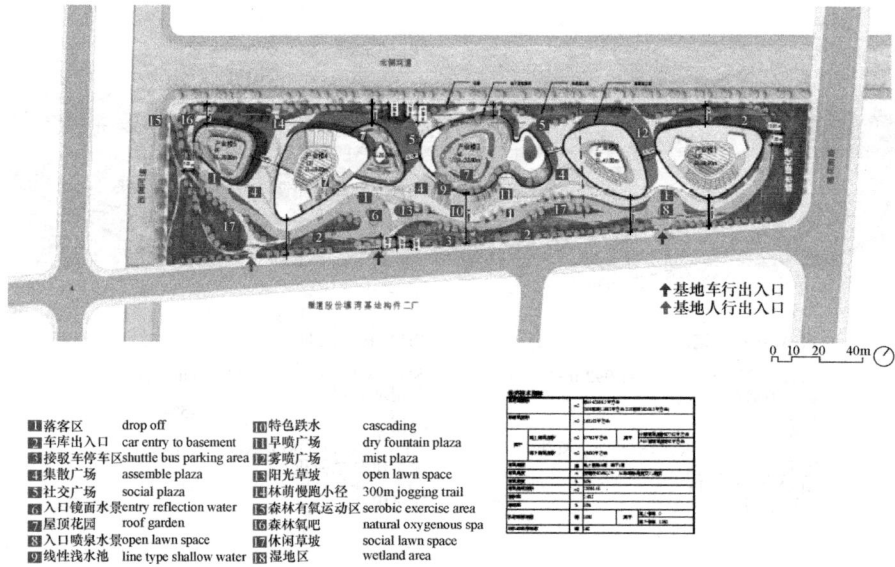

▯1 落客区	drop off	▯10 特色跌水	cascading
▯2 车库出入口	car entry to basement	▯11 早喷广场	dry fountain plaza
▯3 接驳车停车区	shuttle bus parking area	▯12 雾喷广场	mist plaza
▯4 集散广场	assemble plaza	▯13 阳光草坪	open lawn space
▯5 社交广场	social plaza	▯14 林萌慢跑小径	300m jogging trail
▯6 入口镜面水景	entry reflection water	▯15 森林有氧运动区	serobic exercise area
▯7 屋顶花园	roof garden	▯16 森林氧吧	natural oxygenous spa
▯8 入口喷泉水景	open lawn space	▯17 休闲草坡	social lawn space
▯9 线性浅水池	line type shallow water	▯18 湿地区	wetland area

图 4-4　园区总平面图

2. 监理方现场组织结构图（图 4-5）

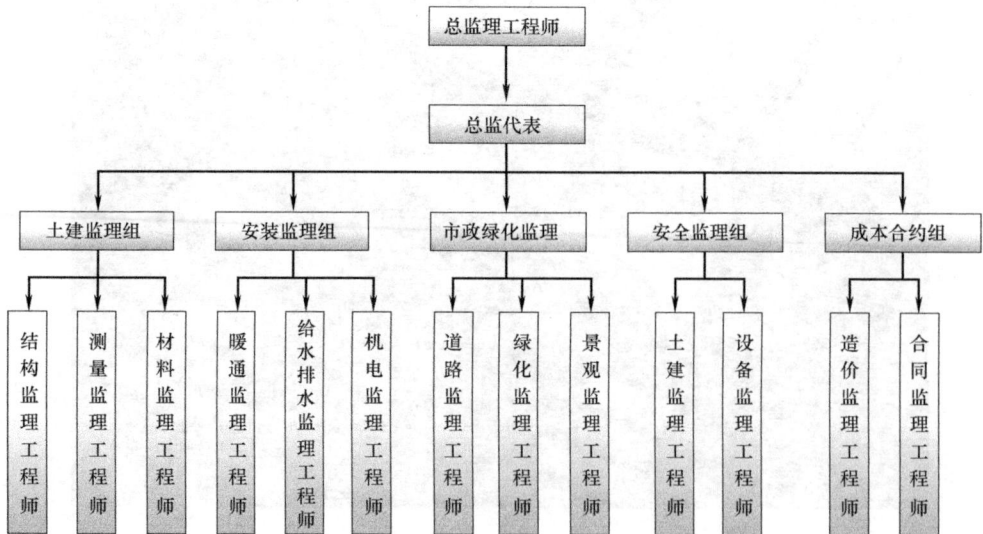

图 4-5　监理方现场组织结构图

232

3. 工程监理主要工作内容

(1) 施工阶段监理服务。

1) 协助业主和承包商编写开工报告，全面检查开工前各项准备工作，当工程完全具备开工条件时，报业主批准，由总监理工程师签发开工令；

2) 协助业主组织设计交底和图纸会审，对图纸中存在的问题通过业主向设计人提出书面意见和建议；

3) 协助业主审查和确认承包商选择的分包商；

4) 审查和批准承包商的施工组织设计、重要施工技术方案、施工进度计划、施工质量保证体系和施工安全保证体系；

5) 审核承包商向业主提供的材料、构配件和设备的规格、质量和数量，对不符合设计要求及国家质量标准的材料设备，报告业主通知承包商停止使用；

6) 对工程进行全过程的监理，加强巡视和旁站监督，对不符合规范和质量标准的工序、分项、分部工程和不安全的施工作业，通知承包商停工整改或返工并报告业主；

7) 组织分部、分项工程和隐蔽工程的检查验收；

8) 协助业主、设计人、承包商及监理提出的工程变更，签认工程变更通知和工程变更费用报审表；

9) 进行工程计量，签发工程款支付申请表，竣工结算文件。公正处理和有效控制工程现场签证；

10) 定期召开工程例会，对每月的工程进度、质量和安全环卫情况通过监理月报向业主进行总结汇报，检查和解决工程中存在的问题和需要协调解决的问题；

11) 监督承包商履行施工合同，协商承包合同条款的变更，调解合同双方的争议，处理索赔事项；

12) 督促和检查承包商整理合同文件和技术档案资料，使之符合城建档案归档的要求；

13) 督促承包商做好现场安全防护、消防、文明施工及卫生工作，并对现场有关问题向承包商提出书面意见。

(2) 施工验收阶段监理服务

1) 组织工程竣工初步验收，审核和签署工程竣工申请报告；

2) 参加业主组织的竣工验收，签署竣工验收文件和竣工移交证书；

3) 记录未完成工作及需修改的事项，以保证承包商在认可的工期内完工；

4) 检定及核对所有承包商交回的竣工图及资料（特别是设备运行及维修资料）；

5) 协助业主与承包商完成工程总结算之有关工作；

6) 协助业主整理完整的竣工验收修补清单。

(3) 工程缺陷责任期监理服务

1）记录未完成工程或需修改的事项，设置专人检查承包商在保修书规定内容和范围内缺陷修复的质量，监督承包商完工；

2）对业主反映的工程缺陷原因及责任进行调查和确认，并协助进行处理；

3）协助业主按保修合同的规定结算保修抵押金；做好保修期监理工作的记录和总结。

4. 工程监理工作依据

（1）相关法律和法规，参照以下（不限于以下）：

1）《中华人民共和国建筑法》；

2）《中华人民共和国合同法》；

3）《中华人民共和国招标投标法》；

4）《中华人民共和国安全生产法》；

5）《建设工程安全生产管理条例》；

6）《建设工程质量管理条例》；

7）《民用建筑节能条例》；

8）《建设工程监理范围和规模标准规定》；

9）《工程建设标准强制性条文》；

10）《评标委员会和评标方法暂行规定》；

11）《城市建设档案管理规定》；

12）《建设部关于修改＜城市建设档案管理规定＞的决定》；

13）《实施工程建设强制性标准监督规定》；

14）《住房和城乡建设部关于修改＜市政公用设施抗灾设防管理规定＞等部门规章的决定》；

15）《建设工程监理与相关服务收费管理规定》；

16）《上海市建设工程监理管理暂行办法》；

17）《上海市建设工程质量监督管理办法》；

18）《上海市建筑节能管理办法》；

19）《上海市建筑市场管理条例》。

（2）相关规范和标准，参照以下（不限于以下）：

1）《建筑工程施工质量验收统一标准》GB 50300—2013；

2）《工程测量规范》GB 50026—2007；

3）《建筑地基基础工程施工质量验收规范》GB 50202—2002；

4）《建筑桩基技术规范》JGJ 94—2008；

5）《建筑基坑支护技术规程》JGJ 120—2012；

6）《建筑基桩检测技术规范》JGJ 106—2014；

7）《基坑工程施工监测规程》DG/T J08—2001—2006；

8)《混凝土结构工程施工质量验收规范》GB 50204—2015；

9)《高层建筑混凝土结构技术规程》JGJ 3—2010；

10)《钢筋焊接及验收规程》JGJ 18—2012；

11)《地下防水工程质量验收规范》GB 50208—2011；

12)《人民防空工程施工及验收规范》GB 50134—2004；

13)《玻璃幕墙工程质量检验标准》JGJ/T 139—2001；

14)《建筑地面工程施工质量验收规范》GB 50209—2010；

15)《屋面工程质量验收规范》GB 50207—2012；

16)《建筑装饰装修工程质量及验收规范》GB 50210—2011；

17)《外墙饰面砖工程施工及验收规程》JGJ 126—2015；

18)《建筑涂饰工程施工及验收规范》JGJ/T 29—2015；

19)《建筑给水排水及采暖工程施工质量验收规范》GB 50242—2002；

20)《建筑排水塑料管道工程技术规程》CJJ/T 29—2010；

21)《给水排水管道工程施工及验收规范》GB 50268—2008；

22)《建筑电气工程施工质量验收规范》GB 50303—2015；

23)《通风与空调工程施工质量验收规范》GB 50243—2016；

24)《智能建筑工程质量验收规范》GB 50339—2013；

25)《通信管道工程施工及验收规范》GB 50374—2006；

26)《综合布线系统工程验收规范》GB 50312—2016；

27)《安全防范工程技术规范》GB 50348—2004；

28)《建筑内部装修防火施工及验收规范》GB 50354—2017；

29)《火灾自动报警系统施工及验收规范》GB 50166—2007；

30)《自动喷水灭火系统施工及验收规范》GB 50261—2017；

31)《电梯工程施工质量验收规范》GB 50310—2002；

32)《建筑节能工程施工质量验收规范》GB 50411—2007；

33)《外墙外保温工程技术规程》JGJ 144—2004；

34)《民用建筑工程室内环境污染控制规范》GB 50325—2010；

35)《园林绿化工程施工及验收规范》CJJ 82—2012；

36)《建设工程施工安全监理规程》DG/TJ 08—2035—2008；

37)《施工现场工程质量保证体系》DG/TJ 08—1201—2005；

38)《施工现场临时用电安全技术规范》JGJ 46—2005。

(3) 工程合同文件：

1) 依法成立的本工程建设监理合同及其附件；

2) 依法成立的本工程施工承包合同；

3) 由建设单位提供认可的本工程施工设计图纸、设计文件、工程建设计划及其他文件；

    4）经审批的监理规划；

    5）经审批的施工单位编制的施工组织设计与施工方案。

5. 本项目监理工作重点、难点

（1）工程意义重大，各项要求严格、标准高。

本工程意义重大，同时本工程建成后将成为区域新地标，对工程实施过程中的投资、质量、进度、安全等方面相对于一般项目而言要求更严格、标准更高。

为了能够高质量地为本工程保驾护航，我们会从公司层面为本项目协调、配套了合适的监理团队、专家团队。同时组织骨干力量对本工程进行分析、并进行监理服务策划、提出各项控制措施。

（2）高层建筑施工重大安全隐患多，动态监控任务重。

本工程规模体量较大，涉及多家施工队伍同时作业，总包方施工组织较为复杂，而且施工高峰期持续时间长，交叉作业多，安全风险点多、面广。如高空坠物、高空坠落、幕墙施工、施工电梯、塔吊、防火等。

为此，组建项目安全生产委员会，通过建立合作机制、协调机制、沟通机制和激励机制来推动项目安全目标的实现。引入风险管理思想，运用风险管理技术，针对上述关键风险进行的风险识别和分析，提出风险应对计划。

重点关注危险性较大的工程专项施工方案的审查和方案实施全程监督，重视施工荷载与结构安全的关系，把安全质量标准化作为重要抓手，促进施工单位完善自身的安全管理体系，确保安全管理的有效性。督促施工单位全面推进工地现场文明标化管理，针对施工区域划分、材料堆放、人员管理等实施动态检查考核，确保工程建设形象。

（3）高层建筑施工，测量精度要求高。

本工程包括一栋13层的建筑，高度相对较高。因此施工过程中对各工程部位的测量精度要求高，稍有偏差将会影响项目的整体造型。尤其是较高的塔楼，若测量精度控制不力，将会造成严重的质量事故。

我方督促施工单位编制了建筑测量专项施工方案，同时对方案进行严格的审查，并加强现场的复核，对关键位置的标高传递、放线加强巡视与旁站力度。

（4）基础施工难度大，桩质量控制工作是重点。

本工程的地下工程体量大，根据类似工程经验，特别要注意准确了解本工程地质条件以及施工工艺和技术参数，从而对桩基施工制定针对性的控制方法。针对各类桩在施工过程中容易出现的质量问题进行重点监控，选用稳定性较好的机械；督促施工单位采用正确的工艺，严把桩质量；采用除砂设备并全过程使用；严格旁站监理制度等。

（5）地下室体量大，施工风险大。

本工程地下室体量大，地下建筑面积共计 65430m²。基坑变形控制要求高，基坑开挖防承压水突涌风险大、支护施工以及施工换撑风险大。

综合考虑降压要求和封井安排，合理布置降压井，严格遵循"按需降压"的原则，根据基坑开挖深度确定井群的运行，严格控制降水时间与出水量。严格控制逆作法施工中的施工平台结构，加强、土方开挖流程、取土口设置及运土流程、排架的稳定性、格构柱外包混凝土、结构施工缝处理以及地下施工照明通风措施。

对于施工换撑，从管理角度，严格审查施工单位施工方案，施工过程中严格旁站监理。从技术角度，要准确计算支撑体系定位；明确施工顺序；二次支撑施工，注意与桩的有效固接以及保持支撑部位钢筋混凝土与地下室结构同步进行；内支撑拆除特别注重支撑力位置转换传递安全性；支撑拆除要注意检测混凝土的强度、基坑位移，并做好应急准备。

（6）幕墙体系应用广泛、种类繁多，质量控制是重点。

本工程幕墙体系使用范围广，办公楼、研发楼大量采用幕墙体系，且幕墙种类繁多。不同形式的幕墙材料不同、安装工艺不同，施工控制重点各不相同，同时安装量大，而幕墙直接关系整个工程的造型。因此，幕墙体系施工质量控制是重点。

为此，施工总包编制了幕墙施工方案，并组织了专家专项评审会。施工过程中，严控幕墙材料质量，严格旁站监理控制幕墙施工质量。

（7）工程建筑面积大、功能多，综合管线分布复杂。

本工程建筑面积大，包含单层面积较大的裙楼5座。同时，本工程功能分区多，包含办公、研发、宿舍等区域。因此，综合管线分布复杂，设计、施工难度高。

我方要求由总包牵头，会合分包单位，提前做好综合管线图，并加强现场监理。防止管线交叉，以及管线位置临时变动影响工程的净高。同时，重点控制机电安装工程质量的核心——"机房设备、公用部位管线、专业配合协调"。坚持对各专业系统图纸进行熟读并进行综合分析、有针对性地制定并落实各项监理措施、重点控制关键工序、积极协调管理机电各专业之间的关系。

（8）装饰工程风格多，品质标准高。

本工程装饰功能区域划分多，涉及面广；品质要求高，难度主要在于装饰深化设计的深度和分包进场管理、装饰材料垂直运输、精装修工程的成品保护、绿色环保材料的检查检验、装饰细部质量处理等。

我方要求现场实行严格的样板引路制度，以利于完善设计及对质量验收标准的确认，确保设计意图、艺术效果得到体现。严格核查装饰材料的环保性能，组织设计和确定材料供应商，确定新材料的外观标准和内在技术标准，协助编制完整的装饰材料标准，使施工方采购具有统一标准。根据工程进度多专业协调，划清施工界面，优化工序衔接，做好装饰与机电安装等单位的协调管理工作，确保装饰工程一次到位率。

6. 现场监理工作程序

（1）工程建设监理总程序（图4-6）。

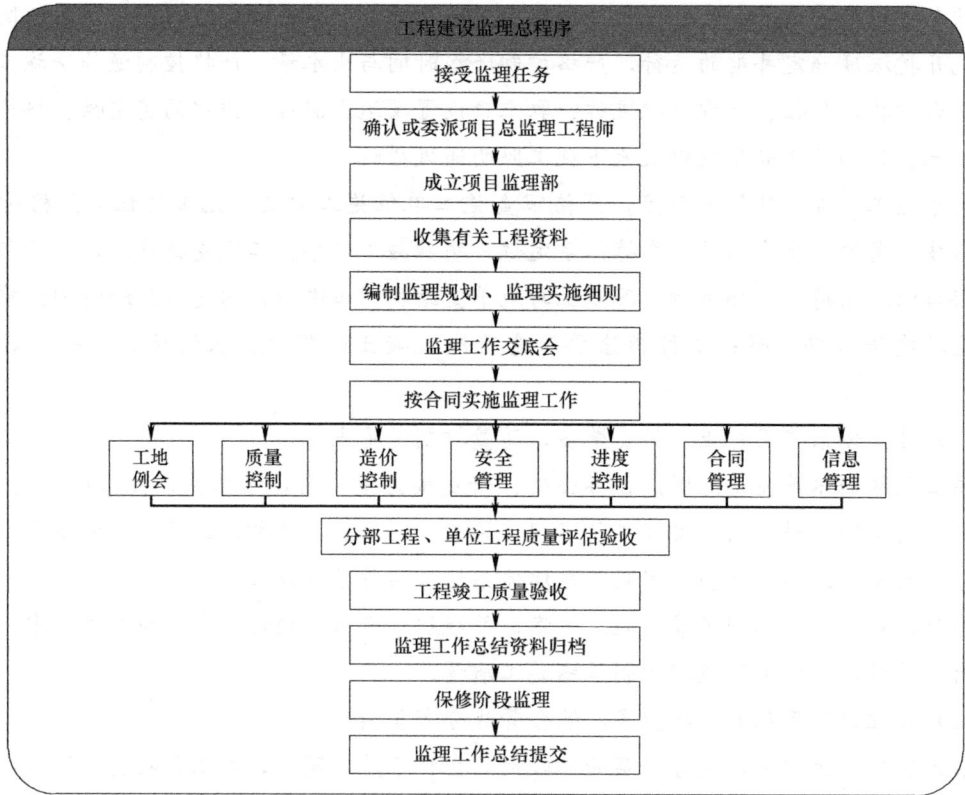

图 4-6　工程建设监理总程度

(2) 开工审核工作程序及实施要点 (图 4-7)。

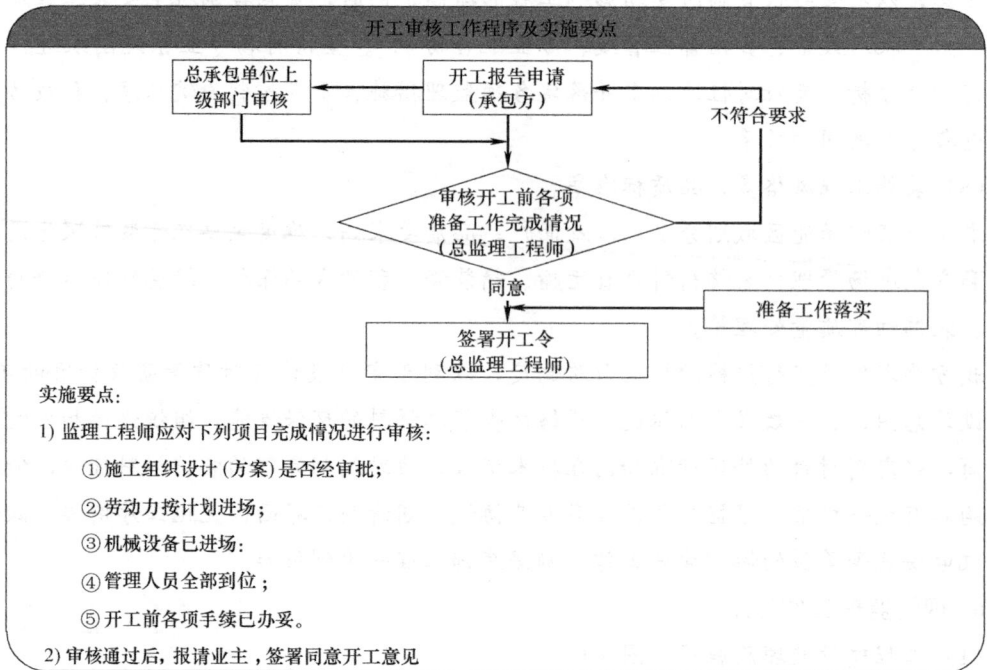

开工审核工作程序及实施要点

实施要点:

1) 监理工程师应对下列项目完成情况进行审核:

　　①施工组织设计(方案)是否经审批;

　　②劳动力按计划进场;

　　③机械设备已进场:

　　④管理人员全部到位;

　　⑤开工前各项手续已办妥。

2) 审核通过后, 报请业主, 签署同意开工意见

图 4-7　开工审核工作程序及实施要点

(3) 施工阶段质量控制程序（图 4-8）。

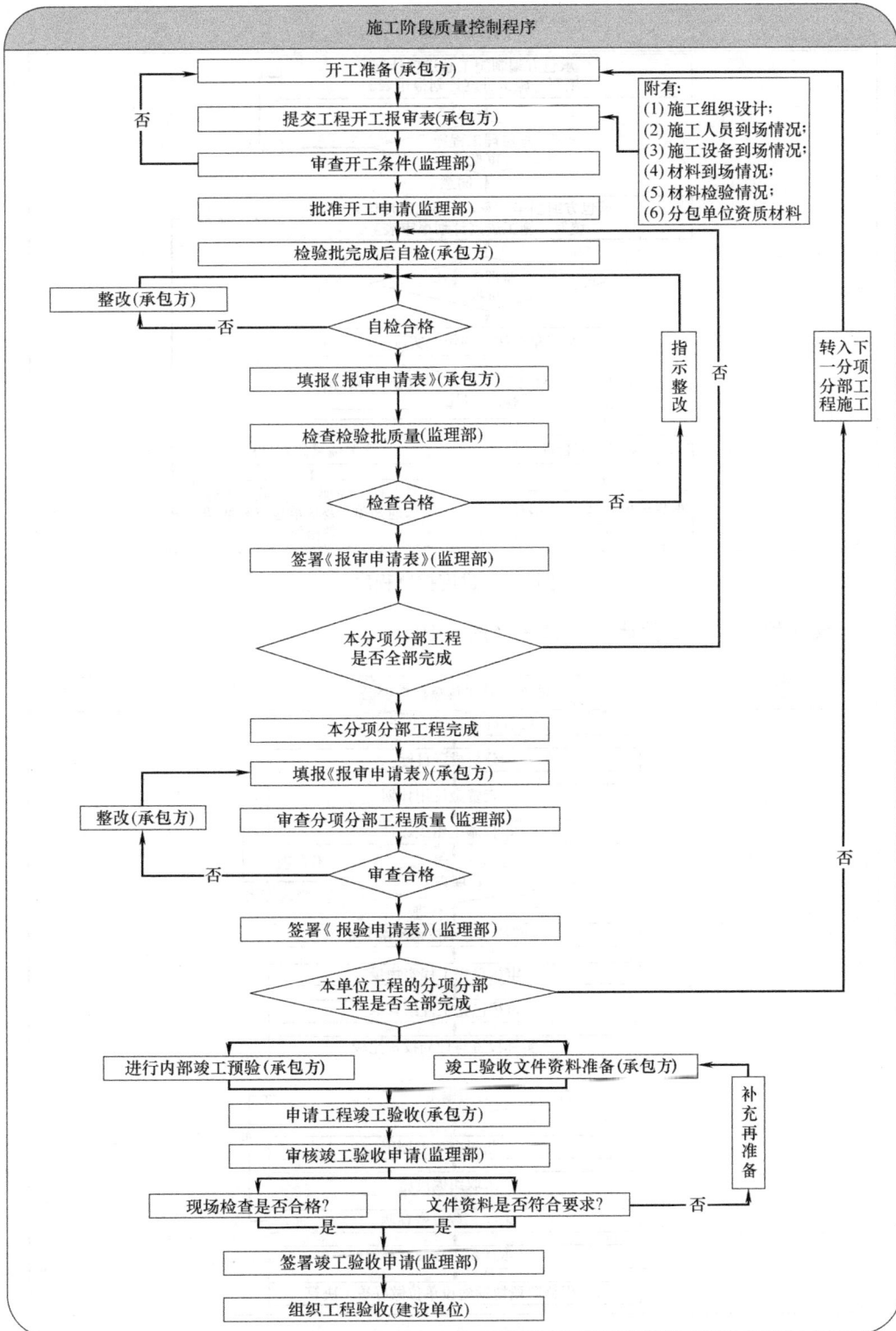

图 4-8　施工阶段质量控制程序

(4) 进度控制程序（图 4-9）。

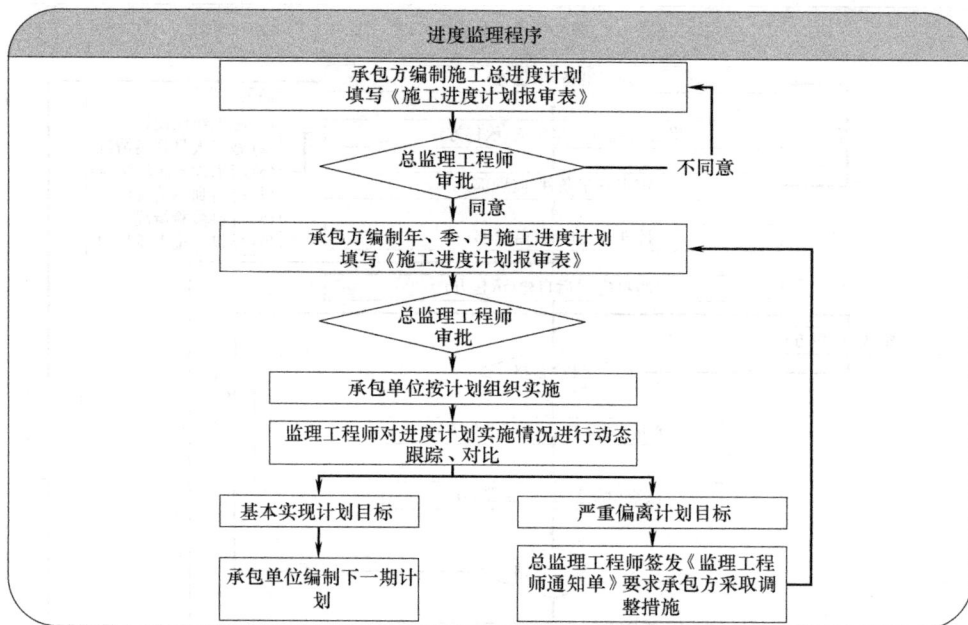

图 4-9　进度控制程序

(5) 投资控制（工程量计量）程序（图 4-10）

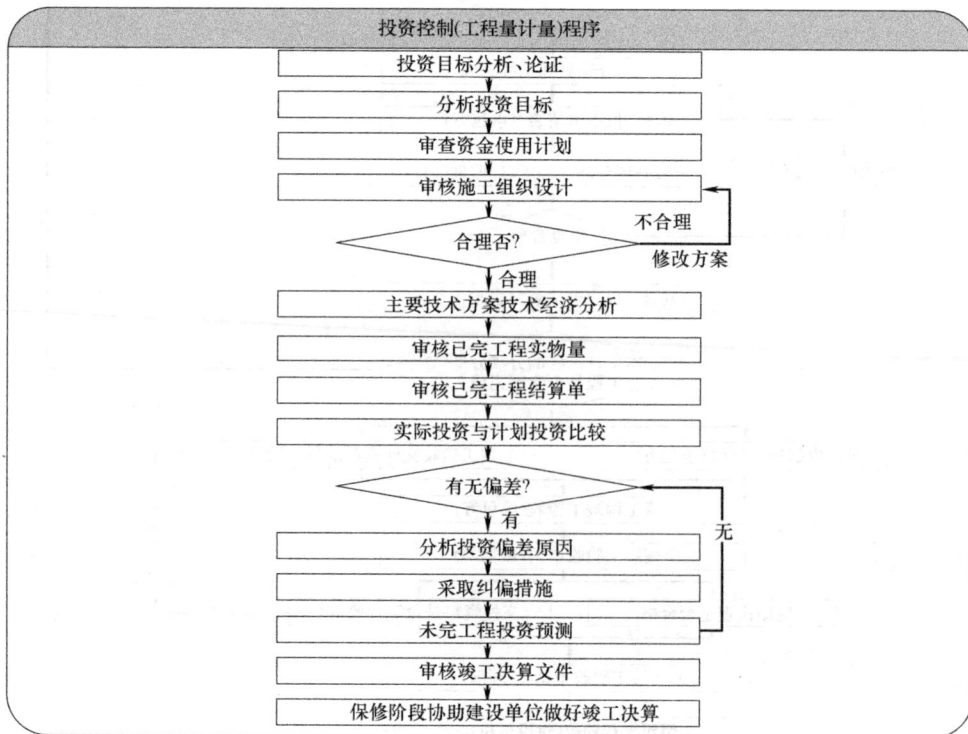

图 4-10　投资控制（工程量计量）程序

（6）安全生产和文明施工监理程序（图4-11）。

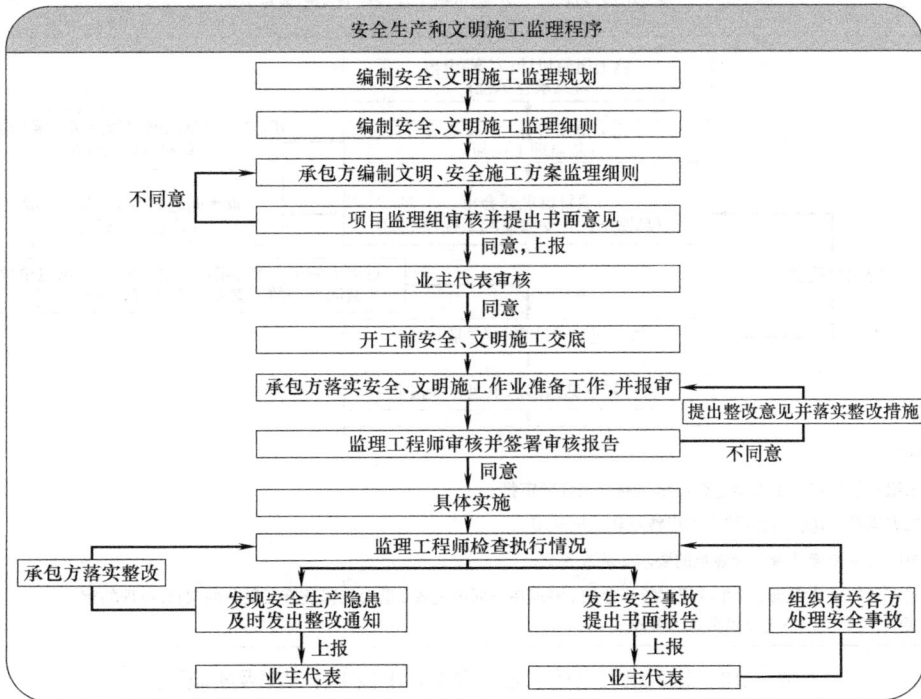

图 4-11　安全生产和文明施工监理程序

（7）测量监理工作程序（图4-12）。

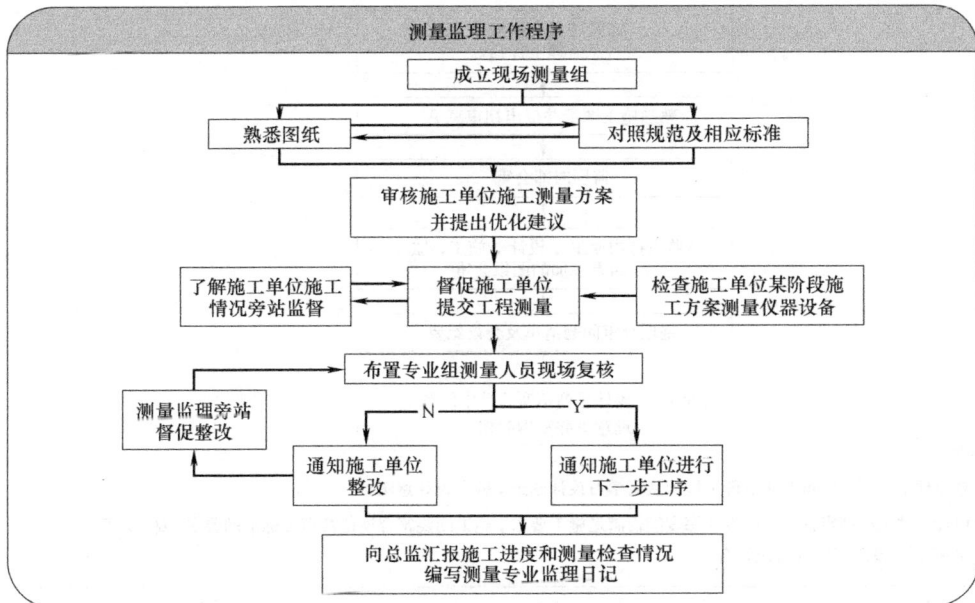

图 4-12　测量监理工作程序

（8）施工组织设计（施工方案）审核工作程序实施要点（图4-13）。

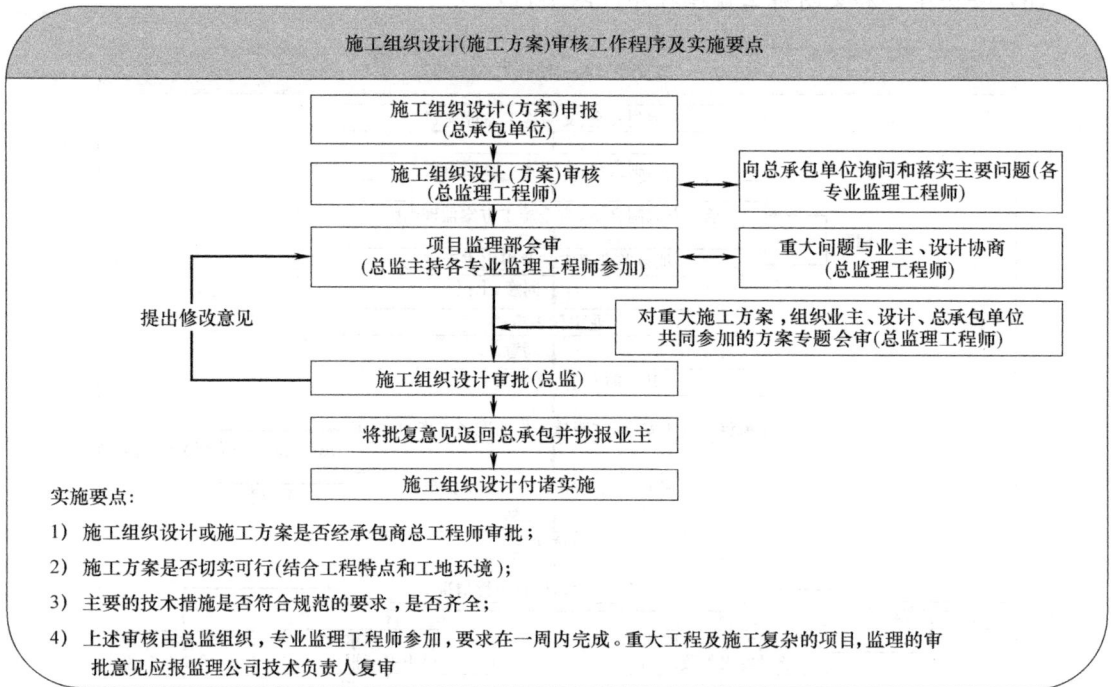

施工组织设计(施工方案)审核工作程序及实施要点

施工组织设计(方案)申报
(总承包单位)

施工组织设计(方案)审核
(总监理工程师) → 向总承包单位询问和落实主要问题(各专业监理工程师)

项目监理部会审
(总监主持各专业监理工程师参加) → 重大问题与业主、设计协商
(总监理工程师)

提出修改意见 对重大施工方案,组织业主、设计、总承包单位共同参加的方案专题会审(总监理工程师)

施工组织设计审批(总监)

将批复意见返回总承包并抄报业主

施工组织设计付诸实施

实施要点:

1) 施工组织设计或施工方案是否经承包商总工程师审批;

2) 施工方案是否切实可行(结合工程特点和工地环境);

3) 主要的技术措施是否符合规范的要求,是否齐全;

4) 上述审核由总监组织,专业监理工程师参加,要求在一周内完成。重大工程及施工复杂的项目,监理的审批意见应报监理公司技术负责人复审

图 4-13 施工组织设计(施工方案)审核工作程序及实施要点

(9) 施工图纸会审工作程序及实施要点(图 4-14)。

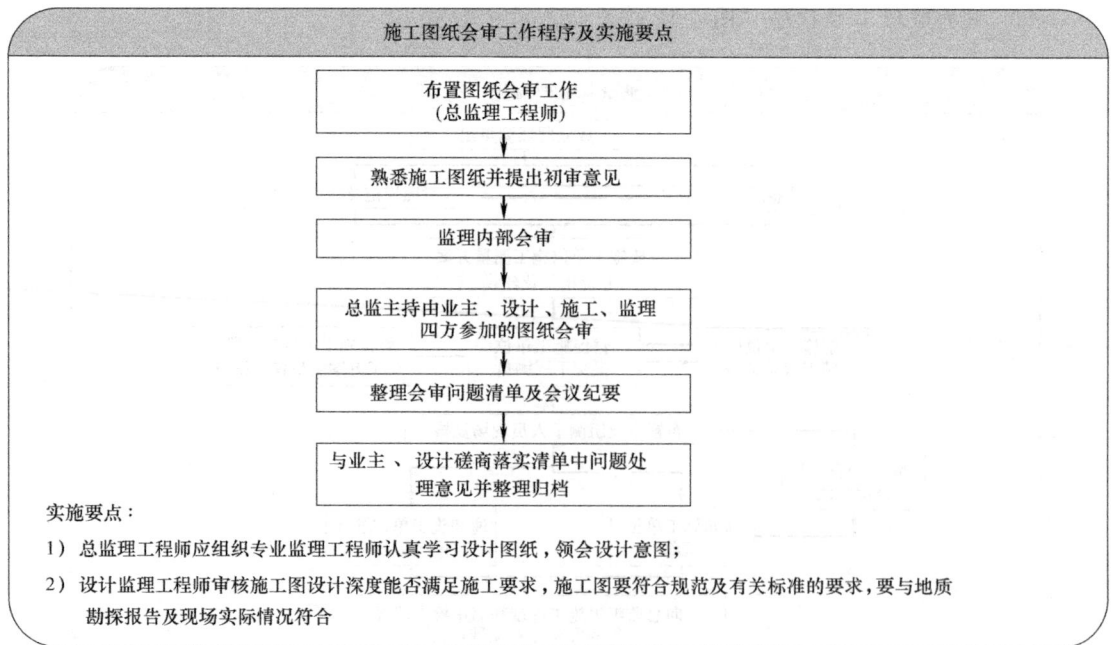

施工图纸会审工作程序及实施要点

布置图纸会审工作
(总监理工程师)

熟悉施工图纸并提出初审意见

监理内部会审

总监主持由业主、设计、施工、监理四方参加的图纸会审

整理会审问题清单及会议纪要

与业主、设计磋商落实清单中问题处理意见并整理归档

实施要点:

1) 总监理工程师应组织专业监理工程师认真学习设计图纸,领会设计意图;

2) 设计监理工程师审核施工图设计深度能否满足施工要求,施工图要符合规范及有关标准的要求,要与地质勘探报告及现场实际情况符合

图 4-14 施工图纸会审工作程序及实施要点

(10) 分包单位资格审核监理工作程序及实施要点(图 4-15)。

分包单位资格审核监理工作程序及实施要点

分包单位资质报审
(承包方)

监理工程师审查分包人的申报资料：
(1) 分包单位的资格证明；
(2) 分包工程项目及内容；
(3) 分包人的施工许可证；
(4) 分包单位以往施工项目登记注册；
(5) 分包工程项目所使用的施工规范与验收标准；
(6) 分包工程的工期；
(7) 承包方与分包方的合同责任；
(8) 分包协议

不批准
另选分包单位

报请业主批准

总监理工程师签发
同意对分包单位的报审

分包方进入工地施工

实施要点：
1) 经业主同意的分包单位，其资格由监理工程师进行审核；
2) 专业监理工程师应提出审核意见，总监理工程师提出审批意见。要求业主及总包单位明确对分包单位的管理职责

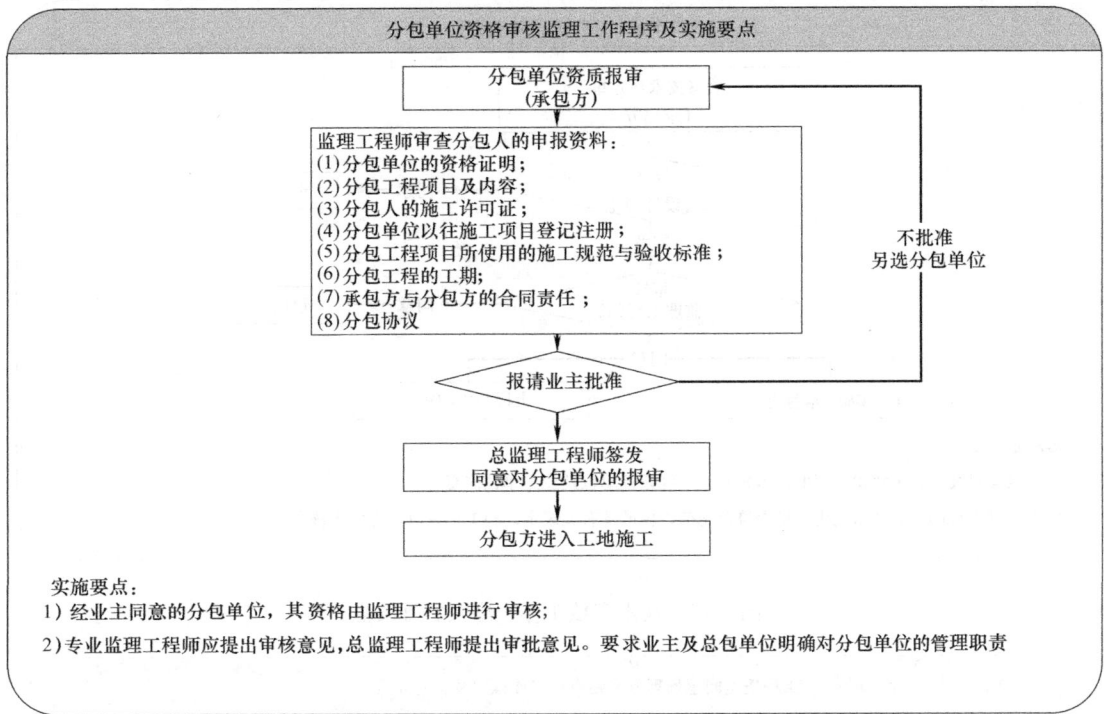

图 4-15　分包单位资格审核监理工作程序及实施要点

(11) 建筑材料审核工作程序及实施要点（图 4-16）。

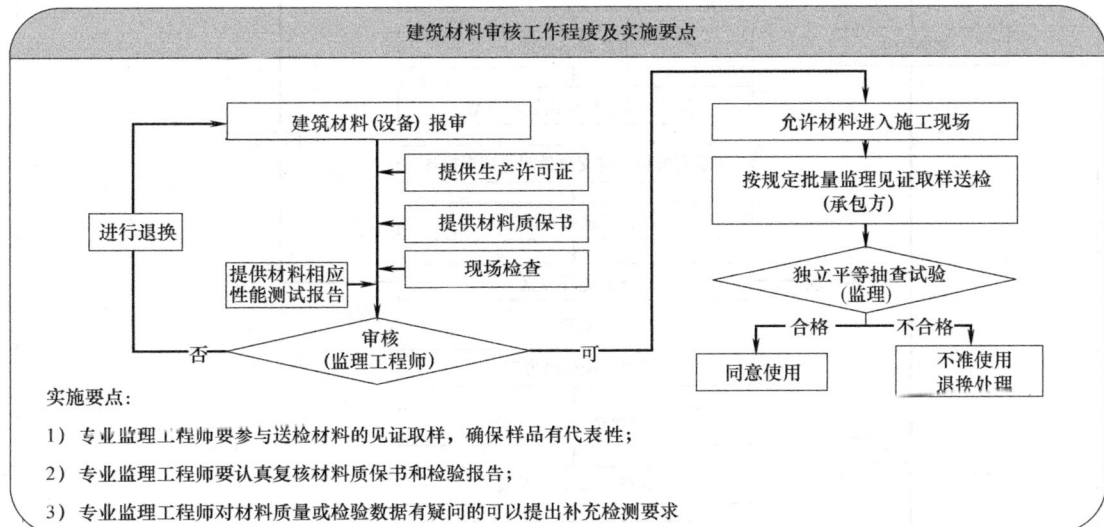

建筑材料审核工作程度及实施要点

建筑材料(设备)报审

提供生产许可证

提供材料质保书

现场检查

进行退换

提供材料相应
性能测试报告

审核
(监理工程师)

否　　　　可

允许材料进入施工现场

按规定批量监理见证取样送检
(承包方)

独立平等抽查试验
(监理)

合格　　　不合格

同意使用

不准使用
退换外理

实施要点：
1) 专业监理工程师要参与送检材料的见证取样，确保样品有代表性；
2) 专业监理工程师要认真复核材料质保书和检验报告；
3) 专业监理工程师对材料质量或检验数据有疑问的可以提出补充检测要求

图 4-16　建筑材料审核工作程序及实施要点

(12) 技术审核工作程序及实施要点（图 4-17）。

(13) 工程质量问题处理方案审核工作程序及实施要点（图 4-18）。

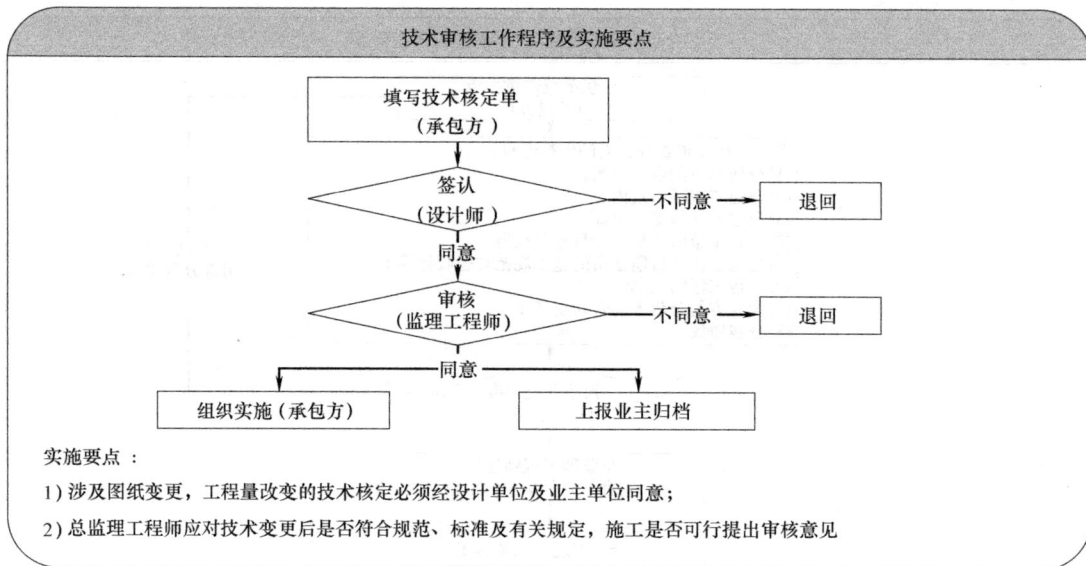

图 4-17　技术审核工作程序及实施要点

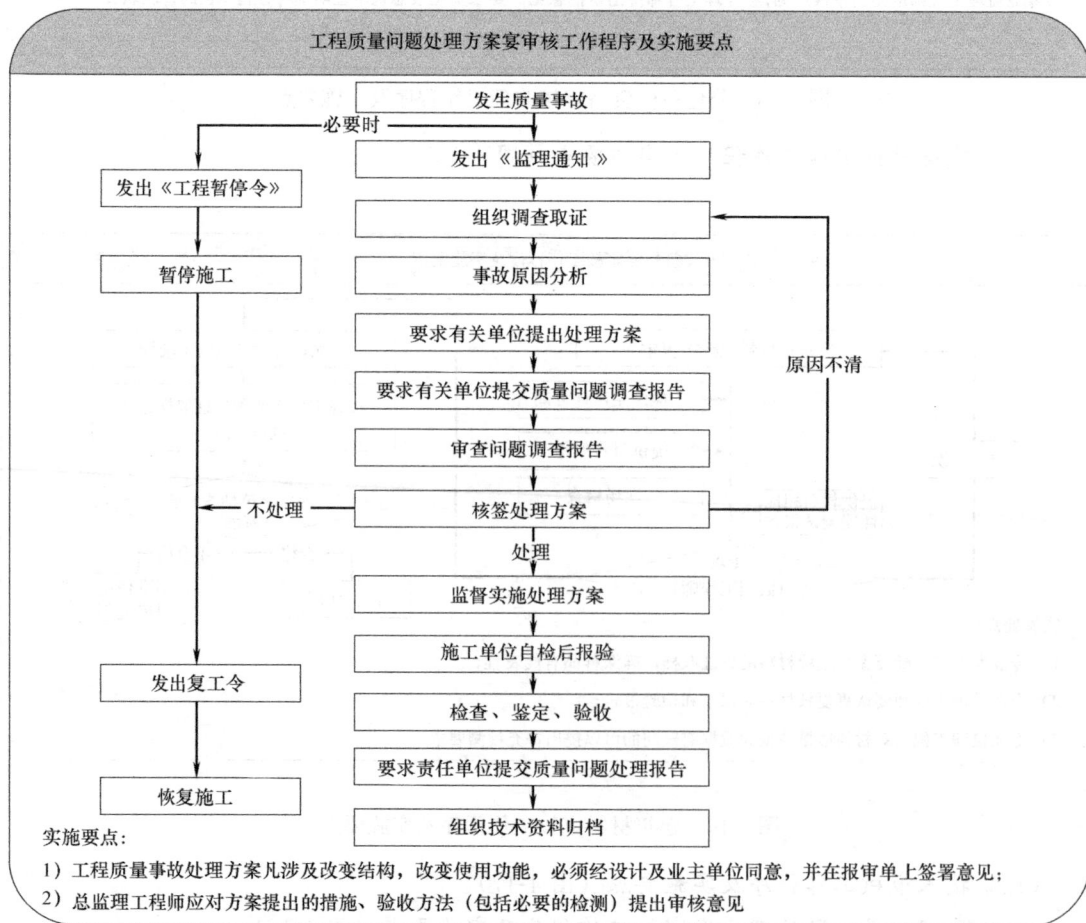

图 4-18　工程质量问题处理方案审核工作程序及实施要点

（14）监理旁站检查工作程序及实施要点（图4-19）。

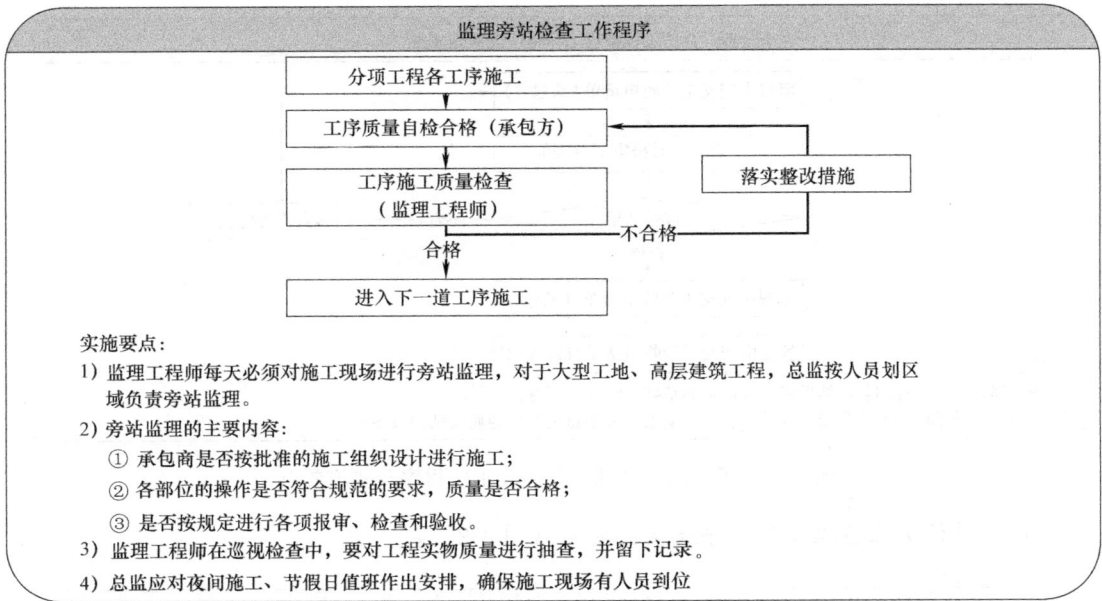

监理旁站检查工作程序

分项工程各工序施工 → 工序质量自检合格（承包方） → 工序施工质量检查（监理工程师） → 合格 → 进入下一道工序施工

不合格 → 落实整改措施

实施要点：

1) 监理工程师每天必须对施工现场进行旁站监理，对于大型工地、高层建筑工程，总监按人员划区域负责旁站监理。

2) 旁站监理的主要内容：

　① 承包商是否按批准的施工组织设计进行施工；

　② 各部位的操作是否符合规范的要求，质量是否合格；

　③ 是否按规定进行各项报审、检查和验收。

3) 监理工程师在巡视检查中，要对工程实物质量进行抽查，并留下记录。

4) 总监应对夜间施工、节假日值班作出安排，确保施工现场有人员到位

图4-19　监理旁站检查工作程序及实施要点

（15）隐蔽工程验收监理工作程序及实施要点（图4-20）。

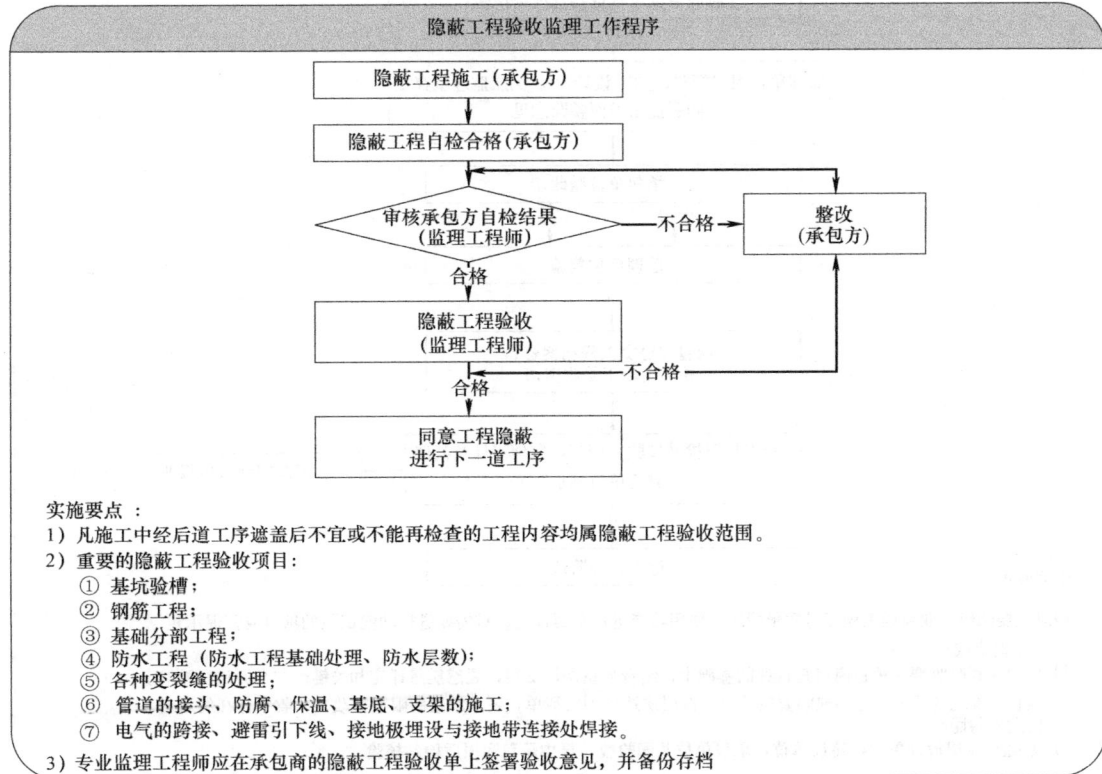

隐蔽工程验收监理工作程序

隐蔽工程施工(承包方) → 隐蔽工程自检合格(承包方) → 审核承包方自检结果（监理工程师） → 合格 → 隐蔽工程验收（监理工程师） → 合格 → 同意工程隐蔽进行下一道工序

不合格 → 整改（承包方）

实施要点：

1) 凡施工中经后道工序遮盖后不宜或不能再检查的工程内容均属隐蔽工程验收范围。

2) 重要的隐蔽工程验收项目：

　① 基坑验槽；

　② 钢筋工程；

　③ 基础分部工程；

　④ 防水工程（防水工程基础处理、防水层数）；

　⑤ 各种变裂缝的处理；

　⑥ 管道的接头、防腐、保温、基底、支架的施工；

　⑦ 电气的跨接、避雷引下线、接地极埋设与接地带连接处焊接。

3) 专业监理工程师应在承包商的隐蔽工程验收单上签署验收意见，并备份存档

图4-20　隐蔽工程验收监理工作程序及实施要点

（16）子分部、分部工程验收工作程序及实施要点（图 4-21）。

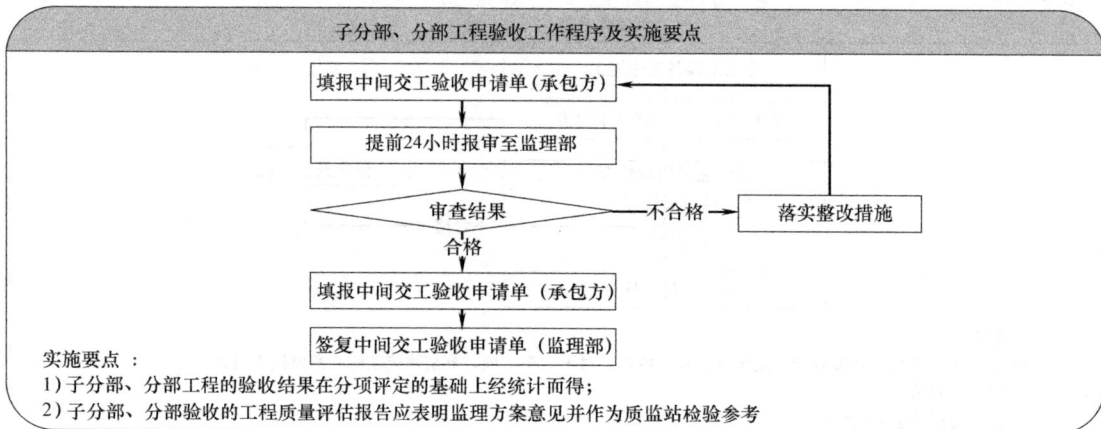

子分部、分部工程验收工作程序及实施要点

```
          填报中间交工验收申请单（承包方）←─────┐
                    ↓                              │
            提前24小时报审至监理部                 │
                    ↓                              │
            审查结果 ──不合格──→ 落实整改措施 ──┘
                    ↓合格
          填报中间交工验收申请单（承包方）
                    ↓
          签复中间交工验收申请单（监理部）
```

实施要点：
1）子分部、分部工程的验收结果在分项评定的基础上经统计而得；
2）子分部、分部验收的工程质量评估报告应表明监理方案意见并作为质监站检验参考

图 4-21　子分部、分部工程验收工作程序及实施要点

（17）单位工程验收工作程序及实施要点（图 4-22）。

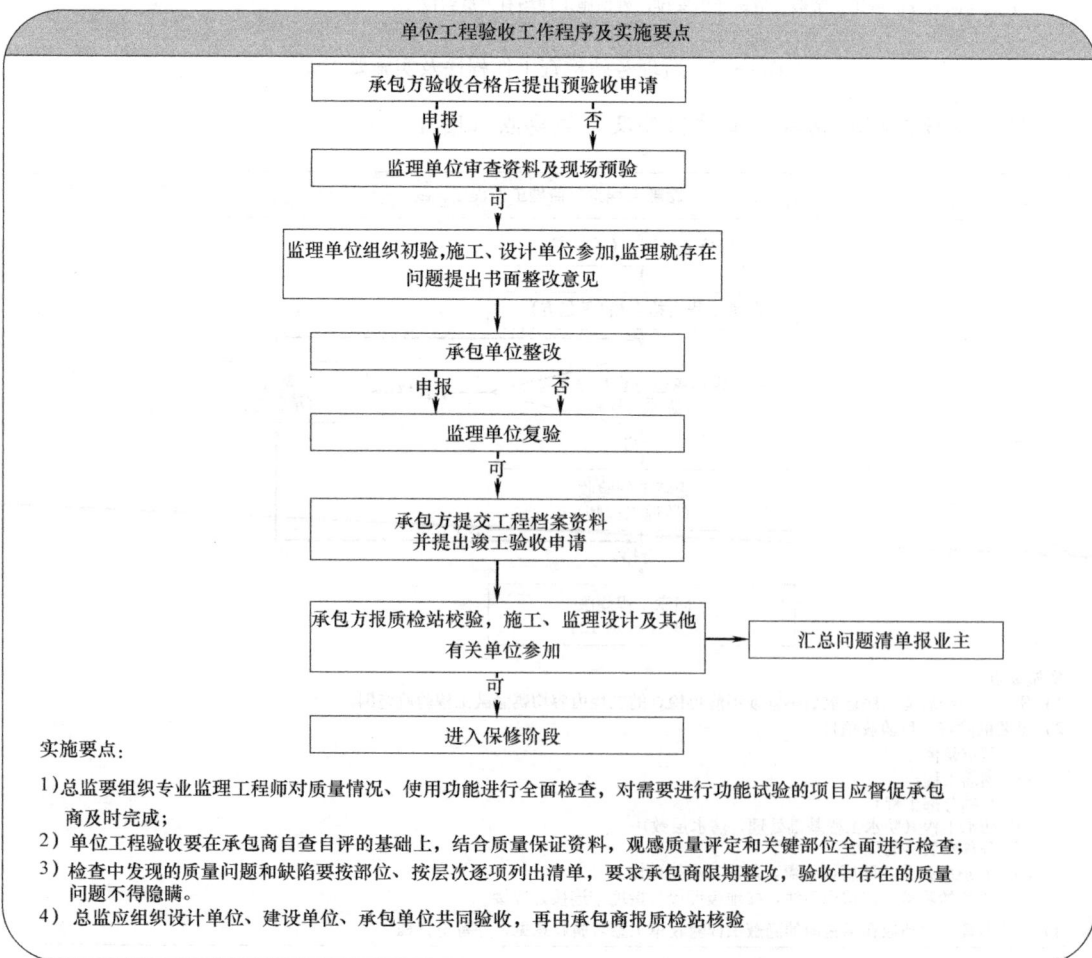

单位工程验收工作程序及实施要点

```
        承包方验收合格后提出预验收申请
           申报              否
                    ↓
          监理单位审查资料及现场预验
                    ↓可
    监理单位组织初验，施工、设计单位参加，监理就存在
              问题提出书面整改意见
                    ↓
              承包单位整改
           申报              否
                    ↓
              监理单位复验
                    ↓可
       承包方提交工程档案资料
         并提出竣工验收申请
                    ↓
   承包方报质检站校验，施工、监理设计及其他 ──→ 汇总问题清单报业主
              有关单位参加
                    ↓可
              进入保修阶段
```

实施要点：
1）总监要组织专业监理工程师对质量情况、使用功能进行全面检查，对需要进行功能试验的项目应督促承包
    商及时完成；
2）单位工程验收要在承包商自查自评的基础上，结合质量保证资料，观感质量评定和关键部位全面进行检查；
3）检查中发现的质量问题和缺陷要按部位、按层次逐项列出清单，要求承包商限期整改，验收中存在的质量
    问题不得隐瞒。
4）总监应组织设计单位、建设单位、承包单位共同验收，再由承包商报质检站核验

图 4-22　单位工程验收工作程序及实施要点

（18）工程变更工作程序（图 4-23）。

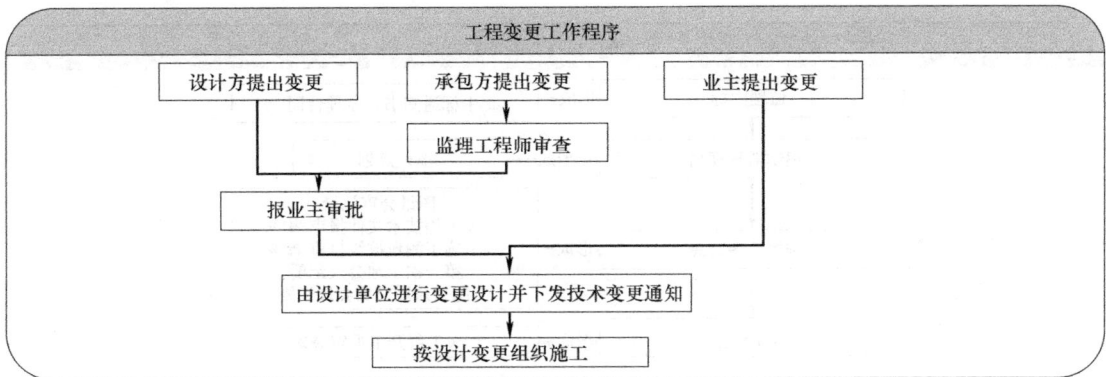

图 4-23　工程变更工作程序

（19）竣工验收程序（图 4-24）。

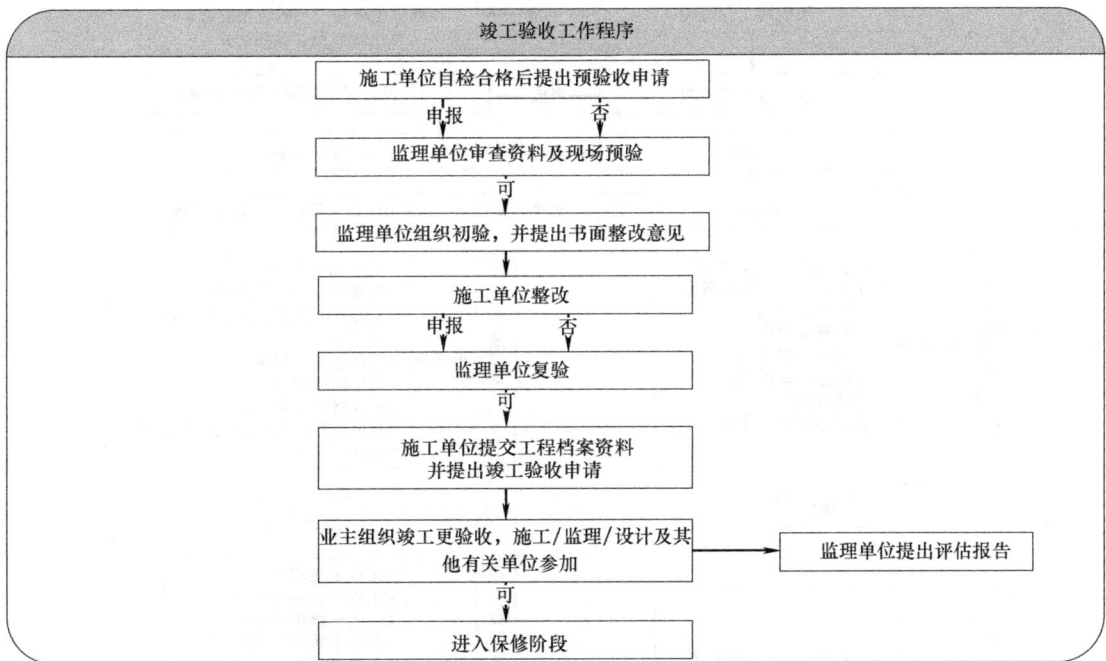

图 4-24　竣工验收程序

（20）缺陷责任期的监理工作程序（图 4-25）。

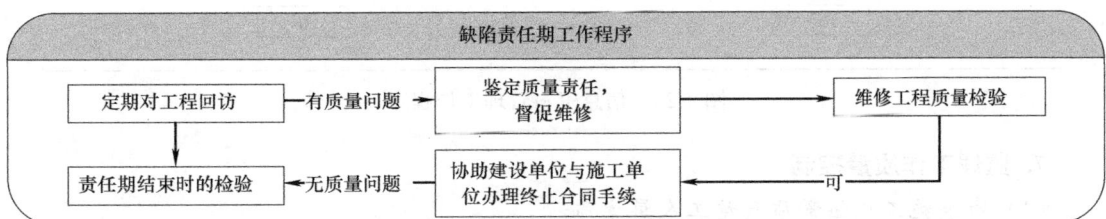

图 4-25　缺陷责任期的监理工作程序

（21）信息资料管理工作程序（图 4-26）。

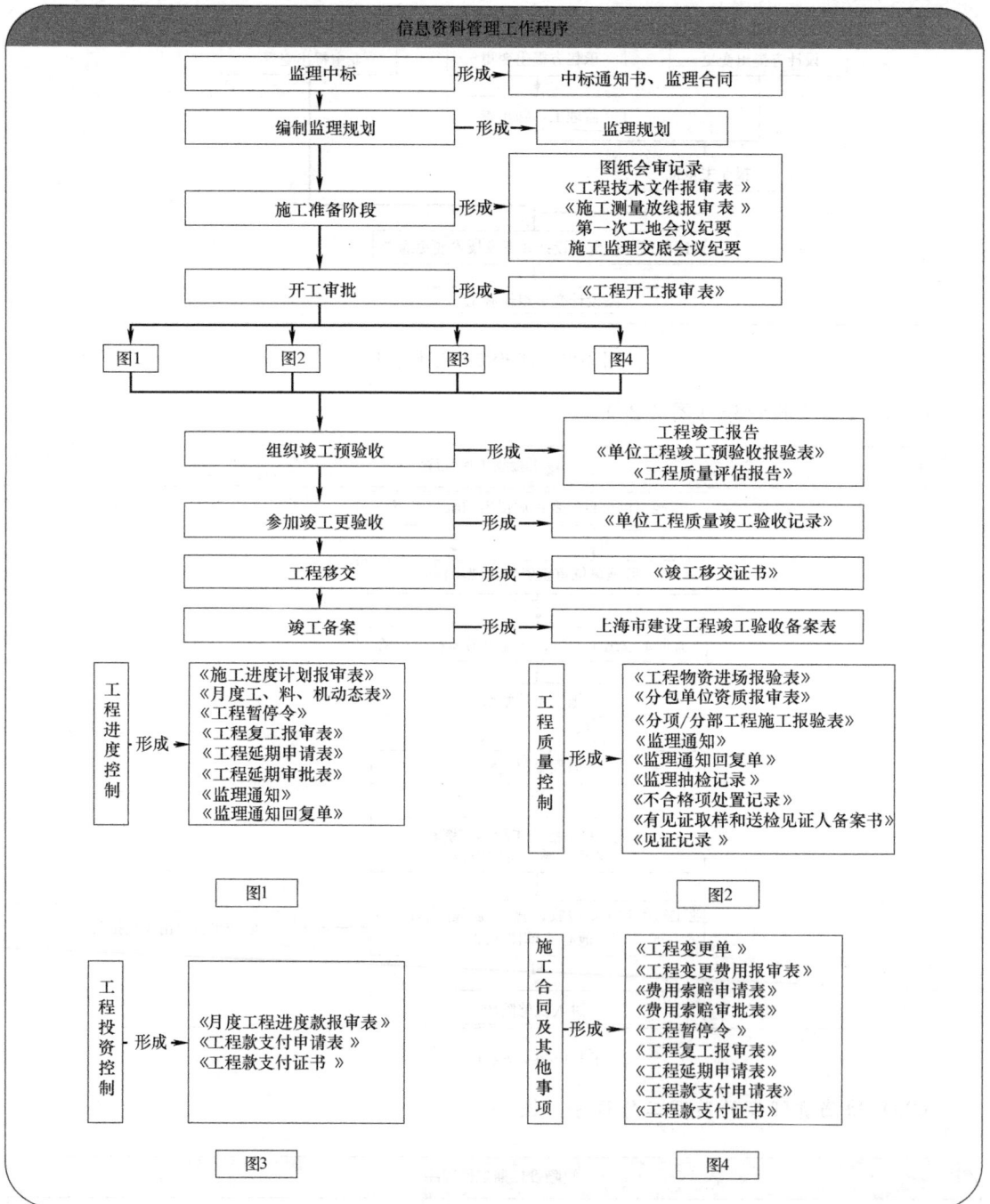

图 4-26　信息资料管理工作程序

7. 监理工作质量控制

（1）审查施工队伍资质及施工人员素质

审查承包单位承担该项任务的施工队伍及人员资质与条件是否符合要求，经监理工程师审查认可后可进场施工。

(2) 对工程所需原材料、半成品、构配件和永久性设备质量控制

监理工程师应对各施工单位在采购主要施工材料、设备、构配件前提供的样品和有关订货厂家等资料进行审核，在确认符合质量控制要求后书面通报业主，在征得业主同意后，方可由总监理工程师签署《建筑材料报审表》和《主要设备选型报审表》。材料、设备到货后应及时复核出厂合格证、有关设备的技术参数资料，并对材料进行见证取样复试。由业主提供材料设备时，应协助业主进行设备选型，订货并参加业主对该设备安装质量的共同验收。

(3) 严格审查施工组织设计或施工方案

对所有分项、分部工程要求施工单位在开工前报送详细的施工方案。监理工程师应着重审查：质量保证体系是否健全；主要技术组织措施是否具有针对性、是否安全有效；施工程序是否合理。经监理方审批同意后方可实施。

(4) 施工机械设备的质量控制

对工程质量有更大影响的施工机械、设备，应审查其设备的选型是否恰当；审查承包单位提供的技术性能的报告中所表明的机械性能是否满足质量要求和适合现场条件；凡不符合质量要求的不能使用。

(5) 严格审查分包单位的资质

未经监理方审查认可和经查不能保证施工质量的分包单位，不得进场施工；督促、检查各分包单位建立质量保证体系。

(6) 做好施工图纸会审工作

(7) 协助施工单位建立和完善工序控制体系

把影响工序质量的因素都纳入管理状态、对重要工序应建立质量管理点，及时检查或审核各分包单位提交的质量统计分析资料和质量控制图表。

(8) 隐蔽工程验收

项目监理组在接到隐蔽工程验收单后，应及时派监理工程师做好验收工作（但应事先确保各分包单位在提交隐蔽工程验收单前已认真做好自检工作）。在验收过程中如发现施工质量不符合设计要求，必要时应以整改通知书的形式通知各分包单位，待其整改后重新进行验收，未经复验签证一律不得进行隐蔽。

(9) 审查技术变更和会签设计变更

凡因施工原因需个性设计，应通过现场设计代表，请设计单位研究确定后提出设计修改通知，由总监理工程师参与会签并在项目监理组内传阅，经业主认可后交各分包单位施工。总监理工程师会签有关各种设计变更，应审查对工程质量、进度、投资是否有不利影响，必要时提出书面意见向业主反映。

(10) 工程验收

根据施工单位工程验收申请报告，总监理工程师组织有关专业监理工程师进行初验，并将初验结果通告施工单位。

单位工程竣工验收，总监理工程师在单位工程的各分部工程验收合格基础上，按国家验收规范标准，报请业主确定组织竣工验收的日期和程序，协助组织竣工验收工作，并由总监理工程师组织编写和签发工程质量评估报告。

8. 监理工作进度控制

本工程监理进度控制措施主要在于控制进度影响因素，如设计图纸的确认、参与单位的配合、材料设备的采购、异常天气等。监理方进度控制的总任务就是在制定和审核满足项目总工期要求的各种施工进度计划，协调各参与方的关系，督促施工单位认真贯彻执行。在执行过程中，及时收集进度数据进行分析，根据实际情况对计划进行调整，并要求施工单位采取必要的进度措施，保证工程总工期目标的实现，保证项目按期竣工。

（1）建立明确的进度计划体系，明确进度目标

根据工程情况和业主要求，与业主充分交流，制订合理的项目实施总进度计划。总进度计划包括各阶段里程碑日期、关键线路及关键工程、总进度计划说明等，并提交业主审核。经过业主认可后，将总进度计划进行分解，逐步制定分阶段计划，并要求承包商、供应商按照监理的总进度计划和分阶段计划目标，制定更详细的计划，如月进度计划、周进度计划，并提交监理工程师审核。

（2）重点审核施工总包单位的施工组织设计和进度计划，确保工程进度目标的实现

在审核施工总包进度的施工组织设计和进度计划时，重点审核以下内容：

1）各单项及各单项内分部、分项工程的划分是否准确，是否有漏项；

2）结合施工方案及施工材料、设备的投入，一方面审核各单项内分部、分项工程如桩基、主体结构、装修、机电设备安装等工期安排是否合理，是否协调；另一方面，需审核各单体间的施工进度安排是否相互衔接；

3）审核施工进度的保证措施是否满足工期要求；

4）审核施工单位施工总平面布置、人员和机械设备的组织方案等。

（3）协助业主制定设备采购计划，以保证现场安装不脱节

1）首先由监理工程师依据设计图纸将本工程中的设备罗列出来，并制定设备清单；

2）根据业主和合同要求，划分业主和承包商各自供应的设备，并建立业主设备采购清单；

3）根据总进度计划要求，与承包商一起商定，制定最终的设备采购计划，并根据此计划进行设备采购。

（4）积极收集工程进度状况和施工单位进度措施，并按照要求做好监理记录，并将进度情况及问题及时编入监理月报

1）施工监理期间，监理工程师积极收集工程相关进度信息，内容包括：

① 各检验批、分项、分部、单位工程的完成日期；

② 现场各施工单位、各工种人员数量、材料、机械设备的数量等；

③ 每日施工工作量和异常分析；

④ 存在的进度问题和需要配合的事项等。

2）监理月报中进度报告内容包括：

① 当月完成工程数量和已验收合格工程数量；

② 当月施工单位投入人员、机械设备和材料数量；

③ 绘制形象进度图，形象反映工程进展，分析当月实际进度与进度计划的偏差及原因；

④ 进度调整计划、计划说明及进度调整措施。

（5）对工程进度进行动态管理，改进进度控制措施

当实际进度与计划进度发生差异时，在分析原因的基础上积极改进进度控制措施，包括：

1）技术措施，要求承包商改进施工工艺，缩短工艺时间、减少技术间歇期、最大条件下实行平行流水主体交叉作业等；

2）组织措施，要求承包商增加施工作业人员、增加工作班次等；

3）合同措施，督促施工单位严格按照合同履行义务，必要时下发监理通知单；

4）根据实际情况，调整进度计划，制定阶段进度目标，在新的条件下组织新的协调和平衡督促承包商落实。

9. 监理工作造价控制

（1）工程计量（工程量核定）

1）施工单位或供应单位就已完成并验收合格的实物工程量进行申报，提交计量通知或申请，要求在计量申请中写明申请计量的原因、申请计量的工程部位和申请计量的时间；

2）经监理工程师复查申请计量的工程是否质量验收合格，是否符合合同规定，否则拒绝计量；

3）由各相关专业监理工程师审查有关文件资料，包括：

① 工程计量的数据和原始凭证；

② 工程的质量验收证明；

③ 工程量计算书。

4）按照合同约定的工程量计算规则、工程量清单要求进行工程量核定，并编制计量说明和计量详表，供业主和造价咨询单位参考。

（2）工程款支付审核

1）根据合同要求，要求申请支付工程款的单位提交工程款支付申请表，包括支付依据、原因和支付金额；

2）由监理工程师根据合同条款和造价咨询审核意见，对符合支付条件的予以认可；

3）做好支付台账，按合同分类记录支付款的签发时间、发放时间、支付款项及与合同款的差异等；

4）在每期监理月报中反映工程款支付情况，并提供相关的分析报告。

（3）现场签证控制

1）根据合同和工程实际情况，对超出合同范围内的工程或增加的工程量进行现场签证；

2）要求被签证单位应事先提交签证意向书，说明情况、理由及预签证的工程发生的时间；

3）监理工程师根据实际情况，与业主、造价咨询单位共同商量，确认签证意向书，并通知被签证单位；

4）对现场预签证工程进行实时跟踪，收集工程变化前后状态、工程量变化、现场工程人员、材料和设备的使用情况等数据和图像资料，并做好分析工作，提高签证准确性，剔除重复部分或不属于签证内容；

5）对于比较重要的签证项目，建立三方现场签证制度，即业主、监理、被签证单位共同对现场发生的工程量分阶段进行确认。

（4）变更审核

1）根据不同单位提出的变更事先提出做出明确的规定，例如：

① 对于设计单位对原设计存在的缺陷提出的工程变更，要求其编制设计变更文件；

② 对于建设单位或承包单位提出的工程变更，应事先提交总监理工程师，由总监理工程师组织专业监理工程师审查。审查同意后，应由建设单位转交原设计单位编制设计变更文件。

③ 当工程变更涉及安全、环保等内容时，应按规定经有关部门审定。

2）监理工程师日常了解实际情况和收集与工程变更有关的资料；

3）由总监理工程师根据实际情况、设计变更文件和其他有关资料，按照施工合同的有关条款，在专业监理工程师和造价咨询单位完成下列工作后，对工程变更的费用和工期做出评估：

① 确定工程变更项目与原工程项目之间的类似程度和难易程度；

② 确定工程变更项目的工程量；

③ 确定工程变更的单价或总价。

4）由总监理工程师就工程变更造价的评估情况与承包单位和建设单位进行协调。

5）由总监理工程师签发工程变更单。

（5）竣工结算审定重点

1）由承包单位按施工合同规定填报竣工结算报表；

2）由专业监理工程师负责审核承包单位报送的竣工结算报表；

3）由总监理工程师审定竣工结算报表，与业主、造价咨询单位和承包单位协商一致后，签发竣工结算文件和最终的工程款支付证书报业主。

第5章 竣工验收阶段咨询业务

5.1 竣工结算审核与决算

5.1.1 竣工结算审核

（1）竣工结算审核的内容

1）审核竣工结算编制依据

编制依据主要包括：

① 工程竣工报告、竣工图及竣工验收单；

② 工程施工合同或施工协议书；

③ 施工图预算或招标投标工程的合同标价；

④ 设计交底及图纸会审记录资料；

⑤ 设计变更通知单及现场施工变更记录；

⑥ 经建设单位签证认可的施工技术措施、技术核定单；

⑦ 预算外各种施工签证或施工记录；

⑧ 合同中规定的定额，材料预算价格，构件、成品价格；

⑨ 国家或地区新颁发的有关规定。

审核时要审核编制依据是否符合国家有关规定，资料是否齐全，手续是否完备，对遗留问题处理是否合规。

2）审核工程量

工程量是决定工程造价的主要因素，核定施工工程量是工程竣工结算审计的关键。审计的方法可以根据施工单位编制的竣工结算中的工程量计算表，对照图纸尺寸进行计算审核，也可以依据图纸重新编制工程量计算表进行审计。一是要重点审核投资比例较大的分项工程，如基础工程、混凝土及钢筋混凝土工程、钢结构以及高级装饰项目等。二是要重点审核容易混淆或出漏洞的项目。三是要重点审核容易重复列项的项目。四是重点审核容易重复计算的项目。对于无图纸的项目要深入现场核实，必要时可采用现场丈量实测的方法。

3）审核分部分项工程、措施项目清单计价

一是审核结算所列项目的合理性。注意由于清单计价招标中漏项、设计变更、工程洽商纪要等发生的高估冒算、弄虚作假问题；工程项目、工作内容、项目特征、计算单位是否与清单计算规则相符，是否有重复内容；重点审核价高、工程量较大或子目容易混淆的项目，保证工程造价准确。二是审核综合单价的正确性。除合同另有约定外，由于设计变更引起工程量增减的部分，属于合同约定幅度以内的，应执行原有的综合单价；由于工程量清单漏项或设计变更引起新的工程量清单项目、设计变更增减的工程量属于合同约定幅度以外的其相应综合单价由承包方提出，经发包人确认后作为结算的依据。审计时以当地的预算定额确定的人工、材料、机械台班消耗量为最高控制线，参考当地建筑市场人、材、机价格，根据施工企业报价合理确定综合单价。三是审核计算的准确性。计算公式的数字运算是否正确，是否有故意计算、合计错误以及笔误等。

4）审核变更及隐蔽工程的签证

一是审核工程变更内容。首先要核查原施工图的设计、图纸答疑与原投标预算书的实际所列项目等资料是否有出入，对原投标预算书中未做的项目要予以取消；其次核增变更中的增加的项目。二是审核变更增加的项目是否已包括在原有项目的工作内容中，以防止重复计算。三是审核变更签证的手续是否齐全，书写内容是否清楚、合理。含糊不清和缺少实质性内容的项目要深入现场核查并向现场当事人进行了解，核查后加以核定。

5）审核规费、税金及其他费用

一是审核计费率计算是否正确，计算基础是否符合规定，有无错套费率等级情况；二是审核费率的采用是否正确；三是审查各项独立费的计取是否正确。

（2）竣工结算审核操作流程图

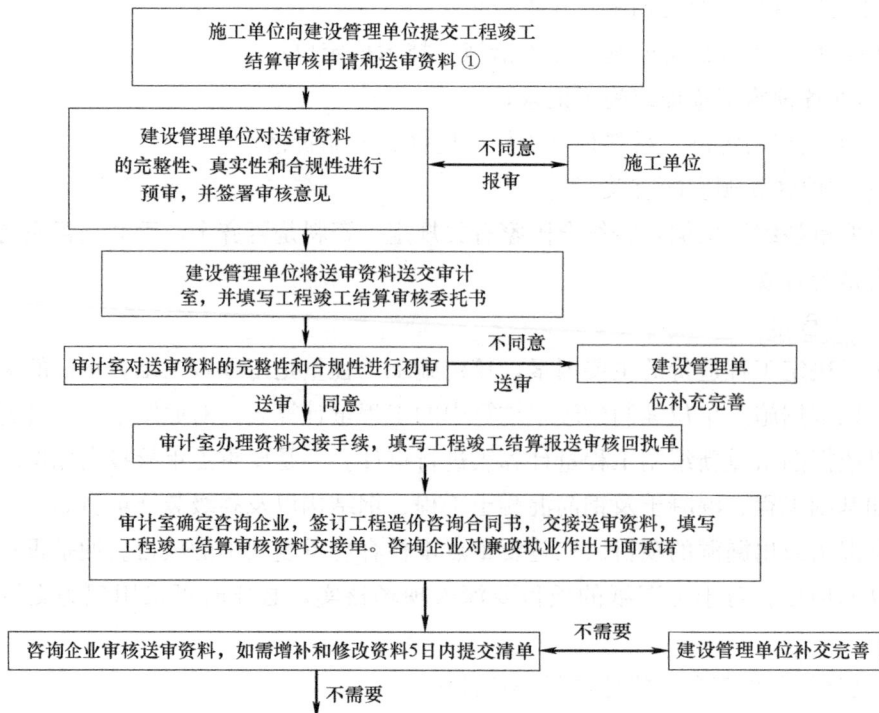

图 5-1　竣工结算审核操作流程图（一）

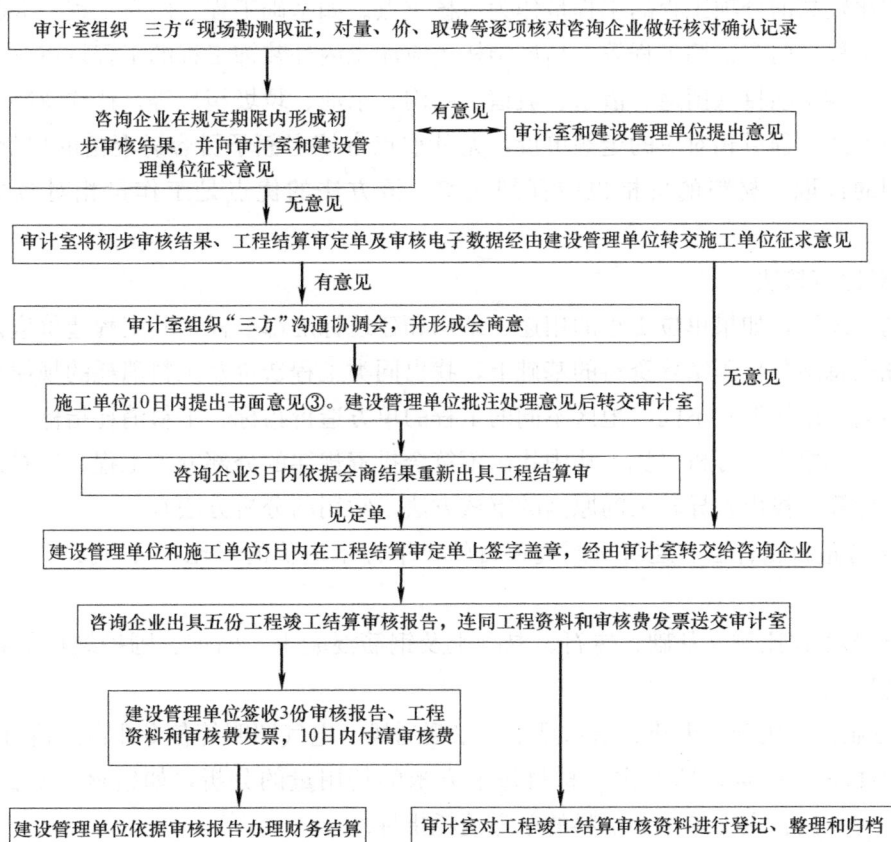

图 5-1　竣工结算审核操作流程图（二）

（3）竣工结算审核的方法

由于建设工程的生产过程是一个周期长、数量大的生产消费过程，具有多次性计价的特点。因此，采用合理的审核方法不仅能达到事半功倍的效果，而且直接关系到审核的质量和效率，主要分以下几种：

1）全面审核法

全面审核法就是按照施工图的要求，结合现行定额、施工组织设计、承包合同或协议以及有关造价计算的规定和文件等，全面地审核工程数量、定额单价以及费用计算。这种方法常常适用于投资不多的项目，如维修工程；工程内容比较简单（分项工程不多）的项目，如围墙、道路挡土墙、排水沟等；建设单位审核施工单位的预算等。这种方法的优点是：全面、细致、审查质量高、效果好；缺点是：工作量大、时间较长。在投资规模较大，审核进度要求较紧的情况下，这种方法是不可取的；但建设单位为严格控制工程造价，依旧常常采用这种方法。

2）重点审核法

重点审核法就是抓住工程预结算中的重点进行审核的方法。这种方法类同于全面审核法，其与全面审核法之区别仅是审核范围不同而已。该方法是有侧重的，一般选择工程量大且费用比较高的分项工程的工程量作为审核重点。如基础工程、砖石工程、混凝土及钢筋混凝土工程，门窗幕墙工程等。高层结构还应注意内外装饰工程的工程量审核。而一些附属项目、零星项目（雨篷、散水、坡道、明沟、水池、垃圾箱）等，往往忽略不计。重点核实与上述工程量相对应的定额单价，尤其重点审核定额子目容易混淆的单价。另外，对于费用的计取、材料的价格也应仔细核实。该方法的优点是工作量相对减少，效果较佳。

3）对比审核法

在同一地区，如果单位工程的用途、结构和建筑标准都一样，其工程造价应该基本相似。因此在总结分析预结算资料的基础上，找出同类工程造价及工料消耗的规律性，整理出用途不同、结构形式不同、地区不同的工程的单方造价指标、工料消耗指标。根据这些指标对审核对象进行分析对比，从中找出不符合投资规律的分部分项工程，针对这些子目进行重点计算，找出差异较大的原因的审核方法。常用的分析方法有：

① 单方造价指标法。通过对同类项目的每平方米造价的对比，可直接反映出造价的准确性。

② 分部工程比例。基础、砖石、混凝土及钢筋混凝土、门窗、围护结构等各占定额直接费的比例。

③ 专业投资比例。土建、给水排水、采暖通风、电气照明等各专业占总造价的比例。

④ 工料消耗指标。即对主要材料每平方米的耗用量的分析，如钢材、木材、水泥、砂、石、砖、瓦、人工等主要工料的单方消耗指标。

4）分组计算审查法

就是把预结算中有关项目划分若干组，利用同组中一个数据审查分项工程量的一种方法。采用这种方法，首先把若干分部分项工程，按相邻且有一定内在联系的项目进行编组。利用同组中分项工程间具有相同或相近计算基数的关系，审查一个分项工程数量，就能判断同组中其他几个分项工程量的准确程度。这种方法的最大优点是审查速度快，工作量小。

5）筛选法

筛选法是统筹法的一种，通过找出分部分项工程在每单位建筑面积上的工程量、价格、用工的基本数值，归纳为工程量、价格、用工三个单方基本值表，当所审查的预算的建筑标准与"基本值"所适用的标准不同，就要对其进行调整。这种方法的优点是简单易懂，便于掌握，审查速度快，发现问题快。但解决差错问题尚须继续审查。

（4）竣工结算审核的重难点

1）明确审价范围，确认预审资料齐全性、送审数字准确性，加强审前调查

项目总投资包含前期工程费、建安工程费、其他工程费、预备费等内容，具体审价范围根据委托协议书确定。初步阶段重点要加强审前调查，详细了解被审项目的立项审批、招标投标、施工合同、决算编制、竣工验收等建设程序的实施情况，确认送审资料是否齐全、送审数字是否准确以及是否具备审价条件。

完整的送审资料包含招投标文件、工程施工承包合同、竣工图、中标通知书、竣工验收资料、开竣工报告、工程设计变更及现场签证资料、记录工程施工过程的施工员及监理日志、施工照片、工程勘察报告等。资料完备与否直接影响审价结果。

2）根据项目具体情况，选择正确的审计方法

工程审价资料收集齐全、现场查看后，要选择正确的审计方法。首先请建设方召集设计方、现场勘查人员、监理方、施工方等相关单位详细介绍项目的实施过程及控制重点，相关单位应积极配合项目审价。然后采用全面审计的方法实施审价，通过现场勘察丈量，对工程项目的工程量进行逐一计算，并检查综合单价的执行情况，新增项目定额子目的套用是否合理，综合单价组成中的材料价格、机械价格、人工价格是否参照投标文件和施工合同的规定，以此来核准工程造价。

3）把握合同重要条款，审核合同执行情况

施工合同是施工阶段造价控制、竣工结算审核的依据。严密的施工承包合同、补充合同协议及经常性的工地会议纪要、工作联系单等作为合同内容的一种延伸和解释，也是工程审价的重要依据。必须强调的是补充合同协议、工程会议纪要不能与合同的主要条款相违背，否则视为无效补充。

审价时对于闭口合同的处理，要根据项目实际情况具体对待。咨询企业主要是以施工承包合同为基础，严格审查工程量计算是否准确，材料单价是否合理，定额的套用是否妥当，执行的有关文件是否正确，新增项目单价是否有依据等，使其真实反映整个工程的实际造价。而对于闭口合同签订是否合理，只能作为工程管理方面的问题和建议提供给建设方。

4）认真研读招投标文件，严格审查量价取值计算的正确性

工程量的正确计算需结合合同计价方式的选择，定额计价、工料单价、完全单价、综合单价等计价方式不同，计算规则便有区别。计算工程量时要分析招投标的工作内容及工程量清单计价规范计算规则，根据竣工图纸核算。

5）审查现场签证和设计变更的合理性及手续的完整性

现场签证除了在施工过程中应严把设计变更签证关之外，在竣工决算时，审价人员须从专业角度对现场签证和设计变更进行审查，主要包括：审查内容是否符合规定；变更增加的经费是否已包含在合同造价中；手续是否符合规定（凡现场签证都应有建设单位和施工单位的盖章及现场人员的签字，重要的变更还应有设计单位有关人员的签字方能生效，手续不全者不予计算）；审查签证是否准确。有无把不属签证范畴的内容列入签证参与决算的情况，诸如像施工单位自身原因返工的项目，施工现场临时设施项目，及施工单位现场用工等。

6）工期及质量的审计不能遗漏

项目合同往往对工期及质量进行了约定，有些项目明确约定工程质量未达标，扣除合同价一定比例作为违约金；非发包人原因或不可抗力造成逾期竣工的，按本工程总造价的一定比例支付违约金。竣工结算时承包方往往会遗漏该笔费用，审价时需要按合同审核。

结算审核的方法

（5）案例分析

1）工程概况

某行政办公楼工程，框架结构，建筑面积 9740m²，建筑层数为地上 6 层，层高 3.6m。本工程于 2009 年 7 月开标，中标价为 1900 万元，工期 300 天，双方于 2009 年 8 月签订合同。

2）争议问题

本工程合同工期为 2009 年 8 月至 2010 年 6 月，但因甲方原因，本工程于 2010 年 9 月才开工，2011 年 11 月竣工。为此，双方就结算方式存在争议。合同相关约定：1）本合同价款采用综合单价固定、总价可调的合同方式确定；2）合同实施期内，钢材、水泥平均价格超过合同签订月当地造价管理部门公布的信息价的±5%时，超出部分按当地相关文件要求进行调整。承包方意见：由于工期延期一年以上才开工，因设计变更造成的工期延误应由业主负责，原投标时的报价已不能满足实际施工时的要求，对本工程应按定额重新组价，定额要用现行消耗量定额，费率按控制价的构成方式计算，材料价格按实际施工期间的信息价计取，而且总价不执行投标的下浮系数。2010 年 9 月至 2010 年 11 月，与 2009 年 6 月相比，钢材价格上涨 20%，水泥上涨 30%，砂石价格上涨约 9% 等。因此按合同约定的结算方式与按承包方要求的结算方式价差约为 173 万元。

3）争议处理

结合当地造价管理部门颁布的相关文件，因甲方原因造成工期延误的，责任由甲方承担。现根据《建设工程工程量清单计价规范》9.8.3 的规定，因非承包人原因导致工期延误的，计划进度日期后续工程的价格，应采用计划进度日期与实际进度日期二者的较高者。原招标价依然执行，所有价格上涨的材料，超出 5% 以内的由施工方承担，5% 以外的由甲方承担。甲乙双方均同意此解决办法。根据此争议处理办法，最终的结算金额仅比按原合同结算增加 14 万元，因此为甲方实际节约 159 万元。

4）总结分析

从审计的角度解读相关文件，提出争议解决办法。在进行工程竣工结算审核时，应严格依据合同、竣工图、设计变更、签证资料、投标文件、招标文件、国家相关法律规定处理争议问题，并与监理、甲方、承包单位积极沟通和协调，秉持"公正、公平、实事求是"的原则解决问题，从而达到合理、高效地完成工程竣工结算审核工作。

总之，工程结算审核是工程造价控制的最后一关，工程造价审核质量的好坏是多种因素综合作用的结果，若不能严格把关的话将会造成不可挽回的损失。这是一项细致具体的工作，计算时要认真、细致、不少算、不漏算。同时要尊重实际，不多算，不高估冒算，不存侥幸心理。审核时，要服从道理，不固执己见，保持良好的职业道德与自身信誉。通过上述工作保证"量"与"价"的准确真实，做到去虚存实，使每一个工程造价审核项目都成为"精品"。

5.1.2 竣工决算的编制与审核

（1）竣工决算的概念

竣工决算是以实物数量和货币指标为计量单位，综合反映竣工项目从筹建开始到项目竣工交付使用为止的全部建设费用、建设成果和财务情况的总结性文件，是竣工验收报告的重要组成部分。竣工决算是正确核定新增固定资产价值，考核分析投资效果，建立健全经济责任制的依据，是反映建设项目合计造价和投资效果的文件。

（2）竣工决算的内容

1）建设项目竣工决算应包括从项目策划到竣工投产全过程的全部实际费用。

2）竣工决算是由竣工财务决算说明书、竣工财务决算报表、工程竣工图和工程竣工造价对比分析四部分组成。其中竣工财务决算说明书和竣工财务决算报表又合称为竣工财务决算，它是竣工决算的核心内容。

（3）竣工决算主要工作方法

对工程决算审核一般应采用全面审核法。必要时，也可采用延伸审查等方法。主要审核方法有以下几种：

1）现场勘察。到项目现场实地查看，获取对项目的初步感性认识、核实相关工程量及以竣工图核对实物存在状态。可以选择在项目现场实施阶段初期、中期或完成阶段前进行。

2）审阅项目资料。对项目单位提供的批复文件、科目余额表、可行性研究报告、初步设计、招投标资料、合同、记账凭证、竣工结算书、工程决算报表等项目建设单位提供的所有资料进行认真审阅。

3）重新计算。对项目建设期间的贷款利息和待摊费用的分配，招待费所占建设单位管理费的比例，主要工程量等重大事项必须进行重新计算。

4）函证。对银行存款余额和资金往来余额必须进行函证。函证，是指注册会计师为了获取影响财务报表或相关披露认定的项目的信息，通过直接来自第三方对相关信息和现存在状况的声明，获取和评价审计证据的过程。函证是受到高度重视并经常被使用的一种重要程序。

5）盘点。对现金、设备、建筑物及构筑物等实物资产必须进行监盘或抽盘。

6）询问。对审核工程中的疑问，要向项目建设单位相关人员进行询问，必要时要求相关人员写出说明并签字。

7）沟通。对审核中发现的问题要充分与项目建设单位进行沟通，对审核中发现的重大问题充分与审核单位相关领导进行沟通。

8）对土地使用权和软件等无形资产在查看的同时获取使用证及授权使用书。

（4）竣工决算编制操作流程图

（5）竣工决算的审核要点

1）每个审核项目必须现场勘察

```
                    ┌─────────────────────────────┐
                    │ 对建设单位和建设项目进行风险评估 │
                    └──────────────┬──────────────┘
                                   │
                            ╱──────┴──────╲
                           ╱  是否接受      ╲      否      ┌──────┐
                          ╲   该项目       ╱───────────→│ 结束 │
                           ╲──────┬──────╱             └──────┘
                                  │ 是
                    ┌──────────────────────┐    ┌──────────────────┐
                    │ 签订委托工程决算审查合同 │──→│ 配置相应专业人员 │
                    └──────────┬───────────┘    └──────────────────┘
                               │
                    ┌────────────────┐         ┌──────────────────────┐
                    │   收集资料      │────────→│ 编制竣工决算审查实施方案 │
                    └────────────────┘         └──────────────────────┘
                               │
                    ┌──────────────────────┐    ┌──────────────────┐
                    │ 对审查中发现的问题      │──→│ 形成审查初步结论  │
                    │ 进行复核、汇总、分析    │    └──────────────────┘
                    └──────────┬───────────┘
                               │
                    ┌────────────────────────────────────────┐
                    │ 工程决算审核现场工作结束后3~5个工           │
                    │ 作日内，出具工程决算审核报告(初稿)          │
                    └──────────────┬─────────────────────────┘
                                   │
                    ┌──────────────────┐    ┌──────────────────┐
                    │ 与建设单位交换      │──→│ 决算审核报告(初    │
                    │ 意见，并达成共识    │    │ 稿)进行三级复核    │
                    └──────────────────┘    └─────────┬────────┘
                                                      │
                                     ┌──────────────────────────┐
                                     │ 出具正式竣工决算报告        │
                                     └──────────────────────────┘
```

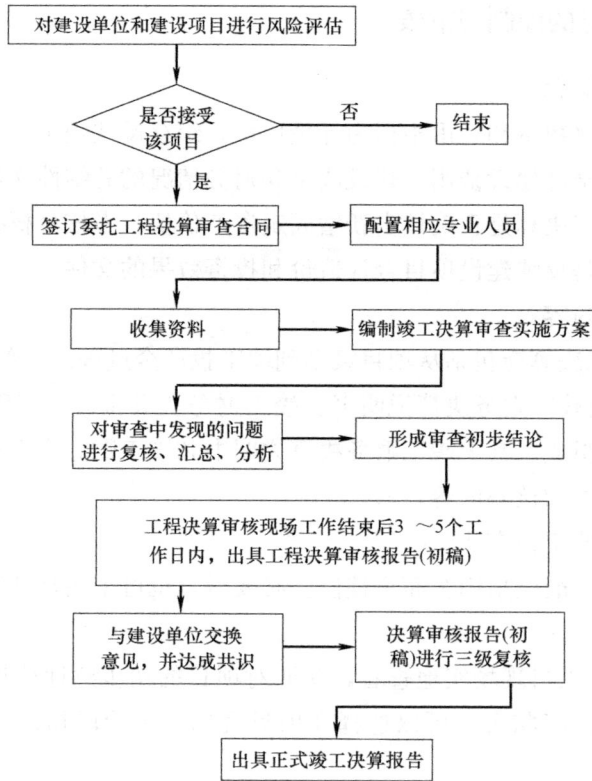

图 5-2　竣工决算编制操作流程图

　　审核人员在接受审核任务后，要结合送审资料到工程项目现场进行勘察，详细了解工程项目的建设过程，在现场对工程建设成果有一个感官的认识。这是一个必不可少的程序。因为每个项目都是依据现场的施工条件和特有环境进行的，通过现场勘察，可以了解是否存在多个项目同时建设，可以观察到被审项目是否真实存在、真正完工。可以让审核工作人员分析出可能影响建设成本的因素，以便在审核过程中找到可疑的突破点，如各个项目的建设成本是否清晰单列，共同的成本是否已经合理分摊等。

　　2）审核项目概算执行情况

　　在建设项目建设过程中，概算是控制建设内容和建设成本的重要文件，是评价建设项目成败最主要的依据。我们要严格按概算的内容与实际建设成果进行比较，从而看出是否符合建设计划内容和是否存在超概现象，是否存在将不是该工程项目的建设内容挤占建设成本。

　　3）重视工程费用审核

　　待摊投资是指建设单位按项目概算内容发生的，按照规定应当分摊计入交付使用资产价值的各项费用支出。待摊投资核算内容纷杂，因此，待摊投资的审核一点不能大意。建设单位管理费的审核是基建财务管理规定控制较严的内容，一般情况下，只能在总额控制内列支，超过部分就应核减建设成本。此外，审核其他费用的依据是按有关合同、协议、结算书或按有关国家法规收费依据执行，同时要审核其合理性，不能只依据发票就直接确认。在实务中，我们要仔细收集证据，发现与项目建设无关的，我们就要坚决予以核减。待摊费用中关于损失的转销要格外注意，要分析造成损失的原因，不能只听建设单位的解释就予以确认，有些损失必须经过财政部门批准才能列支。

4）项目资金往来的审核不能轻视

一般认为资金往来账对工程的支出影响不大，所以放松了对这些科目的审核，其实不然。应收应付款在竣工决算报表中是一个重要的数据信息，应收款的发生和转销可能隐含挪用建设资金和涉及处理损失，要注意应收款的转销是否直接计入成本费用；对应收款的余额我们要考察其可收回性，考虑是否在审核报告中进行披露。

5）加强审核交付使用资产的真实性和完整性

交付使用资产价值是作为接收单位的资产入账价值的依据，所以资产价值的真实性十分重要。建设单位应按科学实用的方法对资产进行分类，待摊投资的分摊要按原则进行，不能图方便只是平均分摊到各项资产。我们应对移交资产（包括固定资产和流动资产）进行盘点确认。

5.2　工程项目后评价

5.2.1　工程项目后评价的定义

后评价，是指对政府或企业投资建设项目竣工验收或投入使用后一段时间，运用科学、系统、规范的评价方法，对项目投入运行后的实际效果，投资产生的技术、经济、社会、生态效益和影响等方面进行综合评价。后评价应本着"客观、独立、科学、实用"的原则，通过对建设项目的实际现状分析，全面对项目实施过程、经济效益、社会和环境影响及项目可持续性进行评价，做出科学的判断，提出建议和措施。后评价结论（经验、教训和政策建议）可作为政府或企业发展和投资决策的参考依据，还可作为政府或企业重大决策失误和国有资产损失责任追究的参考依据。

5.2.2　工程项目后评价的主要内容

工程项目后评价的重点是对项目决策预期效果和项目实施后实际效果进行对比考核，分析变化原因，及时总结和反馈经验教训。具体内容包括以下几个方面：

（1）工程项目目标评价

目标评价主要是对项目设定决策目标的正确性、合理性和实践性进行分析评价。

（2）工程项目实施过程评价

过程评价是对照立项评估或可行性研究报告时所预计的情况和实际执行的过程进行分析和比较，分析存在的原因。一般要分析项目的立项、准备和评估，项目内容和建设规模，工程进度和实施情况，配套设施和服务条件，受益者范围及其反映，财务执行情况。

（3）工程项目效益评价

效益评价包含财务评价和国民经济评价，主要分析指标是内部收益率、净现值和贷款偿还期等项目盈利能力和偿债能力的指标。

（4）工程项目影响评价

评价内容包括经济影响、环境影响和社会影响。

（5）工程项目可持续性评价

在项目的生命周期内，项目的经济、社会、环境效益和影响相互协调适应，持续发挥，达到各种效益和影响之间的动态平衡，确保建设项目的发展速度和发展质量相互适应，使建设项目的效益发挥稳定、长久，从而保证建设项目目标和运营的持续性。主要体现在技术先进性，经济效益合理性，社会影响协调性，生态环境相容性，管理体系完整性。

对于政府投资建设项目，还需对工程项目审批及招标采购情况进行全面、综合评价。

5.2.3　工程项目后评价的主要依据

（1）国家及地方对投资建设项目管理的相关法律、法规、规章及规定；

（2）地方城市总体规划、行业发展规划和专项建设规划；

（3）项目立项相关审批、核准、备案文件，如项目建议书、可行性研究报告、项目申请报告、项目资金申请报告、节能评估报告及相关评估报告等；

（4）项目招投标文件与主要合同；

（5）主要投资控制报告：概算（调整）报告、预算报告、结算报告、财务决算报告、审计报告及相关批复文件等；

（6）主要工程建设文件：方案设计、初步设计、施工图及竣工图、监理报告、竣工验收报告等；

对于政府投资建设项目，还需审计或稽查的结论性资料、政府投资建设项目自评报告等。

5.2.4　工程项目后评价的重难点

（1）准确把握建设项目建设程序

在后评价过程中，针对不同项目快速判断项目决策的依据和程序是否正确，决策阶段各项手续，如项目建议书、可研报告及批复办理流程和时间节点是否合规，相关手续是否齐全；开工各种报批手续是否齐全；实施过程的各项质量检验报检是否及时，资料是否齐全，检验是否合格；竣工验收组织是否及时合规；结算决算工作是否及时合规。通过对建设程序的深入把握，保证后评价工作对项目建设全过程进行系统深入的评价。

【案例1】　前期建设程序完备性评价

某小学基地内有2幢教学楼，总建筑面积约4000m²，班级20个，学生约600人。由于学校其中1幢教学楼建于20世纪50年代，经检测为局部危房。因此，教育局根据学校实际情况和教学需要，决定对哈密路小学进行总体改造，以改善学校教育条件，达到安全、卫生和使用功能，满足学校正常教学要求，为小学生全面发展创造更加良好的环境。

1）项目立项及前期决策审批程序评价

后评价根据相关批复资料进行整理，认为本项目决策阶段符合上海市审批程序要求，且批复完整。本项目前期决策审批主要包括项目建议书、项目可行性研究报告（表5-1）。

立项及前期决策审批情况汇总表 　　　　　　　　　　　　　　　表5-1

序号	内容	批复单位	批复时间
1	项目建议书	发改委	2005年11月14日
2	可行性研究报告	发改委	2006年11月14日
3	概算批复	发改委	2007年8月14日

2）项目规划评价

根据档案资料，本项目规划内容的审批由上海市城市规划管理局进行，准备阶段规划审批包括建筑工程规划设计要求通知单、设计方案及建设规划许可证（表5-2）。经审阅，后评价认为，本项目准备阶段规划审批程序合法。其中，设计方案为第三次送审，其批复时间滞后于建设和交通委员会的初步设计审批日期，因此，后评价认为本项目在规划程序上尚有不足，应避免类似现象发生。

规划审批情况汇总表 　　　　　　　　　　　　　　　表5-2

序号	内容	批复单位	批复时间
1	建筑工程规划设计要求通知单	市城市规划管理局	2006年6月26日
2	设计方案	市规划管理局	2008年2月20日
3	建设规划许可证	市规划管理局	2008年4月7日

3）环境影响评价

根据项目建设内容，本项目按要求编制环境影响报告表，于2006年9月4日通过原环境保护局审批。后评价认为，本项目前期环评审批手续合法。

4）前期设计审查评价

本项目设计审查主要包括初步设计和施工图设计审查。根据相关规定，施工图设计由审图机构进行审查。因此，后评价认为本项目在前期设计方面审查手续完备，符合要求。

前期设计审查情况汇总表 　　　　　　　　　　　　　　　表5-3

序号	内容	批复单位	批复时间
1	初步设计	建交委	2007年4月24日
2	施工图设计审查	××咨询公司	2007年6月6日

由此可见，本项目目前规划、环评、项目行政审批方面手续齐备，符合相关要求，体现了决策的规范性和科学性。

（2）细致评价项目实施控制情况，如实反映存在的问题

通过项目后评价结果，如实反映项目单位自身存在的问题，如通过对招投标和合同管

理、质量控制、进度控制、投资控制情况，资料归档整理情况，映射出项目单位的内部审批制度是否规范、决策程度是否科学；合同审批流程是否规范，项目组织管理体系是否齐全，质量管理体系、安全、进度、投资成本控制体系是否健全，档案管理是否到位。由于项目后评价工作实现了投资项目全过程的闭环管理，因此通过项目后评价的信息反馈作用，可进一步帮助提高项目单位的投资管理决策水平和投资效益，达到开展后评价工作的最终目的。通过项目后评价环节，项目单位应对上级部门审计时可提早查找问题，总结分析，措施整改提供参考依据；同时，引导项目单位建立一套规范的后评价工作管理制度，以便更好地完成今后的各项工作。

【案例2】 项目实施评价

(1) 项目实施阶段组织管理评价

根据资料及调研分析，本项目实施阶段组织管理有序，工程质量保证体系运行正常，无明显组织管理混乱现象，确保了项目顺利建设。具体如下：

1) 建设单位管理评价

根据竣工资料分析，本项目建设将实行项目法人责任制，建设单位按照国家和地方相关建设法律法规，办理本项目的报批、审图、招投标、施工许可、竣工验收等手续，有效确保了项目规范、有序、顺利推进。在建设管理过程中，建设单位发挥工程咨询、勘察设计、招标代理、工程监理和投资监理单位等各类社会中介组织的作用。此外，建设单位资金管理到位，确保了各参与单位顺利开展工作。

2) 监理单位管理评价

本项目监理单位为××公司，作为工程现场的直接监督人，能够按监理规范对工程质量、工程进度、安全文明施工、工程成本等多角度、较为全面地进行监理，一定程度上保证了项目的安全、进度、质量和投资，并且能够做到以事前控制和主动控制为主，以合同、施工图纸作为监理依据，认真履行自身职责。

3) 施工单位管理评价

本项目施工单位××公司，具备国家房屋建筑总承包、装饰、市政、设备安装贰级施工资质。施工单位在承建过程中，具备一定的工程质量保证体系，并制定了保证工程质量、安全生产、文明施工的质保制度和技术作业指导书以规范项目质量行为，并落实到各施工人员。在建设施工过程中，该单位按图施工，没有发生重大质量和安全事故，施工组织较有条理，工程实物量符合设计和施工规范要求，施工质量能够满足使用功能需求。

4) 其他单位管理评价

在项目建设过程中，勘察、设计、招标代理、投资监理等单位发挥了应有的作用。从资料上看，各单位资料符合相关规定，项目负责人签字齐全，并且在各阶段能履行自身职责。尤其是设计单位，能够及时对《技术核定单》进行审核，并参与对现场质量的评定。

(2) 项目质量控制评价

根据监理单位出具的《分部工程质量评估报告》《单位工程质量评估报告》，本项目由教学楼和门卫配电房2个单位工程组成，其中教学楼单位工程有8个分部工程（地基与基础分部、主体结构分部、建筑装饰装修分部、建筑节能分部、建筑屋面分部、建筑给水排水及采暖分部、建筑电气分部、电梯分部），门卫配电房有 7 个分部工程（无电梯分部）。各分部工程施工质量均符合验收规范规定，工程质量验评资料基本齐全，工程质量均为合格。在勘察、设计、施工单位、监理单位出具的质量检查报告（合格证明书）显示，本项目完成了设计要求和合同约定内容，施工单位能按期限要求整改监理单位提出的各项质量问题，根据《建筑工程施工质量验收统一标准》，本项目单位工程等级核定为合格。因此，后评价认为，本项目工程质量得到了较好的控制。

通过现场考察，目前学校已运行多年，建筑工程整体质量良好，建筑设备运行正常。但现场也发现一些质量问题，如外墙表面裂缝较多，进口台阶处已出现明显不均匀沉降现象。因此，后评价建议：

1）由于外墙采用聚苯颗粒保温砂浆保温系统，其工艺技术在当时还不太成熟，容易引起抹灰及涂料开裂，建议在日后修复时采用弹性涂料，以减少裂缝。

2）继续关注教学楼沉降观测记录，如有条件，对台阶处进行修复。修复时，台阶下填土或填料密实度需达到规范要求，避免类似现象发生。

（3）项目投资控制评价

本项目投资控制经过项目建议书审批、可行性研究审批、投资概算审核、调整概算审核及工程结算审核等多道关口，工程投资得到了较好的控制。由于在结算审核中，结算内容为施工总包合同及补充协议范围内的工程价款，包括清单内项目（基础、主体土建、主体安装）和清单外项目（基坑围护、前期拆除签证、主体土建、主体安装、装饰及签证、室外附属工程）。其中室外附属工程包括道路、围墙、地下室不锈钢车棚、自行车棚、垃圾房工程，结算审核价只是总投资一部分。又由于本项目决算还未最后审计，项目决算总投资尚未确定。因此，建议本项目建设单位应按照《××政府投资项目财务监理管理办法》要求，尽快开展本项目相关审计工作。

在项目建设过程中，由于基坑围护、道路、围墙深化设计、建设期间人工、材料上涨等原因，导致建设费用增加。因此，项目于 2009 年 7 月对原概算进行了调整，由原总投资 1345 万元调整为 1519.7 万元，调整额为 174.7 万元，调整幅度为 13%。后评价认为，调整概算原因及审核程序符合要求，并建议日后类似项目应严格按概算投资额进行限额设计，减少投资增加现象。

另外，由于调整概算批复时间（2009 年 8 月 3 日）与建安工程完工时间（2009 年 11 月 10 日，总体工程除外）接近。因此，后评价认为，此时调整概算内容已基本确定，在调整概算审核中的预备费费率无须再按 5% 计算，建议今后建设各方应重视，以合理确定投资规模。

根据××公司提供的《结算审核报告》，本项目工程施工结算送审价为 15226272 元，经审核，核减 3848668 元，审价核定价为 11377604 元。而本项目施工合同价为 13142000 元（主合同价为 7796006 元，施工补充协议价为 5345994 元），工程审价核定价小于施工合同价。因此，后评价认为，本项目在施工阶段的投资得到了较好的控制。

（4）项目进度控制评价

根据资料分析，本项目从 2005 年 11 月 14 日项目建议书批复起，至 2012 年 2 月 14 日通过竣工验收，历时 6 年多时间，建设进度问题较大，主要有以下几个方面：

1）原预定过渡的校舍，应租赁给其他单位（当时租赁期刚到），撤出后还需装修，以至于过渡时间延长，导致后续工程顺延。

2）本项目位于属于历史风貌保护区，需经过规土局景观处的审批。由于在审核过程中，专家提出较多意见，其中对原设计方案中教学楼在操场南侧的问题，专家评审后一致要求放置于操场北侧，为此重新设计。至 2008 年 2 月 20 日得以批复。因此，施工图纸相应做了较大改动，导致开工延期。

3）项目现场施工完成后，按要求绿化率需达到 35％，但学校缺少运动场地，为此根据学校实际情况将原设计施工图中的中心花园改为操场，因此，竣工验收时与相关部门进行了大量的协调和解释工作，耗费了较长时间。

根据上述分析，后评价建议今后类似项目（学校改建项目）应在立项时便事先考虑施工期间学生安置方案，在前期设计阶段厘清规划要求，并委托熟悉建设程序的代建单位进行建设管理，以利于政府投资项目及早投入使用，发挥作用。

（5）项目合同管理评价

本项目涉及工程勘察、设计、监理、施工、设备采购、第三方服务等主要合同 18 份（包括施工补充协议），合计金额 1442.64 万元，均按国家和本市相关规定进行委托或招标，并签订了合同。根据合同、资金使用及其他相关资料分析，相关合同都得到有效执行，未发生超付、合同纠纷及重大违约等情况。同时，后评价发现，由于各种原因导致工期延误和重大变更（绿化、运动场地），施工合同执行情况较差，今后需特别重视。因此，后评价建议在今后项目管理中，应更加重视合同管理，尤其是变更控制，以确保达到合同要求。

（6）项目竣工验收评价

本项目在规划验收、电梯验收、环境保护设施验收、消防验收、卫生验收、防雷装置验收、节能审查、档案验收、用地核验等竣工验收基础上，于 2012 年 2 月 14 日通过了建设单位的竣工验收，并于 2012 年 2 月 21 日获得了《建设工程竣工验收备案证书》。期间，勘察、设计、监理及施工单位分别出具了工程质量检查报告（合格证明书）。后评价认为，本项目竣工验收程序合法、合规，符合相关规定。但是，根据现场考察及相关人员介绍，本项目已在 2010 年使用，先于竣工验收，给学校使用和管理带来一定的风险，建设单位应向相关部门申请获得同意并采取相应保障措施后方可使用。

（3）项目效果的后评价中，对项目可持续能力应重点分析

项目效果后评价主要是对运行（运营）效果、社会效益、经济效益、环境（生态）效益及可持续性做综合评价。对项目可持续能力和发展前景做出分析和预测，为投资决策提供依据，是后评价工作的目标之一。例如，企业投资建设项目的可持续能力分析主要从内部、外部两方面进行。

1）内部因素分析。包括财务能力、技术创新能力、人力资源管理、生产能力、营销能力及综合管理能力等分析，这些因素都是组成企业核心竞争力的主要部分。其中：财务能力分析主要从偿债能力、营运能力、盈利能力和企业发展能力四个方面评价企业的财务状况以及经济效益；技术创新能力通常从创新投入能力、创新管理能力、创新实施能力、创新产出能力等四方面评价；人力资源管理可以按人力资源规划、人员招聘与配置、培训与开发、绩效考核管理、薪酬福利管理、员工关系管理、人事管理和职业生涯管理八大管理模块分别进行分析评价；生产能力主要从企业所能生产的产品供应能力、规模及可扩产容量等因素进行分析。营销能力主要从产品和品牌策略、分销渠道建设、产品价格管理、促销策略四个方面分析；综合管理分析内容主要包括战略管理、制度体系建设、组织协调、资本运营管理、质量管理、供应链管理等。

2）外部环境分析。外部环境是企业不可控的因素，但会影响企业发展，有时会为企业提供发展机会，有时也会限制企业的发展。主要包括经济环境、自然环境、科学技术环境、政治法律环境、社会文化环境、供应商、目标市场及竞争对手等。

（4）工程项目后评价指标体系的建立

工程项目后评价需采用定性和定量相结合的方法。定量指标的设计需充分反映投资建设项目的绩效水平，而定性指标的设计则需体现投资建设项目的管理水平。借鉴相关地方政府对政府投资建设项目后评价指标设定的规定，项目后评价指标分为一般性指标和特殊性指标。其中，一般性指标包括项目审批管理后评价指标、项目实施内容后评价指标、项目功能技术后评价指标、资金管理后评价指标、经济效益后评价指标、公共效益后评价指标以及根据需要采用的其他后评价指标；特殊性指标需根据政府投资的不同方式、项目的不同类型、后评价的重点和管理要求，设置不同的指标。企业投资建设项目后评价指标的设定可根据自身决策需求、项目实施特点及绩效考核重点进行设置。

【案例 3】 项目后评价指标体系

本案例引用的是上海市发展和改革委员会颁布的政府投资建设项目后评价一般性指标评分参考标准（表 5-4）。

表 5-4

一般性指标名称		指标满分参考值	评分标准	
			参考标准	参考得分
一　审批管理后评价	（一）项目审批的合规性	6	依据充分、程序合规、内容准确	4~6
			基本符合规定	3~4
			不符合规定	0~3
	（二）项目管理的科学性	6	管理科学、规范	4~6
			较为规范	3~4
			不规范	0~3
二　实施内容后评价	（一）实施内容完成任务量	5	按计划完成 80% 以上	4~5
			按计划完成 60%~80%	3~4
			按计划完成不到 60%	0~3

一般性指标名称			指标满分参考值	评分标准	
				参考标准	参考得分
二	实施内容后评价	(二)实施内容完成质量	5	完成质量高	4-5
				完成质量一般	3-4
				完成质量差	0-3
		(三)实施内容完成进度	5	完成及时	4-5
				部分工作及时	3-4
				整体滞后	0-3
三	功能技术后评价	(一)项目用途	5	用途满足率80%以上	4-5
				用途满足率60%～80%	3-4
				用途满足率低于60%	0-3
		(二)项目工艺技术	5	按计划采用80%以上	4-5
				按计划采用60%～80%	3-4
				按计划采用不到60%	0-3
		(三)项目达标(产)	5	达标80%以上	4-5
				达标60%～80%	3-4
				达标低于60%	0-3
四	资金管理后评价	(一)资金管理的规范性	6	规范	4-6
				较规范	3-4
				不规范或违规	0-3
		(二)资金的使用效率	8	较高	6-8
				一般	4-6
				较低或严重滞留	0-4
		(三)配套资金筹措能力	4	较强	3-4
				一般	2-3
				较弱	0-2
五	经济效益后评价	(一)投入产出效益	4	效益大	3-4
				效益一般	2-3
				效益差	0-2
		(二)直接经济效益	4	效益显著	3-4
				效益一般	2-3
				效益较差	0-2
		(三)持续经济效益	6	效益大	4-6
				效益一般	3-4
				效益不显著	0-3
		(四)间接经济效益	6	效益显著	4-6
				效益一般	3-4
				效益不显著	0-3

一般性指标名称			指标满分参考值	评分标准	
				参考标准	参考得分
六	公共效益后评价	(一)社会效益	5	效益显著	4-5
				效益一般	3-4
				效益不显著	0-3
		(二)生态效益	5	效益显著	4-5
				效益一般	3-4
				效益差	0-3
		(三)扶贫减灾/劳动就业/协调发展/统筹城乡发展效益等	5	显著	4-5
				一般	3-4
				较差或没有	0-3
		(四)可持续性影响	5	影响强	4-5
				影响一般	3-4
				影响弱	0-3

第6章　运营阶段咨询业务

6.1　总体运营策划

6.1.1　工程项目运营策划

（1）运营

运营是人们创造产品或服务的有组织的活动过程。从一般意义上说，运营活动是一个"投入—变换—产出"的过程，即投入一定的资源，经过一系列、多种形式的变换，使其价值增值，最后以某种形式的产出提供给社会的过程。运营活动过程如图 6-1 所示。

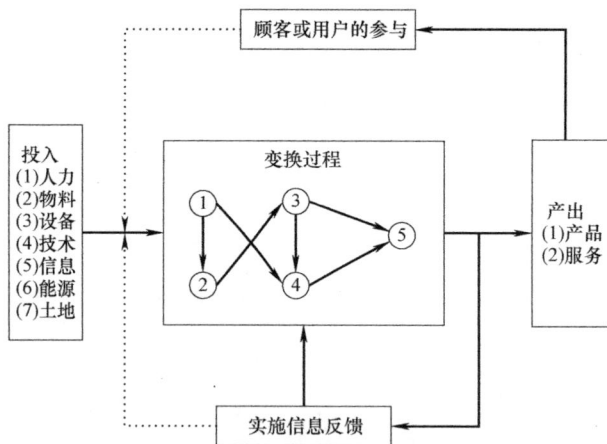

图 6-1　运营活动示意图

注：（1）图中的点线表示两种特殊的投入：顾客或用户的参与、有关运营活动实施情况的信息反馈。

（2）实施信息反馈与"投入"框图中已有的"信息"投入的区别在于：后者是指运营系统外部的信息，而前者是指来自运营系统内部，即变换过程中所获得的信息。

（3）图中变换过程方框中的①～⑤表示，在一个现代化大生产和服务运作过程中，从投入到产出往往需要经过多个环节，这些环节有并行，有串行，也有交叉，这表明了运营过程的复杂性。

（2）工程项目运营

工程项目运营有其自身的特点，其基本特征包括一次性和不可逆性、目标性、一定的约束性（时间、资源、质量、空间约束）、影响的长期性、风险性等。工程项目运营可定义为：在工程项目建成投产后，工程项目运营主体根据既定的效益目标，通过有效利用各种资源，对工程项目的运营过程进行计划、组织与控制，运营出满足社会需要、市场需求的产品或服务的管理活动总称。

（3）工程项目运营策划

工程项目运营策划是指在工程项目运营前期对项目的经营管理过程进行全方位的构思，通过对项目本身及项目的各种相关资源进行合理分析与统筹安排，使项目在经营使用过程中发挥其最大价值的活动。项目的运营策划不是在项目的运营阶段才开始，项目运营策划的时间越早，对项目的运营越有利。项目的运营策划应该与项目的开发策划、项目的实施策划相结合，才能达到最好的效果。

（4）工程项目运营策划分类

项目运营策划按照时间的不同，可以分为运营前的准备策划和运营过程的策划；按照内容的不同，分为运营管理的组织策划和项目的经营机制策划等；按照项目性质的不同，分为民用建设项目的运营策划和工业建设项目的运营策划，而民用建设项目的运营策划又可以进一步划分为办公楼项目的运营策划、商业项目的运营策划和酒店项目的运营策划等。

6.1.2　工程项目运营方式策划

企业要根据项目的特点，制定不同的运营方式。工程项目运营方式策划主要包含以下几方面内容：

（1）项目背景分析

项目的背景分析主要包括市场背景分析和政策背景分析。在分析过程中，需要充分观察行业、政策、竞争者、客户、技术等方面的变化和情况，使得项目的发展具有前瞻性。

（2）项目可行性分析

项目可行性分析主要用来阐述项目在各个层面上的可行性与必要性。项目可行性分析对于项目审核通过、获取资金支持、理清项目方向、规划抗风险策略都有着相当重要的作用。

（3）项目的运营模式及操作方案

项目的运营模式是企业根据企业的经营宗旨，为实现企业所确认的价值定位所采取某一类方式方法的总称，包括企业为实现价值定位所规定的业务范围，企业在产业链的位置，以及在这样的定位下实现价值的方式和方法。

（4）品牌的规划及实施方案

品牌规划其核心在于建立与众不同的品牌识别，为品牌建设设立目标、方向、原则与指导策略，在充分研究市场环境、行业特性、目标消费群、竞争者以及企业本身情况的基础上，提炼高度差异化、清晰的、明确的、易感知、有包容性、能触动和感染消费者内心世界的品牌核心价值，并在传播过程中，将其贯穿至整个企业的所有经营活动里。

（5）项目资源管理及计划

项目资源管理是指为了降低项目成本，而对项目所需的人力、材料、机械、技术、资金等资源所进行的计划、组织、指挥、协调和控制等活动。项目资源管理的全过程包括项目资源的计划、配置、控制和处置。

（6）机构规划及人员配置

主要是对于组织结构进行设计，并对各部门进行人员设置和规划。

（7）市场营销拓展方案

市场营销主要是营销人员针对市场开展经营活动、销售行为的过程。完善的市场营销拓展方案能够促进项目产品和服务的市场占有份额。

（8）产品价格定位方案

产品的价格定位是与产品定位紧密相连的，通常分为高价定位、低价定位、市场平均定位三种方案。高价定位需要借助良好的品牌优势、质量优势和售后服务优势。低价定位通常由于该企业要么具有绝对的低成本优势，要么是企业形象好、产品销量大，要么是出于抑制竞争对手、树立品牌形象等战略性考虑，这种定位的产品质量和售后服务并非都不如竞争者，有的可能比竞争者更好。市场平均价格定位，即把价格定在市场同类产品的平均水平上。企业的价格定位并不是一成不变的，在不同的营销环境下，在产品的生命周期的不同阶段上，在企业发展的不同历史阶段，价格定位可以灵活变化。

（9）项目的风险预见及规避

主要通过风险识别、风险分析和风险评价认识工程项目的风险，并以此为基础，合理地使用各种风险应对措施、管理方法、技术和手段对项目的风险实行有效控制，妥善处理风险事件造成的不利后果，以最少的成本保证项目总体目标的实现。

6.1.3 工程项目运营组织策划

大型基础设施建设项目，在项目寿命期内需要对工程项目的组织进行策划和管理，以确保项目能够正常运行，发挥应有的经济效益。常见的组织结构类型主要包括直线—职能制结构、事业部制结构、模拟分权制结构及矩阵结构。

（1）直线—职能制结构

直线—职能制结构是按职能组织部门分工的，将承担相同职能的管理业务及其人员组合在一起，设置相应的管理部门和管理职务。对于只生产一种或者少数几种产品的企业来说，职能式组织结构是一种最佳模式。其优点包括：

① 稳定性好。每一个管理人员都固定地归属于一个职能机构，专门从事某一项职能工作，在此基础上建立起来的部门间联系能够长期不变。

② 运作效率高。各部门和各类人员实行专业分工，有利于强化专业管理，提高工作效率。

③ 管理权力集中，便于最高领导层对整个项目实施严格的控制。其缺点是横向协调差、适应性差、领导负担重，不利于培养素质全面的、能够经营整个企业的管理人才。

（2）事业部制结构

事业部制结构是按项目的产出将业务活动组合起来，成立专业化的事业部，在纵向关系方面，按照"集和政策，分散经营"的原则，处理高层领导与事业部之间的关系；在横向关系方面，各事业部均为利润中心，实行独立核算。

事业部制结构的优点是每个事业部都有自己的产品与市场，能灵活自主地适应市场出现的新情况迅速做出反应；有利于最高领导层摆脱日常行政事务，同时又能使各事业部发挥经营管理的积极性和创造性，从而提高项目的整体效益；便于建立衡量事业部及其经理工作绩效的标准，各事业部之间可以有比较、有竞争；按产品划分事业部，便于组织专业化生产，形成经济规模。其缺点是各个事业部都需要设置一套齐备的职能机构，因而用人较多，费用较高；各事业部自主经营、独立核算，考虑问题往往从本部门出发，忽视整体利益，影响各事业部间的协作。

（3）模拟分权制结构

模拟分权制结构，就是按照研究开发、生产制造、市场销售等不同经营管理领域及其特点，将高层领导下的第一级组织分成若干个组织单位，把相应的业务活动分别归属到这些单位；让这些单位承担模拟性的盈亏责任，并给予与这种责任相适应的管理权限，各自建立必要的职能机构，组织本单位的生产、技术或经营活动。

（4）矩阵结构

矩阵结构是按职能组合业务活动，以及按产品（或工程项目、规划项目）组合业务活动的方法结合起来运用的一种组织设计，形成纵向与横向管理系统相结合，形如矩阵的组织结构形式。

矩阵结构的优点是有利于加强各职能部门之间的协作配合，通过具有横向报告关系的管理系统，把各职能部门的有关人员联系起来，提高企业的适应性；能够减轻上级主管人员的负担，有利于高层管理集中精力制定战略目标、决策与规划，以及对执行情况的监督；有利于职能部门与产品部门相互制约，保证企业整体目标的实现。其缺点是组织的稳定性较差，按产品或项目成立的组织，其成员经常变动，人事关系不稳定；由于双重领导的存在，容易产生责任不清、多头指挥的混乱现象。

同一项目在不同时期，组织结构也会由于外部环境和内部条件的变化而有所变化。即便是同一项目、同一时期，因不同组织单位在运营上的不同特点也会形成不同结构形式的组合。

6.2 招商策划

6.2.1 招商策划的原则

招商策划是运用招商人员的知识和智慧，筹划一系列的活动去吸引外来资金项目落户的活动。招商策划的重点在于目标定位准确，有战略高度，综观全局，立足长远；知己知彼，把握优势；突破成规，另辟蹊径；把握时机，适度超前。工程项目的招商策划过程中主要坚持以下原则：

（1）按商业业态规划实施的原则

商业业态指的是经营者为满足不同的消费需求而形成的经营模式或经营形态，其分类主要依据经营主体的多少、目标市场、经营理念、服务功能、立店规模、选址、目标顾客、商品结构等。以商业地产项目为例，商业地产按商业业态规划的原则实施，主要指的是开发商根据项目城市现有业态状况和对未来商业发展趋势的把握，充分利用自身可能整合的各种招商资源，对项目各功能分区和各楼层的业态进行规划，保障项目的成功运营。

（2）按市场定位物色品牌对象的原则

市场定位是指根据竞争者现有产品在市场上所处的位置，针对消费者或用户对该种产品的某种特征、属性和核心利益的重视程度，强有力地塑造出本企业产品与众不同的、给人印象深刻、鲜明的个性或形象，并通过一套特定的市场营销组合把这种形象迅速、准确而又生动地传递给顾客。

（3）按赢利模式确定经营模式的原则

盈利模式指按照利益相关者划分的企业的收入结构、成本结构以及相应的目标利润。盈利模式就是企业赚钱的渠道，就是企业在市场竞争中逐步形成的企业特有的赖以盈利的商务结构及其对应的业务结构。企业的商务结构主要指企业外部所选择的交易对象、交易内容、交易规模、交易方式、交易渠道、交易环境、交易对手等商务内容及其时空结构。企业的业务结构主要指满足商务结构需要的企业内部从事的包括科研、采购、生产、储运、营销等业务内容及其时空结构。业务结构反映的是企业内部资源配置情况，商务结构反映的是企业内部资源整合的对象及其目的。

（4）宜采用长线经营的原则

商业物业经营具有长期性的特点，任何新兴商业市场从开业到兴旺成熟，均需要一定的时间进行培育，培育时间的长短根据市场所处的位置、商业环境、市场规模、项目自身定位、商业业态、竞争环境等的不同而有所差异。

（5）招商动态原则

招商策划方案开始实施后，招商的实际进程会根据竞争对手、招商目标计划、目标消费群的变化而变化。招商政策的制定和实施细节都需要跟随市场的变化作相应的调整，特别是租金和租金递增率这些比较敏感的指标，对于可能有助于整个项目招商的特殊品牌，宜采取更优惠的招商政策。

6.2.2 招商策划的程序

在招商策划的具体实施过程中需要按照一定的程序来进行，包括目标的确定、资料收集、方案比选、方案实施、方案跟踪和反馈五个方面。

（1）目标的确定

招商要有明确的目标和要求，才能保证招商策划收到预期的效果。目标的确定主要包括三个方面：第一，要达到的目标是什么；第二，围绕目标进行随后的一切工作；第三，目标是否得到实现。

例如，某公司要召开一次项目推介会，该公司要实现的几个目标可能是：项目情况告知、商业模式解读、了解听众可能的投资意向、了解对方对投资的要求与疑虑，或其他。明确了推介会的目标，会议就不会空洞无物，毫无收获。如果达到了上述目标，就表明本次招商策划成功了。如果要策划一次项目招商洽谈会，便要为本次洽谈定出一个切实可行的目标。例如，邀约多少名潜在的投资人或者签订意多少份向书。目标确定后，整个洽谈会的一切工作都要围绕着实现这几个目标来进行。如招商材料的准备、新闻发布会等。总之，准确的目标定位是招商策划成功的第一要素。

（2）资料收集

招商策划程序的第二步是广泛地、大量地收集信息，获取情报。从一定程度上说，招商过程是一个收集信息、寻找机遇、寻求合作伙伴的过程。一个地区或单位的信息流量大、信息面广，就有可能获得较多的招商机会，取得较好的招商成绩。如果信息闭塞，与外界交往甚少，要想招到较多的项目是不可想象的。因此，在招商策划中，收集资料、获取信息是非常重要的一环。

首先，收集信息时需要注重信息的针对性，但也不要放过信息的广泛性。如我们策划新闻发布会时，事先理所当然要重点收集与新闻发布会相关的资料及信息，但也不要放过附带而来的一些资料及信息；其次，要注意改进收集资料、获取信息的手段。信息瞬息万变，信息交换日益频繁。信息流量不断增加，需要尝试采用各种先进的手段来收集信息；最后，要对信息及时加以处理，并提高加工处理信息的能力。信息是有时效性的，需要提高对信息的分析、处理和加工能力，对信息进行深加工，从而使信息的价值量大增。

（3）方案的比选

制订方案是招商策划的一个重要程序，因为方案的优劣直接影响招商策划后几个程序的进行，招商方案的制订要考虑两个因素：一是方案的可行性，二是方案的可选择性。选择合理的招商方案是招商策划中一个带有决策意义的重要环节。方案的比选可从以下三方面考虑：

第一，要考虑招商方案是否与我们招商工作的长远战略目标相一致。招商是项系统工程，我们对本地区、本单位的招商工作要站在战略的角度进行准确的目标定位，在组织一项具体的招商活动时，首先要考虑招商方案是否与我们长远的招商目标相一致。

第二，要选择成功率较高的一种方案。成功率的大小与方案的科学性和创造性有关，也与外方的政治、经济、宗教、文化、地理等因素有关，要选择双方有良好合作意向，把握较大的招商对象。

第三，要选择成本较小，而效果又相对较好的一种方案。成本包括机会成本和货币成本。机会成本是指导我们在得到一个机会时而又失去另一机会所付出的代价。如我们决定到美国招商的同时，失去了在日本招商的可能性。我们在比较选择方案时，要选择机会成本和货币成本都较小，而效果又较好的一种方案。

（4）方案的实施

在方案实施过程中要遵守原方案中制订的程序、原则和操作办法，不得随意变更，只有在万不得已的情况下才会改变相关事项。其次，要注意信息的捕捉和资料的收集、整理，这样才能保证招商会获得尽可能大的收获。因此，在整个招商活动期间内，需组织尽可能多的力量，主动出击，广交朋友，挖掘新的信息，建立新的招商渠道。

（5）方案的跟踪和反馈

招商方案较为集中的实施阶段结束后，并不是招商方案全部过程的完结，更不是招商策划的终止。要圆满地完成整个策划工作，还有一道必不可少的程序——方案的跟踪、反馈。跟踪得好，能巩固和扩大招商会的成果，达到事半功倍的效果；跟踪不得力，则有可能前功尽弃。因此，策划者要极为重视方案的跟踪、反馈工作。

6.2.3　招商策划书的编制

在明确了招商策划的原则以及具体的程序之后就要开始编制具体的招商策划书，现以商业地产为例介绍招商策划书的具体编制内容。

（1）项目概况

1）项目基本情况和市场定位；

2）招商定位；

3）业态定位。

（2）招商策略

1）业态设计、业态定位策略；

2）店铺招商策略；

3）为客户度身定做开店全面解决方案；

4）项目宣传推广策略；

5）招商进度、质量、费用策略。

（3）招商阶段、招商目标和时间安排

1）阶段划分；

2）招商目标；

3）时间安排；

（4）组织架构

1）项目人员招聘；

2）招商架构、招商机制的建立。

（5）招商资料

1）招商手册（已有）和招商说明书；

2）租赁合同；

3）委托经营合同；

4）定租确认书；

5）招商委托书；

6）招商流程表；

7）招商文案；

8）退房申请表等；

9）授权委托书等。

（6）招商方式、目标客户的确定

1）招商方式；

2）目标客户；

3）第三方招商网络平台的建立。

（7）宣传策略

1）招商发布会；

2）项目推介会；

3）阶段性的招商成果发布会。

（8）招商费用预算及租金建议

1）招商费用；

2）租金建议方案。

（9）招商政策建议方案

（10）附件

6.3 销 售 策 划

6.3.1 销售策划的原则

销售策划是根据企业的销售目标，通过企业设计和规划企业产品、服务、创意、价格、渠道、促销，从而实现个人和组织的交换过程的行为。以满足消费者需求和欲望为核心，设计和规划企业产品、服务和创意、价格、渠道、促销，从而实现个人和组织的交换过程。销售策划适合任何一个产品，包括无形的服务，它要求企业根据市场环境变化和自身资源状况做出相适应的规划，从而提高产品销售，获取利润。销售策划的内容包含市场细分、产品创新、营销战略设计、营销组合 4P 战术等四个方面的内容。

销售策划是某些客观规律的体现，是在现代科学原理指导下的产物。因此在销售策划过程中要遵循一定的原则，主要有以下几个方面：

（1）销售策划必须以全面信息为依据

通过建立广泛的信息网络，尽可能全面地收集同决策与策划有关的各种资料，以增加决策与策划的准确性，而减少其盲目性和风险度。

（2）销售策划必须以科学技术为手段

充分运用同销售策划有关的各种学科的原理与方法，而且应尽可能利用电子计算机等现代高科技手段辅助营销的决策与策划，以充分提高其效率和准确性。

（3）销售策划必须以专家咨询为骨干

利用各方面的专家参与营销策划，或者是委托专业咨询机构进行营销策划，从而使经营者能集思广益，能对各种不同的销售策划方案进行评估和选择，以保证销售策划质量的最优化。

6.3.2 销售策划的程序

销售策划是确定企业长远发展目标，并指出实现长远目标的策略和途径。战略确定的目标，必须与企业的宗旨和使命相吻合。销售策划的基本要素有四点，一是企业使命，即战略管理者所确定生产经营的总目标和方向。二是企业哲学即企业经营活动的所形成的价值观、态度和行为准则。三是资源配置即企业过去及资源和技能组合的水平和模式。四是竞争优势即企业所拥有的独特竞争优势，通过企业活动所创造的价值与成本两个指标来衡量。

销售策划的流程主要包括以下几个方面：

（1）明确销售目标

明确销售目标是销售策划的第一步。首先，需要通过对企业、市场和产品的现状进行了解，通过市场调研工作，分析行业机会、竞争者的规模、消费者的购买特征及市场环境的有利因素和不利因素，确定企业要进入的市场。其次，要对企业进入的该市场进行市场细分，把分割的市场进行量化，预测市场潜力和容量；最后，分析企业的资源和能力，根据企业实力选择有吸引力的细分市场。在分析企业实力的时候可以对市场份额、产品质量、品牌知名度、分销能力、促销能力、生产能力、资金能力、组织能力进行权重打分，在判断细分市场吸引力的时候可以对总体市场规模大小、年市场增长率、利润水平、行业竞争结构进行权重打分，从而制定一个具有可行性的目标。

（2）服务和产品的创新

通过市场调研工作，了解细分市场目标消费者的消费特征，关心产品哪个方面的属性带来了价值。从产品、服务、人员、渠道、形象等五个方面对企业产品进行有意义的差别化，使消费者能从差别化的产品中获得价值。有效对产品进行定位，树立竞争优势，定位的方法包含产品属性和利益定位、特色定位、使用者定位、产品价格和质量定位、产品用途定位、产品档次定位、竞争定位、多重因素定位。

（3）制定营销战略

营销战略的制定，需要首先确定企业的主要竞争者，并明确企业在细分市场上的地位——是市场领导者、市场挑战者、市场追随者、市场补缺者中四个角色的那一种；其次，确定竞争者的战略、目标、规模，我们企业的优势与劣势，并如何制定有效的竞争战略和营销战略。在产品生命周期的不同阶段我们该如何制定营销战略，从而延长产品的销售周期，并有效扩大产品销量。

（4）方案策划以及选择

方案的策划主要分为：产品策划，企业要从整体产品的概念去设计和规划产品，不仅要满足顾客的核心利益，更需要提供附加产品和服务，并在营销过程中完善企业的产品线宽度、长度、深度的有效组合；价格策划，企业以营销目标为导向，分析消费者需求特征、成本状况、竞争状况，制订合理的价格体系；并根据市场环境的变化，调整产品价格；渠道策划，以消费者的需求为中心，在考虑经济性、控制性、适合性的基础上去设计企业的渠道，实现企业和渠道资源互补，并强化渠道体系管理和评估，对效率低下的渠道进行调整；促销策划，企业在考虑资源情况下，根据营销目标和产品定位确定企业的整合传播计划，实现广告效果最大化。

（5）预测效益

根据过去的销售情况，结合对市场未来需求的调查，对预测期产品销售收入所进行的预计和测算，用以指导企业经营决策和产销活动。通过销售预测可以加强计划性，减少盲目性，取得较好的经济效益。

（6）设计控制和应急措施

控制就是按设定的标准去衡量计划的执行情况，并通过对执行偏差的纠正来确保计划目标的正确与实现。计划和控制是实现组织目标密不可分的一对辩正统一体。控制是指管理者影响组织中其他成员以实现组织战略的过程。事先制定应急措施使得在项目的运行过程中出现的紧急问题能够得到有效的解决。

6.3.3 销售策划书的编制

企业的销售策划在明确了目标和内容、营销环境分析、营销战略策划、营销战术策划等活动之后将结果编写成销售策划书，销售策划书就是指导企业整个销售过程的纲领性的文件，其主要内容有以下几个部分。

（1）前言

前言是策划书的开场白，目的是说明本策划的来龙去脉，吸引读者对本篇策划书产生兴趣，对正文起到提纲挈领和引导阅读兴趣的作用。其内容可以集中在以下几个方面：首先，可以简单提一下接受营销策划委托的情况。接下来重点叙述为什么要进行这样一个策划，即把此策划的重要性和必要性表达清楚，这样就能吸引读者进一步阅读正文。如果这个目的达到了，那么前言的作用也就被充分发挥出来了。最后部分可以就策划的概略情况，即策划的过程，以及策划实施后要达到的理想状态作简要的说明。

（2）目录

目录的作用是使销售策划书的结构一目了然，同时也使阅读者能方便地查寻营销策划书的内容。因此，策划书中的目录不宜省略。如果销售策划书的内容篇幅不是很多的话，目录可以和前言同列一页。列目录时要注意的是：目录中所标的页码不能和正文的页码有出入，否则会增加阅读者的麻烦。因此，尽管目录位于策划书中的前列，但实际的操作往往是等策划书全部完成后，再根据策划书的内容与页码来编写目录。

（3）概要提示

为了使阅读者对营销策划内容有一个非常清晰的概念，使阅读者立刻对策划者的意图与观点予以理解，作为总结性的概要提示是必不可少的。换句话说，阅读者通过概要提示，可以大致理解策划内容的要点。概要提示的撰写同样要求简明扼要，篇幅不能过长，可以控制在一页以内。另外，概要提示不是简单地把策划内容予以列举，而是要单独成一个系统，因此，遣词造句等都要仔细斟酌，要起到一滴水见大海的效果。

概要提示的撰写一般有两种方法，即在制作销售策划书正文前事先确定和在营销策划书正文结束后事后确定。这两种方法各有利弊，一般来说，前者可以使策划内容的正文撰写有条不紊地进行，从而能有效地防止正文撰写的离题或无中心化；后者简单易行，只要把策划书内容归纳提炼就行。采用哪一种方法可由撰写者根据自己的情况来定。

（4）环境分析

企业与环境之间存在着密切的联系。一方面，环境是企业赖以生存的基础。企业经营的一切要素都要从外部环境中获取，如人力、材料、能源、资金、技术、信息等，没有这些要素，企业就无法进行生产经营活动。同时，企业的产品也必须通过外部市场进行营销，没有市场，企业的产品就无法得到社会承认，企业也就无法生存和发展。同时，环境能给企业带来机遇，也会造成威胁。问题在于企业如何去认识环境、把握机遇、避开威胁。另一方面，企业是一种具有活力的社会组织，它并不是只能被动地为环境所支配，而是在适应环境的同时也对环境产生影响，推动社会进步和经济繁荣。企业与环境之间的基本关系，是在局部与整体的基本架构之下的相互依存和互动的动态平衡关系。

（5）机会分析

通过销售理论，分析市场上存在哪些尚未满足或尚未完全满足的显性或隐性的需求，以便企业能够根据自己的实际情况，找到内外结合的最佳点，从而组织和配置资源，有效地提供相应产品或服务，达到企业销售目的的过程。这一部分可以把它和前面的环境分析看作是一个整体。而实际上，在很多场合，一些销售策划书也确实是如此处理的。

在这里，要从上面的环境分析中归纳出企业的机会与威胁、优势与劣势，然后找出企业存在的真正问题与潜力，为后面的方案制定打下基础。企业的机会与威胁一般通过外部环境的分析来把握；企业的优势与劣势一般通过内部环境的分析来把握。在确定了机会与威胁、优势与劣势之后，再根据对市场运动轨迹的预测，就可以大致找到企业的问题所在了。

（6）战略及行动方案

这是策划书中的最主要部分。在撰写这部分内容时，必须非常清楚地提出营销目标、营销战略与具体行动方案。这里可以用医生为病人诊断的例子加以说明。医生在询问病情、查看脸色、把脉以及各种常规检查后（这可以看作是进行环境分析和机会分析），必须对病人提出治疗的方案。医生要根据病人的具体情况为其设定理想的健康目标（如同营销目标）、依据健康目标制定具体的治疗方案（如同营销战略与行动方案）。因此，"对症下药"及"因人制宜"是治疗的基本原则。所谓"因人制宜"是指要根据病人的健康状况即承受能力下药，药下得太猛，病人承受不了，则适得其反。

在制定营销战略及行动方案时，同样要遵循上述两个基本原则。常言道："欲速则不达。"在这里特别要注意的是避免人为提高营销目标以及制定脱离实际难以施行的行动方案。可操作性是衡量此部分内容的主要标准。在制定营销方案的同时，还必须制定出一个时间表作为补充，以使行动方案更具可操作性。此举还可提高策划的可信度。

（7）营销成本

营销费用的测算不能马虎，要有根据。像电台广告、报纸广告的费用等最好列出具体价目表，以示准确。如价目表过细，可作为附录列在最后。在列成本时要区分不同的项目费用，既不能太粗，又不能太细。用列表的方法标出营销费用。

（8）行动方案控制

此部分的内容不用写得太详细，只要写清楚对方案的实施过程的管理方法与措施即可。另外，由谁实施，也要在这里提出意见。总之，对行动方案控制的设计要有利于决策的组织与施行。

（9）附录

附录的作用在于提供策划客观性的证明。因此，凡是有助于阅读者对策划内容的理解、信任的资料都可以考虑列入附录。但是，为了突出重点，可列可不列的资料还是不列为宜。作为附录的另一种形式是提供原始资料，如消费者问卷的样本、座谈会原始照片等图像资料等。作为附录也要标明顺序，以便寻找。

6.4 设 施 管 理

设施管理（FM），按照国际设施管理协会（IFMA）和美国国会图书馆的定义，是指"以保持业务空间高品质的生活和提高投资效益为目的，以最新的技术对人类有效的生活环境进行规划、整备和维护管理的工作"。它"将物质的工作场所与人和机构的工作任务结合起来。它综合了工商管理、建筑、行为科学和工程技术的基本原理"。设施管理服务除了基本的物业管理外，服务内容往往涉及设置或使用目的机能的"作业流程规划与执行、效益评估与监督管理"。

6.4.1 设施管理的内容

设施管理综合利用管理科学、建筑科学、行为科学和工程技术等多种学科理论，将人、空间与流程相结合，对人类工作和生活环境进行有效的规划和控制，保持高品质的活动空间，提高投资效益，满足各类企事业单位、政府部门战略目标和业务计划的要求。其所含的基本内容主要有：

1）所有权的费用。设施所有权有最初的和正在发生的费用。管理时，应该知道需要的费用，并通过计划分配，提供这些费用。

2）生命周期内的花费。一般说来，所有的经济分析和比较都应该基于生命周期花费。如果只考虑资本费用和最初的费用，经常会做出错误的决定。

3）服务的融合。优质的管理意味着不同服务的融合（例如，设计和运作）。

4）运作和维护的设计。运作者和维护者，即使他们是承包商，也应该积极参与设计审查。

5）委托的责任。项目管理的功能应该归入到预算项目中去，由一位经理对各项工作负责。

6）费用的时效性。关键是识别和比较这些费用，并且过一段时间进行一次有规律的比较。

7）提高工作效率。应该时常通过特定的比较、使用者的反馈以及管理来判断其效率。

8）生活质量。设施经理应该设法提高和保护职员的生活质量。最低的要求是有一处安全的工作场所，努力的目标是有一处可以提高个人和团体工作效率的工作环境。

9）设施的冗余和灵活性。因为工作的本身经常是部分在变化的，设施经理必须进行设施的冗余和灵活性分析。

10）作为资产的设施。设施应该被看作是可以通过各种途径给公司带来收益的有价值的资产。

11）设施管理的商业职能。值得用一种商业的办法来进行设施管理。设施应该和公司的业务同时发展、同步规划。

12）设施管理是一个连续的系统。设施管理从开始计划到进行处理，是一个连续的过程，不是一系列分立项目的组合。

13）服务。设施管理只提供了一种产品：服务。设施管理的本质希望是强调权利和顺从，同时也应该具有灵活性和服务性。质量计划是基于消费者怎样才能获得服务的问题制定的。一项成功的质量计划要依赖于各种层次客户的长期联系和约束。

6.4.2 设施管理的特点

设施管理作为一个新兴行业，它具有自己独特的特点，即专业化、精细化、集约化、智能化、信息化以及定制化。

1）专业化。设施管理提供策略性规划、财务与预算管理、不动产管理、空间规划及管理、设施设备的维护和修护、能源管理等多方面内容，需要专业的知识和管理，有大量专业人才参与。另外，化工、制药、电子技术等不同的行业和领域，对水、电、气、热等基础设施以及公共服务设施的要求不同，所涉及的设施设备也不同，需求实行专业化服务。

2）精细化。设施管理以信息化技术为依托，以业务规范化为基础，以精细化流程控制为手段，运用科学的方法对客户的业务流程进行研究分析，寻找控制重点并进行有效的优化、重组和控制，实现质量、成本、进度、服务总体最优的精细化管理目标。

3）集约化。设施管理致力于资源能源的集约利用，通过流程优化、空间规划、能源管理等服务对客户的资源能源实现集约化的经营和管理，以降低客户的运营成本、提高收益，最终实现提高客户营运能力的目标。

4）智能化。设施管理充分利用现代 4C 技术，通过高效的传输网络，实现智能化服务与管理。设施管理智能化的具体体现是智能家居、智能办公、智能安防系统、智能能源管理系统、智能物业管理维护系统、智能信息服务系统等。

5）信息化。设施管理以信息化为基础和平台，坚持与高新技术应用同步发展，大量采用信息化技术与手段，实现业务操作信息化。在降低成本提升效率的同时，信息化保证了管理与技术数据分析处理的准确，有利于科学决策。

6）定制化。每个公司都是不同的，专业的设施管理提供商根据客户的业务流程、工作模式、经营目标，以及存在的问题和需求，为客户量身定做设施管理方案，合理组织空间流程，提高物业价值，最终实现客户的经营目标。

6.4.3 物业设备设施管理

物业设备设施管理是指物业服务企业的工程管理人员通过熟悉和掌握设备设施的原理性能，对其进行正确的使用、保养与维修，使之保持最佳运行状态，从而为业主和使用人提供一个舒适、安全的环境。物业设备设施管理不仅能确保设备设施的正常运行，延长使用寿命，降低物业管理成本，更重要的是能够充分发挥设备设施的使用功能，使业主和使用人得到最大限度的满足。随着物业设备设施的推陈出新和人们对物业使用功能要求的提高，物业设备设施的正确使用与完善管理，更能体现出物业服务企业的技术水平与管理水平。

不同的物业设备设施有不同的特点，物业设备设施管理的内容也各不相同，其基本内容一般包括以下几个方面。

（1）资料档案管理

物业设备档案资料管理的基本任务有两个方面：一是作好设备技术档案资料的保管；二是为设备运行、维护、管理等提供信息资料。物业设备档案资料主要包括以下一些内容。

1）设备原始资料

设备原始资料包括设备清单或装箱单，设备发票，产品质量合格证明书，开箱验收报告，产品技术资料，安装、试验、调试、验收报告等。

2）设备维修资料

设备维修资料包括报修单、事故记录、中大修工程记录、更新记录等。

3）设备管理资料

设备管理资料包括设备卡片、设备台账、运行记录、普查记录、考评记录、技术革新资料等

（2）安全运行管理

物业设备种类繁多，涉及面广，具有一定的危险性。为保障业主的利益及设备操作人员的生命安全，必须制定设备安全运行的有关规定。其内容包括下面三项：

1）安全作业培训教育。设备维修操作人员是安全管理的重点对象，必须对其进行安全作业的培训教育，使维修人员参加学习培训考核后持证上岗。

2）安全使用宣传教育。对业主、使用人进行宣传教育，使其了解安全使用一些危险设备（如电梯）的知识，提高自我保护意识，为安全管理建立广泛的群众基础。

3）建立安全运行制度。建立安全运行制度和安全操作规程，建立定期检查运行情况和规范服务制度，建立安全责任制等。

（3）保养与维修管理

1）建立设备档案登记卡。参考设备使用说明书、使用手册、安装调试质量说明书中的有关维护保养内容，对要进行维护保养的设备建立设备档案登记卡，并按说明书中规定的维护保养项目设计表格，建立维护保养记录。

2）编制设备计划维护总表。将全部维护保养记录表中的任务和时间汇总到计划维护总表中，制定出年度设备维护保养一览表。

3）发出维护保养指令工作单。维护保养指令工作单是根据计划维护总表及维护保养一览表的安排，按时间向员工发出的工作命令。

4）维护保养计划的落实跟踪检查。员工根据指令完成任务后必须在工作单上做好记录，包括所用时间、检查结果等，并签字交回。技术主管及主管工程师要对维修工的工作进行检查或抽查，考核其工作质量。

5）有计划地组织巡查。坚持和完善设备的巡查制度，安排员工根据不同的设备及运行状况进行有计划的巡查，发现设备初期问题，要及早解决、降低维修成本。

第7章　全过程咨询投资控制

7.1　投资控制概述

建设工程总投资，一般是指进行某项工程建设花费的全部费用。生产性建设工程项目总投资包括固定资产投资和铺底流动资金两部分；非生产性建设工程项目总投资则只包括建设投资。

固定投资的构成：由设备工器具购置费、建筑安装工程费、工程建设其他费用、预备费（包括基本预备费和涨价预备费）和建设期利息组成。

设备工器具购置费，是指按照建设工程设计文件要求，建设单位（或其委托单位）购置或自制达到固定资产标准的设备和新、扩建项目配置的首套工器具及生产家具所需的费用。

建筑安装工程费，是指建设单位用于建筑和安装工程方面的投资，它是由建筑工程费和安装工程费两部分组成。

工程建设其他费用，是指未纳入以上两项的，根据设计文件要求和国家有关规定应由项目投资支付的，为保证工程建设顺利完成和交付使用后能够正常发挥效用而发生的一些费用。

铺底流动资金是指生产性建设工程项目为保证生产和经营正常进行，按规定应列入建设工程项目总投资的铺底流动资金。一般按流动资金的30%计算。

建设投资可以分为静态投资部分和动态投资部分。静态投资部分由建筑安装工程费、设备工器具购置费、工程建设其他费和基本预备费构成。动态投资部分，是指在建设期内，因建设期利息和国家新批准的税费、汇率、利率变动以及建设期价格变动引起的建设投资增加额，包括涨价预备费、建设期利息。

这里主要介绍全过程造价咨询在项目管理中的具体操作，因此，主要分析项目的建筑安装工程费和工程建设其他费用的管理。

7.2　设计阶段投资控制

投资控制的目标是：合理控制项目成本，实现效益的最大化。

项目从拿地、设计、招标、施工、竣工、交付，这一整套的开发程序当中，其实真正影响这个项目造价的关键阶段是设计院出的设计产品，设计决定了整个项目建造成本的主要部分，在设计阶段进行投资控制是事前控制。因此，只有设计与造价紧密结合，才是提高开发利润的有效手段，以下介绍各阶段投资控制的要点及方法。

（1）方案设计阶段

从项目规划拿地的方案，到项目实施方案设计，是决定项目成败的关键，这个阶段既要考虑产品的功能性、美观性、更要考虑其造价及产品定位，因此，在方案设计阶段会进行多方案的必选，也需要造价人员提供不同方案的造价估算，以便设计人员所制定的方案是采用满足功能情况下最经济合理的方案。

【案例1】 某项目地库方案设计比较。

某项目要求地下要停200辆车的车库，我们按每个车位30m² 来考虑，那就必须要有

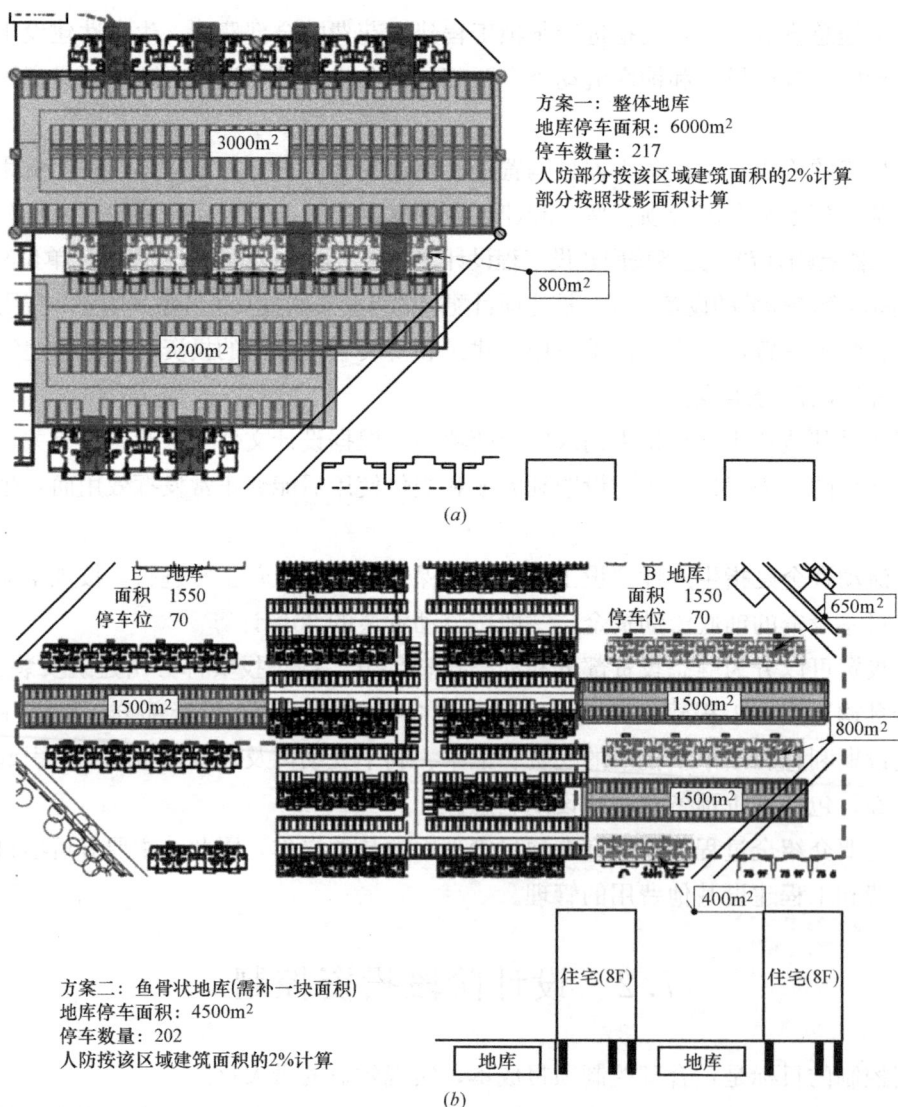

(a)

(b)

图 7-1 某项目地库方案设计比较

(a) B区/C区——公寓地库；(b) 剖面形式

$6000m^2$ 的地下车库，车库面积要占到整个面积的 $1/3$，地下室的建造是整个项目比较多的费用，而地下室有很大一部分是不能销售的，所以会积压大量的资金。

方案一为：$6000m^2$ 的地下车库面积，车位 217 个；方案二是做成鱼骨状的，地下车库面积 $4500m^2$，车位 202 个，只差了 15 个车位，然而面积要差 $1500m^2$。

比较这两个方案的土方、基坑围护、地下室结构的底板、顶板、墙体几个方面的测算，最后得出单个车位的成本：方案一：每个车位的成本达到 67900 元/车位，方案二：每个车位的成本是 57700 元/车位。

择优选择方案二（图 7-1）。

（2）目标成本

目标成本的确定，主要是拆分项目的费用组成，预测项目所需的费用、评估项目利润点。因此，对项目的开发而言，目标成本是项目的控制方向，任何工作都将围绕着目标成本这根轴线运转，对设计而言就是以目标成本为基础进行限额设计。

（3）施工图设计阶段

施工图阶段的成本控制主要是配合施工图设计时，典型楼栋主要指标的测算，比如像万科这样的大型房产商，集团有严格的限额标准，如果没有达到集团限额标准，需进行设计优化，直到满足标准要求才能出施工图。

【案例2】 某公司钢筋与混凝土限额设计要求（表 7-1、表 7-2）。

某公司钢筋限额分析表汇总表　　　　　　　　　　表 7-1

序号	项目名称	建筑面积（m^2）	设计钢筋限额指标（kg/m^2）	测算钢筋指标（kg/m^2）	备 注
1	非人防车库	27620.6	145.00	141.00	与限额指标基本一致，限额指标层高 3.6m，施工图层高 4.0m
2	人防车库	9000	185.00	226.00	限额指标层高 3.7m，施工图层高 4.0m
3	高层地下室（以 11# 为例）	654.04	145.00	322.14	限额指标层高 3.6m，施工图层高 5.6m，刚度比严重不合理
4	高层地上（以 11# 为例）	7426.81	49.48	55.92	含飘窗等赠送面积

某公司混凝土限额分析表汇总表　　　　　　　　　　表 7-2

序号	项目名称	建筑面积（m^2）	设计混凝土限额指标（m^3/m^2）	测算混凝土指标（m^3/m^2）	备 注
1	非人防车库	27620.6	1.30	1.06	限额指标层高 3.6m，施工图层高 4.0m
2	人防车库	9000	1.50	1.43	限额指标层高 3.7m，施工图层高 4.0m
3	高层地下室（以 11# 为例）	654.04	1.30	2.45	限额指标层高 3.6m，施工图层高 5.6m，混凝土比例严重不合理
4	高层地上（以 11# 为例）	7426.81	0.38	0.36	含飘窗等面积

7.3 施工阶段投资控制

施工阶段的投资控制主要是事中投资控制，其目的是进行工程风险预测，并采取相应的防范性对策，尽量减少施工企业提出索赔的可能。分析合同构成因素，明确工程费用最易突破的部分和环节，把计划投资额作为工程项目投资控制的目标值，再把项目建设过程中的实际支出与目标值进行比较，从而明确投资控制工作的重点。

这个阶段的重点是围绕目标成本展开各项工作，其主要工作是编制施工图预算或工程量清单，进行各专业工程的招投标。在这个阶段通过招投标管理和合同管理、现场签证、变更管理等手段，把投资控制在目标成本范围内。

（1）招投标管理、合同管理

1）招投标管理是施工阶段投资控制的关键，招投标工作包括招标文件的编写、工程量清单的编制、招标、投标、回标分析、澄清至最终的合同签订。

2）在整个项目施工阶段的投资需要先划分界面，进行合同分判，对分解的总、分包工程分别进行招标，因此，在招标阶段需保证招标清单的准确性、工作内容描述的完整性、招标文件的严谨性等多方面把关，对施工单位的投标文件进行商务及技术标的回标分析，可分析出投标单位的价格合理性、对不平衡报价在合同签订前进行纠正。通过招投标可以选择合理低价的施工单位，确保定标价格控制在目标成本以内。

3）通过对项目的总、分包工程招标、定标后，将签订合同，通过总、分包合同的实施，来完成整个项目的施工，签订的合同需登录合同台账。

（2）现场签证、设计变更管理

台账能够真实记录工程的实施过程，能够保证现场投资控制工作整体性、连续性。现场签证、设计变更是总、分包工程在实施时经常会发生的，设计变更主要是由于施工图纸中存在错漏碰缺、设计标准变化、设计优化等原因造成的，由设计单位发出设计变更；现场签证主要是发生在施工现场非正常施工图范围内的施工，如拆改、返工等；对现场签证和设计变更的管理是施工阶段的主要投资控制工作，现场签证和设计变更在实施前需进行预估，给业主提供判断是否进行设计变更并给现场签证提供预判，实施后根据实际发生情况进行审核。

（3）动态成本

总、分包工程签订合同后需要根据签订的合同金额进行目标成本的修订，在根据实施过程中发生的签证变更金额进行阶段性的成本调整，即形成了各阶段的动态成本；通过动态成本的管理可以随时了解成本的变化，如超出成本的工程进行预警，采取设计优化或根据业主需要调整动态成本。

（4）工程进度款管理

建设项目施工阶段是建设资金投放量最大的阶段，资金投放具有持续时间长、工作量大等特点，合理控制资金投放对于维护项目建设各方的合法利益，提高工程项目建设效益具有重要意义。工程进度款审核是根据合同规定的付款条款，对总、分包工程、甲供料等实施的工程进度的审核，工程进度款的支付直接影响整个工程的资金使用计划，根据资金使用计划、合同条款和施工进度对工程进度款进行控制。配合进度控制要求，供业主合理安排建设资金，正确处理投资与工期、质量三者之间的关系，达到既节约投资，又控制项目工期与质量的目的（图7-2、表7-3）。

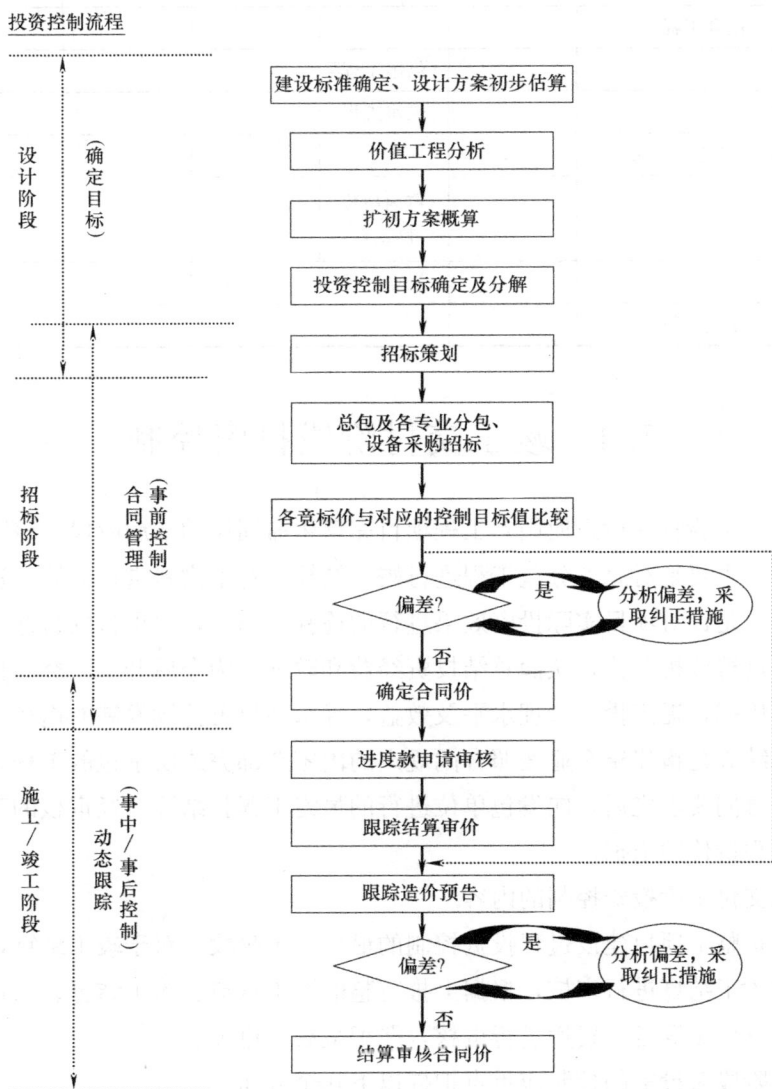

图 7-2　项目投资控制流程图

常用合同台账样板示意　　　　　　　　　　　表 7-3

序号	成本项目	合同编号	合同名称	乙方单位	合同金额	签订时间	备注
一、	前期费用						
1.			设计费				

序号	成本项目	合同编号	合同名称	乙方单位	合同金额	签订时间	备注
2.			勘察费				
二、	建安工程费(总分包)						
1.			总包				
2.			消防工程				
三、	配套工程						
1.			供电工程				
2.			供水工程				
四、	室内装饰及环保						
1.			室内精装修工程				
2.			景观工程				
五、	零星工程						

7.4 竣工交付阶段投资控制

项目建成竣工验收并投入使用是工程项目完整生命周期的最后阶段，该阶段的投资控制为事后控制，主要是对总、分包工程进行竣工结算、对甲供料进行清算、资料归档及交付运营等工作，是针对项目实际投资效果进行的检验与回顾，对项目的目标成本和实际发生的竣工结算进行分析对比，从而总结投资经验和教训，为今后开发同类项目提供科学合理的投资决策依据，提高投资管理水平及效益，寻求项目可持续发展的途径。

工程竣工结算是指建筑企业按照合同规定的内容全部完成所承包的工程，经验收质量合格，并符合合同要求之后，向发包单位进行的最终工程款结算。经审核的工程竣工结算是核定建设工程造价的依据。

(1) 竣工交付阶段投资控制的内容

竣工结算是整个项目建设过程投资控制的最后一个阶段，对于竣工结算，主要是对施工单位提供的竣工结算进行审核，根据上报完整的竣工资料、竣工结算、项目实际发生的现场签证、设计变更等各项费用进行审核，严把最后一道关。

竣工结算阶段对投资的控制应重点把握以下几个方面：

1) 对建设成本的控制。重点对竣工结算的真实性、可靠性、合理性进行审查，防止不应列入成本的计划外费用计入建设成本。

2) 对工程结算编制依据进行控制。包括对施工合同、协议，使用的预算定额、费用定额、材料价差计算方法，设计变更及图纸会审记录，施工现场变更签证单的审核。在审核时重点要查看设计变更及图纸会审记录是否经设计单位盖章，施工变更签证是否为甲乙双方共同签字盖章确认。通过审查合同查看工程结算取费标准与合同签订的标准是否相符。

3）严格审查工程结算中的各种不合理因素，如多算工程量、高套单价，重复计算取费等。

（2）竣工交付阶段投资控制的指标

竣工交付阶段投资控制主要考察的指标包括实际建设成本变化率和实际投资总额变化率。

1）实际建设成本变化率

实际建设成本变化率反映项目建设成本与批准的概预算所规定的建设成本的偏离程度，计算公式为：

$$实际建设成本变化率 = \frac{实际建设成本 - 预计减少成本}{预计建设成本} \times 100\% \qquad (7\text{-}1)$$

2）实际投资总额变化率

实际投资总额变化率反映实际投资总额与项目评估中预计投资总额偏差的大小，包括静态投资总额变化率和动态投资总额变化率，计算公式为：

$$静态（动态）投资总额变化率$$
$$= \frac{静态（动态）实际投资总额 - 预计静态（动态）投资总额}{预计静态（动态）投资总额} \times 100\% \qquad (7\text{-}2)$$

第8章 其他专项咨询服务

8.1 绿色建筑咨询

（1）绿色建筑的内涵

我国《绿色建筑评价标准》（GB/T 50378—2014）对绿色建筑的定义为：在建筑的全寿命周期内，最大限度地节约资源（节约能源、节约土地、节约水资源、节约材料），保护环境和减少污染，为人们提供健康、适用和高效的使用空间，与自然和谐共生的建筑。绿色建筑有以下几个内涵：

1）"建筑全生命周期"的概念。即整体地审视建筑在物料生产、建筑规划设计、施工、运营维护、拆除及回收过程中对生态、环境的影响，强调的是全程的绿色（图 8-1）。

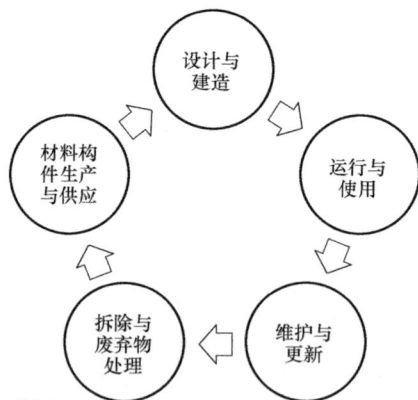

图 8-1 建筑全生命周期示意

2）坚持节地、节能、节水、节材的原则。尽可能节约土地，包括合理布局、合理利用旧有建筑、合理利用地下空间；尽可能降低能源消耗，一方面着眼于减少能源的使用，一方面利用低品质能源和再生能源（如太阳能、地热能、风能、沼气能等）；尽可能节水，包括对生活污水进行处理和再利用、采用节水器具；尽可能降低建筑材料消耗，发展新型、轻型建材和循环再生建材，促进工业化和标准化体系的形成，实现建筑部品通用化。

3）以人为本，注重舒适性。绿色建筑将环保技术、节能技术、信息技术、控制技术渗透入人们的生活与工作，在确保节能性的同时，达到居住舒适性的要求。那种以牺牲用户的舒适性为代价的建筑，不是绿色建筑。绿色建筑最终要做到的（也是能做到的）是：节能、省钱、环境友好、舒适、高品质。

4）绿色建筑要与当地自然环境、文化环境和谐共生。这是绿色建筑的价值理想。绿色建筑要充分体现建筑物完整的系统性与环境的亲和性，以及城市文化的传承性，创造与自然、与文化相和谐统一的建筑艺术。

5）社会风俗等方面存在较大的差异，显然无法全盘照抄国外绿色建筑的政策法规。在绿色建筑设计中需要具体问题分析，采用不同的技术方案，体现地域性和创新性。

（2）绿色建筑设计的原则

绿色建筑设计需秉承"四节一环保"的可持续发展理念，即节地、节能、节水、节材、保护环境。遵循地域性、被动技术优先、经济性、健康舒适性、系统协同性、高效性、环境一体化、进化性等 8 个原则。

1）地域性原则。绿色建筑设计应密切结合所在地域的自然地理气候条件、资源条件、经济状况和人文特质，分析、总结和吸纳当地传统建筑特质，因地制宜地选择匹配的绿色建筑技术。

2）被动式技术优先原则。在进行技术体系确定时，应遵循被动式优先的原则，实现主动式技术与被动式技术的相互补偿和协同运行（表 8-1）。

被动设计策略 表 8-1

建筑设计	总平布局	围护结构	窗墙比	遮阳	遮阳方式
	朝向		墙体和屋顶隔热		遮阳设备
	平面布局		门窗设计	采暖空调	气密性设计
	自然通风		地面设计		热回收
	自然采光				

3）经济性原则。基于对建筑全生命周期运行费用的估算，以及评估设计方案的投入和产出，绿色建筑设计应提出有利于成本控制的具有经济运营现实可操作性的优化方案；进而，根据具体项目的经济条件和要求选用技术措施，在优先采用被动式技术的前提下，实现主动式技术与被动式技术的相互补偿和协同运行。

4）健康舒适性原则。绿色建筑设计应通过对建筑室外环境营造和室内环境调控，构建有益于人的生理舒适健康的建筑热、声、光和空气质量环境，以及有益于人的心理健康的空间场所和氛围。

5）系统协同性原则。其一，绿色建筑是其与外界环境共同构成的系统，具有系统的功能和特征，构成系统的各相关要素需要关联耦合、协同作用以实现其高效、可持续、最优化地实施和运营。其二，绿色建筑是在建筑运行的全生命周期过程中、多学科领域交叉、跨越多层级尺度范畴、涉及众多相关主体、硬科学与软科学共同支撑的系统工程。

6）高效性原则。绿色建筑设计应着力提高在建筑全生命周期中对资源和能源的利用效率，以减少对土地资源、水资源以及不可再生资源和能源的消耗，减少污染排放和垃圾生成量，降低环境干扰。例如，采用创新的结构体系、可再利用或可循环再生的材料系统、高效率的建筑设备与部品等。

7）环境一体化原则。建筑应作为一个开放体系与其环境构成一个有机系统，该原则强调在建筑外部环境设计、建设与使用过程中应加强对原生生态系统的保护，避免和减少对生态系统的干扰和破坏，尽可能保持原有生态基质、廊道、斑块的连续性；对受损和退化生态系统采取生态修复和重建的措施；对于在建设过程中造成生态系统破坏的情况，采取生态补偿的措施。

8）进化性原则。在绿色建筑设计中充分考虑各相关方法与技术更新、持续进化的可能性，并采用弹性的、对未来发展变化具有动态适应性的策略，在设计中为后续技术系统的升级换代和新型设施的添加应用留有操作接口和载体，并能保障新系统与原有设施的协同运行。

通过绿色建筑的概念及其设计原则可以看出，绿色建筑贯穿于建筑的规划、设计、施工、运营维护、拆除及回收的全过程，是一项系统工程。一些发达国家和地区已形成开发策划、设计、施工一体化的建设管理和运作模式。但在我国，一个项目的规划、设计、施工、运营各阶段划分明显，职责分担到各单位，而又相互独立，所以为了最终做到绿色建筑就需要有一家绿色建筑咨询机构参与项目的全过程，承担项目的总协调工作。近年来随着绿色建筑的蓬勃发展，大大带动了绿色建筑咨询行业的发展。绿色建筑的全过程咨询服务内容涵盖设计阶段、施工阶段、运营阶段和认证阶段。

（3）国内外绿色建筑评价体系

21 世纪以来，许多国家相继建立绿色建筑评价体系，并定时更新以适应新的需求。依赖于不断完善的评价体系和市场机制，繁衍产生了众多的绿色建筑项目，传播了绿色建筑的理念，加深了绿色建筑的存在感；反过来又促进了评价体系和市场机制的成熟。此模式已经成为绿色建筑在发达国家成熟的标志性运行模式。近十年来，许多国家和地区都相继开发了各自的绿色建筑评价体系，影响力比较大的有英国的 BREEAM、美国的 LEED、德国的 DGNB 和日本的 CASBEE 等。这些评价标准会定时更新，体现新的时代特征和需求。这些应用度最大的评价标准都发展形成了各种专业标准（表 8-2）。

主要绿色建筑评价认证体系汇总表　　　　　　　　　　　　　　表 8-2

评价体系	研发国家和地区	研发时间	评估对象	评价结果等级	评估内容
BREEAM	英国	1990 年	办公建筑、学校、医卫建筑、监狱、工业建筑、零售商店等	通过、好、很好、优秀	管理、能源、交通、污染、材料、水资源、土地使用、生态价值、身心健康
LEED	美国	1995 年	新建建筑、核心和外壳、既有建筑、商业内部、住宅、学校、社区等	认证级、银级、金级、铂金级	场地设计、水资源、能源与环境、材料与资源、室内环境质量和创新设计
HK-BEAM	中国香港	1996 年	新建建筑、既有建筑	满意、好、很好、优秀	场地、材料、能源、水资源、室内环境质量、创新与性能改进

评价体系	研发国家和地区	研发时间	评估对象	评价结果等级	评估内容
CASBEE	日本	2003 年	计划、新建、既存、改建	根据环境性能效率指标 BEE,给予评价,表现为 QL 二维图	能源消耗、资源再利用、当地环境、室内环境
NABERS	澳大利亚	2003 年	既有建筑办公建筑:办公建筑、住宅、旅馆、购物中心、学校、医院和运输等	0～5 星级	场地管理、建筑材料、能耗、水资源、室内环境、资源、交通、废物处理

1）美国绿色建筑评估体系—LEED

能源与环境设计先导绿色建筑评估体系（Leadership in Energy & Environmental Design Building Rating System，简称 LEED），是目前世界上运作最成功的绿色建筑评估体系。LEED 由美国绿色建筑委员会（USGBC）于 1994 年开始制定，1999 年正式公布第一版本并接受评估申请。

LEED 认证项目分布在美国 50 个州和全球 120 个国家和地区。截至 2013 年 3 月，全球各地申请 LEED 认证的项目已达到 52，100 个，其中获得认证的项目有 16，500 个。21世纪初，LEED 认证就被引入中国，一些高档公寓、写字楼等申请并得到 LEED 等级认证。目前中国是 LEED 认证最大的海外市场，截至 2013 年 3 月，中国大陆地区注册项目超过 1000 个，获得认证的项目达 300 个。

LEED 认证适用于所有民用建筑，即包括了公共建筑以及住宅建筑。在建筑的全寿命周期内 LEED 都具有重要作用，建筑设计、建筑施工、建筑运营与维护、针对出租的建筑、以及租用的建筑等都可利用合适的 LEED 认证体系作为指导。此外 LEED 还有专门针对社区发展的认证体系。

LEED 体系的特点：

① 在世界各国的各类建筑环保评估、绿色建筑评估以及建筑可持续性评估标准中，被认为是最完善、最有影响力的评估标准；

② 采用第三方认证机制，保证了该体系的公正性和公平性，因而增加了其信誉度和权威性，形成政府、市场、第三方机构共同推进绿色建筑实施的有效机制；

③ 评估标准分门别类，专业性极强，包括新建建筑、既有建筑、建筑结构、商业装修、社区开发、学校、零售、医疗、实验室等标准；

④ 评价体系定时更新，以便及时反映建筑技术和政策的变化，并修正原来体系中不合理的部分；

⑤ 美国绿色建筑委员会还对 LEED 认证咨询师实行资格证考试制度，目前全球已有20 万专业人士获得 LEED AP 证书；

⑥ LEED 十分值得称道的是其市场推广力度，目前 LEED 项目遍及全球 135 个国家，

其中登记注册的项目中 40% 的建筑面积来自美国以外的地区。为适应全球市场的迅速发展，LEED 在过去两年采取了多项措施，以满足美国以外的会员和项目团队的需求。

2）英国绿色建筑评估体系——BREEAM

BREEAM（Building Research Establishment Environmental Assessment Method）体系，是世界上第一个绿色建筑评估体系，由英国建筑研究院于 1990 年推出。BREEAM 体系的目标是减少建筑物的环境影响，体系涵盖了包括从建筑主体能源到场地生态价值的范围。

REEAM 主要关注建筑项目的节能性能、运营管理、健康和福利、交通便利性、节水、建材使用、垃圾管理、土地使用和生态环境保护，以此综合评价建筑的可持续性。

2008 年共颁布了 9 个行业的评估标准，如法院、教育、工业、医疗、保健、办公室、零售、监狱等。2009 年颁布了 BREEM 欧洲商业中心评估标准，2010 年颁布了数据中心评估标准，2011 年颁布了新建建筑评估标准，2012 年颁布了翻新建筑评估标准。

目前全球获得 BREEAM 认证的项目有 20 万栋建筑，另有超过 100 万栋正在申报。认证项目主要以英国国内项目为主，据统计，自 1990 年以来，BREEAM 共评估英国市场 25%～30% 的新建办公建筑。

BREEAM 体系的特点：

① 考察建筑全生命周期；

② 定量化的指标保证客观性；

③ 以第三方评价加 BRE 监督的管理体制保证可靠性；

④ 以政府的强力支持为依托拥有很高的市场占有率；

⑤ 与绿色建筑政策法规紧密相连；保持更新引领绿色建筑市场。

3）德国绿色建筑评估体系——DGNB

DGNB（Deutsche Gesellschaft für Nachhaltiges Bauen）是德国可持续建筑委员会主导开发编制的，是德国多年来可持续建筑实践经验的总结，是德国政府参与的、具有国家标准性质的绿色建筑评价体系。DGNB 是号称比美国 LEED 更为严谨的第二代评价体系。DGNB 覆盖了绿色生态、建筑经济、建筑功能与社会文化等多方面内容，并致力于为建筑行业的未来发展指明方向。

DGNB 的认证系统大约包括六大领域，主要包括生态质量、经济质量、社会功能和文化质量、过程质量和技术质量。这六大体系总共包括了 60 条标准，其中生态质量占了 22.5%，经济质量和社会文化和功能质量分别占了 22.5%，技术质量也占了 22.5%，过程质量占 10%。基地质量也是评估六大领域之中一条，但是基地质量是独立于其他项单独进行评估的。

DGNB 体系的特点：

① 建立在吸收世界上先进的绿色建筑理念基础上，包括德国自己几十年的工程实践和经验的总结，特别是建立在德国高水平的工业体系基础之上的评估体系。

② 不是一个简单的绿色建筑评估体系，包含了生态环保、建筑经济和建筑功能以及

社会文化等各方面的因素，是实实在在的世界上第二代绿色建筑评估体系，特别是在建筑成本控制、建筑投资和建筑运营成本、建筑全寿命周期控制方面，有其独到之处。

③ 同时，DGNB是世界上首次对于建筑碳排放量提出系统完整的科学计算方法，这种方法得到包括联合国环境署在内的多家国际机构的认可，碳排放量排放计算方法分为四大方面，包括建筑材料生产与建造，使用期间的能耗、维护和更新以及建筑在拆除和利用整个过程中的能耗以及相对应的碳排放量的计算方法。

8.1.1 绿色建筑认证

绿色建筑认证，是指依据国内外绿色建筑评价认证标准，对建筑各项指标进行综合评价，确认绿色建筑等级并进行信息性标识的一种评价活动。获得绿色建筑评价认证的项目既为使用者提供健康、舒适的空间，降低对环境的影响，同时具有明显的示范效应。构建符合时代需求、行业需求的绿色建筑评价标准，是推动绿色建筑发展的有效途径。这里主要介绍目前国内常见的两种绿色建筑认证。

（1）中国绿色建筑标识认证

绿色建筑标识认证体系是住房城乡建设部基于《绿色建筑评价标准》（GB/T 50378—2014）系列文件，对绿色建筑进行等级判定的评估体系。目前，绿色建筑标识认证适用范围由住宅建筑和公共建筑中的办公建筑、商场建筑和旅馆建筑，扩展至各类民用建筑；评价指标体系由室外环境、节能与能源利用、节水与水资源利用、节材与材料资源利用、室内环境质量、运营管理和施工管理 7 类指标组成，且统一设置加分项；每类指标均包括控制项与评分项。现绿色建筑应满足所有控制项的要求，且按各评分项和加分项的得分结果（按式 8-1 计算绿色建筑评价的总分），其中每类指标的评分项得分不应小于 40 分，当总得分达 50 分、60 分、80 分时分别评定为一星级、二星级和三星级。

$$\sum Q = w_1 Q_1 + w_2 Q_2 + w_3 Q_3 + w_4 Q_4 + w_5 Q_5 + w_6 Q_6 + w_7 Q_7 + Q_1 \qquad (8\text{-}1)$$

式中　$Q_1 \sim Q_7$——评价指标体系 7 类指标各自的评分项得分，其总分均为 100 分，按参评建筑该类指标的评分项实际得分除以适用该建筑的评分项总分值再乘以 100 分计算；

Q_8——加分项的附加得分，其为 10 分；

$w_1 \sim w_7$——7 类指标评分项的权重，按表 8-3 取值。

绿色建筑各类评价指标的权重　　　　　　　　　　　表 8-3

评价	建筑类型	节地与室外环境 w_1	节能与能源利用 w_2	节水与水资源利用 w_3	节材与材料资源利用 w_4	室内环境质量 w_5	运营管理 w_6	施工管理 w_7
设计评价	居住建筑	0.21	0.24	0.20	0.17	0.18	—	—
	公共建筑	0.16	0.28	0.18	0.19	0.19	—	—
运行评价	居住建筑	0.17	0.19	0.16	0.14	0.14	0.10	0.10
	公共建筑	0.13	0.23	0.14	0.15	0.15	0.10	0.10

注：（1）表中"—"表示施工管理和运营管理两类管理指标不参与设计评价。

（2）对于同时具有居住和公共功能的单体建筑，各类评价指标权重取为居住建筑和公共建筑所对应权重的平均值。

"绿色建筑标识认证体系"是我国在绿色建筑领域，第一部推荐性国家标准，在建筑的全寿命周期内最大限度地节约资源，做到节能、节地、节水、节材、保护环境和减少污染，其认证流程如图 8-2 所示。

设计方案优化与分析	绿色施工指导与监督
↓	↓
施工图设计绿色审核及意见	材料及设备采购审核与建议
↓	↓
申报材料准备	施工前检测
↓	↓
绿色申报材料递交	运营管理节能节水优化
↓	↓
形式审查意见及回复	运营相关检测与调试
↓	↓
专家评审会	施工及运营材料递交
↓	↓
获得设计认证标识	专家评审获得运营认证标识

图 8-2　中国绿色建筑标识认证流程

（2）LEED 认证

能源与环境设计先导绿色建筑评估体系（Leadership in Energy & Environmental Design Building Rating System，简称 LEED），被认为是国际上推广程度最好、最有影响力的建筑评估标准。LEED 由美国绿色建筑委员会（USGBC）于 1994 年开始制定，1999 年正式公布第一版本并接受评估申请。21 世纪初，LEED 认证进入中国建筑市场，于 2007 年开展评估活动。

LEED 认证适用于所有民用建筑，即包括了公共建筑以及住宅建筑。在建筑的全寿命周期内 LEED 都具有重要作用，建筑设计、建筑施工、建筑运营与维护、针对出租的建筑、以及租用的建筑等都可利用合适的 LEED 认证体系作为指导。此外，LEED 还有专门针对社区发展的认证体系。LEED 认证中评审指标及其权重比例分别为可持续发展场地选址（20%）、水源利用率（7%）、能源与大气（25%）、材料与资源（19%）、室内环境品质（22%）和创新与设计（7%）。LEED 认证采用评分制，满分为 110 分，其评判时各子系统有最低分数要求，在满足最低要求的基础上，按总分对绿色建筑进行认证级、银级、金级、铂金级的等级认证。认证级：40 分以上；银级：50 分以上；金级：60 分以上；铂金级：80 分以上。其认证流程如图 8-3 所示。获得 LEED 认证的项目，将会在绿色建筑认证协会的官方网站上得到公示（www.gbci.org），并将获得 LEED 认证证书及标识牌。

8.1.2 规划、设计和施工阶段绿色建筑过程管理

从项目规划、设计、施工到最终验收阶段，为业主提供专业的建筑设计管理和节能咨询，力求项目决策和实施各阶段、各环节的设计工作具有可持续性、提供最优的方案，从而实现真正意义上的绿色建筑设计。

（1）规划咨询阶段

咨询单位对于这个阶段的控制主要体现在采取措施降低绿色建造成本，研究、总结新型绿色建筑成套建造技术，从而提高其经济效益，结合费用效益分析的理论，确定对绿色建筑的经济效益、社会效益、环境效应和生态效应的分析方法，从经济及社会角度来为业主方分析建设项目的可行性和必要性。根据业主对建筑的要求和定位，通过分析区域环境以充分利用环境因素，可从项目概况、项目目标及亮点、围护结构节能、采暖空调节能、资源利用、光与通风、噪声控制、智能化系统及其他绿色措施、增量成本分析、项目预评估和项目总结等方面分析综述，编制绿色建筑可行性研究报告。

```
项目注册
  ↓
预认证（LEED CS 认证）
  ↓
设计文件递交
  ↓
设计初步审核及意见
  ↓
施工文件递交
  ↓
施工初步审核及意见
  ↓
上诉：改进设计
  ↓
最终审阅
  ↓
获得认证
```

图 8-3　LEED 认证流程

（2）方案设计阶段

工程咨询单位在设计阶段应该充分考虑建造成本的降低因素。在绿色建筑可行性研究报告基础上，进一步进行绿色建筑方案设计。室内空气清新，温度及湿度适当，营造舒适且健康的生活、工作环境。因此绿色建筑中采用的建筑材料和装修材料需经过检验处理，应尽量采用天然材料，确保对人体无害。除此之外，绿色建筑要基于项目的地理条件，具体结合地址、气象、水文等客观条件，选择合适的绿色技术，如太阳能采暖、热水、发电及风力发电装置，以充分利用环境提供的天然可再生能源。

1）初步方案阶段

对项目的初步能源评估、环境评估、采光照明评估，并提出绿色建筑节能设计意见，与设计部门沟通，提出有效的绿色建筑节能技术策略，并协助设计部门完成高质量的绿色建筑方案设计。其流程大致为：

① 确定项目整体的绿色建筑设计理念和项目目标，并分析项目适合采用的技术措施及具体的实现策略；

② 分析整理项目资料，明确项目施工图及相关方案的可变更范围；

③ 基于上述工作，完成项目初步方案、投资估算和绿色建筑等级预评估；

④ 向业主方提供《项目绿色建筑预评估报告》。

2）深化设计阶段

根据业主的要求，对设计部门提交的设计文件、图纸资料进行深入细致的分析，并要求结合相应的审核意见，给出各专业具体化、指标化的建筑节能设计策略。比如空调系统的选型建议、墙体保温、建筑整体能耗等分析和节能技术寿命周期成本分析。在本阶段具

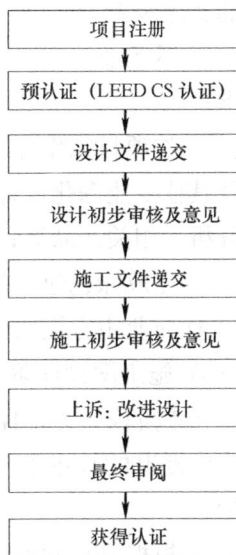

体的实施步骤为：

① 基于业主方确定的目标以及绿色建筑等级自评估结论，确定项目所要达到的技术要求；

② 按项目工作计划和进度安排，完成与建筑设计、机电设计、景观设计、室内设计以及其他专业深化设计，完成设计方案的技术经济分析，并落实采用技术的技术要点、经济分析、相关产品等；

③ 完成绿色建筑认证所需的各项模拟分析，并提供相应的分析报告；

④ 向业主方提供《项目绿色建筑设计方案技术报告》。

3）施工图设计阶段

在本阶段，为确保项目设计符合业主方的预期，进一步对方案调整和完善，并对设计策略中提出的标准和指标进行落实，并对各种实施策略做最终的评估。主要工作为划分为：

① 根据已订的设计方案，提供相关技术文件，指导施工图设计结合绿色建筑理念并融入绿色建筑技术；

② 提供施工图方案修改完善建议书，并指导施工图设计。

4）结构设计优化方案

保证结构设计既满足项目总体开发要求，同时满足有关规范所规定的安全度的条件下，利用合理的技术措施，尽量降低结构成本，即以最低的结构经济指标保质保量地完成建筑物的结构设计。在对结构设计的全过程、全方位管理过程的设计咨询中可分为结构方案阶段、初步设计阶段和施工图设计阶段，各阶段的主要服务内容为：选定合理的结构体系，合理布置结构（结构方案阶段）；正确分析结构概念、结构计算和结构内力（初步设计阶段）；保证细部设计和结构措施的合理性，并采用合理的施工工艺。

5）设计评价标识申报阶段

按绿色建筑的标准中的相关要求，完成各项方案分析报告。再编制和完善相应的申报材料，进行现场专家答辩。与评审单位进行沟通交流，对评审意见的反馈及解释，协助业主方完成绿色建筑设计标识的认证工作。

8.1.3 施工、验收和运营阶段绿色建筑管理

（1）绿色施工管理

对绿色施工进行总体规划，指导确定绿色施工的目标，确定相关的绿色施工措施，制定绿色施工的组织方案，并协助项目进行绿色施工，最终实现绿色施工项目评定。在此过程中，需对施工企业和房地产企业进行绿色施工的培训，介绍绿色施工的政策、内涵、要求、技术、组织方法及其影响等。

（2）施工阶段技术管理

绿色建筑主要从外墙、屋面、门窗等方面提高维护结构的热阻值和密闭性，达到节约建筑物使用能耗的目的。绿色建筑施工技术就显得十分重要。

1）墙体保温施工技术。墙体保温系统的施工是墙体节能措施的关键环节。墙体的保温层通常设置在墙体的内侧或外侧。设在内侧技术措施相对简单，但保温效果不如外侧；而设在外侧可节省使用面积，但黏结性差，措施不当易产生开裂、渗水、脱落、耐久性减弱等问题，造价一般也高于内设置。因此针对不同的保温材料，采用不同的施工技术措施。

2）门窗安装施工技术。门窗框和玻璃扇门的传热系数及密闭性是外墙节能的关键环节之一。根据设计要求选择门窗时，要复查其抗风压性、空气渗透性、雨水渗漏性等性能指标；安装门窗框时，要反复检查垂直度。

3）保温屋面施工技术。屋面保温是将容重低、导热系数小、吸水率低、有一定强度的保温材料设置在防水层和屋面板之间。

4）太阳能建筑技术。太阳能的使用对建筑物来说，具有安全可靠、无污染、不消耗燃料、不受环境限制、维修维护简单、方便安装等特点，是最适于建筑物绿色节能环保的一项应用技术。在建筑楼顶安装太阳能电池发电系统，能基本满足建筑楼内的动力和照明系统的用电量需求；太阳能技术的采暖和供热功能，能很好地满足建筑物日常的供热需要；太阳能技术还可控制建筑物的采光。

（3）运营配合阶段

首先组织业主、物业公司管理和操作人员进行绿色建筑技术介绍和绿色物业管理专业知识培训。在此阶段，服务内容主要包括定期运营管理取证、依据项目的具体情况，指导物业公司制定相应的管理制度、编制相应的记录表格指导物业记录系统和设备等的运行情况，定期审查运行记录。

（4）检测配合阶段

根据绿色建筑运营标识的申报要求，向业主方提供所有现场检测所需资料清单。编制检测计划，确定检测项目和检测指标。再待业主指派的检测机构检测完成后，进行资料审核和验证，协助业主方完善相关现场检测资料。后根据评审小组进行现场勘探的内容结合《绿色建筑评价标准》进行预评估。

（5）运营评价标识申报阶段

按《绿色建筑评价标准》中运营标识认证的相关规定，完成各项方案分析报告和绿色建筑整体深化方案报告。

整理汇总所有资料报告，编制和完善相关申报材料，进行专家评审会现场汇报和答辩。与评审单位进行沟通交流，对评审意见的反馈及解释，完善绿色建筑整体方案报告。协助业主方完成绿色建筑运营标识认证的申报工作，取得运营标识。

总而言之，绿色建筑全过程咨询的流程如图8-4所示。

绿色建筑评估认证最根本的价值在于：通过认证搭建一个整合设计的平台，将规划、设计、工程施工及监理等各个环节的人员聚集一起，根据实际情况对所有的设计指标进行完整量化、降低投入、降低维护费用，真正实现绿色建筑的价值。其中，绿色建筑的咨询单位对整个建设项目的全寿命周期内各个阶段的绿色咨询，不仅肩负着带动企业自身发展

```
┌─────────────────┐      ┌─────────────────────┐
│   确定项目认证   │◀─────│  绿色建筑咨询公司介入 │
└────────┬────────┘      └─────────────────────┘
         │
┌────────▼────────┐      ┌─────────────────────┐
│    前期准备      │◀─────│  相关资料收集及前期分析│
└────────┬────────┘      └─────────────────────┘
         │
┌────────▼────────┐      ┌──────────────────────────────┐    ┌──────────┐
│   概念设计阶段   │◀─────│根据当地资料判断最佳朝向及通风布局，│───▶│预评估，确定│
└────────┬────────┘      │     并对室外风环境进行模拟      │    │技术方向和认│
         │               └──────────────────────────────┘    │  证等级   │
┌────────▼────────┐      ┌──────────────────────────────┐    └──────────┘
│    业主确认      │◀─────│业主对初步确定的技术方案和预评估的认证│
└────────┬────────┘      │        等级进行确认           │
         │               └──────────────────────────────┘
┌────────▼────────┐      ┌──────────────────────────────┐
│  施工图设计技术评估│◀────│对各专业施工图进行审核，提出修改意见及│
└────────┬────────┘      │        设计方案建议           │
         │               └──────────────────────────────┘
┌────────▼────────┐      ┌──────────────────────────────┐    ┌──────────┐
│    初步模拟      │◀─────│   初步建筑模拟分析及优化建议    │    │评估、确定具体│
└────────┬────────┘      └──────────────────────────────┘───▶│技术方案和最终│
         │                                                    │  的认证等级 │
┌────────▼────────┐      ┌──────────────────────────────┐    └──────────┘
│施工图绿色设计回复及图纸│◀──│设计单位对绿色建筑咨询公司的审 │
│变更，其他认证材料提交│    │  图意见进行回复、图纸变更等    │
└────────┬────────┘      └──────────────────────────────┘
         │
┌────────▼────────┐      ┌──────────────────────────────┐
│  施工图设计技术评估│◀────│对各专业施工图纸进行第二轮审核，提出修改│
│    （第二轮）    │      │     意见及方案建议           │
└────────┬────────┘      └──────────────────────────────┘
         │
┌────────▼────────┐      ┌──────────────────────────────┐
│    专项报告      │◀─────│包括能耗模拟报告、室内自然采光及视野分析│
└────────┬────────┘      │  报告，以及对室内环境进行核准等 │
         │               └──────────────────────────────┘
┌────────▼────────┐
│  审核图纸并确认   │
└────────┬────────┘
         │
┌────────▼────────┐      ┌──────────────────────────────┐    ┌──────────┐
│设计阶段资料整理提交评审│◀─│ 申报资料填写，送评审机构，    │───▶│获得绿色建筑│
└────────┬────────┘      │    回复专家评审意见          │    │ 设计标识  │
         │               └──────────────────────────────┘    └──────────┘
┌────────▼────────┐      ┌──────────────────────────────┐
│   绿色施工培训    │◀─────│根据项目情况编制绿色施工手册，并│
└────────┬────────┘      │    对施工人员等进行培训       │
         │               └──────────────────────────────┘
┌────────▼────────┐      ┌──────────────────────────────┐
│  主体结构施工期间 │◀─────│监督水体水土流失防治、土建材料的使用情│
└────────┬────────┘      │况，整理收集施工资料，确保土建施工│
         │               └──────────────────────────────┘
┌────────▼────────┐      ┌──────────────────────────────┐
│  主体结构施工结束 │◀─────│运行调试、室内施工资        │
└────────┬────────┘      │料收集、整理并反馈，        │
         │               │使提交材料达到要求          │
┌────────▼────────┐      │                            │
│    工程竣工      │◀─────│                            │
└────────┬────────┘      └──────────────────────────────┘
         │
┌────────▼────────┐      ┌──────────────────────────────┐
│    运行一年      │◀─────│做记录，包括各能源系统、用水量、系统│
└────────┬────────┘      │     运行维护等              │
         │               └──────────────────────────────┘
┌────────▼────────┐      ┌──────────────────────────────┐    ┌──────────┐
│运行阶段资料整理提交评审│◀─│绿色建筑运营标识申报资料递交评审机│───▶│获得绿色建│
└─────────────────┘      │  构，回复专家的评审意见      │    │筑标识    │
                         └──────────────────────────────┘    └──────────┘
```

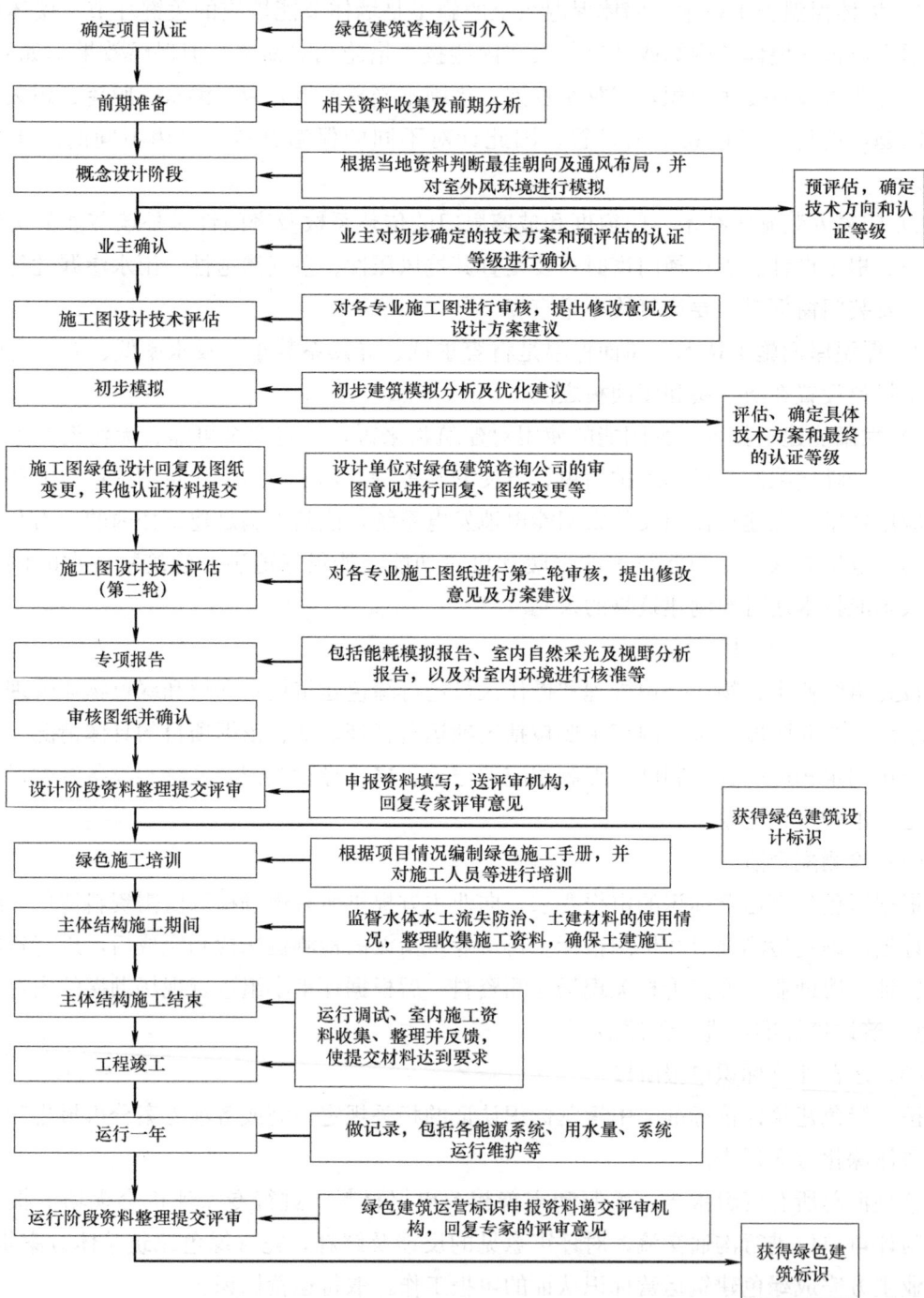

图 8-4　绿色建筑评估咨询流程

的责任，还承担着社会可持续发展的重责，实现经济社会的可持续发展。因此在目前的城市建设中，理应全面推广节能技术，制定并强制执行节约能源、节约土地、节约水资源、节约材料，按照减量化、再利用、资源化的原则，综合利用资源，从每一栋建筑、每一个社区、每一个城市做起。

【案例】某科研设计中心三星级绿色建筑设计标识认证

（1）项目概况

某科研设计中心工程以科研办公为主，征地 9448.39m²，建筑占地面积 3131.17m²，总建筑面积地上 28344.42m²，地下建筑 11092.40m²。工程总投资约 21352.55 万元，申报认证总建筑面积 39436.82m²，采用框架剪力墙结构，开发与建设周期为 2012 年 6 月至 2015 年 9 月。

（2）解决的主要技术问题

1）综合被动式节能技术应用。包括采用了先进的围护结构保温技术、导光遮阳通风复合被动式窗墙系统以及屋顶绿化、垂直绿化技术。

2）采用雨水回收利用技术，收集屋面雨水及场地道路的雨排水，进入室外雨水收集池，用于道路、车辆冲洗、景观水池补水。绿化采用微灌、滴灌的节水灌溉技术，场外绿化采用微灌，主楼垂直绿化采用滴灌系统。

3）采用了太阳能光伏发电系统，同时利用太阳能光热制取热水，供淋浴和食堂使用。地下室采用太阳能光导技术改善采光。

4）中央空调系统综合节能技术应用。包括"水源热泵＋水蓄冷蓄热技术"、排风热回收技术、空调末端温湿度独立调节技术。

5）室内空气质量监控系统。根据空气品质（CO_2＋VOC）实现新风控制，地下车库通风采用 CO 浓度传感器联动控制多台并联风机或可调速风机的方式。

6）对设备的运行状态进行监视并实现自动化控制，同时利用 BIM 技术实现设备运行状态的可视化，提高设备运行效率。通过可调节外遮阳、围护结构、节能设备、能效监控等手段使建筑总能耗仅占参照建筑能耗的 73.6%。

（3）主要技术措施简介（略）

（4）项目创新点

1）从建筑被动节能的角度出发，研发出实用新型专利"导光遮阳通风复合被动式窗墙系统"，解决办公室自然采光、自然通风、遮阳等问题，有效改善高层办公楼的工作环境。

2）充分利用建筑物周边丰富的大滩水资源，采用水源热泵空调系统，并采用"温湿分控"技术，将温度、湿度分别由不同设备系统进行调节与控制，大力提升空气品质同时实现节能运行。

3）实施水蓄能技术，充分利用昼夜峰谷电价位差，大幅度降低系统日常运行费用。

4）项目在规划、设计阶段采用 BIM 技术，极大地提升了建筑工程的信息化水平，工程建设各阶段、各专业之间的协作配合可以在更高层次上充分利用各自资源，有效地避免了由于数据不通畅所带来的重复性劳动，大大提高了整个工程的质量和效率，显著降低成本，同时实现了运营阶段设备运行状态的可视化，提高了管理效率。

5）对本示范工程全生命周期碳排放的量化计算与分析，包括建材生产、施工、运营等阶段，对比与分析各项绿色建筑技术的碳排放特性以及对整个建筑碳排放的影响，真正体现绿色建筑的内涵。

6）在装饰装修设计中，采用合理的预评估方法，对室内空气质量进行源头控制及采取其他保障措施。

（5）推广价值

1）项目中针对节约资源（节能、节地、节水、节材）、保护环境和减少污染采取的技术措施，如围护结构保温技术、导光遮阳通风复合被动式窗墙系统、屋顶绿化、垂直绿化技术、雨水回收利用技术、太阳能利用技术、水源热泵＋水蓄冷蓄热技术、排风热回收技术、空调末端温湿度独立调节技术、设备监控系统及能效管理系统等都具有广阔的应用前景，达到节约能源、保护环境、节约用地的效果。

2）导光遮阳通风复合被动式窗墙系统：充分考虑被动节能措施，利用建筑造型的固定遮阳、活动外遮阳及实用新型专利技术"导光遮阳通风复合被动式窗墙系统"，同时实现建筑内部遮阳、自然采光、自然通风的效果。

3）雨水回收利用技术：收集屋面雨水及场地道路的雨排水，进入室外雨水收集池，用于道路、地面冲洗、景观水池补水、绿化灌溉。

4）太阳能利用技术：太阳能光伏发电系统，安装容量110kW；太阳能光热制取热水供淋浴和食堂使用；采用太阳能光导技术改善地下室采光。

5）水源热泵＋水蓄冷蓄热技术：一种新型的高效节能型空调系统，较好地解决了集中空调系统在变负荷运行时的能效问题。在水资源丰富的地区具有良好的推广价值。

（6）综合效益分析

1）环境效益。

通过本项目实施，年可节省电量约744600kWh，节约燃气1471.7m³，节约水量约3688.08吨，节电可以实现每年减少CO_2排放约610.6t，节约燃气可以实现每年减少CO_2排放约4.42t，节水可以实现每年减少CO_2排放约1.11t。

2）经济效益。

① 采用外保温围护结构后单位面积负荷指标约为73.73kWh/m²·a；

② 太阳能光电板面积1200m²，年发电量约10.38万度，折合标煤34.27tce；

③ 太阳能集热器面积140m²，年节约标煤约21tce；

④ 利用新风对排风热回收，处理新风量约为82800m³/h，预计年节约标煤8.34tce；

⑤ 地下室采用28套太阳能光导系统，以每天运行10h计，80%利用率，预计年节约电量40880kW·h，折合标煤13.48tce。

⑥ 雨水全年利用量约3688.08t，折合标煤0.32tce。

⑦ 经全能耗计算，本项目采用以上各种节能措施后，设计建筑年能耗占参照建筑年能耗比率为73.6%，低于80%。整个大楼年可节约费用约75.12万元。

3）社会效益（略）。

（7）案例点评

本工程属于典型的夏热冬冷地区绿色办公建筑技术体系认证案例，在选址、方案、初步、施工图设计、施工及运营阶段充分考虑绿色建筑的要求。尤其在节约资源方面，充分针对地域特点利用了成套节能实用技术方案，如围护结构保温技术、导光遮阳通风复合被动式窗墙系统、水源热泵＋水蓄冷蓄热技术、排风热回收技术等，促进建筑节能减排目标的实现。

8.2 工程项目投融资咨询

8.2.1 概念体系

（1）概念界定

工程项目投融资是与传统的公司投融资相对应的概念。投融资模式主要界定"谁"来进行投融资、如何投融资以及项目建成后如何运营维护。投融资模式有狭义和广义之分。其中，狭义的投融资模式主要指投融资活动的运行机制和管理制度，包括投融资主体、方式等；广义的投融资模式在狭义基础之上，还包括项目建成后的运营。

按照投资主体和融资方式的不同，国内外工程项目投融资模式基本可分为三种类型：政府财政投融资模式、市场化投融资模式以及政府与市场相结合的投融资模式。自2017年财政部87号文的出台以及全国金融工作会议的召开，地方债务严控趋势进一步凸显，地方政府主导投资的项目可能受影响，政府与市场相结合的投融资模式将成为国内工程项目投融资重点。在本章节案例部分，将针对该类型投融资模式重点阐述剖析。

（2）构成要素

1）工程项目投融资主体

工程项目投融资牵涉到的项目投资金额大，参与者众多，产供销环节缺一不可。参与者主要包括项目发起人、贷款人、政府及其他第三方等。各参与者之间的基本关系如图8-5所示。

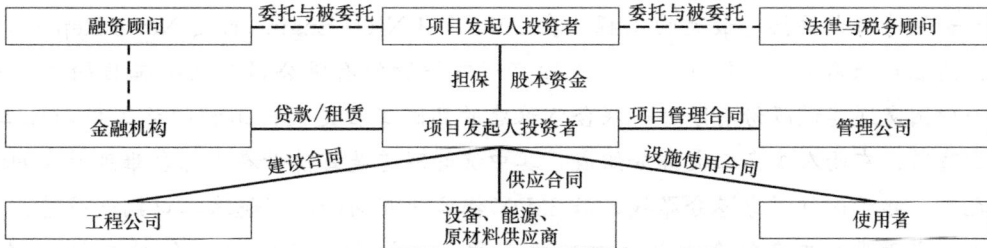

图8-5 工程项目投融资主要参与者之间的基本关系

2）工程项目投融资渠道

投融资渠道是资金的来源，包括政府财政、银行、资本市场、外资等。

3）工程项目投融资方式

① 政府财政投融资

政府财政投融资模式是以政府为投融资主体，利用财政资金，分配给需要资金的工程项目建设部门，统一协调和组织实施工程项目，进行一系列重大的融资引贷活动。其资金来源渠道主要有两类，分为政府财政出资和政府债务融资，其中，政府债务融资包括国债专项资金、政策性贷款、债券、国外政府或国际金融组织贷款等。

该模式在世界很多大城市的轨道交通项目建设中发挥着主导作用，如新加坡地铁全部由政府财政投入，北京地铁1号线、上海地铁1号线也均以政府计划投资为主。

② 市场化投融资

市场化投融资模式，即商业投融资模式，该模式下，由企业代替政府作为工程项目的投融资主体，在市场化规则下，采用商业贷款、债券融资、股权融资、资产证券化、融资租赁等商业化融资手段，进行工程项目的前期融资、建设、运营等。

③ 政府与市场相结合的投融资

近年来，政府与市场相结合的投融资模式在国外公共基础设施建设中比较推崇，是指政府、营利性机构和非营利性机构基于某些公用事业而形成相互合作关系，共同合作完成投融资建设的模式，即PPP模式。

按资本所有者类型划分，经营主体分为社会资本、社会资本与国家或地方公共团体的组合、国家或地方公共团体三类。资金则通过政府补贴形式、使用者负担、发行债券、银行贷款、产业基金等多渠道筹集。

8.2.2　案例分析

（1）政府财政投融资

1）项目概况

某大桥项目属跨境基础设施项目，是我国继三峡工程、青藏铁路、南水北调、西气东输、京沪高铁之后又一重大基础设施项目，是集桥、岛、隧为一体的超大型跨海通道。

大桥工程包括主体工程和连接线、口岸工程两部分，全部投资约1100亿元人民币，是目前世界跨海大桥投资最大的工程。在2014年ENR（Engineering News Reports）全球承包商250强名单中，位列第四的中国交通建设股份有限公司为该项工程的主要承包商。由中国交通建设股份有限公司联合体承建的岛隧工程是大桥工程的施工控制性工程，由沉管隧道、东西人工岛三大部分组成，其中沉管隧道是目前世界上综合难度最大的沉管隧道之一。起于伶仃洋粤港分界线，沿23DY锚地北侧向西，穿越珠江口铜鼓航道、伶仃西航道，止于西人工岛结合部非通航孔桥西端，全长7440.546米。合同工期63个月，2010年12月至2016年3月。

2）项目融资方案设计

① 备选融资方案一——主体政府投资、统一建设

a. 协调机制。中央政府牵头，联合三地政府组建协调领导小组。

b. 投融资范围。口岸设施及连接线工程由三方各自负责，成立项目法人机构，负责项目桥隧主体工程的建设和管理。

c. 投资人构成。央企作为项目发起人，联合三地等有关机构或部门。

d. 投资人选择方式。内地投资人通过指定或者公开招标，港澳投资人进行公开招标。

e. 资本金构成。内地资本金（含中央政府补贴）占51%，其余两地资本金占49%。

f. 方案前提条件。中央政府与三地政府就出资比例达成共识，三地政府需做好全部出资准备。

g. 方案优点。政府投资有助于缩短项目前期准备时间，加快推进项目进程，促进基础设施建设；央企资金的进入带来了更多低成本资金，降低项目融资成本，提升行业投资能力；三方投资者划分明确，责权利统一。

h. 方案缺点。项目难以吸引社会投资者，政府财政负担较重且承担较大风险；三地主桥投资分摊比例复杂，或需要很长时间，协调工作量较大。

② 备选融资方案二——主桥三地范围内各自融资建设、统一设计

a. 协调机制。中央政府牵头，联合三地政府组建协调领导小组。

b. 投融资范围。口岸设施及连接线工程由三地政府各自负责，三地分别负责各自范围内大桥的投融资和建设。

c. 投资人构成。内地部分为央企，联合广东等地有关机构或部门。

d. 投资人选择方式。全部指定或者公开招标。

e. 资本金构成。内地资本金（含中央政府补贴）占51%，其余两地资本金占49%。

f. 方案前提条件。三地政府就交通管理政策和收费分配比例达成一致，整个项目进行统一设计，各地分别以统一的标准进行建设。

g. 方案优点。减少政府投资、补贴，减轻政府财政负担，提高项目投资回报率；法律适用简单，有助于进行快速决策，不存在跨境建设和管理等问题，便于关系协调；三地责任明晰，统筹协调，风险可控，有利于提高建设项目资金到位率。

h. 方案缺点。内地承担投资比重较大；主桥工程分割加大了协调管理和利益分配难度；若港澳不参与分配主桥部分的收费收入，易导致其在财政投资方面存在较大资金压力。

③ 备选融资方案三——主桥BOT、统一建设、国内招标

a. 协调机制。中央政府牵头，联合三地政府组建协调领导小组。

b. 投融资范围。口岸设施及连接线工程由三地政府各自负责，桥隧主体工程进行BOT招标。

c. 投资人构成。内地投资者为主要投资人。

d. 投资人选择方式。公开招标。

e. 资本金构成。内地资本控股。

f. 方案前提条件。三地政府须对建设管理模式、交通政策、收费政策、监管政策的

边界条件达成一致。

g. 方案优点。主桥采用 BOT，引入社会资本，融资的所有责任转嫁至私人企业，减少了政府主权借债和还本付息的责任；政府可以避免大量的项目风险，一定程度上分散项目投资风险，降低大桥整体造价水平；拓宽项目资金来源，促进融资渠道多元化，减轻三地政府财政负担，缓解政府财政压力，为社会资本提供投资机会；通过引进社会资本参与项目建设，加深社会资本对项目的理解程度，且社会资本先进的管理经验和技术有助于提升基础设施项目的资金利用效率，以及项目建设管理效率，加快项目建设进度。

h. 方案缺点。项目分割后，降低了社会资本进行多种商业受益的可能性，影响社会资本的积极性；项目前期准备时间较长。

④ 备选融资方案四——主桥 BOT、统一建设、国际招标

a. 协调机制。中央政府牵头，联合三地政府组建协调领导小组。

b. 投融资范围。口岸设施及连接线工程由三地政府各自负责，桥隧主体工程进行 BOT 招标。

c. 投资人构成。无具体要求。

d. 投资人选择方式。公开招标。

e. 资本金构成。无具体比例要求。

f. 方案前提条件。三地政府须对建设管理模式、交通政策、收费政策、监管政策的边界条件达成一致。

g. 方案优点。主桥采用 BOT，促进政府管理改革，政府可实现融资风险的转移，缓解地方政府在基建投资中的债务压力，避免承担大量的项目风险；通过引进社会资本参与投资建设，拓宽政府投资项目融资渠道，有利于发挥社会资本的管理优势，提升公共基础设施运营效率和项目运作效率；政府与社会资本共同参与，共担风险，提高社会资本参与的积极性，拓宽社会资本的投资领域，活跃民间资本，促进投资主体的多样化；社会资本在项目前期即可参与，有利于充分利用社会资本的先进技术和管理经验。

h. 方案缺点。对于政府而言，确定社会资本有一定难度，而且在合作中要负有一定责任，增加了政府风险负担；项目分割后，降低了社会资本进行多种商业受益的可能性，影响社会资本参与积极性；前期准备时间较长。

⑤ 备选融资方案五——项目全部政府投资、统一建设、政策支持

a. 协调机制。中央政府牵头，联合三地政府组建协调领导小组。

b. 投融资范围。口岸设施、连接线以及桥隧主体工程。

c. 投资人构成。无具体要求。

d. 投资人选择方式。公开招标。

e. 资本金构成。无具体比例要求。

f. 方案前提条件。三地政府须对建设管理模式、交通政策、收费政策、监管政策的边界条件达成一致；政府的相关支持政策要足以吸引社会投资者。

g. 方案优点。项目整体采用公开招标方式，可最大限度吸引社会资本的参与，极大降低政府财政压力。

h. 方案缺点。政府过度负债；项目前期准备工作周期长；社会资本方选择难度大；项目存在招标失败的可能性；政府规制成本较高。

3）融资最终决策方案

① 资本金融资方案

大桥工程包括主体工程和连接线、口岸工程两部分，全部投资约 1100 亿元人民币，由粤港澳三地政府担任投资主体投资兴建，确立"政府全额出资本金"的融资方式。项目资本金融资方案见表 8-4。

某项目投融资最终决策方案 表 8-4

序号	项目类别	具体内容
1	投融资范围	口岸设施及连接线工程由三地政府各自负责，桥隧主体工程由三方合作共同建设
2	总投资额	桥隧主体工程总投资约 374.5 亿元
3	项目性质	政府出资，收费还贷公路
4	投融资模式	三地政府全额出资本金，资本金以外部分由三方共同组建的项目管理机构通过贷款解决
5	资本金	157.3 亿元
6	资本金比例	42%
7	三地资本金	香港：67.5 亿元，占资本金 42.9%； 澳门：19.8 亿元，占资本金 12.6%； 内地：70 亿元，其中广东 47.2 亿元、中央政府 22.8 亿元，共占资本金 44.5%。
8	资本金分摊原则	经济效益费用比

② 资本金以外部分融资方案

结合三地政府征集的银行反馈信息，综合考虑方案利弊，确定项目资本金以外部分资金筹措方案为：

a. 项目建设期所需资金采用银团贷款解决。

b. 项目运营初期现金流部分由三地政府提供支持或采取承诺等形式获得银行短期贷款/循环贷款。

4）项目点评

① 投融资模式决策一直是基础设施项目前期重大决策之一，关系到整个项目前期决策和建设管理的成败。该项目融资规模较大，单一银行出于规模、资本金、周期、风险等因素的考量，完全承接存在难度，因此考虑联合多家银行组团给该项目进行贷款，有助于分散资金风险。

② 项目特点除了超大型工程所普遍具有的规模大、工期紧、难度高、风险大等共性外，还具有社会关注度高、三地政府共建共管、采用设计施工总承包模式等特点，以及白

海豚保护区、复杂的通航环境、工期及接口限制等限制条件。

③ 项目在融资决策阶段确定了 5 个可供选择的融资方案。每个方案内容包括项目投资责任划分，项目公司组建、建设、运营管理模式，三地政府协调方式四个方面。方案制定基于项目前期的准备工作和各重要影响因素的分析。

④ 政府出资融资成本低于 BOT 融资成本。社会资本资金来源于银行等金融机构贷款，且社会资本以追求商业利润为宗旨，项目整体采用 BOT 方式的成本必将超过政府出资并直接向贷款融资的成本。同时，由政府出资建设该项目的优势还在于能够以整体社会及经济效益来考虑问题，对大桥的收费具有更大的控制权，从而保证项目的公益性。

（2）政府与市场相结合投融资（PPP＋银行贷款）

1）项目概况

江苏××县生态湿地旅游示范区项目位于江苏省北部某县，PPP 合作范围的规划占地面积为 6423 亩。基地北至深圳西路，南至松江路，东至静韵河，西至淮沭新河。项目周边市政设施齐全、交通便利、环境整洁，建设条件良好。该县人民政府授权当地旅游局作为该项目实施机构。

项目主要由"四园一环一带一配套"的生态旅游功能结构以及休闲配套等若干子项目组成：

① 四园：森林公园、湿地互动乐园、百香花卉园、南湖公园；

② 一环：金水河及环城水系，将打造成滨水特色游览环线；

③ 一带：淮沭新河滨河景观带，将打造一条万国风情苗木生态科普教育长廊；

④ 一配套：包括花街工坊商业街、温泉养生酒店等旅游配套。

2）项目总投资

项目总投资估算 199745 万元，其中 BOT 合作范围的投资估算 164625 万元、BOO 合作范围的投资估算 35120 万元，具体如下：

① BOT 部分（表 8-5）

BOT 部分投资估算汇总表　　　　　　　　　　　　　　　表 8-5

BOT	用地面积（亩）	总投资（万元）	单位造价（元/平方米）
森林公园	2612	79729	458
湿地公园	1270	38433	454
百香花卉公园	709	20534	434
南湖公园（提升改造）	593	6104	154
环城水系及金水河水系	750	7964	159
新河滨江及水利工程	441	11861	403
合计	6375	164625	

② BOO 部分（表 8-6）。

BOO 部分投资估算汇总表　　　　　　　　　　　表 8-6

BOO	用地面积	建筑面积(平方米)	总投资(万元)	单位造价(元/平方米)
国际月子会所		20000		
温泉养生酒店	48 亩	20000	35120	7804
花街工坊		5000		

3）项目融资方案设计

① 项目公司的设立

鉴于该项目 BOT 部分、BOO 部分的合作期限不同、运营内容不同、股东权益不同，拟设立 2 家项目公司，分别运营本 PPP 项目的 BOT 部分、BOO 部分。

由该县政府授权某公司作为政府出资代表人，与中标社会资本方共同出资，分别设立项目公司 1（以下简称"SPV1"）、项目公司 2（以下简称"SPV2"）。2 家项目公司均是依法设立的自主运营、自负盈亏的具有独立法人资格的经营实体。

② 项目公司 1——SPV1

a. 经营范围。负责本项目 BOT 部分的整体投资、建设、运营与维护，经营范围包括森林公园、湿地互动乐园、百香花卉公园、南湖公园等公园景区的整体运营，以及环城水系、金水河、淮沭新河等水系及景观带运营与维护。

BOT 部分合作期满后，由项目公司 SPV1 将 BOT 部分的项目资产无偿移交给项目实施机构或政府指定机构。

b. 资本金筹措。SPV1 的注册资本金为 49387 万元，其中政府方出资 14816 万元，股权占比 30%；中标的社会资本方出资 34571 万元，股权占比 70%（表 8-7）。

BOT 部分的资金筹措及资金使用计划表　　　　　　表 8-7

序号	项目类别	建设期(年)					合计
		1	2	3	4	5	
一	项目总投资(万元)	23268	55243	49765	36350		164625
1	项目建设投资(万元)	22806	53214	45612	30408		152039
1.1	投资比例	15%	35%	30%	20%		100%
2	建设期贷款利息(万元)	462	2029	4153	5942		12586
二	项目资金筹措(万元)	23268	55243	49765	36350		164625
1	项目资本金(万元)	7408	17285	14816	9877		49387
1.1	政府方出资(万元)	2222	5186	4445	2963		14816
1.2	社会资本出资(万元)	5186	12100	10371	6914		34571
2	银行贷款本息(万元)	15860	37958	34948	26472		115238
2.1	贷款本金(万元)	15398	35928	30796	20530		102652
2.2	贷款利息(万元)	462	2029	4153	5942		12586

c. 政府方股权权益。

经营参与权：具有经营管理参与权、股东投票权，但不具有实际控制权及管理权。

一票否决权：政府方股东对涉及环境安全、公共利益、国家利益的经营方针决策、事项拥有一票否决权。

权益分成：由于BOT部分盈利能力一般，合作期内无法实现收支平衡，为降低财政补贴压力，政府方股东不参与SPV1的权益分成。

③ 项目公司2——SPV2

a. 经营范围。负责本PPP项目BOO部分的整体建设、运营和维护，经营范围包括旅游配套设施的运营。

b. 资本金筹措。公司注册资本金为10536万元，其中政府方出资3161万元，股权占比30%；中标社会资本方出资7375万元，股权占比70%（表8-8）。

BOO部分的资金筹措及资金使用计划表 表8-8

序号	项目类别	建设期(年)					合计
		1	2	3	4	5	
一	项目总投资(万元)			6823	10517	17781	35120
1	项目建设投资(万元)			6685	10028	16713	33426
1.1	投资比例			20%	30%	50%	100%
2	建设期贷款利息(万元)			137	489	1068	1694
二	项目资金筹措(万元)			6823	10517	17781	35120
1	项目资本金(万元)			2107	3161	5268	10536
1.1	政府方出资(万元)			632	948	1580	3161
1.2	社会资本出资(万元)			1475	2213	3688	7375
2	银行贷款本息(万元)			4715	7356	12513	24584
2.1	贷款本金(万元)			4578	6867	11445	22890
2.2	贷款利息(万元)			137	489	1068	1694

c. 政府方股权权益。

经营管理权：具有经营管理参与权、股东投票权，但不具有实际控制权及管理权。

权益分成：基于控制暴利的原则，设置超额收益分配机制；当BOO部分内部收益率小于超额收益率12%时，政府方按同股同权参与权益分成；当内部收益率大于12%时，超额部分利润，按1:1比例与社会资本分成。

④ 项目资产形成

项目建设期的建设投入、运营期内资产更新重置及升级改造等的投资，形成项目资产。

⑤ 项目融资方式

项目融资采用结构化方式运作。

项目融资资金由社会资本方解决，政府方不为该项目提供融资担保。

政府方鼓励社会资本方积极创新项目融资模式，降低项目融资成本，若未来项目公司不能顺利完成项目融资，社会资本方应采取股东贷款、金融机构贷款、补充提供担保等方式以确保项目公司的融资足额到位。

⑥ 融资成本

项目融资额中，项目整体财务费用成本为 6%。

4）项目点评

① 项目参与方协调难度大，对社会资本的要求高

我国旅游资源丰富且独具特色，但在旅游业项目开发中的投融资普遍存在供给不足的严重问题。PPP 旅游类项目，普遍具有建设内容复杂、项目类型多样、建设规模大、总投资金额巨大等特点，生态资源与旅游资源的协调难度大，对社会资本方在运营、融资与建设统筹能力方面具有较高的要求，小企业很难承接。需要注意的是，PPP 通常会将各项目一起打包，如一个 PPP 项目会包括土建、装饰、园林等，只有具备总承包资质的企业才能承接 PPP 项目。因此，资质齐全、资金实力雄厚的大型企业如央企、国企、大型上市民企等往往更有竞争优势。

② 项目投资额通常巨大

项目总投资估算 199745 万元，项目融资一旦出现风险，各参与方均将面临严重的损失。

③ 项目杠杆融资比例高

今年以来金融监管趋严，融资环境趋紧，企业融资成本逐渐提高。本项目融资采用结构化方式运作。项目发起人在组建 SPV 阶段，引入银行等金融机构参与资本金注入，在成立 SPV 后，再次通过借入贷款等方式融资，提高杠杆融资比例，相应放大了风险的潜在损失。

④ 其他注意点

该类项目 PPP 模式的运作策划，需重点关注项目 PPP 运作方式、回报机制、投融资结构的设计。为提高项目对社会资本方的吸引力，政府方在项目推进前期，十分注重项目盈利点的策划，同时通过各项政策保障、财政补贴等方式，对本项目的盈利创收能力进行保障，以推进 PPP 项目的顺利落地。

（3）政府与市场相结合投融资（PPP＋产业基金）

1）项目概况

某轨道项目总投资 250 亿元，拟采用"股权融资＋特许经营"模式引入社会资本。某社会资本（央企）与产业基金以联合体竞标该项目，获得标的，最终确定本项目的投融资模式为"PPP＋EPC＋产业基金＋土地综合开发"，交易结构及流程如图 8-6 所示。

2）操作流程

① 社会资本旗下 A 基金公司与某信托公司所属子公司签署《框架合作协议》，设立有限合伙基金管理公司，并规定基金管理公司的国有股权不超过 50%。

② 某信托公司通过《信托合同》发起设立集合资金信托计划，其中，外部投资者认购 80% 作为优先级，社会资本旗下 B 工程公司和政府/政府授权机构共同认购 20% 作为劣后级。

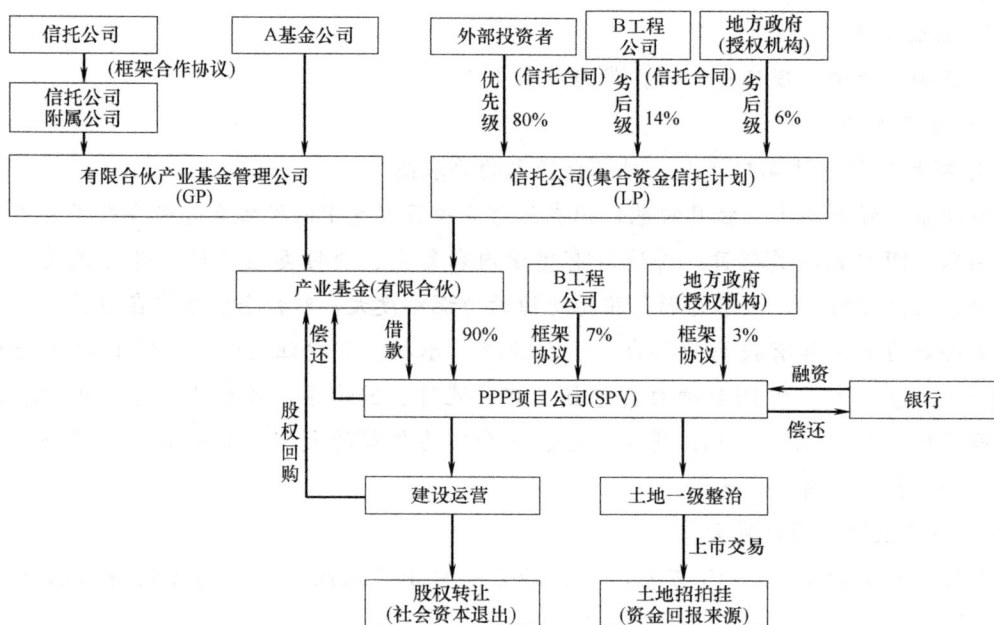

图 8-6　有限合伙型 PPP 产业基金

③ 有限合作基金管理公司作为普通合伙人（GP），该信托公司接受信托计划投资者的共同委托作为有限合伙人（LP），双方签署《合伙协议》，设立有限合伙产业基金公司。

④ 产业基金、社会资本旗下 B 工程公司和政府/政府授权机构三方签署《框架协议》，共同组建 PPP 项目公司（SPV），产业基金以股权形式介入项目公司，参与项目施工、建设，并对项目公司享有绝对控股。

⑤ PPP 项目公司（SPV）负责项目建设运营、土地一级整治以及银行贷款承诺，土地整理综合收益作为项目回报资金来源。

3）项目融资方案设计

① 股权。原始股权结构为社会资本 70%、政府方 30%。产业基金通过增资扩股后股权结构变更为政府方 3%、社会资本 7%、产业基金 90%。

② 融资。项目资本金 40%，社会资本引入产业基金，除原始股东出资外，由产业基金以股权和股东借款投入，其余为银行贷款。项目资本金筹措见表 8-9。

项目资本金筹措　　　　　　　　　　　　　　　　　表 8-9

序号	项目	产业基金	社会资本	政府	合计
1	初始注资（万元）		2100	900	3000
2	基金股权投入（万元）	21600	3780	1620	27000
3	基金债权计入（万元）	776000	135800	58200	970000
4	合计	797600	141680	60720	1000000

③ 收益。资金回报来源为土地综合开发收益。社会资本获得平均资金回报水平，超

额收益由社会资本与政府共享。产业基金优先级 LP 收益率 9%，社会资本和政府双方作为劣后 LP 联合增信。

④ 退出机制。产业基金在运营期 3 年内均匀退出，社会资本与政府方共同购买产业基金的股权。社会资本在运营期第三年末增持至 20% 股权，参与轨道项目运营，特许经营期结束后，股权有偿转让给政府方，社会资本完全退出。

4) 项目点评

产业基金作为一种融资媒介，具有门槛低、筹集时间灵活、资金规模大等优点，更适合 PPP 项目巨大的资金需求，注重的是未来产业的成长性与权益性。与传统的 PPP＋银行贷款模式相比，不太注重当前的损益，PPP＋产业基金融资方案具有如下特征：

① 杠杆效应显著。项目总投资 250 亿元，社会资本和政府实际出资仅占总投资 14% 和 6%，低于该项目要求的 40% 的资本金投入，以较少的自有资金撬动了 250 亿元的基础设施投资，投资门槛低，资金量充裕。产业基金作为一种创新的融资渠道，可以充分吸纳社会闲散资金，投入到轨道交通等基础设施行业，规避投资的资金进入壁垒问题。

② 项目融资成本低。社会资本在项目资本金融资阶段引入产业基金，在此阶段，可实现与金融机构协商一揽子融资方案，有助于实现降低项目整体融资成本的目标。

③ 表外融资优化 PPP 项目融资结构。产业基金持有 90% 股权，绝对控股项目公司，社会资本和政府双方实现表外融资，避免了融资过度集中于银行和过高的资产负债率对公司再融资能力的负面影响，优化项目融资结构。

④ 项目公司负债率提高。产业基金以债权形式投入 PPP 项目公司的资金会提高项目公司的负债率，需要在项目融资时征得贷款银行的同意。

8.3　建设工程相关法务咨询

建设工程法务咨询服务，可以是为建筑企业经营、内部管理所需提供的服务，也可以是对外（其他企业）提供的相关法务咨询服务。一般包括：

① 提供法律咨询服务；

② 审查、制定合同文本；

③ 化解企业与其客户之间的纠纷；

④ 参与商业谈判；

⑤ 出具法律意见；

⑥ 提供法律培训；

⑦ 劳资争议解决；

⑧ 工程司法鉴定。

建设工程法务咨询服务通常由相关的法律事务所提供，也可以由相关的具备条件的综合性工程咨询机构提供。综合性工程咨询机构的长处在于紧密结合工程实际，熟悉市场规律、熟悉相关的合同，也熟悉其他相关的法律法规和行业规范、行业惯例，也有工程技术人员可以提供专业技术支撑，因此，从事前防范和化解纠纷的角度来说，综合性工程咨询机构可以提供合适的法务咨询服务。本节从案例分析的角度出发，主要论述建设工程法务咨询服务内容之一的建设工程司法鉴定的实务。

8.3.1　建设工程司法鉴定的原则和程序

建设工程司法鉴定是指：运用建设工程的理论和技术，对与建设工程相关的问题进行鉴定。其主要内容包括：建设工程质量类鉴定、建设工程造价类鉴定等。

（1）建设工程司法鉴定的原则

建设工程司法鉴定应遵循依法鉴定原则、独立鉴定原则、客观鉴定原则、公正鉴定原则。同时，应遵守职业道德和职业纪律，尊重科学，遵守建设领域有关的标准、技术文件要求。

（2）建设工程司法鉴定的程序

在建设工程司法鉴定的实务中，各地的工作流程基本一致。一般实务程序包括：接受法院委托，组建鉴定小组，开展鉴定调查，分析资料，提出鉴定意见，征询原告与被告的意见，提出最后鉴定意见供法院参考，资料归档，如图8-7所示。

建设工程司法鉴定实行鉴定人负责制度。司法鉴定人应当科学、客观、独立、公正地进行鉴定，并对作出的鉴定意见负责。

司法鉴定机构受理鉴定委托后，应指定本机构中具有该鉴定事项执业资格的司法鉴定人进行鉴定。司法鉴定机构对同一鉴定事项，应指定或者选择不少于2名司法鉴定人共同进行鉴定。对疑难、复杂或者特殊的鉴定事项，可以指定或者选择多名司法鉴定人进行鉴定。

司法鉴定人应实行回避制，应回避而不自行回避的，委托人、当事人及利害关系人有权要求其回避。

委托的鉴定事项完成后，鉴定机构应指定机构内专人进行复核。复核人员对该项鉴定的实施是否符合规定的程序、是否采用规定的技术标准和技术规范等情况进行复核，复核后的意见，应当存入同一鉴定档案。复核后发现有违反相关技术规范规定情形的，司法鉴定机构应予以纠正。

8.3.2　建设工程质量类鉴定

建设工程施工阶段质量鉴定

建设工程在施工阶段出现质量问题或事故，一般处理流程：初步调查、查阅相关资料，确定鉴定方案→现场勘验→复核验算、查明质量问题的原因→提出处理方案→出具鉴定意见。

一般来说，在初步调查阶段，需要查阅的资料包括但不仅限于：工程地质勘察报告、经审查合格的施工图设计文件、相关的设计计算书，设计变更联系单、分部分项工程验收记录、涉及结构安全和主要使用功能的分部分项工程的检验资料、建设工程材料进场复验

建设工程司法鉴定工作流程图

委托人（法院）	鉴定机构	原告方	被告方

接受、制定委托鉴定函 ← 提交 — 提出鉴定申请 或 — 提出鉴定申请

发出 →

鉴定资料 — 提供 → 根据法院委托函组建鉴定小组

熟悉资料制定鉴定方案

要求补充资料（必要时）

现场踏勘（必要时）← 配合 ← 配合

分析资料

初步沟通 ← 初步鉴定

征询意见稿 ← 反馈意见 ← 反馈意见

鉴定意见书 ← 提交 — 出具鉴定意见

参加（必要时）

开庭审判 ← 参加 — 出庭 — 出庭

宣判   资料归档

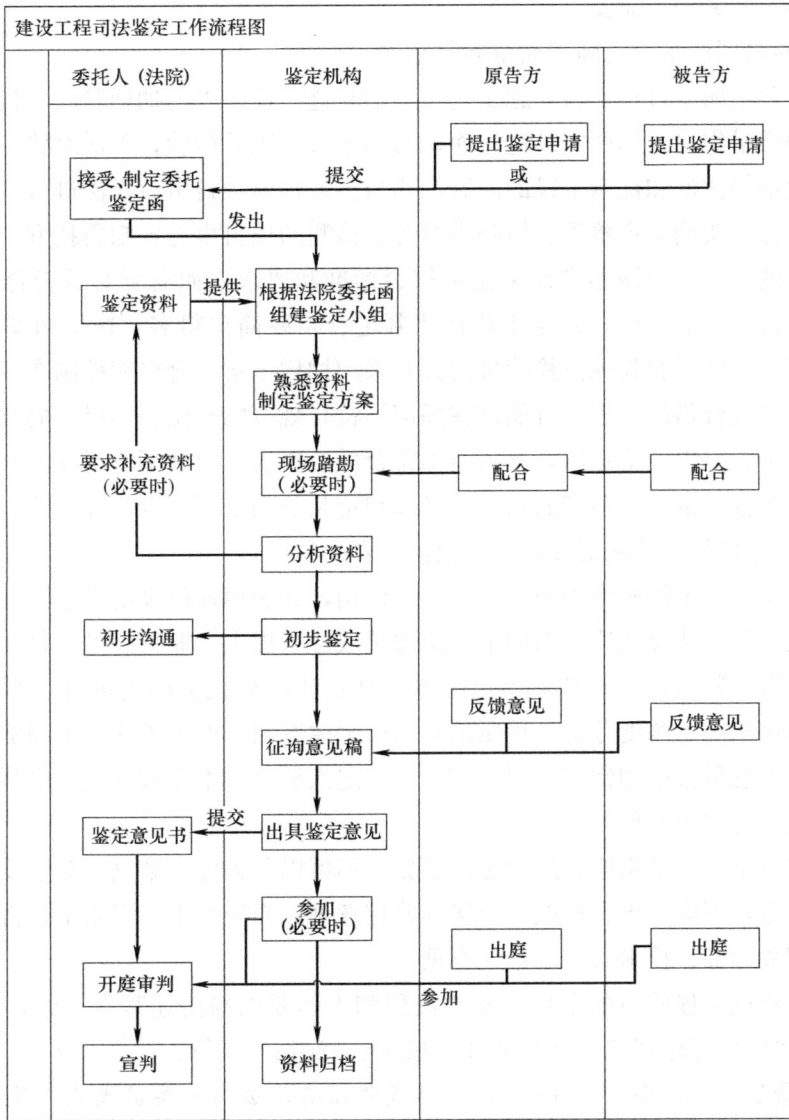

图 8-7　司法鉴定的一般程序

报告、给水排水资料、管线资料、环境条件资料、质量事故及质量纠纷详细情况报告及其他相关资料。

现场勘验一般是指对有质量问题和质量纠纷的建设工程材料或实体等，按现行规范进行抽样或全部抽样检测。需要注意的是，如需进行微破损和破损检测时，应事先向委托人释明。

复核验算是根据施工图设计文件、设计计算书、施工技术资料、检验报告、现场勘验记录及其他相关资料等，按现行相关标准、规范、规程进行复核验算，进而从勘察、设计、施工、所选用材料设备、环境条件等方面进行综合分析，查明质量问题的原因。

针对查明的原因，根据相关标准，提出处理方案。

在司法鉴定实务中，需要注意：

1）工程质量司法鉴定与施工质量验收不同

施工质量验收属于过程检验，施工过程中随时进行检验批的抽样验收，最后对单位工程或分部工程质量作出整体评定结论；而司法鉴定属于现状检验，无法对施工过程进行鉴定。受检验批抽样比例和检测手段的限制，相当多的检验项目事后无法进行复查。因此鉴定时，应让委托方明确鉴定事项，检测手段无法检测的项目事先告知委托方。

鉴定意见的形式应为该鉴定对象是否符合标准和要求，如需要对是否合格进行判定时，应慎重对待。一般来说，判定不合格比判定合格要简单得多。这里面就存在一个问题，建设工程施工质量验收规范检验批的验收采用抽样方案，合格率控制在一定概率范围内。因此即使验收合格的工程也可能存在局部不符合规范的部位和项目。局部可能存在质量问题，而当事人提出的鉴定内容就可能不符合规范要求，但是不能据此说整个工程不合格。因此，从工程质量司法鉴定的角度，可以判定某项问题不符合标准或要求。

2）分清鉴定机构和法院责任，不可混淆二者的权限

工程质量司法鉴定机构作为中立的第三方机构，其法律地位决定了它没有任何审判的权力。鉴定机构只是法院或法官的助手，给法院或法官提供专业的意见，是从专业技术角度对工程质量进行判定，并且技术鉴定内容必须在法院委托范围内进行，不可超范围鉴定。鉴定机构仅从技术角度分析工程质量问题产生的原因，而不去评价工程责任问题，应由法院根据鉴定意见去审理判定。简而言之，鉴定人员是技术专家证人，应分清与法官的责任划分，且不可"以鉴代判"。

鉴定机构鉴定最终结果应表述为鉴定意见，不可以称为鉴定结论。对建设工程施工质量进行司法鉴定，不应作出合格或不合格的鉴定意见，而应作出工程质量是否符合施工图设计文件、相关标准、技术文件的鉴定意见。

对于既有建设工程质量的鉴定，基本流程和工作要求与前述基本一致，具体可参照《建设工程司法鉴定程序规范》（SF/Z JD0500001—2014）执行。

【案例背景】 2008年2月15日，某建设集团有限公司与某区大众医院签订了一份《建设工程施工合同》，合同约定某区大众医院将其投资建设的门诊综合楼工程，发包给某建设集团有限公司施工。此门诊综合楼层数为4层，采用现浇钢筋混凝土框架结构，鉴定范围为四层墙体。该建筑四层墙体承建方是某建设集团有限公司（被告），四楼部分外墙及内隔墙体工程分包给另一家小型施工企业（原告）承建。原告诉被告建设工程施工合同纠纷一案，诉讼中，被告提出对涉案部分工程的墙体质量是否符合国家规定的强制性标准进行鉴定。

【鉴定情况】 司法鉴定专业技术人员到该涉案工程了解工程建设过程及使用历史，期间当事人双方代表及律师均到现场，并在某区第一人民法院法官的见证下，各方均已回答鉴定人调查中所提的问题。现场采用观察、开凿、砖抗压强度回弹法、砂浆抗压强度贯入法进行检测，并对墙体裂缝进行详细登记、描述。综合各项检测结果，基本查清了该建筑四层墙体的现状质量情况，并给出了砖抗压强度回弹法检测结果、砂浆抗压强度贯入法检

测结果及墙体现状检测结果。

【鉴定分析】 检测发现，该建筑四层内隔墙多处出现墙体裂缝情况，经开凿检查发现柱与墙连接处无拉结、板与墙连接无拉结、梁与墙连接无拉结，转角墙未设置构造柱，且非承重墙体未按规范要求优先采用轻质墙体材料，墙体砂浆抗压强度低。填充墙裂缝有四个方面的原因：填充墙使用的砌块线膨胀系数不同，填充墙自身砌块材料自干缩性的影响，填充墙砌块龄期不够，施工因素的影响。

【鉴定意见】 经现场检测及分析表明，填充墙裂缝、墙体连接处未设置拉结及转角处未设置构造柱等构造措施不符合《建筑抗震设计规范》（GB 50011—2010）及《砌体工程施工质量验收规范》（GB 50203—2011）相关规定；非承重墙体未按规范要求优先采用轻质墙体材料，墙体砂浆抗压强度低，砂浆饱满度达不到标准，不符合《建筑抗震设计规范》规范规定要求。综上所述，某区大众医院门诊综合楼工程墙体质量不符合国家规定的工程建设强制性条文标准要求。

【处理建议】 在投入使用过程中，墙体产生的裂缝已影响到正常使用，对产生裂缝的墙体采取相应的修复措施，对未设拉结措施的柱与墙、梁与墙、板与墙连接处设置相应的拉结构造措施，对墙角处增设构造柱等措施。

8.3.3　建设工程造价类鉴定

建设工程造价鉴定除应遵循依法鉴定、独立鉴定、客观鉴定、公正鉴定等原则，还应遵循从约原则和取舍原则。由司法机关委托的工程造价鉴定，鉴定资料的真实性和有效性应由司法机关进行质证认定。

（1）建设工程造价鉴定

建设工程造价鉴定主要流程：由司法机构委托工程造价鉴定，司法鉴定人按照规定收集相关的鉴定资料，司法鉴定人在熟悉鉴定资料的基础上，提出鉴定方案，进行案情调查和必要的现场勘查，根据原告与被告双方的合同约定，计算工程量和确定工程造价，完成受鉴项目的初稿，交原告与被告双方征求意见，原告与被告双方对初稿提出异议，司法鉴定人给出回复意见，若原告与被告提供相应依据或证据，司法鉴定人应对征求意见稿进行调整后形成正式意见。

司法鉴定人在认真研究鉴定资料熟悉案情基础上，根据受鉴项目投标文件、施工总包合同、分包合同、工程签证、工程联系单及其补充协议等相关资料，提出鉴定方案。

鉴定方案内容应包括鉴定的依据、采用的标准、案情调查的工作内容、鉴定技术路线、工作进度计划及需由当事人完成的配合准备工作等。

在司法鉴定过程中，以下特殊情形的处理方式：

1）施工合同对受鉴项目计价方法或者计价标准约定不明或没有约定的，司法鉴定人可参照受鉴项目施工合同履行期间适用的工程造价计价依据确定受鉴项目工程造价。

2）因发包人或者承包人提出受鉴项目变更，导致受鉴项目的工程量或者质量标准发生变化，当事人对该部分工程价款不能协商一致的，可参照受鉴项目施工合同履行期间适用的工程造价计价依据确定该部分工程价款。

受鉴项目施工合同无效，但受鉴项目经竣工验收合格，司法鉴定人应参照受鉴项目施工合同对计价方法和计价标准的约定确定受鉴项目造价。

3）受鉴项目施工合同终止履行的，应根据承包人已完成的工程量，按受鉴项目施工合同约定的计价方法和计价标准或受鉴项目施工合同履行期间适用的工程造价指导性计价依据，制定科学、客观、公正的鉴定技术路线，确定工程造价。

以下结合案例进行分析说明。

【案例 1】

（1）项目背景

某市 A 房地产有限公司（以下简称发包方）开发某住宅小区，建筑面积约 11 万平方米，2004 年 3 月经过公开招标，确定由某建筑安装工程有限公司（以下简称承包方）中标。中标金额为 19000 万元，下浮率为 9%。于 2004 年 5 月 10 日签订了一份《建设工程施工合同》，并到市建设工程管理局进行了合同备案（下称备案合同）。合同约定由承包方承建施工图纸范围内的全部土建安装工程，质量标准要求合格。合同工期约定总日历天数为 670 天。合同价款及调整约定：采用可调价格合同，合同价款调整方法为双方另行协定，按协议条款执行。

双方在 2004 年 5 月 26 日又另行签订了施工补充协议。补充协议对工程质量标准、合同工期、价款结算方式及下浮率等都作了另行约定。补充协议约定总工期为 600 天，并对各栋楼的开竣工日期作了详细的规定。如果达不到相应要求，将对承包方每延误工期一天予以罚款 3 万元。质量方面要求，双方约定确保一幢评上某市质量协会颁布的优质质量工程奖。如果未评上，将扣罚承包单位 50 万元质量履约保证金。工程造价结算约定按承包方第二次投标土建工程计价一览表和水电工程计价一览表收取，没有列上的费率标准将来在结算时不予计入。信息价按照某市建设主管部门造价信息管理站发布的信息价，按施工期前一个月信息价 85% 计入。双方还约定对 2004 年 6 月 15 日后工程造价政策性文件的变动不作调整。协议中写明承包方同意按工程总造价下浮 13% 进行结算。

该工程于 2004 年 9 月开工，2006 年 7 月通过竣工验收。双方在结算审核过程中发生了较大的分歧，2006 年 11 月承包方将发包方诉至工程所在地中级人民法院，要求按备案合同的相关约定结算工程价款。

（2）争议焦点

在司法鉴定过程中，承发包双方站在各自的立场上，针对本工程的实际情况各抒己见，主要的争议焦点如下：

1）造价鉴定原则。承包方认为应按照备案合同的相关条款进行造价鉴定；而发包方认为应按照补充协议进行鉴定。其中主要涉及人工工日单价、下浮率、材料价格等的确定。

2）劳动保险费。承包方认为应按照某市的规定 3.15% 计取，而发包方认为应按照承包方的投标费率 2.2% 计取。

3）施工现场部分临时围墙被台风刮倒。承包方认为台风属于不可抗力，所造成的经济损失应由发包方承担；发包方认为临时围墙是承包方为了管理使用的，台风将临时围墙刮倒说明临时围墙的搭设存在质量问题，不应该由发包方承担费用损失。

（3）鉴定分析

1）造价鉴定原则。承包方认为补充协议对备案合同的实质性内容进行了重大变更，根据最高人民法院《关于审理建设施工合同纠纷案件适用法律问题的解释》第二十一条之规定"当事人就同一建设工程另行订立的建设工程施工合同与经过备案的中标合同实质性内容不一致的，应当以备案的中标合同作为结算工程价款的根据"认定补充协议无效，相关的价款结算方式应按照备案合同进行鉴定。而发包方认为，应该按补充协议进行鉴定。发包方指出，在承包方自行提供的送审结算中就是按照补充协议进行的，特别是下浮率。而对于工期奖罚和质量奖罚，承包方都是有过承诺书的，是其真实意思的表示，是有效的。即使按备案合同执行，工程价款的结算方式也应该按补充协议执行，因为在备案合同中明确"合同价款调整方法为双方另行协定，按协议条款执行"。补充协议是对备案合同的补充，与备案合同的价款结算方式没有冲突。

鉴定人员在详细翻阅了鉴定资料后发现，其实发包方于2003年12月首先进行了内部的邀请招标，招标方式为费率招标。在初步确定了承包商后，2004年5月才进入招标市场进行公开招标。由于法院的委托书上面没有明确是否以备案合同为鉴定原则进行鉴定，鉴定人员为了便于法院的裁定，给出了两个鉴定意见供法院参考。一个是以备案合同为鉴定原则，即备案合同的可调价格合同进行鉴定的，下浮率为9％，材料价格按照合同开竣工日期的平均价进行确定；人工工日单价按照市有关文件进行了调整；费率按国家规定的相应费率计入。另一个是按照补充协议的有关规定进行鉴定的，按照承包方送审结算的下浮率13％进行审价；材料价格按照某市建设主管部门造价信息管理站发布的信息价，按施工期前一个月信息价80％计入确定；人工工日单价按照按2004年6月15日之前的省市有关规定执行，未进行调整；费率按内部招标时的投标费率计入。鉴定人员在鉴定报告中明确表示，以上两个鉴定意见都未考虑工期和文明工地的罚款。由法院根据相应的法律条款进行裁决。

2）劳动保险费。承包方认为该项费用属不可竞争费，应按某市的规定3.15％计算（土建工程）。而发包方认为承包方在公开招投标和内部邀请招标中都是按2.2％（土建工程）投标的，应视为自行让利，应该按承包方的实际投标费率计算。鉴定人认为在公开招投标中，承包方将该项不可竞争费以2.2％投标，本身就涉嫌违规了，但是发包方仍将其确定为中标人，而且中标通知书上的下浮率是以标底为基础进行计算的，因而第一个鉴定意见即备案合同约定按实结算时，应按照该承包方按照某市的标准3.15％计算。而第二个鉴定意见，是以补充协议为依据的，则所有的费率都应该按照承包方当时的投标费率执行，即2.2％。由法院根据相应的法律条款进行裁决。

3）施工现场部分临时围墙被台风刮倒。承包方提供的施工合同中约定，台风是属于不可抗力，所产生的损失应由发包方承担。现场围墙的总长度为1065米，承包方提出被台风刮坏的围墙长度为876米。鉴定人员到现场后发现，损坏的围墙已经被修复，已经无法确定其损坏的工程量。鉴定人员去周边走访了解到那次台风的确产生了较大影响，周边其他工地的确也有损坏的迹象。鉴定人员根据收集到的资料，经与双方沟通，给出相应解决方案，如考虑到临时围墙可能存在的质量问题，在工程量上予以核减计算；同时，考虑到临时围墙基础可以重复利用，临时围墙基础不再重新计算等等。该方案使得原告与被告双方的损失都降低到最低，此项争议得到圆满的解决。司法鉴定人员在鉴定过程中，加强与原告与被告双方间的沟通，将原告与被告的争议尽可能予以化解。

鉴定人经过客观、公正、独立的分析，并与双方当事人征求意见后，于2007年3月出具了鉴定报告。在庭审质证时，根据双方提出的异议，鉴定人客观公正地阐述了鉴定的原则和依据，并向法庭一一作出了解释，得到了法庭的支持。鉴定人在整个鉴定过程中，应分清造价鉴定与法庭审判的界限，鉴定人只能对发生的费用进行造价的计算和鉴定，不得超越权限对事实进行认定。

（2）建设工程工期鉴定

建设工程工期鉴定的依据和流程，与造价鉴定基本一致，应遵循从约原则和取舍原则，除了需要分析引起工期延误的责任方以外，还需要分析受鉴项目的总进度计划与关键线路、自由时差，综合给出鉴定意见。本节结合案例分析来进行阐述。

【案例 2】

（1）项目背景

原告某建筑集团有限公司（施工单位）与被告某实业有限公司（建设单位）于2013年5月15日签订《建设工程施工合同》，约定由原告施工单位承包被告建设单位位于上海市闵行区的某新建厂房工程。合同约定暂定开工日期为2013年6月1日（具体开工日期以发包人发出书面通知为准），合同工期总日历天数230天。

实际该工程被告于2013年7月20日正式以书面通知原告，要求原告于2013年8月1日正式开工。原告也于2013年8月1日正式开工，并于2014年9月30日正式竣工验收合格，施工工期共计426天。

（2）争议问题

1）因双方签订的合同中约定于2013年6月1日为开工日期，但实际开工日期为2013年8月1日。原告因被告原因开工延迟61天为由，要求工期顺延61天。

被告认为，双方签订的合同内已经明确写明"具体开工日期以发包人发出书面通知为准"，并且合同中另有约定"工期不因其他任何原因而调整"，故不认可原告要求的工期顺延。

2）因外墙干挂石材幕墙由被告专业分包，而且在实际外墙施工过程中因外墙工程图纸设计延迟等问题，导致分包单位无法及时安装完幕墙工程，打乱了总包的施工进度计划。致使总包的外墙脚手架未能及时拆卸并造成工期延误70天。原告认为，此部分工期延误责任是由被告造成的，并且原告也提供了"会议记录"及"施工监理日记"，证明了其外墙石材工程实际的完工时间。根据相应的记录计算后，原告要求工期顺延70天。

被告认为单凭"会议记录"及"施工监理日记"就认为工期延误没有事实根据。而且通过"施工监理日记"记录，总包在此期间也均在施工，并不存在原告所说的延误工期及脚手架延迟拆除的事实。

3）因甲供材料供应不及时而影响了原告的正常施工进度计划。原告要求顺延工期15日。

被告认为在施工过程中原告未向被告提出因甲供材料导致工程关键线路上的工序无法施工的报告。按照合同约定，承包人应该就延误工期以书面形式向发包方提交确认后才能给予确认。故被告不认可工期顺延。

4）关于工程变更引起的工期顺延。原告认为合同外双方签证的内容增加了约560万元的费用。根据合同的约定"因设计变更和工程量增加，经工程师确认，工期应当顺延"。原告认为所有的工程变更及签证均有施工单位、监理单位、建设单位三方确认。经过原告的初步计算，工期应增加并顺延50天。

被告认为，关于工程变更及签证中，三方就其签证的内容给予了确认，但未对其是否影响工期、影响多少工期进行确认。而且施工单位也未在签证单中写明具体的工期延误时间，因此被告不认可工期顺延。

（3）鉴定分析

1）按照原告、被告双方签订的《建设工程施工合同》约定，合同中明确写明2013年6月1日为暂定开工日期，具体开工日期以发包人发出书面通知为准。被告也于2013年7月20日向原告发出了正式开工通知，要求原告于2013年8月1日正式开工。所以因发包人原因不能按照《建设工程施工合同》约定的开工日期开工，发包人或监理人应以书面形式通知承包人推迟开工日期。由发包人承担因延期开工给承包人造成的损失，并相应顺延工期。

2）鉴定单位的意见为，关于分包单位的工期延迟是否导致总包单位的工期也会延迟的问题，首先要分清是由谁的原因造成的分包单位的工期延误。因为即使是甲方指定的分包单位，按照合同的约定，也是由总包一并协调及管理的。如果是由于分包的施工拖延或者总包自身的管理不善导致的工期延误，则工期一般不予顺延。而本案中是由于业主无法及时将施工图纸下发给分包单位，致使分包单位无法施工导致的工期延误，则工期应当顺延。但需要将总、分包的施工进度计划进行比对，查看分包的施工延误是否造成总包的施工工期关键线路无法施工。如果确实造成了总包的关键线路无法施工，则应该将业主所延误的总的时间，减掉总包与分包之间的自由时差，剩下的时间才能算作总包的延误工期。并且工期应当顺延。

3）关于甲供材料供应不及时的问题，其主要原因还是由被告造成的，工期也应当顺延。但是也需要将甲供材料进场的时间点与总包的施工进度计划进行比对，将不影响总包关键线路的时间去掉，剩下的时间才能算作总包的延误工期。

4）工程变更和工程量增加，应查明是否增加了关键线路和关键工作上的工程量。关键工作增加了工程量，工期应予顺延；关键工作未增加工程量，工期可不予顺延。而在本案中，经过鉴定单位的核查后发现，所有的工程变更单及工程指令单并非全部由于发包方工程量的增加导致的工期延误。部分的工程指令是由于承包方在施工过程中出现了质量问题造成的整修、整改，或者由于承包方的管理不善导致的工期延误等，不予顺延工期。但也有因为发包方的设计变更，确实造成了承包方的工作量增加导致了工期延误的，应该予以顺延工期。鉴于上述情况，鉴定单位指出原告与被告双方各自存在的问题。通过鉴定单位对双方的调解，最终原告与被告双方本着友好协商的态度，对此部分的争议互不追究，原告撤销了此部分内容的诉讼请求。

8.3.4 建设工程司法鉴定文书和归档资料

司法鉴定机构在完成委托的鉴定事项后，应依据委托人所提供的鉴定资料和相关检验结果、技术标准和执业经验，科学、客观、独立、公正地提出鉴定意见，并向委托人出具司法鉴定文书。司法鉴定文书是鉴定过程和鉴定结果的书面表达形式（包括文字、数据、图表和照片等）。建设工程司法鉴定文书一般出具司法鉴定意见书和司法鉴定检验（测绘）报告书。需要注意的是，司法鉴定文书的制作应规范、标准，不得涉及国家秘密，不得作出法律结论，不得载有案件定性和确定当事人法律责任的内容。

司法鉴定文书一般由封面、绪言、案情摘要、书证摘录、分析说明、鉴定意见、附注、落款、附件等部分组成。

司法鉴定人应在鉴定事项办结后三个月内收集下列材料，整理立卷并签字后归档：

① 司法鉴定委托书；

② 建设工程司法鉴定委托受理协议书；

③ 鉴定过程中形成的文件资料；

④ 鉴定文书正本；

⑤ 鉴定文书底稿；

⑥ 送达回证；

⑦ 检验报告、测绘报告、测绘图纸资料；

⑧ 需保存的送鉴资料；

⑨ 其他应归档的特种载体材料。

需退还委托人的送鉴资料，应复制或拍照存档。如不方便复制或拍照存档，应当附加说明。鉴定档案应纸质版与电子版双套归档。

8.4　工程信息化咨询

8.4.1 BIM 咨询

基于 BIM 的全过程工程管理即运用 BIM 技术对工程项目的规划、勘察、设计、施工直到运营维护等各阶段进行管理，实现建筑全生命期中各参与方在同一多维建筑信息模型基础上的数据高效共享，为产业链贯通、工业化建造和繁荣建筑创作提供技术保障。基于 BIM 的全过程工程咨询的信息服务资源架构如图 8-8 所示；支持对工程环境、能耗、经济、质量、安全等方面的分析、检查和模拟，为项目全过程的方案优化和科学决策提供依据，提高业主对整个项目的总体把控度和评估能力；设计一整套基于 BIM 的高效的工作、沟通、审查、反馈工作流程模式，实现高水准的工程项目管理和实施；支持各专业协同工作、项目的虚拟建造和精细化管理，为建筑业的提质增效、节能环保创造条件。

图 8-8　全过程 BIM 信息服务资源架构

（1）BIM 咨询服务的价值

BIM 是通过在计算机中建立虚拟的建筑工程三维模型，同时利用数字化技术，为这个模型提供完整的、与实际情况一致的建筑工程信息库。该信息库不仅包含描述建筑物构件的几何信息、专业信息及状态信息，而且还包含了非构件对象（例如空间、运动行为）的状态信息。借助这个富含充分建筑工程信息的三维模型，大大提高了建筑工程信息的集成化程度，为建筑工程项目的相关利益方提供了一个工程信息交互和共享的平台。这些信息能够帮助建筑工程项目的相关利益方增加效率、降低成本、提高质量。结合更多的相关数字化技术，BIM 模型中包含的工程信息，还可以用于模拟建筑物在真实世界中的状态和变化，使得建筑物在建成之前，项目的相关利益方就能对整个工程项目的成败作出最完整的分析和评估。

从建筑的全生命周期来看，提供全过程的 BIM 咨询服务，对于提高建筑行业规划、设计、施工、运营的科学技术水平，促进建筑业全面信息化和现代化，具有巨大的应用价值和广阔的应用前景。在项目立项规划前期 BIM 能够帮助企业建立一整套项目管理的信息平台，有助于企业控制整个工程项目的进度、成本、风险、品质；在项目的设计阶段，BIM 有力地协同参与设计的各个专业工作，通过三维的界面协调各个专业的配合，优化项目设计，有效地避免专业间的错、漏、碰、缺；进入工程施工阶段，借助 BIM 的三维模型，可对施工中各种管线，构件进行模拟定位，优化排布，精确统计工程材料数量，通过模型模拟指导工程施工；在物业运维过程中，基于集成数据的 BIM 模型，有效地提升运维管理的效率，降低运维管理的成本。

（2）BIM 总体方案制定

目前国内 BIM 技术的市场仍在发展阶段，不够成熟，导致现有市场中各单位 BIM 应用的水平参差不齐，应用的效果也十分受限。因此，项目前期做好 BIM 工作的整体策划非常重要，它将给整个项目的开展带来巨大的价值。同时，也能够辅助项目 BIM 应用点高效实施。一个优秀的 BIM 总体策划方案将从合理规划、清晰权责、明确结果等方面确保项目的顺利进行，合理规避项目在应用 BIM 技术时产生的各类风险，避免在应用过程中产生不必要的问题。

在全过程工程 BIM 咨询服务进行时，需要咨询服务单位进行 BIM 总体方案的制定，所要包含的内容如下：

① 制定项目 BIM 目标；

② 确定 BIM 应用范围和具体内容；

③ 制定 BIM 应用价值衡量标准；

④ 制定项目各参与方在 BIM 实施中的角色、责任和工作界面；

⑤ 在已有的业务分工和流程基础上设计 BIM 实施流程；

⑥ 制定 BIM 信息交换标准（例如模型标准、建模精度等）；

⑦ 制定项目各参与方 BIM 交付成果标准；

⑧ 制定 BIM 技术基础设施（软件、硬件、平台）标准。

（3）BIM 技术在工程咨询中的突出应用点

1）碰撞检查

在设计阶段，由于各专业图纸的单独性，建立的全专业模型中，存在着很多软硬碰撞及设计不合理的地方。碰撞检查的主要工作是检查建筑、结构、机电以及装饰部分各专业的冲突问题，并及时将信息反馈给设计单位用以进行图纸勘正，防止将错误问题传递至施工过程中。图 8-9 为 BIM 碰撞检查工作流程。图 8-10 为利用 Autodesk Navisworks 软件对全专业 Revit 模型进行碰撞检查的工作界面。

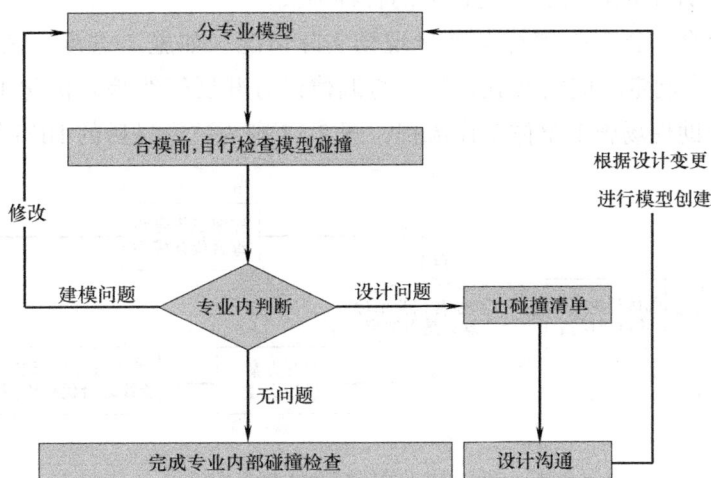

图 8-9　碰撞检测协作流程

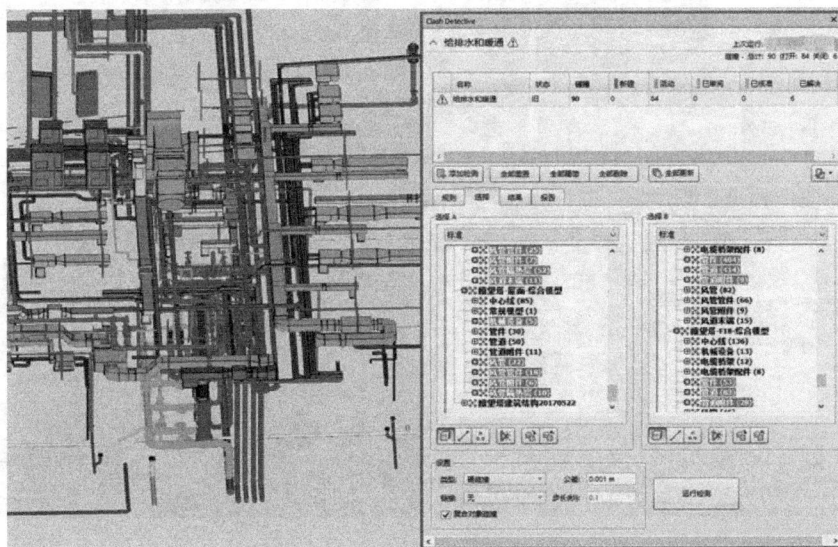

图 8-10　BIM 碰撞检测

2）管线综合优化

三维管线综合是依据设计文件，利用搭建好的模型，按设计和施工规范要求将水、电、暖、通风等各专业管线和设备进行综合排布，既满足功能要求，又满足净空、美观要求。

作为 BIM 的核心之一，综合管线的排布对于各个专业都有着不可或缺的作用：

① 综合排布机房及楼层平面区域内机电各专业管线，协调机电与土建、精装修专业的施工冲突，减少返工造成的损失。

② 综合管线合理布置，提高建筑净空高度。

③ 确定管线和预留洞的精确定位，减少对结构施工的影响。

④ 弥补原设计不足，减少因此造成的各种损失。

BIM 管线综合优化工作需综合考量现场实际情况（如施工进度、区域复杂程度等）及参建各方的需求制定相应的实施计划，协调建设方开展管线综合优化工作。图 8-11 为 BIM 管线综合辅助现场施工整体工作流程。图 8-12 则为渲染过后的 BIM 管线综合模型。

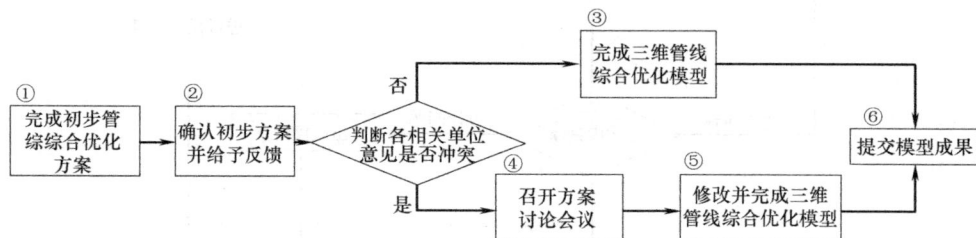

图 8-11　BIM 管线综合优化操作流程

图 8-12　管线综合模型渲染图

3）工程量统计

建设项目 BIM 应用系统工程量统计的基础数据包括施工作业模型、构建参数化信息、构件项目特征及相关描述信息以及其他相关的合约与技术资料信息。除此之外，将构件相关的参数信息和构建项目特征及相关描述信息加入到施工作业模型之中，完善建筑信息模型中的成本信息。

工程量统计软件包括：广联达、鲁班、比目云、绿建斯维尔等。可通过格式转换将信息模型转化为工程量信息模型（图 8-13）。实现快速准确的工程量计算。

另一方面 BIM 数据库可以实现任一时间点上工程基础信息的快速获取。Revit 软件自带有明细表功能，可以设置明细表参数，包括数量、材质、型号、尺寸，可以一键把信息

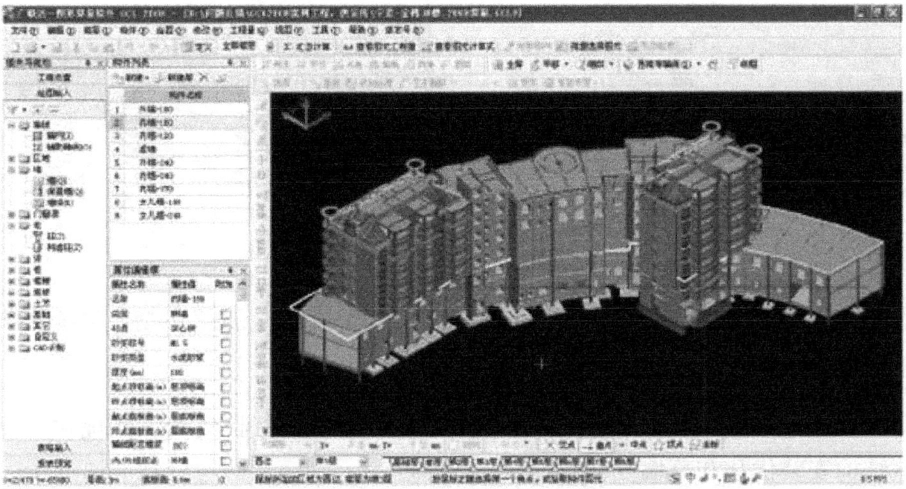

图 8-13　广联达信息系统模型

模型中的部分信息整合导出，利于分部分项工程量的统计。图 8-14 为 Revit 门窗明细表截图。

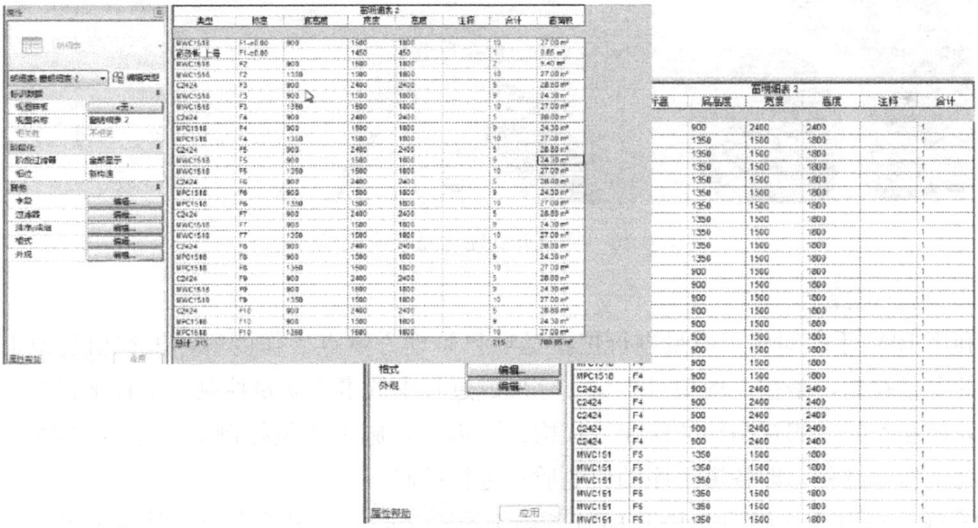

图 8-14　Revit 基于模型的门窗明细表

4）进度管理

进度管理工作可以分为宏观进度管理和节点进度管理两个方面。宏观进度管理方面，BIM 技术可以基于 Autodesk Navisworks 进行进度模拟，辅助项目参与单位更加理解项目的形象进度。BIM 施工进度管理更主要从节点进度优化和提高参与单位熟练程度两个方面进行，辅助业主和总包单位把握好工程进度。

根据施工方提供的进度计划书，将时间节点与构件进行关联，分别进行总进度计划模拟、单项工程进度计划模拟、形象展示工程进度计划、查找关键工期、同时现场工期进度跟进对比、进度纠偏，合理进行工期优化（图 8-15）。

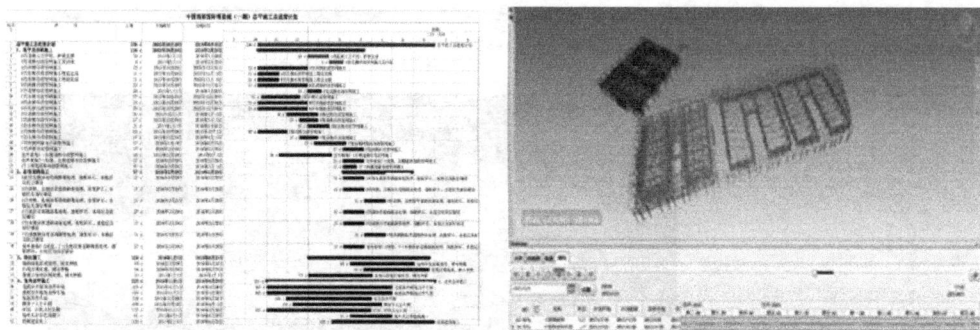

图 8-15　BIM 施工进度模拟

BIM 节点进度管理优化主要是指施工平面图优化、多专业交叉工作优化、复杂机房优化、钢结构安装优化和幕墙安装优化（图 8-16）。

图 8-16　复杂节点优化提升项目进度

5）质量把控

利用 BIM 手段对施工质量进行把控是项目管理方重点工作内容，工程项目施工作业过程的质量控制，是在工程项目质量实际形成过程中的事中质量控制。工程项目施工是由一系列相互关联、相互制约的作业过程构成。因此，施工质量控制必须结合 BIM 手段对全部施工作业过程，即各道工序的作业质量进行控制。

① 项目管理方组织召开基于 BIM 的施工技术交底。施工技术交底是施工组织设计和施工方案的具体化，施工技术交底的内容必须具有可行性可操控性。技术交底的内容包括：BIM 模拟范围、施工依据、施工工序模拟、技术标准与要领、与前后工序的关系及其他与安全、进度、成本、环境等目标管理有关的要求和注意事项。

② BIM 施工工序模拟。工序是组成工程项目的基础，由工序组成检验批，由检验批组成分项工程。通过 BIM 施工工序模拟来形成工序质量，再由工序质量形成分项工程质量等。工序施工的质量控制是施工阶段质量控制的重点，管理方应该利用 BIM 成果，监督指导施工方完成相应的工作，从而确保 BIM 控制质量的关键步骤。

同时，BIM 还给项目管理方对施工现场的质量检查提供了便捷的手段，利用轻量化信息终端进行管理，如图 8-17 所示。

330

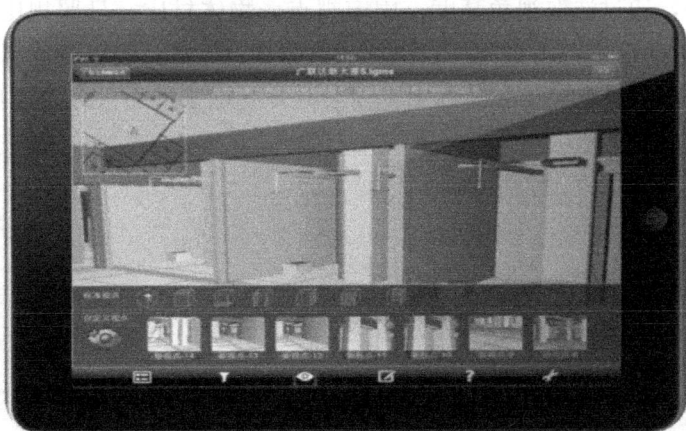
图 8-17　BIM 信息接收终端

a. 开工前的检查：主要检查是否具备开工条件，开工后是否能够保持连续正常施工，能否保证工程项目质量。配合 BIM 配置的无人机场地拍摄，施工场地布置模拟对现场情况进行把控。

b. 工序施工前检查：根据 BIM 模型明细表检查施工前材料是否完备，材料堆放是否满足连续施工要求。

c. 工序施工过程检查：按照准确的 BIM 模型对工序的施工过程进行检查监督，确保工序作业严格按照工艺流程、技术要求来做，以保证工程质量。

d. 隐蔽工程检查：使用漫游或剖切命令查看隐蔽工程相应的模型成果，对隐蔽工程进行现场比对核实，经核实后方可进行隐蔽遮盖。

e. 停工后复工检查：因客观因素暂停施工或处理质量事故等暂停施工复工之前，应对 BIM 模型进行重点标注，复工阶段比对实际现场与模型的情况。

f. 工序交接检查：根据 BIM 的施工模拟技术，提前对模型进行分段处理，交接时按照 BIM 模型明确规定的节点来划分交接内容，确保不同的施工班组作业量的精准。

g. 成品保护检查：对已经完成的实际工程量，在信息平台中进行标注，检查成品有无保护措施，核实数量与地点。

6）可视化展示与动画场景制作

BIM 将专业、抽象的二维建筑图纸描述为通俗化、二维直观化的可以查询的三维模型，使得专业设计师和建设方等非专业人员对项目需求是否得到满足的判断更为明确、高效，使决策更为准确。

基于 BIM 模型，可以自定义和配置每个渲染环节，包括材质、照明、背景和渲染样式。使用环境背景来添加真实场景。Autodesk Navisworks Manage 软件与 Autodesk Navisworks Simulate 软件都有照片级的模型可视化功能。

将模型进行渲染贴图之后，利用先进的导航工具生成逼真的项目视图，实时地分析集成的项目模型。常用的漫游软件包括：所有 Autodesk Navisworks 系列产品、Fuzor 及

Lumion 等。此外，通过选取视角高度、固定视点、物体材质、日照规则、渲染特效、细节处理、锯齿优化还可进行动画制作，最终导出 MP4 格式文件，便于各参建方宣传。图 8-18 和图 8-19 分别为渲染过后的装饰工程模型以及某瞭望塔项目漫游视频截图。

图 8-18　装饰工程可视化渲染

图 8-19　基于 Lumion 制作的漫游视频截图

8.4.2　基于 GIS 的信息化咨询

地理信息系统（Geographic Information System，简称 GIS）它是在计算机硬件和软件系统支持下，对整个或部分地球表层（包括大气层）空间中的有关地理分布数据进行采集、储存、管理、运算、分析、显示和描述的技术系统。基于 GIS 的工程项目咨询将工程项目数据与地理信息系统模型相整合，从而增强项目管理的可视化程度和信息利用效率，提高综合决策能力，从而在整体上为项目增值。GIS 的应用覆盖工程咨询的前期决策、项目实施和项目运营阶段。目前，3DGIS、GIS 与 BIM 的结合是 GIS 行业发展的前沿，基于 GIS 的信息化咨询在全过程工程咨询中的应用前景十分广阔。

GIS 在工程项目中的应用主要体现在以下几个方面：

（1）可视化

在工程项目领域，GIS 通常与 BIM 结合起来，形成一体化的数据信息系统，如图 8-20 所示。GIS 平台以图形的方式管理和展现信息，将空间数据与数据库相结合，将地下综合管线、交通、人流等抽象难懂的空间信息可视化、直观化，提供二维、三维、四维（三维加时间管理）、五维（四维加内容管理）的平台以及实时交互查询、选择、分析等功能和逼真的场景漫游功能，从而可以在整体上获得更丰富、逼真的视觉效果。能够为业主、分包商等各工程项目参与方在城市规划、旅游、园林、交通、国土资源、国防等工程项目领域提供性能优化、维护成本低、扩展性良好的地理信息和虚拟现实应用解决方案。

通过 GIS 空间域的可视化功能，可以使操作者获得任何一个时间点上项目的计划状况。这样，可以让各项目参与方很直观地了解每一个时间点上，每一方应该做些什么工作，完成什么工作。这比用单纯的表格或者平面地图更易于展示和沟通，可以大幅度减小因为理解的偏差造成项目进度延后的风险。

通过 3D GIS 技术，可以将我们的建筑模型与周围的背景环境建立"有机"的关联，能够让业主、设计方以及其他各项目参与方掌握形象的背景数据，以免将工程建筑体与外部割裂。可以在此基础上进行工程项目的虚拟模拟，从而为工程项目提供辅助信息。

图 8-20　BIM 与 GIS 整合示意图

（2）信息的存储

通过 GIS 平台，将复杂的工程信息按照地理分布来存储和显示，在空间域和时间域上对信息进行整理和提取，从而对工程项目整个生命周期实现信息覆盖。在 GIS 中，空间数据和属性数据是以不同的组织形式分别存储，但可以实现两者的有机连接，从而创造新的信息维度。结合云存储和大数据分析技术，可对工程项目过程中所有数据信息进行综合、处理、分析和利用，为项目创造极大的升值空间。

（3）综合分析、辅助管理

在工程项目咨询和管理过程中，GIS 不仅可以提供数字形式的工地区域基础信息，还提供了量算分析、查询统计分析、地形分析等多种空间分析功能，具有快速查询检索、统计量算、空间分析和输出绘图等多种功能，通过内置的属性数据库，将图形与数据库进行关联，实现图形到属性或属性到图形的双向查询，可为工程实时管理提供辅助信息。随着工程施工技术的飞速发展，来自工程施工方面的数据量和信息量与日俱增，施工过程变得更加复杂，如何高效、简便、直观地对工程施工信息进行管理及分析处理，并能有效地为业主方、设计方和施工方等工程项目参与方提供服务，是提高设计效率及施工管理水平的关键之一；同时，工程施工方案过程复杂，而且成果很不直观，不同的施工方案很难进行直观的比较，所以，实现施工方案利用 GIS 形象直观地表达具有实践意义。

通过 GIS 平台，可有效地将各类信息整合在地理空间和时间层次上（图 8-21），结合其多样化的功能模块，可对不同来源、不同形式、不同的领域数据进行有机的整合和分析。例如，将 GIS 和 BIM 以及物联网结合，实现智慧园区，甚至智能城市的决策、设计、施工和运维。通过 3D GIS 加载上述平台，可以城市信息数据为基数，建立起三维城市空间模型和城市信息的有机综合体。

图 8-21　污水处理数据分析图

（4）综合决策

通过各要素和信息的统一展示和强大的分析功能，可以让业主或其他项目参与方更直观地对状况加以了解，从而避免因为理解不到位而产生的错误，提高决策效率和正确性。就 GIS 本身的功能来看，在项目决策和设计阶段，可以帮助选址决策，可以进行基于可视化的项目进度计划的制定和控制；在项目实施过程中，GIS 可帮助进行调配与管理，压缩材料配送调度成本；在运维阶段，GIS 平台可以通过信息集成实现综合智能决策。综上所述，GIS 凭借其独有的空间分析功能和可视化表达特色，可在工程项目中执行各种辅助决策的功能。

8.4.3　协同工作软件

在企业及项目管理的过程中，沟通协调和跨职能协作是实现企业及项目管理目标、提高管理效率的关键因素之一。协同工作软件作为企业管理及项目管理的重要的辅助工具，运用信息化时代的互联网移动互联技术，有效地推动了信息系统与企业及项目管理的深度融合，实现了管理信息系统、管理模式、协同工作机制的升级换代。

（1）背景分析

目前，建筑行业中投资超支、进度拖延、质量达不到要求的现象普遍存在，建设工程项目的复杂性、不确定性及参与方众多的特性，使项目实施过程中各方难以及时、准确地获取项目信息。同时，项目管理人员对项目信息理解的主观随意性，以及信息人工存储传递时极易出现的传递缺失等原因，在传统的工程项目管理模式下，即使采用正确管理方法和手段，也很难满足建设工程项目的信息管理需求。沟通协调和跨职能协作被认为是顺利实现项目建设目标的关键因素之一，良好的项目协同工作机制是项目目标成功实现的重要保障。随着现代信息技术的快速发展，专业化的项目协同管理软件作为项目管理的重要辅助工具开始进入专业工程项目管理人员的视野，借助信息化工具的有效开发应用，工程项目信息得以稳定存储与有效传递，工程项目管理效率与管理水平得以提升，信息失误以及信息传递不及时导致的工程项目投资浪费与项目风险得以减少。

另一方面，工程咨询企业的发展正日益呈现出业务类别复杂化、企业规模扩大化，业务区域全国化的特点，面对日益激烈的市场竞争，传统的项目管控操作模式及同质化的服务内容已经无法满足市场的需求。近年来，尽管很多咨询企业已经开始陆续建设、引入企业的信息管理系统如 OA 办公系统等，但是受到工程现场地域与办公条件的限制，企业管理人员与工程现场人员之间始终存在比较严重的管理脱节问题，沟通成本高并且效率低下。如何提升企业对项目运作的管控效率，有效地执行企业标准化管理建设目标，降低人员培养成本与人员流动带来的风险，从根本上提升企业的综合管理品质，树立起企业全新的符合时代的品牌形象，是众多的工程咨询企业共同面临的难题。

项目协同管理平台的研发，正是基于工程咨询企业对"互联网＋"和移动互联全面铺开的信息化基础形势下企业管理与项目管理的新模式的探索与创新应用，使用已经相对成熟和普及的信息化技术，通过推进信息系统与企业管理、项目管理的深度融合，来实现管理信息系统、管理模式、项目协同工作机制的升级换代。

（2）协同工作软件实施流程

1）需求确定

由客户提出协同管理工作的初步需求范围，通过与项目团队进行沟通，明确所需的功能板块，并形成需求说明书。

2）制作原型

项目团队人员根据需求说明书，制作系统原型，主要包括系统的主要功能板块、逻辑流程。

3）确认原型

客户对系统原型进行确认，提出问题，由项目团队人员对其进行完善与优化，得到最终的原型。

4）设计 UI

美工人员根据最终的原型，对系统进行 UI 设计，主要包括系统的配色、风格。

5）确认 UI

客户对系统 UI 进行确认，对其进行完善与优化，得到最终的 UI。

6）系统开发

开发人员结合系统原型与 UI，对系统进行编码开发。

7）内部测试

系统开发完成后，由开发团队组织内部测试，对系统漏洞进行修复。

8）客户测试

内部测试完成后，将系统交给客户，由客户组织实际使用场景测试，形成系统测试问题清单，交给开发团队。

9）系统调试优化

开发人员根据客户的测试问题清单，对漏洞进行修改，对系统进行调试优化。

10）系统试用

所有的问题全部解决完成后，客户对信息系统进行试运行。试运行期间如有任何问题（项目需求范围内），开发团队将配合对系统进行完善。

11）项目交付

试用期结束后，将系统正式交付给客户，项目完成。

协同工作软件实施总体思路如图 8-22 所示。

图 8-22　协同工作软件实施总体思路

（3）案例介绍

项目协同管理平台是由上海同济工程咨询有限公司自主开发的，用于工程项目协同交互与现场管理的信息化项目管理软件，其定位为"以工程项目协同管理为核心的项目多方协同管理云平台"。

1）系统架构及应用平台

基于对工程项目现场工作的特征分析，项目协同管理平台的系统架构及应用平台（图 8-23）考虑如下：

① 作为典型的协同管理工具，系统应采用 B/S 架构，即主要程序安装在网络端云服务器中，用户只需打开电脑浏览器即可使用。

② 项目现场人员有大量日常工作要在工地现

图 8-23　应用平台

场走动完成，现场管理人员对项目信息的获取以及对现场一线状况的描述，都需要实时在一线获取，而非回到办公室中办理。因此，系统设计要充分考虑这一特点，大力开发移动端功能，充分利用用户的手机功能，解决项目一线巡查时信息获取与信息输入的问题。

③ 支持移动离线应用，减少项目工地现场网络条件及移动流量对系统应用的限制。

④ 系统应提供专用的绿色版 PC 端小工具，提升用户操作便利度及使用体验，使用户更易学易用。

2）应用对象

项目协同管理平台主要的用户对象包括：

① 咨询企业总部：用于实现对项目现场机构的管理，项目信息收集与动态跟踪。

② 咨询企业项目现场服务机构：获取项目信息，与项目各方沟通交流，实时记录项目一线动态。

③ 项目建设单位：全面了解项目现场实况，监督项目现场实时问题的发生与整改情况。

④ 项目各参建机构：获取项目上与本单位相关的重要实时信息数据，快捷有效地实现参建机构间的协同工作。

3）平台的主要功能

平台的主要功能如图 8-24 所示。

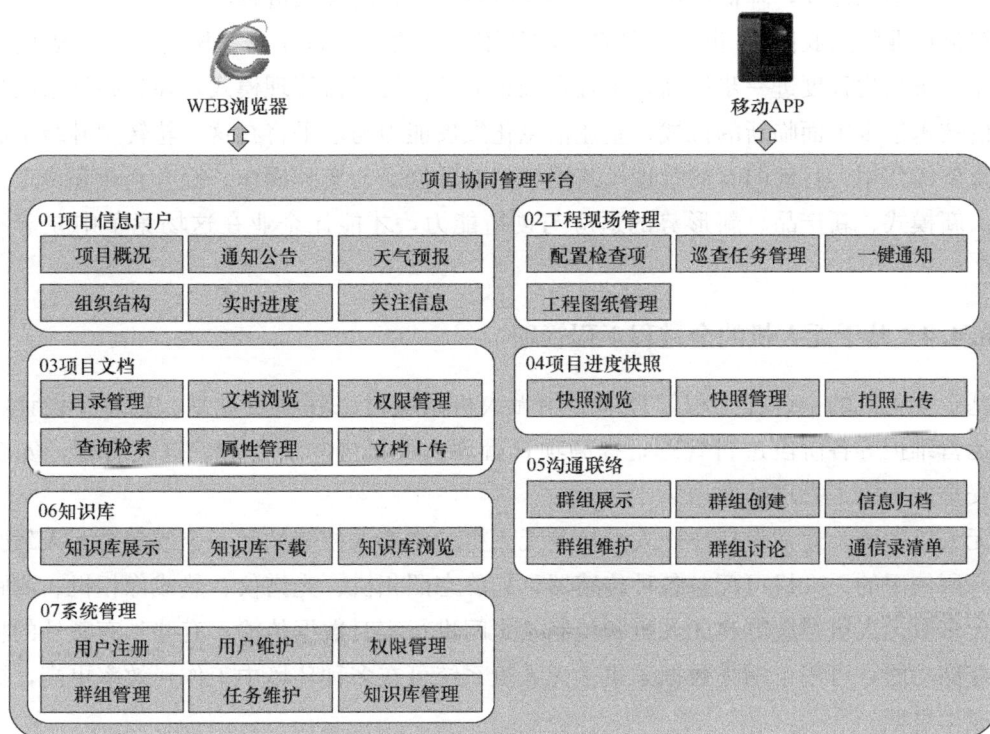

图 8-24 平台功能

（4）协同工作软件应用展望

《2016—2020年建筑业信息化发展纲要》中指出："十三五"时期，全面提高建筑业信息化水平，着力增强BIM、大数据、智能化、移动通信、云计算、物联网等信息技术集成应用能力，建筑业数字化、网络化、智能化取得突破性进展。

近年来建筑业信息化的信息技术基础环境较前些年已经取得了突破性的进展，但是，对于工程咨询企业尤其是广大的中小型监理企业来说，BIM、GIS、物联网等信息技术的推广应用，需要高度专业化的人才培养，大规模资金的投入，以及项目决策者的主动推动，咨询企业作为以知识服务为主体的项目建设辅助方，在主动应用此类技术提升技术与管理能力上存在诸多困难与瓶颈。同时，建设工程项目管理过程中，数量繁多、难度不一的专业管理软件之间缺乏良好的数据交互环境，反而导致更多"信息孤岛"的出现，专业软件的落地实际操作应用过程困难重重。

协同工作软件基于上述问题，为工程咨询企业应用信息化技术进行能力提升与知识积累，给出了相对简单易行的解决之道。企业无须做大量的复杂培训指导以及大规模的基础设施建设、资金投入，从提升效率入手，确保项目一线的普通工作人员也能迅速上手应用。

另一方面，协同工作软件的未来发展方向，是要成为协同工作中枢以及项目信息数据的交互应用中心，在今后的发展过程中，可以用于集成各类专业建筑信息化软件工具，提供统一的操作管理入口及数据读取交互接口，打通"信息孤岛"，为那些复杂的专业软件找到合适的落地途径，降低应用门槛，加速行业信息化的发展进程。

咨询产业将是我国21世纪最具希望的朝阳产业之一，近年来我国咨询市场规模在迅速扩张，市场化程度进一步提高，工程咨询企业的传统运营管理模式，在日趋复杂的日新月异的技术进步中面临新的挑战。企业信息化发展能力与水平将在这一轮转型升级中起到至关重要的作用。打破旧有的管理模式框架，兼顾创新与实际操作，提升企业和员工对新技术、新模式、新产品、新形势的适应与创造能力，才能让企业在这场竞争中立于不败之地。

8.4.4　基于无人机的全过程工程管理

基于无人机的全过程工程管理即运用无人机系统对工程项目规划、勘察、设计、施工、运营维护等各阶段进行管理，提高项目管理人员场内物流管理、进度管理、安全管理、安全文明施工管理的效率。

无人机系统，通常包括操作人员控制无人机的便携式控制站和一个或多个无人驾驶飞行器。所使用的无人机可配备各种传感器，如静态照相机、光谱仪、热成像相机、测距仪等。大多数无人机系统能在无人机和控制站之间进行实时数据传输，有些具有额外的板载数据存储功能，可用于增强数据采集。无人机系统可在多种环境中工作，效率更高，更安全，成本更低。

（1）基于无人机系统实施项目管理的主要内容

1）航摄影像辅助项目管理

在项目勘察阶段，以无人机遥感技术勘察施工待建区域的地形地貌，完成对整片场地区域的测绘，再辅以区域内重点部分的详细勘察，即可得到粗细有致的勘察报告。较传统的勘察方法而言，节省了人力物力，且能快速高效获得勘察结果。

对于施工阶段而言，无人机对施工工地现场进行拍摄巡查，获得影像数据，为施工现场的安全管理、进度控制、施工质量控制、计量测算估计、违规施工取证提供有效依据，也为打造数据库管理平台提供切实可行的原始资料。

2）实景模型辅助项目管理

实景建模是基于倾斜摄影技术，通过无人机搭载高精度相机或激光扫描仪采集现场数据，并利用逆向建模技术对数据进行处理，最终生成高精度三维数字模型。通过浏览实景模型，管理人员在办公室就能直观看到项目现场的情况。周期性三维模型的建立，能更真实地记录项目建设过程。

在实景模型浏览过程中，管理人员可对建筑物或构筑物的长度、高度、面积和体积进行测量，获取准确的几何信息，并将模型测量数据与设计图纸比对即可检查出施工和设计不符的部分，及时要求施工方进行纠正，避免施工质量问题。

3）无人机搭载其他传感器

除照相机外，无人机可以搭载各种小型传感器采集数据以辅助项目管理，如无人机搭载热成像仪可以用于玻璃幕墙裂缝检测和地下管道检测，搭载光谱仪可以进行河道水质监测，确定水体污染程度和污染源位置等等。同传统人工采集数据相比，无人机搭载传感器效率更高，更安全。

（2）基于无人机系统的服务流程

充分了解客户需求后成立咨询小组，包括项目经理、技术负责人、飞行员、建模员、数据分析员等。对项目现场进行踏勘并确定采集数据类型后制订服务方案，选择相应的机载传感器并按客户需求确定飞行周期。每次采集数据前根据项目进度、周围环境、天气状况等制订飞行计划和规划飞行路线，并在任务过程中做好飞行记录，数据采集完毕后建模员、数据分析员等对采集到的数据进行分析处理，如编辑渲染影像数据、创建实景模型、数据矢量化、将各类数据加载至 GIS 平台等。数据处理并整合完毕将成果提交客户查看。

（3）基于无人机系统实施项目管理的应用效果

1）提升项目管理效率

传统项目巡查方法是由管理人员亲自到项目现场进行人工巡查。这耗费大量时间和精力，且可能对现场情况主观误判。无人机航拍具有高效率、高分辨率、高灵敏度等特点，能代替管理人员前往危险的施工位置，如深基坑或高空，不仅让管理人员对项目现场有更全面直观的了解，并大大提升巡查的安全和效率。

2）为咨询行业无人机相关应用提供借鉴性意义

围绕无人机核心技术，形成配套系统的解决方案和工作流程，在技术和管理模式上进

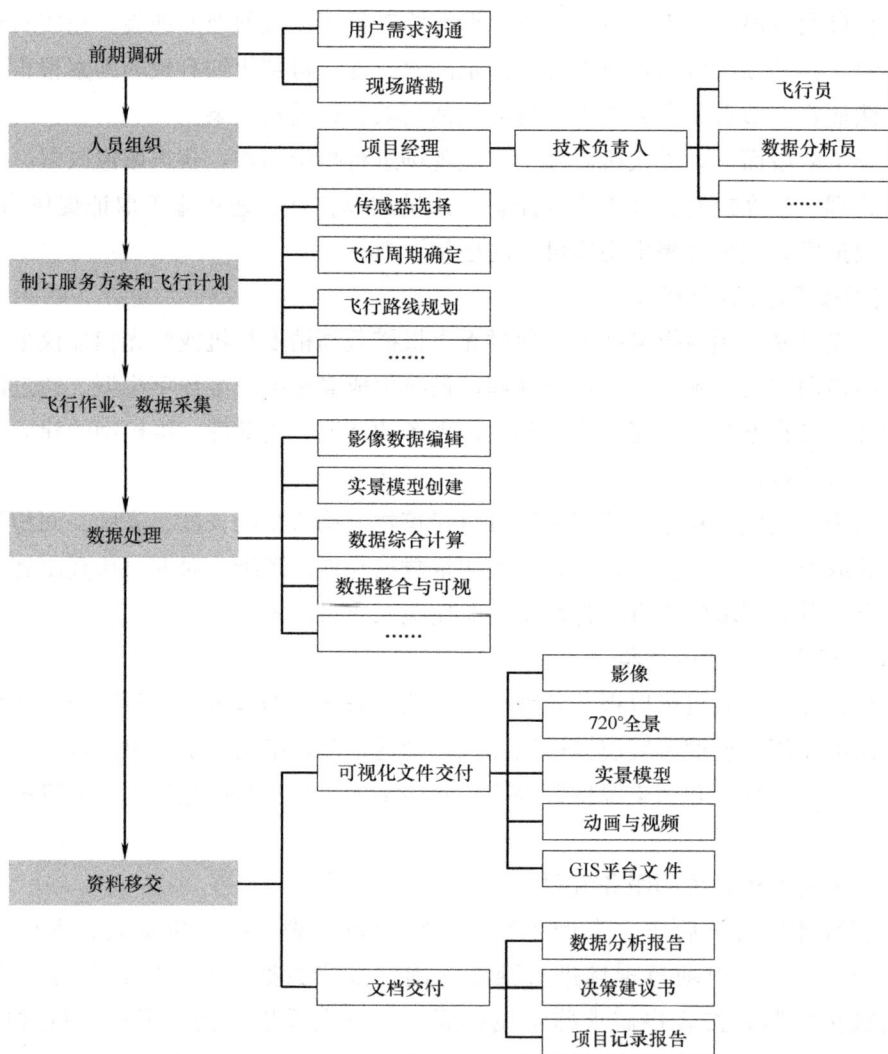

图 8-25　基于无人机系统的服务流程图

行创新，在实践中积累经验可为相关单位提供借鉴和参考，从而推动建筑工程行业的高效化和信息化发展（图 8-25）。

（4）无人机系统在工程咨询中的应用

1）中国移动临港 IDC 项目

在中国移动临港 IDC 项目中，咨询小组与业主充分沟通，确定飞行计划：飞行员以 30 天为周期前往项目现场采集影像资料，为业主提供项目各建筑物东西和南北方向的照片、项目现场整体照片和项目整体视频。使业主对项目的现场物流、安全条件和项目进度有一较为直观的认识（图 8-26）。

实景模型（用无人机拍摄的照片计算得到）可以清楚看到项目每个角落的情况，可以测量长度、高差、面积、提及，精度达到 1/1000，有效帮助业主进行项目管理（图 8-27）。

图 8-26　IDC 项目航拍照片

图 8-27　在实景模型上进行测量

2）河道治理

利用无人机实景建模，真实地反映河道周边的环境状况，并将模型导入 GIS 平台，使业主对周围环境状况有更直观、更清晰的认识。

利用无人机搭载光谱仪，测量水体的光学参数，以了解河道具体污染分布情况，并将采集得到的数据可视化，导入 GIS 平台，使业主（或环境咨询部门）对河道的整体污染情况有更客观的认识，以便他们进行综合分析和整治（图 8-28）。

图 8-28　河道治理实景模型

8.5　工程相关政策咨询

8.5.1　政策咨询概述

政策咨询，又称综合咨询或决策咨询，主要是指咨询机构利用其综合性知识为政府、行业协会制定各类政策、规定，为国家政府部门、行业协会重大问题的决策提供决策依据和可供选择的方案，包括综合性政策理论研究、政策规划、政策分析与评估等等，是一种具有全局性、战略性、综合性的咨询活动。

对于工程咨询公司来说，开展以重大课题研究为主的政策咨询，从专业角度影响国家重要决策已经成为工程咨询公司扮演思想库角色的最主要方式。

（1）政策咨询的意义

政策咨询服务于政府和行业协会，其主要作用就在与帮助二者作出科学合理的决策，避免决策给社会造成不良影响。

1）决策科学化

咨询已成为政府决策过程和政策制定过程中不可或缺的一个重要环节，咨询机构已成为重要的智慧生产机构，是个国家思想创新的源泉，为决策者特别是高层决策者或决策部门作出及时而正确的趋势判断及科学的决策建议，从而大大提升了政府决策科学性的程度。

2）程序规范化

对于我国的政府决策程序，伴随着社会分化及社会事务的纷繁复杂，社会管理及政府决策日益变得越来越困难，程序的意义更加凸显。在决策程序理念的指引下，咨询可以介入到政府决策的每个阶段，确定决策的目标，设置政策议程，设计可行的方案等，从而对政治事务和社会事务进行规范管理和运作，从而提升政府决策的质量。

3）体制合理化

"科学决策的发展导致了决策者由"多谋善断"向由咨询系统"多谋"、决策系统"善断"转变的必然。"政府决策咨询是政府决策体制的指向标，决策咨询越是发达，意味着政府决策体制的民主化和合理性的因素增多。

（2）政策咨询和学术研究的主要差别

如表 8-10 所示。

政策咨询和学术研究的主要差别 表8-10

	政策咨询研究	学术研究
主要服务对象	政策决策者	学术同行群体
性质	委托研究	自选研究
目的	在既定条件下解决实践问题	在理想条件下发展理论
研究角度	定义问题,进行综合研究	定义概念,进行学科研究
成果形式	咨询报告,一般不公开发表	学术论著,公开发表
评价标准顺序	有用—理论先进性	理论先进性—有用

8.5.2 政策咨询方法

（1）独立、公正、科学、可靠

① 咨询机构应该独立、公正地进行咨询活动，无论是调查取证还是分析论证，都应该秉承客观独立的工作原则。在政策咨询报告的撰写过程中，切忌盲目以某一领导的想法为工作方向，使得咨询过程丧失了原本的意义和价值。

② 咨询机构应具有丰厚的理论知识，对行业现状有充分的调查了解，对行业未来发展

有科学的预估。政策咨询面向的是政府部门和行业协会，工作的内容是政府、行业协会制定相关政策的一大依据，所影响的不是哪一个公司而是整个行业。因此政策咨询活动的展开应该以咨询机构丰富的理论知识和科学的调查研究为基础，以保证咨询报告的科学可靠。

（2）政策咨询具体流程

提出问题（指出政策性的问题或提出政策性的意见）——研究问题（对政策性的问题或意见进行调查研究和分析论证）——解决问题（提出政策咨询建议和方案）。

1）提出问题

政策咨询由政府部门、行业协会主动提出委托需求，给出概括性成果要求。一般情况下，初步要求的概览性较强，此时需要咨询公司依据经验及可掌握的情况，给出 2～3 个可能的研究方向，并与委托方反复商讨确认，定出初步研究问题。

2）研究问题

基于第一部分的问题，针对委托人的具体要求，进行调查取证。调查内容包括已有政策的内容、实施情况，行业目前的发展状况、行业内存在的问题等等。除了自行收集现有政策的相关信息以外，了解政策实施情况和行业现状的主流调查方法主要有两类：一类是跟政府部门和行业协会的相关人员、相关企业负责人、高等院校或其他研究机构的专家进行约谈，方式可以为面谈或是电话访问，这一种调查方法的优点是可以就相关问题进行较为深入的探讨，能收集到更多潜在的有效信息，缺点是耗费的人力物力和时间成本都比较高，因此，咨询公司一般会选取行业内比较有代表性的专家进行了解；第二类调查方法是发放调查问卷，发放对象以各个企业的负责人为主，这种方法的优点是人力物力成本较低，比较容易得到调查对象的合作，且回收的数据清晰明了，易于处理，但缺点是获得的信息有一定的局限性，无法得到相关人员的其他建议。无论是约谈还是发放问卷，都要求咨询公司在做好初步资料收集的前提下，合理安排所提问题，以期达到最好的调查效果。

在收集到足够数据之后，咨询公司需要对已有信息进行处理和分析，筛选有效信息，对有效信息进行分析整理。在研究过程中，应当与委托人保持联系，定期汇报研究进展，随时交流研究内容。政策咨询要求咨询公司拥有较强的分析预判能力，这一能力基于咨询公司长期累积的知识和经验。

3）解决问题

在对政策性的问题或意见进行调查研究和分析论证之后，咨询公司需要以此为依据，提出相应的建议和方案，并编撰咨询报告。在确定方案时，可以采用专家打分法、德尔菲法等方法对方案的合理性、有效性进行评价，以选出最终政策咨询的最终成果，就是政策咨询报告，作为委托人进行决策的最终依凭。因此，对于咨询公司来说，咨询报告应当简洁明了，重点突出。

8.5.3 政策咨询实例

（1）案例一

陕西省决策咨询委员会 2012 年 12 月向省政府报送了 19 份委员的建议，如《对西安轨道交通规划建设的几点建议》《进步强化我省国有企业内部控制》《关中经济发展应打造"东西、南北两大产业带"》《尽快解决我省基层医务人员不足的问题》《大力推广新型高效节能环保煤粉锅炉》等，为省委、省政府的重大问题的决策提供了科学依据。

（2）案例二

早在 1998 年，原国家计委就委托中国国际工程咨询公司（下文简称中咨公司）对《新建北京至上海高速铁路项目建议书》进行评估。而引人关注的京沪高铁采用"轮轨"传统技术还是采用"磁悬浮"新技术的争论也在此时爆发。历经一年半的立项咨询评估工作，中咨公司分别于 2000 年 1 月和 4 月，向国家计委提交了《高速轮轨与磁悬浮系统比较的咨询报告》和《京沪高速铁路项目建议书评估报告》。

在过去较长的一段时期内，中咨公司负责了多个京沪高铁项目的相关政策咨询，通过对项目的咨询评估参与并影响着国家决策。在中咨公司评估的项目中，70％建设项目的技术方案、经济方案得以优化完善，对 200 多个建设项目提出了取消立项或推迟审批的建议，资金调整的总额度超过 2.4 万亿元。在相当长的时期里，我国的建设投资都是以政府资金为主，如此海量资金的调整一方面节约了国家投资，另一方面也提高了投资效益。

（3）案例三

上海同济工程咨询有限公司受上海市规划和国土资源管理局、民防办的委托对"城市地下空间建设发展综合管理体制机制"展开研究。

接受委托后，课题组调查收集了国内外城市地下空间的开发利用情况、相关政策、管理机制等，并通过与政府和相关人员面谈及发放问卷等形式总结了地下空间管理体制机制和管理机构方面的问题。基于存在的问题，课题组对上海城市地下空间建设发展综合管理体制进行了目标定位与顶层设计，提交了《城市地下空间建设发展综合管理体制机制研究报告》，为政府部门决策提供技术支持。

8.6　PPP 咨询

PPP 项目是由政府与社会资本方共同合作投资运营管理的项目，PPP 咨询服务贯穿PPP 项目的全生命周期，涵盖项目的识别阶段、准备阶段、采购阶段和执行阶段。

8.6.1　PPP 咨询内容及流程

PPP 项目各阶段工作流程及核心文件见表 8-11。

（1）项目识别阶段工作内容

① 协助政府部门从新建、改建或存量项目中遴选出潜在项目，提出专业意见，积极稳妥地发起 PPP 项目。

② 协助地方政府对意向项目从全面进行分析，评估财务可行性，形成初步实施方案。

③ 协助财政部门及行业主管部门组建专家组，从定性和定量方面开展物有所值评价，判定项目是否适宜采用 PPP 模式。

④ 协助财政部门充分考虑消费物价指数、劳动力市场指数等影响因素，结合财政支出责任的特点、情景和发生概率，统筹处理当前与长远的关系，进行财政承受能力论证，为 PPP 项目财政管理提供依据。

（2）项目准备阶段工作内容

① 协助政府部分建立 PPP 协调机制，负责项目评审、组织协调和检查督导等工作；协助组建 PPP 项目实施工作组，负责项目准备、采购、监管和移交等工作。

② 协助政府部门（或项目实施机构）实施方案编制，设计 PPP 模式运作的基本交易架构，编制《政府和社会资本合作项目实施方案》，明确项目产出说明、绩效要求、股权结构、运作方式、回报机制、配套安排、采购方式、交易结构、风险分配、合同管理体系、监管架构、违约责任、退出机制和纠纷解决等关键内容。

③ 协助地方政府成立专家评审小组，对项目实施方案进行审查验证，提出专业意见。财政部门出具《政府和社会资本合作项目审查意见书》，报经政府批准后，列入财政部门开发计划，启动项目采购程序。

（3）项目采购阶段工作内容

① 协助项目实施机构确定对社会资本的资格要求、资信及业绩等要求；对项目实施机构准备的资格预审文件（资格预审申请人须知、资格预审申请文件、评审标准、资格预审公告等）提出专业意见。

② 对采购代理机构编制的采购文件提出专业意见；参与采购过程及评审，采购过程关键流程控制，提供专业意见。

③ 参与项目实施机构与中标的社会资本协商、谈判，进行合同签署前确认谈判，提出专业意见，对政府法律顾问出具《PPP 项目合同》提出专业意见。

（4）项目执行阶段工作内容

① 对政府法律顾问出具的 PPP 项目《股东协议》《公司章程》《补充协议》《履约保函》《监管方案》等文件提供专业意见。

② 协助项目公司或社会资本完成项目融资策略与融资方案设计，在资本市场通过银行贷款、信托、基金、公司债券、企业债券、中期票据、项目收益债券、项目收益票据、资产支持票据等市场化方式进行融资，为社会资本或项目公司提供优质的金融服务，多元化满足社会资本或项目公司的融资需求。

PPP 项目各阶段工作流程及核心文件　　　　　　　　　　　　表 8-11

PPP 阶段	流程	核心文件	
一、项目识别阶段	项目发起	项目征集、遴选方案或《项目建议书》	
	项目筛选	新建、改建、扩建项目	《项目可行性研究报告》
			《项目产出说明》
			《项目初步实施》
			《政府和社会资本合作项目财务分析报告》

PPP 阶段	流程	核心文件	
一、项目识别阶段	项目筛选	存量项目	《存量项目历史材料》
			《存量项目产出说明》
			《存量项目初步实施方案》
			《政府和社会资本合作项目财务分析报告》
	物有所值评价	《物有所值评价报告》	
	财政承受能力论证	《财政承受能力论证报告》	
二、项目准备阶段	管理架构组建	《PPP 领导小组组建方案》	
	实施方案编制	《政府和社会资本合作项目实施方案》	
	实施方案审核	《政府和社会资本合作项目审查意见书》	
	工作方案编制	《PPP 项目工作方案及计划》	
三、项目采购阶段	资格预审	《资格预审公告》	
		《资格预审申请人须知》	
		《资格预审申请文件》	
		《资格预审评审报告》	
	项目采购	项目采购文件	
		采购过程中提供专业意见	
	合同谈判、签署	《确认谈判备忘录》	
		《项目合同》	
		谈判过程提供专业意见	
		协助引入社会资本	
四、项目执行阶段	项目公司设立	《股东协议》	
		《公司章程》	
		《补充协议》	
		《履约保函》	
		《监管方案》	
	融资管理	《融资策略与融资方案》	
五、移交阶段	移交前过度	《PPP 资产清单》、其他项目资料	
	项目移交	《移交方案》	

8.6.2 实施方案编制要点

实施方案通常包括项目概况、项目运作方式、交易结构、风险分配框架、监管架构、采购方式、合同体系、财务测算等内容。

（1）项目运作方式

财政部《关于印发政府和社会资本合作模式操作指南（试行）的通知》中指出 PPP 项目具体运作方式主要包括六种（表 8-12）：委托运营（O&M）、管理合同（MC）、建设—运营—移交（BOT）、建设—拥有—运营（BOO）、转让—运营—移交（TOT）和改建—运营—移交（ROT）。

部分 PPP 模式的比较

表 8-12

比较项		O&M	MC	BOT	BOO	TOT
投资	私人负责投资			√	√	√
	通过向用户收回投资		√	√	√	√
	通过政府付费收回工程	√	√			
建设经营	社会资本方建设工程			√	√	
	社会资本方提供服务	√	√	√	√	√

对于有明确的、稳定的收费，并且收费能完全覆盖投资成本和运营费用的经营性项目，可通过政府授予特许经营权，采用建设—运营—移交（BOT）、建设—拥有—运营—移交（BOOT）等模式推进，如杭州湾大桥、苏州市吴中静脉园垃圾焚烧发电项目。

对于经营收费不足以覆盖投资成本和运营费用，需政府补贴部分资金或资源的准经营性项目，可通过政府授予特许经营权附加部分补贴或直接投资参股等措施，采用建设—运营—移交（BOT）、建设—拥有—运营（BOO）等模式推进，如北京地铁 4 号线和中国国家体育场。

对于以社会效益为目标的非经营性项目，主要采用建设—运营—移交（BOT）的模式，由政府采购 PPP 项目的公共产品、公共服务。

（2）项目投融资结构

融资结构也称资本结构，它是指项目主体在筹集资金时，由不同渠道取得的资金之间的有机构成及其比重关系。PPP 项目融资的核心是资本结构，其核心问题是为项目选择合理的资本结构，明确各项资金来源和规模构成比例，以顺利实现融资及项目正常运转。下文列举分析了几种常见的投融资结构模式：

1）模式一：由社会资本全资出资资本金，作为项目启动资金（图 8-29）

合同签署后，项目公司依据项目合同向商业银行、政策性银行或政策性基金申请项目贷款。项目贷款通常会根据项目建设进度或事先约定的时间逐步发放到项目公司。对于涉及运营的 PPP 项目，项目公司在运营期间还可能根据项目合同和运营需要申请短期流动现金贷

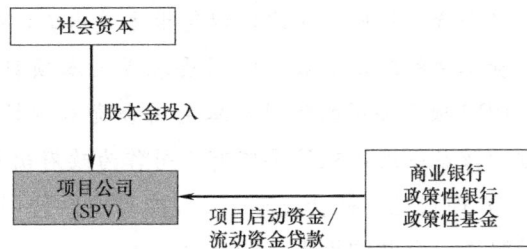

图 8-29　PPP 项目投融资结构模式一

款。这种融资模式旨在政府通过给予社会资本长期的特许经营权和收益权来换取公共产品加快建设及有效运营。

此种模式适用于政府缺乏运营实力，转而寻求在这一领域具有非凡运营能力和资金实力的企业。

【案例1】 南京地铁2号线项目

该项目由中国铁道建筑总公司承包，特许期3年（建成回购），项目通车后三年内招标人回购项目公司股权，逐步实现投资商退出。

2）模式二：由政府指定机构与社会资本共同出资组成项目公司（图8-30）

在该融资结构下，双方的出资比例根据签署的合同条款确定。社会资本的出资形式通常是现金出资，用于出资的资金可以是自有资金，也可以是在和政府签署合同后，通过向机构发行者发行专项债券取得的资金。政府授权投资单位的出资可以政府授权投资单位的自有资金或通过发行政府债券以现金出资，也可以是以政府授权投资单位原有的相关资产设施、政府划拨的土地等实物资产作为出资。其后，项目公司再通过向商业银行、政策性银行等银行性金融机构以及证券公司、基金公司、信托公司等非银行性金融机构贷款或发售债券、信托基金进行融资。

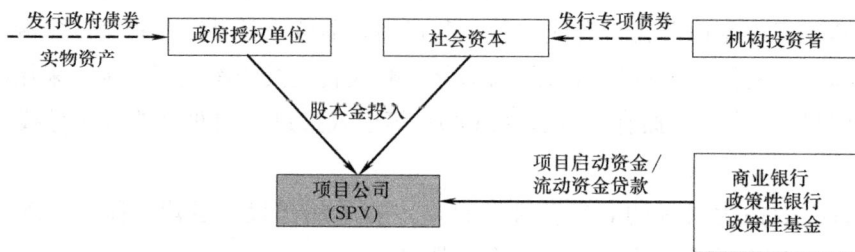

图 8-30　PPP项目投融资模式二

此种模式有利于政府监管，确保项目的正常运转。国内很多的现有PPP项目均以此类模式运转，是使用较多的，也较为容易被地方政府接受的一种模式。

【案例2】 东部某县中医院医养融合项目一期

项目总投资7.1亿元，项目资本金约占项目公司（SPV）总投资的30％，即2.13亿元。社会资本按照股份比例以货币方式出资，政府方以货币或实物资产出资（图8-31）。

资本金的到位次数及时间要求满足本项目的工程建设、融资要求以及法律规定为原则。PPP项目公司的注册资本金由合资双方按照各自认缴的持股比例同步缴纳到位。政府方由该县政府授权该县国有公司作为政府出资人。

3）模式三：社会资本100％控股项目公司，但是其权益出资总额由社会资本和政府或政策性基金共同投入（图8-32）

社会资本出资（通常是现金出资）全部作为股本投入，且拥有项目公司100％股份，政府或政策性基金以财政补贴或投资补贴的形式向项目公司投入，通常作为项目公司资金权益资金（如资本公积）使用，但不拥有项目公司股份（其出资可能以现金形式，也可能以项目建设运营所必需的土地使用权等实物资产形式）。

项目在建设阶段的债务融资可以通过向商业银行、政策性银行或政策性基金贷款实现。对于在运营阶段存在稳定现金流入的PPP项目，也可能通过资产证券化的形式（项

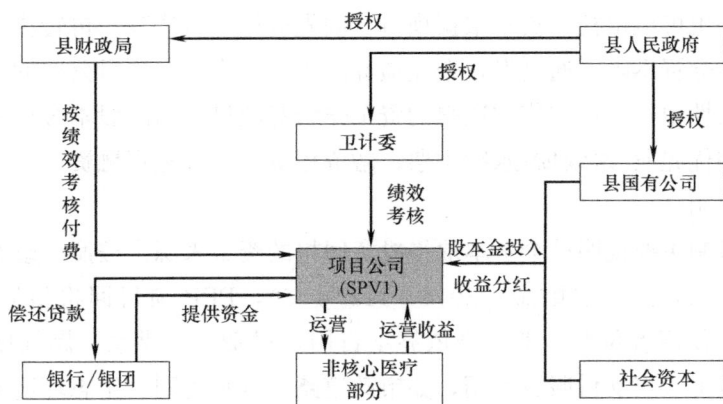

图 8-31　某县中医院项目一期投融资结构

目收益债券、项目收益票据、资产支持票据等）融入债务资金以支持运营。

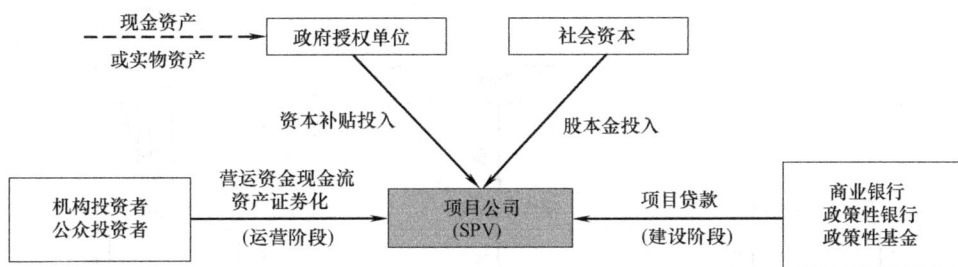

图 8-32　投融资模式三

此种形式主要适用于那些后期运营难以在预计内获得相应回报的项目，需要政府提供额外的补贴支持。

【案例 3】　深圳轨交 4 号线续建工程

该项目由香港地铁全部负责，并拥有部分地铁上物业开发权，后期向银行贷款总额占总股本的 60%。特许期 30 年，不含建设期。

4）其他投融资模式

投融资结构也不是一成不变的，而是随着项目的不断进展处于不断优化过程中。一般而言，以项目建设期结束为节点，项目建设期所表现的风险越大，外部投资越为谨慎，当基建项目进入运营期，资金来源较为稳定，这一时期原有资本结构可能发生变化。一是股东变化，原有股东可能转让股权，从而释放已沉淀资金，用于投资新项目。二是项目进入运营期后，部分金融机构更容易提供中长期资金，这时期可以通过发行债券等方式替代原有债务资金，降低财务压力，获得再融资好处。

实务中的投融资结构根据项目情况的不同可能在前三种结构的基础上进行多种变形。

如：融资结构一、二、三中，是以项目公司作为融资主体从商业银行或政策性银行取得项目贷款，实务中也可能由社会资本根据项目合同先取得项目贷款，再转贷给项目公司；融资结构二中，社会资本除了通过发行企业债券融集资金作为对项目公司的资本金出资，还可以通过向政策性银行进行软贷款取得的资金作为对项目公司的股本金出资。另外项目公司也可能会采用优先股/永续债/永续中票、融资租赁等方式进行融资。

（3）回报机制

项目回报机制主要说明社会资本取得投资回报的资金来源。按照《政府和社会资本合作模式操作指南（试行）》（财金〔2014〕113号文），PPP项目回报机制主要包括三类（图8-33）：一是使用者付费，即完全依靠项目用户付费，如供水、燃气项目等；二是政府付费，即完全由政府支付服务费用，如市政道路、排水管网、生态环境治理项目等；三是可行性缺口补助，即部分来自项目用户付费并由政府提供缺口补贴，以保障项目财务可行性，如污水处理项目、垃圾处理项目。

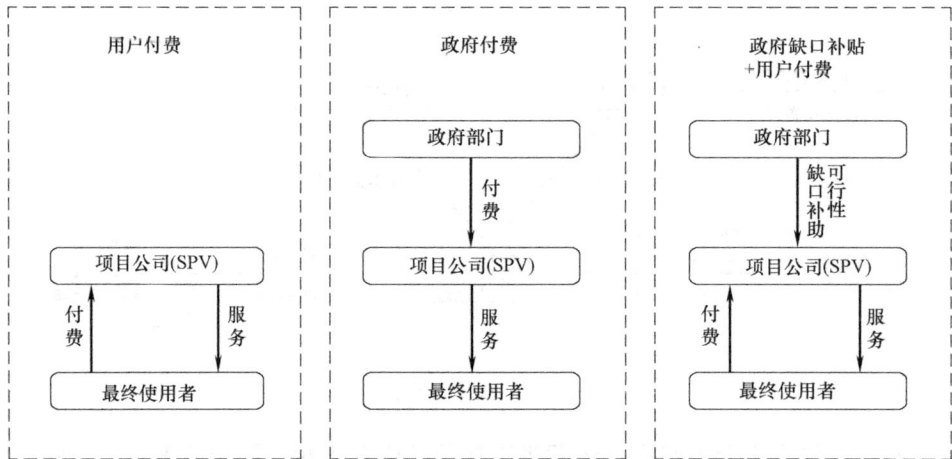

图 8-33　PPP项目回报机制分类

（4）合同体系

按照《关于规范政府和社会资本合作合同管理工作的通知》（财金〔2014〕156号文）规定，PPP项目中，政府、社会资本方、融资方、承包商、供应商、运营商、保险公司等项目参与方通过签订一系列合同来确定和调整彼此间的权利义务关系。整个合同体系中，PPP项目合同是基础和核心，政府方与社会资本方的权利义务关系以及PPP项目的交易结构、风险分配机制等均通过PPP项目合同确定，并以此作为各方主张权利、履行义务的依据和项目全生命周期顺利实施的保障。

结合《政府和社会资本合作模式操作指南（试行）》（财金〔2014〕113号文）的规定，除PPP项目合同外，PPP合同体系还包括股东协议、履约合同（包括工程承包合同、运营服务合同、原料供应合同、产品和服务购买合同等）、融资合同和保险合同等，各个合同之间紧密联系、相互贯通，存在着一定的"传导关系"。

（5）财务测算

PPP项目财务测算通常包括项目全生命周期内各年的经济情况及其全部财务收支有关数据和质量。财务测算的重点是测算、分析和评估项目总投资、运营成本、收入及税金、利润、现金流量、政府补贴、社会资本预期收益等数据。

在财务测算过程中，需要把握数据来源真实性和准确性，对重要的经济数据和参数从不同的方面进行审查核实，避免盲目性和片面性。同时，还应分析某些不确定因素对项目财务数据和参数的影响，根据项目全生命周期内的经济发展趋势，充分考虑对项目经济效益影响大的经济数据和参数的变动趋势，以保证预测的准确性。

【案例4】 某市化工园区公共管廊 PPP 财务测算

某市化工园区公共管廊 PPP 项目，咨询机构在尽职调查期间，对管廊的使用率、收费模式、定价方法、运营成本和利润率有了清晰的认识，但之后发现，调研资料显示的数据和该项目可行性研究报告的分析有较大差异。

咨询方本着实事求是和对当地政府负责的态度，对可研报告中的数据进行了全面复查，尤其是对管廊使用率进行了修正，管廊收入减少了近50%，而政府财政也相应支出这50%的收入。试想，若事先不剔除数据中的水分，则将来会导致项目公司早期亏损严重，而政府又无相应财政预算安排的局面，更有可能导致 PPP 项目提前中止。

8.6.3 物有所值评价报告编制要点

（1）物有所值评价操作流程图

物有所值评价操作流程如图 8-34 所示。

（2）物有所值定性评价

定性评价一般通过专家咨询方式进行，侧重于考察项目的潜在发展能力、可能实现的期望值以及项目的可完成能力。根据定性评估的结果判断是否需要进行定量评估，如果定性评估的结果显示项目不适合采用 PPP 模式，则可以直接进行传统模式采购的决策，而不需要转入定量分析。

1）定性评价内容

根据《PPP 物有所值评价指引（试行）》（财金〔2015〕167 号）规定，定性评价的主要内容包括全生命周期整合程度、风险识别与分配、绩效导向与鼓励创新、潜在竞争程度、政府机构能力、可融资性等六项基本评价指标。其中：

全生命周期整合程度指标主要考核在项目全生命周期内，项目设计、投融资、建造、运营和维护等环节能否实现长期、充分整合。

风险识别与分配指标主要考核在项目全生命周期内，各风险因素是否得到充分识别并在政府和社会资本之间进行合理分配。

绩效导向与鼓励创新指标主要考核是否建立以基础设施及公共服务供给数量、质量和效率为导向的绩效标准和监管机制，是否落实节能环保、支持本国产业等政府采购政策，能否鼓励社会资本创新。

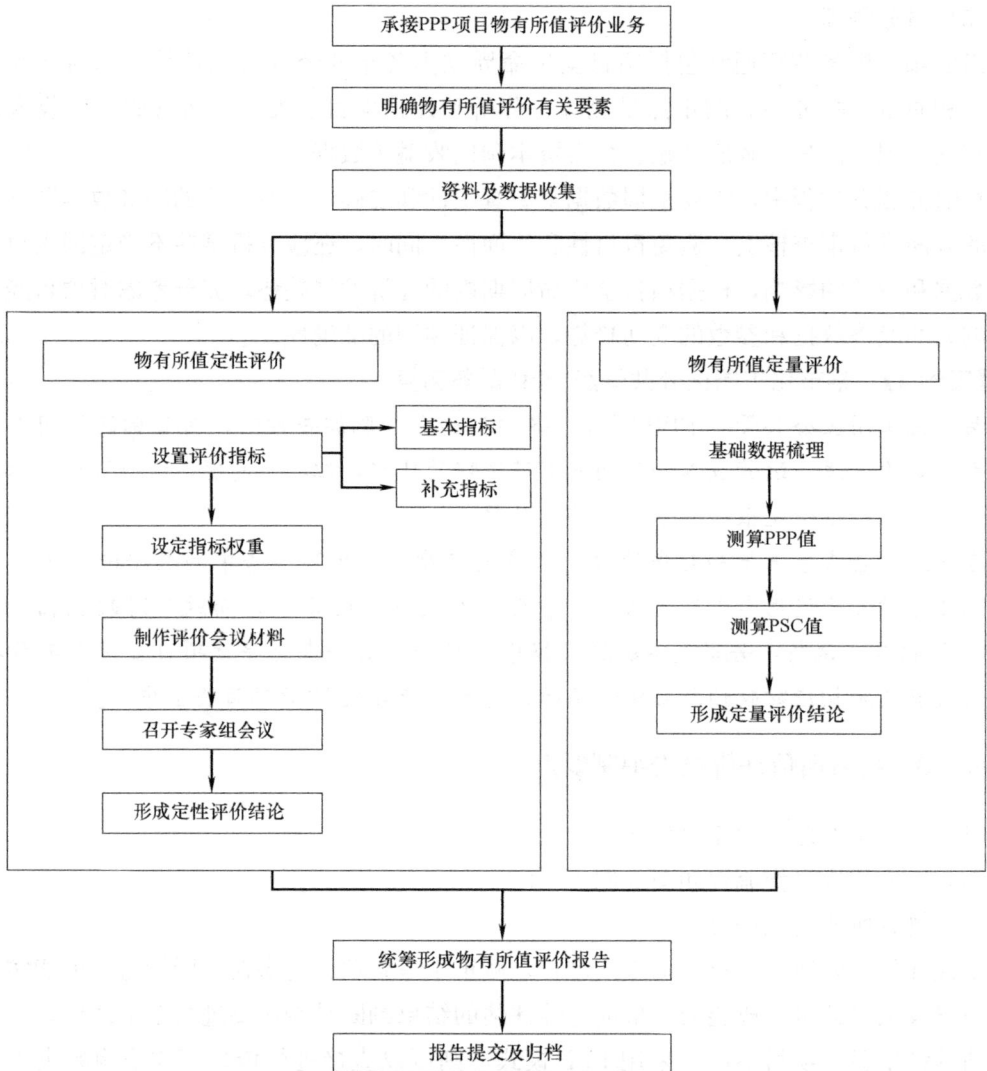

图 8-34　物有所值评价操作流程图

潜在竞争程度指标主要考核项目内容对社会资本参与竞争的吸引力。

政府机构能力指标主要考核政府转变职能、优化服务、依法履约、行政监管和项目执行管理等能力。

可融资性指标主要考核项目的市场融资能力。

另外，项目本级财政部门（或 PPP 中心）会同行业主管部门，可根据具体情况设置补充评价指标。补充评价指标主要是六项基本评价指标未涵盖的其他影响因素，包括项目规模大小、预期使用寿命长短、主要固定资产种类、全生命周期成本测算准确性、运营收入增长潜力、行业示范性等。

2）评价要求

① 指标权重。在各项评价指标中，六项基本评价指标权重为 80%，其中任一指标权重一般不超过 20%；补充评价指标权重为 20%，其中任一指标权重一般不超过 10%。

② 指标评分等级与标准。每项指标评分分为五个等级，即有利、较有利、一般、较不利、不利，对应分值分别为 100～81、80～61、60～41、40～21、20～0 分。

③ 专家要求。定性评价专家组包括财政、资产评估、会计、金融等经济方面专家，以及行业、工程技术、项目管理和法律方面专家等。

④ 专家组会议。专家组会议基本程序如下：

a. 专家在充分讨论后按评价指标逐项打分，专家打分表见表 8-13。

b. 按照指标权重计算加权平均分，得到评分结果，形成专家组意见。

c. 项目本级财政部门（或 PPP 中心）会同行业主管部门根据专家组意见，作出定性评价结论。原则上，评分结果在 60 分（含）以上的，通过定性评价；否则，未通过定性评价。

物有所值定性评价专家打分表

表 8-13

指　　标		权　　重	评　　分
基本指标	① 全生命周期整合程度		
	② 风险识别与分配		
	③ 绩效导向与鼓励创新		
	④ 潜在竞争程度		
	⑤ 政府机构能力		
	⑥ 可融资性		
	基本指标小计	80％	—
补充指标			
	补充指标小计	20％	—
合　计		100％	—

专家签字：

年　　月　　日

（3）物有所值定量评价

1）定量评价的概念

物有所值定量评价是在项目个案基础上，比较 PPP 模式的总收益和总成本与传统公共采购模式的总收益和总成本，看哪种采购模式总成本低而总收益高。实践中，在进行物有所值定量评价时，一般假设不管采用何种采购模式，都将得到相同的产出、效果和影响（如社会经济效益和财务效益），即定量评价建立在产出规格相同的基础之上。基于这一假设，只需要比较不同采购模式下的净成本现值，净成本现值小的采购模式物有所值。

2）定量评价标准（计算公式）

$$VFM = PSC\ 值 - PPP\ 值$$

3）定量评价的计算要素

① 公共部门比较值（PSC）：指在项目全生命周期内，政府采用传统采购模式提供与PPP项目产出说明相同的公共产品和服务的全部成本的现值，计算公式如下：

PSC 值＝参照项目的建设和运营维护净成本＋竞争性中立调整值＋项目全部风险成本

建设净成本主要包括参照项目设计、建造、升级、改造、大修等方面投入的现金以及固定资产、土地使用权等实物和无形资产的价值，并扣除参照项目全生命周期内产生的转让、租赁或处置资产所获的收益。

运营维护净成本主要包括参照项目全生命周期内运营维护所需的原材料、设备、人工等成本，以及管理费用、销售费用和运营期财务费用等，并扣除假设参照项目与PPP项目付费机制相同情况下能够获得的使用者付费收入等。

竞争性中立调整值主要是采用政府传统投资方式比采用PPP模式实施项目少支出的费用，通常包括少支出的土地费用、行政审批费用、有关税费等。

项目全部风险成本包括可转移给社会资本的风险承担成本和政府自留风险的承担成本。政府自留风险承担成本等同于PPP值中的全生命周期风险承担支出责任，两者在PSC值与PPP值比较时可对等扣除。

PSC 的计算流程如图 8-35 所示。

PSC 值确定的难点在于，传统政府投资运营方式运作的项目数据统计工作不到位，同时竞争性中立调整值和风险成本的定量化测算也需要大量数据支撑，尤其是竞争性中立调整值，还应包括公共服务的提供主体因所有制差异产生的行为差异导致的成本差异，其客观数据基本不可得。

② PPP 值：指政府采用PPP模式实施项目并达到产出说明要求所应承担的全生命周期净成本和自留风险承担成本之和的净现值。

根据《PPP 物有所值评价指引（试行）》（财金〔2015〕167 号），PPP 值可等同于 PPP 项目全生命周期内股权投资、运营补贴、风险承担和配套投入等各项财政支出责任的现值，参照《政府和社会资本合作项目财政承受能力论证指引》（财金〔2015〕21 号）及有关规定测算。

4）定量评价的结论

PPP 值≤PSC 值的（即 VFM≥0），认定为通过定量评价（与原《物有所值评价指引（试行）》相比，当 PPP 值＝PSC 值时，也认为通过物有所值定量评价）；PPP 值＞PSC 值的（即 VFM＜0），认定

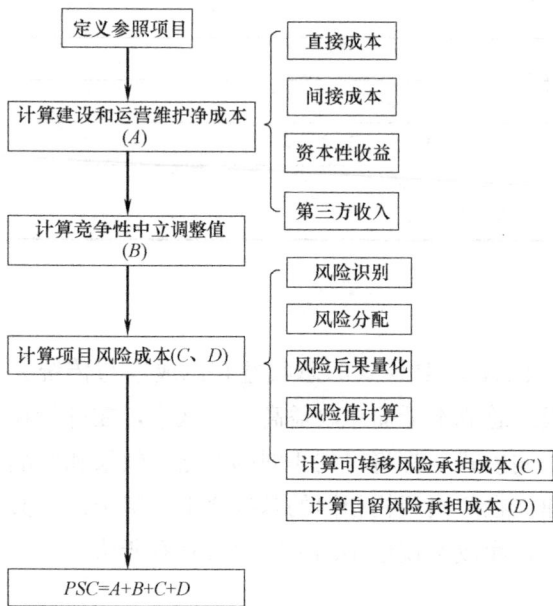

图 8-35 PSC 的计算流程图

354

为未通过定量评价。

"通过"物有所值评价为进行财政承受能力论证的前提条件。

8.6.4 财政承受能力论证报告编制要点

（1）财政承受能力论证操作流程图

财政承受能力论证操作如图 8-36 所示。

```
          ┌─────────────────────────┐
          │ 承接PPP项目财政承受能力论证 │
          │          业务            │
          └────────────┬────────────┘
                       ↓
          ┌─────────────────────────┐
          │  明确财政承受能力论证有关要素  │
          └────────────┬────────────┘
                       ↓
          ┌─────────────────────────┐
          │       资料及数据收集        │
          └────────────┬────────────┘
```

图 8-36　财政承受能力论证操作流程图

财政支出责任评估

责任识别

股权投资支出责任　运营补贴支出责任　风险承担支出责任　配套投入支出责任

财政支出责任的测算

股权投资支出责任的测算　运营补贴支出责任的测算　风险承担支出责任的测算　配套投入支出责任的测算

财政预算支出规模的预测

财政支出能力评估结论及分析

行业和领域均衡性评估

划分 PPP 项目所处的行业和领域

划分 PPP 项目所处的行业和领域

计算各行业和领域的 PPP 项目集中度指数

行业和领域均衡性评估结论

撰写财政承受能力论证报告　→　财政承受能力论证报告评审　→　文件归档

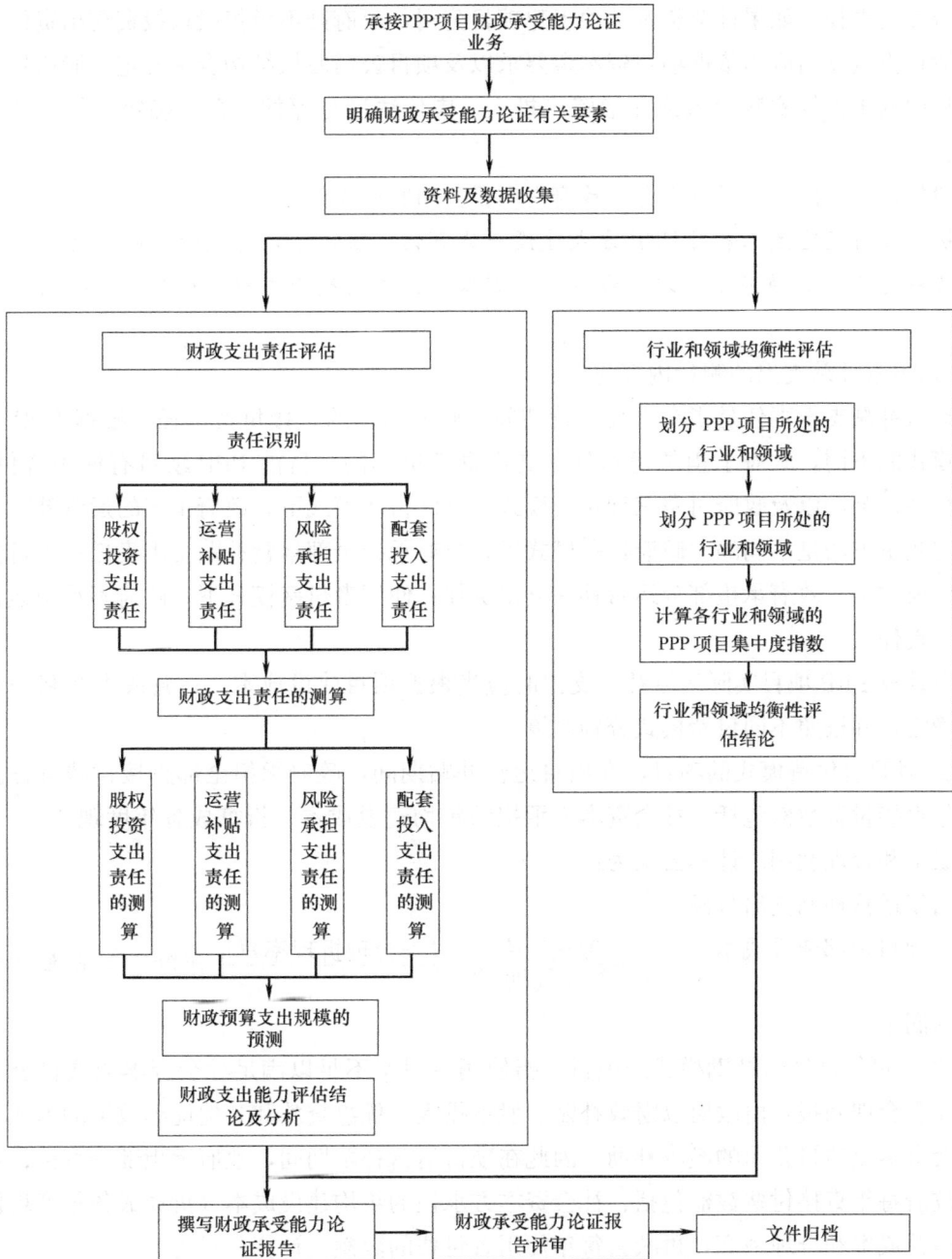

（2）财政支出责任测算内容与方法

在论证 PPP 项目财政承受能力时，首先需要考虑对 PPP 项目全生命周期过程的财政支出责任进行认定与测量，财政支出责任主要包括股权投资、运营补贴、风险承担、配套投入等四部分。在实际 PPP 项目中可能全部包含，也可能只包含这四项中的某几种。

1）股权投资的测量内容与方法

股权投资支出责任是指在政府与社会资本共同组建项目公司的情况下，政府承担的股权投资支出责任。如果社会资本单独组建项目公司，政府则不承担股权投资支出责任。

股权投资支出应当依据项目资本金要求以及项目公司股权结构合理确定。股权投资支出责任中的土地等实物投入或无形资产投入，应依法进行评估，合理确定价值。计算公式为：

股权投资支出＝项目资本金×政府占项目公司股权比例

例　上海某地区拟采用 PPP 方式建设一体育馆，项目预计总投资 100 亿元，项目资本金比例为 20％，政府出资比例为 10％，则本项目股权投资支出＝100×20％×10％＝2（亿）。

2）运营补贴支出的测量内容与方法

运营补贴支出责任是指在项目运营期间，政府承担的直接付费责任，根据 PPP 项目付费模式的不同，政府承担的运营补贴支出责任也不同。目前 PPP 项目有使用者付费、可行性缺口补助以及政府付费三种付费模式，不同付费模式下，政府承担的运营补贴支出责任与测量方法是不同的。政府付费模式下，政府承担全部运营补贴支出责任；可行性缺口补助模式下，政府承担部分运营补贴支出责任；使用者付费模式下，政府不承担运营补贴支出责任。

在计算 PPP 项目实际运营补贴支出时应当根据项目建设成本、运营成本及利润水平合理确定，并按照不同付费模式分别测算。

① 对政府付费模式的项目，在项目运营补贴期间，政府承担全部直接付费责任。政府每年直接付费数额包括：社会资本方承担的年均建设成本（折算成各年度现值）、年度运营成本和合理利润。计算公式为：

当年运营补贴支出数额

$$＝\frac{项目全部建设成本×(1＋合理利润率)×(1＋合理折现率)^{n}}{财政运营补贴周期(年)}＋年度运营成本×(1＋合理利润率)$$

② 对可行性缺口补助模式的项目，指使用者付费不足以满足社会资本或项目公司成本回收和合理回报，由政府以财政补贴、股本投入、优惠贷款和其他优惠政策的形式，给予社会资本或项目公司的经济补助。因此在项目运营补贴期间，政府承担部分直接付费责任。政府每年直接付费数额包括：社会资本方承担的年均建设成本（折算成各年度现值）、年度运营成本和合理利润，再减去每年使用者付费的数额。计算公式为：

当年运营补贴支出数额

$$=\frac{\text{项目全部建设成本}\times(1+\text{合理利润率})\times(1+\text{合理折现率})^n}{\text{财政运营补贴周期(年)}}+\text{年度运营成本}\times(1+$$

合理利润率)－当年使用者付费数额

上述计算公式中 n 代表折现年数，财政运营补贴周期指财政提供运营补贴的年数。

合理的折现率应考虑财政补贴支出发生年份，并参照同期地方政府同期债券收益率合理确定，在实际计算中一般与项目财务预算中的折现率是相同的。

合理利润率应以商业银行中长期贷款利率水平为基准，充分考虑 PPP 项目所属的行业，以及可用性付费、使用量付费、绩效付费的不同情景，结合风险等因素确定。在计算运营补贴支出时，应当充分考虑合理利润率变化对运营补贴支出的影响。但是在实际运用时，资本金要求的合理利润率一般为 8%～12%。

PPP 项目特许经营期一般为 10 年以上，有些市政道路类的项目甚至长达 30 年，未来不确定性因素过多，因此大部分 PPP 项目均设计了调价机制。不同类型的项目调价机制所涉及的因素不同，但是大部分项目实施方案中的定价和调价机制通常与消费物价指数、劳动力市场指数等因素挂钩，定价的变化会影响运营补贴支出责任。在可行性缺口补助模式下，运营补贴支出责任受到使用者付费数额的影响，而使用者付费的多少因定价和调价机制而变化。在计算运营补贴支出数额时，应当充分考虑定价和调价机制的影响。

3）风险承担支出的测量内容与方法

风险承担支出责任是指项目实施方案中政府承担风险带来的财政或有支出责任。通常由政府承担的法律风险、政策风险、最低需求风险以及因政府方原因导致项目合同终止等突发情况，会产生财政或有支出责任。

在计算政府风险承担支出应充分考虑各类风险出现的概率和带来的支出责任，可以采用比例法、情景分析法及概率法等三种方法进行测算。如果 PPP 合同约定保险赔款的第一受益人为政府，则风险承担支出应为扣除该等风险赔款金额的净额。

① 比例法。比例法是 PPP 项目财政承受能力论证中用于预测政府风险承担支出应用比较广泛的一种方法，是指在各类风险支出数额和概率难以进行准确测算的情况下，可以按照项目的全部建设成本和一定时期内的运营成本的一定比例确定风险承担支出。按照风险是否可以通过一定措施进行转移划分为可转移风险、可分担风险以及不可转移分担风险三种。

第一类可转移风险，是指事前可以通过一定的合同、保险以及风险交易工具等手段将项目风险转移给其他第三方的风险。在 PPP 项目中主要包括：项目建设期间可能发生的组织机构、施工技术、工程、投资估算、资金、市场、财务等风险，项目公司通过参加商业保险后，大部分风险可以有效转移。在实际计算中，一般可转移风险占风险承担成本的 80% 左右，不可转移风险占 20% 左右，而风险承担成本占项目全部建设成本的 5% 上下。

第二类可分担风险是指有政府与社会资本共同分担的风险，包括：项目建设和运营期间可能发生的法规政治风险、自然灾害等不可抗力风险等，应当在合同事先约定可分担风险的比例以及社会资本与政府各自分担的比例。

第三类不可转移风险是指不能事先通过一定的合同、保险以及风险交易工具等手段将项目风险转移给其他第三方的风险，包括：主要项目运营期间受消费物价指数、劳动力市场指数等影响可能发生的价格调整和利润等。

② 情景分析法。在各类风险支出数额可以进行测算、但出现概率难以确定的情况下，可针对影响风险的各类事件和变量进行"基本""不利"及"最坏"等情景假设，测算各类风险发生带来的风险承担支出。计算公式为：

风险承担支出数额＝基本情况下财政支出数额×基本情况出现的概率＋不利情况下财政支出数额×不利情况出现的概率＋最坏情况下财政支出数额×最坏情况出现的概率

③ 概率法。在各类风险支出数额和发生概率均可进行测算的情况下，可将所有可变风险参数作为变量，根据概率分布函数，计算各种风险发生带来的风险承担支出数额。

4）配套投入支出的测量内容与方法

配套投入支出责任是指政府提供的项目配套工程等其他投入责任，通常包括土地征收和整理、建设部分项目配套措施、完成项目与现有相关基础设施和公用事业的对接、投资补助、贷款贴息等其他配套投入总成本和社会资本方为此支付的费用。配套投入支出应依据项目实施方案合理确定。

配套投入支出责任应综合考虑政府将提供的其他配套投入总成本和社会资本方为此支付的费用。配套投入支出责任中的土地等实物投入或无形资产投入，应依法进行评估，合理确定价值。计算公式为：

配套投入支出数额＝政府拟提供的其他投入总成本－社会资本方支付的费用。

第9章 全过程工程项目管理

9.1 全过程工程项目管理概述

9.1.1 工程项目管理的管理范围

（1）工程项目管理具体管理范围

工程项目管理具体管理范围如表 9-1 所示。

工程项目管理具体管理范围纵向分类

表 9-1

序号	范围	管理内容
1	工程项目前期策划管理	环境调查与市场分析
		工程项目定义与目标论证
		功能分析与面积分配
		工程项目经济策划
		项目可行性研究
2	项目报建管理	工程项目立项
		工程项目报建和施工许可
		工程项目规划审查
		工程项目相关专业专项审查
		工程项目配套工程建设申请
3	设计准备阶段管理	再次进行总目标论证
		比较分析设计方案
		确定设计单位及设计方案
		编制项目质量管理初步规划
		编制项目投资管理初步规划
		编制项目进度管理初步规划
		编制项目合同管理初步规划
		编制项目管理总体规划
		编制风险管理方案
		建立项目的信息编码体系及项目管理制度
		建立各种报表和报告制度
4	设计阶段管理	方案设计
		初步设计
		施工图设计

序号	范　围	管　理　内　容
5	施工阶段管理	进度控制
		投资控制
		质量控制
		合同管理
		信息管理
		安全管理
		沟通协调管理
6	竣工验收管理	竣工验收备案办理
		工程项目环境保护设施竣工验收
		建设工程消防竣工验收
		民防工程竣工验收
		建设项目绿化竣工验收
		竣工信息资料管理

除上述的各个阶段过程中，项目管理团队应承担的范围外，在全过程的项目管理中，项目管理团队还应该重视项目投资管理、信息及文件管理（表9-2）。

工程项目全过程管理范围　　　　　　　　　　　　　表9-2

序号	范　围	管　理　内　容
1	信息及文档管理	信息管理架构建立
		信息沟通渠道建立
		文件处理程序
		项目信息收集流程
		信息归档、立卷
		信息成果交付
		文档分类
		文档信息编码体系
2	投资管理	工程项目资金使用表编制及审核
		工程项目概算编制审核及分解
		投资控制目标的跟踪
		合同付款管理
		变更与索赔管理
		签证管理
		核价批价管理
		结算管理

（2）项目管理管理范围分类方法

项目管理管理范围一般通过工作分解结构（WBS）的方法来实现。

工作分解结构通过树状图的方式对一个项目的结构进行逐层分解，以系统地反映所有的工作任务（图 9-1）。

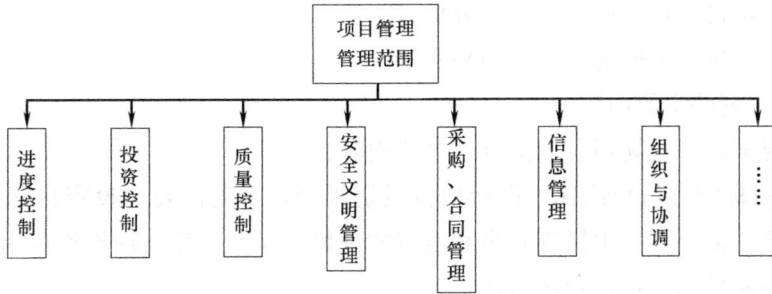

图 9-1　项目管理的管理工作范围划分

9.1.2　工程项目管理目标体系

工程项目的目标体系由三大核心内容组成：质量、成本、进度。所有工程项目的目标都围绕着这三个核心内容开展及发散。三大目标之间既存在矛盾，又存在统一。在全过程的工程项目管理中，必须充分考虑工程项目三大目标之间的对立统一关系，注意统筹兼顾，合理确定三大目标。

（1）工程项目质量目标分析

项目质量是国家现行的有关法律、法规、技术标准和设计文件及建设项目合同中对建设项目的安全、适用、经济、美观等特性的综合要求，它通常体现在适用性、可靠性、经济型、外观质量与环境协调等方面。

建设项目质量是按照建设项目建设程序，经过建设项目可行性研究、项目决策、工程设计、工程施工、工程验收等各个阶段而逐步形成的，而不仅仅决定于施工阶段。建设项目质量同时包括工程实物质量和工作质量两部分。其中，工作质量是指项目建设参与各方为了保证建设项目质量所从事技术、组织工作的水平和完善程度。

1）项目质量控制的原则

项目质量管理的原则主要有以下四个方面的内容：

① "质量第一" 是根本出发点；

② 以预防为主的思想；

③ 为用户服务的思想；

④ 一切用数据说话。

2）项目质量控制制度

项目质量控制制度一般包括：

① 项目质量监督管理制度；

② 工程施工图设计文件审查制度；

③ 工程竣工验收备案制度；

④ 工程质量事故报告制度；

⑤ 工程质量检测制度；

⑥ 工程质量保修制度。

（2）工程项目管理工作投资目标分析

投资目标分析一般通过投资规划来实现。

1）投资规划的主要内容

一般情况下，投资规划应包括以下主要内容：

① 投资目标的分析与论证。进行项目投资规划，首先需要对投资目标进行分析和论证，既要防止高估冒算产生投资冗余和浪费的现象，又要避免出现投资费用发生缺口的情况，使投资控制目标科学、合理与切实可行。

② 投资目标的分解。为了在建设项目的实施过程中能够真正有效地对项目投资进行控制，需要进一步将总投资目标进行分解。建设项目投资的总体目标必须落实在建设的每一个阶段和每一项工程单元中才能顺利实现，各个阶段或各工程单元的投资目标基本实现，是整个建设项目投资目标实现的基础。

投资目标分解的另一个作用是给建设项目实施全过程的投资计划编制制定一个费用组成的标准，为全过程投资控制服务。

③ 投资目标的风险分析和风险控制策略。投资规划是在设计前进行，因此有许多假设条件，应该在策划报告中进行说明，条件一变，则规划目标也会变。

在建设项目的实施过程中，存在影响项目投资目标实现的不确定因素，即实现投资目标存在的风险。因此，编制投资规划时，需要对投资目标进行风险分析，分析实现投资目标的影响因素、影响程度和风险度等，制定投资目标风险管理措施和方案，采取主动控制的措施，保证投资目标的实现。

项目投资目标控制及其实现的风险来自各个方面，例如：设计的风险、施工的风险、材料或设备供应的风险、组织风险、工程资金供应风险、合同风险、工程环境风险和技术风险等。投资规划过程中需要分析影响投资目标的各种不确定因素，事先分析存在哪些风险，衡量各种投资目标风险的风险量，通过制定风险管理工作流程，风险控制和管理方案，采取措施降低风险量。

2）投资规划的编制方法

① 投资规划的编制程序（表9-3）。

投资规划的编制程序

表 9-3

程　　序	内　　容
项目总体构思 和功能策划	包括项目的定义，编制建设项目的总体构思和功能描述报告等
投资目标的分解/投资 切块	根据项目决策策划所做的项目定位，分析总投资的构成，进行项目总投资目标的分解，分配项目各组成部分的投资费用，进行投资切块，完成对项目投资目标的分解 （项目总投资分解，既要考虑到项目的构成，即子项目的组成，又要考虑到基本建设费用的组成，要综合进行考虑。另外，项目总投资切块和分解方案还要考虑到今后设计过程中编制概算、预算的方便，招标时标段的划分、标底的编制的方便以及承包合同的签订、合同价的计算以及实际付款的方便，直至项目结算以及竣工决算的方便。投资规划中所做的总投资目标分解和切块方案，是以后各阶段投资控制的投资组成标准，是控制的依据）

程　序	内　容
计算和分配投资费用	根据项目总投资目标的分解和投资切块,计算和分配项目各组成部分的投资费用
编制投资规划说明	在对项目各组成部分的投资费用、项目总体投资费用进行分析基础上,结合投资规划计算所依据的条件和假设条件,编制说明文件,明确计算方法和理由,并对拟定的投资目标进行分析和论证
投资规划方案的调整	根据投资规划计算结果,对项目总体构思方案和项目功能要求等作合理的修正,或根据项目实际进展及目标的变化,对项目投资目标作适当的调整

② 项目各组成部分投资费用规划的编制方法。

投资费用规划的编制需要认真收集整理和积累各类建设项目的投资数据资料,尤其是需要掌握大量过去已经建成的同类项目的相关历史数据和资料。

项目各组成部分投资费用的编制方法较多,应根据项目的性质、拥有的技术资料和数据,根据投资规划的要求、精度和用途等的不同,有针对性地选用适宜的方法进行编制,可以采用综合指标估算方法、比例投资估算方法、单位工程指标估算方法、模拟概算方法或其他编制方法。

应用模拟概算方法进行建筑工程投资费用规划的编制,主要采用分项工程量指标估算的方法,其是根据项目总体构思和描述报告,在列出项目分部工程的基础上,再划分出各个分项工程,再根据项目的建筑面积,套用类似工程量指标,计算出各个分项工程的工程量,以便能够借鉴套用概算指标或概算定额。

采用分项工程量指标的方法进行投资费用规划,由于是将整个建设项目分解到分项工程量的深度,故可适用于不同时间和不同地区的概算指标或定额,是较为准确的投资费用估算方法。采用这一方法,如何套用分项工程的工程量估算指标,是需要解决的一个关键问题。在没有完整的和系统的分项工程量估算指标的情况下,需要依靠平时基础资料的积累,利用地区性的工程量技术经济指标作为参考。

（3）项目管理工作总进度目标分析

1）总进度目标论证的工作内容

项目总进度目标论证是在对整个项目的总体部署与安排基础上,对决策策划已提出的项目总体进度目标是否能实现的进一步论证。项目总进度目标控制是业主方项目管理的任务,应涵盖项目实施全过程各项工作。在进行项目总进度目标控制前,首先应分析和论证目标实现的可能性,若项目总进度目标不可能实现,则项目管理者应提出调整项目总进度目标的建议,提请项目决策者审议。

在项目实施阶段,项目总进度应包括:

① 设计前准备阶段的工作进度;

② 设计工作进度;

③ 招标工作进度;

④ 施工前准备工作进度;

⑤ 工程施工和设备安装进度;

⑥ 工程物资采购工作进度;

⑦ 项目动用前的准备工作进度等。

在项目总进度目标论证时,往往设计还没有开始,还不掌握比较详细的设计资料,要求策划人员有丰富的项目实施经验,通过决策策划报告中对项目的详细定位来分析各项工作的工作量以及估计所需要的时间,并对其先后顺序进行合理安排,找出其相互影响关系,编制总进度规划。在进行总进度规划时,要分析可能采用的工程发包的组织、施工组织和施工技术分析,其他有关项目实施条件的资料。因此,总进度目标论证并不是单纯的总进度规划的编制工作,它涉及许多项目实施的条件分析和项目实施策划方面的问题。

总进度目标论证的核心工作是通过编制总进度纲要论证总进度目标实现的可能性,并对分析具体的进度计划的编制以及控制提供依据。总进度纲要的主要内容包括:

① 项目实施的总体部署;

② 总进度规划;

③ 对各子系统进度规划的控制原则;

④ 确定里程碑事件的计划进度目标;

⑤ 总进度目标实现的条件和应采取的措施等。

2) 总进度目标论证的工作步骤(表9-4)

总进度目标论证的工作步骤 表9-4

序号	步 骤	具 体 工 作
1	调查研究和收集材料	1. 收集和了解项目决策阶段有关项目进度目标确定的情况和资料; 2. 收集和分析与进度有关的该项目组织、管理、经济和技术资料; 3. 收集类似项目的进度资料; 4. 了解和分析该项目的总体部署; 5. 了解和调查该项目实施的主客观条件等
2	项目结构分析	大型工程项目的结构分析是根据编制总进度纲要的需要,将整个项目逐层分解,并确立相应的工作目录,如: 一级子系统目录,将整个项目划分成若干个子系统; 二级子系统目录,将每一个子系统分解为若干个子项目; 三级子系统目录,将每一个子项目分解为若干个工作项。 将整个项目划分成多少结构层,应根据项目的规模和特点而定
3	进度计划系统的结构分析	分解和构成项目的多层计划系统,如 第一层进度计划,将整个项目划分成若干个进度计划子系统; 第二层进度计划,将每一个进度计划子系统分解为若干个子项目进度计划; 第三层进度计划,将每一个子项目进度计划分解为若干个工作项。 将整个项目划分成多少计划层,应根据项目规模和特点而定
4	项目的工作编码	
5	编制各层进度计划	
6	协调各层进度计划的关系,编制总进度计划	
7	若所编制的总进度计划不符合项目的进度目标,则设法调整	
8	若经过多次调整,进度目标无法实现,则报告项目决策者	

3）进度规划编制的方法

常用的进度规划编制方法有：横道图、垂直图表法、流水作业法、网络计划技术。

9.1.3 工程项目管理模式与组织设计

（1）工程项目管理模式

目前我国主要存在以下几种工程项目管理模式：

1）CM（Construction Management）模式

CM模式的出发点是为了缩短工程建设工期。它的基本思想是通过采用"Fast-Track"快速路径法的生产组织方式，即设计一部分、招标一部分、施工一部分的方法，实现设计与施工的充分搭接，以缩短整个建设工期。这种模式与过去那种设计图纸全都完成之后才进行招标的连续建设生产模式有所不同。

CM模式可以有多种形式，常用的有两种：

第一种形式为代理型CM模式。在此种模式下，CM经理是业主的咨询和代理，业主和CM经理的服务合同规定费用是固定酬金加管理费。业主在各施工阶段和承包商签订工程施工合同。需要说明的是，CM单位对设计单位没有指令权，只能向设计单位提出一些合理化建议，因而CM单位与设计单位间是协调关系。这一点同样适用于非代理型CM模式。

第二种形式称为非代理型CM模式，也称为风险型建筑工程管理方式。采用这种形式CM经理同时也担任施工总承包商的角色，一般业主要求CM经理提出保证最大工程费用（Guaranteed Maxilnum Price，简称GMP），以保证业主的投资控制，如最后结算超过GMP，则由CM公司赔偿；如低于GMP，则节约的投资归业主所有，但CM公司由于额外承担了保证施工成本风险，因而能够得到额外的收入（表9-5）。

CM模式优缺点 表9-5

优点	1. 设计的"可施工性"好，施工效率高。这是由于承包人在项目初期在设计阶段就任命了CM项目经理，它可以在此阶段充分的发挥自己的施工经验和管理技能，协同设计班子的其他专业人员一起做好设计工作，提高设计质量； 2. 由于设计施工等环节的合理搭接，节省了时间，工期缩短，这是由于设计和施工的平行作业而产生的； 3. 一旦设计得到业主的同意和地方政府的审批，就可以开工，因此施工工作可以提前进行； 4. 减少了设计方和施工方的对立，改善着交流渠道和提高了效率； 5. 分包人的选择由业主和承包人共同决定，因而更为明智； 6. 项目可以提前完工，业主可以提前营运并收回投资； 7. 在CM模式中，实现了业主对项目的直接控制
缺点	1. 风险较大，因为在招投标选择承包人时，项目费用的估计并不完全正确。这都是由于各工作的搭接而引起的，业主不能像传统方式中那样在设计时就对整个和局部的费用有所把握； 2. 设计单位要承受来自业主、承包人甚至分包人的压力，如果协调不好，设计质量可能会受到影响

2）设计—建造（Design-Build）模式

设计—建造模式，是指承包商负责工程项目的设计、施工安装全过程的总承包。在项目原则确定之后，业主选定一家公司负责项目的设计和施工。这种方式在投标和订合同时是以总价合同为基础的。工程总承包商对整个项目的成本负责，他首先选择一家咨询设计公司进行设计，然后采用竞争性招标方式选择分包商，当然也可以利用本公司的设计和施工力量完成一部分工程。

设计—建造模式中业主和工程总承包商密切合作，完成项目的规划、设计、成本控制、进度安排等工作，甚至负责土地购买和项目融资。使用一个承包商对整个项目负责，避免了设计和施工的矛盾，可显著降低项目的成本和缩短工期。同时，在选定总承包商时，把设计方案的优劣作为主要的评标因素，可保证业主得到高质量的工程项目。这种管理模式的特点如下：

① 总承包商对业主担负"单点责任"，当建筑出现缺陷时，无法在业主面前推卸责任，因此业主的利益得到保障；

② 只要在施工过程中业主不对项目大纲作实质性的修改，那么在项目之初，就可以估算本项目的成本；

③ 业主与总承包商直接联系，交流效率大为提高，对业主的指令，总承包商可以更快地作出反应，以满足业主的要求；

④ 总承包商负责设计、施工的计划、组织和控制，因此，更有可能开展平行作业，并扩大作业的范围；

⑤ 分包商划分较细，因此更熟悉各自所从事的施工工艺，施工效率较高。

值得注意的是，总承包商因水平原因而导致设计质量可能不高，是设计—建造总承包模式的缺点。

3）BOT（Build-Operate-Transfer）模式

BOT 即建造—运营—移交模式。这种模式是私人资本进行基础设施建设的一种融资和建造的项目管理方式，或者说是基础设施国有项目民营化。它是指东道国政府开放本国基础设施和运营市场，吸收国外资金，授给项目公司以特许经营权，由该公司负责融资和组织建设，建成后负责运营及还贷款。在特许期满时将工程移交给东道国政府。

BOT 模式作为一种私人融资方式，其优点是非常明显的。首先从政府来说，BOT 可以开辟新的公共项目资金通道，弥补政府资金的不足，吸引更多投资者（特别是外国投资者）；减轻政府财政负担和国际债务，优化项目，降低成本（通过利用非官方资本或私营机构的高效率）；减少政府管理项目的负担；扩大地方政府的资金来源，引进外国的先进技术和管理经验，转移风险（收费、移交）。BOT 方式与传统方式区别在于传统方式中，即现阶段通常使用的方式中，政府首先需要筹集建设资金，然后选择设计与施工单位从事项目的建设。BOT 方式与传统方式的最大区别就是政府不再考虑项目的资金问题，而由项目公司全面负责项目的融资、建设与营运。政府项目的资金不仅得以解决，而且政府能从烦琐的工程项目中解脱出来。

4）EPC（Engineering-procurement-Construction）模式

EPC 即设计—采购—建造（或施工）模式。EPC 模式将承包（或服务）的范围进一步向建设工程的前期延伸，业主只要大致说明一下投资意图和要求，其余工作均由 EPC

承包单位来完成。

EPC模式具有以下特征：

① 承包商承担大部分风险。在EPC模式条件下，由于承包商的承包范围包括设计，因而很自然地要承担设计风险，此外，在其他模式中均由业主承担的"一个有经验的承包商不可预见且无法合理防范的自然力的作用"的风险，在EPC模式中也由承包商承担。在其他模式中承包商对此所享有的索赔权在EPC模式中不复存在。这无疑大大增加了承包商在工程实施过程中的风险。

② 业主或业主代表管理工程实施在EPC模式条件下，业主不聘请"工程师"来管理工程，而是自己或委派业主代表来管理工程。由于承包商已承担了工程建设的大部分风险，所以，与其他模式条件下工程师管理工程的情况相比，EPC模式条件下业主或业主代表管理工程显得较为宽松，不太具体和深入，重点是在竣工检验，必要时还可能作竣工后检验（排除了承包商不在场作竣工后检验的可能性）。

③ 总价合同。与其他模式条件下的总价合同相比，EPC合同更接近于固定总价合同。通常，在国际工程承包中，固定总价合同仅用于规模小、工期短的工程。而EPC模式所适用的工程一般规模均较大、工期较长，且具有相当的技术复杂性。因此，在这类工程上采用接近固定的总价合同，也就称得上是特征了。在EPC模式条件下，业主允许承包商因费用变化而调价的情况是不多见的。

5）项目管理承包模式（Project Management Contractor，简称PMC）

项目管理承包（PMC）是指项目管理承包商代表业主对工程项目进行全过程、全方位的项目管理，包括进行工程的整体规划、项目定义、工程招标、选择设计、采购、施工、施工承包商，并对过程进行全面管理，一般不直接参与项目的设计、采购、施工和试运行等阶段的具体工作。

在PMC模式中，业主首先委托一家有相当实力的工程项目管理公司对项目进行全面的管理承包。一般PMC不参与项目的设计、采购、施工、开车等阶段的具体工作（业主经常也会把一些具体的设计、采购、施工、开车等工作交给PMC承担，但严格地说，该类具体工作并不属于PMC的范畴），根据PMC的工作范围，一般可分为三种类型：

① 代表业主管理项目，同时还承担一些界外及公用设施的设计—采购—施工（EPC）工作。这种工作方式对PMC来说，风险高，相应的利润、回报也较高。

② 作为业主管理队伍的延伸，管理EPC承包商而不承担任何EPC工作。这种PMC模式相应的风险和回报都较上一类低。

③ 作为业主的顾问，对项目进行监督、检查，并将未完工作及时向业主汇报。这种PMC模式风险最低，接近于零，但回报也低。

而PMC模式具有以下几点优势：

① 有助于提高整个建设期的项目管理水平，确保项目成功。业主所选用承担PMC的公司大都是国内外知名的工程公司，他们有着丰富的项目管理经验和多年从事PMC的背景，其技术实力和管理水平达到很高的水平。

② 有利于帮助业主节约项目投资。业主在和PMC签订的合同中大都有节约投资给予相应比例奖励的规定，PMC一般会在确保项目质量工期等目标的完成下，尽量为业主节约投资。PMC一般从设计开始到试车为止全面介入进行项目管理，从基础设计开始，他们就可以本着节约的方针进行控制，从而降低项目采购、施工等以后阶段的投资，以达到费用节约的目的。

③ 有利于精简业主建设期管理机构。PMC和业主之间是一种合同雇佣关系，在工程建设期间，PMC会针对项目特点组成适合项目的组织机构协助业主进行工作，业主仅需保留很少的人数管理项目，从而使业主精简机构。

④ 有利于业主取得融资。由于从事PMC的公司对国际融资机构及出口信贷机构较为熟悉，往往在协助业主融资和出口信贷机构的选择上发挥重要作用，而融资机构为确保其投资成功，愿意由这些从事PMC的工程公司来对项目建设进行管理以确保项目的成功建成，为其投资收益的实现提供保障。

总之，一个项目的投资额越高，项目越复杂且难度大，业主提供的资产担保能力越低，就越有必要选择PMC进行项目管理。

（2）工程项目组织设计

1）工程结构分解方法

在进行工程结构分解时，应在各层次上保持项目内容上的完整性，不能遗漏任何必要的组成部分。一个子要素只能从属于某一个上层母要素，不能同时交叉属于多个上层母要素。在对母要素进行分解时，也要注意一个母要素分解出的几个下层子要素应具有相同的性质。

工程结构分解并没有统一的模式，同一个项目也可以有不同的项目结构分解方法，工程结构的分解应和整个工程实施的部署相结合，与项目的特点相结合，并和将采用的合同结构相结合。

图9-2、图9-3为某地铁工程的两种工程分解结构图，分别采用地铁车站（一个或多个）和区间隧道（一段或多段）分别发包，以及一个地铁车站和一段区间隧道，或几个地铁车站和几段区间隧道作为一个标段发包两种方式编制。

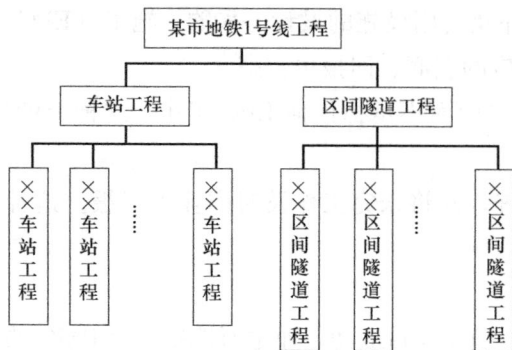

图9-2 地铁车站和区间隧道分别发包

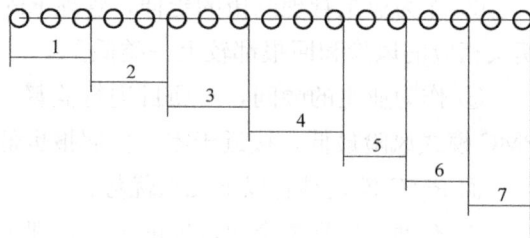

图9-3 一个地铁车站和一段区间隧道，或几个地铁车站和几段区间隧道作为一个标段发包

工程结构分解的方法多种多样，主要包括模板法、自上而下法以及自下而上法等等。

工程结构分解方法 表 9-6

方　　法	概　　述
模板法	多数工程的结构分解可以使用模板法,即借用项目所属专业领域中的标准化或通用化的工程结构分解模板,然后根据具体项目的具体情况和要求进行必要的增加或删减而得到工程结构分解的方法。这一方法主要包括三个步骤:一是项目工作分解模板的确定;二是具体项目的工作增加和删减;三是项目工作分解结构的分析和检验
自上而下法	自上而下法通常被视为工程结构分解的常规方法,即从项目最大的单位开始,逐步将它们分解成下一级的多个子项。在分解过程中,不断增加分解层数,细化工作任务
自下而上法	自下而上法是要让项目团队成员从一开始就尽可能地确定项目有关的各项具体任务,然后将各项具体任务进行整合,并归总到一个整体活动或工作分解结构的上一级内容中去。用这种方法,则不是一开始就考察工程结构分解的基本方针或是参考其他模板,而是尽可能详细地列出项目团队成员认为完成项目需要做的任务。在列出详细的任务清单后,就开始对所有工作进行分类,以便于将这些详细的工作归入上一级的大项中。这种方法一般都很费时,但对于工程结构分解的创建来说效果较好。项目经理可以对那些全新系统或方法的项目采用这种方法,或在用此法来促进全员参与或项目团队的协作

2）工程结构分解编码

工程分解结构中的每一项工作单元都要编上号码，用来唯一确定每一个单元，这些号码的全体叫作编码系统。编码由一系列符号（如文字）和数字组成，编码工作是信息处理的一项重要的基础工作，在项目规划和以后的各个阶段，项目各基本单元的查找、变更、造价计算、时间安排、资源安排、质量检查等各个方面都要参照这个编码系统。项目的结构编码依据于工作结构图，下面以一个四层的工程分解结构为例来说明编制方法（图 9-4）。

在这个编码系统中，每个编码由四位数组成，第一位数表示处于第一层的整个项目；第二位数表示处于第二层的子工作单元（或子项目）的编码；第三位数是处于第三层的具体工作单元的编码，第四位数是处于第四层的更细、更具体的工作单元的编码。

第一层编码为1000;

第二层编码为1100、1200、1300 ……

第三层编码为1110、1120、1130 ……

第四层编码为1111、1112、1113 ……

图 9-4　工程分解解构

3）常见的工程项目管理组织结构类型

就工程项目管理的组织结构而言，一般可以划分为职能型、矩阵型和项目型组织结构。其中，职能型组织结构是一种传统的、简单的组织方式，每一个职能部门对应一种专业分工。项目型组织结构是基于项目的，每一个部门或项目组负责一个或一类项目，在项目型企业中比较典型。矩阵型则介于两者之间，并可进一步被分为弱矩阵、平衡矩阵和强矩阵型结构。

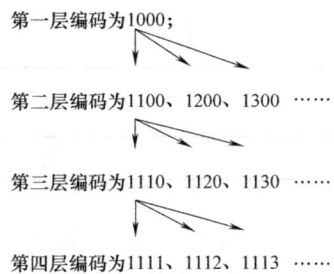

表 9-7，表 9-8 分别为三种组织结构类型在组织结构图、优缺点比较分析表。

組织结构图比较 表 9-7

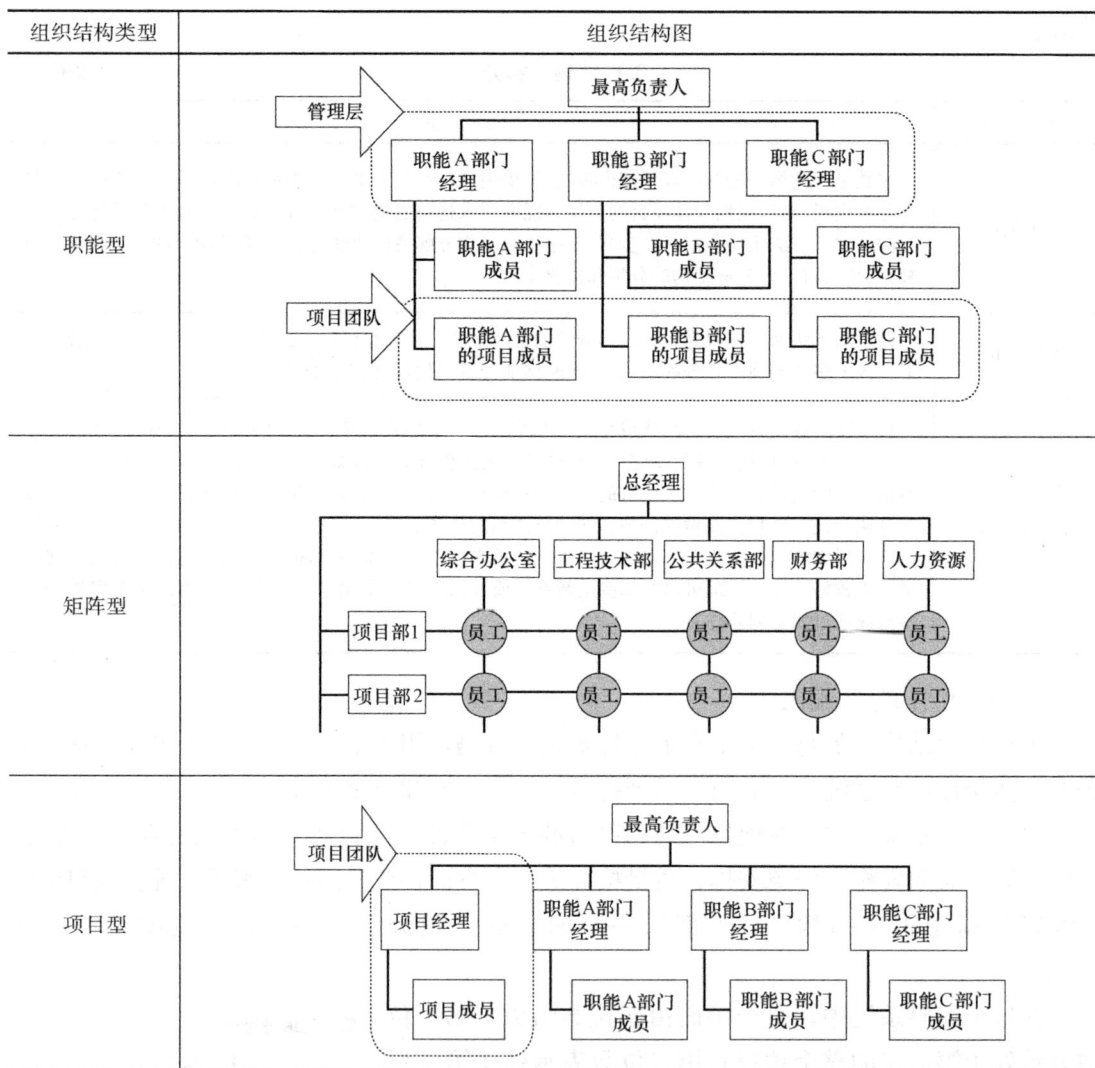

组织结构类型	组织结构图
职能型	
矩阵型	
项目型	

优缺点比较分析 表 9-8

	优　点	缺　点
职能型	由于项目团队各成员来自部门,在项目进行期间从属关系没有发生变化,因此项目成员没有后顾之忧,能够客观地为项目考虑。同时从事项目工作和日常工作,具有协调二者的灵活性。各职能部门可以在本部门的工作和项目的工作任务中把握平衡,根据不同情况安排力量。当项目团队中的某一成员因故不能继续参加时,其所在职能部门可以马上安排人员予以补充。项目团队中的各成员有同一部门的专业人员作为技术支持,有利于项目中的专业技术问题的迅速、准确解决	由于项目成员来自于各分散部门,对项目团队不易产生归属感与成就感,项目管理团队没有正式的权威性,在管理协调时容易产生问题。项目成员也有可能不把项目任务看作自己的主要工作,优先考虑原部门工作,导致项目工作得不到应有的重视。各职能部门容易看中本部门在项目上获得的利益,而忽视其他职能部门在项目上的利益。在项目团队的沟通上,由于各参与部门的领导可能以本部门利益为重,在项目问题上协调可能出现忽视项目利益和低效率。对于同时参与多个项目的职能部门或个人,不利于项目之间投入力量的安排

	优　点	缺　点
矩阵型	有全职的项目经理为项目负责,并可以有效利用全公司的资源。在项目结束后,项目人员依然可以回到原本的职能部门,不用担心失业。同时,项目团队与职能部门共享人力资源,可以有效提高资源利用率,也可以在多个项目中使用同一人力资源。通过项目经理与职能经理的协商,也可以兼顾项目和日常营运的需要	项目成员要同时接受两个指令源,可能会出现相矛盾的指令。由于公司资源的有限,资源在职能部门与项目之间、不同项目之间的分配较为困难,可能会引起职能经理和项目经理以及各项目经理之间的争斗,项目目标而非公司整体目标成为项目经理考虑的核心。项目成员需要同时向两个老板汇报工作,增加了工作量,在突发事件发生时沟通协调也较为不便。同时,所有参与项目人员都需要考虑职能部门工作和项目工作精力的平衡分配问题
项目型	项目经理拥有管理项目的全权,能够充分调动各种所需资源,保证项目的顺利进行。所有项目成员都在项目经理的领导下,避免了双重领导的问题。项目成员可以集中精力在项目工作上,没有其他的杂务来分散精力。同时,由于不需要与各职能部门进行协商,项目决策速度较快。项目团队成员在一起工作也有利于团队建设,增强成员凝聚力和成就感	项目经理要求较高,项目经理过大的权利可能导致决策的失误。如果一个公司有多个项目,会造成各种资源的重复配置,为了为多个项目储备人才、技术和设备以防短缺,可能会造成不必要的浪费。没有职能部门的参与,可能会导致职能部门对项目的漠不关心和不支持。一个项目作为一个临时组织,不能给成员提供长期稳定的职业发展路径,在项目结束后,项目成员的出路是较大问题

4）组织结构模式的选择

选择组织结构模式需要依据项目的特点和公司的资源来选择。考虑未来项目的性质、各种组织形式的特征、各自的优点和缺点,最后拿出折中的方案。表 9-9 中列出了九项反映项目性质、特征的因素。

影响项目组织结构模式选择的因素　　　　　　　　　　　　表 9-9

组织形式 因素	职能型	矩阵型	项目型
不确定性	低	中	高
技术	标准	复杂	新
复杂程度	低	中等	高
持续时间	短	中等	长
规模	小	中等	大
重要性	低	中等	高
用户	各种各样	中等	单一
依赖性(内部)	低	中等	高
依赖性(外部)	高	中等	低

5）管理任务分工

项目管理任务分工随着项目管理活动的进行也应随着实际工程情况进行改进和深化。此时,项目管理管理者就需要对管理的任务进行细化,以使得在管理过程中,每个活动都有人员进行管理,每个人员都有属于自己的管理活动。同时在此阶段施工单位也参与进项目管理过程,因而其也需要进行管理任务的分工。

管理任务分工的主要方法是运用管理任务分工表,管理任务分工表是一个项目的组织设计文件的一部分。某项目制定的项目管理任务分解表如表 9-10 所示。

项目管理任务分解目录

表 9-10

序号	各阶段项目管理的任务	序号	各阶段项目管理的任务
1	决策阶段项目管理的任务	4	施工阶段项目管理的任务
2	设计准备阶段项目管理的任务	5	动用前准备阶段项目管理的任务
3	设计阶段项目管理的任务	6	保修阶段项目管理的任务

然后，在项目管理任务分解的基础上，定义项目经理和费用（投资或成本）控制、进度控制、质量控制、合同管理、信息管理和组织协调等主管工作部门或主管人员的工作任务，从而编制管理任务分工表。在管理任务分工表中应明确各项工作任务由哪个工作部门（或个人）负责，由哪些工作部门（或个人）配合或参与。

这一步有效地进行应建立在管理任务良好分工的基础之上，只有在进行管理任务分工之时，考虑到项目的组织结构，控制了任务分工的范围、细致程度，在任务分配时才能达到人人有事做、事事有人做的效果，使得项目的管理组织发挥最大的效率。

6）管理职能分工

管理职能分工与管理任务分工一样也是组织结构的补充和说明，体现在对于一项工作任务，组织中各任务承担者管理职能上的分工。虽然项目管理具有其独特的方面，但在管理职能方面也类似的一般包括四个过程，即可分为计划（Planning）、决策（Decision）、执行（Implement）、检查（Check）这四种基本职能。虽然还有其他的一些划分方法，但是就内涵来说是差不多的。这四种基本职能的含义分别为：

① 计划：提出解决问题的多个可能方案，并对可能方案进行比较。

② 决策：从多方案中进行选择。

③ 执行：实施决策选择的方案。

④ 检查：检查决策是否执行以及执行的效果。

管理职能分工就是将各项管理工作任务的四种管理职能分工给项目管理过程中各个参与方，它以管理工作任务为中心，规定任务相关部门对于此任务承担何种管理职能。随着项目的进行，管理职能分工也需随之深化，即将各个管理职能分工给项目管理班子内部项目经理、各工作部门和各工作岗位。

某大型项目项目招标阶段管理职能分工

（职能代号：P-计划职能、D-决策职能、I-执行职能、C-检查职能）

表 9-11

项目	工作任务	业主	监理	设计	施工	设备供应	项目管理
项目招标	项目详细招标计划编制	DC					PIC
	勘察、设计、监理、施工总	DIC					PIC
	招标备案	DC					I
	工程量清单编制	DC					PIC
	工程量清单审核	DIC					PIC
	招标公告发布	DIC					I
	招标文件编制	DC					PIC

项目	工作任务	业主	监理	设计	施工	设备供应	项目管理
项目招标	招标问价发放	DC					I
	踏勘现场及答疑会	DIC	I	I	I	I	PI
	组织开标	DC	I	I	I	I	PI
	评标	DIC					PI
	合同签署及备案	DIC	I	I	I	I	PIC

在表中我们可以看出，业主方与项目管理方有很多职能是相互重复的这会造成管理资源的浪费。因而在实际情况中，业主方可能会将一些职能直接委托给项目管理方来执行。例如一些管理任务的决策职能，若项目参与方的可信度很高的话，业主可能就将某些管理任务的决策职能委托给项目参与方。

7）工作流程组织与工作制度

①工作流程组织。工作流程组织可反映一个组织系统中各项工作之间的逻辑关系，是一种动态关系。在一个建设工程项目实施过程中，其管理工作的流程、信息处理的流程，以及设计工作、物资采购和施工的流程组织都属于工作流程组织的范畴。为了方便理解工作流程组织的逻辑关系，一般用工作流程图来表现建设项目的工作流程组织。

工作流程组织一般包括：

a. 管理工作流程组织：投资、进度控制，合同管理流程，设计变更等。

b. 信息处理工作流程组织，如月度报告的数据处理。

c. 物质流程组织：钢结构深化设计工作流程、外立面施工工作流程。

每一个工作项目应根据其特点，从多个可能的工作流程方案中确定以下几个主要的工作流程组织：

a. 设计准备工作流程；

b. 设计工作的流程；

c. 物资采购工作的流程；

d. 施工作业的流程；

e. 各项管理工作的流程（投资控制、进度控制、质量控制、合同管理和信息管理等）；

f. 与工程管理有关的信息处理的工作流程等。

工作流程组织的任务就是定义各个工作的流程。工作流程图应视需要逐层细化，如投资控制工作流程可细化为初步设计阶段投资控制工作流程图、施工图阶段投资控制工作流程图和施工阶段投资控制流程图等。根据工作流程设计，形成主要的工作制度。

②工作制度。某市人民医院项目根据其工作流程设计了如下多个工作制度：

a. 报建工作流程及制度。配套建设（申办）管理工作流程及制度，市政配套建设（施工）管理工作流程及制度。

b. 进度控制工作流程。建设总进度计划审批流程及制度，设计进度管理流程及制度，招标采购进度管理流程及制度，施工进度管理流程及制度。

c. 投资控制管理流程。项目投资管理总流程及制度，工程月进度款支付审批流程及制度。

d. 设计变更管理流程。设计变更审批流程及制度，现场签证审批流程及制度。

e. 招标采购管理流程。甲供材料、设备（限额以上）的采购管理流程及制度，甲供材料、设备（限额以下）的采购管理流程及制度，甲认乙购材料、设备的采购流程及制度。

f. 安全管理流程及制度。

g. 质量管理流程及制度。质量目标体系审查流程及制度，质量验收流程及制度，一般质量缺陷（问题）处理流程及制度，重大事故应急处理流程及制度。

h. 图纸及档案管理流程制度。图纸管理工作流程及制度，档案管理工作流程及制度。

i. 竣工验收管理制度。阶段性验收流程及制度，竣工验收工作流程及制度，联动调试工作流程及制度。

【案例】 某建设开启项目项目管理组织结构设计

某建设开发项目属于天津市滨海新区中心商务区板块之一，地处京津冀环渤海经济圈中心，占地 3.86 平方公里，规划建筑面积 950 万平方米，含 120 个地块，建设周期 10 年，分四期建设，预计开发建设总投资 2000 亿元左右。该开发项目属于超大型项目群项目，建成后将是世界上 CBD 区域面积最大的金融区，办公面积在国内居于首位。CBD 区域面积 330 万平方米，办公面积 720 万平方米，办公容积率 2.2，住宅面积 0.6 万平方米，工作人数 4 万人，主要功能为市场会展、现代金融、传统金融、教育培训、商业商住。

该项目的一期起步区 2009 年初启动，计划 5 年内完成；总用地 101 万平方米，建筑总面积 304 万平方米，共 35 个地块。项目业态包含：京津城际于家堡枢纽车站、酒店会议中心、行政服务中心、超白金五星级酒店、滨河公园、中央大道以及其他办公、商住等建设项目。

该金融区作为国际化、现代化的多功能金融区，将吸引众多世界级的金融商务机构进驻，作为中心商务区的核心地带，为滨海新区搭建了服务环渤海乃至全国的最佳平台，将更有利于促进整个环渤海地区的开放、发展，对天津市乃至我国的经济发展都有着深远的影响。

针对该项目的特点，建立两个层级的管理模式：项目群层级和项目层级。

项目群层级的管理特点：宏观、战略的，技术管理相对复杂、管理协调难度高、决策影响大、前期（初步设计以前）以项目群为管理对象。

项目层级的管理特点：微观、战术的，技术、造价、进度、管理协调片区的，决策影响局部，以单个项目或片区为对象。

根据片区特点，设置组织结构如图 9-5 所示。

（1）组织结构说明

公司决策层下设项目管理办公室（PMO）。PMO 作为公司决策层统筹协调管理工程建设的执行部门，对公司内与工程相关的部门进行统一管理和协调，依据公司授权任命业主代表，并对业主代表进行综合管理。

"总体项目管理部"协助PMO的工作；在PMO的协调下，协助其他部门工作。

各职能部门在PMO的管理和协调下各司其职，按其职责对项目进行职能管理，管理和协调公司外聘专业管理团队。各职能部门对其管理职能向公司负责。

从各个部门抽调人员，由PMO推荐给公司决策层，经公司决策层审批，作为业主代表，受PMO管理；业主代表与项目管理公司（PM）组成项目管理团队，在业主代表的授权范围内对项目层级实施管理，是项目建设管理目标的责任人。业主代表在授权范围内，有权对职能部门进行沟通、协调，在授权范围内解决项目问题；超出业主代表授权的重大事项由相关职能部门、PMO或公司决策层协调决策，以保障公司整体建设目标的顺利实现。

业主代表管理团队向各职能部门反应信息和问题；由各职能部门依据职能分工解决相关问题；需总体协调的问题，上报PMO协调解决。

各地块的监理、造价、总包、分包单位由各地块的业主代表管理团队进行统一协调管理。

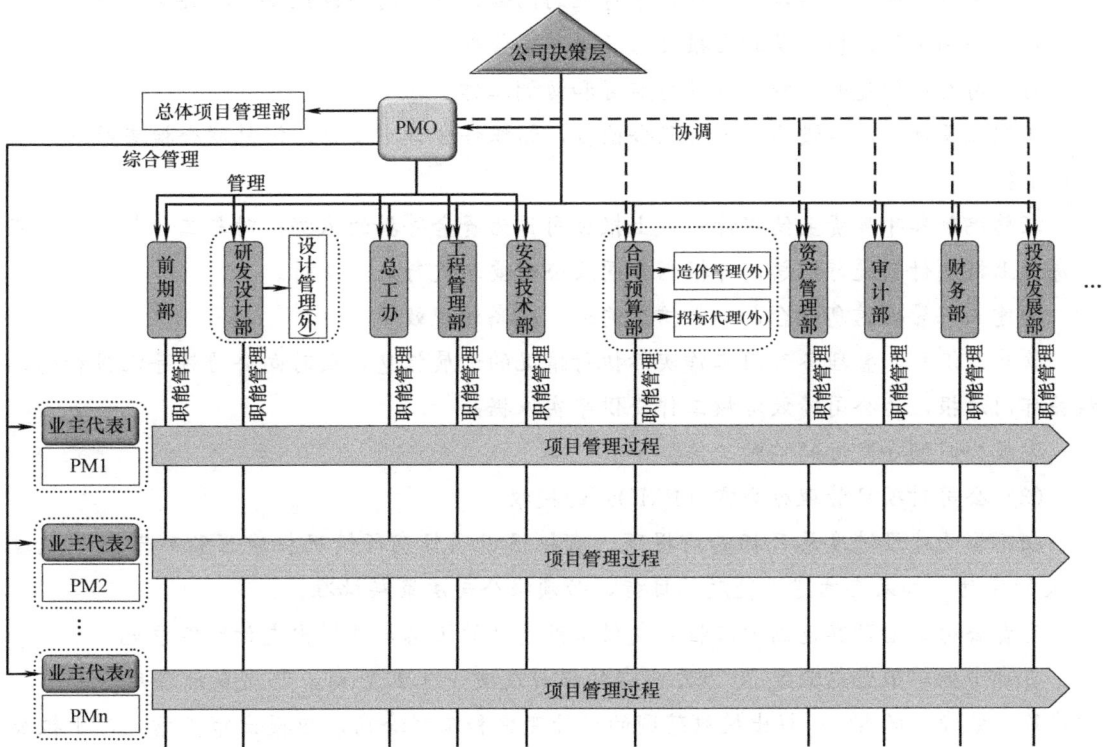

图 9-5　＊＊建设工程项目组织管理模式

（2）项目管理办公室（PMO）部门职责

项目管理办公室（PMO）作为公司决策层统筹协调管理工程建设的执行部门，承担如下职责：

全面贯彻落实公司工程建设决策指令,负责公司工程建设的总体管理,协调相关单位和部门的工作。

组织制定公司建设项目的开发建设时序;编制项目总体开发策划方案。

组织编制工程建设总进度计划、各里程碑节点计划,审批工程专项工作计划和工程施工计划等,并跟踪落实,对影响计划进度的问题提出对策和建议并协调落实。

组织制定区域总平面管理方案、管理制度并组织相关部门实施。

制定公司工程管理的各项制度、流程和标准,组织落实实施,并统筹管理。

对工程建设的全过程管理体系进行监控、总结、完善、推广。

负责工程建设管理过程中对入区投资建设企业的协调、配合和服务,协调公司建设管理项目与入区投资企业工程建设的工作界面和工程衔接。

依据公司授权任命业主代表,并对业主代表进行综合管理。

在公司授权范围内,对设计变更和工程签证进行审批,对超出授权范围的部分进行审核后,上报公司领导审批。

负责组织与工程建设相关的各项考察工作。

组织工程协调会,协调解决项目中存在的问题,并编写会议纪要上报公司领导。

定期编制工程简报,及时上报公司及上级主管部门。

对公司委托代建的工程项目进行监督和协调工作。

组织相关部门对建设项目进行联合检查,组织评分评审工作,汇总联合检查结果并向公司汇报。

汇总编制各年度资金使用计划,上报公司作为资金筹措的依据;对与工程相关的各部门每月上报支付款进行汇总,并根据合同及公司要求进行统一支付。

构建工程管理信息平台,加强信息沟通,提高管理效率。

收集、汇总、整理各部门工作实际执行情况的进展信息,及时向公司领导汇报和向各相关部门通报,为公司绩效考核工作提供事实依据。

完成公司领导交办的临时工作。

(3) 公司对项目管理办公室(PMO)的授权

在不影响建设进度总目标的前提下,有权根据项目实际情况批准里程碑节点不超过20天的变动;如果影响建设进度总目标,必须报公司决策层批准。

负责公司资金预算范围内工程款支付审批意见的汇总,并提出支付比例意见。

负责审批单项变更额度50万元以内的设计变更、工程洽商,变更累计额度分别不超过建筑安装费用的8‰;超出授权范围的设计变更和工程洽商,应提出审查意见,上报公司决策层审批。

依据公司授权任命业主代表,并对业主代表进行综合管理。

汇总联合检查结果,依据相关管理办法,对相关责任方进行奖罚。

(4) 业主代表的岗位职责

协助公司制定项目里程碑控制计划;负责执行项目的里程碑计划,保证进度计划目标的实现。

负责地块内项目质量管理工作,保证项目建设质量目标的实现。审查确认专业分包资质;负责一般质量问题和一般质量事故的处理;协助公司相关部门对重大质量事故的处理;会同公司相关部门对甲供、甲指乙购、甲控乙购材料检验确认;配合政府部门及公司对质量工作的监督检查。

在公司授权范围内,负责地块内项目施工阶段的成本控制工作。负责工程款支付的初步审核;配合公司的设计变更,牵头处理工程洽商,配合结算工作;超出业主代表授权范围的工程洽商,业主代表负责审查其必要性和合理性,并提出审查意见,上报公司相关部门审批。

负责地块内项目安全文明施工管理工作,保证项目建设安全目标的实现。负责一般安全问题和一般安全事故的处理;配合公司相关部门对区域性的安全文明工作进行管理;配合公司相关部门对重大分部、分项工程安全方案的论证;配合公司对重大危险源专项方案的审查;配合公司相关部门对重大安全事故的处理;配合政府部门及公司对安全方面的监督检查。

负责对现场的项目管理公司、造价咨询公司、监理公司及二次设计、专项设计单位进行综合的管理和协调。

业主代表负责按国家相关程序,组织各专项检测工程验收;协助公司组织地基与基础工程、主体结构工程和工程竣工验收;协助竣工资料的归档移交工作和工程移交工作。

定期向公司上报各类报表;作为公司和项目信息联系的纽带,负责将公司指令和通知下达到项目内;在其权限范围内批准的事项,应及时抄报相关职能部门和PMO备案。

(5)公司对业主代表的授权

在不影响项目里程碑节点的前提下,有权根据项目实际情况局部调整进度计划。里程碑节点的调整应由公司批准,方可变动。

对施工现场的质量、安全文明施工有3万元以内奖罚权,有2日内的停工整改、复工权。

负责工程款支付的初步审核工作;负责审批单项额度15万元以内的工程洽商;超出业主代表授权范围的工程洽商,业主代表负责审查其必要性和合理性,并提出审查意见,上报公司相关部门审批。业主代表审批工程洽商累计额度不得超过建筑安装费用的2‰;超出2‰时,要对工程洽商工作进行综合分析,报PMO审批,由公司重新对业主代表进行授权。

9.2 工程项目行政审批管理

工程项目行政审批管理是工程项目管理工作中一项重要内容,工作程序烦琐复杂,涉及部门多、环节多,办事程序相互穿插,如何加强工程项目行政审批管理工作,确保工程建设项目的顺利推进是工程项目建设成功的基本保证。

9.2.1 工程项目行政审批流程

工程项目行政审批流程如图 9-6 所示。

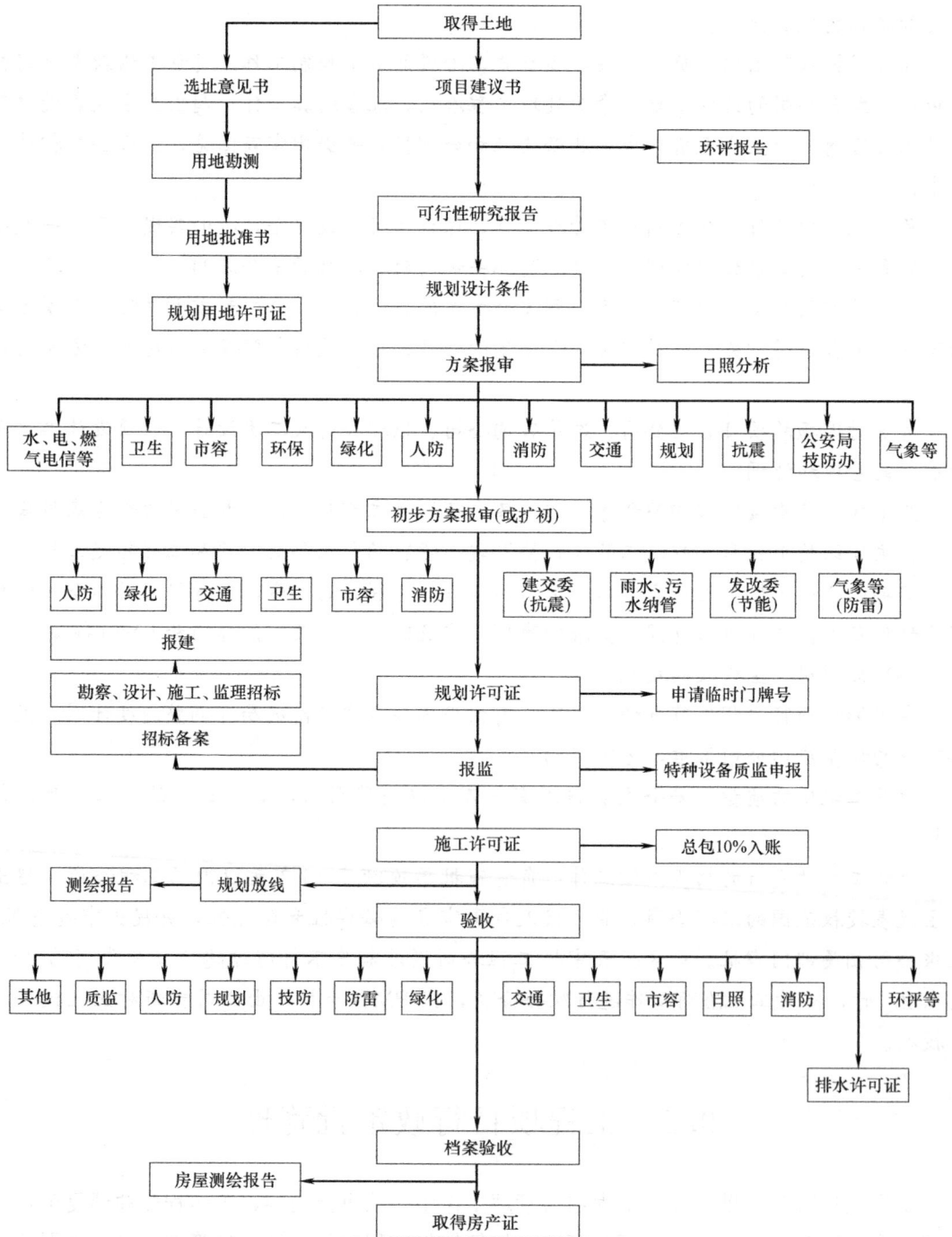

图 9-6 工程项目行政审批流程

9.2.2　工程项目行政审批重点环节

（1）前期配套

1）土地

土地的取得主要有出让、划拨、转让三种方式，不同的土地获取方式对应着不同的土地政策和审批程序，下面就从定义、主要形式、使用年限和禁止性规定等几个方面对上述三种土地取得方式作简要的介绍。

① 土地使用权出让。

土地使用权出让，是指国家将一定年限内的土地使用权出让给土地使用者，由土地使用者向国家支付土地使用权出让金的行为。

土地使用权出让主要形式有招标、拍卖、挂牌和协议转让等。

居住用地使用权最高年限为 70 年，工业用地使用权最高年限为 50 年，教育、科技、文化、卫生、体育用地使用权最高年限为 50 年，商业、旅游、娱乐用地使用权最高年限为 40 年，综合或者其他用地使用权最高年限为 50 年。

② 土地使用权划拨。

土地使用权划拨，是指县级以上人民政府依法批准，在土地使用者缴纳补偿、安置等费用后将该幅土地交付其使用，或者将土地使用权无偿交付给土地使用者使用的行为。即划拨土地使用权不需要使用者出钱购买土地使用权，而是经国家批准其无偿地、无年限限制地使用国有土地。但取得划拨土地使用权的使用者依法应当缴纳土地使用税。

以划拨方式取得土地使用权的，除法律、行政法规另有规定外，没有使用期限的限制。虽无年限限制，但因土地使用者迁移、解散、撤销、破产或者其他原因而停止使用土地的，国家应当无偿收回划拨土地使用权；因城市建设发展需要和城市规划的要求，也可以对划拨土地使用权无偿收回。无偿收回划拨土地使用权的，其地上建筑物和其他附着物归国家所有，但应根据实际情况给予适当补偿。

划拨土地使用权一般不得转让、出租、抵押，但土地使用者为公司、企业、其他组织和个人，领有土地使用权证，地上建筑物有合法产权证明，经当地政府批准其出让并补交土地使用权出让金或者以转让、出租、抵押所获收益抵交出让金的，可以转让、出租、抵押。

未经批准擅自转让、出租、抵押划拨土地使用权的，没收其非法收入，并根据其情节处以相应罚款。

③ 土地使用权转让。

土地使用权转让，是指土地使用者将土地权再转移的行为，即土地使用者将土地使用权单独或者随同地上建筑物、其他附着物转移给他人的行为。原拥有土地使用权的一方成为转让人，接受土地使用权的一方成为受让人。

土地使用权转让的主要形式有出售、交换和赠予等。

通过转让方式取得的土地使用权，其使用年限为土地使用权出让合同规定的使用年限减去原土地使用者已使用年限后的剩余年限。

未按土地使用权出让合同规定的期限和条件投资开发、利用土地的，土地权不得转让。

2）立项

经项目实施组织决策者和政府有关部门的批准，并列入项目实施组织或者政府计划的过程叫项目立项。项目立项的报批程序包括备案制、核准制和审批制。报批程序结束即为项目立项完成。

根据《国务院关于投资体制改革的决定》（国发〔2004〕20号），政府投资项目实行审批制，非政府投资项目实行核准制或登记备案制。

① 政府投资项目，对于采用直接投资和资本金注入方式的政府投资项目，政府需要从投资决策的角度审批项目建议书和可行性研究报告，除特殊情况外，不再审批开工报告，同时还要严格审批其初步设计和概算；对于采用投资补助、转贷和贷款贴息方式的政府投资项目，则只审批资金申请报告。

政府投资项目一般都要经过符合资质要求的咨询中介机构的评估论证，特别重大的项目还应实行专家评议制度。国家将逐步实行政府投资项目公示制度，以广泛听取各方面的意见和建议。

② 非政府投资项目，对于企业不使用政府资金投资建设的项目，政府不再进行投资决策性质的审批，区别不同情况实行核准制或登记备案制。

a. 核准制。企业投资建设《政府核准的投资项目目录》中的项目时，仅需向政府提交项目申请报告，不再经过批准项目建议书、可行性研究报告和开工报告的程序。

b. 备案制。对于《政府核准的投资项目目录》以外的企业投资项目，实行备案制。除国家另有规定外，由企业按照属地原则向地方政府投资主管部门备案。

为扩大大型企业集团的投资决策权，对于基本建设现代企业制度的特大型企业集团，投资建设《政府核准的投资项目目录》中的项目时，可以按项目单独申报核准，也可编制中长期发展建设规划，规划经国务院或国务院投资主管部门批准后，规划中属于《政府核准的投资项目目录》中的项目不再另行申报批准，只需办理备案手续。企业集团要及时向国务院有关部门报告规划执行和项目建设情况。

3）项目前期第三方评估

① 节能评估。

节能评估，是指根据节能法规、标准，对投资项目的能源利用是否科学合理进行分析评估。节能评估由具有工程咨询资质的第三方评估单位编制，发改委审批。节能评估有节能评估报告书、节能评估报告表和节能登记表三种形式。

年综合能源消费量3000吨标准煤以上（含3000吨标准煤，电力折算系数按当量值，下同），或年电力消费量500万千瓦时以上，或年石油消费量1000吨以上，或年天然气消费量100万立方米以上的固定资产投资项目，编制节能评估报告书。

年综合能源消费量1000至3000吨标准煤（不含3000吨，下同），或年电力消费量

200 万至 500 万千瓦时，或年石油消费量 500 至 1000 吨，或年天然气消费量 50 万至 100 万立方米的固定资产投资项目，编制节能评估报告表。

上述条款以外的固定资产投资项目，应由项目建设方填写节能登记表。

部分地区报告分类与国家分类有不一致的情况，视实际情况具体分析。

② 环境影响评价。

国家根据建设项目对环境的影响程度，对建设项目的环境影响评价实行分类管理。环境影响评价由具有工程咨询资质的第三方评估单位编制，环保局审批。环境影响评价有环境影响报告书、环境影响报告表和环境影响登记表三种形式。

可能造成重大环境影响的，应当编制环境影响报告书，对产生的环境影响进行全面评价；

可能造成轻度环境影响的，应当编制环境影响报告表，对产生的环境影响进行分析或者专项评价；

对环境影响很小、不需要进行环境影响评价的，应当填报环境影响登记表。

③ 其他第三方评估。

根据项目所在地相关政府职能部门的要求，在建设工程项目前期，委托具有相应资质的单位编制各项评估报告，如交通影响评价、日照分析、抗震评估等，以保证建设工程项目的顺利进行。

4）建设用地规划许可

《建设用地规划许可证》是建设单位在向土地管理部门申请征用、划拨土地前，经城乡规划行政主管部门确认建设项目位置和范围符合城乡规划的法定凭证，是建设单位用地的法律凭证。没有此证的用地属非法用地。

办理建设用地规划许可的条件：

① 建设项目符合城乡规划；

② 以划拨方式获得土地使用权的建设项目，取得《建设项目选址意见书》（有效期内）和国有主管部门对建设项目用地的预审意见或其他相关文件；

③ 以出让方式获得土地使用权的建设项目，取得《国有土地使用权出让合同》；

④ 取得项目批准（或核准、备案）文件的建设项目；

⑤ 建设项目涉及环保、城管、国家安全、消防、文物保护等部门的，需提供各相关行政主管部门的书面意见。

《建设用地规划许可证》及附图，有效期限一年。以划拨方式获得土地使用权的建设项目，还包括以规划条件为主要内容的附件。在有效期限内取得《国有土地使用证》的，有效期与《国有土地使用证》相同。

逾期未办理土地使用手续或在有效期届满 30 日前未申请办理延期手续的，上述证件及附图自行失效。

5）建设工程规划许可

《建设工程规划许可证》是城市规划行政主管部门依法核发的，确认有关建设工程符合城市规划要求的法律凭证。

城市规划区内各类建设项目（包括住宅、工业、仓储、办公楼、学校、医院、市政交通基础设施等）的新建、改建、扩建、翻建，均需依法办理《建设工程规划许可证》。具体单位包括：

① 新建、改建、扩建建筑工程；

② 各类市政工程、管线工程、道路工程等；

③ 文物保护单位和优秀近代建筑的大修工程以及改变原有外貌、结构、平面的装修工程；

④ 沿城市道路或者在广场设置的城市雕塑等美化工程；

⑤ 户外广告设施；

⑥ 各类临时性建筑物、构筑物。

6）工程报建

工程建设项目报建是指工程建设项目由建设单位或其代理机构在工程项目可行性研究报告或其他立项文件被批准后，须向建设行政主管部门或其授权机构进行报建，交验工程项目立项的批准文件，包括银行出具的资信证明以及批准的建设用地等其他有关文件的行为。

工程报建的主要内容有：

① 工程名称；

② 建设地点；

③ 投资规模；

④ 资金来源；

⑤ 工程规模；

⑥ 开竣工日期等。

7）初步设计审批

消防、环保、卫生、规划、气象等相关政府职能部门对初步设计文件出具意见，设计单位根据征询意见调整初步设计文件，最终通过建设单位和有关建设主管部门审批的过程。

8）施工图审查

施工图审查是施工图设计文件审查的简称，是指建设主管部门认定的施工图审查机构按照有关法律、法规，对施工图涉及公共利益、公众安全和工程建设强制性标准的内容进行的审查。国务院建设行政主管部门负责全国的施工图审查管理工作。省、自治区、直辖市人民政府建设行政主管部门负责组织本行政区域内的施工图审查工作的具体实施和监督管理工作。

建设单位应当将施工图报送建设行政主管部门，由建设行政主管部门委托有关审查机构，进行结构安全和强制性标准、规范执行情况等内容的审查。

建筑工程设计等级分级标准中的各类新建、改建、扩建的建筑工程项目均属审查范围。省、自治区、直辖市人民政府建设行政主管部门，可结合当地的实际情况，确定具体的审查范围。

施工图审查包括以下主要内容：

① 建筑物的稳定性、安全性审查，包括地基基础和主体结构体系是否安全、可靠；

② 是否符合消防、节能、环保、抗震、卫生、人防等有关强制性标准、规范；

③ 施工图是否达到规定的深度要求；

④ 是否损害公众利益。

审查机构应当在收到审查材料后 20 个工作日内完成审查工作，并提出审查报告；特级和一级项目应当在 30 个工作日内完成审查工作，并提出审查报告，其中重大及技术复杂项目的审查时间可适当延长。审查合格的项目，审查机构向建设行政主管部门提交项目施工图审查报告，由建设行政主管部门向建设单位通报审查结果，并颁发施工图审查批准书。对审查不合格的项目，提出书面意见后，由审查机构将施工图退回建设单位，并由原设计单位修改，重新送审。

施工图审查批准书，由省级建设行政主管部门统一印制，并报国务院建设行政主管部门备案。

凡应当审查而未经审查或者审查不合格的施工图项目，建设行政主管部门不得发放施工许可证，施工图也不得交付施工。

施工图一经审查批准，不得擅自进行修改。如遇特殊情况需要进行涉及审查主要内容的修改时，必须重新报请原审批部门，由原审批部门委托审查机构审查后再批准实施。

建设单位或者设计单位对审查机构作出的审查报告如有重大分歧时，可由建设单位或者设计单位向所在省、自治区、直辖市人民政府建设行政主管部门提出复查申请，由省、自治区、直辖市人民政府建设行政主管部门组织专家论证并作出复查结果。

建筑工程竣工验收时，有关部门应当按照审查批准的施工图进行验收。

9）施工许可

除国务院建设行政主管部门确定的限额以下的小型工程外，建筑工程开工前，建设单位应当按照国家有关规定向工程所在地县级以上人民政府建设行政主管部门申请领取施工许可证。按照国务院规定的权限和程序批准开工报告的建筑工程，不再领取施工许可证。

申请领取施工许可证，应当具备如下条件：

① 已办理建筑工程用地批准手续；

② 在城市规划区内的建筑工程，已取得规划许可证；

③ 需要拆迁的，其拆迁进度符合施工要求；

④ 已经确定建筑施工单位；

⑤ 有满足施工需要的施工图纸及技术资料；

⑥ 有保证工程质量和安全的具体措施；

⑦ 建设资金已落实；

⑧ 法律、行政法规规定的其他条件。

建设单位应当自领取施工许可证之日起 3 个月内开工。因故不能按期开工的，应当向发证机关申请延期；延期以两次为限，每次不超过 3 个月。既不开工又不申请延期或者超过延期时限的，施工许可证自行废止。

在建的建筑工程因故中止施工的，建设单位应当自中止施工之日起 1 个月内，向发证机关报告，并按照规定做好建设工程的围护管理工作。

建筑工程恢复施工时，应当向发证机关报告；中止施工满 1 年的工程恢复施工前，建设单位应当报发证机关核验施工许可证。

按照国务院有关规定批准开工报告的建筑工程，因故不能按期开工或者中止施工的，应当及时向批准机关报告情况。因故不能按期开工超过 6 个月的，应当重新办理开工报告的批准手续。

（2）竣工验收

当工程项目按设计文件的规定内容和施工图纸的要求全部建成后，便可组织验收。竣工验收是投资成果转入生产或使用的标志，也是全面考核工程建设成果、检验设计和工程质量的重要步骤。

1）专项验收

专项工程验收是指对建（构）筑物、公共工程、消防、职业卫生、环境保护、档案、防雷、特种设备等方面的验收。

专项工程验收以项目专项批复文件及合同为依据，评价项目质量和效果。专项验收的内容和标准，要符合各级建设行政主管部门以及行业的相关规定。

专项验收包括消防验收、环保验收、绿化验收、交通验收、防雷验收、档案验收、规划验收及特种设备验收等。

2）工程质量验收

① 建筑工程质量验收的程序与组织

a. 检验批和分项工程应该由监理工程师（建设单位项目技术负责人）组织施工单位项目专业质量（技术）负责人等进行验收。

b. 分部工程应该由总监理工程师（建设单位项目负责人）组织施工单位项目负责人和技术，质量负责人等进行验收。地基与基础，主体结构分部工程的勘察，设计单位项目负责人和施工单位技术，质量负责人等进行验收。

c. 单位工程完工后，施工单位应自行组织有关人员进行检查评定，并向建设单位提交工程验收报告。

d. 建设单位接到工程验收报告后，应由建设单位（项目）负责人组织施工（含分包）、设计、监理等单位负责人进行单位工程验收。

e. 单位工程质量验收合格后，建设单位应在规定的时间内（15 天）将竣工报告和有关文件，报建设行政管理部门备案。

② 建筑工程质量验收条件

检验批的合格质量应符合下列要求：

a. 主控项目和一般项目的质量经抽样检查合格。

b. 具有完整的施工操作依据，质量检查记录。

c. 分项工程的合格质量应符合下列要求：

d. 分项工程所含的检验批均应符合合格质量的规定。

e. 分项工程所含的检验批的质量验收记录应完整。

f. 分部工程的合格质量应符合下列要求：

• 分部工程（子分部）所含的分项工程均应符合合格质量的规定；

• 质量控制资料应完整；

• 地基与基础，主体结构和设备安装等分部工程有关工程安全和功能的检验和抽样检测结果应符合有关规定；

• 观感质量验收应符合要求。

单位工程的合格质量应符合下列要求：

a. 单位工程（子单位）所含的分部工程（子分部）均应符合合格质量的规定；

b. 质量控制资料应完整；

c. 单位工程（子单位）所含的分部工程有关工程安全和功能的检测资料应完整；

d. 主要功能项目的抽查结果应符合相关质量验收规范的规定；

e. 观感质量验收应符合要求。

当建筑工程质量不符合要求时，应按照下列规定进行：

a. 经过返工重做或更换器具，设备的检验批，应重新进行评定；

b. 经过有资质的检测单位鉴定，能够达到设计要求的检验批，应进行验收；

c. 经过有资质的检测单位鉴定，达不到设计要求，但是经过原设计单位核算认可能够达到满足结构安全和使用功能的检验批，可进行验收；

d. 经过返修或加固处理的分项工程，分部工程，虽然改变了外形尺寸但仍能够满足安全使用功能，可以按照技术处理方案和协商文件验收；

e. 经过返修或加固处理的仍不能满足安全使用要求的分部工程、单位工程，严禁验收。

3）工程质量验收备案

建设单位应当自建设工程竣工验收合格之日起 15 日内，将建设工程竣工验收报告和规划、消防、环保等部门出具的验收文件报建设行政主管部门或者其他有关部门备案。

9.3 工程项目投资管理

9.3.1 投资管理概述

（1）建设工程总投资的概念

建设工程总投资是指投资主体为获取预期收益，在选定的建设项目上所需投入的全部资金。建设项目按用途可分为生产性建设项目和非生产性建设项目。

生产性建设工程项目总投资包括建设投资和流动资产投资两部分；非生产性建设工程项目总投资则只包括建设投资。

（2）建设工程投资的构成

工程项目的建设是通过投资和建设方的一系列建设管理活动、建筑业的勘察设计和施工等活动，以及其他有关部门的经济和管理等活动来实现的。它包括从项目意向、项目策划、可行性研究、项目决策，到地质勘测、工程设计、工程施工、生产准备和竣工验收等一系列非常复杂的技术、经济和管理活动，既有物质生产活动，又有非物质生产活动。

那么，建设一个工程项目总共要花多少钱，这是投资者首先必须考虑的事情。工程项目投资一般是由建设投资（或称固定资产投资）和流动资产投资两部分组成（图9-7）。

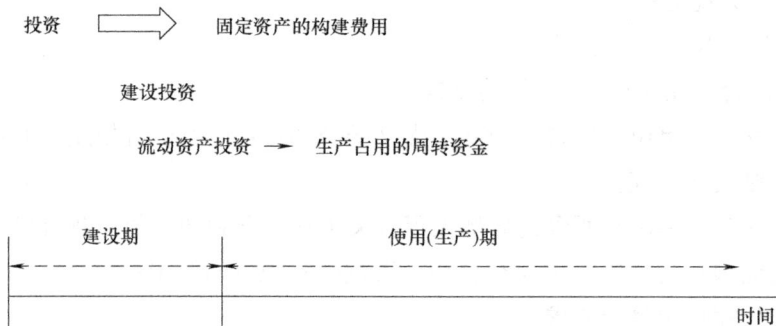

图 9-7　建设期的建设投资和使用期的流动资产投资

建设投资，是指进行一个工程项目的建造所需要花费的全部费用，即从工程项目确定建设意向直至建成竣工验收为止的整个建设期间所支出的总费用，这是保证工程项目建设活动正常进行的必要资金，是工程项目投资中的最主要部分。

流动资产投资，是指为维持项目使用或生产经营而占用的全部周转资金。通常，人们所说的投资主要是指固定资产投资。实际上，生产经营性的项目还要有一笔有时数量不小的流动资产投资。例如，一个工厂建成后，光有厂房、设备和设施还不能进行生产，还要有一笔钱来购买原料、半成品燃料和动力等，待产品卖出以后才能回收这笔资金。工程项目投资估算时要把这笔投资也考虑在内。

从工程项目的建设以及工程项目管理的角度，投资控制的主要对象是建设投资，一般不考虑流动资产投资控制的问题。因此，通常仅就工程项目的建设及建设期而言，从狭义的角度，人们习惯上将工程项目投资与建设投资等同，将投资控制与建设投资控制等同。

工程项目投资主要由工程费用和工程其他费用（或称工程建设其他费用）组成，如图9-8所示。

1）工程费用

工程费用包括建筑工程费用、安装工程费用和设备及工器具购置费用。

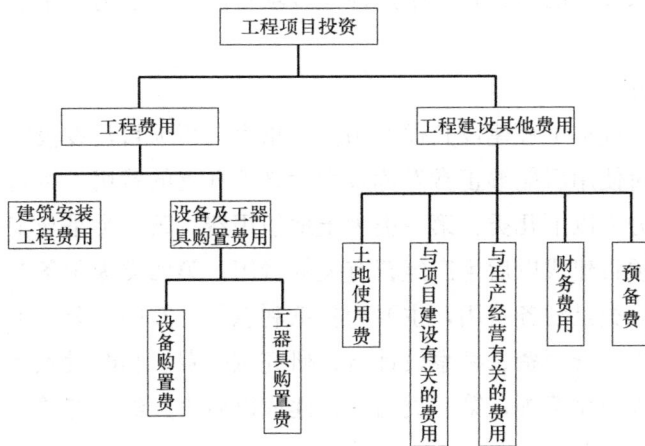

图 9-8　工程项目投资费用项目构成

　　建筑工程费用与安装工程费用的费用组成相同，两者的合计称为建筑安装工程费用。建筑安装工程费用是指用于建筑物的建造及有关准备和清理等工程的费用；用于需要安装设备的安置和装配工程的费用等。其特点是必须通过兴工动料和追加活劳动才能实现。按我国的现行规定，建筑安装工程费用项目的组成按两种方法划分：按费用构成要素划分，分为人工费、材料费、施工机具使用费、企业管理费、利润、规费和税金，如图9-9所示；按工程造价形成顺序划分，分为分部分项工程费、措施项目费、其他项目费、规费和税金，如图9-10所示。

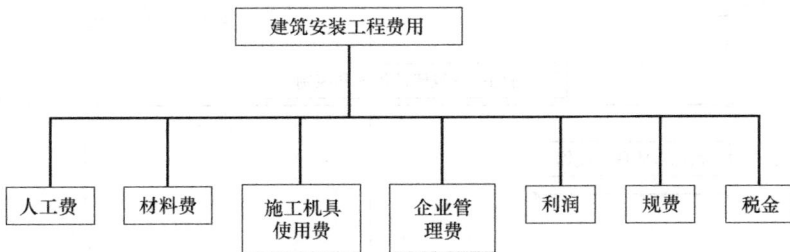

图 9-9　建筑安装工程费用项目组成（按费用构成要素）

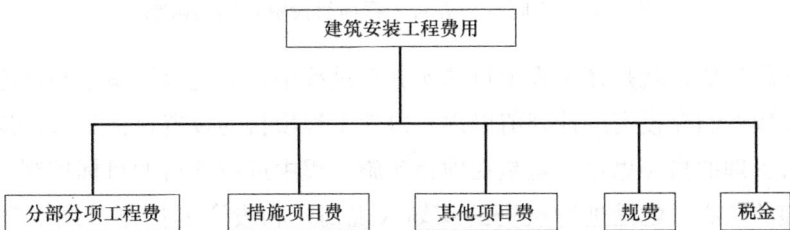

图 9-10　建筑安装工程费用项目组成（按工程造价形成顺序）

　　设备及工器具购置费用，是指建设工程项目设计范围内的需要安装和不需要安装的设备、工器具和生产家具等的购置费。生产性建设项目的生产能力，主要是通过设备及工器具购置费用实现的。

2）工程其他费用

工程其他费用，或称工程建设其他费用，是指由工程项目建设投资支付的为保证工程建设顺利进行和交付使用后能够正常发挥效用而必须开支的费用。按费用支出的性质，工程其他费用一般可分为以下几类：第一类为土地使用费；第二类是与工程项目建设有关的费用；第三类是与项目建成以后生产经营有关的费用；第四类为预备费，包括基本预备费和价差预备费；第五类是财务费用，主要为贷款利息等。其中，第二类与工程项目建设有关的费用包括建设单位管理费、勘察设计费、研究试验费、临时设施费、工程监理费、工程保险费、配套工程建设费等；第三类与项目建成以后生产经营有关的费用包括联合试运转费、办公和生活家具购置费等。

（3）建设工程投资管理的含义

工程项目投资管理是指以工程项目为对象，为在投资计划值内实现项目而对工程建设活动中的投资所进行的策划、控制和管理。项目建设的不同参与方对工程项目投资费用的影响是不同的，项目业主在投资控制中起主导作用，如图 9-11 所示。

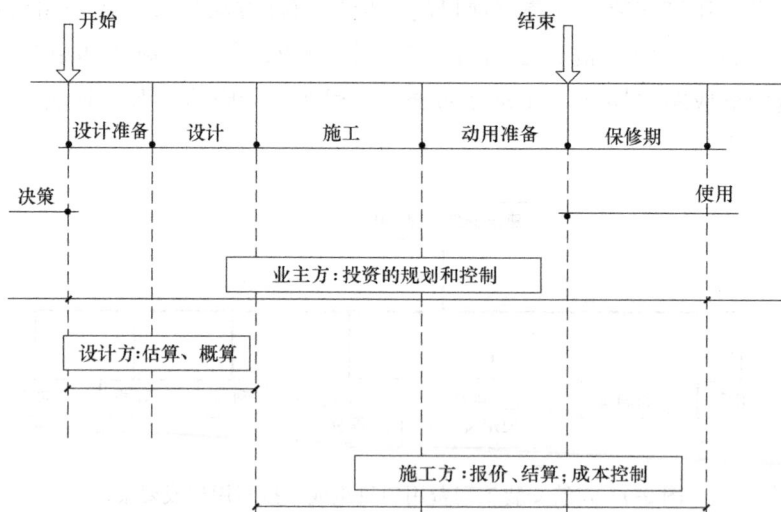

图 9-11　不同参与方对工程项目投资费用的影响

投资管理的目的，就是在工程项目的实施全过程中，通过投资策划与动态控制，将实际发生的投资额控制在投资的计划值以内，以使工程项目的投资目标尽可能地实现。

工程项目管理的指导思想，就是在项目实施过程中进行项目的目标控制。因此，工程项目投资管理的核心，就是进行投资的策划（规划）和投资的控制（图 9-12）。或者说，工程项目投资管理主要由两个各有侧重又相互联系的工作过程所构成，即工程项目投资的策划过程与工程项目投资的控制过程。在工程项目的建设前期，以投资的策划为主；在工程项目实施的中后期，投资的控制占主导地位。

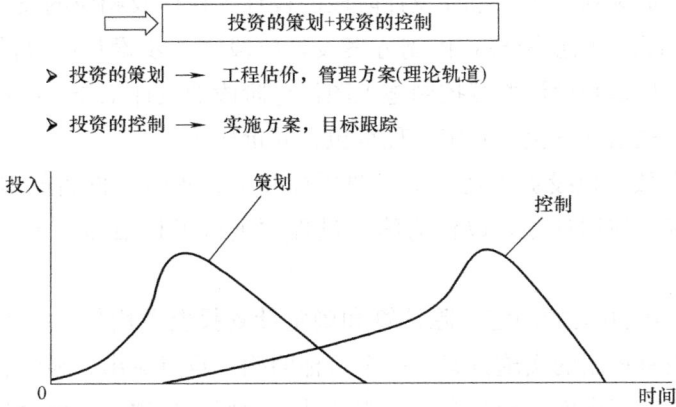

图 9-12 工程项目投资控制的核心

1）投资的策划

投资的策划，包括确定计划投资费用和制定投资控制方案类工作，即确定或估算工程项目的计划投资费用，以及制定工程项目实施期间投资控制工作方案的工程管理活动，主要包括投资目标论证分析、投资目标分解、制定投资控制工作流程、投资目标风险分析、制定投资控制工作制度及有关报表数据的采集、审核与处理等一系列控制工作和措施。

① 计划投资费用的计算和确定。计划投资费用的计算和确定（或称工程估价），主要是指在工程项目的前期和设计阶段，计算相应投资费用、确定投资计划值的项目管理工作，形成的工程项目投资费用文件主要包括投资估算、设计概算、施工图预算、标底价格或招标控制价、合同价格、资金使用计划等。依据建设程序，工程项目投资费用的计算和确定与工程建设阶段性的工作深度相适应（图 9-13），各投资费用文件前后关联，相互作用。在工程项目管理的不同阶段，计划投资费用的计算确定及其主要工作内容如下。

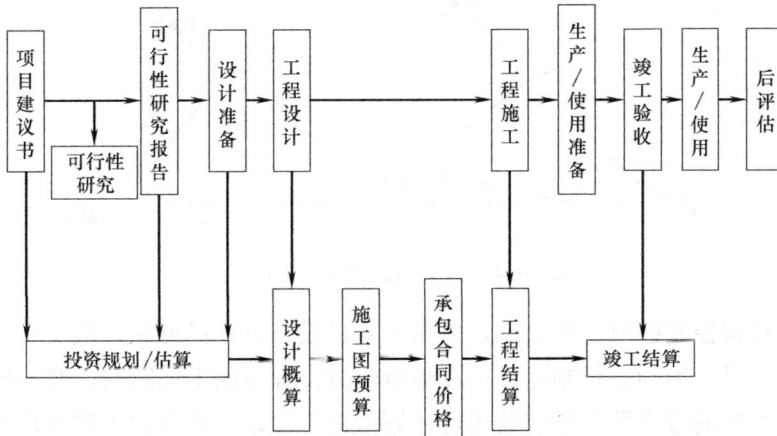

图 9-13 建设程序和各阶段投资费用的确定

a. 设计准备阶段。通过对投资目标的风险分析、项目功能与使用要求的分析和确定，编制工程项目的投资规划，用以指导设计阶段的设计工作以及相应的投资控制工作。

b. 工程设计阶段。以投资规划控制方案设计阶段和初步设计阶段的设计工作，编制设计概算。以投资规划和设计概算控制施工图设计阶段的设计工作，编制施工图预算。按工程量清单计价方式招标发包，确定工程承包合同价格等。

c. 工程施工阶段。以投资规划、施工图预算和工程承包合同价格等控制工程施工阶段的工作，编制资金使用计划，以作为施工过程中进行工程结算和工程价款支付的目标计划。

② 投资控制实施方案的制定。除计算和确定计划投资费用外，投资的策划的另一重要工作就是制定投资控制的实施方案。一个目标明确、重点突出、科学合理的工程项目投资控制实施方案，对于全面指导投资的控制活动，做好工程项目实施全过程中的投资控制工作，实现投资控制目标将起到关键性作用。

工程项目投资控制实施方案的主要内容，包括工程项目建设各个阶段投资控制的目标、任务、管理组织、工作重点和方法、控制流程，以及相应的组织措施、技术措施、经济措施和管理措施等。

2）投资的控制

投资的控制，就是指在工程项目的设计准备阶段、设计阶段、施工阶段、动用前准备阶段和保修阶段，以策划的计划投资为目标，通过相应的控制措施将工程项目投资的实际发生值控制在计划值范围以内的项目管理活动（图 9-14）。

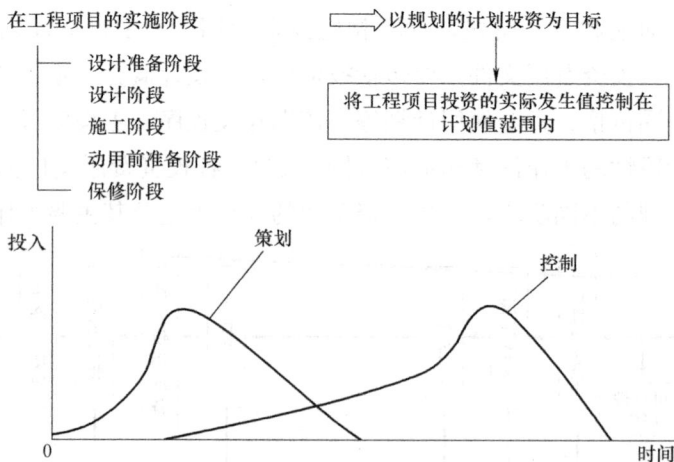

图 9-14　投资的控制涉及的内容

工程项目投资控制的目的和关键，是保证项目投资目标尽可能好地实现。对工程项目投资进行控制，是运用动态控制原理，在项目建设过程中的不同阶段，经常地、定期或不定期地将实际发生的投资数与相应的投资计划值进行比较，若发现工程项目实际投资值偏离计划值，则应采取纠偏措施，纠正投资偏差，确保工程项目投资总目标能够实现。

① 设计准备阶段。根据拟建工程项目的功能要求和使用要求，作出项目定义和项目投资定义，并按工程项目规划的要求和内容，随着项目分析和研究的不断深入，逐步地将投资规划值和投资估算的误差率控制在允许的范围之内。

② 工程设计阶段。以投资规划和批准的投资估算为项目投资的计划值控制初步设计。如果初步设计阶段的设计概算与投资估算存在较大的偏差，则应对初步设计的设计结果进行修改和调整。

进入施工图设计阶段，以投资规划和批准的设计概算为控制目标，控制施工图设计工作的进行。如果施工图设计阶段的施工图预算超过设计概算，应对施工图设计的设计结果进行修改和调整。

在工程施工招标阶段，以工程设计文件（包括设计概算和施工图预算文件）为依据，结合工程施工的具体条件和业主的特殊要求等，编制招标文件，选择合适的合同计价方式，确定工程承包合同价格。通过对工程设计过程中形成的建设投资费用的层层控制，实现工程项目设计阶段的投资控制目标。

③ 工程施工阶段。以施工图预算和工程承包合同价格等为控制目标，通过工程计量、工程变更控制和工程索赔管理等方法，严格确定施工阶段实际发生的工程费用，合理进行工程结算，控制工程实际费用的支出。

④ 工程竣工验收阶段。全面汇集工程项目建设的实际费用，编制竣工决算，如实体现工程项目的实际投资，并总结分析工程建设管理经验，积累技术经济数据和资料。

⑤ 工程保修阶段。根据工程承包合同，协助处理项目使用期间出现的各种质量问题，选择相关的处理方案和方式，合理确定工程保修费用。

9.3.2 工程项目投资管理重点和方法

投资的策划为工程项目的建设确定了项目投资的目标计划和投资控制的实施方案，可以说，投资的策划为工程项目建起了一条通向投资目标的理论轨道。当工程项目进入实质性启动阶段以后，项目的实施就开始进入预定的计划轨道，这时，投资管理的中心活动就逐渐转变为投资目标的控制。

工程项目进入实施以后，尽管是按照投资的策划（理论轨道）开展各项投资控制的工作的，但由于工程项目建设的特点，项目在建设实施过程中必然会受到各种不利的以及难以预料因素的干扰，从而使投资的实际发生值与计划值发生偏离，因此必须进行控制管理。这是由于工程项目投资策划人员自身的知识和经验有限，特别是在工程项目实施过程中，项目的内部条件和客观环境等都会发生变化，如工程范围的变化、项目资金的限制、未曾预想的恶劣天气的出现、政策法规的调整和物价的大幅度波动等，使得工程项目不会自动地在策划的计划轨道上运行。因此，工程项目投资管理成功与否，很大程度上取决于投资策划的科学性和投资控制的有效性。又由于工程项目投资管理与其他项目目标管理存在不同的特性，因而投资控制的目标、手段、重点等有着自身的特点和规律。

（1）工程项目投资管理的主要内容

1）决策阶段投资控制

① 分析和论证项目总投资目标；

② 编制项目总投资规划；

③ 编制设计任务书中有关投资控制的内容，对设计方案提出投资评价；

④ 编制设计阶段资金使用计划；

⑤ 编制项目投资估算表。

2）设计阶段投资控制

① 根据方案设计审核项目总估算，控制项目总投资规划的执行；

② 根据扩初设计和投资估算，审核设计概算；

③ 采用价值工程方法挖掘节约投资的潜力；

④ 编制和调整设计阶段资金使用计划并控制其执行；

⑤ 进行投资计划值与实际值的动态跟踪比较，完成各种投资控制报表和报告，必要时调整投资目标和计划；

⑥ 根据扩初设计文件、设计概算和实施方案，细化投资控制目标，绘制合同框架结构图，编制招标采购计划。

3）招标采购阶段投资控制

① 组织编制招标采购文件，确定招标采购范围、技术要求、商务要求；

② 组织审定招标采购文件；

③ 组织编制招标控制价；

④ 根据项目总体目标需要，统筹协调质量、进度、成本、风险等多方面因素，审定招标控制价；

⑤ 组织汇标分析工作，通过集体讨论确定招标人代表评标指导意见；

⑥ 组织合同谈判，办理合同签订手续。

4）施工阶段投资控制

① 对施工安装阶段投资目标进行详细的分析、论证；

② 组织审核施工图预算；

③ 编制各年、季、月度资金使用（预算）计划并控制其执行；

④ 审核各类工程款和材料设备款的支付申请；

⑤ 审核各类设计变更、技术变更、签证；

⑥ 参与组织重大方案的技术经济比较和论证；

⑦ 定期进行投资计划值与实际值的比较，完成各种投资控制报表和报告，必要时调整投资目标和计划；

⑧ 审核和处理施工安装费用索赔；

⑨ 审核各类设计变更、技术变更和签证。

5）竣工阶段投资控制

① 编制竣工结算计划；

② 编制本阶段资金使用计划并控制其执行；

③ 进行投资计划值与实际值的比较，提交各种投资控制报告；

④ 审核工程款项及金额，处理索赔事项，完成项目结算；

⑤ 编制投资控制最终报告；

⑥ 组织完成项目决算审计。

根据项目实际情况，可对投资额较大的重点项目聘请专业第三方咨询单位。如上海烟草集团基建设备处根据其总体资源情况，对投资额 1 亿元以上的重大投资项目，考虑聘请具有造价咨询资质、工程咨询资质的第三方专业咨询单位协助项目体实施投资控制工作。

（2）工程项目投资管理的重点

工程项目建设及其投资费用在其全寿命周期内有其独特的变化规律，这些规律决定了项目前期和设计阶段在项目全寿命周期中的重要地位。从前面的分析以及工程实践来看，在一般情况下，设计准备阶段节约投资的可能性最大，其对建设工程项目经济性的影响程度能够达到 95%～100%；初步设计阶段为 75%～95%；技术设计阶段为 35%～75%；施工图设计阶段为 25%～35%；而至工程的施工阶段，影响力可能只有 10%左右了。在施工过程中，由于各种原因经常会发生设计变更，设计变更对项目的经济性将产生影响，但设计变更的发生往往是由于项目前期或设计阶段的工作所致。

在设计阶段，节约投资的可能性最大（图 9-15）。其中，在方案设计阶段，节约和调节投资的余地最大，这是因为方案设计是确定工程项目的初始内容、形式、规模、功能和标准等的阶段，此时对其某一部分或某一方面的调整或完善将直接引起投资数额的变化。正因为如此，必须加强方案设计阶段的投资控制工作，通过设计方案竞赛、设计方案的优选和调整、价值工程和其他技术经济方法，选择确定既能满足工程项目的功能要求和使用要求，又可节约投资，经济合理的设计方案。

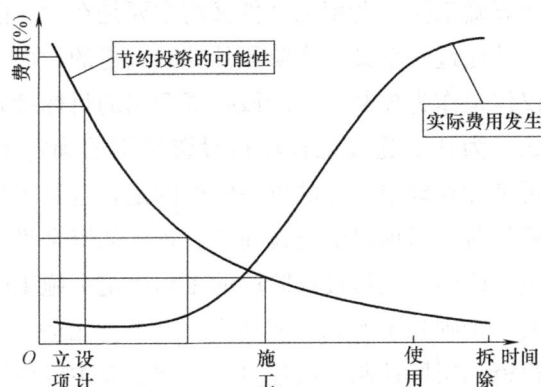

图 9-15　节约投资的可能性

在初步设计阶段，相对方案设计来说节约和调节投资的余地会略小些，这是由于初步设计必须在方案设计确定的框架范围内进行，对投资的调节也在这一框架范围内，因此，节约投资的可能性就会略低于方案设计。但是，初步设计阶段的工作对工程项目投资还是具有重大的影响，这就需要做好各专业工程设计和技术方案的分析和比选，如房屋建筑的建筑和结构方式、建筑材料的选用、建筑方案中的平面布置、进深与开间的确定、立面形式的选择、层高与层数的确定、基础类型选用和结构形式的选择等，需要精心编制并审核设计概算，控制与初步设计结果相对应的工程项目投资。

进入施工图设计阶段以后，工程设计的工作是依据初步设计确定的设计原则对工程项目开展详细设计。在此阶段，节约和调节工程项目投资的余地相对就更小。在此阶段的投资控制，重点是检查施工图设计的工作是否严格按照初步设计来进行；否则，必须对施工图设计的结果进行调整和修改，以使施工图预算控制在设计概算的范围以内。

而至设计完成，工程进入施工阶段开始施工以后，从严格按图施工的角度，节约投资的可能性就非常小了。从表面上看，工程项目的投资费用主要是集中在施工阶段发生的，而事实也确实如此，但是，施工阶段发生的费用是被动的，施工阶段所需要投入费用的大小通常都是由设计决定的。在工程项目实施之初，实际需要支出的费用很少，主要是一些前期的准备费用、支付给设计单位的设计费用和项目前期可能发生的工程咨询费用等。当工程项目进入施工阶段后，则需要真正的物质投入，大量的人力、物力和财力的消耗会导致工程实际费用支出的迅速增长，包括建筑安装工程费用、设备和材料的采购费用等工程费用主要均是在施工阶段发生的。也正因为如此，在工程实践中往往容易造成或导致误解，认为投资控制主要就是进行施工阶段的控制，在设计阶段不花钱就不存在投资控制问题，只要控制住施工阶段的工程费用，整个建设工程项目的投资也就控制住了。而实际上，工程施工阶段需要发生的投资费用主要是由设计所决定的。

因此，进行工程项目的投资控制就必须抓住项目前期和设计阶段这个重点，尤其是方案设计和初步设计，而且越往前期，节约投资的可能性就越大。

前已述及，工程项目的投资估算、设计概算、施工图预算与合同价格等都是在工程施工前需要编制的，这些计算确定投资费用的文件又均主要是在设计阶段形成的，是随着工程项目建设的不断深入，并通过一个又一个阶段的控制获得的。而这些经过层层控制所得来的投资费用文件有时仅仅是作为控制下一阶段投资费用的目标计划，实际需支出的费用并不一定按其发生。那么，为什么建设工程项目投资费用的确定不能像其他工业产品那样，待产品生产出以后再来计算确定产品的价格？原因是，这是工程项目及其建设特点所决定的，其中最主要的就是对工程项目的建设而言，预计的资金投放量主要取决于工程项目规划和设计的结果，项目前期和工程设计阶段的工作决定了施工阶段的费用支出。由于工程项目的投资往往很大，少则几十万元，多则成百上千万元甚至上亿元，如果不是通过项目前期和设计阶段对投资的层层控制，放任自流，项目业主或设计人员想怎样设计就怎样设计，不讲标准，不讲控制，不讲经济和效益，等到工程施工结束竣工以后再来计算核定工程项目的实际投资，则或许没有一个投资者能够承担这样的可能是巨大的投资风险。这也就是为什么在工程项目前期和设计阶段要做那么多"算"，即投资估算、设计概算、修正概算、施工图预算与合同价格等的原因，尽管工程项目投资费用的主要部分并不是在工程项目前期和设计阶段发生和支出的。

（3）工程项目投资管理原理

工程项目投资控制应遵循动态控制原理。在工程项目建设中，投资的控制紧紧围绕投资目标的控制，这种目标控制是动态的，贯穿于工程项目实施的始终。

随着工程项目的不断进展，大量的人力、物力和财力投入项目实施之中，此时应不断地对项目进展和实际投资费用的发生进行监控，以判断工程项目进展中投资的实际值与计划值是否发生了偏离。如发生偏离，须及时分析偏差产生的原因，采取有效的纠偏措施。必要的时候，还应对投资规划中的原定目标计划进行重新论证。从工程进展、实际数据收集、计划值与实际值比较、偏差分析和采取纠偏措施，又到新一轮起点的工程进展，这个控制流程应当定期或不定期地循环进行，如根据工程项目的具体情况可以每周或每月循环地进行这样的控制流程。

按照动态控制原理，工程项目的投资控制应做好以下几项工作。

1）投资目标计划值的分析和论证

由于主观和客观因素的制约，工程项目投资策划中的投资目标计划值有可能难以实现或不尽合理，需要在项目实施的过程中，或合理调整，或细化和精确化。只有工程项目投资目标是合理正确的，投资控制方能有效。

2）实际发生的投资数据的收集

收集有关投资发生或可能发生的实际数据，及时对工程项目进展作出评估。没有实际数据的收集，就无法了解和掌握工程项目投资的实际情况，更不能判断是否存在投资偏差。因此，投资实际数据的及时、完整和正确是确定有无投资偏差的基础。

3）投资目标计划值与实际值的比较

比较投资目标计划值与实际值，判断是否存在投资偏差。这种比较也要求在工程项目投资策划时就对比较的数据体系进行统一的设计，从而保证投资值比较工作的有效性和效率。

4）各类投资控制报告和报表的制定

获取有关项目投资数据的信息，制定反映工程项目计划投资、实际投资、计划与实际投资比较等的各类投资控制报告和报表，为进行投资数值分析和相关控制措施的决策提供支持。

5）投资偏差的分析

若发现投资目标计划值与实际值之间存在偏差，则应分析造成偏差的可能原因，制定纠正偏差的多个可行方案。经评价后确定投资纠偏方案。

6）投资偏差纠正措施的采取

按确定的控制方案，纠正投资偏差，保证工程项目投资目标的实现。

（4）工程项目投资管理的方法

要有效地控制工程项目的投资，应从组织、管理、经济和技术等方面采取措施，尤其是将技术措施与经济措施相结合，是管理工程项目投资最有效的手段（图9-16）。

1）设置投资控制目标的计划值

```
┌─────────────────────────┐
│   采取多种有效控制措施    │
└─────────────────────────┘
            │
            ▼
┌───────────────────────────────┐
│ 技术与经济相结合优化设计方案、施工方案 │
└───────────────────────────────┘

┌─────────────────┐
│  通过方案优化，可以 │
└─────────────────┘
            │        ┌───────────────┐
            ├───────▶│  解决关键技术   │
            │        └───────────────┘
            │        ┌───────────────┐
            ├───────▶│  保证工程质量   │
            │        └───────────────┘
            │        ┌───────────────┐
            └───────▶│ 控制全寿命周期费用 │
                     └───────────────┘
```

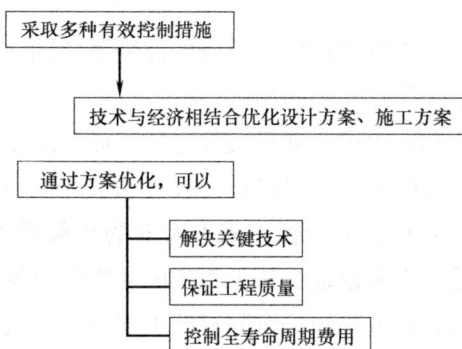

图 9-16 工程项目投资控制的有效手段

没有目标，就没有控制，也不能进行控制。工程项目投资目标的计划值，有其自身的特点，即投资控制目标的计划值需要分阶段设置，且投资控制的计划值和实际值是相对而言的。

控制是为实现目标服务的，一个系统若没有目标，就不需要也无法进行控制。投资控制目标的设置应是严肃的，应合理且有科学的依据。但是，工程项目的建设过程是一个周期长、综合复杂的过程，投资控制目标的计划值并不是一成不变的，在不同的建设阶段投资控制的计划值可能不同。因此，投资控制目标的计划值需按建设阶段分阶段设置，随着工程项目建设的不断深入，投资控制目标的计划值也逐步具体和深化。

由于在一定时间内占有的经验和知识是有限的，不但常常受到环境和技术条件的限制，而且也受工程项目建设过程的发展及其表现程度的限制，因而不可能在工程项目的伊始，就能设置一个非常详细和一成不变的投资控制目标计划值。因为在此时，通常只是对拟建的工程项目有一个概括性的描述和了解，因而也就只能据此设置一个大致的、比较粗略的投资控制目标的计划值，这就是投资估算。随着工程项目建设的不断深化，即从工程项目从建设概念到详细设计等的完成，投资控制目标的计划值也将一步步地不断清晰和准确，这就是与各建设阶段对应的设计概算、施工图预算、工程承包合同价格以及资金使用计划等。

因此，工程项目投资控制目标的计划值应随着工程项目实施过程的不断深入而分阶段设置。方案设计和初步设计阶段的投资控制计划值，是工程项目的投资估算；在技术设计和施工图设计阶段，工程项目投资控制目标的计划值是设计概算；施工图预算或工程承包合同价格则应是工程施工阶段投资控制目标的计划值。同时可见，某一投资值相对前一阶段而言是实际值，相对后一阶段来说又是目标计划值，即投资目标的计划值是相对的。在各建设阶段形成的投资控制目标的计划值相互联系、相互补充又相互制约，前者控制后者，即前一阶段目标控制的结果，就成为后一阶段投资控制目标的计划值，每一阶段投资控制的结果就成为更加准确的投资的策划文件，从投资估算、设计概算、施工图预算到工程承包合同价格，共同构成工程项目投资控制的目标计划系统。

2）采取多种有效控制措施

投资控制虽然是与费用打交道，表面上看是单纯的经济问题，其实不然。工程项目的投资与技术有着密切的关系，工程项目的功能和使用要求、土地使用、建设标准、设计方案的优劣、结构体系的选择和材料设备的选用等，无不涉及工程项目的投资问题。因此，在工程建设过程中把技术与经济有机结合，要通过技术比较、经济分析和效果评价，正确处理技术先进与经济合理两者之间的关系，把工程项目投资控制的观念渗透到各项设计和技术措施之中。

工程项目投资控制是一项融合了组织、管理、经济和技术的综合性工作，它对投资控制人员素质的要求很高，要求具有管理、经济和技术等多个方面的知识。管理方面的知识包括能够进行投资分解，编制投资规划；具有组织设计方案竞赛的能力；具有组织工程招标发包和材料设备采购的能力；掌握投资动态控制和主动控制等的方法；能够进行合同管理等。经济方面的知识包括要懂得并能够充分占有数据；能够进行工程项目投资费用的划分；能够进行设计概算和施工图预算等的编制与审核，能够对工程付款进行复核；能进行建设工程项目全寿命经济分析；能够完成技术经济分析、比较和论证等工作。技术方面的知识包括具备土木工程、机电设施设备和工程施工等的技术知识，如建筑、结构、施工、工艺、材料和设备等方面的知识。当然，这些知识不可能集中在一个人身上，投资控制人员首先要了解和掌握这些知识，同时还需要与各方面专业人员结合一起工作，在相关专门人员的协投资控制的工作。

3）立足全寿命周期的管理

工程项目投资控制，主要是对建设阶段发生的一次性投资进行控制。但是，投资控制不能只着眼于建设期间产生的费用，更需要从建设工程项目全寿命周期内产生费用的角度审视投资控制的问题。投资控制，不仅仅是对工程项目建设直接投资的控制，只考虑一次投资的节约，还需要从项目建成以后使用和运行过程中可能发生的相关费用考虑，进行项目全寿命的经济分析，权衡工程项目在整个寿命周期内功能和费用的关系（图 9-17）。

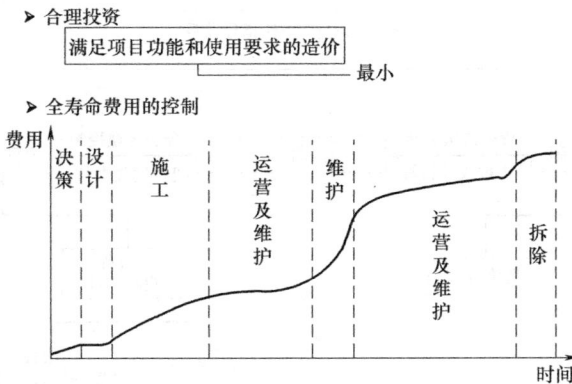

图 9-17　立足全寿命周期的投资控制

例如，一些工程项目使用过程中的能源费用、清洁费用和维修保养费用等往往是一笔巨大的费用开支。如果在建设时，略增加一些投资以提高或改进相关的标准和设计，则可以大大减少这些费用的发生，成为节约型的工程项目。

因此，工程项目投资控制并不是单纯地追求投资越小越好，而是应将工程项目的功能要求放在第一位，是在满足工程项目的质量、功能和使用要求的前提下，通过控制的措施，使工程项目投资越小越好。也就是说，在工程项目的建设过程中需追求合理投资，该花的钱就应该花，只要值得，能够使工程项目全寿命周期内的使用和管理最为经济和节约。为此，在进行投资控制时，应根据工程项目的特点和业主的要求，对项目建设运营和使用的客观条件进行综合分析和研究，使得项目全寿命费用最为合理。

9.3.3 工程项目投资管理实用工具

工程项目投资控制的重点在设计阶段，做好设计阶段的投资控制工作对实现项目投资目标有着决定性的意义。在工程设计阶段，可以应用价值工程和限额设计等管理技术和方法，对工程项目的投资进行有效的控制。

（1）明确投资控制管理框架

投资控制管理框架的确定有助于进一步明确项目投资参与各方的工作责任和工作任务，有助于各部门的相互配合，推动项目的实施。

以上海烟草集团有限责任公司基建设备处的固定资产投资项目（图 9-18）为例，可示意说明投资控制管理框架。

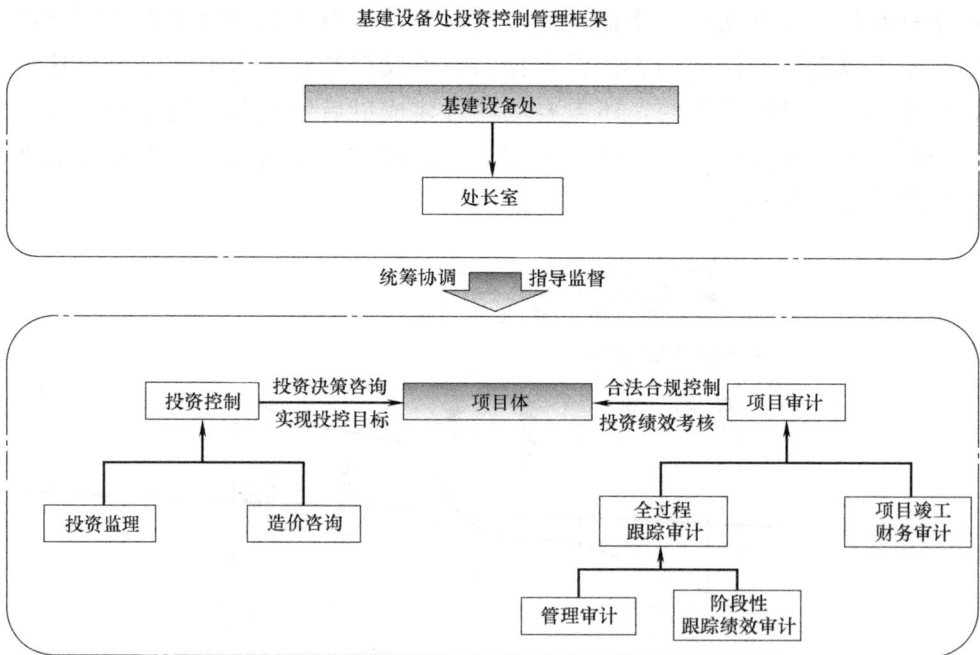

图 9-18 上海烟草集团基建设备处投资控制管理框架

（2）编制投资控制工作细分表

通过编制投资控制工作细分表，能够明确每一阶段各工作单位需要完成的任务，为投资管理质量的提升和进度的控制提供保障。

同样以上海烟草集团有限责任公司基建设备处的固定资产投资项目（表 9-12）为例，示意说明投资控制工作细分表的编制方法、基本内容与结构。

序号	阶段	工作内容及要求	工作单位				备注
			投资控制	投资监理	造价咨询	项目审计	
1	决策阶段	分析和论证项目总投资目标	√		√		
2		编制项目总投资规划	√				
3		编制设计任务书中有关投资控制的内容,对设计方案提出投资评价	√		√		造价咨询提供数据
4		编制设计阶段资金使用计划	√		√		造价咨询提供数据
5		编制项目投资估算表	√		√		造价咨询提供数据
6	设计阶段	根据方案设计审核项目总估算,控制项目总投资规划的执行	√		√		造价咨询配合
7		审核项目总概算	√			√	投资控制代表项目体审核设计单位提交的设计概算,审计单位代表项目批复单位审核项目实施单位提交的项目总概算
8		采用价值工程方法挖掘节约投资的潜力	√		√		造价咨询提供数据
9		编制和调整设计阶段资金使用计划并控制其执行	√		√		造价咨询提供数据
10		进行投资计划值与实际值的动态跟踪比较,完成各种投资控制报表和报告,必要时调整投资目标和计划	√		√		造价咨询提供数据
11		根据扩初设计文件、设计概算和实施方案,细化投资控制目标,绘制合同框架结构图,编制招标采购计划	√		√		造价咨询提供数据
12	交易阶段	组织编制招标采购文件,确定招标采购范围、技术要求、商务要求	√		√		造价咨询提供数据
13		组织审定招标采购文件	√				
14		组织编制招标控制价			√		
15		根据项目总体目标需要,统筹协调质量、进度、成本、风险等多方面因素,审定招标控制价	√				
16		组织汇标分析工作,通过集体讨论确定招标人代表评标指导意见	√		√		造价咨询提供数据
17		组织合同谈判,办理合同签订手续	√	√	√	√	投资控制负责,投资监理、造价咨询配合;审计单位负责审核合同签订资料的真实性、完整性

序号	阶段	工作内容及要求	投资控制	投资监理	造价咨询	项目审计	备注
18	施工阶段	对施工阶段投资目标进行详细的分析、论证	√		√		
19		组织审核施工图预算	√		√		
20		编制各年、季、月度资金使用(预算)计划并控制其执行	√	√	√		造价咨询提供市场数据,投资监理提供项目实际投资数据
21		审核各类工程款和材料设备款的支付申请	√	√			
22		参与组织重大方案的技术经济比较和论证	√	√	√		造价咨询提供市场数据,投资监理提供项目实际投资数据
23		定期进行投资计划值与实际值的比较,完成各种投资控制报表和报告	√	√			
24		审核和处理施工安装费用索赔	√	√	√		造价咨询提供市场数据,投资监理提供项目实际投资数据
25		必要时调整投资目标和计划	√	√	√		造价咨询提供市场数据,投资监理提供项目实际投资数据
26		审核各类设计变更、技术变更、签证	√	√	√		造价咨询提供市场数据,投资监理提供项目实际投资数据
27	竣工阶段	编制本阶段资金使用计划并控制其执行	√	√	√		造价咨询提供市场数据,投资监理提供项目投资信息
28		进行投资计划值与实际值的比较,提交各种投资控制报告	√	√			投资监理提供项目投资信息
29		审核工程款项及金额,处理索赔事项,完成项目结算		√	√	√	投资监理根据项目实际情况完成工程结算报告,造价咨询提供市场数据,审计单位负责审核合同结算资料的真实性、完整性
30		编制投资控制最终报告	√	√			
31		编制竣工结算计划	√				
32		组织完成项目决算审计	√			√	项目审计组织,投资控制配合

（3）设计阶段投资控制的价值工程方法

价值工程是运用集体智慧和有组织的活动,对所研究对象的功能与费用进行系统分析并不断创新,使研究对象以最低的总费用可靠地实现其必要的功能,以提高研究对象价值的思想方法和管理技术。这里的"价值",是功能和实现这个功能所耗费用（成本）的比值。价值工程表达式为:

$$V = F/C$$

式中：V——价值系数；

F——功能系数；

C——费用系数。

1）价值工程的特点

价值工程活动的目的是以研究对象的最低寿命周期费用，可靠地实现使用者所需的功能，以获取最佳综合效益。价值工程的主要特点如下。

① 以提高价值为目标。研究对象的价值着眼于全寿命周期费用。全寿命周期费用指产品在其寿命期内所发生的全部费用，即从为满足功能要求进行研制、生产到使用所花费的全部费用，包括生产成本和使用费用。提高产品价值就是以最小的资源消耗获取最大的经济效果。

② 以功能分析为核心。功能是指研究对象能够满足某种需求的一种属性，也即产品的特定职能和所具有的具体用途。功能可分为必要功能和不必要功能，其中，必要功能是指使用者所要求的功能以及与实现使用者需求有关的功能。

③ 以创新为支柱。价值工程强调突破、创新和求精，充分发挥人的主观能动作用，发挥创造精神。首先，对原方案进行功能分析，突破原方案的约束。其次，在功能分析的基础上，发挥创新精神，创造更新方案。最后，进行方案对比分析，精益求精。能否创新及其创新程度是关系价值工程成败与效益的关键。

④ 技术分析与经济分析相结合。价值工程是一种技术经济方法，研究功能和成本的合理匹配，是技术分析与经济分析的有机结合。因此，分析人员须具备技术和经济知识，做好技术经济分析，努力提高产品价值。

2）价值工程的基本内容

价值工程可以分为四个阶段：准备阶段、分析阶段、创新阶段和实施阶段。其大致可以分为八项内容：价值工程对象选择、收集资料、功能分析、功能评价、提出改进方案、方案的评价与选择、试验证明和决定实施方案。

价值工程主要回答和解决下列问题：价值工程的对象是什么？它是干什么的？其费用是多少？其价值是多少？有无其他方法实现同样功能？新方案的费用是多少？新方案能满足要求吗？

3）价值工程在工程项目设计阶段的应用

在工程项目的设计阶段，应用价值工程具有重要的意义，其是投资控制的有效方法之一。尽管在产品形成的各个阶段都可以应用价值工程提高产品的价值，但在不同的阶段进行价值工程活动，其经济效果的提高幅度却是大不相同的。一旦设计图纸完成，产品的价值就基本决定了，因此应用价值工程的重点是在产品的研究和设计阶段。

同一个工程项目、同一单项或单位工程可以有不同的设计方案，也就会有不同的投资费用，这就可用价值工程方法进行设计方案的选择。这一过程的目的在于论证拟采用的设计方案技术上是否先进可行，功能上是否满足需要，经济上是否合理，使用上是否安全可靠。价值工程中价值的大小取决于功能和费用，从价值与功能和费用的关系式中可以看出提高产品价值的基本途径：

① 保持产品的功能不变，降低产品成本，以提高产品的价值；

② 在产品成本不变的条件下，提高产品的功能，以提高产品的价值；

③ 产品成本虽有增加，但功能提高的幅度更大，相应提高产品的价值；

④ 在不影响产品主要功能的前提下，针对用户的特殊需要，适当降低一些次要功能，大幅度降低产品成本，提高产品价值；

⑤ 运用新技术，革新产品，既提高功能又降低成本，以提高价值。

（4）设计阶段投资控制的限额设计方法

所谓限额设计方法，就是在设计阶段根据拟建项目的建设标准、功能和使用要求等，进行投资规划，对工程项目投资目标进行切块分解，将投资分配到各个单项工程、单位工程或分部工程，分配到各个专业设计工种，明确工程项目各组成部分和各个专业设计工种所分配的投资限额。而后，将其提交设计单位，要求各专业设计人员按分配的投资限额进行设计，并在设计的全过程中，严格按照分配的投资限额控制各个阶段的设计工作，采取各种措施，以使投资限额不被突破，从而实现设计阶段投资控制的目标。在工程设计阶段采用限额设计方法控制工程项目投资，是投资控制的有力措施之一。

1）投资目标分解

采用限额设计方法，在工程设计开始之前就需要确定限额设计的限额目标，即进行投资目标的分解，确定拟分配至各专业设计工种和项目各组成部分的投资限额。投资目标及其分解的准确与合理，是限额设计方法应用的前提。投资限额目标若存在问题，则无法用于指导设计和控制设计工作，设计人员也无法按照分配的限额进行设计。因此，在设计准备阶段需要科学合理地编制投资规划文件，依据批准的可行性研究报告、拟定的工程建设标准、建设项目的功能描述和使用要求等，给出工程项目各专业和各组成部分的投资限额。由于工程设计尚未开始，工程项目的功能要求和使用要求就成为分配投资限额最主要的依据。限额设计的投资目标分解和确定，不能一味考虑节约投资，也不能简单地对投资进行分割，而应该在保证各专业、各组成部分达到使用功能和拟定标准的前提下，进行投资的合理分配。因此，投资目标的分解和限额分配要尊重科学，实事求是，需要掌握和积累丰富的投资数据及资料，采用科学的分析方法；否则，限额设计很难取得好的效果。此外，投资限额目标一旦确定，必须坚持投资限额的严肃性，不能随意进行变动。

2）限额设计的控制内容

投资目标的分解工作完成以后，就需在设计全过程中按分配的投资限额指导和控制工程设计工作，使各设计阶段形成的投资费用能够被控制在确定的投资限额以内。

① 建设前期的工作内容。工程项目从可行性研究开始，便要建立限额设计的观念，充分理解和掌握工程项目的设计原则、建设方针和各项技术经济指标，认真做好项目定义及其描述等工作，合理和准确地确定投资目标。可行性研究报告和投资估算获得批准以后，就应成为下一阶段进行限额设计和控制投资的重要依据。

② 方案设计阶段的工作内容。在进入设计阶段以后，首先就应将投资目标及其分配的限额向各专业的设计人员进行说明和解释，使其明确限额设计的基本要求和工作内容，明确各自的投资限额，取得设计人员的理解和支持。在方案设计阶段，以分配的投资限额为目标，通过多方案的分析和比较，合理选定经济指标，严格按照设定的投资限额控制设计工作。如果设计方案的投资费用突破投资限额，则需要对相应专业或工程相应的组成部分或内容进行调整和优化。

③ 初步设计阶段的工作内容。在初步设计阶段，严格按照限额设计所分配的投资限额，在保证工程项目使用功能的前提下进行设计，按确定的设计方案开展初步设计的工作。在设计过程中，要跟踪各专业设计的工作，与各专业的设计人员密切配合，对主要工程、关键设备、工艺流程及其相应各种费用指标进行分析和比较，研究实现投资限额的可行方案。随着初步设计工作的进展，经常分析和计算各专业设计及各工程组成部分设计形成的可能的投资费用，并定期或不定期地将可能的投资费用与设定的投资限额进行比较，若两者出现较大差异，需要研究调整方法和措施。工程设计是一项涉及面广和专业性强的技术工作，采用限额设计方法就是要用经济观念来引导和指导设计工作，以经济理念能动地影响工程设计，从而实现在设计阶段对工程项目投资进行有效的控制。

初步设计的设计文件形成以后，要准确编制设计概算，分析比较设计概算与投资估算的关系，分析比较设计概算中各专业工程费用与投资限额的关系，发现问题及时调整，按投资限额和设计概算对初步设计的各个专业设计文件作出确认。经审核批准后的设计概算，便是下一阶段，即施工图设计阶段控制投资的重要目标计划值。

④ 施工图设计阶段的工作内容。施工图设计文件是设计的最终产品，施工图设计必须严格按初步设计确定的原则、范围、内容和投资限额进行。此阶段的限额设计工作应在各专业设计的任务书中，附上设定的投资限额和批准的设计概算文件，供设计人员在设计中参考使用。在施工图设计过程中，局部变更和修改是正常的，关键是要进行核算和调整，使施工图预算不会突破投资限额。对于涉及建设规模和设计方案等的重大变更，则必须重新编制或修改初步设计文件和设计概算，并以批准的修改后的设计概算作为施工图设计阶段投资控制的目标计划值。

施工图设计的设计文件形成以后，要准确编制施工图预算，分析比较施工图预算与设计概算的关系，分析比较施工图预算中各专业工程费用与投资限额的关系，发现问题及时调整，按施工图预算对各个专业施工图设计文件作出最后确认，实现限额设计确定的投资限额目标。

从限额设计的控制内容可见，采用限额设计方法，就是要按照批准的可行性研究报告及投资估算控制初步设计，按照批准的初步设计和设计概算控制施工图设计，使各专业在保证达到功能要求和使用要求的前提下，按分配的投资限额控制工程设计，严格控制设计的不合理变更，通过层层控制和管理，保证工程项目投资限额不被突破，最终实现设计阶段投资控制的目标。

9.4 工程项目进度管理

9.4.1 工程项目进度管理概述

（1）工程项目进度管理概述

工程项目进度管理是在保证工程建设要求和目标等相关条件的前提下，对工程项目通过组织、计划、协调、控制等方式进行进度控制，实现预定的项目进度目标，并尽可能地缩短建设周期的一系列管理活动的统称。

工程项目管理有多种类型，不同利益方（业主方和项目参与各方）的项目管理都有进度控制的任务，但是，其控制的目标和时间范畴是不相同的。

工程项目是在动态条件下实施的，因此进度控制也就必须是一个动态的管理过程，它包括：

① 进度目标的分析和论证。其目的是论证进度目标是否合理，进度目标有无可能实现。如果经过科学的论证，目标不可能实现，则必须调整目标。

② 在收集资料和调查研究的基础上编制进度计划。

③ 进度计划的跟踪检查与调整。它包括定期跟踪检查所编制进度计划的执行情况，若其执行有偏差，则采取纠偏措施，并再次审视计划的合理，视需要调整进度计划。

（2）工程项目进度管理的含义与目标

工程项目进度管理是通过一定管理方法，使工程的实际进度符合计划进度的规定，出现实际进度偏离了计划进度，应当采取相应措施，保证按计划完成工程项目。工程项目工期拖延后，使工程不能按期受益，会造成重大损失，影响工程项目的效益。但是只为加快项目进度，同样会增加大量的额外成本。工程项目建设进度应统一调控，使之与投入资金、设备条件、原材料等方面保持一致，并符合项目所在地的各种自然规律。因此，工程项目进度管理对于工程项目的质量、安全及经济效益具有重要的意义。

工程项目是在动态条件下实施的，如只重视进度计划的编制，而不重视进度计划必要的调整，则进度无法得到控制。为了实现进度目标，进度控制的过程也就是随着项目的进展，进度计划不断调整的过程。根据进度动态管理的三个过程，得到以下进度管理的目的。

进度目标分析和论证的目的是论证进度目标是否合理，进度目标有否可能实现。如果经过科学的论证，目标不可能实现，则必须调整目标。

进度计划的跟踪检查与调整包括定期跟踪检查所编制的进度计划执行情况，以及若其执行有偏差，则采取纠偏措施，并视必要调整进度计划。

进度管理的目的是通过控制管理实现工程的进度目标。

9.4.2 工程项目进度控制重点和措施

（1）工程项目进度管理的原理

1）动态控制原理

项目进度控制是一个不断变化的动态控制，也是一个循环往复的过程。它是从项目的施工开始，实际进度就出现了运动的轨迹，也就是说计划进入到执行的动态。实际上进度在按照计划进度进行时，两者应相吻合；当实际进度与计划进度不一致时，便产生超前或滞后的偏差。分析偏差的原因，应采取相应的措施，调整原来计划，使两者在新的起点上吻合，并继续按其进行施工活动，做到尽量发挥组织管理的作用，使实际工作按计划进行。但是在新的干扰因素出现时，又会产生新的偏差。施工进度计划控制就是利用这种动态循环进行控制的方法。

2）系统原理

① 施工项目计划系统。为了能够对施工项目有效地进行进度计划控制，必须编制施工项目的各种进度计划，包括施工项目总进度计划、单位工程进度计划、分部分项目程进度计划以及季度和月（旬）进度计划，这些计划组成了一个施工项目的进度计划系统。进度计划的编制对象是由大到小，计划的内容是从粗到细。在编制时从总工期计划到局部计划，一层一层进行控制目标分解，以便保证计划控制目标落实。在执行计划时，从月（旬）进度计划开始实施，逐级按目标控制，这样就达到了对施工项目整体进度的目标控制。

② 施工项目进度实施组织系统。施工项目实施全过程的各专业工种都应遵照计划规定的目标去努力完成规定任务。施工项目经理和有关劳动调配、材料设备、采购运输等各个职能部门都应按照施工进度规定的要求进行严格管理、落实和完成各自的任务。施工组织的各级负责人，即项目经理、施工队长、班组长及其所属全体成员组成了施工项目实施的一个完整组织系统。

③ 施工项目进度控制组织系统。对施工项目进度实施还有一个项目进度的检查控制系统。从公司经理、项目经理，一直到作业班组都应该设有专门职能部门或人员负责作汇报，统计整理实际施工当中的进度资料，并与计划进度比较分析和进行调整。不同层次人员负责不同的进度控制职责，分工协作，从而形成一个相互连接的施工项目控制组织系统。实际上有的领导可能既是计划的实施者又是计划的控制者。实施是计划控制的执行，控制是保证计划按时实施。

3）信息反馈原理

项目信息反馈是施工项目进度控制的一个主要环节，施工的实际进度通过信息反馈到基层施工项目进度控制的管理人员，在分工的职责范围内，对信息进行加工，再将信息逐级向上反馈，直到主控制人。主控制人整理统计各方面的信息，经过比较分析作出决策，及时调整进度计划，仍使其符合预定工期目标。如果不应用信息反馈原理，不断地进行信息反馈，就无法实行工程项目进度计划的控制。施工项目进度控制的过程实际上就是信息反馈的过程。

4）弹性原理

由于施工项目进度计划工期长、影响进度的原因比较多，其中有的已被管理人员所掌握，根据统计经验估计得到影响的程度以及出现的可能性，并在制定进度目标时，实施目标的风险分析。计划编制人员具备了这些知识和实践经验之后，在编制施工项目进度计划时就会留有余地，使施工进度计划具有一定的弹性。在进行施工项目进度控制时，就可以利用这些弹性，压缩有关工作的时间，或者改变它们之间的连接关系，通过缩短剩余计划工期的方法，依旧可以达到预期的计划目标。这便是施工项目进度控制中对弹性原理的应用。

5）封闭循环原理

施工项目进度管理的全过程是计划、实施、检查、比较分析、确定调整措施、再计划。自编制项目施工进度计划开始，经过对实施过程中的跟踪检查，收集有关实际进度的信息，进行比较和分析实际进度与施工计划进度之间的偏差，查出产生的原因和解决的办法，确定调整措施，然后再修改原进度计划，形成一个封闭的循环系统。

6）网络计划技术原理

在施工项目进度的控制中通过利用网络计划技术原理编制进度计划，根据收集的实际进度信息，比较和分析进度计划，然后又利用网络计划的工期优化，对工期与成本优化和资源优化的理论调整计划。网络计划技术原理是在施工项目进度控制中完整的计划管理和分析计算的理论基础。

（2）工程项目进度管理的重点

1）任务承接阶段的进度管理

承接任务阶段的主要工作内容包括投标、中标、签订合同。在此阶段，承包方对进度的控制有相当的难度，通常只能响应标书对进度的要求，但也有一定的灵活性，可以在合同生效的条款上（例如在预付款支付的条款、保函开立的条款、现场交付的条款以及当地政府主管部门的大量协调工作的条款等方面）为承包方尽可能地争取工期。

2）项目准备阶段的进度管理

签订合同后，承包商应全面展开项目的准备工作，收集项目的原始资料，了解项目的现场情况，调查项目当地的物资、技术、施工力量，研究和掌握项目的特点及项目实施的进度要求，摸清项目实施的客观条件，合理部署力量，从技术上、组织上、人力、物力等各方面为项目实施创造必要的条件。认真仔细地做好准备工作，对加快实施速度、保证项目质量与安全、合理使用材料、增加项目效益等方面起着重要的作用。

项目准备阶段往往周期长、衔接工作量很大、工作很杂，也常常在不知不觉中延误项目的实施进度，必须引起足够的重视。项目准备阶段要特别注意以下两点：

① 要在组织上尽快建立一个懂技术、会管理、团结和谐、精明强悍的管理团队，这往往是决定项目实施成败的最关键因素之一。特别是在进度控制上最好配备有计划管理经验、懂工程网络计划的计划人员。

② 要调查研究收集资料。收集研究与项目实施有关的资料，可使准备工作有的放矢，避免盲目性。主要收集地形、地貌、工程地质、水文地质及气象条件等自然条件的资料和现场供水、供电、道路交通能力。地方建筑材料的生产供应能力及建筑劳务市场的发育程度，当地民风民俗、生活供应保障能力等技术经济条件。所有这些基础资料对项目的实施方案、承发包方式、施工组织实际等有至关重要的影响。

3) 设计阶段的进度管理

设计工作对项目的进度控制起着决定性的作用。本来它既可以算作项目准备阶段的工作，也可以算作招投标阶段的工作，在此单独讲述，是因为在项目实施过程中能否加快进度，保证质量和节约成本，在很大程度上取决于设计工作的进度和设计质量的优劣。设计阶段的进度控制主要注意以下两方面：

① 设计本身的进度控制。设计工作是一个漫长的、系统的、复杂的工作。涉及资料的收集、平面的布置、数据的计算、系统的设计、图纸的审批以及由初步设计到施工图设计的设计过程，设计本身也有一定的周期，但往往图纸的提交对项目的实施进度有决定性的影响，所以要重视设计工作的进度，从设计工作内部采取包括激励措施、与设计单位保持良好的关系、承包商全力配合设计院的工作来促进设计进度。从设计工作外部，可以改变某些方式，比如把仅仅需要提交业主批准的图纸单独出图，而把不需要提交批准的图纸按正常的方式进行设计。这样即使业主不批准而修改设计也可以减少大量的设计工作，从而节约设计时间。

② 设计对项目实施的进度控制。现代的工程项目都具有建设规模大、技术含量高、建设工期紧、实施难度大及承包风险大等特点。在工程项目的实施过程中，特别是在设计中大量地使用新技术、新设备和新工艺，可以达到有效地节约成本和缩短施工工期的效果。因此在设计中要鼓励设计单位（最好是在设计合同中设立一笔奖金）更多地使用新技术、新设备和新工艺，在设计中还要运用价值工程，进行多方案设计、多方案比选。从结构上、工艺上、系统上进行优化，同时综合平衡成本、进度、质量和安全的最佳结合点，可以为项目的实施创造最佳的进度控制途径。

4) 招标阶段的进度管理

招标工作是项目实施过程中重要的工作之一，在国内外都有相关的法律法规要求对项目进行招投标。目前在我国普遍采用经过评审的合理低价中标原则。这其中特别强调是经过评审的合理低价，包括对投标单位的资质、信誉、业绩、技术力量、人员配置、机具设备状况和财务状况等多方面的评价，不仅仅考虑价格因素，还要综合考虑进度快速、质量优良、最好有过良好合作关系的单位中标，这样可以为项目顺利地、快捷地实施打下良好基础。况且，项目管理的理念是与项目建设参与方共赢，一味地压低价格或其他苛刻的合作条件会使参与方在质量上、进度上甚至在安全上打折扣，最终可能影响招标人的总体利益，非常不利于项目进度的控制。

5) 施工阶段的进度管理

项目的施工阶段，首先要做好施工组织，尤其要做好施工组织设计，对施工活动进行全面的计划安排。根据项目的特点，施工单位要首先编制施工组织总设计，然后根据批准后的施工组织总设计，编制单位工程施工组织设计。施工组织设计一般应明确施工方案、施工的技术组织措施，施工准备工作计划、施工平面布置、施工进度计划、施工生产要素供给计划、落实执行施工项目计划的责任人和组织方式。

有了施工组织设计，施工单位应按照施工组织设计精心施工，这一阶段是施工管理的重点，要针对具体的施工活动，为落实施工组织设计的统一安排而进行的协调、检查、监督、控制等指挥调度工作。一方面，应从施工现场的全局出发，加强各个单位、各部门的配合与协作，协调解决各方面问题，使施工活动顺利开展；另一方面，应加强技术、材料、质量、安全、进度等各项经济核算与管理工作，严格执行各项技术、质量检验制度。

在项目的施工过程中，要正确处理好合同分包，要对严重影响施工进度的分包商，采取合同手段保证进度，特别是要保留对严重滞后的关键工作回收的权利，以实现突击；对关键的单位工程要找专业的分包队伍，或许能节约成本缩短进度。

6）竣工验收阶段的进度控制

竣工验收阶段是项目实施的最后阶段，在竣工验收之前，施工单位要内部做好预验收，检查各分部、分项工程的施工质量，尽快全面地消除项目的缺陷，整理各项交工验收的技术经济资料，把自身的工作做扎实，努力缩短交工验收时间。

（3）工程项目进度管理的措施

1）工程项目进度控制的组织措施

① 组织是目标能否实现的决定性因素。为实现项目的进度目标，应充分重视健全项目管理的组织体系。

② 在项目组织结构中应有专门的工作部门和符合进度控制岗位资格的专人负责进度控制工作，在项目管理组织设计的任务分工表和管理职能分工表中应明示和落实进度控制人员的职责。

③ 应编制项目进度控制的工作流程。

④ 进度控制的主要工作环节包括进度目标的分析和论证、编制进度计划、定期跟踪进度计划的执行情况、采取纠偏措施，以及调整进度计划。

2）工程项目进度控制的管理措施

① 工程项目进度控制的管理措施涉及管理的思想、管理的方法、管理的手段、承发包模式、合同管理和风险管理等。在理顺组织的前提下，科学和严谨的管理显得十分重要。

② 采用网络计划的方法编制进度计划必须很严谨地分析和考虑工作之间的逻辑关系，通过网络计算可发现关键工作和关键线路，也可知道非关键工作可使用的时差，网络计划的方法有利于实现进度控制的科学化。

③ 承发包模式的选择直接关系到项目实施的组织和协调。为了实现进度目标，应选择合理的合同结构，以免过多的合同交界面而影响工程的进展。工程物资的采购模式对进度也有直接的影响，对此应作比较分析。

④ 为实现进度目标，不但应进行进度控制，还应注意分析影响项目进度的风险，并在分析的基础上采取风险管理措施，以减少进度失控的风险量。

⑤ 重视信息技术（包括相应的软件、局域网、互联网以及数据处理设备）在进度控制中的应用。虽然信息技术对进度控制而言只是一种管理手段，但它的应用有利于提高进度信息处理的效率，有利于提高进度信息的透明度，有利于促进进度信息的交流和项目各参与方的协同工作。

3）建设项目进度控制的经济措施

① 建设项目进度控制的经济措施涉及资金需求计划、资金供应的条件和经济激励措施等。

② 为确保进度目标的实现，应编制与进度计划相适应的资源需求计划（资源进度计划），包括资金需求计划和其他资源（人力和物力资源）需求计划，以反映工程实施的各时段所需要的资源。通过资源需求的分析，可发现所编制的进度计划实现的可能性。若资源条件不具备，则应调整进度计划。资金需求计划也是项目融资的重要依据。

③ 资金供应条件包括可能的资金总供应量、资金来源（自有资金和外来资金）以及资金供应的时间。

④ 在工程项目预算中应考虑加快项目进度所需要的资金，其中包括为实现进度目标将要采取的经济激励措施的费用。

4）工程项目进度控制的技术措施

① 工程项目进度控制的技术措施涉及对实现进度目标有利的设计技术和施工技术的选用。

② 不同的设计理念、设计技术路线、设计方案会对工程进度产生不同的影响，在设计工作的前期，特别是在设计方案评审和选用时，应对设计技术与工程项目进度的关系作分析比较。在工程项目进度受阻时，应分析是否存在设计技术的影响因素，为实现进度目标是否有设计变更的可能性。

③ 施工方案对工程项目进度有直接的影响。在施工方案选用的决策过程中，不仅应分析技术的先进性和经济合理性，还应考虑其对进度的影响。在工程进度受阻时，应分析是否存在施工技术的影响因素，为实现进度目标是否有改变施工技术、施工方法和施工机械的可能性。

9.4.3 工程项目进度管理实用工具

（1）确定进度计划编制、审批管理流程

在工程项目全过程中，确定各项计划的编制、审批管理流程，有利于高效、稳步地实施各项计划，降低工程项目进度被延误的可能性。

图 9-19、图 9-20 为上海烟草集团有限责任公司基建设备处的投资计划编制、审定流程和采购计划的编制、审定流程，供读者在工程项目进度管理实际操作时参考。

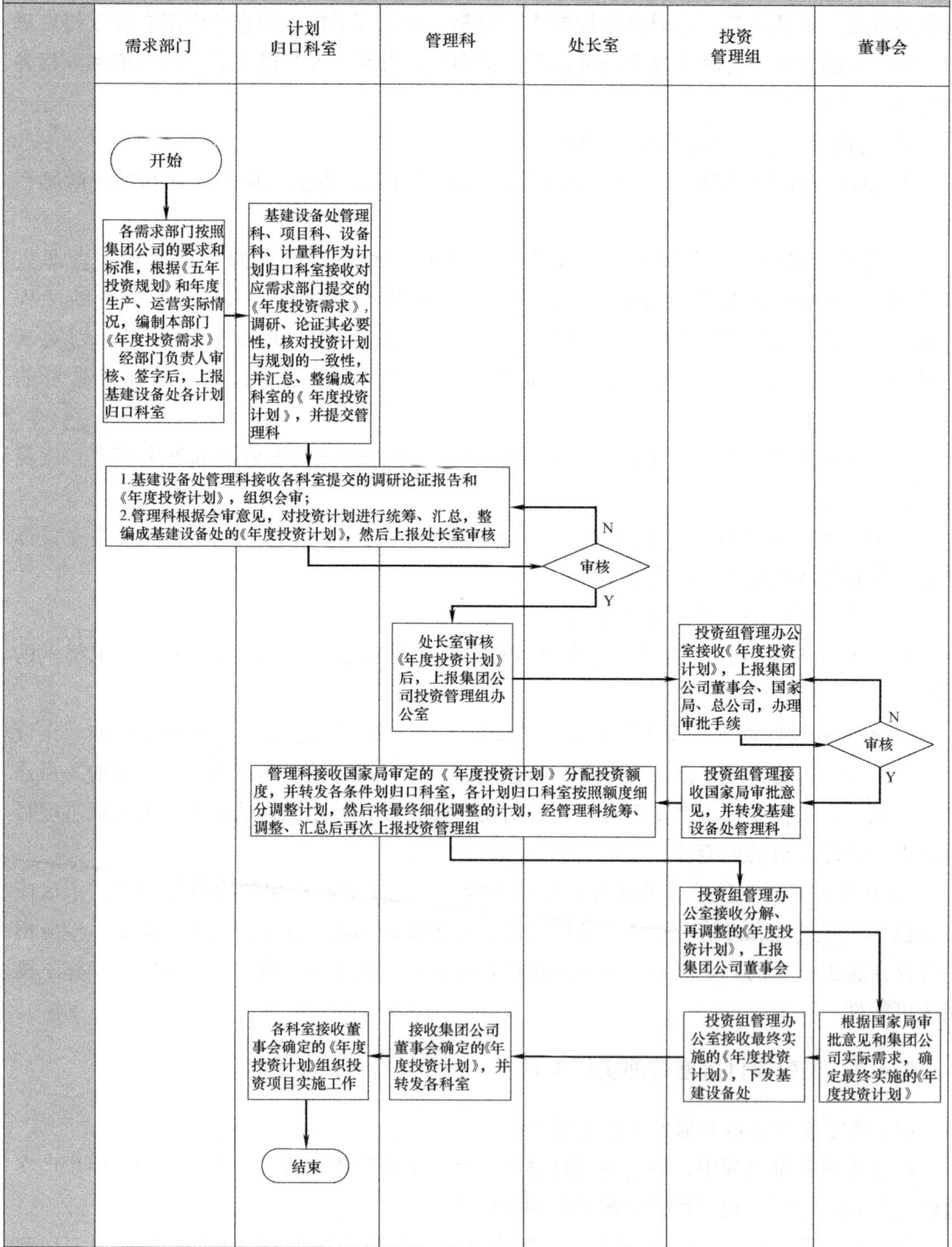

基建设备处投资计划编制、审定流程					
需求部门	计划归口科室	管理科	处长室	投资管理组	董事会

需求部门: 开始 → 各需求部门按照集团公司的要求和标准，根据《五年投资规划》和年度生产、运营实际情况，编制本部门《年度投资需求》经部门负责人审核、签字后，上报基建设备处各计划归口科室

计划归口科室: 基建设备处管理科、项目科、设备科、计量科作为计划归口科室接收对应需求部门提交的《年度投资需求》，调研、论证其必要性，核对投资计划与规划的一致性，并汇总、整编成本科室的《年度投资计划》，并提交管理科

管理科: 1.基建设备处管理科接收各科室提交的调研论证报告和《年度投资计划》，组织会审；2.管理科根据会审意见，对投资计划进行统筹、汇总，整编成基建设备处的《年度投资计划》，然后上报处长室审核

审核 N / Y

处长室: 处长室审核《年度投资计划》后，上报集团公司投资管理组办公室

投资管理组: 投资组管理办公室接收《年度投资计划》，上报集团公司董事会、国家局、总公司，办理审批手续

审核 N / Y

管理科: 管理科接收国家局审定的《年度投资计划》分配投资额度，并转发各条件划归口科室，各计划归口科室按照额度细分调整计划，然后将最终细化调整的计划，经管理科统筹、调整、汇总后再次上报投资管理组

投资管理组: 投资组管理接收国家局审批意见，并转发基建设备处管理科

投资管理组: 投资组管理办公室接收分解、再调整的《年度投资计划》，上报集团公司董事会

需求部门: 各科室接收董事会确定的《年度投资计划》组织投资项目实施工作 → 结束

管理科: 接收集团公司董事会确定的《年度投资计划》，并转发各科室

投资管理组: 投资组管理办公室接收最终实施的《年度投资计划》，下发基建设备处

董事会: 根据国家局审批意见和集团公司实际需求，确定最终实施的《年度投资计划》

图 9-19　基建设备处投资计划编制、审批流程（范例）

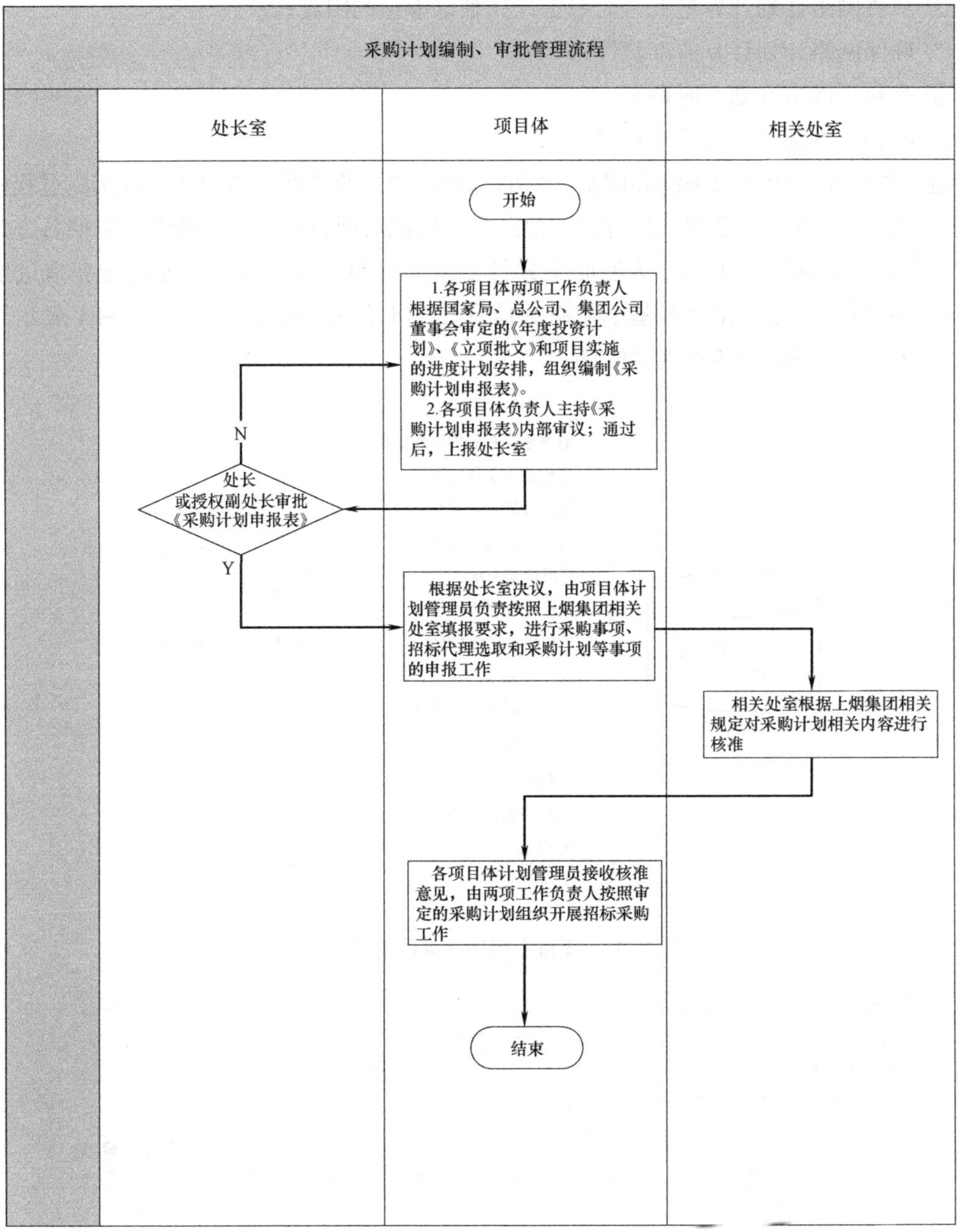

采购计划编制、审批管理流程		
处长室	项目体	相关处室

开始

1.各项目体两项工作负责人根据国家局、总公司、集团公司董事会审定的《年度投资计划》、《立项批文》和项目实施的进度计划安排，组织编制《采购计划申报表》。
2.各项目体负责人主持《采购计划申报表》内部审议；通过后，上报处长室

处长或授权副处长审批《采购计划申报表》
N
Y

根据处长室决议，由项目体计划管理员负责按照上烟集团相关处室填报要求，进行采购事项、招标代理选取和采购计划等事项的申报工作

相关处室根据上烟集团相关规定对采购计划相关内容进行核准

各项目体计划管理员接收核准意见，由两项工作负责人按照审定的采购计划组织开展招标采购工作

结束

图 9-20　基建设备处投资计划编制、审批流程（范例）

（2）使用进度计划编制软件

国外有很多用于进度计划编制的商品软件。自 20 世纪 70 年代末 80 年代初，我国也开始研制进度计划编制的软件，这些软件都是在网络计划原理的基础上编制的。应用这些软件可以实现计算机辅助工程项目进度计划的编制和调整，以确定网络计划的时间参数。计算机辅助工程项目网络计划编制的意义：

① 解决网络计划计算量大，而手工计算难以承担的困难；

② 确保网络计划计算的准确性；

③ 有利于网络计划及时调整；

④ 有利于编制资源需求计划等。

进度管理是一个动态编制和调整计划的过程，初始的进度计划和在项目实施过程中不断调整的计划，以及与进度管理有关的信息应尽可能对项目各参与方透明，以便各方为实现项目的进度目标协同工作。为使业主方各工作部门和项目各参与方便捷地获取进度信息，可利用项目专用网站作为基于网络的信息处理平台辅助进度控制。图 9-21 表示了从项目专用网站可获取的各种进度信息。

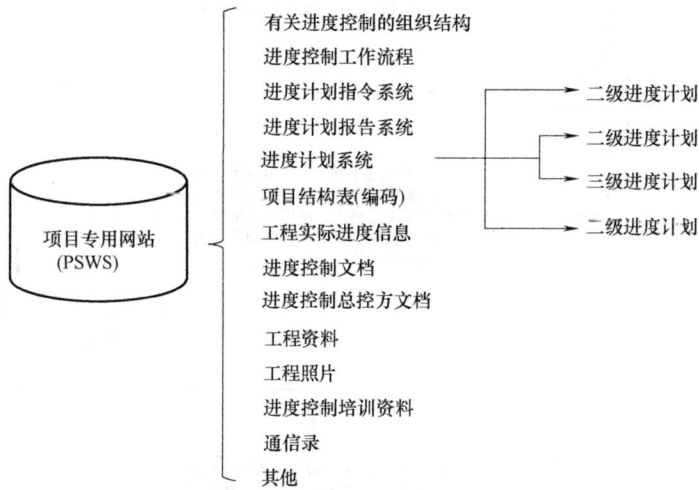

图 9-21 项目专用网站提供的进度信息

图 9-22 某进度管理软件界面

412

图 9-22 为某一工程项目进度管理软件的示意图，通过管控进度维护、进度填报、施工日记、施工签报和质量控制等，以实时在线的方式统一将各项目现场的进度数据保存到企业总部的服务器，方便管理人员准确了解项目进展，也能为后续的工程项目各流程提供依据。

9.5　工程项目质量管理

9.5.1　工程项目质量管理概述

（1）工程项目质量的概念

我国国家标准《质量管理体系基础和术语》（GB/T 19000—2008）关于质量的定义是：一组固有特性满足要求的程度。该定义可理解为：质量不仅是指产品的质量，也包括产品生产活动或过程的工作质量，还包括质量管理体系运行的质量。

工程项目质量是指通过项目实施形成的工程实体的质量，是反映建筑工程满足相关标准规定或合同约定的要求，包括其在安全、使用功能及耐久性能、环境保护等方面所有明显和隐含能力的特性总和。其质量特性主要体现在适用性、安全性、耐久性、可靠性、经济性及与环境的协调性六个方面。质量与工程项目质量的概念如图 9-23 所示。

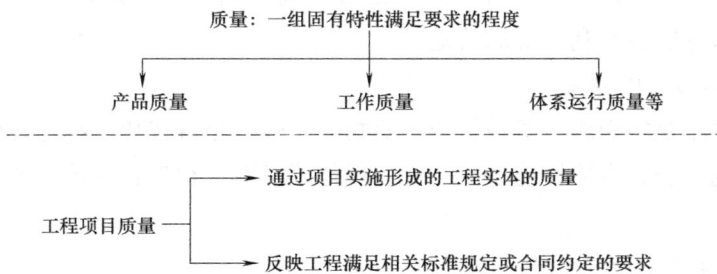

图 9-23　质量与工程项目质量的概念

（2）工程项目质量的基本特性

由于建筑产品一般是采用单件性筹划、设计和施工的生产组织方式，因此，其具体的质量特性指标是在各工程项目的策划、决策和设计过程中定义的。工程项目质量的基本特性可以概括如下：

1）反映使用功能的质量特性

工程项目的功能性质量，主要表现为反映项目使用功能需求的一系列特性指标，如房屋建筑工程的平面空间布局、通风采光性能等。

2）反映安全可靠的质量特性

建筑产品不仅要满足使用功能和用途的要求，而且在正常的使用条件下应能达到安全可靠的标准。

3）反映文化艺术的质量特性

建筑产品具有深刻的社会文化背景，历来人们都把建筑产品视同艺术品。工程项目艺术文化特性的质量来自于设计者的设计理念、创意和创新，以及施工者对设计意图的领会与精益施工。

4）反映建筑环境的质量特性

建筑环境质量不仅包括项目用地范围内的规划布局、交通组织、绿化景观、节能环保，还要追求其与周边环境的协调性或适宜性。

（3）工程项目质量的影响因素

1）人的因素

人是指直接参与项目建设的决策者、组织者、指挥者和操作者。人的政治素质、业务素质和身体素质是影响质量的首要因素。

2）材料的因素

材料（包括原材料、半成品、成品、构配件等）是工程项目施工的物质条件，没有材料就无法施工；材料质量是工程项目质量的基础，材料质量不符合要求，工程项目质量就不可能符合标准。

3）方法的因素

这里所指的方法，包含工程项目整个建设周期内所采取的技术方案、工艺流程、组织措施、检测手段、施工组织设计等。方法是否正确得当，是直接影响工程项目进度、质量、投资控制目标能否顺利实现的关键。

4）施工机械设备的因素

施工机械设备是实现施工机械化的重要物质基础，是现代化工程建设中必不可少的设施。机械设备的选型、主要性能参数和使用操作要求对工程项目的施工进度和质量均有直接影响。

5）环境的因素

影响工程项目质量的环境因素较多，有工程技术环境，如工程地质、水文、气象等，工程项目管理环境，如质量保证体系、质量管理制度等，劳动环境，如劳动组合、劳动工具、工作面等。环境因素对工程项目质量的影响，具有复杂而多变的特点。

9.5.2　工程项目质量管理的责任体系

《建设工程质量管理条例》规定建设单位、勘察单位、设计单位、施工单位及工程监理单位需依法对工程项目质量负责。表9-13列举了部分各单位应承担的质量责任和义务。

9.5.3　工程项目质量管理的重点和方法

（1）质量管理的目标

根据项目管理学中项目是一个过程的定义，那么工程项目质量控制的重点在于过程质量控制。工程项目的过程质量控制，是指为达到工程项目质量要求而采取相应的作业技术和活动，从而为工程建设增值（图9-24）。

建设单位	勘察、设计单位	施工单位	监理单位
1. 应将工程发包给具有相应资质的单位,不得将建设工程肢解发包。 2. 应当依法对工程项目的勘察、设计、施工、监理等行招标。 3. 不得迫使承包方以低于成本的价格竞标,不得任意压缩合理工期。 4. 实行监理的建设工程,应当委托具有相应资质的监理单位进行监理。 5. 领取施工许可证前,应当按照国家有关规定办理工程质量监督手续。 6. 收到建设工程竣工报告后,应当组织相关单位进行竣工验收。 7. 应当严格按照国家有关档案管理的规定,及时收集、整理工程项目各环节的文件资料,建立健全工程项目档案	1. 依法取得资质证书,并在其资质等级许可的范围内承揽工程。 2. 必须按照工程建设强制性标准进行勘察、设计,并对其质量负责。 3. 设计单位应当根据勘察成果文件进行建设工程设计。 4. 设计单位在设计文件中选用的建筑材料、建筑构配件和设备,应当注明规格、型号、性能等技术指标。 5. 设计单位应当就审查合格的施工图设计文件向施工单位做出详细说明。 6. 设计单位应当参与建设工程质量事故分析,并对因设计造成质量事故,提出相应的技术处理方案	1. 依法取得资质证书,在其资质等级许可的范围内承揽工程。 2. 对建设工程的施工质量负责。 3. 按照工程设计图纸和施工技术标准施工,不得擅自修改工程设计。 4. 必须照工程设计要求及相关规定,对建筑材料等进行检验,检验应当有书面记录和专人签订。 5. 建立、健全施工质量的检验制度,做好隐蔽工程的质量检查和记录。 6. 对施工中出现质量问题的建设工程或者竣工验收不合格的建设工程,应当负责返修。 7. 建立、健全教育培训制度,加强对职工的教育培训	1. 依法取得资质证书,并在其资质等级许可的范围内承揽业务。 2. 与被监理工程的施工承包单位以及建筑材料、设备供应等单位有隶属关系或者其他利害关系的,不得承担该项建设工程的监理业务。 3. 应当依照法律、法规以及有关技术标准、设计文件和建设工程承包合同,代表建设单位对施工质量实施监理,并对施工质量承担监理责任。 4. 应当选派具备相应资格的总监理工程师和监理工程师进驻施工现象。 5. 监理工程师应当按照工程监理规范的要求,采取旁站、巡视和平行检验等形式,对建设工程实施监理

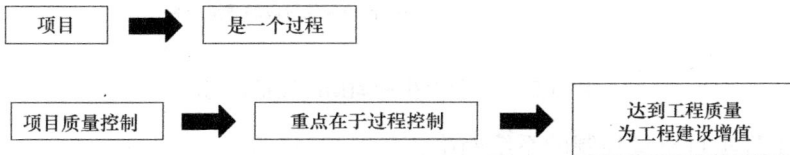

图 9-24 工程项目质量控制的重点及意义

建设单位的项目管理贯穿工程项目全生命周期的各个阶段,明确工程项目质量控制的目标是基础。工程项目质量目标系统应从建设地点和建筑形式、结构、功能及使用者满意程度等多方面进行系统定义。建设单位工程项目质量控制的目标如图 9-25 所示。

（2）质量管理的重点

一般建设工程项目的质量控制主要分为六个方面,如图 9-26 所示。

1）工程项目前期决策阶段的质量控制

项目前期决策阶段质量控制的好坏直接影响到项目在后期实施运营阶段的工程质量。在工程项目的建设前期阶段,质量控制应该包括以下四个内容:

① 明确工程项目的质量目标;

② 做好工程项目质量管理的全局规划;

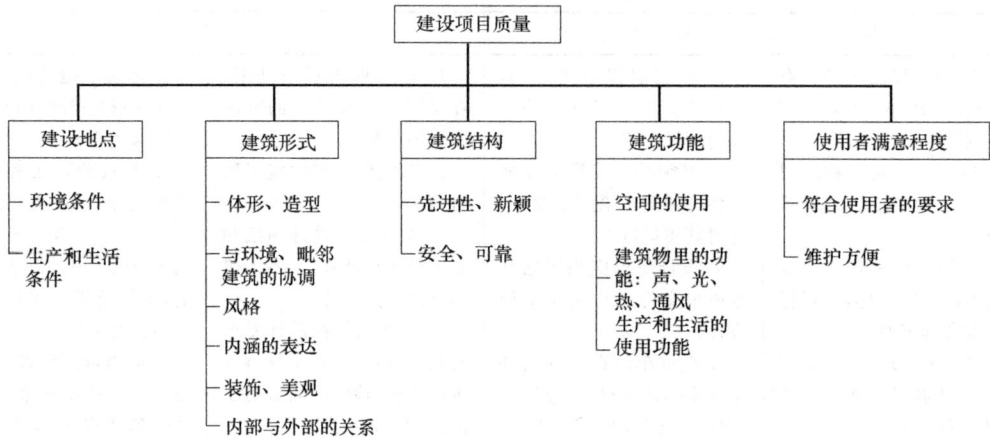

图 9-25　工程项目质量目标系统

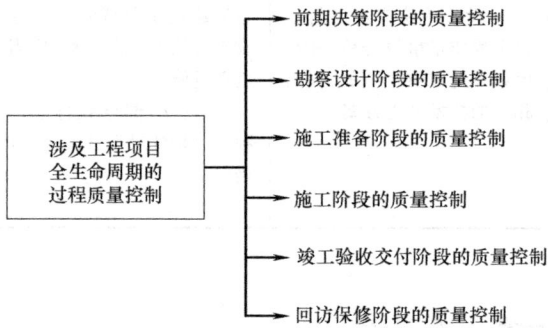

图 9-26　项目全生命周期的质量控制

③ 建立工程项目质量控制的系统网络；

④ 制定工程项目质量控制的总体措施。

2）工程项目勘察设计阶段的质量控制

① 工程项目勘察阶段的质量控制。工程勘察是一项技术性、专业性较强的工作，工

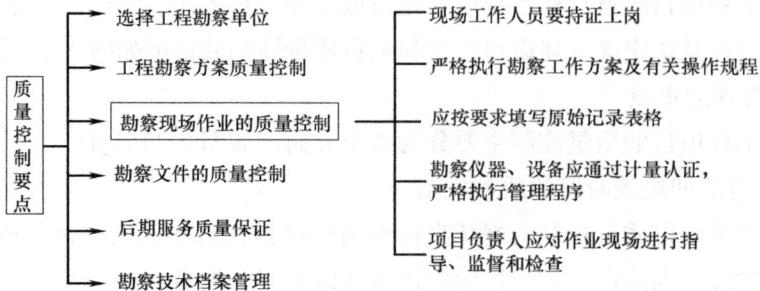

图 9-27　工程勘察质量控制的要点

程勘察质量控制的基本方法是按照质量控制的基本原理对工程勘察的质量影响因素进行检查和过程控制。

勘察设计阶段质量控制的要点如图 9-27 所示。

② 工程项目设计阶段的质量控制。工程项目设计阶段的质量控制包括工程项目设计

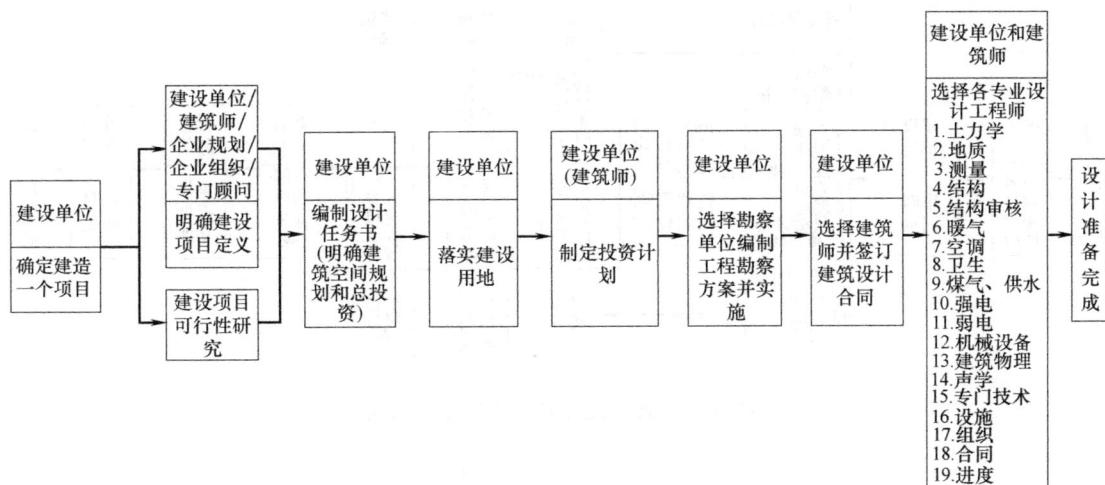

图 9-28　设计准备阶段质量控制流程

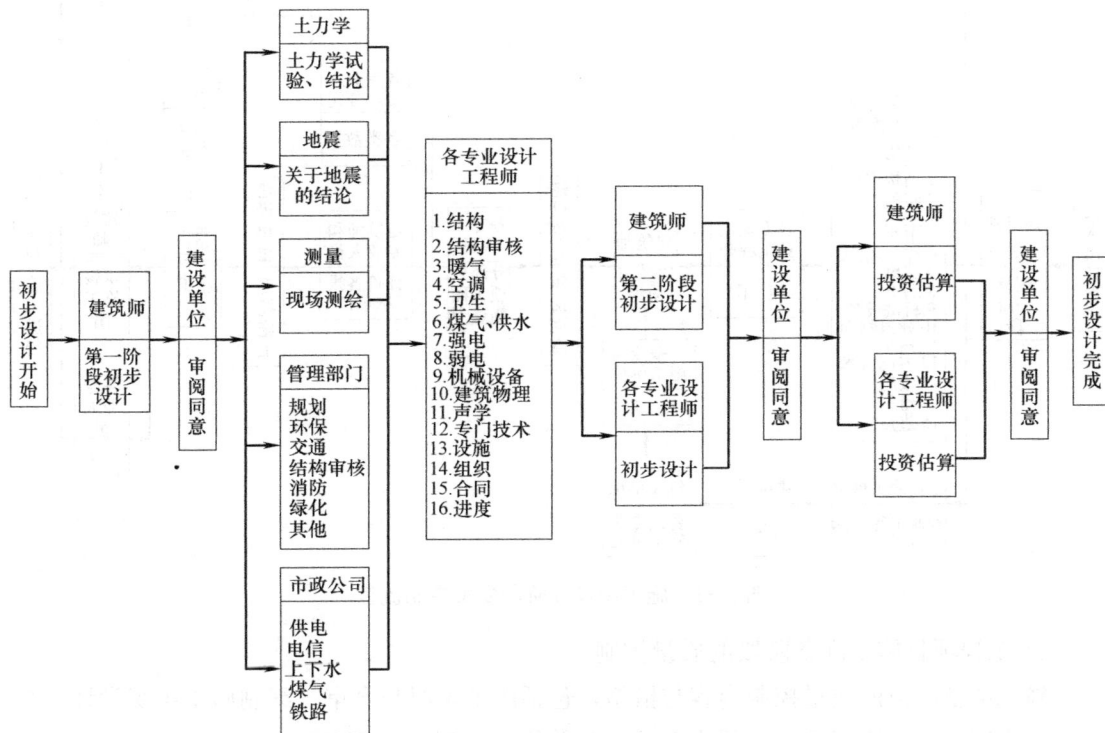

图 9-29　初步设计阶段质量控制流程

准备阶段、设计阶段的质量控制。通常，工程项目采用初步设计、技术设计和施工图设计的三阶段设计。因此，设计阶段的质量控制分三阶段的质量控制流程，包括初步设计阶段项目质量控制工作流程、技术设计阶段项目质量控制工作流程和施工图设计阶段项目质量控制工作流程。图 9-28～图 9-31 为普通工程项目常用的设计阶段质量控制工作流程。

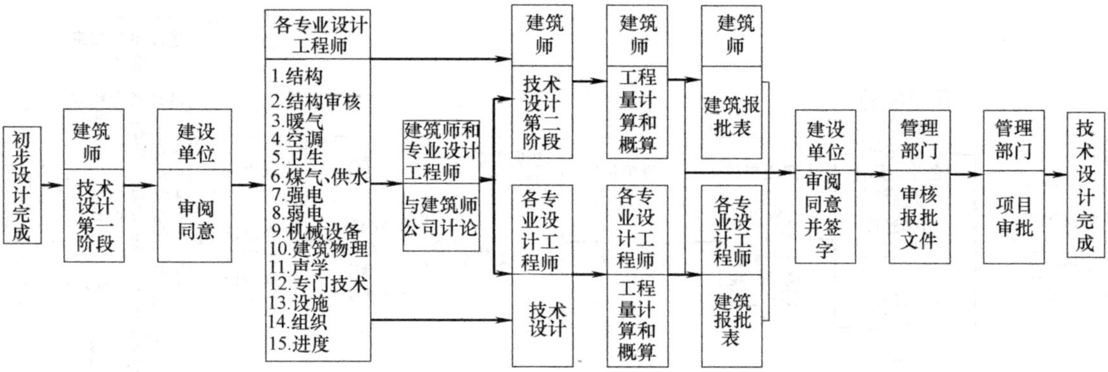

图 9-30　技术设计阶段质量控制流程

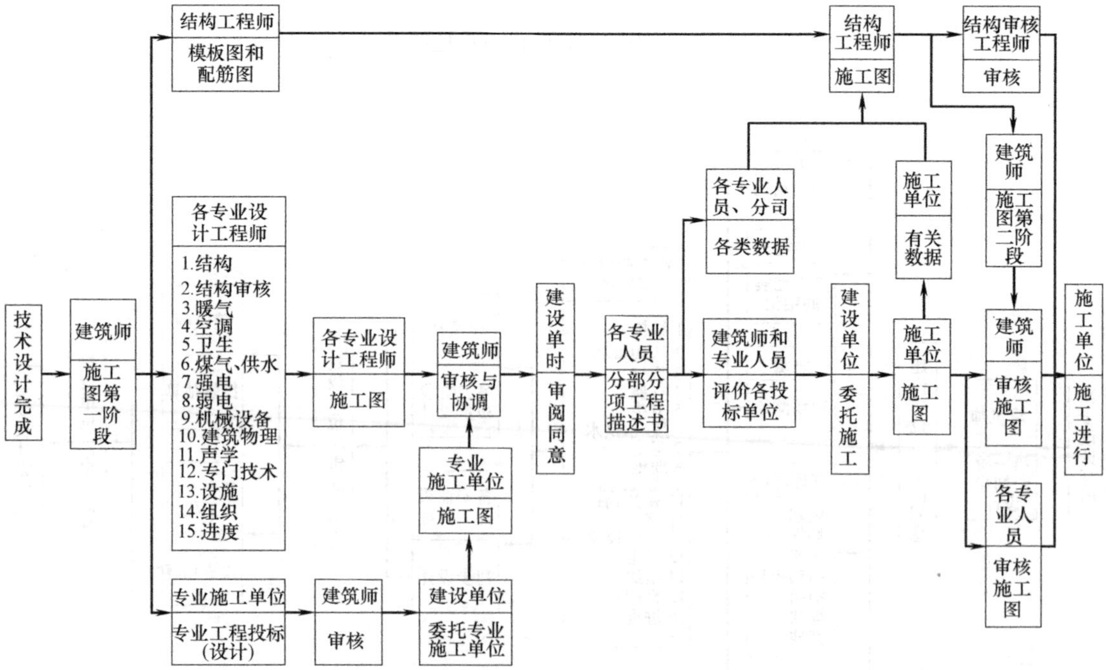

图 9-31　施工图设计阶段质量控制流程

3）工程项目施工准备阶段的质量控制

施工准备阶段的质量控制内容与措施，包括图纸学习与会审、编制施工组织设计、组织技术交底、控制物资采购、严格选择分包单位五个部分。

① 图纸学习与会审。图纸会审由建设单位或监理单位主持，设计单位、施工单位参

加，并写出会审纪要。图纸审查必须抓住关键，特别注意构造和结构的审查，必须形成图纸审查与修改文件，并作为档案保存。

② 编制施工组织设计。施工组织设计中对质量控制起主要作用的是施工方案，主要包括施工程序的安排、施工段的划分、主要项目的施工方法、施工机械的选择，以及保证质量、安全施工、冬季和雨季施工、污染防治等方面的预控方法和针对性的技术组织措施。

③ 组织技术交底。技术交底是一项经常性的技术工作，可分级分阶段进行。技术交底应以设计图纸、施工组织设计、质量验收标准、施工验收规范、操作规程和工艺卡为依据，编制交底文件，必要时可用图表、实样、小样、现场示范操作等形式进行，并做好书面交底记录。

④ 控制物资采购。施工中所需的物资包括建筑材料、建筑构配件和设备等。如果生产、供应单位提供的物资不符合质量要求，施工企业在采购前和施工中又没有有效的质量控制手段，往往会埋下工程隐患，甚至酿成质量事故。因此，采购前应按先评价后选择的原则，由熟悉物资技术标准和管理要求的人员，对拟选择的供方进行技术、管理、质量检测、工序质量控制和售后服务等质量保证能力的调查，信誉以及产品质量的实际检验评价，各供方之间的综合比较，最后作出综合评价，再选择合格的供方建立供求关系。

⑤ 严格选择分包单位。工程总承包商或主承包商将总包的工程项目按专业性质或工程范围（区域）分包给若干个分包商来完成，是一种普遍采用的经营方式。为了确保分包工程的质量、工期和现场管理能满足总合同的要求，总承包商应由主管部门和人员对拟选择的分包商，包括建设单位指定的分包商，通过审查资格文件，考察已完工程和施工工程质量等方法，从技术及管理实务、特殊及主体工程人员资格、机械设备能力及施工经验，认真进行综合评价，决定是否可作为合作伙伴。

4）工程项目施工阶段的质量控制

工程项目施工阶段的质量控制工作主要包括材料、构件、制品和设备质量的检查，以及施工质量监督和中间验收等工作。

具体来说，施工阶段质量控制主要包括以下六个方面。

① 严格进行材料、构配件试验和施工试验。对进入现场的物料，包括甲方供应的物料以及施工过程中的半成品，必须按规范、标准和设计的要求，根据对质量的影响程度和使用部位的重要程度，在使用前对涉及结构安全的应由建设单位或监理单位现场见证取样，送有法定资格的单位检测，判断其质量的可靠性。

② 实施工序质量监控。工序质量监控的对象是影响工序质量的因素，特别是主导因素，其核心是管因素，管过程，而不单纯是管结果。工序质量监控重点内容包括：设置工序质量控制点，严格遵守工艺规程，控制工序活动条件的质量，及时查工序活动效果的质量。

③ 组织过程质量检验。过程质量检验主要指工序施工中或上道工序完工即将转入下道工序时所进行的质量检验，目的是通过判断工序施工内容是否合乎设计或标准要

求以决定该工序是否继续进行（转交）或停止。具体形式有：质量自检和互检，专业质量监督，工序交接检查，隐蔽工程验收，工程预检（技术复核），基础、主体工程检查验收。

④ 重视设计变更管理。施工过程中往往会发生没有预料到的情况，如设计与施工的可行性发生矛盾；建设单位因工程使用目的、功能或质量要求发生变化，而导致设计变更。设计变更须经建设、设计、监理、施工单位各方同意，共同签署设计变更洽商记录，由设计单位负责修改，并向施工单位签发设计变更通知书。对建设规模、投资方案有较大影响的变更，须经原批准初步设计单位同意，方可进行修改。

⑤ 加强成品保护。在施工过程中，有些分项、分部工程已经完成，其他分项、分部工程尚在施工，对于成品，如不采取妥善的措施加以保护，就会造成损伤，影响质量，有些严重的损伤难以恢复到原样，成为永久性缺陷。产品保护工作主要有合理安排施工顺序和采取有效的防护措施两个主要环节。

⑥ 积累工程施工技术资料。工程施工技术资料是施工中的技术、质量和管理活动的记录，是实行质量追溯的主要依据。施工技术资料管理是确保工程质量和完善施工管理一项重要工作，施工企业必须按各专业质量检验评定标准的规定和各地的实施细则，全面、科学、准确、及时地记录施工及试（检）验资料，按规定积累、计算、整理、归档，手续必须完备，并不得有伪造、涂改、后补等现象。

5）工程项目竣工验收交付阶段的质量控制

① 坚持竣工标准。由于建设工程项目门类很多，性能、条件和要求各异，因此土建工程、安装工程、人防工程、管道工程、桥梁工程、电气工程及铁路建筑安装工程等都有相应的竣工标准。凡达不到竣工标准的工程，一般不能算竣工，也不能报请竣工质量核定和竣工验收。

② 做好竣工预检。竣工预检是承包单位内部的自我检验，目的是为正式验收做好准备。竣工预检可根据工程重要程度和性质，按竣工验收标准，分层次进行。通常先由项目部组织自检，对缺漏或不符合要求的部位和项目，确定整改措施，指定专人负责整改。在项目部整改复查完毕后，报请企业上级单位进行复检，通过复检，解决全部遗留问题，由勘察、设计、施工、监理等单位分别签署质量合格文件，向建设单位发送竣工验收报告，出具工程保修书。

③ 整理工程竣工验收资料。工程竣工验收资料是使用、维修、扩建和改建的指导文件和重要依据，工程项目交接时，承包单位应将成套的工程技术资料分类整理、编目、建档后移交给建设单位。

6）工程项目回访保修期的质量控制

工程项目在竣工验收交付使用后，施工单位应按照规定在保修期限和保修范围内（表9-14），主动对工程进行回访，听取建设单位或用户对工程质量的意见，对施工单位施工过程中的质量问题，负责维修，如属设计等原因造成的质量问题，在征得建设单位和设计单位认可后，协助修补。

工程项目回访保修质量控制要求		表 9-14
回访的方式	保修的期限	保修的实施
季节性回访 技术性回访 保修期满前回访	基础设施工程、房屋建筑的地基基础工程和主体结构工程,为设计文件规定的该工程的合理使用年限。 屋面防水工程、有防水要求的卫生间、房间和外墙面的防渗漏,为 5 年。 供热与供冷系统,为 2 个暖期、供冷期。 电气管线、给水排水管道、设备安装和装修工程,为 2 年	保修范围:由于施工的责任,对各类建筑工程及建筑工程的各个部位,都应实行保修。 检查和修理:在保修期内,对建筑产品出现的问题应及时检查并修理

(3) 质量管理的原则

1) 贯彻职业规范

各级质量管理人员,在处理质量问题过程中,应尊重客观事实,尊重科学、正直、公正、不持偏见;遵纪、守法,杜绝不正之风;既要坚持原则,严格要求,秉公办事,又要谦虚谨慎,实事求是,以理服人,热情帮助。

2) 质量第一

"百年大计,质量第一",工程建设与国民经济的发展和人民生活的改善息息相关。质量的好坏,直接关系到人民生命财产的安全,关系到子孙幸福,所以必须树立强烈的"质量第一"的思想。

要明确质量第一的原则,必须弄清并且摆正质量和数量、质量和进度之间的关系。不符合质量要求的工程,数量和进度都失去意义,也没有任何使用价值。而且数量越多,进度越快,国家和人民遭受的损失也将越大,因此,好中求多,好中求快,好中求省,才是符合质量管理所要求的质量水平。

3) 预防为主

对于工程项目的质量,我们长期以来采取事后检验的方法,认为严格检查,就能保证质量,实际上这是远远不够的。应该从消极防守的事后检验变为积极预防的事先管理。因为好的项目是好的设计、好的施工所产生的,不是检查出来的。必须在项目管理的全过程中,事先采取各种措施,消灭种种不符合质量要求的因素,以保证建筑产品质量。如果各质量因素(人、机、料、法、环)预先得到保证,工程项目的质量就有了可靠的前提条件。

4) 为用户服务

建设工程项目,是为了满足用户的要求,尤其是满足用户对质量的要求。真正好的质量是用户完全满意的质量。进行质量控制,就是要以为用户服务的原则,作为工程项目管理的出发点,贯穿到各项工作中去。同时,要在项目内部树立"下道工序就是用户"的思想。各个部门、各种工作、各种人员都有个前、后的工作顺利,在自己这道工序的工作一定要保证质量,凡达不到质量要求不能交给下一道工序,一定要使"下一道工序"这个用户感到满意。

5）用数据说话

质量控制必须建立在有效的数据基础上，必须依靠能够确切反映客观实际的数字和资料，否则就谈不上科学的管理。在很多情况下，我们评定工程质量，虽然也按规范标准进行检测计量，也有一些数据，但是这些数据往往不完整、不系统，没有按数理统计要求积累数据，抽样选点，所以难以汇总分析，有时只能统计加估计，抓不住质量问题，不能表达工程的内在质量状态，也不能有针对性地进行质量教育，提高企业素质。所以，必须树立起"用数据说话"的意识，从积累的大量数据中，找出控制质量的规律性，以保证工程项目的优质建设。

（4）质量管理的基本原理和方法

质量的形成有其客观规律，质量管理也只有在一系列科学的原理指导下才能取得成效。现代质量管理理论经过多年的发展与完善，形成了较为丰富的理论和方法。

1）PDCA 循环原理

PDCA 循环是质量管理的基本理论，也是工程项目质量管理的基本理论。PDCA 循环为计划→执行→检查→处置，以计划和目标控制为基础，通过不断循环，使质量得到持续改进，质量水平得到不断提高。

计划 P（Plan）：即质量计划阶段，明确目标并制订实现目标的行动方案。

实施 D（Do）：组织对质量计划或措施的执行计划，行动方案的交底和按计划规定的方法与要求展开工程作业技术活动。

检查 C（Check）：检查采取措施的效果，包括作业者的自检、互检和专职管理者专检。各类检查都包含两大方面：一是检查是否严格执行了计划的行动方案、实际条件是否发生了变化、不执行计划的原因。二是检查计划执行的结果，即产出的质量是否达到标准的要求，对此进行确定和评价。

处置 A（Action）：总结经验，巩固成绩，对于检查所发现的质量问题或质量不合格，及时进行原因分析，采取必要的措施，予以纠正，保持质量形成的受控状态。

PDCA 循环的关键不仅在于通过 A（Action）去发现问题，分析原因，予以纠正及预防，更重要的是对于发现的问题在下一 PDCA 循环中某个阶段，如计划阶段，予以解决。于是不断地发现问题，不断地进行 PDCA 循环，使质量不断改进，不断上升。因此 PDCA 循环体现了"持续改进"的思想（图 9-32）。

2）三阶段控制原理

三阶段控制包括事前控制、事中控制、事后控制。

事前控制要求预先编制周密的质量计划。

事中控制首先是对质量活动的行为约束，即对质量产生过程各项技术作业活动操作者在

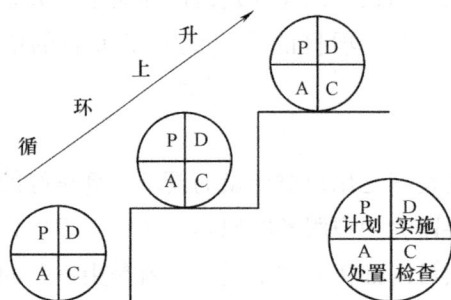

图 9-32　PDCA 循环原理示意图

422

相关制度管理下的自我行为约束的同时，充分发挥其技术能力，去完成预定质量目标的作业任务；其次是参建各方对质量活动过程和结果的监督控制，这里包括来自企业内部管理者的检查检验和来自企业外部的工程监理和政府质量监督部门等的监控。事中控制虽然包含自控和监控两大环节，但其关键还是增强质量意识，发挥操作者自我约束自我控制，即坚持质量标准是根本的，监控或他人控制是必要的补充，没有前者或用后者取代前者都是不正确的。

事后控制包括对质量活动结果的评价认定和对质量偏差的纠正。

三阶段不是孤立和截然分开的，它们之间构成有机的系统过程，实质上也就是 PDCA 循环具体化，并在每一次滚动循环中不断提高，达到质量管理或质量控制的持续改进。

3）全面质量管理（TQM 原理）

从 20 世纪 70 年代末起，我国工程建设领域开始引进并推行全面质量管理。全面质量管理是指一个企业以质量为中心，以全员参与为基础，目的在于通过让顾客满意和本企业所有成员及社会受益而达到长期成功的管理途径。

全面质量控制指对工程（产品）质量和工作质量以及人的质量的全面控制从源头抓起，全过程推进。工作质量是产品质量的保证，工作质量直接影响产品质量的形成，而人的质量直接影响工作质量的形成。因此提高人的质量（素质）是关键。

全员参与控制，从全面质量管理的观点看，无论组织内部的管理者还是作业者，每个岗位都承担着相应的质量职能，一旦确定了质量方针目标，就应组织和动员全体员工参与到实施质量方针的系统活动中去，发挥自己的角色作用。

4）零缺陷与 6σ 理论

"零缺陷"的概念最早由美国质量管理专家克洛斯比于 20 世纪 60 年代初提出。他提出在质量管理中既要保证质量又要降低成本，其核心是要求每一个人"第一次就把事情做好"。该理论为后来的 6σ 管理指明了方向。

在 20 世纪 80 年代美国制造业面临日益激烈的国际竞争背景下，摩托罗拉公司率先提出 6σ 质量管理方法。6σ 质量管理方法是基于统计学原理，引入希腊字母"σ"表示标准偏差值，σ 从 1 到 6，表示质量控制水平的数量级依次提高，缺陷或错误就越来越少。6σ 管理强调通过设计、调整并最终优化过程工作质量来形成保证顾客满意的产品质量特性，以"关注过程"为手段，最终实现"关注顾客"的目标。对于工程项目施工这种一次性的过程，尤其需要应用克洛斯比的零缺陷理论及 6σ 管理方法。

5）案例分析

案例一：PDCA 循环原理的应用

某建筑工程在施工中，为了降低安全隐患，杜绝建筑施工事故，采用了 PDCA 循环模式来进行施工安全管理，将 PDCA 循环法应用在工程施工的整个环节。

PDCA 方法第一次循环的计划（Plan）阶段：首先，依照安全操作的有关要求，对系统中安全隐患进行深入分析，并依据分析结果来拟定安全保障的操作规范。根据施工企业的生产现状进行分析，将本企业与其他具有对照意义的企业进行较好、一般和较差时期不同时期的对比。在编制并确定完善的安全指标后，要通过严密的调查和分析，追根溯源，找出安全事故发生的原因。安检小组以影响施工安全的主要原因为基础，制定单位安全措施的总体要求，各职能部门根据具体工作细分总体要求，再由上至下进行贯彻，每个岗位都应明确自身职责和要求。

PDCA 方法第一次循环的实施（Do）阶段：通过周密的分析调查得出事故起因，主要为施工人员的施工技术较差所造成的，或是施工人员没有树立一定的安全意识，甚至是施工现场管理存在疏漏等原因。针对上述事故原因，在此提出改进方案。将安全措施要求和责任逐级分派到职能部门和员工手中，并且按照计划所要求的时间进度进行工作安排。在达到一定的考核期后，安检小组应当召集相关的负责人，对安全工作的开展状况进行申报和检查，核实安全措施是否得以切实履行，并在接下来的工作中进行修正。

PDCA 方法第一次循环的检查（Check）阶段：安检小组提出整改措施后，施工企业都根据各自在施工安全中最不到位的工作进行了整改，比如修正施工方案中存在安全隐患的技术措施等。尤其对于与人身安全有关的施工内容，施工单位特别在技术上进行了细化，并向施工人员进行详细的交底，以避免人员的伤害事故；对于文化水平较低的施工人员，则通过图片、视频等具体的媒介向其灌输安全施工的知识和意识，从而防止其由于思想上的疏忽导致惨剧的发生。

PDCA 方法第一次循环的评估（Action）阶段：对于 PDCA 循环而言，最重要的莫过于评估和总结，只有妥善地做好这两项工作，才能有效提高安全水平。因此，可以采取相应措施进行完善：施工单位在检测评估后，可以召集相关负责人系统地对整个安全工作的实施过程进行讨论和总结，同时用书面形式将所得到的经验记录下来，并引入技术与管理的标准中去。

案例二：全面质量管理的应用

纽约市公园及娱乐部的主要任务是负责城市公共活动场所（包括公园、沙滩、操场、娱乐设施、广场等）的清洁和安全工作，并增进居民在健康和休闲方面的兴趣。

市民将娱乐资源看作是重要的基础设施，因此公众对该部门重要性是认同的。但是在采用何种方式实现其使命，以及该城市应投入多少资源去实施计划却很难达成共识。该部门面临着管理巨大的系统和减少的资源。和美国的其他城市相比，纽约市的计划是庞大的。该部门将绝大部分资源投入现有设施维护和运作，而为设施维护和运作投入的预算从 1994 年到 1995 年削减了 4.8%。

为了对付预算削减，并能维持庞大复杂的公园系统，该部门的策略包括：与预算和管理办公室展开强硬的幕后斗争，以恢复一些已削减的预算；发展公司伙伴关系以取得更多的资源等等。除了这些策略，该组织采纳了全面质量管理技术，以求"花更少的钱干更多的事"。

在任何环境下产生真正的组织变化是困难的，工人们会对一系列的管理新做法产生怀疑。因此，该部门的策略是将全面质量管理逐步介绍到组织中，即顾问团训练高层管理者让他们接受全面质量管理的核心理念，将全面质量管理观念逐步灌输给组织成员。这种训练提供了全面质量管理的概念，选择质量改进项目和目标团队的方法，管理质量团队和建立全面质量管理组织的策略。虽然存在问题，但这些举措使全面质量管理在实施的最初阶段获得了相当的成功。

有关分析显示了该部门实施全面质量管理所获得的财政和运作收益。启动费用是22.3万美元，平均每个项目2.3万美元。总共节省了71.15万美元，平均每个项目一年节约7.1万美元。这个数字不包括间接和长期收益，只是每个项目每年直接节约的费用。

9.5.4 工程项目质量管理实用工具

如果想要客观地反映实际施工过程中的情况和问题，就必须进行细致的调查，然后得到相关的数据资料。数据是信息的载体，在对工程项目质量进行分析的过程中必须要以数据为基础进行综合判断，一切用数据来说话。在数据的处理过程中，可以使用直方图、排列图、控制图、散布图等图形来展示分析结果。在图上能更加直观地看出工程的质量问题，从而采取适当的措施。

（1）质量控制的直方图法

直方图又称质量分布图、矩形图、频数分布直方图。它是对从一个母体收集的一组数据用相等的组距分成若干组，画出以组距为宽度、以分组区内数据出现的频数为高度的一系列直方柱，按组界值（区间）的顺序把这些直方柱排列在直角坐标系里。这样得到的图形就是直方图。

直方图法是通过频数分布分析研究数据的集中程度和波动范围的统计方法。通过它可以了解工序是否正常、能力是否满足，并可推断母体的不合格率。同时，又可确切地算出数据的平均值和标准偏差 S。其优点是：计算、绘图方便、易掌握，而且能够直观、确切地反映出质量分布规律。其缺点是：不能反映时间变化及数据之间和数据群之间的变化。要求收集的数据较多，一般要 50 个以上，否则难以体现其规律。

常见的直方图有标准型、孤岛型、双峰型、陡壁型、锯齿型、偏锋型、缓坡型等（图9-33）。

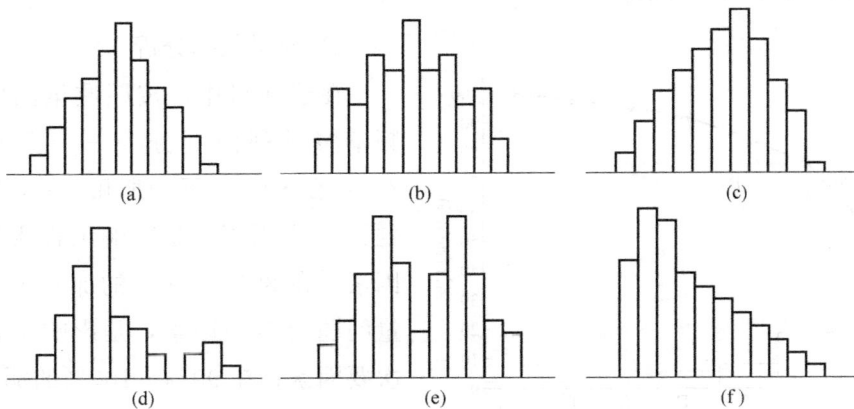

图 9-33　直方图的常见类型
（a）标准型；（b）锯齿型；（c）缓坡型；（d）孤岛型；（e）双峰型；（f）陡壁型

（2）质量控制的排列图法

排列图法又称巴雷特图法，也叫主次因素分析图法。它是分析影响工程（产品）质量主要因素的一种有效方法。排列图是由一个横坐标，两个纵坐标，若干个矩形和一条曲线组成，图中左边纵坐标表示频数，即影响调查对象质量的因素重复发生或出现次数（或件数、个数、点数）；横坐标表示影响质量的各种因素，按出现的次数从多至少、从左到右排列；右边的纵坐标表示频率，即各因素的频数占总频数的百分比；矩形表示影响质量因素的项目或特性，其高度表示该因素频数的高低，曲线表示各因素依次的累计频率，也称为巴雷特曲线。

该方法认为 80％的质量问题源于 20％的起因，20％的质量问题源于 80％的起因，即所谓 80/20 法。因此我们要确定并解决那些导致大多数质量问题的关键的少数起因，而不是致力于解决那些导致少数问题的大多数起因（不重要的多数）。当已经解决了那些关键的少数起因，就可以把注意力集中放到解决剩余部分中的最重要的起因，不过它们的影响会是递减的。

1）收集工序质量数据

例如将建设项目按专业类别分为土建、电气、工艺、焊接、防腐五个专业，分别由不同的专业工程师负责质量监控工作，总工程师负责全面的质量管理工作。专项工程师对于一般工序巡检到位、重点工序平检到位、关键工序旁站到位，发现工序质量问题，及时下发通知单，要求施工单位按期整改，符合要求后方可继续施工。总工程师定期收集工程师下发的通知单，把施工过程中出现的问题按专业类别分类汇总。

2）绘制排列图

建立直角坐标系、横坐标平均划分为 5 个单位长度，每个单位长度代表 1 个专业的质量问题，左侧纵坐标为每个专业质量问题出现的频数，右侧纵坐标为从左到右各个专业质量问题出现的累计频数百分比，用矩形的长度表示各个专业质量问题出现的频数，在表示每个专业质量问题频数的矩形右边框位置标定累计频数坐标，连接各点坐标获得累计频数百分比曲线，如图 9-34 所示。

3）质量数据分析

在建项目中，按照质量问题出现的频率将排列图划分为三个区域（图 9-34）：在 80％以下的那几个专业的质量问题为 A 类因素，是影响工程质量的主要因素；在 80％～90％的那几个专业的质量问题为 B 类因素，是影响工程质量的次要因素；在 90％～100％的那几个专业的质量问题为 C 类因素，是影响工程质量的一般因素。

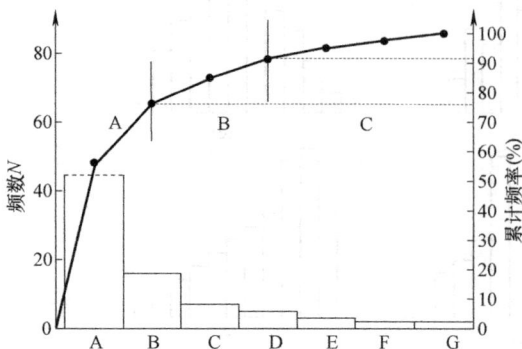

图 9-34　排列图法的示意图

（3）质量控制的因果分析法

因果分析图又叫特性要因图、鱼刺图或树枝图。因果分析图法就是把对质量（结果或特性）有影响的重要因素加以分类，并在同一个图上用箭线表示出来的方法（图9-35）。通过整理、归纳、分析、查找原因，将因果关系搞清楚，然后采取措施解决问题，使质量控制工作系统化、条理化。它主要包括特性和要因两个方面。所谓特性，是指工程施工中经常出现的质量问题。所谓要因，是指在质量问题分析中对质量有影响的主要原因。

在工程实践中，任何一种质量问题的产生往往是多种原因造成的。这些原因有大有小，把这些原因依照大小次序分别用主干、大枝、中枝和小枝箭线图形表示出来，便可一目了然地、系统地观察出产生质量问题的原因。运用因果分析图可以帮助我们制订对策、措施，解决工程质量上存在的问题，从而达到控制质量的目的。

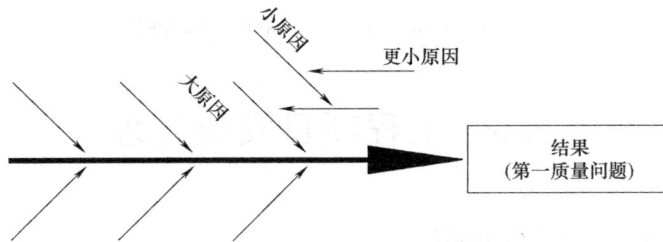

图 9-35　因果分析法的示意图

（4）案例分析：基于因果分析的 AHP 法在岩土工程质量管理中的应用

定量化因果分析法引用 AHP 的系统分析过程，为各种因果关系进行定量排序。定量化首先要将分析的问题建立层次分析结构模型，将所包含的各种因素分组，每一组作为一个层次，由高到低按目标层、约束层和方案层进行排列。防水工程是一项系统工程，主要影响因素有防水材料、防水工程设计、施工技术、使用与维护等。将各个因素生成判断矩阵，AHP 的信息来源是人们对每一层各因素的相对重要性给出的判断，这些判断用数值表示，描写为矩阵的形式，称为判断矩阵。再对因素进行层次排序，层次排序就是根据判断矩阵计算对于上一层次某因素而言，本层次与之有联系的各因素的影响度的权值。

对于计算防水工程质量与缺陷判断矩阵：对于防水工程质量与缺陷，约束层有四个因素，在进行系统分析时，需要由有经验和代表性的质量管理部门、工程技术人员和施工人员组成评价小组，对各因素的影响度进行评价打分。利用层次分析法给出的各判断矩阵的特征向量，把每个影响因素的观测值描述在因果分析图上，形成一个全新的已定量化了的质量分析图。图 9-36 为防水工程质量定量化因果分析图。

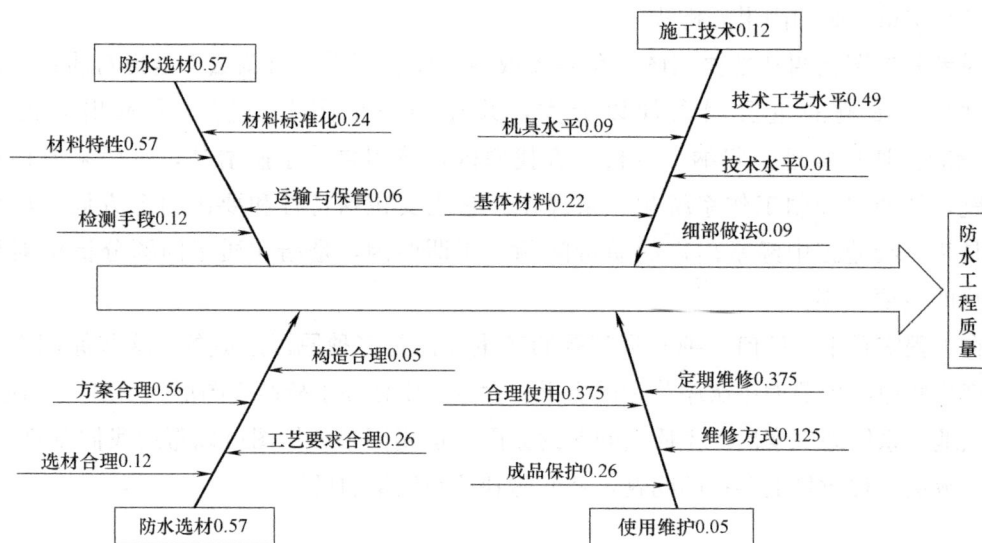

图 9-36　防水工程质量定量化因果分析图

9.6　工程项目安全管理

9.6.1　工程项目安全管理概述

（1）工程项目安全的概念

安全是指客观事物的危险程度能够为人们普遍接受的状态。人们从事的某项活动或某系统，即某一客观事物，是否安全，是人们对这一事物的主观评价。当人们均衡利害关系，认为该事物的危险程度可以接受时，则这种事物的状态是安全的，否则就是危险的。

万事万物都存在着危险因素，不存在危险因素的事物几乎是没有的，只不过危险因素有大有小，有轻有重而已。有的危险因素导致事故的可能性很小，有的则很大；有的引发事故后果非常严重，有的则可以忽略。因此，我们从事任何活动或操作任何系统，都有不同的危险程度。

在生产和其他活动中，没有危险，不受威胁，不出事故，这就是安全。安全不但包括人身安全，也包括财产（建筑产品、机械设备、物资等）安全。

（2）工程项目安全管理的概念

安全管理，就是企业在生产经营过程中，为实现安全生产而组织和使用人力、物力和财力等各种物质资源的过程。它利用计划、组织、指挥和协调等管理机能，控制来自自然界的、机械的、物质的、人为的不安全因素，使生产技术不安全的行为和状态减少到最低程度，避免发生伤亡事故，保证职工的生命和健康，实现企业的经营目标。安全管理是企业管理的重要组成部分，是为保证生产顺利进行，防止伤亡事故发生，确保安全生产而采取的各种对策、方针和行动的总称。

工程项目安全管理的中心问题，是保护在工程项目生产经营活动中人的安全与健康，保护国家和集体的财产不受损失，保证生产顺利进行。

工程项目安全管理是对生产中一切人、物、环境状态的管理与控制，所以，在实际安全管理中必须正确处理人、物、环境的关系，把安全管理作为一种动态的管理，以求良好的管理效果。

（3）工程项目安全管理的特殊性

工程项目安全管理涉及的事故是一种人们不希望发生的意外事件、小概率事件，其发生与否，何时、何地、发生何种事故，以及事故后果如何，具有明显的不确定性。于是，安全管理具有许多与其他方面管理不同的地方。

1）安全意识是安全工作永恒的主题

工程项目安全管理是为了防止事故。事故一旦发生可能带来巨大的损失，包括经济损失和生命健康损失。建筑业的生产活动危险性大，不安全因素多，每年因公死亡人数居全国各行业的第二位，这主要是由建筑行业的特点决定（图 9-37）。

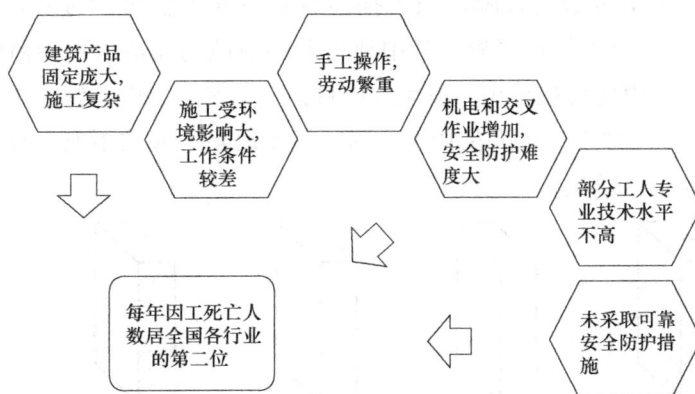

图 9-37　施工安全生产的特点

安全涉及人命关天的事情，当然非常重要。然而，由于事故发生和后果的不确定性，导致人们往往忽略了事故发生的危险性而放松了安全工作。并且，安全工作带来的效益主要是社会效益，安全工作的经济效益往往表现为减少事故经济损失的隐性效益，不像生产经营效益那样直接和明显。因此，工程项目安全管理的一项重要的、长期的任务是提高人们的安全意识，唤起工程企业全体人员对安全工作的重视和关心。提高人们的安全意识是工程项目安全管理工作永恒的主题。

2）安全管理决策必须慎之又慎

由于事故发生和后果的不确定性，使得安全管理的效果不容易立即被观察到，可能要经过很长时间才能显现出来。由于安全管理的这种特性，使得一项错误的管理决策往往不能在短时间内被证明是错误的，当人们发现其错误时可能已经经历了很长时间，并且已经造成了巨大损失。因此，在作出安全管理决策时，要充分考虑这种效果显现的滞后性，必须谨慎从事。

3）事故致因理论是指导安全管理的基本理论

安全管理的诸多机能中最核心的是控制机能，即通过对事故致因因素的控制，防止事故发生。然而，事故致因因素又涉及一系列关于事故发生原因的认识论问题。相应地，安全管理的另一特殊性在于，事故致因理论指导安全管理的基本理论。前人站在不同的角度，对事故进行研究，形成了多种事故致因理论。

① 单因素理论。单因素理论的基本观点认为，事故是由一两个因素引起，因素是指人或环境（物）的某种特征，其代表性理论主要有：事故倾向性理论、心理动力理论和社会环境理论。

② 事故因果链理论。事故因果链理论的基本观点是事故是由一连串因素以因果关系依次发生，就如链式反应的结果。其代表性理论有：Heinrich 事故因果连锁理论、Frank Bird 的管理失误连锁理论等。

Heinrich 事故因果连锁理论被奉为安全生产的经典理论，该理论认为伤亡事故是由五个要素（遗传和社会环境、人的失误、人的不安全行为或物的不安全状态、事故、伤害）顺序发展的结果，可用多米诺骨牌形象地描述事故及导致伤害的过程，如图 9-38 所示。Heinrich 曾统计了 55 万件机械事故，其中死亡重伤事故有 1666 件，轻伤事故 48334 件，其余为无伤害事故，由此可推导出每发生 330 件意外事故，1 件导致人员重伤或死亡，29件造成人员轻伤，300 件未产生人员伤害。因此只要消除了人的不安全行为或物的不安全状态，伤亡事故就不会发生。

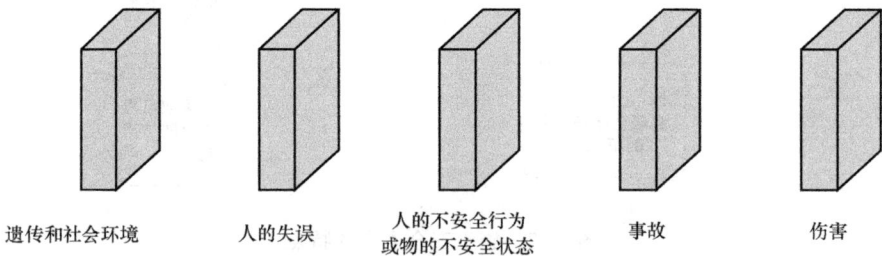

遗传和社会环境　　人的失误　　人的不安全行为或物的不安全状态　　事故　　伤害

图 9-38　Heinrich 事故发生的连锁反应图

此后，许多人对该理论进行改进研究，Frank Bird 提出事故的根本原因是管理失误，主要体现在对导致事故的根本原因控制不足。"4M" 理论将事故连锁反应理论中的"深层原因"进一步分析，将其归纳为四大因素，即人的因素（Man）、设备的因素（Machine）、作业的因素（Media）和管理的因素（Management）。结合 Heinrich、Frank Bird 及 "4M" 理论，按照逻辑关系可以将事故连锁反应归纳如图 9-39 所示。

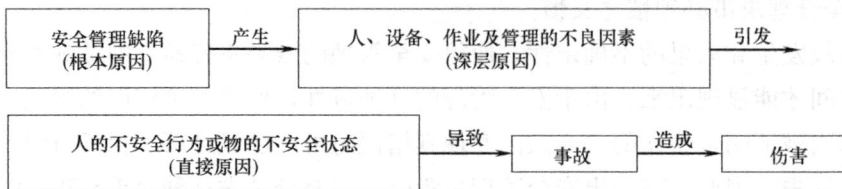

图 9-39　事故连锁反应理论

③ 多重因素——流行病学理论。采用流行病学的研究方法，事故的研究对象，不只是个体，更重视由个体组成的群体。该理论认为事故是当时人群、环境与媒介三类变量组中某些因素相互作用的结果。

9.6.2 工程项目安全管理的责任体系

安全生产管理体制是在社会主义市场经济建设中不断总结经验的基础上发展起来的，2014年月9日，国务院在《关于进一步加强安全生产工作的决定》中将其概括为"政府统一领导、部门依法监管、企业全面负责、群众参与监督、全社会广泛支持"，提出了构建全社会齐抓共管的安全生作格局的要求。

（1）工程项目参与各方的安全生产责任

自2004年2月1日起施行的《建设工程安全生产管理条例》（国务第393号）规定建设单位、勘察单位、设计单位、施工单位、工程监理单位及其他与建设工程安全生产有关的单位，必须遵守安全生产法律、法规的规定，保证建设工程安全生产。表9-15列举了部分各单位需依法承担的安全生产责任。

工程项目参与各方的安全生产责任　　　　　　　　　　表 9-15

建 设 单 位	勘察、设计、工程监理及其他有关单位	施 工 单 位
（1）应向施工单位提供施工现场及毗邻区域内建筑物、各类管线、气象和水文观测等资料，并保证资料真实、准确、完整。 （2）在编制工程概算时,应当确定建设工程安全作业环境及安全施工措施所需费用。 （3）不得明示或者暗示施工单位购买、租赁、使用不符合安全施工要求的安全防护用具、机械设备、施工机具及配体、消防设施和器材。 （4）在申请领取施工许可证时,应当提供建设工程有关安全施工措施的资料。 （5）应当将拆除工程发包给具有相应资质等级的施工单位	（1）勘察单位应按照法律、法规和工程建设强制性标准的规定进行勘察,提供的勘察文件应真实、准确。 （2）设计单位应按照法律、法规和工程建设强制性标准的要求进行设计,防止因设计不合理导致生产安全事故的发生。 （3）工程监理单位和监理工程师应当按照法律、法规和工程建设强制性标准的要求实施监理,并对建设工程安全生产承担监理责任。 （4）为建设工程提供机械设备和配件的单位,应当按照安全施工的要求配备齐全有效的保险,限位等安全设施和装置。 （5）出租的机械设备和施工机具及配件应当具有生产许可证、产品合格证。 （6）在施工现场安装、拆卸施工起重机械和整体提升脚手架、模板等自升式假设设施,必须由具有相应资质的单位承担	（1）施工单位从事建设工程的新建、扩建、改建和拆除等活动,应当依法取得相应等级的资质证书,并在其资质等级许可的范围内承揽工程。 （2）施工单位主要负责人依法对单位的安全生产工作全面负责。 （3）对列入建设工程概算的安全作业环境及安全施工措施所需费用,应当用于施工安全防护用具及设施的采购和更新、安全措施的落实等方面,不得挪作他用。 （4）施工单位应当设立安全生产管理机构,配备专职安全生产管理人员。 （5）建设工程实行施工总承包的,由总承包单位对施工现场的安全生产负总责。 （6）建设工程施工前,施工单位负责项目管理的技术人员应当对有关安全施工的技术要求向施工作业组、作业人员作出详细说明,并由双方签字确认。 （7）应将施工现场的办公、生活区与作业区分开设置,并保持安全距离。 （8）施工单位应当在施工现场建立消防安全责任制度,确定消防安全责任人。 （9）施工单位应当向作业人员提供安全防护用具和安全防护服装,并书面告知危险岗位的操作规程和违章操作的危害。 （10）施工单位采购、租赁的安全防护用具、机械设备、施工机具及配件,应当具有生产（制造）许可证,产品合格证,并在进入施工现场前进行查验 （11）施工单位的主要负责人、项目负责人、专职安全生产管理人员应当经建设行政主管部门或者其他部门考核合格后方可任职。 （12）作业人员进入新的岗位或者新的施工现场前,应当接受安全生产教育培训。 （13）应当为施工现场从事危险作业的人员办理意外伤害保险

（2）安全管理组织框架

保证安全生产，领导是关键。建筑企业的经理是企业安全生产第一责任者，在任期内，应建立健全以经理为首、分级负责的安全管理保证体系，同时建立健全专管成线、群管成网的安全管理组织机构。如图 9-40 所示，公司、分公司（工程处）、区域公司等机构应根据经营规模、设备管理和生产需要足额配备相应数量的经过培训、持证上岗的专职安全管理人员；施工现场应组建安全生产领导小组，建立项目管理人员轮流安全生产值日制度，解决和处理生产中的安全问题和进行巡回安全监督检查；各生产班组要设兼职安全巡查员，对本班组的作业现场进行安全监督检查。

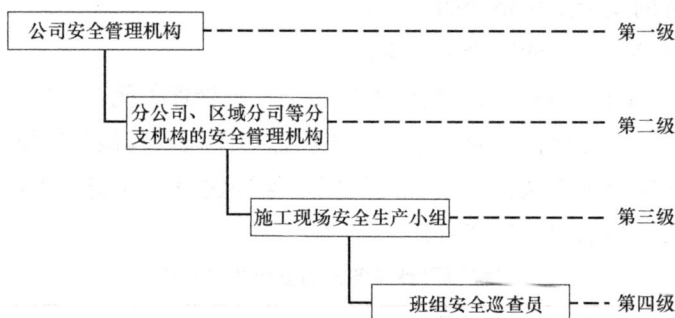

图 9-40　四级安全管理组织机构

（3）安全组织框架与分工范例

以上海同济工程咨询有限公司为上海烟草集团有限责任公司基建设备处编制的安全体系管理实施细则为例，说明安全管理过程中的组织框架和分工。

总体安全管理体系框架如图 9-41 所示。

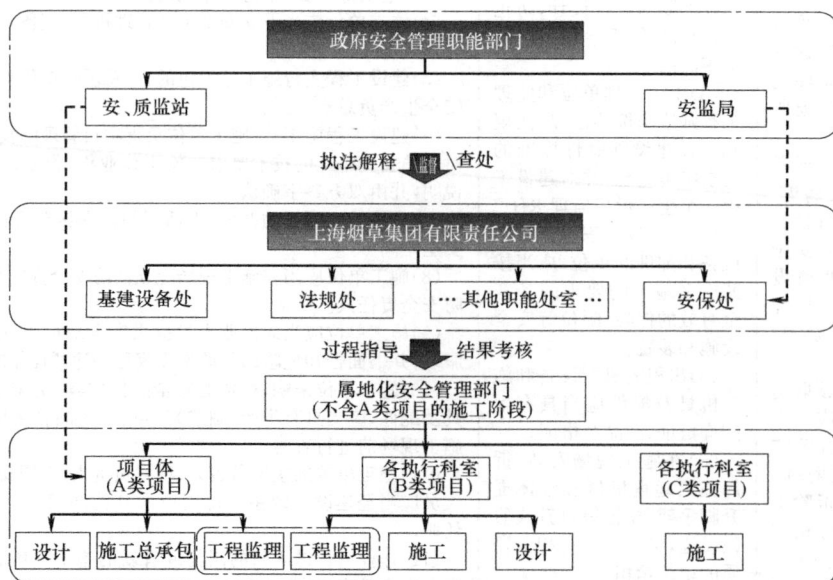

图 9-41　总体安全管理体系框架图

安全管理组织框架如图 9-42 所示。

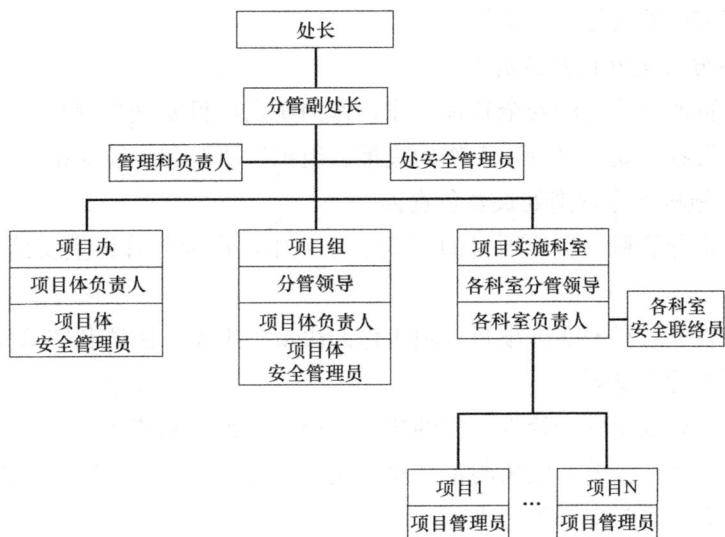

图 9-42　上海烟草集团有限责任公司基建设备处安全管理组织框架

安全管理分工：

1）处长

① 总体负责基建设备处实施项目的安全管理工作，作为基建设备处安全管理第一责任人；

② 总体负责分项工作的决策、组织、协调和统筹安排。

2）分管副处长

在处长的领导下，组织开展部门安全工作；

① 实施项目安全受控情况的收集与汇总负责人；

② 实施项目安全和环境管理体系落实情况督察负责人；

③ 突发事件的基建设备处应急管理负责人；

④ 协助处长实施各项安全管理工作。

3）处安全管理员

① 基建设备处安全管理专职人员；

② 负责基建设备处安全管理具体执行工作；

③ 负责检查业主方安全管理体系落实情况；

④ 协助集团公司安保处指导、监督各项目体安全管理工作；

⑤ 处长室交办的其他安全工作。

4）管理科负责人

① 负责起草基建设备处安全管理相关制度文件；

② 协助处长、分管副处长安排安全管理工作；

③ 负责对口烟草集团内部相关部门（安保处、审计处、法规处、纪委）的联系；

④ 处长室交办的其他安全工作。

5）项目体分管副处长及负责人

① 总体负责所属项目的安全管理工作，作为所属项目安全管理第一责任人；

② 总体负责各所属项目分项工作的决策、组织、协调和统筹安排。

6）项目实施科室分管副处长及负责人

① 总体负责分管科室实施项目的安全管理工作，作为分管科室实施项目安全管理主要责任人；

② 总体负责分管科室实施项目分项工作的决策、组织、协调和统筹安排。

7）项目体安全管理员

① 具体负责现场组安全管理工作的执行、协调、组织和落实；

② 现场安全受控情况的收集与汇总执行人（同时负责现场情况的预警工作）；

③ 业主方人员自身安全管理人；

④ 业主方关于施工措施安全保障的主要代表；

⑤ 安全文明措施专项资金管理人；

⑥ 作为业主现场代表负责对外信息联系人。

8）各科室安全联络员

① 各科室的安全联络专职人员或兼职人员；

② 作为科室安全管理代表对口联系处安全管理员，协助处安全管理员组织、落实集团公司安保处对各项目安全管理工作的指导及监督；

③ 协助科室负责人做好本科室所属项目安全管理工作的联络、协调和组织，协助科室负责人管理安全文明措施等专项资金；

④ 负责收集、汇总、统计本科室范围内实施项目现场安全受控情况的信息（同时负责现场安全管理情况的预警工作）。

9）维护性项目管理员

① 协助属地化安全管理部门落实安全管理执行工作；

② 突发事件的第一应急管理联系人和授权处理人；

③ 项目现场安全信息收集人；

④ 协助属地化安全管理部门做好业主方人员自身安全管理工作。

9.6.3　工程项目安全控制重点与方法

（1）安全管理的目标

目标是一切管理活动的中心和方向，它决定了组织最终目的执行时的行为导向、考核时的具体标准、纠正偏差时的依据。对日常的安全管理工作具有组织、激励、计划和控制作用。因此，在组织内部依据组织的具体情况设定目标是管理工作的重要方法和内容。

例如，对于某项目制定如下安全管理目标：

① 事故因工负伤年平均频率小于等于 0.5‰；

② 杜绝人身伤亡、火灾、设备、交通管线、食物中毒等重大事故；

③ 污水、粉尘、噪声、有害气体、固体废弃物排放受控，无相关方重大投诉事件；

④ 重大职业危害、环境事故为零；

⑤ 国家局、总公司、集团公司安保部门提出的其他目标。

（2）安全管理的基本内容

1）建立安全生产制度

安全生产责任制，是根据"管生产必须管安全"，"安全工作、人人有责"的原则，以制度的形式，明确规定各级领导和各类人员在生产活动中应负的安全职责。它是施工企业岗位责任制的一个重要组成部分，是企业安全管理中最基本的制度，是所有安全规章制度的核心。

安全生产制度的制定，必须符合国家和地区的有关政策、法规、条例和规程，并结合施工项目的特点，明确各级各类人员安全生产责任制度，要求全体人员必须认真贯彻执行。

2）贯彻安全技术管理

编制施工组织设计时，必须结合工程实际，编制切实可行的安全技术措施，要求全体人员必须认真贯彻执行。执行过程中发现问题，应及时采取妥善的安全防护措施。要不断积累安全技术措施在执行过程中的技术资料，进行研究分析，总结提高，以利于以后工程的借鉴。

3）坚持安全教育和安全技术培训

组织全体人员认真学习国家、地方和本企业的安全生产责任制、安全技术规程、安全操作规程和劳动保护条例等。新工人进入岗位之前要进行安全纪律教育，特种专业作业人员要进行专业安全技术培训，考核合格后方能上岗。要使全体职工经常保持高度的安全生产意识，牢固树立"安全第一"的思想。

4）组织安全检查

为了确保安全生产，必须严格安全督察，建立健全安全督察制度。安全检查员要经常查看现场，及时排除施工中的不安全因素，纠正违章作业，监督安全技术措施的执行，不断改善劳动条件，防止工伤事故的发生。

5）进行事故处理

人身伤亡和各种安全事故发生后，应立即进行调查，了解事故产生的原因、过程和后果，提出鉴定意见。在总结经验教训的基础上，有针对性地制定事故再次发生的可靠措施。

① 建筑工程施工中伤亡事故的类别主要分为六种，见表 9-16。

建筑工程施工中伤亡事故的六种主要类别 表 9-16

类 别	具 体 内 容
高处坠落	操作者在高度基准面 2m 以上作业时造成的坠落
物体打击	施工人员在操作过程中受到各种材料、机械零部件以及各种崩块、碎片、滚石和器具飞击,材具反弹,锤击等对人体造成的伤害,不包括因爆炸引起的物体打击。在一个垂直平面的上下交叉作业,最易发生打击事故
触电	施工现场触电事故主要是设备、机械、工具等漏电、电线老化破皮、违章使用电气用具,对在施工现场周围的外电线路不采取防护措施所造成
机械伤害	施工现场使用的木工机械和电平刨、圆盘锯等,钢筋加工机械如拉直机、弯曲机等,以及电焊机、搅拌机、各种气瓶及手持电动工具等在使用中,因缺少防护和保险装置,易对操作者造成伤害
坍塌	在土方开挖或深基础施工中,造成土石方坍塌;拆除工程、在建工程及临时设施等部分或整体坍塌
火灾爆炸	施工现场乱扔烟头、焊接与切割动火及用水用电,使用易燃易爆材料等不慎造成火灾、爆炸

② 施工伤亡事故处理:

a. 突发性安全事故的应急措施。项目承包方应立即启动突发性安全事故应急救援预案,总包和分包单位应根据预案的组织分工立即投入工作中去。抢救伤员,排除险情,采取措施制止事故蔓延扩大;保护事故现场,建立警戒线,撤离无关人员;妥善保管物证,待事故结案后解除现场保护。

b. 安全事故报告。事故发生后,现场有关人员应立即向本单位负责人及事故发生地负有安全生产监管职责的有关部门报告。事故报告应当及时、准确、完整,不得迟报、漏报、谎报或瞒报。

事故报告应当包括下列内容:

• 事故发生单位概况;

• 事故发生的时间、地点以及现场情况;

• 事故的简要经过;

• 事故已经造成或者可能造成的伤亡人数（包括下落不明的人数）和初步估计的直接经济损失;

• 已经采取的措施;

• 其他应当报告的情况。

c. 事故调查。事故发生的项目部应积极配合事故调查组的调查、取证,为调查组提供一切便利。若发现有违规现象,除对责任者视其情节给予通报批评和罚款外,责任者还必须承担由此产生的一切后果。

d. 事故处理。事故责任项目部应根据事故调查报告中提出的事故纠正与预防措施建议,编制详细的纠正与预防措施,将事故详情、原因及责任人处理等编印成事故通报,组织全体职员学习,从中吸取教训,防止事故的再次发生。

处理施工伤亡事故应遵循"四不放过"原则,其具体内容是:

- 原因不清不放过；

- 责任人未受处理不放过；

- 群众未受教育不放过；

- 防患措施未落实不放过。

（3）安全管理的原则

安全管理的基本原则可以归纳为：

1）法制原则

所有安全管理的措施、规章、制度必须符合国家的有关法律和地方政府制定的相关条例与法规。在履行这一原则时，常常是一票否决，即对重大的违规事件，严格执法，违规必纠，不作妥协和让步，只有这样，才能实现对安全的严格管理与控制。

2）预防原则

必须以人为本，预防为主。事故发生的主要原因是人的不安全行为和物的不安全状态。而这些原因又是由小变大，由影响事故的间接原因演变成导致事故发生的直接原因，这一演变的过程，为安全预防管理提供了可能。通过管理，消除引发事故的原因，杜绝隐患，将事故消灭在萌芽状态。

3）全面原则

安全管理涉及生产活动的方方面面，涉及从开工到竣工的全部生产过程，涉及全部的生产时间，涉及一切变化着的生产因素。安全生产无小事、无盲区、无死角，因此，必须坚持全员、全过程、全方位、全天候的"四全"动态安全管理。

4）监督原则

安全管理的重要手段是监督、检查日常的安全工作事项。实践表明，事故结局为轻微伤害和无伤害的事件是大量的，而导致这些事故的原因往往不被重视或习以为常。事实上，轻微伤害和无伤害事故的背后，隐藏着与造成严重事故相同的原因。因此，日常的检查工作显得非常重要，不能流于形式，要细致、警觉，甚至对一些不起眼的，尤其是容易引起忽视的小事吹毛求疵。只有这样，才能及时发现和消除小隐患，避免大事故。

5）控制原则

安全管理的各项主要内容中，对生产因素状态的控制和安全管理的目的关系更直接、更突出。因此，对生产中人的不安全行为、物的不安全状态、管理上的缺陷和不良的环境条件的控制是动态安全管理的重点。

6）教育原则

安全管理不仅仅是安全部门的责任，它是一项群力群防的工作，要求每一位员工都应有良好的安全意识、预防意识、危机意识，这样才有利于从根本消除和降低人的不安全行为和物的不安全状态。因此，必须通过安全知识的教育、安全技能的培训、安全政策的宣传、安全信息的传播等各种手段，充分引起人们对安全问题的重视，明确安全生产操作规程，掌握安全生产的方法。

7）发展原则

在管理中发展提高。安全管理是一种动态管理，必须不断发展和变化，以适应生产活动的变化，消除新的危险因素，摸索新的生产活动规律，总结管理的办法和经验，从而使安全管理发展、上升到新的水平和高度。

（4）安全管理的重点

1）各阶段安全管理的主要工作

施工现场安全管理是项目安全管理的重点，对施工现场的人、机、环境系统的可靠性，必须进行经常性的检查、分析、和调整。施工现场安全管理的主要工作随着施工的推进不断变换，工程施工准备阶段、基础施工阶段、结构施工阶段和装修阶段安全管理的主要工作如图 9-43 所示。

施工准备阶段	基础施工阶段	结构施工阶段	装修阶段
对施工区域的周围环境，地下管线进行全面考察； 安全教育和交底； 建立应急救援体系 ……	主要防范土方坍塌和深坑井内窒息中毒两类事故； 严格遵照施工方案开挖土方； 雨期施工做好排水、降水措施； ……	完善外防护，预防高处坠落； 做好结构洞口防护防止落入落物； 加强起重作业管理，预防机械伤害事故； ……	严格验收外装修架体设施； 注意室内装修时各类洞口的防护； 临时用电与防火工程是现场管理的重点； ……

图 9-43　施工现场安全管理的主要工作

2）冬季及雨期施工时安全管理的主要工作

① 在大风大雪之后，尽快组织清扫作业面和脚手架。检查是否有安全隐患，防滑措施是否落实。

② 参加冬季施工的人员衣着要灵便。

③ 在冬季施工中现场蒸汽锅炉要选用安全装置齐全的合格锅炉。

④ 冬季室内取暖要防止煤气中毒。

⑤ 雨期到来之前，组织电气人员认真检查现场的所有电器设备。

⑥ 雨期来临之前，做好塔式起重机、外用电梯、钢管脚手架、钢管井字架、龙门架等高大设施的防雷保护。

⑦ 在雨期中，应尽可能避开开挖土方管沟等作业，尽可能在雨期施工之前做好地下工程施工和基础回填。

⑧ 雨期要认真做好现场的排水，发现基础下沉要及时加固。雨后要检查脚手架、井字架、塔式起重机等设备的基础，发现下沉要及时处理。

3）制定施工现场安全生产事故应急救援预案

施工单位要根据建设工程施工的特点、范围，对施工现场各个施工阶段中易发生重大事故的部位、环节进行监控，制定施工现场生产安全事故应急救援预案，并根据应急救援预案建立应急救援组织或配备应急救援人员，配备必要的应急救援器材、设备，并定期组织演练、评估和完善事故应急救援。

（5）安全管理的措施

工程项目的安全管理主要通过以下五种方式实施（图9-44）。

1）安全管理的法律措施

为实现保障安全的职能，国家选择了作为强制力的法律法规手段，将法律法规视为实现安全职能的利器。

安全管理法律法规是指国家关于改善劳动条件，实现安全生产，为保护劳动者在生产过程中的安全与健康而制定的法律、法规、规章和规范性文件的总和，是生产实践中的经验总结和对自然规律的认识和运用，是以国家强制力保证实施的一种行为规范。

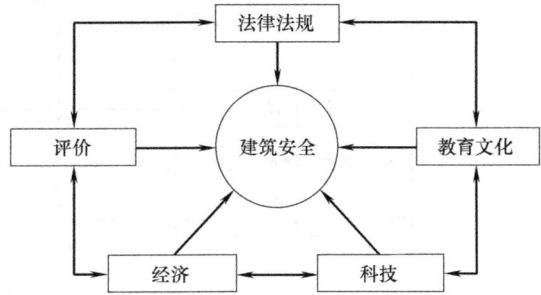

图 9-44　建筑安全管理手段

建设工程安全管理法律法规体系，是指国家为改善劳动条件，实现建设工程安全生产，保护劳动者在施工生产过程中的安全和健康而制定的各种法律、法规、规章和规范性文件的总和，是必须执行的法律法规。

建设工程安全技术规范是强制性的标准，是建设工程安全生产法规体系组成部分。我国安全法律法规的立法体系如图9-45所示。

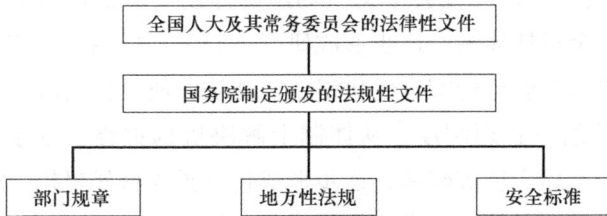

图 9-45　我国安全法律法规的立法体系

建设工程法律是指由全国人民代表大会及其常务委员会通过的规范工程建设活动的法律规范，由国家主席签署主席令予以公布，如《中华人民共和国建筑法》《中华人民共和国安全生产法》《中华人民共和国劳动法》等。

建设工程行政法规是由国务院根据宪法和法律制定的规范工程建设活动的各项法规，由总理签署国务院令予以公布，如《建设工程安全生产管理条例》《建设工程质量管理条例》《安全生产许可证条例》等。

建设工程部门规章是指建设部按照国务院规定的职权范围，独立或与国务院有关部门联合根据法律和国务院的行政法规、决定、命令，制定的规范工程建设活动的各项规章，属于建设部制定的由部长签署建设部令予以公布，如《建筑安全生产监督管理规定》《建设工程施工现场管理规定》《建设施工企业安全生产许可证管理规定》《工程监理企业资质管理规定》等。

上述法律、法规规章的效力是：法律的效力高于行政法规，行政法规的效力高于部门规章。

法律法规规定了建设工程安全生产管理制度体系，如图 9-46 所示。

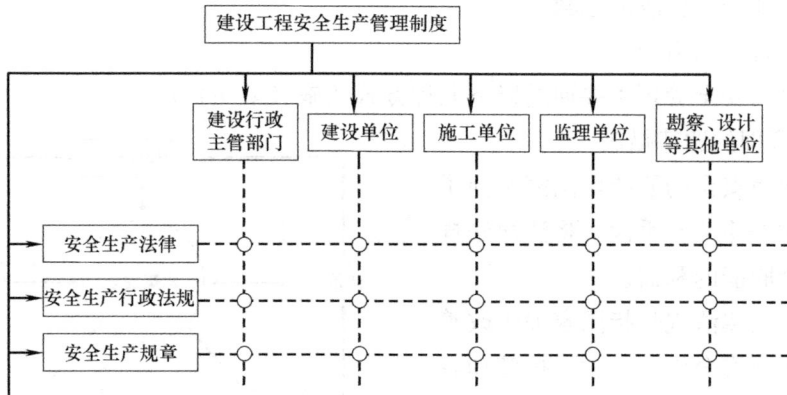

图 9-46 建设工程安全生产管理制度体系

2）安全管理的技术措施

建筑工程安全生产工作的发展离不开科学技术，并且必然得到科学技术的推动和引导。加强建筑安全科技研究与应用是一项具有社会效益和经济效益的事情，是改善建筑安全生产管理的有效途径之一。

现代安全技术的含义已经远远超过了原来所界定的范围，不仅包括技术措施，还包括组织措施；不仅包括硬件技术，还包括软件；不仅包括安全，还包括卫生。现代建筑工程安全管理技术发挥科技手段的措施有：

① 建立合理的安全科技体制。尽快建立适应社会主义市场经济体制要求的，面向社会、面向企业、面向安全生产的新型安全科技体制，逐步形成研究、开发、应用、推广紧密结合的工作机制。对现有的组织机构和专业机构实行优化组合。加快科研机构的改革步伐，实行企业化管理，建立责权明确的组织管理制度。从体制上解决机构重叠、专业分散、科技成果推广应用率低、人才使用不尽合理等弊端，逐步形成包括独立科研机构、重点高等院校、技术开发与技术服务机构、企业技术开发机构、民营科技企业等组成的安全科学技术结构体系。

② 加大安全科研投入。安全科技要进步，必须有必要的资金支持。在国家不可能全额拨款的情况下，需要多方式、多渠道地筹集资金。除争取经常性费用的不断增加外，还应通过申报国家级重点科技项目，争取增加国家补助经费；有计划地组织国家贷款的科技开发项目；筹资建立安全科研基金；把科研成果推向市场，形成科研与开发的良性循环；坚持谁投资谁受益的原则，积极争取国内外的有识之士和有实力的单位对安全科研工作的资金投入；培育和推进安全科研技术市场化的发展，鼓励社会资金的投入；通过相关制度措施，确保企业的安全投入落实到位。

③ 培育高水平的科技研究队伍。提高安全科技水平的关键在于人才。目前，由于各方面的原因，安全科技人才流失较为严重。要改变这一状况，必须加快培养和引进人才，一方面要充分发挥现有科技人员的作用，加快中青年学术和技术带头人的培养，大胆使用

中青年科技人员，让其在研究开发第一线担当重任；另一方面要从国内外引进安全科技人才，特别是引进有专长、年富力强的学术带头人，造就出一支专业化、年轻化、具有创新意识和奉献精神的有较高水平的安全科技研究队伍。

④ 提高安全成果的转化率。安全科研成果只有转化成现实的生产力，只有为企业提高安全管理水平服务，才能体现出其价值。而实际上科研人员更多追求的是学术地位与学术影响力，并不考虑科研成果能否被市场接受。为此，应努力开拓安全科研产品市场，发展劳动保护产业，使劳动保护产业为保护劳动者的安全与健康提供更多的优质产品和技术手段，同时为科技成果应用提供广阔的市场，解决安全生产领域科技研究与经济发展脱节的问题，促进安全科研成果的转化。

⑤ 建立与完善行业与企业安全文化。行业与企业文化是行业与企业的灵魂。越是科技含量高的技术设备，越是要求具有高度的安全可靠性。现代高科技对企业安全生产管理工作提出了更高的要求，尤其是对操作人员的安全意识提出了更高的要求。建立与完善建筑行业与建筑企业安全文化，提高全行业、全企业人员的安全意识，对于搞好安全管理无疑起着不可估量的作用。

3）安全管理的教育措施

① 现在建筑工程安全管理教育文化。安全文化是有关行业、组织和个人对安全的认识与态度的集合。

建筑工程安全管理教育文化是指建筑行业、建筑企业对建筑安全的认识与态度的集合。体现在以下几个方面：

a. 强有力的领导和对高标准的建筑安全与健康的明显承诺。

b. 全行业、全企业的安全意识。

c. 当安全事故发生后，整个企业、行业具有一种吸取经验的态度，从而整体提高。

② 现代建筑工程社会安全文化。安全生产方针是国家对全国安全生产工作的总要求，是指导全国安全生产工作的总思想。安全生产又是构建和谐社会的重要组成部分，没有安全就没有和谐。而我们要搞好安全生产，必须在法制的前提下，必须在全社会关注、参与的前提下。目前我国全社会的安全活动有全国安全生产月活动、全国安康杯竞赛活动等，社会安全文化的内容是丰富多彩的，其作用如下：

a. 倡导以人为本的安全理念，宣传普及安全生产法律和安全知识，提高全民安全意识和安全文化素质。

b. 坚持面向基层、面向群众的方针，促进安全文化的繁荣。

c. 可以扶持、引导和发展安全文化产业，推动安全文化建设的社会化和产业化。

d. 发挥大众传媒的作用，加强舆论阵地建设，造成全社会关爱生命、安全的舆论氛围。

③ 建筑行业安全文化。行业安全文化是指整个行业对于安全和健康的价值观、期望、行为模式和准则，形成整个行业的安全氛围。建筑行业安全文化的手段如下：

a. 建设系统安全生产月活动。建设系统安全生产月活动是社会安全文化——全国安全生产月活动在建设领域的延伸，是社会安全文化在建设领域的体现。

b. 全国建筑安全生产检查。

c. 创建安全生产文明工地活动。

④ 建筑企业安全文化。企业文化是指一个企业全体成员的企业目标及日常运作的共同信念。企业安全文化是企业文化的一个分支，是企业文化在安全方面的体现。建筑企业安全文化的途径有：

a. 从企业员工心理出发，结合工作与环境建立组织文化（图9-47）。

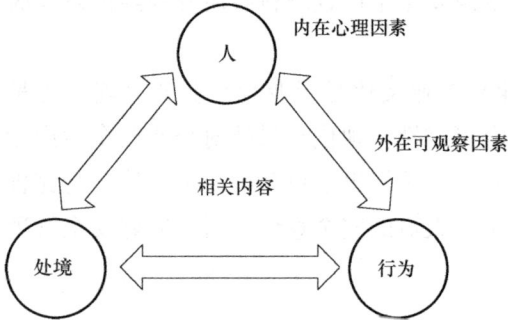

图9-47　组织文化模型

b. 广泛开展安全生产的宣传教育，使全体员工真正认识到安全生产的重要性和必要性，懂得安全生产和文明施工的科学知识，牢固树立安全第一的思想，自觉地遵守各项安全生产法律法规和规章制度。

c. 把安全知识、安全技能、设备性能、操作规程、安全法规等作为安全教育的主要内容。

d. 建立经常性的安全教育考核制度，考核成绩要记入员工档案。

4）安全管理的经济措施

经济措施就是各类责任主体通过各类保险为自己编制一个安全网，维护自身利益，同时运用经济杠杆使信誉好、建筑产品质量高的企业获得较高的经济效益、对违章行为进行惩罚。

经济措施有工伤保险、建筑意外伤害保险、经济惩罚制度、提取安全费用制度等。

① 建筑职业意外伤害保险制度。我国建筑职业意外伤害保险制度体系是以工伤保险制度为基础，工伤保险和建筑意外伤害保险相结合的制度，同时积极探索意外伤害保险行业自保或企业自保模式，其基本框架如图9-48所示。

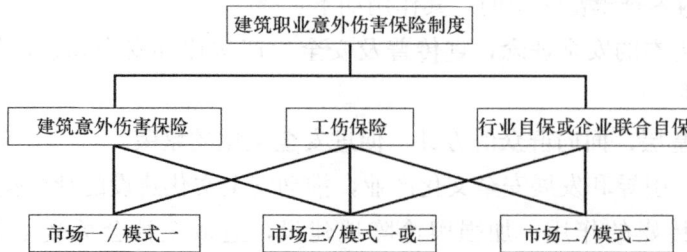

图9-48　建筑职业意外伤害保险制度体系框架

在此框架下，建筑职业意外伤害保险市场将有三种类型。市场一是工伤保险制度与建筑意外伤害保险并存的市场，是目前我国建筑职业意外伤害保险制度所处的市场类型。市场二是工伤保险制度与行业自保或企业联合自保制度并存的市场。市场三是工伤保险制度、建筑意外伤害保险制度与行业自保或企业联合自保制度并存的市场。市场二、市场三目前处在试行阶段。

a. 工伤保险制度。工伤保险制度是指国家和社会为生产、工作中遭受事故伤害和患职业性疾病的劳动者及亲属提供医疗救治、生活保障、经济补偿、医疗和职业康复等物质帮助的一种社会保障制度。具有强制性、社会性、互济性、保障性、福利性，其作用如下：保障职工的切身利益；工伤保险制度直接干预事故预防工作，工伤保险基金可以增加工伤事故预防的支出；费率机制刺激企业改善劳动条件；工伤保险机构对安全生产具有监察作用。

b. 建筑意外伤害保险。建筑意外伤害保险制度是以被保险人因意外伤害而造成伤残、死亡、支出医疗费用、暂时丧失劳动能力作为赔付条件的人身保险业务。它是保护建筑业从业人员合法权益，转移企业事故风险，增强企业预防和控制事故的能力，是促进企业安全生产的重要措施。同时也是工伤保险之外，专门针对建筑施工现场人员的工作危险性而建立的补充保险形式。建筑意外伤害保险制度规定了建筑意外伤害保险的保险范围、保险期限、保险金额、保险费、投保人、安全服务等。其中投保人为施工企业，保险费列入建筑安装费用，由施工企业支付，不得向职工摊派。

c. 行业自保或企业联合自保制度。建筑意外伤害保险企业自保或企业联合自保制度是根据建筑行业高风险特点，在行业内部由企业自筹基金、进行事故预防，自行补偿事故损失，互保险的非营利性保险制度。

行业自保或企业联合自保制度具有自愿性和非营利性，保险基金属于自保基金。行业自保或企业联合自保制度发展的三个阶段如图 9-49 所示。

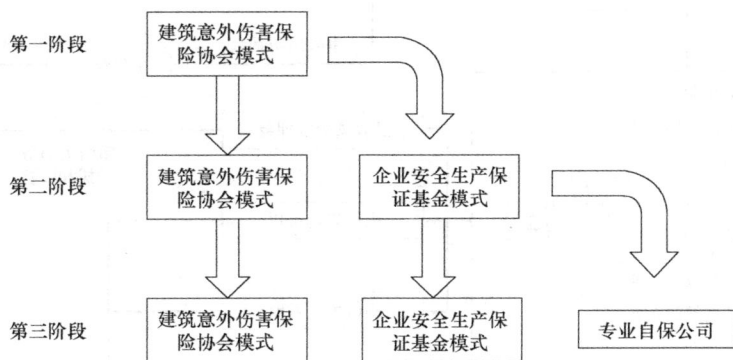

图 9-49　建筑职业意外伤害保险制度体系框架

② 经济惩罚制度。经济惩罚制度，从严格上来说是属于行政处的范畴，但经济惩罚的后果则是造成企业实际利益的损失，从这个意义上来说，这是一种惩罚性的经济措施。经济惩罚主要是通过法律法规的规定，对有关违章的行为进行处罚。针对处罚的行为对象，可以分为对潜在违章行为的处罚、对违章行为的处罚和对违章行为产生后果（即事故）的处罚。同时，经济惩罚制度还采取了连带制、复利制的方式，即惩罚连带相关人

员，罚款额度随惩罚次数增加而增加等。作为一种具有行政处罚特征的经济措施，经济惩罚制度和一般的经济措施相比，虽然有一定的被动性，但其震慑力大，往往对建筑施工企业的声誉带来负面的影响。

③ 科学合理地确定安全投入。安全投入是指一国或一行业或一企业用于与安全生产有关的费用总和。安全总投入包括安全措施经费投入、劳动保护用品投入、职业病预付费用投入等方面。其中，安全措施经费投入又包括安全技术、工业卫生、辅助设施、宣传教育投入等。科学合理地确定安全投入是搞好安全管理的重要经济措施。

④ 提取安全费用制度。强制提取安全费用，保证安全生产所需资金，是弥补安全生产投入不足的措施之一。安全费用的提取，根据地区特点，由企业自行安排使用，专款专用。

⑤ 提高企业生产安全事故伤亡赔偿标准。企业生产安全事故赔偿是指企业发生生产安全责任事故后，事故受害者除应得到工伤社会保险赔偿外，事故单位还应按照伤亡者的伤亡程度给予受害者亡者家属的一次性补偿。提高企业生产安全事故伤亡赔偿标准，是强化安全生产工作的另一措施。

⑥ 安全生产风险抵押金制度。安全生产风险抵押金制度是预防企业发生生产安全事故预先提取的、用于企业发生重、特大事故后的抢险救灾和善后处理的专项资金制度。安全生产风险抵押金由企业自行负担，在自有资金中支付，它的收缴、管理、使用和相关业务的开展由各级人民政府指定的机构负责。建筑工程安全管理经济手段的关系如图 9-50 所示。

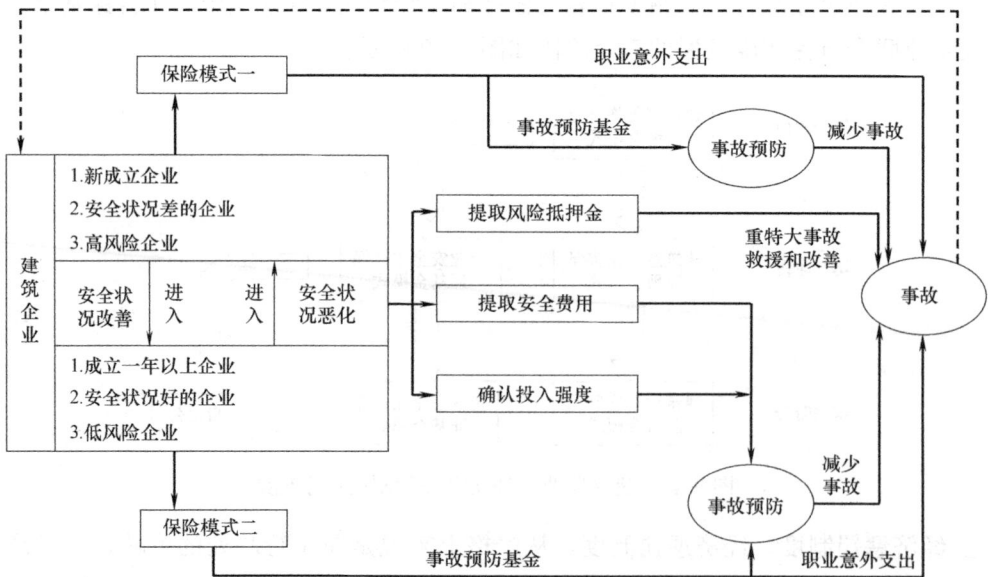

图 9-50 建筑工程安全管理经济手段之间的关系

5）安全管理的评价措施

为加强施工企业安全生产的监督管理，科学地评价施工企业安全生产条件、安全生产业绩及相应的安全生产能力，实现施工企业安全生产评价工作的规范化和制度化，促进施工企业安全生产管理水平的提升，对施工企业进行安全生产评价。

安全评价有安全预评价、安全验收评价、安全现状评价和专项安全专项评价，覆盖了工程项目的生命期，已经取得了初步成效。实践证明，安全评价不仅能有效地提高企业和生产设备的安全程度，而且可以为各级安全生产监督部门的决策和监督检查提供强有力的技术支持。

9.6.4 工程项目安全管理实用工具

（1）划分项目安全管理阶段

项目安全管理阶段的划分能够有效明确各阶段的安全管理任务，保证安全管理质量。

以上海烟草集团有限责任公司基建设备处的固定资产投资项目为例，说明常规工程管理项目安全管理阶段的划分方式。安全管理根据固定资产投资项目建设规律，以及集团公司实际情况，将项目整体划分为五个安全管理阶段，具体如图 9-51～图 9-53 所示。

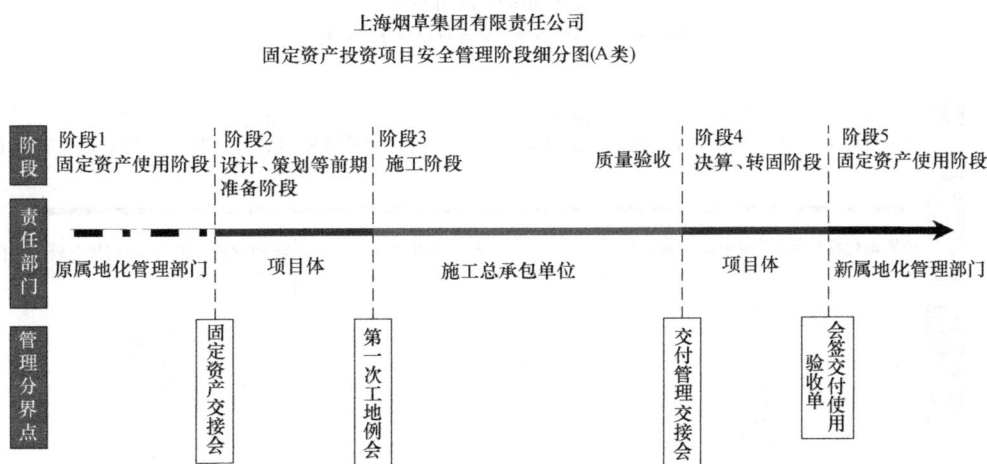

图 9-51　A 类项目安全管理阶段细分图

其中 A 类、B 类和 C 类的定义如下：

A 类项目：是指按照中华人民共和国建筑法规定，办理了报建手续，有工程监理单位，采有施工总承包管理模式的项目。

B 类项目：是指根据建筑法规定，办理了报建手续，有工程监理单位，没有采用施工总承包管理模式的项目；以及没有办理报建手续，有工程监理单位，没有采用施工总承包管理模式的项目。项目现场安全管理职责由原属地化安全管理部门移交给基建设备处。

C 类项目：是指没有办理报建手续，没有工程监理单位，没有采用施工总承包管理模式的项目。

1）阶段 1

本阶段处于固定资产使用阶段，且即将进入实施阶段，其管理权限属于原属地化安全

上海烟草集团有限责任公司

固定资产投资项目安全管理阶段细分图(B类)

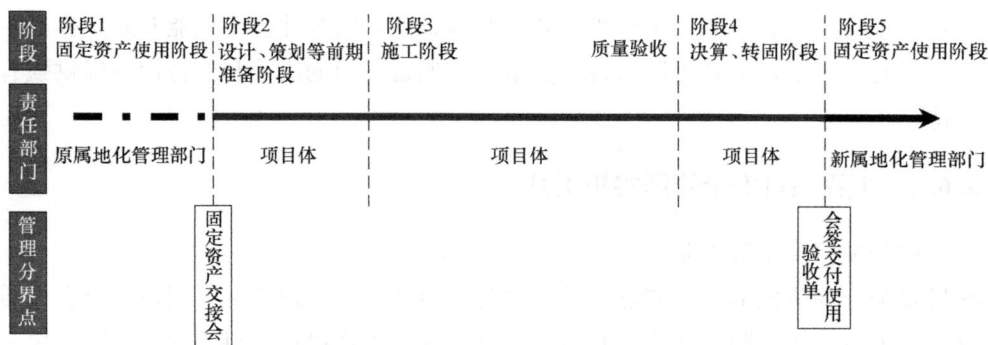

图 9-52 B类项目安全管理阶段细分图

上海烟草集团有限责任公司

固定资产投资项目安全管理阶段细分图(C类)

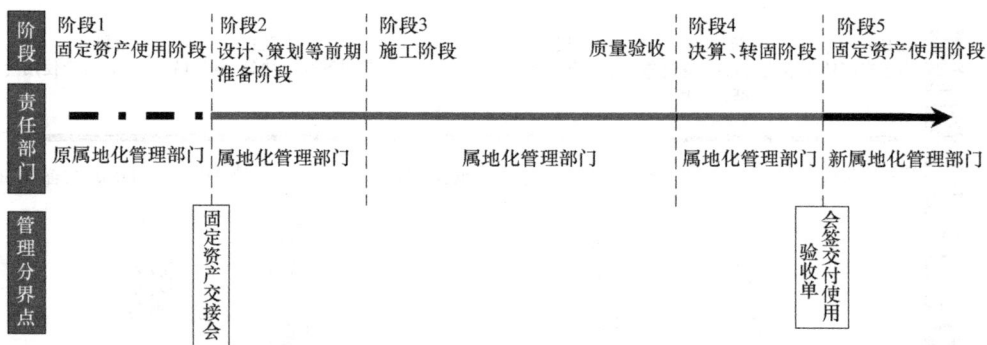

图 9-53 C类项目安全管理阶段细分图

管理部门。技改项目原属地化管理部门为使用单位安全管理部门。

2）阶段 2

① A 类项目、B 类项目。基建设备处成立项目体，签发项目体任务书（含安全责任委托书、廉政风险责任委托书），作为项目的安全管理具体实施团队和责任部门，开始办理配套手续、设计、招标、施工准备等工作。

原属地化管理部门通过与项目体办理固定资产交接手续（集团公司固定资产交接会或土地交接会），使固定资产进入项目实施阶段。

② C 类项目。基建设备处成立项目体或委派项目实施管理人员，开始办理配套手续、设计、招标、施工准备等工作。

原安全管理部门作为项目所在地的属地化安全管理部门，行使安全管理权限，承担安全管理责任。项目实施管理人员配合属地化管理部门开展安全工作。

3）阶段 3

① A 类项目。施工总承包单位进场完成施工准备工作，在政府安全质量监管部门的见证下，在第一次工地例会上，项目体与施工总承包单位办理安全管理交接手续，此时施工总承包单位成为项目的安全管理责任单位，开始施工。工程监理单位成为项目的安全管理监督责任单位。

② B 类项目（属地已正式移交基建设备处）。基建设备处负责对项目体安全管理工作进行监督。项目体负责监管、协调项目安全生产，负责组织审批施工组织方案、动火审批表、特种作业动工单等、负责组织施工单位落实安全管理工作，施工现场安全由各施工单位分区域、分专业负责。

工程监理是项目的现场管理员的助手，协助现场管理员监管施工现场、施工安全管理工作。

③ C 类项目。属地化安全管理部门负责审批施工组织方案、动火审批表、特种作业动工单等，负责组织施工单位落实安全管理工作。项目实施人员配合属地化安全管理部门开展安全管理工作。施工现场安全由各施工单位分区域、分专业负责。

集团公司安保处负责统筹归口安排安全管理工作。

4）阶段 4

① A 类项目。施工总承包单位完成施工任务、结算工作，通过质量验收后，与项目体办理管理权交付手续，将项目安全管理权限交还项目体，此时项目体再次成为项目的安全管理责任单位，开始办理集团公司内部的审价结算、转固、审计决算等手续。

② B 类项目。施工单位完成施工任务、结算工作，通过质量验收后，项目体作为项目的安全管理责任单位，在办理集团公司内部的审价结算、转固、审计决算等手续的同时，做好项目的安全管理工作。

③ C 类项目。施工单位完成施工任务、结算工作，通过质量验收后，项目实施管理人员负责办理集团公司内部相关手续，属地化安全管理部门做好安全管理工作。

5）阶段 5

项目体与使用单位办理使用交付手续，会签交付使用验收单，将安全管理权限交予集团公司相关使用部门，固定资产属地化安全管理部门成为项目安全管理责任单位，负责固定资产使用阶段的安全管理工作。

同时，项目体办理审价结算、转固、竣工备案、审计决算等手续，组织总体竣工验收后，注销项目体，将项目任务交还基建设备处。

（2）安全教育与培训

安全教育是提高全员安全素质，实现安全生产的基础。

安全工作是与生产活动紧密联系的，与经济建设、生产发展、企业深化改革、技术改造同步进行，只有加强安全教育工作，才能使安全工作适应不断变革的形势需要。

安全教育的内容包括安全生产思想教育、安全知识教育和安全技能教育。具体来看，包括三类人员安全教育培训、新工人三级安全教育、特种作业人员培训和经常性教育（表9-17）。三类人员必须通过建设行政主管部门或者其他有关部门考核合格取得安全生产考核合格方可担任相应职务；新工人（包括新招收的合同工、临时工、学徒工、民工及实习和代培人员）须经教育考试合格后才准许进入生产岗位；建筑施工特种作业人员应通过安全技术理论和安全操作技能培训，经建设主管部门对其考核合格或每两年复核合格取得有效的建筑施工特种作业人员操作资格证书，方可上岗从事相应作业。

安全教育的基本内容和形式 表 9-17

三类人员安全教育培训	新工人三级安全教育	特种作业人员培训	经常性教育
施工单位主要负责人 项目负责人 专职安全管理人员	公司 分公司（工程处） 班组	电工 架子工 起重司索信号工 起重机械司机 起重机械安装拆卸工 高处作业吊篮安装拆卸工 经省级以上人民政府建设主管部门认定的其他特种作业人员	经常性的普及教育贯穿于管理全过程，并根据接受教育对象的不同特点，采取多层次、多渠道和多种活动方法，可以取得良好的效果

安全教育培训可以采取各种有效方式开展活动，应突出讲究实效，要避免枯燥无味和流于形式，可采取各种生动活泼的形式，并坚持经常化、制度化。同时，应注意思想性、严肃性、及时性。进行事故教育时，要避免片面性、恐怖性，应正确指出造成事故的原因及防患于未然的措施。

（3）实行安全督查

1）督察内容

督察施工现场安全和环境管理体系的落实情况：

① 基建设备处不定期组织对各实施项目安全管理情况进行检查。

② 项目体负责督察施工单位日、周、月安全巡视和专项检查的记录。

③ 项目体负责督察施工单位安全管理方面的资源配置、人员活动、实物状态、环境条件、管理行为的落实情况。

④ 项目体负责督察施工单位安全教育、培训、从业人员上岗资料、分包管理、安全验收、安全文明费用投入等情况。

⑤ 项目体负责督察施工现场环境检查：现场围挡封闭、施工现场的硬化和防扬尘、强光照明、噪声、污水沉淀排放、土方渣土外运、防治污染处理。

⑥ 项目体负责督察工程监理单位安全管理监督执行情况。

⑦ 项目体负责督察施工现场安全和环境管理体系所述其他内容。

⑧ 各科室分管副处长、科长负责督察本科室所属项目安全管理实施情况。

⑨ 各科室安全管理人员积极配合属地化安全管理部门的检查工作。

2）日安全督察

在每日的日施工管理过程中，由施工单位严格按照国家、行业、集团公司相关规定针对危险源办理审批手续（动火审批单、特种作业动工单等），施工单位落实专职安全员进行管理，安全监理负责检查危险源管理情况，项目体现场管理人员负责督察安全管理落实情况。

非报建项目，由属地化安全管理部门针对危险源办理动火审批单、特种作业动工单等审批手续。

3）周安全督察

各项目每周定期召开"周安全例会"，专题讨论周安全管理工作情况，会后由工程监理牵头，组织施工现场安全检查，重点检查危险源，项目体督察。

4）月、季度、节假日的安全督察

项目体人员依据风险控制措施要求，在施工单位自查，工程监理检查的基础上，每月第一周，会同工程监理，对施工现场进行一次安全督察。

每个季度，会同工程监理，组织一次安全大督察。

国定假日期间，在施工单位自查，工程监理检查的基础上，不定期组织督察。

基建设备处、属地化安全管理部门将不定期对各实施项目进行安全大检查。

（4）施工安全管理的检查及评价

1）安全检查的组织形式

安全检查应根据施工（生产）特点，制定具体检查项目、标准。但概括起来，主要是查思想、查制度、查机械设备、查安全设施、查安全教育培训、查操作行为、查劳保用品使用、查伤亡事故的处理等。

检查的组织形式应根据检查目的、内容而定，参加检查的组成人员也不完全相同。

2）施工安全检查标准

应用《建筑施工安全检查标准》JGJ 59—2011 对建筑施工中易发生伤亡事故的主要环节、部位和工艺等做安全检查评价时，该标准将检查评定对象分为 19 个分项，每个分项又设立检查评定保证项目和一般项目。主要内容见表 9-18。

《建筑施工安全检查标准》检查评定项目

表 9-18

检查评定项目	检查内容
安全管理	对施工单位安全管理工作的评价
文明施工	对施工现场文明施工的评价
扣件式钢管脚手架	对项目使用扣件式脚手架的安全评价
悬挑式脚手架	对项目使用的悬挑式脚手架的安全评价
门式钢管脚手架	对项目使用的门式钢管脚手架的安全评价
碗扣式钢管脚手架	对项目使用的碗口式钢管脚手架的安全评价
附着式升降脚手架	对项目使用的附着式升降脚手架的安全评价
承插型盘扣式钢管支架	对项目使用的承插盘型扣式钢管支架的安全评价
高处作业吊篮	对项目使用的高处作业吊篮的评价

检查评定项目	检 查 内 容
满堂式脚手架	对项目使用的满堂式脚手架的评价
基坑支护、土方作业	对施工现场基坑支护工程和土方作业工作的安全评价
模板支架	对施工现场施工过程中模板支架工作的安全评价
"三宝、四口"及临边防护	对安全帽、安全网、安全带、楼梯口、预留洞口、坑井口、通道口及阳台、楼板、屋面等临边使用及防护情况的评价
施工用电	对施工现场临时用电情况的评价
物料提升机	对龙门架、井字架等物料提升机的设计制作、搭设和使用情况的评价
施工升降机	对施工升降机使用情况的安全评价
塔式起重机	对塔式起重机使用情况的安全评价
起重吊装	对施工现场起重吊装作业和起重吊装机械的安全评价
施工机具	对施工中使用的平刨、圆盘锯、手持电动工具、钢筋机械、电焊机、搅拌机、气瓶、翻斗车、潜水泵、振捣器、桩工机械等施工机具安全状况的评价

每个分项的检查评定保证项目和一般项目的详细内容可查阅《建筑施工安全检查标准》(JGJ 59—2011)。

3）安全生产情况检查评价方法

① 检查评分方法。安全生产情况的检查评价共列出 19 张分项检查表和 1 张汇总表，按照分项检查评分、汇总分析评价的方式进行。分项检查表满分 100 分；汇总表由各分项加权平均后得出整体评价分，满分 100 分。评分采用扣减分值的方法，扣减分值总和不得超过该检查项目的应得分值，保证项目中有 1 项未得分或保证项目小计得分不足 40 分，此分项检查评分表不应得分。

② 安全生产情况评价。以汇总表的总得分及保证项目是否达标作为对施工现场安全生产情况评价的依据，评价结果分为优良、合格、不合格三个等级。

a. 优良。分项检查评分表无 0 分，汇总表得分在 80 分及以上。施工以场内无重大事故隐患，各项工作达到行业平均先进水平。

b. 合格。分项检查评分表无 0 分；汇总表得分在 80 分以下，70 分及以上。达到施工现场安全保证的基本要求，或有 1 项工作存在隐患，其他工作都比较好。

c. 不合格。施工现场隐患多，出现重大伤亡事故的概率比较大。具体分为以下两种情况：

· 汇总表得分不足 70 分；

· 有 1 张分项检查评分表得 0 分。

9.7 工程项目信息管理

9.7.1 工程项目信息管理概述

信息管理指的是信息传输合理的组织和控制。项目的信息管理是通过对各个系统各项工作和各种数据的管理，使项目的信息能方便和有效地获取、存储、存档、处理和交流。

建设工程项目的信息管理是指在工程实施中对项目信息进行组织和控制，合理的组织和控制工程信息的传输，能够有效地获取、存储、处理和交流工程项目信息，这对工程项目的实施和管理有着重要的意义。

建设工程项目的信息包括管理信息、组织信息、经济信息、技术信和法规信息，信息管理工作贯穿于项目的全寿命期，即贯穿于项目的决策阶段、设计阶段、实施阶段和运营阶段。项目的信息管理是通过对各个系统、各项工作和各种数据的管理，使项目的信息能方便和有效地获取、存储、存档、处理和交流。项目的信息管理的目的旨在通过有效的项目信息的组织和控制来为项目建设的增值服务。

其中，在工程项目信息中，主要包括下面三种类型：

结构化信息：结构化的信息是可数字化的信息，它经过一定的分析步骤后可分解为数个互相关联的部分，而每个部分之间具有明确层级结构，信息的使用和维护也可通过数据库进行，并有一定的操作规范，如项目的成本信息、进度信息、财务信息、资源信息等。

非结构化信息：非结构化信息是指那些无法完全数字化表达的信息，如图纸、电子邮件、图片、声音、视频等。

半结构化信息：半结构化信息则是指除了结构化和非结构化之外的信息。常见的HTML、XML等格式的信息均是半结构化信息。

在工程项目中，结构化的信息一般仅占工程所有信息的 $10\%\sim20\%$，半结构化和非结构化的信息大约占到 $80\%\sim90\%$，也就是说，绝大多数的项目信息都存储在半结构化与非结构化的文件中。

9.7.2 工程项目信息管理的过程

（1）工程项目信息流动过程

工程项目的决策和实施过程，不但是物质生产过程，也是信息的生产、处理、传递及应用过程。从信息管理的角度，可把纷繁复杂的工程项目建设过程归纳为两个主要过程（图 9-54）：一是信息过程（Information Processes），二是物质过程（Material Processes）

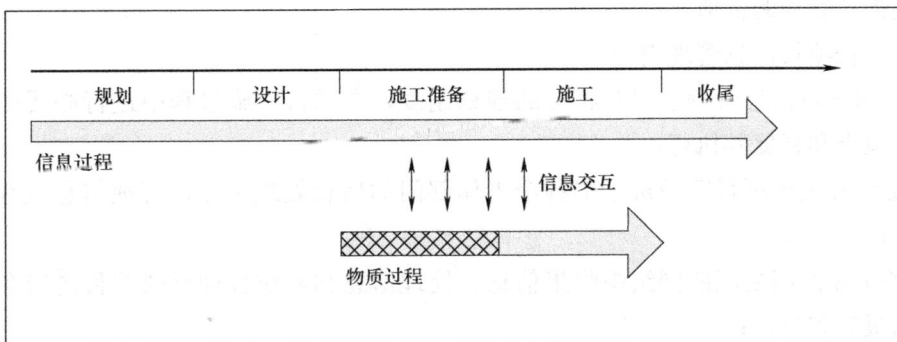

图 9-54 工程项目建设阶段的信息过程与物质过程

项目全过程中会有大量的信息产生，不同的项目参与组织、参与人，在围绕项目目标开展工作时，几乎每时每刻都在接收信息、处理信息、产生信息、传递信息。图 9-55 以设计单位为例，展示了信息资源在项目不同参与组织之间的循环流动。

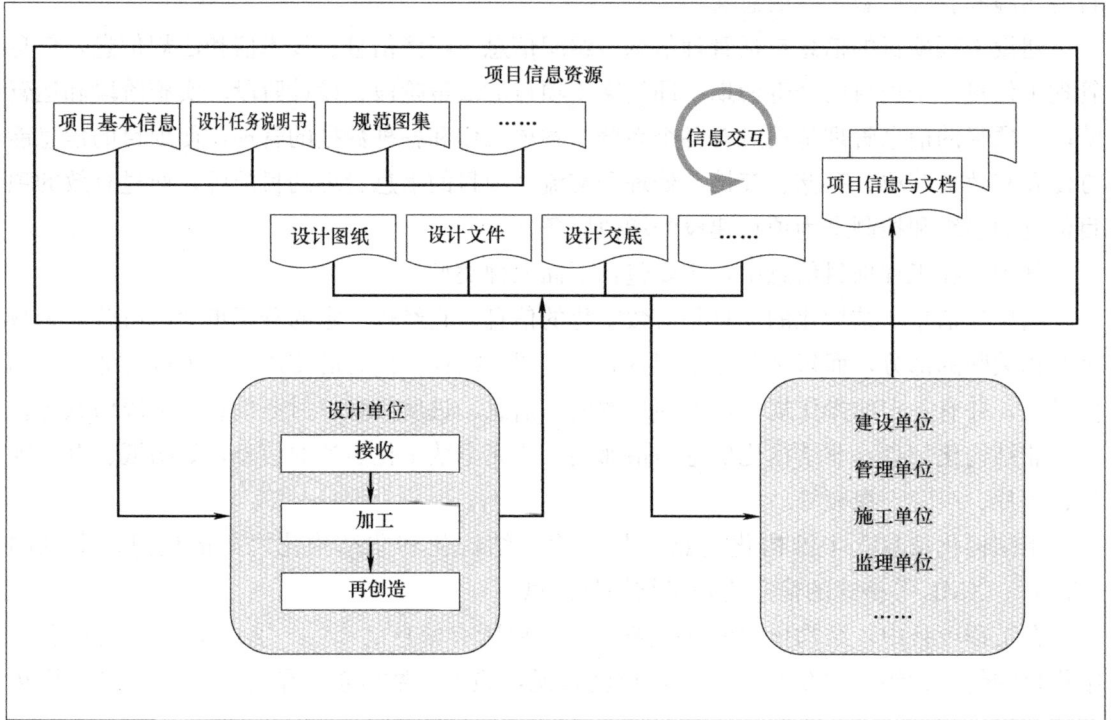

图 9-55　项目信息资源循环流动图（设计方）

工程项目信息来源广泛，且基于不同的参与组织或个人对项目利益诉求的不同，对信息的需求也完全不同。例如：在施工总承包模式下，某种乙供材料从不同地区采购时的成本差异信息，对建设方来说一般不需也不必要关注，但对施工方来说却是需要收集和管理的重要成本信息；又如：项目管理人员提交给领导审批的某文件草稿，除非文件上包含了重要的审批签认信息，否则在文件正式审议发布后，对整个项目的信息管理而言，该草稿就已经失去了管理的价值。

（2）工程项目信息管理内容

① 编制项目信息管理手册及相关的规章制度，在项目实施过程中进行必要的修改和补充，并检查和督促其执行；

② 协调和组织项目管理班子中各个工作部门的信息处理工作，管理信息流程，传递重要信息；

③ 各工作部门之间协同组织收集信息、处理信息和形成各种反映项目进展和项目目标控制的报表和报告；

④ 建立和维护项目变更登记手册，并将经批准的变更信息及时、完整地向项目管理其他部门和人员传递；

⑤ 编制项目管理总体绩效报告；

⑥ 进行工程档案管理；

⑦ 如果本项目使用项目管理信息系统或信息化管理平台，进行系统与平台的建立和运行维护。

（3）工程项目信息管理过程

① 信息的采集与筛选。在施工现场建立一套完善的信息采集制度，通过现场代表或建立的施工记录、工程质量记录及各方参加的工地会议纪要等方式，广泛收集初始信息，并对初始信息加以筛选、整理、分类、编辑、计算等，变换为可以利用的形式。

② 信息的处理与加工。信息的处理应符合及时、准确、实用、经济等要求。对不同类别的信息建立编码系统，有序的对信息进行分类及处理，并构建专门的档案，建立完善的信息储备系统。

③ 信息的利用与扩大。

9.7.3 工程项目信息管理的方法和重点

（1）工程项目信息管理的方法

① 传统纸质档案管理。

② 办公与文档处理软件，如应用 MicrosoftOFFICE 软件进行文档编排、数据排列统计等。

③ 非结构化的信息传递，如应用电子邮件、QQ 等软件，进行文字或语言交流，传送附件文档等。

④ 专业技术软件，如 AutoCAD 软件在设计上的应用等。

⑤ 专业管理软件，如 MicrosoftProject 软件在项目进度管理上的应用等。

⑥ 项目管理信息系统与项目信息门户，这是信息技术在建设工程领域应用的最新趋势。这种综合信息系统基于 WEB 技术，提供一个对项目信息进行集成化处理的平台，为项目决策者提供多源信息支持，并促进项目各参与方的信息交流和协同工作。

（2）工程项目信息管理的重点

1）进行"恰当"的管理

对工程项目信息实施"恰当"的管理，既不缺漏重要的有价值的信息，也不在没什么价值或已失去价值的信息上浪费管理资源，控制好管理"二八法则"在信息管理上的应用尺度，是工程项目信息管理要遵循的重要原则之一。

对具体的工程项目来说，什么是"恰当"的管理，如何实施和保证恰当的管理，需要项目管理者尤其是管理团队的领导者，在项目早期就做好详细的信息管理规划，并随着项目活动的开展和深入不断细化。在以往的工程项目管理实践中，普遍不太重视信息管理的早期规划工作，或者简单地把信息管理与资料管理、档案管理等同起来，是项目信息管理无法正常发挥其应有作用的重要原因。

2）针对管理原则

理论上，完整的信息管理应该包括对所有类型信息资源的管理和全面控制，但在实际应用中，这显然是一个不可能完成的任务。考虑到项目所具有的临时性和多重约束性特征，我们需要分析不同类型的项目信息资源所具有的特征以及其对项目绩效所发挥的作用，采用不同的管理策略，以确保有限的项目管理资源被合理分配利用，实现管理价值最大化。

针对不同的应用层面，信息资源类型管理策略重心会有所不同，但对于工程项目的信息管理来说，一般应遵循表 9-19 所列的基本原则。

不同类型的工程项目信息资源的重点管理策略 表 9-19

信息资源类型	信息资源实例	信息资源特征	重点管理策略
记录型	工程档案、工程文件、外部规范性文件等	种类与数量多，一般情况下易于复制、传递；管理不善容易毁损，但多数情况下即使毁损仍有可能获得替代品管理活动、技术活动和纠纷处理依据	收集、发布
实物型	封存的试块、样品、样机等	对储存有特定要求，难以复制，不便传递；毁损后很难或无法再在同等条件下取得；重要的技术活动依据和纠纷处理证据	提取、储存
智力型	个人经验教训、知识、技能等	信息资源随人力资源流动，交流和培训是传递的主要途径，但传递过程中容易出现信息失真；有很强的主观性，主要价值在于参考；可以被转化成记录型信息资源	交流、总结
零次信息	交谈、讨论、旁听等	零星分布，参与人众多，传递过程不可控；情景很难再现，信息失真严重；更容易吸引人们的兴趣	约束、澄清

在项目信息管理的过程中，无论项目规模大小、管理团队人数多少，都必须根据本项目的特征，提出有针对性的管理原则和要求，并采取必要的措施来保障实现。这些原则和要求可以是汇总的（如项目信息管理规划或管理计划），或是分散的（在不同层次的项目文件中提出对某一项信息资源的详细管理要求）。

工程项目投资大、工期长、团队成员复杂、信息来源和沟通渠道繁多，对任何一种信息资源的忽视甚至是遗忘，都会导致项目风险的增加。

3）范围明确原则

不同的工程参与方，对工程项目信息管理的需求和范围的理解会有很大的差异，我们现在讨论的主要是基于业主方的项目信息管理，无论这种管理由业主方本身来实施，还是由专业的项目管理机构来实施。当业主委托项目管理机构来管理项目信息时，项目管理机构自身对信息的需求，不应干扰业主方的项目信息管理过程。

作为咨询服务机构的项目管理单位在与业主方自身的项目管理团队共同实施项目管理的过程中，管理咨询机构与业主方之间的信息不对称，是可能导致管理决策失误的一个重要因素。因此我们建议，项目管理单位的信息管理人员应尽可能地介入业主方的信息管理策划和信息流转制度的建设过程，预防和减少信息不对称造成的管理决策失误风险。

9.7.4 工程项目信息管理实用工具

（1）项目管理信息系统（PMIS）

项目管理信息系统（Project Management Information System，简称 PMIS），为实现项目管理的目标控制而服务，是工程项目管理人员进行信息管理的必要手段。PMIS 与企业管理信息系统（MIS）有明显的区别。MIS 服务于企业的人、财、物、产、供、销等的管理，进行信息的收集、传输、加工、存储、更新和维护，以人事管理、财务管理、设备管理等为目标，支持企业高层决策、中层控制、基层运作的集成化的人机系统。

目前国内外工程建设项目中应用的项目管理信息系统，主要分为两大类：

一类是国外相对成熟的大型项目管理软件，如 Primavera 公司的 P3e/c，Microsoft 公司的 Project 等。这类软件集成了国外相关领域多年的管理和研发经验，其本身体系比较完整，功能也相对全面。但在国内的引进过程中，还同时面临着价格昂贵，对国内工程建设与管理模式适应性较差，缺乏足够的专业应用人才等问题。

另一类是建设工程相关单位或软件开发单位自主开发的项目管理信息系统，分别以北京奥运会项目对 P3e/c 软件的应用和三峡工程对自主开发项目管理信息系统的应用为典型案例，这两个超大型工程，由于其自身的特点，对项目管理信息系统的应用较为全面，系统的功能也相对完善，系统在进度控制、质量控制、投资控制、合同管理、信息管理及全面组织协调等项目管理所涉及的各项工作中都发挥了很大的作用。

（2）项目信息门户（PIP）

项目信息门户（Project Information Portal，简称 PIP）是在项目主题网站（Project－SpecificWebSites）和项目外联网（Project Extranet）的基础上发展而来的，它是国际上工程建设领域一系列基于 Internet 技术标准的项目信息交流系统的总称。PIP 是以项目控制论、项目协同和电子商务思想为基础，在对项目实施全过程中项目参与各方产生的信息和知识进行集中式管理的基础上，为项目参与各方在 Internet 平台上提供的一个获取个性项目信息的单一入口，其目的是为工程项目参与各方提供一个高效率信息沟通和协同工作的环境。

PIP 的主要功能是项目信息的共享和传递，一般的项目信息门户主要提供项目文档管理、项目信息交流、项目协同工作以及工作流程管理四个方面的基本功能。其中项目文档管理功能包括文档的查询、文档的上传与下载、文档在线修改以及文档版本控制等功能；项目信息交流功能主要是使项目主持方和项目参与方之间以及项目各参与方之间在项目范围内进行信息交流和传递；项目协同工作功能则由在线提醒、网络会议、远程录像以及虚拟现实等内容构成；工作流程管理功能是基于工作流程理论的流程模板、流程定制以及流程控制。

图 9-56 是常见的项目信息门户的功能结构图，在具体建设项目的应用中仍需要结合

工程实际情况进行适当的选择和扩展。

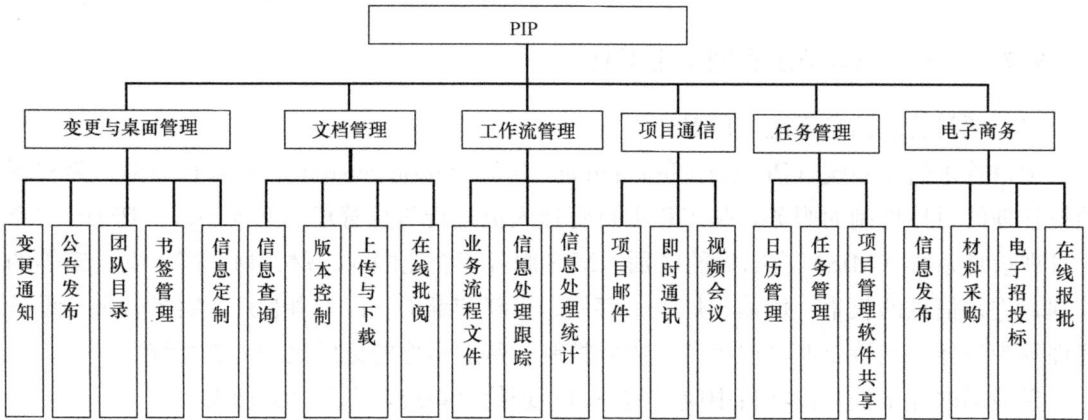

图 9-56 项目信息门户功能结构示意

（3）基于 BIM 的建设工程生命周期管理（BLM）应用软件

BIM 是随着信息技术在建筑行业中应用的深入和发展而出现的，将数字化的三维建筑模型作为核心应用于建设工程的设计、施工等过程中的一种工作方法。它主要通过相关的软件开发和应用为工程技术与管理人员提供工具和工作手段，并在有关技术的发展过程中逐渐形成了较为通行的行业标准和操作规范。

建设工程生命周期管理（Building Life cycle Management，简称 BLM）的核心目的，就在于解决建设工程生命周期中的信息创建、信息管理和信息共享问题，BLM 是改变数字化设计信息管理和共享的理念与技术。

建筑信息模型（BIM）技术的出现，为真正实现 BLM 的理念和 BLM 的实践应用提供了技术支撑。BIM 技术从根本上改变了建筑信息的创建行为和创建过程，采用 BIM 技术，则从建设工程设计开始，创建的就是数字化的设计信息。基于数字化设计信息的创建，再应用 BLM 的相关技术产品，可以改变建设工程信息的管理过程和共享过程，从而实现建设工程生命周期管理。

基于数字化信息模型，改变了建设工程信息的创建过程，由建筑设计从传统的 2D 图形到 3D 信息模型，即由图形到工程信息模型的本质变换；再进一步实现已创建数据的共享，即从 3D 到 nD（多维），即三维信息模型＋时间维＋费用维＋多项管理维开成的集成管理，实现真正意义上的建设工程管理集成化和信息化。

结合了基于 BIM 的在线协同工作的 BLM 理念和相关技术，被认为是未来改进建设工程设计过程、建造过程和管理过程的重要推动力量。当然，BLM 理论的实践，并不仅仅是技术问题，更多的是文化问题。应该看到，应用 BLM 理论及其技术和相关软件产品，需要改变传统工程管理的思维和方法，强化工程建设的基础性管理工作，提高项目参与各方人员的素质。

456

9.8　工程项目合同管理

合同管理是建设工程项目管理的重要内容之一。

在建设工程项目的实施过程中，往往会涉及许多合同，比如设计合同、咨询合同、科研合同、施工承包合同、供货合同、总承包合同、分包合同等。大型建设项目的合同数量可能达数百上千。所谓合同管理，不仅包括对每个合同的签订、履行、变更和解除等过程的控制和管理，还包括对所有合同进行筹划的过程。因此，合同管理的主要工作内容有：根据项目的特点和要求确定设计任务委托模式和施工任务承包模式（合同结构）、选择合同文本、确定合同计价方法和支付方法、合同履行过程的管理与控制、合同索赔等。

9.8.1　工程项目合同构成

（1）建设工程合同的内容

一个建设工程项目的实施，涉及的建设任务很多，往往需要很多单位共同参与，不同的建设任务往往由不同的单位分别承担，这些参与单位与业主之间应该通过合同明确其承担的任务和责任及拥有的权利。

由于建设工程项目规模和特点的差异，不同的项目合同数量可能会有很大的差别，大型建设项目可能会有成百上千个合同。但不论合同数量的多少，根据合同中的任务内容可划分为勘察合同、设计合同、施工承包合同、物资采购合同、工程监理合同、咨询合同、代理合同等（图9-57）。根据《中华人民共和国合同法》，勘察合同、设计合同、施工承包合同属于建设工程合同，工程监理合同、咨询合同等属于委托合同。

① 建设工程勘察，是根据建设工程的要求，查明、分析、评价建设场地的地质地理环境和岩土工程条件，编制建设工程勘察文件的活动。建设工程勘察合同即发包人与勘察人就完成商定的勘察任务明确双方权利义务关系的协议。

② 建设工程设计，是指根据建设工程的要求，对建设工程所需的技术、经济、资源、环境等条件进行综合分析、论证，编制建设工程设计文件的活动。建设工程设计合同即发包人与设计人就完成商定的工程设计任务明确双方权利义务关系的协议。

③ 建设工程施工，是指根据建设工程设计文件的要求，对建设工程进行新建、扩建、改建的施工活动。建设工程施工承包合同即发包人与承包人为完成商定的建设工程项目的施工任务明确双方权利义务与关系的协议。

④ 工程建设过程中的物资包括建筑材料和设备等。建筑材料和设备的供应一般需要经过订货、生产（加工）、运输、储存、使用（安装）等各个环节，经历一个非常复杂的过程。物资采购合同分建筑材料采购合同和设备采购合同，是指采购方（发包人或者承包人）与供货方（物资供应公司或者生产单位）就建设物资的供应明确双方权利与义务关系的协议。

⑤ 建设工程监理合同是建设单位（委托人）与监理人签订，委托监理人承担工程监

理任务而明确双方权利义务关系的协议。

⑥ 咨询服务，根据其咨询服务的内容和服务的对象不同又可以分为多种形式，咨询服务合同是由委托人与咨询服务的提供者之间就咨询服务的内容、咨询服务的方式等签订的明确双方权利义务关系的协议。

⑦ 工程建设过程中的代理活动有工程代建、招投标代理等，委托人应该就代理的内容，代理人的权限、责任、义务以及权利等与代理人签订协议。

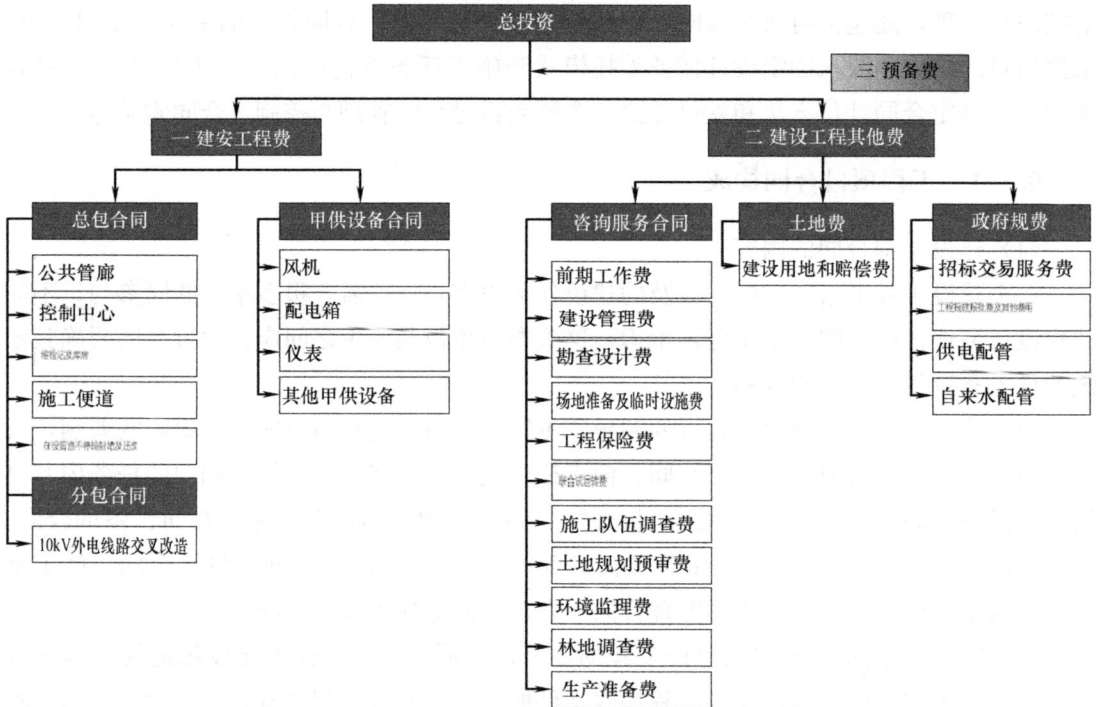

图 9-57　某建设工程项目合同结构分解图

（2）建设工程合同的特征

1）合同主体的严格性

建设工程合同主体一般只能是法人。发包人一般是经过批准进行工程项目建设的法人，具有国家批准的建设项目，投资计划已经落实，并具备相应的协调能力；承包人则必须具备法人资格，而且应当具备相应的从事勘察、设计、施工等资质。无营业执照或无承包资质的单位不能作为建设工程合同的主体，资质等级低的单位不能越级承包建设工程。

2）合同标的的特殊性

建设工程合同的标的是各类建筑产品，建筑产品是不动产，其基础部分与大地相连，不能移动。这就决定了每个建设工程合同的标的都是特殊的，相互间具有不可替代性。

3）合同履行期限的长期性

建设工程由于结构复杂、体积大、建筑材料类型多、工作量大，使得合同履行期限都较长。而且，建设工程合同的订立和履行一般都需要较长的准备期，在合同的履行过程中，还可能因为不可抗力、工程变更、材料供应不及时等原因而导致合同期限顺延。所有这些情况，决定了建设工程合同的履行期限具有长期性。

4）计划和程序的严格性

由于工程建设对国家的经济发展、公民的工作和生活都有重大的影响。因此，国家对建设工程的计划和程序都有严格的管理制度。订立建设工程合同必须以国家批准的投资计划为前提，即便是国家投资以外的，以其他方式筹集的投资也要受到当年的贷款规模和批准限额的限制，纳入当年投资规模，并经过严格的审批程序。建设工程合同的订立和履行还必须符合国家关于建设程序的规定。

5）合同形式的特殊要求

考虑到建设工程的重要性、复杂性和合同履行的长期性，同时在履行过程中经常会发生影响合同履行的纠纷，因此，《中华人民共和国合同法》明确规定，建设工程合同应当采用书面形式。

（3）常用建设工程合同

1）施工承包合同

建设工程施工合同有施工总承包合同和施工分包合同之分。施工总承包合同的发包人是建设工程的建设单位或取得建设项目总承包资格的项目总承包单位，在合同中一般称为业主或发包人。施工总承包合同的承包人是承包单位，在合同中一般称为承包人。

施工分包合同又有专业工程分包合同和劳务作业分包合同之分。分包合同的发包人一般是取得施工总承包合同的承包单位，在分包合同中一般沿用施工总承包合同中的名称，即仍成为承包人。而分包合同的承包人一般是专业化的专业工程施工单位或劳务作业单位，在分包合同中一般称为分包人或劳务分包人。

在国际工程合同中，业主可以根据施工承包合同的约定，选择某个单位作为指定分包商，指定分包商一般应与承包人签订分包合同，接收承包人的管理和协调。

各种施工合同示范文本一般都由协议书、通用条款和专业条款组成。构成施工合同文件的组成部分，除了协议书、通用条款和专用条款以外，一般还应该包括中标通知书、投标书及其附件、有关的标准、规范及技术文件、图纸、工程量清单、工程报价单或预算书等。

作为施工合同文件组成部分的上述各个文件，其优先顺序是不同的，解释合同文件优先顺序的规定一般在合同通用条款内，可以根据项目的具体情况在专用条款内进行调整。原则上应把文件签署日期在后的和内容重要的排在前面，即更加优先。以下是《建设工程施工合同（示范文件）》(GF-201-0201)通用条款规定的优先顺序：

① 合同协议书；

② 中标通知书（如果有）；

③ 投标函及其附录（如果有）；

④ 专用合同条款及其附件；

⑤ 通用合同条款；

⑥ 技术标准和要求；

⑦ 图纸；

⑧ 已标价工程量清单或预算书；

⑨ 其他合同文件。

2）物资采购合同

工程建设过程中的物资包括建筑材料（含构配件）和设备等。材料和设备的供应一般需要经过订货、生产（加工）、运输、储存、使用（安装）等各个环节，经历一个非常复杂的过程。

物资采购合同分建筑材料采购合同和设备采购合同，其合同当事人为供货方和采购方。供货方一般为物资供应单位或建筑材料和设备的生产厂家，采购方为建设单位（业主）、项目总承包单位或施工承包单位。供货方应对其生产或供应的产品质量负责，而采购方则应根据合同的规定进行验收。

① 建筑材料采购合同的主要内容

a. 标的；

b. 数量；

c. 包装；

d. 交付及运输方式；

e. 验收；

f. 交货期限；

g. 价格；

h. 结算；

i. 违约责任等。

② 设备采购合同的主要内容

成套设备供应合同的一般条款可参照建筑材料供应合同的一般条款，包括产品（设备）的名称、品种、型号、规格、等级、技术标准或技术性能指标，数量和计量单位，包装标准及包装物的供应与回收，交货单位、交货方式、运输方式、交货地点、提货单位、交（提）货期限，验收方式，产品价格，结算方式，违约责任等。此外，还需要注意的是以下几个方面：

a. 设备价格与支付；

b. 设备数量；

c. 技术标准；

d. 现场服务；

e. 验收和保修。

3）施工专业分包合同

专业工程分包，是指施工总承包单位将其所承包工程中的专业工程发包给具有相应资质的其他建筑企业完成的活动。

针对各种工程中普遍存在专业工程分包的实际情况，为了规范管理，减少或避免纠纷，原建筑部和国家工商行政管理总局于 2003 年又发布了《建设工程施工专业分包合同（示范文本）》（G-2003-0213）和《建设工程施工劳务分包合同（示范文本）》（GF-2003-0214）。

专业工程分包合同示范文本的结构、主要条款和内容与施工承包合同相似，包括词语定义与解释，双方的一般权利和义务，分包工程的施工进度控制、质量控制、费用控制，分包合同的监督与管理，信息管理，组织与协调，施工安全管理与风险管理等等。

分包合同内容的特点是，既要保持与主合同条件中相关分包工程部分的规定的一致性，又要区分负责实施分包工程的当事人变更后的两个合同之间的差异。分包合同所采用的语言文字和适用的法律、行政法规及工程建设标准一般应与主合同相同。

4）施工劳务分包合同

劳务作业分包，是指施工承包单位或者专业分包单位（均可作为劳务作业的发包人）将其承包工程中的劳务作业发包给劳务分包单位（即劳务作业承包人）完成的活动。

劳务分包合同的主要条款包括：

① 劳务分包人资质情况；

② 劳务分包工作对象及提供劳务内容；

③ 分包工作期限；

④ 质量标准；

⑤ 工程承包人义务；

⑥ 劳务分包人义务；

⑦ 材料、设备供应；

⑧ 保险；

⑨ 劳务报酬及支付；

⑩ 工时及工程量的确认；

⑪ 施工配合；

⑫ 禁止转包或再分包等。

5）项目总承包合同

为促进建设项目工程总承包的健康发展，规范工程总承包合同当事人的市场行为，住房和城乡建设部、国家工商行政管理总局联合制定了《建设项目工程总承包合同示范文本（试行）》（GF-2011-0216），自 2011 年 11 月 1 日起试行。在国际上，有的专业组织（如国际咨询工程师联合会 FIDIC）也对建设工程项目总承包进行了专门研究，并发布了有关合同示范文本，可作为参考。

建设工程项目总承包与施工承包的最大不同之处在于承包商要负责全部或部分的设计，并负责物资设备的采购。因此，在建设工程项目总承包合同条款中，要重点关注以下几个方面：

  ① 项目总承包的任务；

  ② 开展项目总承包的依据；

  ③ 项目总承包单位的义务和责任；

  ④ 发包人的义务和权利；

  ⑤ 进度计划；

  ⑥ 技术与设计；

  ⑦ 工程物资；

  ⑧ 施工；

  6）工程监理合同

工程监理合同文件由协议书、中标通知书（适用于招标工程）或委托书（适用于非招标工程）、投标文件（适用于招标工程）、监理与相关服务建议书（适用于非招标工程）、专用条件、通用条件、附录（附录 A：相关服务的范围和内容、附录 B：委托人派遣的人员和提供的房屋、资料、设备）组成。合同签订后实施过程中双方依法签订的补充协议也是合同文件的组成部分。

住房和城乡建设部与国家工商行政管理总局 2012 年颁布执行的《建设工程监理合同（示范文本）》(GF-2012-0202) 的主要内容如下：

  ① 监理费范围和工作内容；

  ② 项目监理机构和人员；

  ③ 监理人职责。

  （4）国际建设工程施工承包合同

国际工程通常是指一项由多个国家的公司参与工程建设，并且按照国际通用的项目管理理念和方法进行管理的建设工程项目。

在许多发展中国家，根据项目建设资金的来源（例如外国政府贷款、国际金融机构贷款等）和技术复杂程度，以及本国公司的能力具有局限性等情况，允许外国公司承担某些工程任务。

国际工程承包包括对工程项目进行施工、设备采购及安装调试等，既包括建设工程项目总承包或施工总承包，又包括专业工程分包、劳务分包等。按照业主的要求，有时也作施工详图设计和部分永久工程的设计。

国际工程承包合同即指参与国际工程的不同国家的有关法人之间为了实现某个工程项目中的施工、设备供货、安装调试以及提供劳务等特定目的而签订的明确彼此权利义务关系的协议。

在国际工程中，许多业主方都聘请专业化的项目管理公司负责或者协助其进行项目管理，项目管理公司代表业主的利益进行管理，实行项目管理的专业化。

国际工程承包合同通常使用国际通用的合同示范文本，著名的标准合同文本有 FIDIC 合同（国际咨询工程师联合会）、ICE 合同（英国土木工程师学会）、JCT 合同（英国合同审定联合会)、AIA 合同(美国建筑师学会)、AGC 合同(美国总承包商协会)等。

FIDIC 标准合同主要适用于世界银行、亚洲开发银行等国际金融机构贷款项目以及其他国际工程,是我国工程最为熟悉的国际标准合同条件,也是我国《建设工程施工合同(示范文本)》的主要参考蓝本。ICE 合同和 JCT 合同是英国以及英联邦国家和地区的主流合同条件。AIA 合同和 AGC 合同是美国以及受美国建筑业影响较大国家的主流合同条件。其中 FIDIC 合同和 ICE 合同主要用于土木工程,而 JCT 合同和 AIA 合同主要用于建筑工程。

9.8.2 工程项目合同管理的内容

(1) 制定合同框架

工程项目合同管理在工程建设中是一个非常重要的环节,合同的管理完善与否,直接关系到工程的造价。

在项目策划阶段编制合同框架,对整个项目的合同结构进行策划,划分每一个合同的管理界面、技术界面,形成"闭合"合同,减少实施过程中的合同界面纠纷。

在初步设计概算审批通过后,根据批复概算,绘制《合同结构分解图》,以图像化的形式展示所有合同的内容、金额、界面,并将合同管理工作落实到单位、落实到人。

(2) 确定合同内容

1) 选择合同文本

为防范合同法律风险,提高合同会审、签订效率,在合同签订前要选择合适的合同示范文本。合同示范文本总结了以往实际执行的合同文本存在的问题,合同条款相对较为完善,框架结构也较为合理,适用合同示范文本草拟合同,可以为合同双方提供有益的参考,不仅可有效防范合同条款缺陷引发的法律风险,也有利于提高合同会审、签订效率。因此,建议起草合同时应优先选用示范文本。

由于每份合同都具有其特殊性,合同示范文本的内容可能无法满足其特殊性要求,因此合同双方在使用合同示范文本起草合同时,必须根据实际情况,灵活、有机调整合同条款的相关内容。同时,合同示范文本多数条款已具备,部分内容空白的条款需要合同双方根据具体情况进行完善。

合同示范文本在条款的约定上有着紧密的关联性。例如,验收标准条款与验收程序、方法条款相互关联,付款条款与验收程序、方法条款相互关联,质保期及其起算期限条款与验收程序、方法条款相互关联,违约责任条款与合同示范文本约定的双方当事人的义务条款相互关联。因此,对合同示范文本前述条款的修订,都将会导致其关联条款的修订。合同双方应注意合同示范文本条款的关联性,避免合同条款约定前后矛盾。

2) 选择合同计价方式

建设工程合同的计价方式主要有三种,即总价合同、单价合同和成本补偿合同。

① 总价合同

所谓总价合同是指根据合同规定的内容和有关条件,业主应付的合同款额是一个规定的金额，即明确的总价。总价合同也称作总价包干合同，即当合同内容和有关条件不发生变化是，业主支付的价款总额就不发生变化。

总价合同又可分为固定总价合同和变动总价合同两种。

固定总价合同的价格计算是以图纸及规定、规范为基础，工程任务和内容明确，业主的要求和条件清楚，合同总价一次包死，固定不变，即不再因为环境的变化和工程量的增减而变化。在这类合同中，承包商承担了全部的工作量和价格的风险。因此，承包商在报价时应对一切费用的价格变动因素以及不可预见因素都作充分的估计，并将其包含在合同价格之中。

在国际上，这种合同被广泛接受和采用，因为有比较成熟的法规和先例的经验。对业主而言，在合同签订时就可以基本确定项目的总投资额，对投资控制有利。在双方都无法预测的风险条件下和可能有工程变更的情况下，承包商承担了较大的风险，业主的风险较小。但是，工程变更和不可预见的困难也常常引起合同双方的纠纷或者诉讼，最终导致其他费用的增加。

当然，在固定总价合同中还可以约定，在发生重大工程变更、累计工程变更超过一定幅度或者其他特殊条件下可以对合同价格进行调整。因此，需要定义重大工程变更的含义、累计工程变更的幅度以及什么样的特殊条件才能调整合同价格，以及如何调整合同价格等。

采用固定总价合同，双方结算比较简单，但是由于承包商承担了较大的风险，因此报价中不可避免地要增加一笔较高的不可预见风险费，承包商的风险主要有两个方面：一是价格风险，二是工作量风险。价格风险有报价计算错误、漏报项目、物价和人工费上涨等；工作量风险有工程量计算错误、工程范围不确定、工程变更或者由于设计深度不够所造成的误差等。

固定总价合同适用范围：

a. 工程量小、工期短，估计在施工过程中环境因素变化小，工程条件稳定并合理；

b. 工程设计详细，图纸完整、清楚，工程任务和范围明确；

c. 工程结构和技术简单，风险小；

d. 投标期相对宽裕，承包商可以有充足的时间详细考察现场、复核工程量，分析招标文件，拟定施工计划。

变动总价合同，又可称为可调总价合同，合同价格是以图纸及规定、规范为基础，按照时价进行计算，得到包括全部工程任务和内容的暂定合同价格。它是一种相对固定的价格，在合同执行过程中，由于通货膨胀等原因而使所使用的工、料成本增加时，可以按照合同约定对合同总价进行相应的调整。当然，一般由于设计变更、工程量变化和其他工程条件变化所引起的费用变化也可以进行调整。因此，通货膨胀等不可预见因素的风险由业主承担，对承包商而言，其风险相对较小，但对业主而言，不利于投资控制，突破投资的风险就增大了。

② 单价合同

施工图不完整或当准备发包的工程项目内容、技术经济指标一时还不能明确、具体地予以规定时，往往要采用单价合同形式。这样在不能比较精确地计算工程量的情况下，可以避免凭运气而使发包方或承包方任何一方承担过大的风险。

工程单价合同可细分为估算工程量单价合同和纯单价合同两种不同形式。

估算工程量单价合同是以工程量清单和工程单价表为基础和依据来计算合同价格的。通常是由发包方委托招标代理单位或造价工程师提出总工程量估算表，即"暂估工程量清单"，列出分部分项工程量，由承包方以此为基础填报单价。最后工程的总价应按照实际完成工程量计算，由合同中分部分项工程单价乘以实际工程量，得出工程结算的总价。采用估算工程量单价合同可以使承包方对其投标的工程范围有一个明确的概念。

这种合同一般适用于工程性质比较清楚，但任务及其要求标准不能完全确定的情况。采用这种合同时，工程量是统一计算出来的，承包方只要填上适当的单价就可以了，承担风险比较小。因此，估算工程量单价合同在实际中运用较多，目前国内推行的工程量清单招标所形成的合同就是估算工程量单价合同。实施这种合同的标的工程施工时要求施工过程中及时计量并建立月份明细账目，以便确定实际工程量。

纯单价合同是发包方只向承包方给出发包工程的有关分部分项工程以及工程范围，不需对工程量作任何规定。承包方在投标时只需要对这种给定范围的分部分项工程作出报价即可，而工程量则按实际完成的数量结算。这种合同形式主要适用于没有施工图、工程量不明，却急需开工的紧迫工程。

③ 成本加酬金合同

成本加酬金合同也称为成本补偿合同，这是与固定总价合同正好相反的合同，工程施工的最终合同价格将按照工程的实际成本再加上一定的酬金进行计算。在合同签订时，工程实际成本往往不能确定，只能确定酬金的取值比例或者计算原则。

采用这种合同，承包商不承担任何价格变化或工程量变化的风险，这些风险主要由业主承担，对业主的投资控制不利，而承包商往往缺乏控制成本的积极性，常常不仅不愿意控制成本，甚至还会期望提高成本以提高自己的经济效益，因此这种合同容易被那些不道德或不称职的承包商滥用，从而损害工程的整理效益。故应尽量避免采用这种合同。

成本加酬金合同的使用条件：

a. 工程特别复杂、工程技术、结构方案不能预先确定，或者尽管可以确定工程技术和结构方案，但是不可能进行竞争性的招标活动并以总价合同或单价合同的形式确定承包商，如研究开发性质的项目；

b. 时间特别紧迫，如抢险、救灾工程，来不及进行详细的计划和商谈。

对业主而言，成本加酬金合同的优点：

a. 可以通过分段施工缩短工期，而不必等待所有施工图完成才开始招标和施工；

b. 可以减少承包商的对立情绪，承包商对工程变更和不可预见条件的反应会比较积极和快捷；

c. 可以利用承包商的施工技术专家，帮助改进或弥补设计中的不足；

d. 业主可以根据自身力量和需要，较深入地介入和控制工程施工和管理；

e. 也可以通过确定最大保证价格约束工程成本不超过某一限制，从而转移一部分风险。

对承包商而言，成本加酬金合同比固定总价合同的风险低，利润比较有保证，因此比较有积极性。其缺点是合同的不确定性，由于设计未完成，无法准确确定合同的工程内容、工程量以及合同的终止时间，有时难以对工程计划进行合理安排。

成本加酬金合同的形式：

a. 成本加固定费用合同；

b. 成本加固定比例费用合同；

c. 成本加奖金合同；

d. 最大成本加费用合同。

在国际上，许多项目管理合同、咨询服务合同等也多采用成本加酬金合同方式。

在施工承包合同中采用成本加酬金计价方式时，业主与承包商应注意以下问题：

a. 必须有一个明确的如何向承包商支付酬金的条款，包括支付时间和金额百分比。如果发生变更和其他变化，酬金支付如何调整。

b. 应列出工程费用清单，要规定一套详细的工程现场有关的数据记录、信息存储甚至记账的格式和方法，以便对工程实际发生的人工、机械和材料消耗等数据认真而及时地记录。应该保留有关工程实际成本的发票或付款的账单、表明款额已经支付的记录或证明等，以便业主进行审核和结算。

（3）合同履约过程管理

在工程实施的过程中要对合同的履约情况进行跟踪与控制，并加强工程变更管理，保证合同的顺利履行。

合同签订以后，合同中各项任务的执行要落实到具体的项目参与人员身上，承包单位作为合同义务的主体，必须对合同执行者的履行情况进行跟踪、监督和控制，确保合同义务的完全履行。

通过合同跟踪，可能会发现合同实施中存在着偏差，即工程实施实际情况偏离了工程计划和工程目标，应该及时分析原因，采取措施，纠正偏差，避免损失。

合同实施偏差有以下处理措施：

① 组织措施，如增加人员投入，调整人员安排，调整工作流程和工作计划等；

② 技术措施，如变更技术方案，采用新的高效率的施工方案等；

③ 经济措施，如增加投入，采取经济激励措施等；

④ 合同措施，如进行合同变更，签订附加协议，采取索赔手段等。

（4）合同变更与索赔管理

1）合同变更

合同变更一般是指在工程施工过程中，根据合同约定，对施工的程序，以及工程的内容、数量、质量要求及标准等作出的变更。

变更一般主要有以下几个方面的原因：

① 业主新的变更指令，对建筑的新要求，如业主有新的意图、修改项目计划、削减项目预算等；

② 由于设计人员、监理人员、承包商事先没有很好地理解业主的意图，或设计的错误，导致图纸修改；

③ 工程环境的变化，预定的工程条件不准确，要求实施方案或实施计划变更；

④ 由于产生新技术和知识，有必要改变原设计、原实施方案或实施计划，或由于业主指令及业主责任的原因造成承包商施工方案的改变；

⑤ 政府部门对工程新的要求，如国家计划变化、环境保护要求、城市规划变动等；

⑥ 由于合同实施出现问题，必须调整合同目标或修改合同条款。

2）合同索赔

合同索赔通常是指在工程合同履行过程中，合同当事人一方因对方不履行或未能正确履行合同或者由于其他非自身因素而受到经济损失或权利损害，通过合同规定的程序向对方提出经济或时间补偿要求的行为，索赔是一种正当的权利要求，它是合同当事人之间一项正常的而且普遍存在的合同管理工作，是一种以法律和合同为依据的合情合理的行为。

反索赔就是反驳、反击或者防止对方提出的索赔，不让对方索赔成功或者全部成功。一般认为，索赔是双向的，业主和承包商都可以向对方提出索赔要求，任何一方也都可以对对方提出的索赔要求进行反驳和反击，这种反击和反驳就是反索赔。

在工程实践过程中，当合同一方向对方提出索赔要求，合同另一方对对方的索赔要求和索赔文件可能会有三种选择：

① 全部认可对方的索赔，包括索赔的数额；

② 全部否定对方的索赔；

③ 部分否定对方的索赔。

针对一方的索赔要求，反索赔的一方应以事实为依据，以合同为准绳，反驳和拒绝对方的不合理要求或索赔要求中的不合理部分。

索赔可能由以下一个或几个方面的原因引起：

① 合同对方违约，不履行或未能正确履行合同义务与责任；

② 合同错误，如合同条文不全、错误、矛盾等，设计图纸、技术规范错误等；

③ 合同变更；

④ 工程环境变化，包括法律、物价和自然条件的变化等；

⑤ 不可抗力因素，如恶劣气候条件、地震、洪水、战争状态等。

索赔成立的前提条件：

① 与合同对照，时间已造成了承包人工程项目成本的额外支出，或者直接工期损失；

② 造成费用增加或工期损失的原因，按合同约定不属于承包人的行为责任或风险责任；

③ 承包人按合同约定的程序和时间提交索赔意见通知和索赔报告。

（5）合同风险管理

合同风险是指合同中的以及由合同引起的不确定性。

1）合同风险的分类

① 按合同风险产生的原因，可以分为合同工程风险和合同信用风险；

② 按合同的不同阶段，可以分为合同订立风险和合同履约风险。

2）合同风险产生的原因

① 合同的不确定性。由于人的有限理性，对外在环境的不确定性是无法完全预期的，不可能把所有可能发生的未来事件都写入合同条款中，更不可能制定好处理未来事件的所有具体条款。

② 在复杂的、无法预测的情况下，一个工程的实施会存在各种各样的风险事件，人们很难预测未来事件，无法根据未来情况作出计划，往往是计划不如变化快，诸如不利的自然条件、工程变更、政策法规的变化、物价的变化等。

③ 合同的语句表达不清晰、不细致、不严密、矛盾等，可能造成合同的不完全，容易导致双方理解上的分歧而发生纠纷，甚至发生争端。

④ 由于合同双方的疏忽未就有关的事宜订立合同，而使合同不完全。

⑤ 交易成本的存在。因为合同双方为订立某一条款以解决某特定事宜的成本超出了其收益而造成合同的不完全。由于存在着交易成本，人们签订的合同在某些方面肯定是不完全的。缔约各方愿意遗漏许多意外事件，认为等一等、看一看，要比把许多不大可能发生的事件考虑进去要好得多。

⑥ 信息不对称。信息不对称是合同不完全的根源，多数问题都可以从信息的不对称中寻找到答案。

3）合同风险分配

业主起草招标文件和合同条件，确定合同类型，对风险的分配起主导作用，有更大的主动权和责任。业主不能随心所欲地不顾主客观条件，任意在合同中增加对承包商的单方面约束条款和对自己的免责条款，把风险全部推给对方，一定要理性分配风险。

9.8.3 工程项目合同管理的方法

（1）建立健全的合同管理制度

工程建设是一个极为复杂的社会生产过程，由于现代社会化大生产和专业化分工，许多单位会参与工程建设之中，而各类合同则是维系各参与单位之间关系的纽带。为全面、高效地管理工程项目合同，使其标准化、规范化、制度化，应针对项目量身定制一套完善的合同管理制度体系，以完成工程项目的合同管理工作。

合同管理制度一般包括项目合同归口管理制度、考核制度、合同用章管理制度、合同台账及归档制度等。

（2）建立合同履约保证体系

为总结项目投资决策机制，还原管理过程，比较合同文件与执行产出，完成本项目的合同管理经验总结，汲取教训，得到启示，为后续项目积累宝贵经验，改善合同管理和决策，达到提高合同条款有效履行的目的，应对工程项目合同实行履约管理。

合同履约管理包括以下工作内容：

① 严格按照合同条款，随时检查合同执行情况，将实际执行情况与合同约定进行对比，以降低合同风险。

② 协助业主处理有关索赔及反索赔事宜。

③ 在合同执行过程中，协助业主解释合同，处理合同争议，负责合同执行情况统计、分析、总结。

④ 汇总合同中的未完事项。

⑤ 负责合同资料（包括招投标文件、信函、文书、会议纪要、备忘录、电报等资料）的整理、归档，直至竣工验收资料管理完成。

9.8.4　工程项目合同管理实用工具

（1）合同管理软件

合同管理软件，是建立在信息技术基础上，利用现代企业的先进管理思想，为建设方提供决策、计划、控制与经营绩效评估的全方位、系统化的合同管理平台，合同管理软件主要基于协同产品商务管理，把客户需求、制造活动、采购管理、账款管理、业务流程看作是一个紧密联结的协作链系统，采用全程一体化建模技术，将建设项目内部信息管理划分成几个相互协同作业的子系统，对协作链上的所有环节有效地进行管理。

合同管理软件必须解决实际业务管理中的问题，专注于工程项目合同管理的动态化、智能化、网络化，为建设方提供合理的流程和业务约束以及全方位的合同管理功能，包括合同起草、合同审批、文本管理、履约监督、结算安排、智能提醒合同收付款、项目管理、合同结款情况统计分析、报表输出和决策支持等。

以中小型项目合同管理之痛为切入点，合同管理软件提供相应方案，从合同起草、谈判、签订到执行进度以及收付款进度进行全方位管理，系统还提供了项目管理、合同往来单位管理，强大的提醒功能等综合性功能，合同各种信息可快捷、准确、清晰的查询，使用户在对外结算及支付过程中做到成竹在胸，体现优化资源的目的。

"一流的信息技术＋先进的管理理念"。系统以先进的工程项目管理思维与运行模式为基础，以一流的计算机网络技术为实现手段，将先进的管理理念、管理制度和方法融入到系统流程中，进行管理创新。以此建立良好的管理规范和管理流程，构建扎实的合同管理基础，实行科学管理，从而提高了工程项目的整体管理水平。

（2）关系数据库管理系统（Access）

Access 有强大的数据处理、统计分析能力，利用 Access 的查询功能，可以方便地进行各类汇总、平均等统计。并可灵活设置统计的条件。比如在统计分析上万条记录、十几万条记录及以上的数据时，速度快且操作方便，这一点是 Excel 无法与之相比的。

参 考 文 献

[1] 徐风，侯秀峰，马长宁等. 城市中的盒子——上海交响乐团音乐厅设计 [J]. 时代建筑，2015. (01)：106-113.

[2] 吴水根，王双妍. 大型体育场方案比选之综合评价方法浅析 [J]. 建筑施工，2013，35 (4)：341-345.

[3] 胡殷，何志军，丁洁民. 上海中心大厦幕墙支撑结构的选型分析 [J]. 结构工程师，2011，27 (5)：1-5.

[4] 丁洁民，张峥. 体育馆建筑钢结构屋盖概念设计和优化 [J]. 建筑结构，2008，38 (9)：1-7.

[5] 张晓利，黎展云. 机电顾问在工程建设中的作用 [J]. 智能建筑电气技术，2014，8，(2)：83-86.

[6] 谭立民. 保利大剧院空调系统设计及优化 [J]. 建筑设计管理，2014 (03)：79-86.

[7] 陈继良，张东升. BIM 相关技术在上海中心大厦的应用 [J]. 建筑技艺，2011，(Z1)：104-107.

[8] 王文胜，周峻. 全木结构绿色校园——都江堰市向峨小学设计实录 [J]. 城市建筑，2009 (03)：34-36.

[9] 连少芬. 浅谈工程造价咨询单位参与设计阶段经济控制的重要性 [J]. 江西建材，2017 (13)：235-236.

[10] 周子炯. 建筑工程项目设计管理手册 [M]. 北京：中国建筑工业出版社，2012.

[11] 张步诚. 建筑工程项目设计管理模式创新探索 [J]. 中国勘察设计，2015 (2)：84-89.

[12] 中华人民共和国住房和城乡建设部. 房屋建筑和市政基础设施工程施工图设计文件审查管理办法 (建设部令第 13 号) [EB/OL]. 2013. http://www. mohurd. gov. cn/fgjs/jsbgz/201305/t20130507_213639. html.

[13] 中华人民共和国住房和城乡建设部. 建筑工程施工图设计文件技术审查要点 [EB/OL]. 2013. http：//www. mohurd. gov. cn/wjfb/201403/W020160707035031. doc.

[14] 中华人民共和国建设部. 房屋建筑工程抗震设防管理规定 (建设部第 148 号令) [EB/OL]. 2006. http：//www. mohurd. gov. cn/fgjs/jsbgz/200611/t20061101_159086. html

[15] 中华人民共和国建设部. 超限高层建筑工程抗震设防管理规定 (建设部第 111 号令) [EB/OL]. 2002. http：//www. mohurd. gov. cn/fgjs/jsbgz/200611/t20061101_159046. html.

[16] 中华人民共和国住房和城乡建设部. 超限高层建筑工程抗震设防专项审查技术要点 (建质 [2015] 67 号文) [EB/OL]. 2015. http：//www. mohurd. gov. cn/wjfb/201505/t20150528_220992. html.

[17] 中华人民共和国公安部. 关于改革建设工程消防行政审批的指导意见 (公消 [2013] 183 号) [EB/OL]. 2013. http：//www. gzga. gov. cn/gzsgat/FileLibrary/site1/images/cabg/2016/7/18/a6586f70-ed6d-4549-aa0d-ac32d88b0828. docx.

[18] 中华人民共和国公安部. GA 1290—2016 建设工程消防设计审查规则 [S]. 北京：中国标准出版社，2016.

[19] 全国一级建造师编写委员会. 建设工程项目管理 [M]. 北京：中国建筑工业出版社，2017.

[20] 王兆红，邱菀华，詹伟. 设施管理研究的过展 [J]. 建筑管理现代化，2006 (3).

[21] 王兆红，邱菀华，詹伟. 论设施管理及其在中国的未来发展 [J]. 现代管理科学，2006 (2).

［22］ 战晓华. 物业管理实务［M］. 天津：天津大学出版社，2008.

［23］ 王兆春. 加强物业设备设施管理——从根本上提升物业管理水平［J］. 现代物业，2008（10）.

［24］ 王青兰，齐坚，顾志敏. 物业管理理论与实务［M］. 北京：高等教育出版社，2006.

［25］ 伍培. 物业设备设施与管理［M］. 重庆：重庆大学出版社，2007.

［26］ 徐大佑. 营销策划新论［M］. 贵州：贵州人民出版社，2001.

［27］ 易开刚主编. 现代营销策划学［M］. 上海：上海财经大学出版社，2011.

［28］ 中国交通建设股份有限公司官网（http：//www. cccchzmb. com/P9. biz）.

［29］ 马士勇. 基于项目综合评价的港珠澳大桥投融资模式决策研究［D］. 南京：南京大学，2013.

［30］ 徐苏云等. PPP 项目引进产业基金投融资模式探讨——以某市轨道项目为例［J］. 建筑经济，2015，36（11）：41-44.

［31］ 冯珂，王守清等. 新型城镇化背景下的 PPP 产业基金设立及运作模式探析［J］. 建筑经济，2015（5）：5-8.

［32］ 全国注册咨询工程师（投资）资格考试教材编写委员会. 工程咨询概论（2017 年版）［M］. 北京：中国计划出版社，2017.